SPSS

统计学原理与实证研究

应用精解

张 甜　杨维忠 ／ 编著

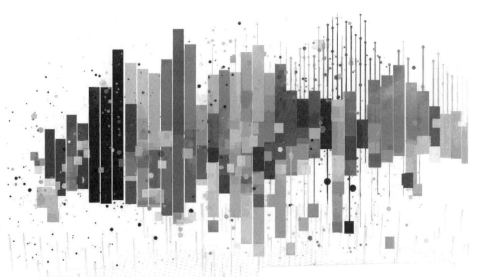

清华大学出版社

北京

内 容 简 介

本书为统计学与SPSS零基础读者所设计，通过"精解常用统计学原理、精解常用统计分析SPSS操作、精解常用实证研究技巧"三个精解，旨在培养读者的"统计分析思维"和"实证研究思维"，帮助读者实现从入门到精通，运用SPSS撰写实证研究类论文或开展数据分析、专业统计分析。与本书配套的还有教学PPT和作者最新讲解的全套视频资料以辅助教学，力求实现最佳教学效果。

本书共21章。第1~3章为专业知识基础，分别介绍SPSS入门知识（SPSS基础）、统计学知识精要回顾（统计学基础）、实证研究与调查问卷设计（实证研究基础）；第4~6章为常用的数据分析方法，分别介绍数据加工处理、统计分析报表制作、统计图形绘制；第7~15章为常用的实证研究分析方法，具体包括描述统计分析、均值比较、T检验、单因素方差分析，非参数检验，多因素方差分析与多因变量分析，相关分析，回归分析，因子分析、主成分分析与对应分析，调查问卷之信度分析与效度分析，实证研究之中介效应和调节效应。第16~21章为常用的专业统计分析方法，具体包括生存分析、聚类分析、决策树分析与判别分析、多维标度分析、ROC曲线分析、RFM分析。

本书可用作经管社科、教育学、心理学、医学等相关专业的在校本专科大学生、研究生学习和应用SPSS撰写实证研究类论文或开展统计分析的主要教材，还可作为职场人士攻读在职研究生自学SPSS以完成毕业论文的参考书，或作为掌握SPSS操作、提升数据分析能力的工具书。

图书在版编目（CIP）数据

SPSS 统计学原理与实证研究应用精解 / 张甜，杨维忠编著. —北京：清华大学出版社，2024.1
ISBN 978-7-302-64913-7

I. ①S… II. ①张… ②杨… III. ①统计分析—软件包 IV. ①C819

中国国家版本馆 CIP 数据核字（2023）第 219627 号

责任编辑：赵 军
封面设计：王 翔
责任校对：闫秀华
责任印制：宋 林

出版发行：清华大学出版社
    网   址：https://www.tup.com.cn，https://www.wqxuetang.com
    地   址：北京清华大学学研大厦 A 座   邮   编：100084
    社 总 机：010-83470000   邮   购：010-62786544
    投稿与读者服务：010-62776969，c-service@tup.tsinghua.edu.cn
    质 量 反 馈：010-62772015，zhiliang@tup.tsinghua.edu.cn

印 装 者：三河市天利华印刷装订有限公司
经 销：全国新华书店
开 本：190mm×260mm   印 张：34.5   字 数：930 千字
版 次：2024 年 1 月第 1 版   印 次：2024 年 1 月第 1 次印刷
定 价：129.00 元

产品编号：104621-01

推　荐　序

在当前数字化浪潮下，数据资源成为重要的生产力和稀缺资源，更好地把控和掌握数据资源是发挥数据资源价值的关键所在。而掌握统计学知识并且使用恰当的统计软件工具是打开数据资源宝藏的钥匙。SPSS 软件就是其中一把钥匙。SPSS 具有操作简便、数据处理能力强、统计功能全面、应用范围广等特点，这使得该软件成为经久不衰的统计分析和实证分析软件之一。该软件在社会科学、医学、生物、工程、市场研究等领域具有广泛的应用，是应用统计领域必备的实用统计工具。

《SPSS 统计学原理与实证研究应用精解》一书专门为零基础的读者设计，通过"精解常用统计学原理、精解常用统计分析 SPSS 操作、精解常用实证研究技巧"三个精解，层层深入，帮助读者实现对 SPSS 软件的入门到精通。在仔细阅读本书的书稿后，发现该书有以下特点：一是，章节设定具有科学性，内容设计详简得当，符合零基础读者的学习习惯；二是，作者根据往年的学习和教学经验，在重难点处进行了认真解读，对于读者掌握相关知识提供了极大便利；三是，本书所附的 PPT 和视频资料力求详尽且通俗易懂，无论是对于采纳本书的教学工作者还是学习SPSS 软件的读者都是一个非常好的选择。

作者张甜和杨维忠老师都是国内著名计量经济学教授陈强老师的硕士生，他们是陈老师 2008年回国后在山东大学经济学院执教后所带的第一批学生。张甜之后跟随曹廷求老师攻读博士，成为我的同门。张甜在统计与计量领域具有较高的学术水平和丰富的经验，在知名期刊发表过多篇论文。更为难得的是，两位作者将自身深厚的统计分析功底和实证经验进行系统总结，出版了多部具有影响力的教材。目前，两人通过清华大学出版社出版了《Python 机器学原理与算法实现》《Stata 统计分析从入门到精通》《SPSS 统计分析入门与应用精解（视频教学版）》《Python 数据科学应用从入门到精通》等多本畅销书，广受好评。本次新编著的《SPSS 统计学原理与实证研究应用精解》沿袭了两人在编著教材方面的一贯风格和严谨精神，又是一部很好的教材。

在数字化浪潮下，掌握统计分析和实证分析工具是打开数据宝藏的钥匙，是研究者和涉及数字化的各行业从业者拥有核心竞争力的关键所在。虽然学习之路很苦，但选对道路的付出会带来意想不到的回报。最后，分享一句《易经》的经典语句与各位共勉："天行健，君子以自强不息"。祝愿大家都能学有所获、学有所成！

山东财经大学经济研究中心主任、教授、博士生导师、
中组部国家"万人计划"青年拔尖人才、山东省泰山学者
刘海明
2023 年 10 月 30 日

前　言

众所周知，SPSS 是当前应用最广泛的专业统计分析软件之一，掌握并熟练使用 SPSS 是众多高校学生掌握数据统计分析及撰写毕业论文的必修技能。然而，通常统计学教材并不介绍相应的 SPSS 软件操作，或只是附带地介绍。而且，专门的 SPSS 书籍一般着重于软件本身，对于其背后依托的统计学原理以及如何使用 SPSS 开展实证研究应用、撰写毕业论文或期刊论文则语焉不详。本书旨在弥补这一市场空当，针对统计学零基础、刚开始接触 SPSS 却又有使用 SPSS 撰写实证研究类论文需求的读者，实现"从零基础入门掌握统计学原理，到熟悉常用统计分析方法的 SPSS 实现，再到灵活运用各种常用统计分析方法及 SPSS 操作撰写实证研究类论文"的效果，真正做到学以致用。除满足读者撰写实证研究类论文的需求外，本书还介绍了常用的数据分析方法以及常用的专业统计分析方法，可有效满足职场人士或即将踏入职场的学生开展工作实践的需求。与本书配套的还有教学 PPT 和作者最新讲解的全套视频资料以辅助教学，力求实现最佳教学效果。

本书共 21 章。具体来说，第 1 章为 SPSS 入门知识，内容包括 SPSS 简介，SPSS 的功能特色，调查问卷获取数据的流行操作，依托统计学处理数据的应用场景，SPSS 与 Stata、Python 的对比，SPSS 软件的安装要求、启动与关闭，SPSS 选项设置，SPSS 运行环境设置，数据编辑器的基本操作，SPSS 帮助系统。第 2 章为统计学知识精要回顾，内容包括统计学常用的基本概念，离散型概率和连续型概率分布，集中趋势统计量、离散趋势统计量、分布趋势统计量，大数定律与中心极限定理，点估计与区间估计，假设检验概述、T 检验、Z 检验、F 检验、参数检验、非参数检验，贝叶斯方法的基本原理与贝叶斯定理。第 3 章为实证研究与调查问卷设计，内容包括实证研究的概念、实证研究的步骤、李克特量表、实证研究量表设计示例、调查问卷的制作。第 4 章为数据加工处理，内容包括变量和样本观测值基本操作、根据已存在的变量建立新变量、数据读取、数据查找、数据行列转置、数据排序、数据加权处理、数据合并、数据分解、数据汇总、数据结构重组、数据缺失值处理等。第 5 章为统计分析报表制作，内容包括在线分析处理报告、个案摘要报告、按行显示的摘要报告、按列显示的摘要报告。第 6 章为统计图形绘制，内容包括条形图、直方图、箱图、散点图、折线图、面积图、饼图、误差条形图、双轴线图、时间序列趋势图、高低图等常用统计图形的绘制。第 7 章为描述统计分析，内容包括频率分析、描述分析、探索分析、交叉表分析 4 种分析方法，研究数据的基本特征。第 8 章为均值比较、T 检验、单因素方差分析，内容包括平均值分析、单样本 T 检验、独立样本 T 检验、成对样本 T 检验、单因素 ANOVA 检验 5 种分析方法。第 9 章为非参数检验，内容包括卡方检验、二项检验、游程检验、单样本 K-S 检验、两个独立样本检验、两个相关样本检验、K 个独立样本检验、K 个相关样本检验 8 种分析方法。第 10 章为多因素方差分析与多因变量分析，内容包括多因素方差分析与多因变量分析。第 11 章为相关分析，内容包括双变量相关分析、偏相关分析、距离相关分析 3 种分析方法。第 12 章为回归分析，内容包括线性回归分析、加权最小二乘回归分析、曲线估算回归分析、二元 Logistic 回归分析、多元 Logistic 回归分析、有序回归分析、概率回归分析、非线性回归分析、最优标度回归分析、分位数回归 10 种分析方法。第 13 章为因子分析、主成分分析与对应分析，内容包括因子分析、主成分分析、对应分析 3 种分析方法。第 14 章为调查问卷之信度分析与效度分析，内容包括调查问卷的信度分析与效度分析。第 15 章为实证研究之中介效应和调节效应，内容包括实证研究中的中介效应和调节效应，以及 PROCESS 插件的安装与使用等。第 16 章为生存分析，内容包括寿命表分析、Kaplan-Meier 分析、Cox 回归分析 3 种分析方法。第 17 章为聚类分析，内容包括二阶聚类分析、K 均值聚类分析、系统聚类分析 3 种分析方法。第 18 章为决策树分析与判别分析，内容包括决策树分析、判别分析两种分析方法。第 19~21 章分别讲解多维标度分析、ROC 曲线、RFM 分析。

本书特色：一是面向统计学与 SPSS 零基础读者，通过"专业知识基础+数据分析实战+实证研究实战+统计分析实战"循序渐进地精解统计学原理、SPSS 操作与实证研究应用，实现从入门到精通。二是面向实战，直击需求。本书充分考虑读者撰写实证研究论文、开展实践应用研究的实际需求，除讲解各种分析方法外，还讲解了统计学知识精要回顾、实证研究与调查问卷设计、调查问卷之信度分析与效度分析、实证研究之中介效应和调节效应等内容，读者通过学习本书内容可以写出具有学术规范性的实证研究论文或开展有用的实践应用研究。三是通俗易懂。本书较少使用数学推导，而是在不失专业深度的同时，尽可能用具象化、案例化的方式深入浅出地讲解统计学原理，使读者能够看得明白、学得进去，避免在复杂的数学公式推导面前耗尽了所有的学习热情，最终望洋兴叹，苦技能虽好却不能为己所用矣。

本书可用作经管社科、教育学、心理学、医学等相关专业的在校本专科大学生、研究生学习和应用 SPSS 撰写实证研究类论文或开展统计分析的主要教材，还可作为职场人士攻读在职研究生自学 SPSS 以完成毕业论文的参考书，或掌握 SPSS 操作、提升数据分析能力的工具书。

本书提供了丰富的资源，除可以在正文中扫描二维码观看教学视频外，还可以扫描下方二维码下载数据文件、PPT 和思维导图。

数据文件 　　　　　　　PPT 　　　　　　　思维导图

如果下载有问题，请联系 booksaga@126.com，邮件主题为"SPSS 统计学原理与实证研究应用精解"。

本书在编写过程中吸收了前人的研究成果，在此表示感谢！

由于作者水平有限，书中难免存在疏漏之处，诚恳地欢迎各位同行专家和广大读者批评指正，提出宝贵的意见。

编　者
2023 年 12 月

目　　录

第1章

SPSS 入门知识

本章主要介绍 SPSS 的入门知识，可分为两大部分。第一部分是为什么选择 SPSS 以及 SPSS 适合用来做什么，章节为第 1.1~1.5 节，具体包括 SPSS 简介、SPSS 的功能特色、调查问卷获取数据的流行操作、依托统计学处理数据的应用场景、SPSS 与 Stata、Python 的对比。第二部分是 SPSS 的基本操作与选项设计，章节为第 1.6~1.10 节，具体包括 SPSS 软件的安装要求、启动与关闭，SPSS 选项设置、SPSS 运行环境设置、数据编辑器基本操作、SPSS 帮助系统。

本章学习重点：

- 熟悉 SPSS 软件的特色。
- 学会 SPSS 的操作界面及启动、关闭等基础操作。
- 掌握 SPSS 的选项设置。
- 掌握 SPSS 的运行环境设置。
- 应用 SPSS 数据编辑器创建符合研究需要的变量和样本观测值。
- 学会使用各种 SPSS 帮助。

1.1　SPSS 简介

 下载资源：可扫描旁边二维码观看或下载教学视频

SPSS 是一款统计分析软件，由美国斯坦福大学的三位研究生 Norman H. Nie、C. Hadlai (Tex) Hull 和 Dale H. Bent 于 1968 年研究开发成功，在软件刚创立时的名称是"社会科学统计软件包"，1992 年开始推出 Windows 版本，自 SPSS 11.0 起，开始全称 Statistical Product and Service Solutions，即"统计产品与服务解决方案"。

SPSS 软件最大的优势是界面非常友好，很容易被用户掌握并应用，通常情况下，用户只要掌握一定的 Windows 操作技能，并且在一定程度上熟悉各类统计分析方法的基本原理，就可以使用该软件为特定的数据统计分析工作服务。

SPSS 在经济学、金融学、管理学、统计学、物流管理、生物学、心理学、地理学、医学、药学、体育、农业、林业、电子商务、批发零售、生产制造等各行各业都得到了广泛的应用。

SPSS Statistics 支持多语种，几乎可以从任何类型的文件中获取数据，然后使用这些数据生成分布和趋势、描述统计以及复杂统计分析的表格式报告、图表和图。

1.2　SPSS 的功能特色

 下载资源：可扫描旁边二维码观看或下载教学视频

SPSS 集数据录入、数据编辑、数据管理、统计分析、报表制作以及图形绘制为一体，自带 11 种类型共 136 个函数。SPSS 提供了从简单的统计描述到复杂的多因素统计分析方法，如数据的探索性分析、统计描述、交叉表分析、二维相关、秩相关、偏相关、方差分析、非参数检验、多元回归、生存分析、协方差分析、判别分析、因子分析、聚类分析、非线性回归、Logistic 回归等。

SPSS 作为一款统计产品与服务解决方案的软件，传统功能依托于统计学，尤其是擅长处理调查问卷获取的数据。近年来，随着机器学习与商用建模的流行，SPSS 增加了很多新的机器学习方面的功能，比如直销模块、神经网络、决策树等。因此，SPSS 的功能特色主要体现在统计分析，兼具一部分机器学习功能。从 SPSS 的功能角度考虑，SPSS 特别适合管理学、社会学、教育学、心理学、统计学、市场营销学等学科的研究者，尤其是通过调查问卷获取数据开展实证分析的学术或应用研究。当然，经济学、金融学、物流管理、生物学、心理学、地理学、医学、药学、体育、农业、林业、电子商务、批发零售、生产制造等各行各业的学界、业界人士都可以积极使用 SPSS 开展统计分析或机器学习。

1.3　调查问卷获取数据的流行操作

 下载资源：可扫描旁边二维码观看或下载教学视频

我们在研究一些学术或实践问题时，为了佐证所提出的观点，使得研究更加规范，具有一定的公信力和说服力，往往需要开展实证研究。众所周知，所谓实证研究，是指研究者提出理论假设、收集观察资料并检验理论假设而开展的研究，实证研究具有鲜明的直接经验特征，实证研究方法包括数理实证研究和案例实证研究。简而言之，实证研究就是用事件、案例或者数据对理论假设进行佐证，与运用事件、案例相比，运用数据是最为常用的实证研究方式。如何获取与研究领域紧密相关的大量数据，是研究能够取得成功的关键。

在数据来源方面，宏观经济学、财政学等学科往往有很多可以直接使用的数据，比如中国各个省市历年的 GDP、中国历年的 CPI 指数、各个大中城市房地产价格增长率、居民可支配收入水平等，这些数据都是可以搜集到的，而且具备较强的权威性和公信力。自然科学或理工农医类学科往往可以通过在实验室反复做实验的方式获取相关数据。但对于社会学、教育学、心理学、管理学等学科而言，不同于宏观经济学、财政学等学科可以直接搜集与研究相关的权威数据，也不同于自然科学或理工农医类学科通过多次试验的方式获取数据，更多的是通过设计调查问卷、发放调查问卷的方式来获取研究所需要的数据。从中国知网等平台上不难发现，当前大量 CSSCI 收录期刊的社会学、教育学、心理学、管理学等领域的实证研究类论文都是通过调查问卷获取数据的，众多社会学、教育学、心理学、管理学等领域的学生也都通过调查问卷获取数据顺利完成了自己的毕业论文。

因此，通过设计调查问卷、发放调查问卷的方式来获取研究所需要的数据是经典而流行的操作方式，尤其是对于社会学、教育学、心理学、管理学等学科的研究者来说至关重要。

1.4　依托统计学处理数据的应用场景

下载资源：可扫描旁边二维码观看或下载教学视频

宏观经济学、财政学等学科研究的问题相对宏观，且在很多情况下不容试错，比如针对研究课题"通货膨胀率对失业率的影响关系"，一方面，实证研究的数据需要为客观真实数据，以中国为例，应该基于中国历年通货膨胀率与失业率的真实数据，而不应通过调查问卷来获得；另一方面，因为研究问题不容试错，构建的实证分析模型必须严谨，往往需要有严格的计量经济学知识作为支撑，充分考虑模型中变量的内生性、随机扰动项的外生性、模型的稳健性、样本的异质性等。比如刚才提到的研究课题"通货膨胀率对失业率的影响关系"，如果依据实证分析得出"适度提升通货膨胀率可以有效抑制失业率"的结论，为政府提出适度容忍通货膨胀以缓解就业压力的政策建议，而实证分析的研究过程、构建的实证分析模型并不严谨，真实的经济社会运行规律并不满足"适度提升通货膨胀率可以有效抑制失业率"的结论，导致政策南辕北辙，那么对于整个社会来说，损失不可估量。

但社会学、教育学、心理学、管理学等领域研究的往往是相对微观的问题，比如研究"XX 行业变革型领导和组织支持感对员工前瞻性行为的影响-以自我效能感为调节"，就可以通过发放调查问卷获取数据，这实质上就是一种以样本推断总体的概念，我们不可能也没有必要对全世界所有企事业单位的员工开展调查研究，可以在 XX 行业内选取几家具有代表性的企业，然后从中抽取一定数量的被调查者，发放调查问卷，从而以这部分被调查者作为样本，开展相应分析。分析依据的是统计学，以样本推断总体，旨在通过深入研究有代表性的小样本，从统计学的角度解释变量之间的内在逻辑关系，包括相关关系、影响与被影响关系、中介效应与调节效应等。

1.5　SPSS 与 Stata、Python 的对比

下载资源：可扫描旁边二维码观看或下载教学视频

1.5.1　Stata 与计量经济学

Stata 是一个完整的、集成的用于数据管理、数据分析以及图表绘制的软件包，可以满足用户关

于数据操作、可视化、统计和自动报告的系列需求。Stata 最早由 Stata 公司在 1985 年研制开发成功之后面市,迄今已有 30 多年历史,在全球范围内被广泛应用于企业和学术机构中,特别是在经济学、金融学及流行病学领域。

Stata 对于数据类型的区分较为精细,针对横截面数据、时间序列数据和面板数据,Stata 中有各自相对独立的模块进行研究,比如针对横截面数据有普通的相关分析、回归分析、因变量离散回归分析、因变量受限回归分析等;针对时间序列数据,有时间序列数据的预处理、移动平均滤波与指数平滑法、ARIMA 模型、SARIMA 模型、ARIMAX 模型、单位根检验、向量自回归模型、协整检验与向量误差修正模型、ARCH 系列模型等;针对面板数据,有面板数据的预处理、短面板数据分析、长面板数据分析等。

数据类型

一般来说,用于分析的数据包括横截面数据、时间序列数据和面板数据。横截面数据是指在某一时点收集的不同研究对象的数据,对应同一时点上不同研究对象所组成的一维数据集合,研究的是某一时点上的某种经济现象,突出研究对象的个体化差异,比如 2022 年中国各省市的 GDP 数据,时点均为 2022 年年末,但样本涉及中国各省市。时间序列数据是指对同一研究对象在不同时间连续观察所取得的数据,侧重观察研究对象在时间顺序上的变化,寻找同一研究对象随时间发展的规律,比如中国 1990—2022 年的 GDP 数据,时点涉及 1990—2022 年多个年份,但样本仅涉及中国本身。面板数据则是横截面数据与时间序列数据综合的结构,可以分析不同研究对象在时间序列上组成的数据的特征,既可以用来分析不同研究对象之间的差异,又可以描述同一研究对象的动态变化特征,比如 1990—2022 年各省市的 GDP 数据,时间跨度涉及 1990—2022 年,样本涉及中国各省市。

Stata 作为一种数据分析软件,高度适用于依托计量经济学的研究领域,如宏观经济学、财政学等,当然在医学等学科应用也较为广泛,在处理面板数据方面也深具特色。(关于 Stata 的入门学习与基础操作,推荐学习杨维忠、张甜编著,清华大学出版社出版的《Stata 统计分析从入门到精通》;关于 Stata 的综合案例与建模应用,推荐学习杨维忠、张甜编著,清华大学出版社出版的《Stata 统计分析商用建模与综合案例精解》)。

1.5.2 SPSS 与统计学、机器学习

相对于 Stata,SPSS 对于数据的区分不够精细,在 SPSS 中,可以通过时间变量的设置来明确数据为时间序列数据,但在横截面数据和面板数据的区分方面,缺乏简单易行的操作方式,针对时间序列数据和面板数据的分析处理方法也远不如 Stata 丰富,这与 SPSS 依托统计学的本质有关。从中国知网等平台上不难发现,当前大量 CSSCI 收录期刊的宏观经济学、财政学等依托计量经济学领域的实证研究类论文都使用了面板数据。面板数据通常样本数量相对较大,也可以有效解决遗漏变量的问题,还可以提供更多样本动态行为的信息,具有横截面数据和时间序列数据无可比拟的优势。但相对于 Stata,处理面板数据确实是 SPSS 的短板。

SPSS 的功能特色主要体现在统计分析,兼具一部分机器学习功能,非常适合通过调查问卷获取数据开展实证分析的学术或应用研究,也可以用其进行较为基础的机器学习。

机器学习介绍

近年来，得益于信息技术的持续进步，数据的存储和积累可以非常便利且低成本地实现，同时大数据时代各类企事业单位的数据治理意识得到显著提升。大到大型的商业银行、电商平台，小到大街小巷采取会员制的餐饮、商店，都积累了大量的客户交易数据、消费数据和基础数据，如何实现对这些数据的开发利用，建立恰当的模型，从数据中挖掘出客户的行为习惯，从而更好地、更有针对性和效率地开展市场营销、产品推广、客户关系分类维护或风险控制，进而改善经营效益、效率和效果，对各类市场经济主体显得尤为重要。

机器学习是通过一系列计算方法（简称算法），使得计算机具备从大数据中学习的能力。机器学习实现的过程是，用户将既有数据提供给计算机，计算机基于现有数据，使用机器学习算法构建模型，然后将模型推广泛化到新的样本观测值，进而可以进行预测。因此，一言以蔽之，机器学习的内容体现为算法，精髓在于预测。

关于 SPSS 的操作应用，除了学习本书之外，还可以学习杨维忠、张甜编著，清华大学出版社出版的《SPSS 统计分析入门与应用精解（视频教学版）》；关于 SPSS 的机器学习、商用建模与综合案例应用，推荐学习杨维忠、张甜编著，清华大学出版社出版的《SPSS 统计分析商用建模与综合案例精解》。

1.5.3　Python 与机器学习

在数字化转型浪潮下，机器学习的各种算法早已不再局限于概念普及和理念推广层面，而是真真切切地广泛应用在各类企事业单位的各个领域，从客户分层管理到目标客户选择，从客户满意度分析到客户流失预警，从信用风险防控到精准推荐，各种算法的应用对于企业全要素生产率的边际提升起到了举足轻重的作用。

前面提到使用 SPSS 也可以完成较为基础的机器学习，但真正开展机器学习，还是 Python 更具优势。其一，SPSS 是一种收费的统计分析软件，需要用户承担一定的成本，而 Python 作为一门编程语言，是开源免费的；其二，SPSS 将机器学习的编程语言操作集成到了窗口菜单中，虽然在很大程度上方便用户操作，尤其是不擅长编程的用户，但与此同时也丧失了使用编程语言可以根据需要及时调整参数的灵活性；其三，目前 SPSS 中的机器学习功能还较少，缺乏随机森林、提升法、支持向量机等主流机器学习算法功能。

Python 是一门简单、易学、易读、易维护、用途广泛、速度快、免费、开源的主流编程语言，广泛应用于 Web 开发、大数据处理、人工智能、云计算、爬虫、游戏开发、自动化运维开发等领域，是众多高等院校的必修基础课程，也是堪与 Office 办公软件应用比肩的职场人士必备技能。Python 不仅可以用于机器学习，也可用于统计分析、办公自动化等领域，学习性价比较高。

因此，对于致力于学习机器学习的朋友，推荐学习 Python。一方面，当前机器学习广泛应用于高校科研和企事业单位经营管理实践中，是一个非常好的学习 Python 语言、实现学以致用的切入口，应用 Python 开展机器学习能够让大家更有动力、更有兴趣、更具效果地学好 Python 语言；另一方面，用基于 Python 的操作实现与结果解读来引领机器学习的课程学习，相对更易入门和进阶，大大降低了学习难度，能够让大家更好地掌握机器学习相关技能。

关于 Python 机器学习，推荐学习杨维忠、张甜编著的，清华大学出版社出版的《Python 机器学习原理与算法实现》，以及张甜、杨维忠所编著的，清华大学出版社出版的《Python 数据科学应用从入门到精通》。

1.6　SPSS 软件的安装要求、启动与关闭

 下载资源:\video\第 1 章\1.6

1.6.1　SPSS 软件的安装要求

SPSS 自 1968 年推出以来历经了多次改版，当前流行版本为 SPSS 26.0。SPSS 软件于 2009 年被 IBM 公司收购，现被更名为 IBM SPSS。SPSS 26.0 在保留了以往版本优良特性的基础上又增加了一些新的功能模块，使得功能更加强大，操作上更突出个性化，可以更好地适应不同用户群体的数据分析需求。本书以 SPSS 26.0 版本进行讲解。

运行 SPSS 26.0 对计算机的环境要求并不高，一般的硬件配置即可。若 SPSS 的运算涉及大量数据，则需要用户配置较大的内存。对于较大的数据处理和复杂的统计运算，计算机至少需要 256MB 内存。

SPSS 26.0 对计算机硬件的基本要求如下：

- 以 1GHz（千兆赫兹）或更高频率运行的 Intel 或 AMD 处理器。
- 最低 1 GB RAM（Random Access Memory，随机存储器）。
- 至少 800MB 内存。注意，若安装一种以上的帮助语言，每多一种语言，就需要增加 150~170MB 的磁盘空间。
- DVD/CD 光盘驱动器，用于安装 SPSS 26.0 软件。若用户通过网络安装软件，则无须配置此项。
- XGA（1024×768）或更高分辨率的显示器。
- 运行 TCP/IP 网络协议的网络适配器，用于访问 IBM SPSS 公司的网站以获得相应的技术支持和软件升级。

SPSS 26.0 对操作系统的最低要求为：Microsoft Windows XP（32 位版本）、Windows Vista（32 位和 64 位版本）、Windows 7（32 位和 64 位版本）或 Windows 10（32 位和 64 位版本）。

1.6.2　SPSS 软件的启动

SPSS 软件程序包安装后，双击 SPSS 程序启动图标或者从 Windows 的开始菜单中找到 SPSS 的程序后单击启动，弹出如图 1.1 所示的启动对话框。该对话框仅在安装后第一次启动时显示，如果选中了对话框左下角的"以后不再显示此对话框"复选框，那么在以后启动 SPSS 时将不再出现该对话框。

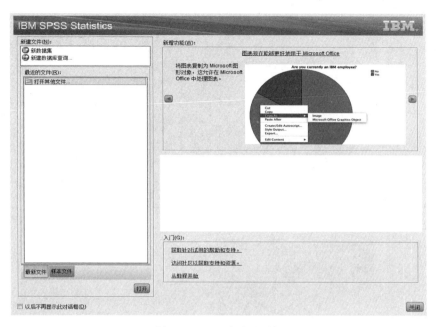

图 1.1　SPSS 启动对话框

对 SPSS 启动对话框的简要介绍如下。

1. 新建文件

新建文件包括"新数据集"和"新建数据库查询"两个子选项。

- 选择"新数据集"子选项并单击下方的"打开"按钮，或者直接双击"新数据集"子选项，将显示"数据编辑器"窗口，如图 1.2 所示。在该窗口中，用户可以直接输入数据，建立新数据集。

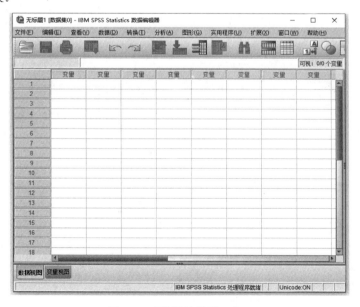

图 1.2　"数据编辑器"窗口

- 选择"新建数据库查询"子选项并单击下方的"打开"按钮，或者直接双击"新建数据库
查询"子选项，将显示"数据库向导"对话框，可从非 SPSS 数据源中获取数据，如图 1.3
所示。在该对话框中，用户可以选择数据源，指定要检索的个案，在检索前对数据进行汇
总以及指定变量名和属性。

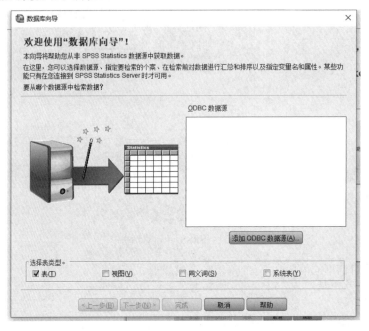

图 1.3 "数据库向导"对话框

在"数据库向导"对话框中单击"添加 ODBC 数据源"按钮，即可弹出如图 1.4 所示的"ODBC
数据源管理程序"对话框。在该对话框中，用户可以对 ODBC 数据源管理程序进行设置。

图 1.4 "ODBC 数据源管理程序"对话框

2. 最近打开的文件

SPSS 对用户最近的文件操作有一定的记忆功能，列表框会列出用户近期打开过的 SPSS 数据文件，用户单击其中的数据文件名称将会实现对相关数据文件的快速启动。用户如果是首次安装 SPSS 软件，未曾存储过数据，那么列表框中将会只显示"打开其他文件"选项。如果用户选择该选项并单击下方的"打开"按钮，将显示"打开"对话框，如图 1.5 所示。

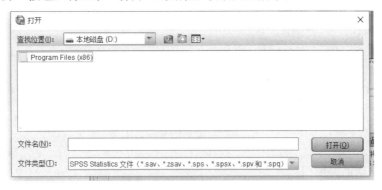

图 1.5　"打开"对话框

在"打开"对话框中，用户可以通过访问文件所在的位置精准找到需要打开的数据文件，然后单击"打开"按钮即可实现对目标数据文件的启动。

如果选中了如图 1.1 所示的启动对话框左下角的"以后不再显示此对话框"复选框，那么在以后启动 SPSS 时将会直接显示"数据编辑器"窗口。在该窗口中，用户可以直接通过菜单操作的方式打开 SPSS 数据、语法、输出和脚本等文件，如图 1.6 所示。

图 1.6　在"数据编辑器"窗口中打开 SPSS 文件

1.6.3　SPSS 软件的关闭

SPSS 的关闭与 Windows 界面类似，通常有以下几种操作方法：

- 在 SPSS 软件菜单栏中选择"文件"→"退出"命令。
- 双击 SPSS 窗口左上角的  图标，或者右击标题栏的任何位置，从弹出的快捷菜单中选择"关闭"选项。
- 单击窗口右上角的 按钮。
- 使用快捷键 Alt+F4。

1.6.4　SPSS 软件常用窗口

SPSS 软件常用窗口包括"数据编辑器"窗口、"语法编辑器"窗口和"查看器"窗口（结果输出窗口）。

1. "数据编辑器"窗口

在启动选项中选择"输入数据"或"打开现有的数据源"，就会出现"数据编辑器"窗口。

2. "语法编辑器"窗口

选择菜单栏中的"文件"→"新建"→"语法"命令或"文件"→"打开"→"语法"命令，均可打开"语法编辑器"窗口，如图 1.7 所示，图中展示的是一段联合分析（结合分析）的程序。用户可以在"语法编辑器"窗口中直接编写相应的程序，也可以将已经编辑好的命令粘贴到"语法编辑器"窗口中。

图 1.7　SPSS 的"语法编辑器"窗口

3. "查看器"窗口

SPSS 执行完用户的操作指令后，会在"查看器"窗口输出统计分析结果或绘制的相关图表，如

图 1.8 所示。可以发现"查看器"窗口分为左右两个组成部分,左侧是导航窗口,右侧是显示窗口。用户通过导航窗口可以快速找到相应的分析结果或者图表,通过显示窗口可以看到具体的内容细节。

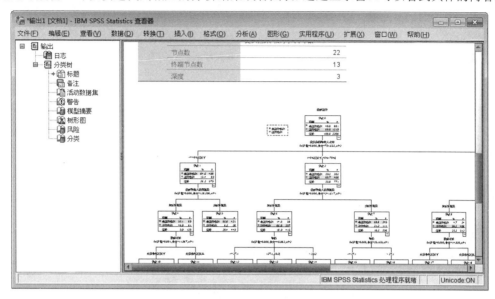

图 1.8　SPSS 的结果输出窗口

在"查看器"窗口中,直接双击其中的表格或图形就可以实现对大部分表格或图形结果的编辑,如图 1.9 所示。

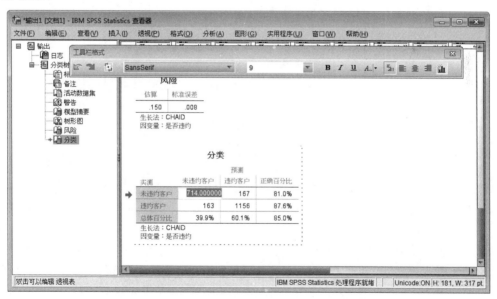

图 1.9　在 SPSS "查看器"窗口中对结果的编辑

1.7　SPSS 选项设置

 下载资源：可扫描旁边二维码观看或下载教学视频

　　SPSS 选项设置主要用于对 SPSS 的界面语言、输出结果格式或样式、外观风格等进行个性化设置。如果用户无特别偏好，也可直接采用系统默认设置，无须额外开展选项设置。在 SPSS "数据编辑器" 窗口中，通过 "编辑" → "选项" 菜单命令打开 "选项" 对话框，其中包括 "常规" "语言" "查看器" "数据" "货币" "输出" "图表" "透视表" 等选项卡。

1.7.1　"常规" 选项卡

　　"常规" 选项卡为默认选项卡，可以设置 SPSS 的各种通用参数，如图 1.10 所示。

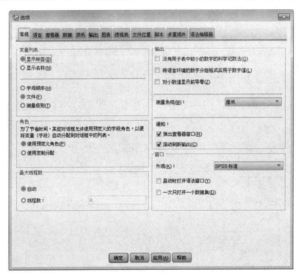

图 1.10　"常规" 选项卡

- "变量列表" 选项组用于设置变量在变量表中的显示方式与显示顺序。显示方式可选择 "显示标签" 或 "显示名称"。若用户选择 "显示标签"，则变量标签显示在前；若用户选择 "显示名称"，则只显示变量名称。

- "角色" 选项组是为了节省时间，某些对话框允许使用自定义的字段角色，以便将变量（字段）自动分配到对话框中的列表。该选项组包括 "使用自定义角色" "使用定制分配" 两个选项。通常情况下，用户不需要特别设置，采用系统默认设置即可。

- "输出" 选项组主要设置常用的输出格式。用户如果选中 "没有用于表中较小的数字的科学记数法" 复选框，则输出结果中将把非常小的小数以 0 代替；如果选中 "将语言环境的数字分组格式应用于数字值" 复选框，则输出结果中的数字将会应用与语言环境保持一致的格式；如果选择 "对小数值显示前导零" 复选框，则小数将会带着整数部分的 0，如 0.03，如果不选该选项，则小数将简略显示，如.03。

- "测量系统"下拉列表框用于设置 SPSS 的度量参数,可以选择"磅""英寸""厘米"。
- "通知"选项包括"弹出查看器窗口"和"滚动到新输出"两个复选框。选中"弹出查看器窗口"复选框,SPSS 会在有新的结果时弹出查看器窗口;选中"滚动到新输出"复选框,SPSS 会自动在视图窗口中滚动到新输出。
- "窗口"选项组中的"外观"下拉列表框用于设置 SPSS 的外观风格,包括窗口、SPSS 标准和 SPSS 传统 3 种风格,用户可根据自身偏好灵活选择。若选中"启动时打开语法窗口"复选框,SPSS 启动时将打开语法窗口。若选中"一次只打开一个数据集"复选框,SPSS 将不支持打开多个数据集,用户若要打开新数据集,则需将原先打开的数据集关闭。

1.7.2 "语言"选项卡

"语言"选项卡用于设置输出结果和用户界面的语言环境,如图 1.11 所示。

对话框左侧的"语言"选项组中包括"输出"和"用户界面"两个下拉菜单,分别用于设置输出结果和用户操作界面的语言环境。下拉选项包括"英语""简体中文""繁体中文""法语""德语"等各语种选项。国内用户一般设置为"简体中文"。对话框右侧的"双向文本"选项组用于设置基本文本方向,下拉菜单中包括"自动""从右到左""从左向右"3 个选项,一般情况下采取系统默认设置即可。

1.7.3 "查看器"选项卡

"查看器"选项卡主要用于设置结果输出窗口(查看器窗口)的字体、图标等选项,如图 1.12 所示。

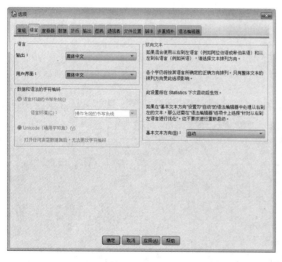

图 1.11　"语言"选项卡

图 1.12　"查看器"选项卡

- 对话框左侧的"初始输出状态"选项组用于设置输出结果的初始状态参数。
- 在"项"下拉列表框中可以选择要设置的输出结果,"项"下拉列表框中包括日志、警告、备注、标题、页面标题、透视表、图表、文本输出、树模型、模型查看器、未知对象类型等选项。

- 在"初始内容"和"对齐"选项组中可以设置所选内容的输出参数。"初始内容"可选择"显示"或"隐藏";"对齐"可选择"左对齐""居中""右对齐";此外,如果用户选中"在日志中显示命令"复选框,SPSS 将在日志中输出命令语句。
- 对话框右侧的"标题""页面标题"和"文本输出"选项组分别用于设置标题、页面标题,以及文本输出的字体、大小、加粗、斜体、下画线、颜色等。

1.7.4 "数据"选项卡

"数据"选项卡用于设置数据处理过程中的相关参数,如图 1.13 所示。

- "转换与合并选项"选项组包括"立即计算值""在使用前计算值"两种:
  - ➤ 选中"立即计算值"单选按钮,数据转换、文件合并操作将在单击"确定"按钮后立即执行。
  - ➤ 选中"在使用前计算值"单选按钮,不会立即执行,只有在遇到命令时才进行转换和合并,一般在数据文件较大时,为了节约资源才选用"在使用前计算值"。
- "新数字变量的显示格式"选项组用于设置数值变量的宽度与小数位数,包括"宽度"与"小数位数"两个微调框。
- "随机数生成器"选项组用于选择使用的随机数生成器。若用户选中"长周期梅森旋转算法"单选按钮,则 SPSS 将使用长周期梅森旋转算法进行随机数生成。
- "数字值的四舍五入与截断"选项主要针对 RND 和 TRUNC 函数,用于设置使用的模糊位数。
- "设置两位数年份的世纪范围"选项组用于定义年份范围。若选择"自动"单选按钮,则系统年限基于当年,前推 69 年,后推 30 年(加上当年,整个范围为 100 年);若选择"定制"单选按钮,则用户可自定义年份的变动范围。

1.7.5 "货币"选项卡

"货币"选项卡如图 1.14 所示。

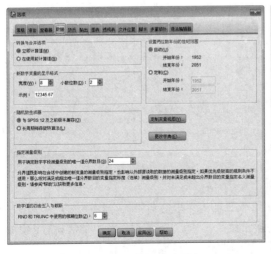

图 1.13 "数据"选项卡

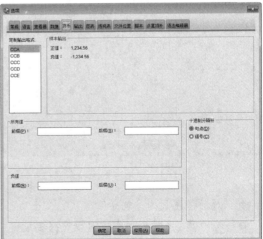

图 1.14 "货币"选项卡

- "定制输出格式"选项可以设置 5 种自定义数据显示格式，包括特殊的前缀和后缀字符以及对负值的特殊处理方式。自定义数据显示名称为 CCA、CCB、CCC、CCD 和 CCE，右边的"样本输出"选项组会显示相应格式的预览。

- "所有值"选项组包含"前缀"与"后缀"两个文本框，分别用于输入所有值的前缀与后缀。

- "负值"选项组同样包括"前缀"与"后缀"两个文本框，分别用于输入所有负值的前缀与后缀，系统默认前缀为"-"。

- "十进制分隔符"选项组用于设置小数分隔符，有"句点"和"逗号"两种分隔符可以选择。

1.7.6 "输出"选项卡

"输出"选项卡主要用于设置输出结果的标签选项，如图 1.15 所示。

- "大纲标注"选项组包括"项标签中的变量显示为"和"项标签中的变量值显示为"两个下拉列表框，分别用于设置变量标签和变量值的显示方式。下拉列表框均有 3 个选项供选择，若选择"标签"，则将使用变量标签标识每个变量；若选择"名称"，则将使用变量名称标识每个变量；若选择"标签与名称"，则将使用变量标签与变量名称两者来标识每个变量。

- "透视表标注"选项组包括"标签中的变量显示为"和"标签中的变量值显示为"两个下拉列表框，下拉列表框内容与"大纲标注"选项组中类似。

1.7.7 "图表"选项卡

"图表"选项卡用于设置图表输出时的各种参数，如图 1.16 所示。

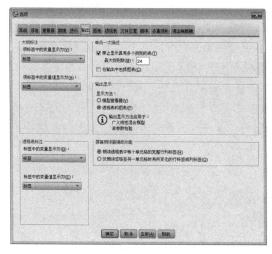

图 1.15 "输出"选项卡

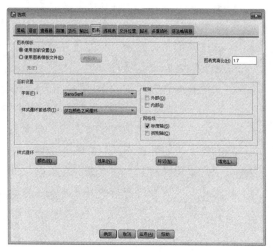

图 1.16 "图表"选项卡

- "图表模板"选项组包含"使用当前设置"和"使用图表模板文件"两个选项。若用户选择"使用当前设置"，则图表采用此标签中设置的参数；若选择"使用图表模板文件"，则使用图表模板来确定图表属性，通过单击右侧的"浏览"按钮选择具体的图表模板。

- "图表宽高比"文本框用于设置图表的宽高比例。
- "当前设置"选项组包括"字体""样式循环首选项"两个下拉列表框。"字体"下拉列表框用于设置新图表中所有文本的字体。"样式循环首选项"下拉列表框用于设置新图表的颜色和图案的初始分配，包含两个选项，若用户选择"仅在颜色之间循环"，则系统仅使用颜色区分图表元素，不使用图案；若用户选择"仅在图案之间循环"，则系统仅使用线条样式、标记符号或填充图案来区分图表元素，不使用颜色。
- "框架"选项组用于控制新图表上的内框和外框的显示，用户可以选择显示内部或外部。
- "网格线"选项组用于设置新图表上的标度轴网格线和类别轴网格线的显示。
- "样式循环"选项组包含"颜色""线条""标记""填充"4 个按钮，分别用于设置新图表的颜色、线条样式、标记符号和填充图案。

1.7.8 "透视表"选项卡

"透视表"选项卡如图 1.17 所示。

- "表外观"选项组用于设置表格输出的外观样式及储存路径。既可在列表框中选择一种显示的外观样式，也可以通过单击"浏览"按钮选择自定义的外观样式。
- "列宽"选项组用于控制枢轴表中列宽的自动调整，包括两个选项，若用

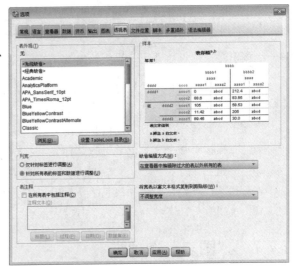

图 1.17 "透视表"选项卡

户选择"仅针对标签进行调整"，则系统将列宽调整为列标签的宽度，这在外观上会使得表格空间更为紧密，但宽度超过标签的数据值可能会被截去；若用户选择"针对所有表的标签和数据进行调整"，则系统会将列宽调整为列标签或最大数据值中较大的宽度。

- "缺省编辑方式"下拉列表框用于设置表格在查看器窗口或独立窗口中的编辑。前面提到，在 SPSS 结果输出窗口双击表格即可编辑查看器窗口中所有除大表之外的表格。除此之外，我们还可以在"缺省编辑方式"下拉列表框中设置"在查看器中编辑除过大的表以外所有的表"，还可以选择"在另一个窗口中打开所有的表"。

- "将宽表以富文本格式复制到剪贴板"下拉列表框用于设置以 Word/RTF 格式粘贴表格时，文档宽度较大的表格的处理方式，可选择"不调整宽度""将宽度缩小到合适大小""将表换行"。

1.8　SPSS 运行环境设置

　下载资源：可扫描旁边二维码观看或下载教学视频

SPSS 允许用户自行设置自定义运行环境，用户可以对状态栏、系统字体、菜单和网格线等进行相应的设置，打造自己的个性化界面。

1.8.1　SPSS 状态栏的显示和隐藏

在 SPSS 的界面中可自行选择是否显示状态栏，具体操作方法如下：

在菜单栏中依次选择"查看"→"状态栏"选项，取消启用"状态栏"，SPSS 便会自动隐藏状态栏。如果用户在隐藏状态栏后希望 SPSS 再次显示状态栏，只需重复上面的操作，启用"状态栏"即可，如图 1.18 所示。

1.8.2　SPSS 网格线的显示与隐藏

隐藏网格线的具体操作方法如下：

在菜单栏中选择"查看"→"网格线"选项，取消启用"网格线"，SPSS 便会自动隐藏网格线。如果用户在隐藏网格线后希望 SPSS 再次显示网格线，只需重复上面的操作，启用"网格线"即可，如图 1.19 所示。

图 1.18　"状态栏"选项

1.8.3　SPSS 菜单的增加与删除

SPSS 允许用户建立个性化的菜单栏，用户可以根据自己的需要删除现有菜单或增加新的菜单，具体操作方法如下：

在菜单栏中选择"查看"→"菜单编辑器"命令，打开如图 1.20 所示的"菜单编辑器"对话框。

图 1.19　"网格线"选项

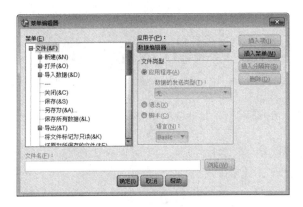

图 1.20 "菜单编辑器"对话框

1. "应用于"下拉列表框

该下拉列表框用于选择要编辑菜单的窗口，包含"数据编辑器""浏览器"和"语法"3 个选项，分别用于设置数据编辑器窗口、输出窗口和语法窗口的菜单栏。

2. "菜单"列表框

该列表显示了各个窗口中菜单栏中现有的菜单，单击每项前面的加号可以展开每项菜单下的具体内容。当我们选中菜单项目时，"插入菜单"按钮被激活，单击此按钮可以插入新的菜单。此外，双击想要对其添加新项的菜单或单击项目加号图标并选择要在其上显示新项的菜单项，"插入项"按钮便被激活，单击此按钮可插入新的菜单项。

3. "文件类型"选项组

该选项组包括"应用程序""语法"和"脚本"3 个单选按钮，用于为新项选择文件类型。单击"文件名"文本框后的"浏览"按钮，可选择要附加到菜单项的文件。此外，在菜单项之间还可以添加全新的菜单和分隔符。

1.8.4　SPSS 中字体的设置

SPSS 界面中的字体也可以进行设置，具体操作如下：

在菜单栏中选择"查看"→"字体"命令，打开如图 1.21 所示的"字体"对话框。"字体"对话框包含"字体""字型"和"大小"3 个列表框，用户可以在其中选择要定义的字形、字体样式和字号，设置完毕后单击"确定"按钮保存设置即可。

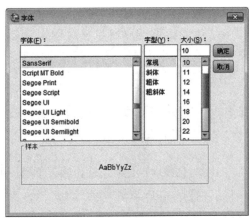

图 1.21 "字体"对话框

1.9 数据编辑器的基本操作

 下载资源：可扫描旁边二维码观看或下载教学视频

　　SPSS 可以直接输入数据，也可以从许多不同的数据源中导入数据，直接输入数据的方式就是使用数据编辑器。数据编辑器是 SPSS 的默认窗口，在该窗口中将会显示正在操作的数据文件的内容。数据编辑器分为两个视图：数据视图和变量视图。数据编辑器的数据视图如图 1.22 所示，其中每一行表示一个样本观测值，每一列表示一个变量。

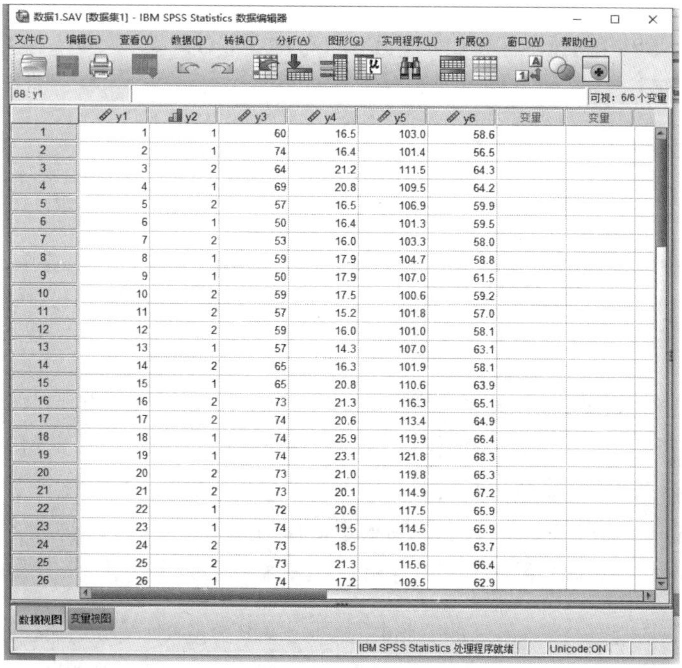

图 1.22　数据视图

　　数据编辑器的变量视图如图 1.23 所示，其中每一行表示一个变量，每一列表示变量的一个属性。

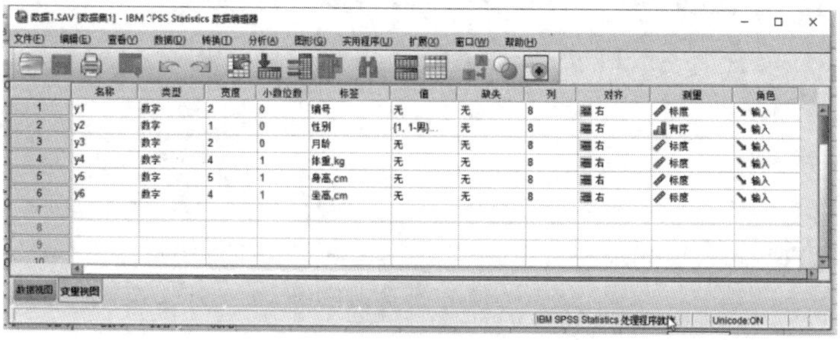

图 1.23　变量视图

1.9.1 数据编辑器的变量视图操作

在使用数据编辑器建立或者修改数据文件时，一般是先在变量视图中建立相应的变量，变量的属性包括名称、类型、宽度、小数位数、标签、值、缺失值、列、对齐、测量、角色。

1. 名称

SPSS 中变量命名的规则如下：

- 不能超过 64 个字符。
- 首字符必须是字母、中文或特殊符号 "@" "$" 或 "#"。
- 变量名中不能出现 "?" "！" "." "+" "=" "*" 和空格。
- 末字符不能为 "." 和 " "。
- 名称不能与 SPSS 的保留字（AND、BY、EQ、GE、GT、LT、NE、NOT、OR、TO、WITH 和 ALL）相同。

系统不区分变量名中的大小写字母。

2. 类型

SPSS 可以设置的变量类型共有 9 种，分别是数字、逗号、点、科学记数法、日期、美元、定制货币、字符串、受限数字（带有前导零的整数）。这 9 种变量类型又可以被归纳为 3 类，分别是数值型变量、日期型变量和字符型变量。

- 数值型变量包括标准数值型（数字）、逗号数值型（逗号）、圆点数值型（点）、科学记数型（科学记数法）、美元数值型（美元）、设定货币数值型（定制货币）、受限数值型（受限数字（带有前导零的整数））。
- 日期型变量（日期）是用来表示日期或者时间的，主要在时间序列分析中使用。
- 字符型变量（字符串）区分大小写字母，但不能进行数学运算。

以 $y1$ 变量为例，在如图 1.24 所示的变量视图中，单击变量 $y1$ 行与 "类型" 列交叉单元格右侧的 按钮，即可弹出如图 1.25 所示的 "变量类型" 对话框。在 "变量类型" 对话框中，用户可以设定变量的类型。

图 1.24　变量视图

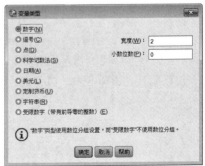

图 1.25　"变量类型" 对话框

3. 宽度

SPSS 中变量的宽度属性指在数据窗口中变量所占据的单元格的列宽度。

注　意

用户在定义变量类型时指定的宽度和定义变量格式的宽度是有区别的。定义变量格式的宽度应当综合考虑变量宽度和变量名所占的宽度，一般取其较大的一个作为定义该变量格式宽度时可取的最小值。

---

4. 标签

变量的标签属性是对变量名的附加说明。在许多情况下，SPSS 中不超过 8 个字符的变量名不足以表达变量的含义。利用变量标签就可以对变量的意义进行进一步的解释和说明。特别是在 Windows 中文系统下还可以附加中文标签，这给不熟悉英文的用户带来很大方便。例如，定义变量名 sale，可以加注标签"销售"。

给变量加了标签以后，在数据编辑器窗口操作时，当鼠标箭头指向一个变量的时候，变量名称下方就会立即显示出其标签，而且在统计分析数据结果时，呈现的是变量标签的结果。例如，针对前面变量名 sale 加注了标签"销售"，在进行描述性统计分析时，结果输出窗口显示的就是销售的结果，而非 sale 的结果。

5. 值

变量的值属性是对变量的可能取值附加的进一步说明，通常仅对类型（或分类）变量的取值指定值标签。以 $y2$ 变量为例，在如图 1.23 所示的变量视图中，单击变量 $y2$ 行与"值"列交叉单元格右侧的 ⋯ 按钮，即可弹出如图 1.26 所示的"值标签"对话框。

比如针对 $y2$ 变量，用 1 来表示男，2 来表示女，就需要在"值"文本框中输入"1"，在"标签"文本框中输入"男"，然后单击"添加"按钮；再在"值"文本框中输入"2"，在"标签"文本框中输入"女"，然后单击"添加"按钮，即可完成对 $y2$ 变量值标签的设置。

6. 缺失值

在很多情况下，我们整理的数据文件会出现错误，有的时候是因为工作失误，有的时候是数据突然出现了极端异常值。这些错误数据或者极端异常值数据可能会在很大程度上干扰我们的分析，使得最终拟合的数据模型有所失真。比如，在调查汽车的产量时，记录到某小型加工厂的平均日产为 600 万辆，如此高的产量显然是不符合基本常识的，所以这个数据应属于错误的数据，统计分析中使用了这样的数据必然导致错误的分析结果。以 $y2$ 变量为例，在如图 1.23 所示的变量视图中，单击变量 $y2$ 行与"缺失"列交叉单元格右侧的 ⋯ 按钮，即可弹出如图 1.27 所示的"缺失值"对话框。

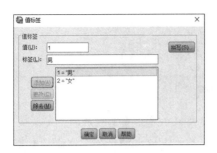 

图 1.26 "值标签"对话框   图 1.27 "缺失值"对话框

"缺失值"对话框中共有 3 种处理方式供用户选择：

- 无缺失值。无缺失值是 SPSS 的默认状态，如果当前所有的数据值测试、记录完全正确，没有遗漏，则可选择此项。
- 离散缺失值。选择这种方式定义缺失值，可以在下面的 3 个文本框中输入 3 个可能出现在相应变量中的缺失值，也可以少于 3 个。如果用户选择了这种处理方式，那么当用户在进行统计分析时，系统遇到这几个值时，就会作为缺失值处理。比如对于季节变量，如果对季节变量进行了值标签操作，用 1 来表示春季，用 2 来表示夏季，用 3 来表示秋季，用 4 来表示冬季，那么出现除 1、2、3、4 之外的值就是不正确的，如果数据中出现了 5、6、7，那么可以把 5、6、7 这 3 个值输入离散缺失值下面的 3 个文本框中，当数据文件中出现这几个数据时，系统将按缺失值处理，保证统计分析结果的准确性。
- 范围加上一个可选的离散缺失值。选择这种方式定义缺失值，除了"下限"和"上限"文本框外，还有一个"离散值"文本框，在这里可以设置一个范围以外的值。如果用户选择了这种处理方式，那么当用户在进行统计分析时，遇到下限和上限范围内的值，以及设置的范围以外的值，都会被作为缺失值处理。比如在统计学生体重数据时，在"下限"文本框中输入"80"，在"上限"文本框中输入"90"，在"离散值"文本框中输入"70"，那么学生体重数据处在[80,90]区间内以及体重为 70 时都会被认定为缺失值。

7. 对齐

在变量视图中，变量值在单元格中的显示有"左""右""居中"3 种选择，如图 1.28 所示。用户可以通过在"对齐"列中选择"左""右"或者"居中"来自行决定对齐方式。一般情况下，默认数值型变量的对齐方式为右对齐，字符型变量的对齐方式为左对齐。

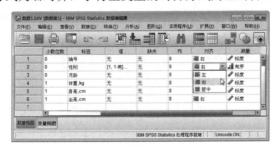

图 1.28 "对齐"设置

8. 测量

测量指的是变量的测量方式。变量的测量方式有 3 种，分别是"标度""有序""名义"，如图 1.29 所示。用户可以在"测量"列中选择"标度""有序"或者"名义"来为变量指定合理的测量类型。

简单来说，"标度"表示的是连续变量，名义表示的是分类变量，有序表示的是具有顺序性质的分类变量。用户需要根据变量的实际特征来指定测量类型，比如针对学生的身高、体重等连续性变量，就应该将测量方式设置为"标度"；针对学生衣服的颜色变量，就可以考虑将测量方式设置为"名义"；针对银行的信贷资产（正常、关注、次级、可疑、损失），或者客户的满意程度（很满意、比较满意、基本满意、不满意、很不满意等），就可以考虑设置为"有序"。

此外，在任意一个 SPSS 对话框的变量表中右击一个变量，将弹出快捷菜单，如图 1.30 所示。

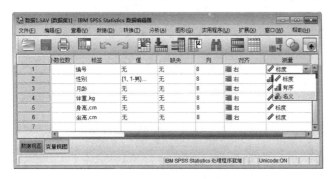

图 1.29　"测量"设置　　　　　　　　　　图 1.30　变量右键快捷菜单

注　意

该菜单中除了常见的"剪切""复制"和"粘贴"之外，还有"变量信息""描述统计""网格字体"等。以"变量信息"为例，若选择这一项，则将弹出"变量"对话框，给出变量的详细信息，包括"名称""标签""类型""缺失值""测量"等，如图 1.31 所示。这些帮助信息有助于选择要分析的变量。

图 1.31　"变量"对话框

1.9.2　数据编辑器的数据视图操作

当用户设定完变量后，可进入数据视图录入或者编辑样本观测值，或者针对样本观测值进行必要的加工等。

输入数据的操作方法是：单击激活选中的单元格，边框加黑，单元格的颜色变为土黄色。二维表格的上方左侧显示选定单元格的观测值号和变量名。在单元格中输入的数据显示在右侧的编辑栏中。输入后按回车键或按向下移动光标，输入同列下一个单元格的数据；按 Tab 键则移动到右侧的单元格。

注　意

输入单元格的变量值必须与事先定义的变量类型一致。如果变量为数值型，在单元格中输入字符串，系统将拒绝接受；如果变量为字符串，在单元格中输入数值，系统会将这个数值视为字符。

说　明

并不一定先设定变量再录入数据。如果用户没有设定变量，而是直接在数据视图中录入数据，那么 SPSS 会自动按照系统默认名称（VAR00001、VAR00002、VAR00003 等）创建变量，如图 1.32 所示。

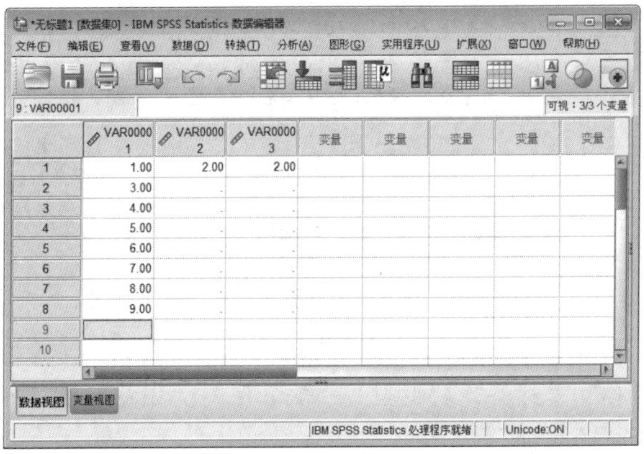

图 1.32　在数据视图界面录入数据自动创建变量

这些自动创建的变量类型默认为"数字"，宽度默认为 8，小数位数默认为 2，标签默认无添加，值默认为"无"，缺失值默认为"无"，对齐方式默认为"右"，测量方式默认为"未知"（需要用户进行选择），角色默认为"输入"，如图 1.33 所示。

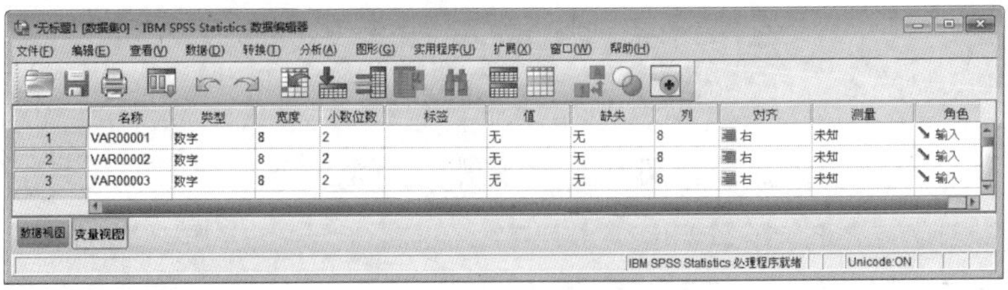

图 1.33　自动创建变量

所以用户也可以先在数据视图界面录入数据，再回到变量视图界面对默认变量进行编辑，修改各项属性使其符合研究要求，同样能达到创建数据文件的目的。

我们在整理数据资料的过程中，通常会发现数据存在遗漏、错误、不合理的重复值等情况，有时也会根据研究的需要和数据的变化增删新的变量或者数据。这时需要对数据文件进行编辑，针对需要增加的变量或者数据进行增加，针对需要删除的变量或者数据进行删除，针对需要更正的变量或者数据进行更正等。事实上，SPSS 的界面非常友好，操作风格与 Office 办公软件、WPS 办公软件等是一致的，用户如果能够熟练使用这些办公软件，就能够按照操作习惯熟练地对 SPSS 数据文件进行编辑操作。

1.10　SPSS 帮助系统

　下载资源：可扫描旁边二维码观看或下载教学视频

从 SPSS 数据编辑器的数据视图窗口的"帮助"菜单中可以展开系统"帮助"菜单，以获得多项帮助，如图 1.34 所示，不同的选项提供不同的帮助内容。

图 1.34　"帮助"菜单

1.10.1　主题网页帮助

选择"帮助"→"主题"命令，将进入 IBM SPSS Statistics 的帮助网页，如图 1.35 所示。在该页面中，用户根据自身学习需要在菜单栏中单击相应的选项，即可从 IBM SPSS 官方网站获得最新、最权威的帮助支持。

图 1.35　SPSS 帮助

1.10.2　PDF 格式的帮助文档

选择"帮助"→"PDF 格式的文档"命令，即可进入 IBM SPSS 的 PDF 格式的帮助文档网页，如图 1.36 所示。需要特别说明的是，本帮助文档非常有效，用户不仅可以浏览这些 PDF 格式的文档网页，也可以下载和打印这些文档，更深入地对相关知识和操作进行学习。

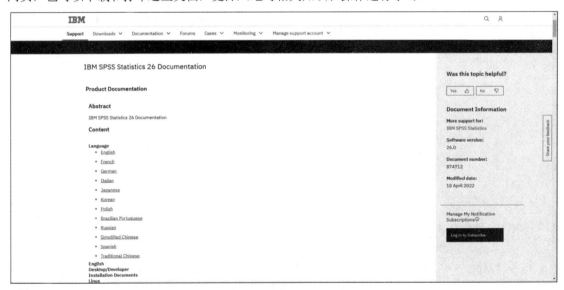

图 1.36　PDF 格式的帮助文档网页

在图 1.36 的 PDF 格式的帮助文档网页中，用户可以依据自身的语言习惯找到适合自己的 PDF 格式帮助文档，比如需要浏览、下载和打印简体中文格式的文档，那么就可以查找 Simplified Chinese 文档，单击 Simplified Chinese 选项后，即可弹出如图 1.37 所示的网页，在该网页中用户可以浏览、下载和打印，包括 Linux、macOS、Windows 三种操作系统中 SPSS 的基本设置，以及 Manuals 中各种 SPSS 统计分析方法的帮助文件。

图 1.37 简体中文格式的 PDF 帮助文档列表

1.10.3 各种对话框中的"帮助"按钮

在使用 SPSS 进行统计分析时，打开的各种主对话框和相应的子对话框中也都含有"帮助"按钮，如图 1.38 所示。用户可以单击"帮助"按钮快速进入该对话框的"帮助"主题并获取相应的帮助。

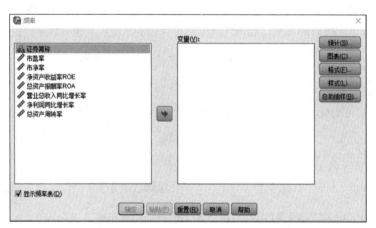

图 1.38 对话框右下方有"帮助"按钮

单击"帮助"按钮后弹出如图 1.39 所示的网页，其中包括"频率"的相关操作。

图 1.39 "频率"的帮助

1.11 本章习题

1.（多选）在 SPSS 数据编辑器的变量视图"缺失值"对话框中，用户可采取哪些处理方式（　　）。
A.无缺失值　　B.离散缺失值　　C.范围加上一个可选的离散缺失值　　D.多个范围缺失值

2.（多选）SPSS 数据编辑器的变量视图中，变量的测量方式有哪些？（　　）
A.标度　　　　　　B.有序　　　　　　C.名义　　　　　　D.随机

3.（多选）下列 SPSS 可以设置的变量类型中，哪些属于数值型变量？（　　）
A.数字　　　　　　B.逗号　　　　　　C.点　　　　　　D.科学记数法

4.（单选）SPSS 数据编辑器的数据视图中，每一行表示一个？（　　）
A.样本观测值　　　B.变量　　　　　　C.变量属性　　　　D.变量标签

5.（单选）SPSS 数据编辑器的数据视图中，每一列表示一个？（　　）
A.样本观测值　　　B.变量　　　　　　C.变量属性　　　　D.变量标签

6.（单选）SPSS 数据编辑器的变量视图中，每一行表示一个？（　　）
A.样本观测值　　　B.变量　　　　　　C.变量属性　　　　D.变量标签

7.（单选）SPSS 数据编辑器的变量视图中，每一列表示一个？（　　）
A.样本观测值　　　B.变量　　　　　　C.变量属性　　　　D.变量标签

8.（单选）在某次儿童体检时，儿童的身高范围应该为 50cm~170cm，但最终收集整理的数据集中出现了 0cm 以及一些 180cm~200cm 范围内的取值，那么应该采用哪种缺失值处理方式？（　　）

　　A.无缺失值　　　B.离散缺失值　　　C.范围加上一个可选的离散缺失值　　　D.多个范围缺失值

9.（单选）在某次儿童体检时，研究者针对性别变量取值为 1、2，分别代表男、女，但最终收集整理的数据集中出现了 0、3、4 取值，应该采用哪种缺失值处理方式？（　　）

　　A.无缺失值　　　B.离散缺失值　　　C.范围加上一个可选的离散缺失值　　　D.多个范围缺失值

第 2 章

统计学知识精要回顾

　　本章主要学习应用 SPSS 开展分析所必需的统计学知识。SPSS 作为一种统计分析软件，依托于相关的统计学知识，或者说 SPSS 本质上是一种分析工具，是统计方法通过软件便捷实现的工具。如果不熟悉、掌握基本的统计学知识，那么不仅会导致研究者难以根据实际研究需要选择恰当的统计分析方法，也会导致研究者无法准确选择 SPSS 的窗口菜单选项，无法对 SPSS 的运行结果进行正确的解读。所以，掌握重要的统计学知识，形成统计学思维，是灵活使用 SPSS 开展研究或撰写论文的基础。

本章教学要点：

- 掌握统计学常用的基本概念，包括总体、样本与统计推断，频率与概率，条件概率、独立事件与全概率公式，概率函数与概率密度函数。

- 熟练掌握离散型概率分布与连续型概率分布的区别，以及伯努利分布、二项分布、泊松分布、负二项分布、多项分布等离散型概率分布，正态分布（高斯分布）、卡方分布、T 分布和 F 分布等连续型概率分布。

- 熟练掌握常见的集中趋势统计量、离散趋势统计量和分布趋势统计量。

- 熟练掌握大数定律与中心极限定理的基本思想。

- 熟练掌握参数估计的概念，以及常用的点估计和区间估计方法。

- 准确理解假设检验的概念、原理，以及 T 检验、Z 检验和 F 检验等常用的假设检验方法，掌握参数检验与非参数检验的区别。

- 掌握贝叶斯统计的基本原理与贝叶斯定理。

2.1　统计学常用的基本概念

2.1.1　总体、样本与统计推断

　　总体（Population）就是所需研究对象的全部个体构成的集合，比如我们要研究"XX 商业银行员工追求卓越动机对自驱行为的影响"，那么总体就是 XX 商业银行的全体员工。为了研究充分，理想状态下是针对 XX 商业银行全体员工开展调查并获取数据，但在实际研究中，我们不可能也没有必要获取总体的数据资料，比如该银行共有员工 10 万人，那么调查成本对于研究者来说很可能是难以承受的。因此，基于成本效益的原则，更可行的操作方式是从总体中随机或按照一定规则抽取一部分样本（Sample）进行研究，力求使得样本可以很好地代表总体，并根据样本的数据特征来推断总体，这就是统计学中"统计推断"的概念。

　　通常情况下，我们期望的抽样方式是"随机抽样"，即所有的样本都有同等的概率被抽中，并且被抽中的概率是相互独立的，即样本观测值之间满足独立同分布（Independent and Identically Distributed，IID）的假定，从而可以使得样本能够较好地代表总体。

　　样本是从总体中抽取的一部分元素的集合，样本总体中的单位数称为样本容量，一般情况下样本单位数达到或超过 30 个称为大样本，30 个以下称为小样本。

　　统计推断的具体操作包括参数估计、假设检验及预测等，其中参数估计又可以被细分为点估计和区间估计，假设检验又可以被细分为参数检验和非参数检验。

2.1.2　频率与概率

1. 频率

　　对于样本而言，频率（Frequency）的定义为：在 n 次随机试验中，随机事件 A 发生了 k 次，$p = \frac{k}{n}$ 称为随机事件 A 在 n 次试验中出现的频率。

2. 概率

　　对于总体而言，概率（Probability）的定义为：在大量重复的试验下，用数值度量随机事件 A 发生的可能性的大小，称为 A 发生的概率，记作 $P(A)$。

　　频率与概率的区别在于：频率对于样本而言是个试验值，是指在试验中某一事件出现的次数与试验总数的比值，具有随机性，其取值会随试验结果而改变；而概率对于总体而言是个理论值，是某一事件所固有的性质，其值唯一不变，能精确地反映随机事件出现的可能性大小。

2.1.3　条件概率、独立事件与全概率公式

1. 条件概率

　　条件概率（Conditional Probability）就是随机事件 A 在另一个随机事件 B 已经发生的条件下发生的概率。条件概率表示为 $P(A|B)$，即在 B 发生的条件下 A 发生的概率。条件概率的公式为：

$$P(A|B) = \frac{P(A \cap B)}{P(B)}$$

也就是说，条件概率等于事件 A 与事件 B 同时发生的概率除以事件 B 发生的概率。

2. 独立事件

如果随机事件 B 的发生不影响随机事件 A 的发生，也就是说：

$$P(A|B) = \frac{P(A \cap B)}{P(B)} = P(A)$$

则称随机事件 A 与随机事件 B 为相互独立的随机事件。

3. 全概率公式

如果随机事件 B 的发生情况由事件组 $\{B_1, B_2, \cdots, B_n\}$ 构成，其中各个 B_i 之间互不相容（不可能同时发生），而且事件组 $\{B_1, B_2, \cdots, B_n\}$ 为必然事件（肯定有一个 B_i 发生），那么针对任何事件 A 都有：

$$P(A) = \sum_{i=1}^{n} P(B_i) \times P(A|B_i)$$

这一公式被称为全概率公式，无论随机事件 A 与随机事件 B 之间是否有关系，都会满足这一公式。公式的实质在于将随机事件 A 的发生切分成了 n 种可能，每种可能性发生的概率 $P(B_i)$ 乘以在这种可能情形下随机事件发生的概率 $P(A|B_i)$，进行汇总，即为随机事件 A 发生的概率。

2.1.4 概率函数与概率密度函数

1. 概率函数

概率函数针对离散型概率分布，表示离散随机变量 X 在各特定取值上的概率 $P(x)$，其总和为 1。

2. 概率密度函数

概率密度函数用于表示连续型变量的概率分布情况。前面提到的概率函数是针对离散型随机变量定义的，本身就代表该值的概率；而概率密度函数则是针对连续随机变量定义的，本身不是概率，它在某区间内的积分才是概率。

2.2 概率分布

2.2.1 离散型概率分布

如果随机变量 X 的取值是离散的，比如取值为 $\{x_1, x_2, \cdots, x_n\}$，对应的取值概率分别为 $\{p_1, p_2, \cdots, p_n\}$，其中每个 p_i 都大于或等于 0，且所有的 p_i 之和为 1，那么就称 X 为离散型随机变量，服从离散型概率分布。统计学中的离散型概率分布主要包括伯努利分布、二项分布、泊松分布、负二项分布、多项分布等。

1. 伯努利分布

伯努利分布（Bernoulli Distribution）是为纪念瑞士科学家雅各布·伯努利而命名的，又称两点分布或者 0-1 分布。伯努利分布起源于伯努利试验，考虑只有两种可能结果的随机试验，当成功的概率是恒定的且各次试验相互独立时，这种试验在统计学上称为伯努利试验（Bernoulli Trial）。伯努利试验只有一次试验，且只有成功、失败两种可能，若伯努利试验成功，则伯努利随机变量取值为 1；若伯努利试验失败，则伯努利随机变量取值为 0。因此，在伯努利分布中，只有一次试验，随机变量也只有 0 和 1 两种取值可能。若将取 1 的概率设定为 p，则取 0 的概率为 $1-p$。

伯努利分布的概率函数为：

$$P(X=k) = p^k \times (1-p)^{1-k} \qquad k = 0,1$$

2. 二项分布

二项分布是 n 个独立的成功/失败试验中成功次数的离散概率分布，其中每次试验的成功概率为 p。所以，二项分布实质上就是多次伯努利试验的概率分布，当 $n=1$ 时，二项分布就是伯努利分布。二项分布具有以下 3 个特点：

- 每次试验都有两个可能的结果，这两个结果是互斥的，例如下雨或不下雨。
- 每次试验之间相互独立，某次试验结果不会影响其他的试验结果。
- 每次试验发生事件结果的概率都是相同的，在整个系列试验中保持不变。

二项分布因为是多次伯努利试验，所以它衡量的是成功次数的概率，即在 n 次试验中，成功的次数 X 对应的概率。二项分布记为 $X \sim B(n,p)$，概率函数为：

$$P(X=k) = C_n^k p^k \times (1-p)^{n-k} \qquad k = 0,1,2,\cdots,n$$

3. 泊松分布

泊松（Poisson）分布由法国数学家西莫恩·德尼·泊松（Siméon-Denis Poisson）在 1838 年提出，用于描述单位时间或单位空间内随机事件发生的次数的概率分布。

泊松分布的概率函数为：

$$P(X=k) = \frac{\lambda^k}{k!} \mathrm{e}^{-\lambda} \qquad k = 0,1,2,\cdots,n$$

泊松分布的参数 λ 是单位时间（或单位面积）内随机事件的平均发生次数。当二项分布的 n 很大而 p 很小时，泊松分布可作为二项分布的极限近似，其中 $\lambda=np$。通常当 $n \geqslant 20$、$p \leqslant 0.05$ 时，就可以用泊松公式近似计算。

4. 负二项分布

负二项分布（Negative Binomial Distribution）也是一种离散型概率分布。已知一个事件在伯努利试验中每次出现的概率是 p，在一连串伯努利试验中，X 为在第 r 次成功时所需的试验次数，则事件"$X=k$"等价于"第 k 次试验成功且前 $k-1$ 次试验中恰好成功 $r-1$ 次"。

负二项分布记为 $X \sim NB(r,p)$，概率函数为：

$$P(X=k)=C_{k-1}^{r-1}p^r \times (1-p)^{k-r} \qquad k=r,r+1\cdots$$

负二项分布需要同时满足以下条件：

- 试验包含一系列独立的试验。
- 每次试验都有成功、失败两种结果。
- 试验成功的概率是恒定的。
- 试验持续到 r 次成功，r 为正整数。

5. 多项分布

多项分布（Multinomial Distribution）是在二项分布的基础上进一步拓展而来的。假定在 n 次重复独立试验中：

（1）每次试验有 r 种可能结果 $A_1, A_2, \cdots, A_r$，每次试验中，各种可能结果出现的概率为 $p_1, p_2, \cdots, p_r$，且有：

$$p_i \geq 0 \quad \& \sum_{i=1}^{r} p_i = 1$$

（2）上述试验如果独立重复 n 次，所得结果可以用某些 A_i 组成的长度为 n 的序列表示。

（3）在上述 n 次独立重复试验中，以 x_i 表示 $A_i(i=1,2,\cdots,r)$ 出现的次数，则 $(x_1, x_2, \cdots, x_r)$ 为 r 维随机变量，在 n 次试验中，A_i 出现 $n_i(i=1,2,\cdots,r)$ 次的概率为：

$$P(x_1=n_1, \cdots, x_n=n_r) = \frac{n!}{n_1! \cdots n_r!} p_1^{n_1} \cdots p_r^{n_r}$$

其中 $n_i \geq 0$，$\sum_{i=1}^{r} n_i = n$。

这就是多项分布，记为 $M(n, p_1, p_2, \cdots, p_r)$。当 r=2 时，多项分布退化为二项分布。

2.2.2 连续型概率分布

如果随机变量 X 的取值是连续实数，比如取值为 $(-\infty, +\infty)$，那么就称 X 为连续型随机变量，服从连续型概率分布。

针对连续型随机变量而言，因为取值是连续的，所以其取值概率的测量是通过概率密度函数来进行的。针对所有的概率密度函数 $f(x)$，具有以下共性特点：

$$针对任意 x，都有 f(x) \geq 0$$
$$概率 \int_{-\infty}^{+\infty} f(x)\mathrm{d}x = 1$$

随机变量 X 的取值落入区间 $[m,n]$ 的概率 $P(\mathrm{m} \leq x \leq n)$ 为 $\int_m^n f(x)\mathrm{d}x$。

对于连续型概率分布，还有一个重要的概念是累计密度函数 $F(x)$，其计算公式为：

$$F(x) = \int_{-\infty}^{x} f(x)\,\mathrm{d}x$$

统计学中的连续型概率分布主要包括正态分布（高斯分布）、卡方分布、T 分布和 F 分布等。

1. 正态分布

正态分布（Normal Distribution）也称高斯分布（Gaussian Distribution），是应用最为广泛的一种连续型概率分布形式，也是许多统计方法的理论基础，被认为是概率论中最重要的分布。不论是在学术研究领域，还是在应用实践领域，很多随机变量的概率分布都可以近似地用正态分布来描述。参数检验、方差分析、相关和回归分析等多种统计方法均要求分析的变量服从正态分布。

1）一维正态分布

一维正态分布针对的是一个随机变量，如果随机变量 X 的概率密度函数为：

$$f(x) = \frac{1}{\sqrt{2\pi\delta^2}} \exp\left(\frac{-(x-\mu)^2}{2\delta^2}\right)$$

则称 X 服从正态分布，记为 $X \sim N(\mu, \delta^2)$。其中 μ 为随机变量 X 的期望，是正态分布的位置参数，描述正态分布的集中趋势位置。正态分布以 $X=\mu$ 为对称轴，左右完全对称。正态分布的期望、均数、中位数、众数相同，均等于 μ。

正态分布的图形化表达如图 2.1 所示。概率规律为取与 μ 越近的值的概率越大，而取离 μ 越远的值的概率越小。δ^2 为随机变量 X 的方差，是正态分布的形状参数，用于描述正态分布的离散程度，δ 越大则数据分布越分散，正态分布曲线也就越扁平；而 δ 越小则数据分布越集中，正态分布曲线也就越瘦高。

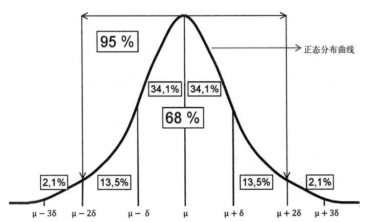

图 2.1　正态分布的图形化表达

正态分布曲线下方，横轴区间 $(\mu-\sigma, \mu+\sigma)$ 内的面积略大于 68%。

$$P\{|X-\mu| < \delta\} = 2\Phi(1) - 1 \approx 0.68$$

横轴区间（$\mu-2\sigma,\mu+2\sigma$）内的面积略大于 95%。

$$P\{|X-\mu| < 2\sigma\} = 2\Phi(2) - 1 \approx 0.95$$

横轴区间（$\mu-3\sigma,\mu+3\sigma$）内的面积略大于 99.7%。

$$P\{|X-\mu| < 3\sigma\} = 2\Phi(3) - 1 \approx 0.997$$

X 落在 $[\mu-3\delta, \mu+3\delta]$ 以外的概率在 0.003 以下，所以在实际问题中通常认为相应的事件是不会发生的，基本上可以把区间 $[\mu-3\delta, \mu+3\delta]$ 看作是随机变量 X 实际可能的取值区间，这称之为正态分布的 3δ 原则。

当 $\mu = 0$ 且 $\delta^2 = 1$ 时，称 X 服从标准正态分布，记为 $X \sim N(0,1)$。

很多情况下，为了便于描述和应用，需要将一般正态分布转化成标准正态分布，即对数据进行如下处理：

如果 $X \sim N(\mu, \delta^2)$，则 $Y = \dfrac{X-\mu}{\delta} \sim N(0,1)$。

2）n 维正态分布

n 维正态分布针对的是 n 维随机变量，如果 n 维随机变量 $X = (X_1, X_2, \cdots, X_n)$ 的联合密度函数为：

$$f(x_1, x_2, \cdots, x_n) = \frac{1}{2\pi^{n/2}|\Sigma|^{1/2}} \exp\left(-\frac{1}{2}(X-\mu)'\Sigma^{-1}(X-\mu)\right)$$

则称 X 服从 n 维正态分布，记为 $X \sim N(\mu, \Sigma)$。其中 μ 为随机变量 X 的期望，δ^2 为随机变量 X 的方差-协方差矩阵。此处需要解释的是，因为 X 是 n 维的，所以方差就不是一维正态分布下的一个数值了，而是一个矩阵的概念，即方差-协方差矩阵：

$$\begin{pmatrix} \mathrm{var}(X_1) & \mathrm{cov}(X_1, X_2) & \cdots & \mathrm{cov}(X_1, X_n) \\ \mathrm{cov}(X_2, X_1) & \mathrm{var}(X_2) & \cdots & \cdots \\ \cdots & \cdots & \ddots & \cdots \\ \mathrm{cov}(X_n, X_1) & \cdots & \cdots & \mathrm{var}(X_n) \end{pmatrix}$$

其中对角线上的元素 $\mathrm{var}(X_i)$ 为各个维度的方差，非对角线上的元素 $\mathrm{cov}(X_i, X_j)$ 为 X_i 和 X_j 的协方差。

n 维正态分布具有以下性质：

● 多维正态分布的每个分量分布为一维正态分布，并且各个分量经任何线性变换得到的随机向量仍为多维正态分布。但需要注意的是，如果每个分量分布为一维正态分布，并不能保证其联合分布为多维正态分布。

● 对于 n 个随机变量 $X_1, X_2, \cdots, X_n$，如果任意线性组合（$k_1X_1+k_2X_2+\cdots+k_nX_n$，$k_i$ 不全为 0）都服从一维正态分布，那么 $X = (X_1, X_2, \cdots, X_n)$ 服从 n 维正态分布。

● 如果 n 维随机变量 $X = (X_1, X_2, \cdots, X_n)$ 服从 n 维正态分布，$Y_1, Y_2, \cdots, Y_m$ 均为 $(X_1, X_2, \cdots, X_n)$ 的线性组合，那么 m 维随机变量 $Y = (Y_1, Y_2, \cdots, Y_m)$ 服从 m 维正态分布。

2. 卡方分布

卡方分布由阿贝（Abbe）于 1863 年首先提出，后来由海尔墨特（Hermert）和卡·皮尔逊（C. K. Pearson）分别于 1875 年和 1900 年推导出来。如果随机变量 $X_1, X_2, \cdots, X_n$ 是相互独立的，而且所有的 $X_i (i = 1, 2, \cdots, n)$ 都服从均值为 0、标准差为 1 的标准正态分布 $N(0,1)$，那么这些 X_i 的平方和 $\sum_{i=1}^{n} X_i^2$ 就服从自由度为 n 的卡方分布（X^2 分布）。

不同的自由度决定不同的卡方分布，自由度越小，分布越偏斜。卡方分布的自由度 n 越小，分布就会越向左边，随着自由度的不断增加，卡方分布会趋近于正态分布。卡方分布的自由度分别为 $n=1$、$n=3$、$n=6$ 时的分布曲线如图 2.2 所示。

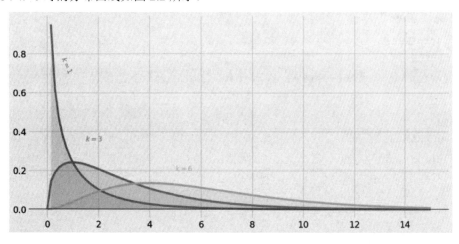

图 2.2　卡方分布曲线

3. T 分布

T 分布（学生 T-分布，T-distribution）通常用于根据小样本来估计呈正态分布且方差未知的总体的均值，如果总体方差已知（例如在样本数量足够多时），则应该用正态分布来估计总体均值。如果随机变量 Z 服从均值为 0、标准差为 1 的标准正态分布 $N(0,1)$，而随机变量 Y 服从自由度为 k 的卡方分布，且随机变量 Z 和随机变量 Y 相互独立，那么就有随机变量 P 服从自由度为 k 的 T 分布：

$$P = \frac{Z}{\sqrt{Y/k}} \sim t(k)$$

T 分布曲线形态与自由度 k 大小有关，与标准正态分布曲线相比，自由度 k 越小，T 分布曲线越平坦，曲线中间越低，曲线双侧尾部翘得越高；自由度 k 越大，T 分布曲线越接近正态分布曲线。随着自由度 k 的不断增加，T 分布会趋近于标准正态分布。不同自由度下，T 分布与标准正态分布的比较如图 2.3 所示。其中 df 表示 T 分布的自由度，x 表示标准正态分布。可以发现当自由度达到 200 时，T 分布曲线基本与标准正态分布曲线相重合。

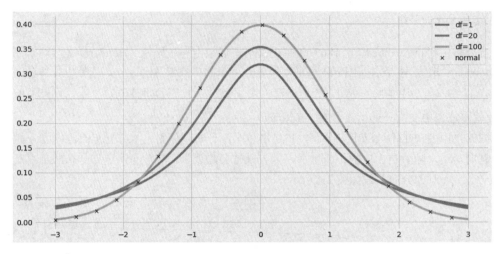

图 2.3　不同自由度下，T 分布与标准正态分布的比较

4. F 分布

F 分布由英国统计学家 R.A.Fisher 于 1924 年提出，并以其姓氏的第一个字母命名。如果随机变量 X 服从自由度为 k_1 的卡方分布，随机变量 Y 服从自由度为 k_2 的卡方分布，且随机变量 X 和随机变量 Y 相互独立，那么就有随机变量 Z 服从自由度为（k_1,k_2）的 F 分布：

$$Z = \frac{X/k_1}{Y/k_2} \sim F(k_1, \ k_2)$$

不难发现，F 分布是一种非对称分布，有两个自由度，且位置不可互换，常用于方差分析、回归方程的显著性检验。

2.3　统计量

统计量是统计学中一个重要的基础概念，是指统计理论中用来对数据进行分析、检验的变量，作用是把样本中有关总体的信息汇集起来。统计量依赖且只依赖于所分析的样本。在统计学中，一个很重要的概念是统计推断，也就是从样本推断总体，而统计推断往往需要首先进行随机抽样，然后计算所抽取样本的一系列统计量，基于计算得到的统计量来推断总体参数。常用的统计量可以分为 3 类：集中趋势统计量、离散趋势统计量和分布趋势统计量。

2.3.1　集中趋势统计量

集中趋势即样本观测值聚集于中心位置的趋势，集中趋势统计量反映了所有观测值聚集于中心的分布情况。集中趋势的常用统计量有平均值、中位数、众数、总和等。

1. 平均值与期望

平均值针对的是样本层面，因为样本取值是可以直接观测的，平均值就是各个样本取值的简单算术平均数，比如某组样本数据有 $X_1, X_2, \cdots, X_n$ 共 n 个数值，则其平均值的计算公式为：

$$\bar{X} = \frac{X_1 + X_2 + \cdots + X_n}{n} = \frac{\sum X}{n}$$

期望针对的是总体层面，用来估计总体的均值，因为总体期望是不可观测的，所以需要进行估计，用到概率的概念。用随机变量每种取值的概率乘以具体的取值，然后进行加权平均，即可得到期望值。针对离散型随机变量，计算公式为：

$$E(X) = \sum_{k=1}^{\infty} x_k p_k$$

针对连续型随机变量，计算公式为：

$$E(X) = \int_{-\infty}^{+\infty} x f(x) \mathrm{d}x$$

2. 中位数

中位数是将总体单位某一变量的各个变量值按大小顺序排列，处在数列中间位置的变量值就是中位数。

在资料未分组的情况下，将各变量值按大小顺序排列后，首先确定中位数的位置，可用公式 $\frac{n+1}{2}$ 确定，n 代表总体单位的项数；然后根据中点位置确定中位数。

有两种情况：当 n 为奇数项时，中位数就是位于中间位置的变量值；当 n 为偶数项时，中位数就是位于中间位置的两个变量值的简单算术平均数。

3. 众数

众数是某一变量出现次数最多的样本观测值。假定有一支足球队 11 名主力队员在某场球赛中的得分分别为 3,4,5,6,6,7,7,8,8,8,9,10。其中 8 出现的次数最多，出现了 3 次，所以这组数据的众数为 8。需要特别注意的是，众数可能没有，也可能存在多个众数。比如足球队 11 名主力队员在某场球赛中的得分分别为 0,1,2,3,4,5,6,7,8,9,10，因为每个数据都只出现了一次，所以这组数据没有众数；又比如足球队 11 名主力队员在某场球赛中的得分分别为 0,1,2,3,4,5,6,6,6,8,8,8，因为数据 6 和 8 都出现了 3 次，所以这组数据有 2 个众数，即 6 和 8。

4. 总和

所有样本值的合计。假定有一支足球队 11 名主力队员在某场球赛中的进球数分别为 0,0,0,0,0,0,1,2,0,1,0,0，则这支球队的进球数总和为 1+2+1=4。

2.3.2　离散趋势统计量

离散趋势即样本观测值偏离中心位置的趋势，离散趋势统计量反映了所有观测值偏离中心的分布情况。离散趋势的常用统计量有方差、标准差、均值标准误差、最大值、最小值、极差、变异系数、百分位数和 Z 标准化得分等。

1. 方差和标准差

方差是总体各单位变量值与其算术平均数的离差平方的算数平均数,用 σ^2 表示,方差的平方根就是标准差 σ 。与方差不同的是,标准差是具有量纲的,它与变量值的计量单位相同,其实际意义要比方差清楚。因此,在对社会经济现象进行分析时,往往更多地使用标准差。

方差和标准差的计算公式为:

$$\sigma^2 = \frac{\sum (X - \bar{X})^2}{n}$$

$$\sigma = \sqrt{\frac{\sum (X - \bar{X})^2}{n}}$$

在正态分布中,68%的个案在均值的一倍标准差范围内,95% 的个案在均值的两倍标准差范围内。例如,如果一组数据服从正态分布,且平均值为 100,标准差为 10,则 68%的个案将处于 90~110,95%的个案将处于 80~120。

2. 均值标准误差

一个容易与标准差混淆的统计量是均值标准误差,均值标准误差是样本均值的标准差,是描述样本均值和总体均值平均偏差程度的统计量,也是表示抽样误差大小的指标。

3. 最大值、最小值和极差

最大值即样本数据中取值最大的数据,最小值即样本数据中取值最小的数据。最大值与最小值的差即为极差,又称范围、全距,以 R 表示:

$$R = X_{\max} - X_{\min}$$

4. 变异系数

变异系数是将标准差或平均差与其平均数对比所得的比值,又称离散系数。计算公式为:

$$V_\sigma = \frac{\sigma}{\bar{X}}$$

$$V_D = \frac{A.D}{\bar{X}}$$

V_σ 和 V_D 分别表示标准差系数和平均差系数。变异系数可用于比较不同数列的变异程度。其中常用的变异系数是标准差系数。

5. 百分位数

如果将一组数据从小到大排序,并计算相应的累计百分位,则某一百分位所对应数据的值就称为这一百分位的百分位数。例如处于 10%位置的值称为第 10 百分位数。

最为常用的是四分位数,指的是将数据分为 4 等份,分别位于 25%、50%和 75%处的百分位数。

百分位数适用于定序数据及更高级的数据,不能用于定类数据。百分位数的优点是不受极端值的影响。

6. Z 标准化得分

Z 标准化得分是某一数据与平均值的距离以标准差为单位的测量值。计算公式为:

$$Z_i = \frac{X_i - \bar{X}}{\sigma}$$

Z_i 即为 X_i 的 Z 标准化得分。标准化值不仅能表明各原始数据在一组数据分布中的相对位置,而且能在不同分布的各组原始数据之间进行比较,所以常用于统一量纲差距,在回归分析、聚类分析中应用较多。

2.3.3　分布趋势统计量

1. 偏度

偏度是对分布偏斜方向及程度的测度,用来度量分布的不对称性。正态分布是对称的,偏度值为 0。具有显著正偏度值的分布有很长的右尾,具有显著的负偏度的分布有很长的左尾。一般情况下,如果计算的偏度值超过其标准误差的两倍,则认为这组数据不具有对称性。

偏度的计算公式为:

$$S = \frac{1}{n} \sum_{i=1}^{n} \left(\frac{x_i - \bar{x}}{\hat{\sigma}} \right)^3$$

2. 峰度

峰度是频率分布曲线与正态分布相比较,顶端的尖峭程度。在 SPSS 中,正态分布的峰度统计量的值为 0,正峰度值表示相对于正态分布,观测值更为集中在均值附近,体现在分布峰度更尖,尾部更薄。负峰度值表示相对于正态分布,观察值更为分散,分布峰度较低,尾部较厚。

峰度的计算公式为:

$$K = \frac{1}{n} \sum_{i=1}^{n} \left(\frac{x_i - \bar{x}}{\hat{\sigma}} \right)^4$$

2.4　大数定律与中心极限定理

2.4.1　大数定律

大数定律也称为大数法则,或称大数定理,是概率论领域的基本定律之一,最早的大数定律由瑞士人 Jacob Bernoulli 于 1713 年发现。伯努利大数定律的基本概念是:当大量重复某一试验时,最后的频率无限接近事件概率。大数定律本质上反映的是随机现象的观察量足够大时,随机事件 A 出现的频率几乎接近其发生的概率,即频率具备一定的稳定性。其基本逻辑是,如果被研究现象的总体是由大量的相互独立的随机因素所形成的,而且每个随机因素对总体的影响都相对比较小,这时对大量因素加以综合平均,上述因素的个别影响将互相抵消并显现出它们共同作用的倾向,使总体具有稳定的性质。

契比雪夫进一步丰富了大数定律，相对于伯努利大数定律不再要求随机因素相互独立，指出当抽取的样本容量足够大时，样本的算术平均值就会接近总体的数学期望。具体来说，如果由随机变量构成的总体存在着有限的平均数和方差，则对于充分大的抽样单位数 n（一般指 $n>30$），将会有几乎趋近 1 的概率使得样本平均值接近总体平均值。

不论是伯努利大数定律，还是契比雪夫大数定律，均强调了样本容量在以样本推断总体中的重要作用，为统计学中从样本出发来估计总体分布参数提供了理论依据。在挖掘现象的某种总体性规律时，将具有这种现象的足够多的样本加以综合汇总的时候，这种规律就能够明显地显示出来，或者一言以蔽之，样本容量足够大，就足以代表总体。

2.4.2　中心极限定理

中心极限定理是指，不论总体服从何种分布，只要总体变量存在着有限的平均值和标准差，那么，抽取的样本观测值数量越大，取样次数越多，样本平均值的分布也就越接近一条正态分布曲线。或者说，如果从某个总体中多次随机抽取数量足够多的样本，那么这些样本的平均值会以总体平均值为中心呈现正态分布。普遍的经验是，样本的数量必须超过 30，中心极限定理才能成立。

当抽取的样本观测值数量充分大、取样次数充分多时，其样本平均值就近似地服从正态分布，且样本平均值的平均值等于总体平均值，样本平均值的标准误差 $=\sigma/\sqrt{n}$，其中 σ 为总体的标准差，n 为样本观测值数。

所以，中心极限定理有 3 个要点：抽取的样本观测值数量充分大、取样次数充分多；样本的平均值呈现正态分布；样本平均值的平均值与总体的平均值接近，样本平均值的标准误差 $=\sigma/\sqrt{n}$。

标准差和标准误差

标准差是用来衡量在一次抽取样本时，所抽取样本中所有样本观测值之间的差异程度。它是方差的平方根，而方差是一组样本数据与这组样本数据各样本观测值平均值之差的平方数的算术平均值。标准差计算公式为：

$$\sigma = \sqrt{\frac{\sum (X - \overline{X})^2}{n}}$$

标准误差衡量的是多次抽取样本时，多组样本平均值之间的差异程度，反映的是抽取的样本能否较好地代表总体，是所有样本平均值的标准误差，等于总体标准差除以样本量的平方根，其计算公式如下：

$$样本平均值的标准误差 = \sigma/\sqrt{n}$$

其中 σ 代表标准差，n 代表样本量。

如果标准误差很大，就意味着样本平均值在总体平均值周围分布得极为分散；如果标准误差很小，就意味着样本平均值之间的聚集程度很高。

2.5　参数估计

统计推断是数理统计研究的核心问题，是指根据样本对总体分布或分布的数字特征等作出合理的推断。参数估计又称抽样估计，属于统计推断的范畴，是根据从总体中抽取的样本估计总体分布中包含的未知参数的方法。由此我们也可以看出，此处所指的参数与前文中提到的统计量，两个概念的最为明显的区别就是：统计量针对样本，而参数针对总体，我们计算的是样本的统计量，而估计的是总体的参数。参数估计有两种方法：点估计和区间估计。点估计是用样本指标直接推断总体指标，而不考虑抽样误差。区间估计是用样本指标和抽样误差推断总体指标的可能范围，它能给出参数估计的准确程度和把握程度。

2.5.1　点估计

点估计是依据样本估计总体分布中所含的未知参数或未知参数的函数，点估计用样本指标直接推断总体指标，而不考虑抽样误差。

1. 矩估计法

由大数定律可知，当样本容量很大时，样本均值以概率 1 趋于总体均值，从而人们易于设想用样本的数字特征作为总体的数字特征的估计，这就是矩估计。

2. 最小二乘估计

最小二乘估计（Least-Squares Estimation，LSE）是高斯（C.F.Gauss）在 1975 年提出的参数估计法，以残差的平方和最小为估计准则，该方法是参数估计中较成熟的基本方法，并获得广泛的应用。考虑如下模型（如现阶段理解起来有难度，也可在后面第 12 章详细学习）：

$$y = \alpha + \beta_1 x_1 + \beta_2 x_2 + \cdots + \beta_n x_n + \epsilon$$

其中 y 为因变量（也称被解释变量、被影响变量），各个x_i为自变量（也称因子、解释变量、影响变量），α 为截距项，各个β_i为待估计参数，ε 为误差项。比如针对一项研究"某地区劳动人口中年龄、学历、受教育程度、工作年限等因素对年收入水平的影响"，那么 y 为"年收入水平"，各个x_i为"年龄、学历、受教育程度、工作年限等"，各个β_i的正负号及大小即反映了劳动人口中年龄、学历、受教育程度、工作年限等因素对年收入水平的影响方向和影响程度。

在模型中，因变量的变化可以由$\alpha + \beta_1 x_1 + \beta_2 x_2 + \cdots + \beta_n x_n$组成的线性部分和随机误差项 ε 两部分解释。对于线性模型，一般采用最小二乘估计法来估计参数α、β，残差是因变量的实际值y（样本观测值中有）与拟合值（通过回归方差$\alpha + \beta_1 x_1 + \beta_2 x_2 + \cdots + \beta_n x_n$计算得到）之间的差值。最小二乘估计法的基本原理是使残差平方和最小。所以，采用最小二乘估计法来估计参数α、β，也就是求解如下最优化问题：

$$\text{argmin} \sum_{i=1}^{n} e_i^2 = \text{argmin} \sum_{i=1}^{n} (y - \hat{\alpha} - \hat{\beta} \boldsymbol{X})$$

3. 最大似然估计

最大似然估计（Maximum Likelihood Estimation，MLE）也称极大似然估计，于 1821 年首先由

德国数学家高斯提出，但是这个方法通常被归功于英国的统计学家罗纳德·费希尔（R. A. Fisher）。

最大似然估计本质上是一种概率论在统计学的应用，简单来说，最大似然估计的基本思想就是在"已知某个随机样本满足某种概率分布，但是其中具体的参数不清楚"的情况下，或者"模型已定，参数未知"的情况下，通过若干次试验，利用已知的样本观测值信息，反推最有可能（最大概率）导致这些样本观测值出现的模型参数值。或者说，通过观察样本观测值结果已经知道某个参数能使这个样本出现的概率最大，那么就没有必要再去考虑选择其他小概率的样本，直接把这个参数作为估计的真实值即可。

极大似然函数估计的一般步骤是：首先写出似然函数；然后对似然函数取对数，得到对数似然函数；接着基于对数似然函数求导；最后对似然方差求解。

2.5.2 区间估计

区间估计（Interval Estimation）是从点估计值和抽样标准误差出发，按给定的概率值建立包含待估计参数的区间，从而综合考虑样本指标和抽样误差。其中这个给定的概率值称为置信度或置信水平（Confidence Level），建立的包含待估计参数的区间称为置信区间（Confidence Interval），指总体参数值落在样本统计值某一区间内的概率。

置信水平通常以 $1-\alpha$ 来表示，α 又被称为显著性水平，置信水平可以理解成是总体参数落在样本统计值某一区间内的信心或把握，这个信心或把握是以概率形式来表示的，其中常用的置信水平包括 90%、95%、99% 等，而 95% 最为常用。当置信水平取值为 95% 时，表示总体参数落在样本统计值某一区间内的概率是 95%，或者说有 95% 的信心或把握断定总体参数落在样本统计值某一区间内。

置信区间主要用于假设检验，划定置信区间的两端数值分别称为置信下限（Lower Confidence Limit，LCL）和置信上限（Upper Confidence Limit，UCL）。95% 的置信区间示例如图 2.4 所示。在图 2.4 中，样本数据服从标准正态分布，即均值为 0，标准差为 1，所以统计推断总体均值也紧紧围绕均值 0 分布。总体均值有 68%（34%×2）的置信水平落入样本均值 0 左右各 1 个标准差的区间（[-1,1] 的区间）内，总体均值有 95%（47.5×2）的置信水平落入样本均值 0 左右各 1.96 个标准差的区间（[-1.96,1.96] 的区间）内。

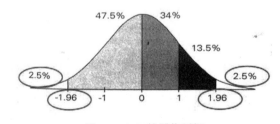

图 2.4　95% 的置信区间

2.5.3 参数估计的无偏性、有效性以及一致性

参数估计的无偏性、有效性以及一致性都是用于评价参数估计优良性的准则。

1. 参数估计的无偏性

无偏性的实际意义是指没有系统性的偏差。无偏性的数学表达式为：

$$E(\hat{\beta}) = \beta$$

我们在基于样本统计量估计总体参数时，期待的是计算得到的估计参数 $\hat{\beta}$，其数学期望能够等于总体的真实参数 β，也就是说 $\hat{\beta}$ 是真实参数 β 的无偏估计，即具有无偏性。如果参数估计具有无偏性，那么基于不同样本进行多次重复估计，每次得到 $\hat{\beta}$ 的平均值无限接近于所估计的参数真值 β。

统计推断的要义在于以样本推断总体，由于样本不可能完全代表总体，所以在参数估计时得到的估计参数 $\hat{\beta}$ 和真实参数 β 之间注定要产生误差，产生的误差又分为系统误差和随机误差两种，无偏估计量的优良性体现在只有随机误差而没有系统误差，基于不同样本进行多次重复估计不会产生系统误差，而只是产生随机误差，随机误差在 0 左右波动，但整体期望为 0。

2. 参数估计的有效性

参数估计的有效性就是看估计参数 $\hat{\beta}$ 的方差值，方差代表波动，波动越小越有效。

如果 $\text{Var}(\hat{\beta}_1) < \text{Var}(\hat{\beta}_2)$，则说明 $\hat{\beta}_1$ 的有效性要高于 $\hat{\beta}_2$。

3. 参数估计的一致性

参数估计的一致性就是在大样本条件下，估计值接近真实值。

即对于 $\forall \varepsilon > 0$，都有：

$$\lim_{n \to \infty} P\left(\left|\hat{\beta} - \beta\right| \geq \varepsilon\right) = 0$$

2.6　假设检验

2.6.1　假设检验概述

假设检验是一种统计推断方法，用来判断样本与样本、样本与总体的差异是由抽样误差引起的还是本质差别造成的。常用的假设检验方法有 T 检验、Z 检验、F 检验、卡方检验等。SPSS 中用到假设检验的地方很多，基本上都是对估计参数的显著性检验，不论是什么类型的假设检验，其基本原理都是先对总体的特征做出某种假设，然后构建检验统计量，并将检验统计量与临界值相比较，最后做出是否接受原假设的结论。

假设检验的基本思想是小概率事件原理，即小概率事件在一次试验中基本上不会发生，其统计推断方法是带有某种概率性质的反证法，也就是说先提出检验的原假设和备择假设，再用适当的统计方法，利用小概率原理确定原假设是否成立。简单来说，就是提出原假设后，首先假定原假设是可以接受的，然后依据样本观测值进行相应的检验，如果检验中发现小概率事件发生了，也就是说基本不可能发生的事件发生了，就说明原假设是不可接受的，应拒绝原假设，接受备择假设。如果检验中小概率事件没有发生，就接受原假设。

上面提到的小概率事件基于人们在实践中广泛采用的原则，但概率小到什么程度才能算作小概率事件？一个显而易见的事实就是小概率事件的概率越小，否定原假设就越有说服力，通常情况下将这个概率值记为 α（$0<\alpha<1$），称为检验的显著性水平；将基于样本观测值实际计算的容忍小概率

事件发生的概率值记为 p（$0<p<1$），称为检验的显著性 p 值，如果 p 值大于 α 值，则说明实际可以容忍的小概率事件发生的概率要大于设定的 α 值，也就是要接受原假设。常用的显著性水平包括 0.1、0.05、0.01 等，其中 0.05 最为常用。

假设检验的步骤如下：

步骤 01 提出原假设（$H0$）和备择假设（$H1$）。原假设的含义一般是样本与总体或样本与样本间的差异是由抽样误差引起的，不存在本质差异；备择假设的含义一般是样本与总体或样本与样本间存在本质差异，而不是由抽样误差引起的。

步骤 02 设定显著性水平 α。

步骤 03 构建合适的统计量，然后基于样本观测值按相应的公式计算出统计量的大小，如 T 检验、Z 检验、F 检验、卡方检验等。

步骤 04 根据统计量的大小计算显著性 p 值，将 p 值与显著性水平 α 作比较，如果 p 值大于 α 值，则说明实际可以容忍的小概率事件发生的概率要大于设定的 α 值，也就是要接受原假设；如果 p 值小于 α 值，则拒绝原假设。

假设检验有以下注意事项：

在对变量开展假设检验之前，应该先判断样本观测值本身是否有可比性，并且注意每种检验方法的适用条件，根据资料类型和特点选用正确的假设检验方法，根据专业级经验确定是选用单侧检验还是双侧检验。在假设检验结束之后，对结果的运用也不要绝对化，一是假设检验反映的差别仅仅是具备统计学意义，而这样的差别在实际应用中可能没有意义；二是由于样本的随机性及选择显著性水平 α 的不同，基于某次抽样或者特定范围内的样本观测值得出的检验结果与真实情况有可能不吻合，所以无论接受或拒绝检验假设，都有判断错误的可能性。

假设检验可能犯的错误有两类：

（1）拒绝为真错误。即使原假设正确，小概率事件也有可能发生，如果我们抽取的样本观测值恰好是符合小概率事件的样本观测值，就会因为小概率事件的发生而拒绝原假设，这类错误被称为"拒绝为真"错误，也被称为第一类错误，犯第一类错误的概率恰好就是小概率事件发生的概率 α。

（2）接受伪值错误。如果原假设是不正确的，但是由于抽样不合理，导致假设检验通过了原假设，这类错误被称为"接受伪值"错误，也被称为第二类错误，我们把犯第二类错误的概率记为 β。

对于研究人员来说，无论是哪种错误，都是不希望出现的，但是当样本容量固定时，第一类错误发生的概率 α 和第二类错误发生的概率 β 不可能同时变小，换言之，当我们倾向于使得 α 变小时，β 就会变大；同样的道理，倾向于使得 β 变小时，α 就会变大。只有当样本容量增大，能够更好地满足大样本随机原则时，才有可能使得 α 和 β 同时变小。在大多数的实际操作中，我们一般控制住犯第一类错误的概率，即设定好显著性水平 α，然后通过增大样本容量来降低第二类错误发生的概率 β。

注　意

本小节内容非常重要，显著性水平 α、显著性 p 值等基本概念在后面的参数检验和非参数检验、方差分析、相关分析、各类回归分析中也将频繁使用，需要扎实掌握。

2.6.2　T 检验、Z 检验和 F 检验

1. T 检验

T 检验（t test）又称"学生检验"，由英国统计学家戈塞特 W.S.（Gosset）首创，可用于样本为小样本，总体服从正态分布，总体标准差未知的情况，是一种参数检验。基本思想是使用 T 分布理论来推断差异发生的概率，对总体平均值 μ 进行的检验，可检验一个样本平均值与一个已知的总体平均值的差异是否显著，也可检验两个样本的平均值与其各自所代表的总体的差异是否显著。

T 检验的步骤是：

步骤01 建立原假设，即先假定总体平均值与指定常数之间无显著差异或两个平均值之间无显著差异。

步骤02 构建 T 统计量。

步骤03 比较计算所得 T 值与理论 T 值，计算显著性 P 值，将显著性 P 值与设定的显著性水平进行比较并做出判断。

T 检验包括单一样本 T 检验、独立样本 T 检验、配对样本 T 检验等。

单一样本 T 检验（One-Sample T Test）相当于数理统计中的单个总体均值的假设检验，根据样本观测值，检验抽样总体的均值与指定的常数之间的差异程度，即检验零假设 $H_0 : \mu = \mu_0$。设 n 为样本容量，$\overline{X}$ 为样本均值，检验使用 T 统计量。在原假设成立的条件下，T 统计量表达式为：

$$t = \frac{\overline{X} - \mu_0}{S / \sqrt{n}} \sim t(n-1)$$

其中 $S = \sqrt{\dfrac{1}{n-1}\sum\limits_{1}^{n}(X_t - \overline{X})^2}$ 为样本标准差，在 T 检验中，一般可用样本标准差 S 代替总体标准差 δ。我们检验的目的是推断样本所代表的未知总体的均值与已知总体的均值有无差异。

独立样本 T 检验用于检验两个独立样本的平均值各自所代表的总体平均值的差异是否显著，即检验 H_0：$\mu_1 = \mu_2$ 是否成立。

配对样本 T 检验用于检验两个配对样本的平均值各自所代表的总体平均值的差异是否显著，用于同一研究对象给予处理前、后的比较，同一研究对象分别给予两种不同处理比较，不同研究对象配对后分别接受不同处理比较等，如果我们假设来自两个正态总体的配对样本为：$(X_1,Y_1),(X_2,Y_2),\cdots,(X_n,Y_n)$，令 $D_i = X_i - Y_i$（$i=1,2,\cdots,n$），相当于检验样本 D_i（$i=1,2,\cdots,n$）是否来自均值为零的正态总体，即检验假设 $H_0 : \mu = \mu_1 - \mu_2 = 0$。

2. Z 检验

Z 检验也称 u 检验，是对服从正态分布的统计量所进行的统计检验，是秩和检验法之一，属于非参数检验。Z 检验可用于小样本、总体为正态分布、已知总体方差的情况，对总体平均值进行检验；也可用于大样本、总体为任何分布的情况，对总体平均数进行检验。

Z 检验的步骤如下：

步骤01 建立原假设，即先假定总体平均值与指定常数之间无显著差异或两个平均值之间无显著差异。

步骤02 构建 Z 统计量，比如要检验一个样本平均值 $\bar{x}$ 与一个已知的总体平均数 μ_0 的差异是否显著，Z 统计量即为：

$$Z = \frac{\sqrt{n}(\bar{x} - \mu_0)}{\sigma} \sim N（0,1）$$

步骤03 比较计算所得 Z 值与理论 Z 值，计算显著性 P 值，将显著性 P 值与设定的显著性水平进行比较并做出判断。

注　意

根据智冬晓等（2004）[1] 的研究，Z 检验与 T 检验两种检验统计量源出同根，只是在方差处理上不同，导致检验方法存在差异，Z 检验与 T 检验的绝对差异并不明显，这两种检验方法均可被用于总体比例大样本近似检验中。

基于这一结论，当待检验变量为连续型变量时，T 检验不仅适用于小样本（$n<30$）但服从正态分布的情形，也适用于大样本（$n \geqslant 30$）的情形。

---

3. F 检验

F 检验又称方差分析、ANOVA 检验、方差齐性检验，是一种用来捕捉每个特征变量与响应变量之间线性关系的过滤方法，实现路径是针对两个及两个以上分组的样本均值进行差异显著性检验，基本思想是将不同分组的样本均值之间的差异归结于两个方面：一是组间差异，也就是不同分组之间的均值差异，用变量在各组的均值与总均值的偏差平方和的总和表示，记为 SSA，如果有 r 个分组，则其自由度为 $r-1$；二是组内差异，也就是同一分组内部样本之间的差异，用变量在各组的均值与该组内变量值的偏差平方和的总和表示，记为 SSE，如果一共有 n 个样本、r 个分组，则其自由度为 $n-r$。

基于上述思想可以构建 F 统计量：

$$F = \frac{\text{SSA}/df1}{\text{SSE}/df2} = \frac{\text{SSA}/（r-1）}{\text{SSE}/（n-r）} = \frac{\text{SSA}/（r-1）}{\text{SSE}/（n-r）}$$

可以发现 F 值越大，组间差异越大，也就是说据此对样本进行分类是有意义的。

F 检验的步骤如下：

步骤01 根据已有资料建立假设，确定显著性水平 α。

步骤02 构建 F 统计量，由样本资料计算 F 值。

步骤03 将计算所得显著性 P 值与显著性水平 α 进行比较并作出判断。

2.6.3　参数检验和非参数检验

从是否假设总体分布特征已知的角度来看，检验方法分为参数检验和非参数检验两大类。参数检验是在总体分布已知的情况下对总体分布的参数（如均值、方差等）进行推断的方法。

---

[1] 智冬晓，许晓娟，张皓博.z 检验与 t 检验方法的比较[J].统计与决策，2014(20):31-34.

1. 参数检验

参数检验需要预先假设总体的分布，在这个严格假设的基础上才能推导各个统计量，从而对原假设（H_0）进行检验。2.6.2 节介绍的 T 检验、Z 检验和 F 检验均为参数检验。

2. 非参数检验

非参数检验方法不需要预先假设总体的分布特征，直接从样本计算所需要的统计量，进而对原假设进行检验。常见的非参数检验包括卡方检验、二项检验、游程检验、单样本 K-S 检验、两个独立样本检验、两个相关样本检验、K 个独立样本检验、K 个相关样本检验 8 种分析方法。

1）卡方检验

卡方检验（Chi-Square Test）针对分类变量，其基本原理是通过样本的频率分布来推断总体是否服从某种理论分布。这种检验过程是通过分析实际频率与理论频率之间的差别或者说吻合程度来完成的，该检验可以将一个变量以表格形式列在不同的类别中，检验所有类别是否包含相同比例的值，或检验每个类别是否包含用户指定比例的值。比如卡方检验可用于确定一盒积木是否包含相等比例的三角形、长方形、正方形、圆形，也可以检验一盒积木是否包含 35%三角形、35%长方形、15%正方形、15%圆形。

卡方检验的原假设是：样本所属总体的分布与理论分布之间不存在显著差异。

卡方检验的检验统计量公式为：

$$x^2 = \sum_{i=1}^{k} \frac{(A_i - E_i)^2}{E_i}$$

在公式中，x^2 统计量在大样本条件下渐进服从自由度为 $k-1$ 的卡方分布，A_i 表示观测频率，E_i 表示理论频率。从公式可以看出，x^2 统计量本质上描述的是观察值与期望值之间的接近程度。$(A_i - E_i)$ 的平方和越小，计算得到的 x^2 统计量就会越小；$(A_i - E_i)$ 的平方和越大，计算得到的 x^2 统计量就会越大；x^2 统计量越小，表示观测频率与理论频率越接近，如果小于由显著性水平和自由度确定的临界值，则认为样本所属的总体分布与理论分布无显著差异。

2）二项检验

二项检验（Binomial Test）的原假设为样本所属的总体分布与所指定的某个二项分布无显著差异。二项检验的检验统计量为：

$$p_1 = \frac{n_1 - np}{\sqrt{np(1-p)}}$$

n_1 表示第一个类别的样本个数，p 表示指定二项分布中第一个类别个体在总体中所占的比重。检验统计量在大样本条件下渐进服从正态分布。如果检验统计量小于临界值，则认为样本所属的总体分布与所指定的某个二项分布无显著差异。

3）游程检验

游程检验（Runs Test）是为了检验某一变量的取值是否随机，以判断相关调查研究的可信性。如果序列是随机序列，那么游程的总数应当不太多，也不太少，游程过多或过少均可以认为相应变量值的出现并不是随机的。

更多非参数检验方法请参阅第 9 章的内容。针对样本类型和具体参数检验、非参数检验方法的选择，参见表 2.1。

表2.1　样本类型和具体参数检验、非参数检验方法的选择

样本类型	参数检验	非参数检验
a）两个独立样本	独立样本 T 检验	曼-惠特尼 U、柯尔莫戈洛夫-斯米诺夫 Z、莫斯极端反应和瓦尔德-沃尔福威茨游程检验
b）两个配对样本	配对样本 T 检验	威尔科克森、符号、麦克尼马尔和边际齐性
c）多个独立样本	ANOVA 检验（方差分析）	克鲁斯卡尔-沃利斯 H、约克海尔-塔帕斯特拉和中位数
d）多个配对样本	–	傅莱德曼、肯德尔 W 和柯克兰 Q
e）单样本	单样本 T 检验	卡方检验、二项检验、游程检验、单样本 K-S 检验

方法选择方面，一般情况下，当待检验随机变量为连续型变量，针对大样本（$n \geqslant 30$）数据，或者虽然为小样本（$n<30$）但服从正态分布的数据，可使用参数检验方法。当待检验随机变量不为连续型变量，或为小样本（$n<30$）但不服从正态分布的数据，可使用非参数检验方法。

2.6.4　模型设定检验

在实证研究类文章中，经济社会变量之间的因果关系往往通过构建回归模型的方式来进行表达，那么所设定模型的科学性、合理性和优良性就在很大程度上决定了研究效果。为了探索模型的效果，就需要进行模型设定检验，根据刘明和宋彦玲（2023）[1]的划分方式，模型设定检验包含相对检验、模型拟合检验和分析残差结构的模型拟合检验共三大类。

相对检验包括 Hausman 检验、AIC 检验、BIC 检验等方法，其作用在于提供一种检验标准来检验多个模型之间的相对优劣，从而可以从模型构建的角度帮助研究者找到最为合适的模型。

Hausman 检验：Hausman 检验通常用于比较面板数据的固定效应和随机效应估计，Hausman 检验通过对解释变量 X 与随机误差项 u_i 相关性的检验，帮助研究者判断一个解释变量是否为内生变量，原假设为"解释变量 X 与随机误差项 u_i 的相关系数为 0 相，即解释变量 X 是外生的，如果拒绝原假设，则说明解释变量 X 是内生的。若 Hausman 检验的 W 统计量小于临界值，或显著性 P 值大于显著性水平（通常为 0.05），则无法拒绝原假设，就选择随机效应模型；若 W 统计量大于临界值，或显著性 P 值小于显著性水平（通常为 0.05），则拒绝原假设，应选择固定效应模型。

AIC 和 BIC 检验：采用信息准则的方式确定最为合适的模型标准。一般情况下，模型中的解释变量 X 越多，那么其对于被解释变量 Y 的解释就越充分，也就能够越好的解决"遗漏变量"的问题，模型的可决系数 R 方也就越大，模型拟合效果越好；但与此同时也会带来模型中的解释变量过多，从而造成多重共线性等解释变量冗余、过度拟合的问题，AIC 和 BIC 检验统筹考虑模型中产生遗漏变量和变量冗余等问题，通过加入模型复杂程度的惩罚项来避免过度拟合问题，AIC 和 BIC 值越小的模型越值得被选择。

模型拟合检验包括 T 检验、F 检验、计算 R^2 值等，用以评价模型拟合的效果与质量。

---

[1] 刘明,宋彦玲. 经济学实证研究中的稳健性检验方法——基于检验逻辑视角的阐释[J]. 统计与决策,2023,39(12):45-50.

T 检验针对的是模型中单个解释变量系数的显著性，系数对应 t 值的绝对值越大，显著性 P 值越小，说明系数的统计显著性意义越明显。

F 检验针对的是模型整体的显著性，系数对应 F 值的绝对值越大，显著性 P 值越小，说明模型整体的统计显著性意义越明显。

R^2 值即模型的可决系数，R^2 越大表明模型拟合效果越好，选择的解释变量越能较好地解释被解释变量。

分析残差结构的模型拟合检验包括 BP 检验、White 检验、DW 检验等，用来检验模型中是否存在异方差和自相关。其中 BP 检验、White 检验等用来检验模型中是否存在异方差，DW 检验等用来检验模型中是否存在自相关。如果通过检验发现模型中存在异方差或自相关，那么就需要对模型进行处理，消除异方差和自相关带来的不利影响。

2.7　贝叶斯统计

2.7.1　贝叶斯方法的基本原理

贝叶斯方法与传统经典统计方法有所区别，体现在对随机分布参数进行参数估计时，传统经典统计方法认为参数（如均值、方差）是固定的，或者说待估计参数是未知的常数，但数据是随机的，或者说用于估计参数的数据仅是总体的一个随机抽取样本，所以在估计参数时也会对既有样本进行"毫无偏见"的处理，而且因为总体不可观测，依据样本得到的参数估计量大概率会存在估计误差，传统经典统计理论中用置信区间表示这些误差的大小。在对概率的理解上，传统经典统计认为概率就是频率的稳定值，一旦离开了重复试验，就谈不上理解概率。而贝叶斯方法则恰好相反，它认为数据是固定的，但是待估计参数是随机的，而不是常数，存在概率分布，而概率也是一种人们的主观概率，会随着更多样本的实际响应情况不断进行更新。

贝叶斯理论的核心就是在得到样本数据之前，首先基于既有知识得到先验概率（如某高校材料科学与工程专业最初的男女录取比例为 9:1），然后基于所获得的样本数据（每一年的实际录取比例），根据贝叶斯定理，将先验概率更新为后验概率（可能更新为 7:1、8:1 等），并以后验概率作为统计推断的依据。在连续获得样本数据（每年都获得实际录取比例）的情况下，每一次的后验概率都成为下一次的先验概率，从而统计推断的参数会不断得到更新。传统经典统计方法与贝叶斯方法的区别如表 2.2 所示。

表2.2　传统经典统计方法与贝叶斯方法的区别

传统经典统计方法	贝叶斯方法
概率就是频率的稳定值	概率会随样本更新
待估计参数是未知的常数	待估计参数是随机的，而不是常数
数据是随机的	数据是固定的

以授信客户是否违约为例，假设一家商业银行授信客户的历史违约概率为 2%，如果该银行新增了 100 个授信客户，到期后都按时结清，没有违约，那么按照传统经典统计理论，根据 100 次未违约和 0 次违约的结果就会得出该银行新增客户的违约概率为 0%，未违约的概率为 100%；而按照贝

叶斯理论，授信客户有先验违约概率 2%，随着每个客户的还款结果逐渐明朗，新增客户的违约概率也在不断更新，从一开始的 2% 逐渐下降，随着越来越多未违约客户的出现，银行人员对于新增客户的还款信心也会不断增加，违约概率会不断下降，不断接近 0，但永远不会明确地等于 0。所以，贝叶斯理论考虑先验概率，对概率的理解是，人们对事件的信任程度或者说对事物不确定性的一种主观判断，与个人因素等有关，这也是前面称概率为主观概率的原因所在。

由此可以看出，传统经典统计理论基于样本估计参数，通常需要大量的数据样本来支持，统计抽样时所要求的样本独立同分布的条件也很难满足，一言以蔽之，需要使得样本能够充分代表总体的这一要求在实务中往往难以满足。比如前面提到的授信客户的例子，按照新增客户 0 违约的频率表现，会得出授信客户违约概率为 0 的判断，这一判断显然存在较大偏差，不符合商业银行的经营实践。

贝叶斯理论的优势在于能够充分利用现有信息，将统计推断建立在后验概率的基础上。相对于传统经典统计理论，贝叶斯除了利用样本信息之外，还充分运用了先验概率（上例中的历史违约概率）信息，利用了参数的历史资料或先验知识，而模型中的参数估计值是建立在后验分布基础上的，由于后验分布综合了先验概率和样本信息的知识，既避免了只使用先验概率的主观偏见，又避免了单独使用样本信息的过拟合现象，可以对参数做出较先验概率更合理的估计。所以，如果样本全集容量比较小，或者说样本不足以充分代表总体，而是需要充分利用除样本之外的信息，贝叶斯估计具有传统经典理论无可比拟的优势，不但可以减少因样本量小而带来的统计误差，而且在没有数据样本的情况下也可以进行推断，在对研究除观测数据外还具备较多信息的情况特别有效。

当然，如果样本全集的容量足够大，或者说样本能够充分代表总体，那么贝叶斯方法与传统经典统计方法的估计都是可靠的，估计出的参数也会是一致的。

2.7.2 贝叶斯定理

贝叶斯方法依据贝叶斯定理。贝叶斯定理解释如下：首先我们设定在事件 B 发生的条件下，发生事件 A 的条件概率，即 $P(A|B)$，从数学公式来看，此条件概率等于事件 A 与事件 B 同时发生的概率除以事件 B 发生的概率。

$$P(A \mid B) = \frac{P(A \cap B)}{P(B)}$$

上述公式可以进行变换，得到事件 A 与事件 B 同时发生的概率，这一概率既等于"事件 B 发生的概率"乘以"事件 B 发生的条件下，发生事件 A 的条件概率"，也等于"事件 A 发生的概率"乘以"事件 A 发生的条件下，发生事件 B 的条件概率"，或者说，A 与 B 的角色可以互换。

$$P(A \cap B) = P(A \mid B) \times P(B) = P(B \mid A) \times P(A)$$

也就是说：

$$P(A \mid B) = \frac{P(B \mid A) \times P(A)}{P(B)}$$

这一公式即为贝叶斯定理。单纯从数学推导来看，定理并不复杂，或者说只是把常识用数学公式表达了出来。下面我们结合上一节提到的先验概率、后验概率等概念，赋予公式的各个组成部分以具体含义：

- $P(A)$: 先验概率。
- $P(B)$: 证据。
- $P(B|A)$: 条件概率。
- $P(A|B)$: 后验概率。

即有:

$$后验概率 = \frac{条件概率 \times 先验概率}{证据}$$

下面以一个员工异常行为管理的案例为例。假设一家商业银行基于历史数据统计（案件、监管处罚、内外部审计、诚信举报、离职核查等各种渠道）发现其员工异常行为发生率为 0.005，其搭建的"非现场监测模型系统+人工复核"员工行为管理体系的检查准确率为 0.99，则有:

- $P(A)$: 先验概率，员工异常行为发生率为 0.005。
- $1-P(A)$: 员工异常行为未发生率为 0.995。
- $P(B|A)$: 条件概率，员工存在异常行为且被检查发现的概率为 0.99。
- $P(B)$: 证据，通过全概率公式计算得到。

$$P(B) = P(A) \times P(B|A) + [1-P(A)] \times P[B|(1-P(A))]$$
$$= 0.005 \times 0.99 + 0.995 \times 0.01 = 0.00495 + 0.0095 = 0.0149$$

后验概率:

$$P(A|B) = \frac{P(B|A) \times P(A)}{P(B)} = \frac{0.99 \times 0.005}{0.0149} = 0.332215$$

也就是说，虽然该银行员工行为管理体系的检查准确率高达 0.99，但令人遗憾的是，如果某员工被该体系判定存在异常行为，但是其确实存在异常行为的概率只有不到 1/3（0.332215），被误判的可能性超过了 2/3。

但这并不意味着员工异常行为管理体系彻底失效，如果让该员工再次接受体系检查，那么上次的后验概率就成为新的检查的先验概率，即用 0.332215 代替了 0.005，如果该员工仍然被该体系判定存在异常行为，那么后验概率将变成:

$$P(A|B) = \frac{P(B|A) \times P(A)}{P(B)} = \frac{0.99 \times 0.332215}{0.332215 \times 0.99 + 0.667785 \times 0.01} = 0.980014942$$

也就是说，该员工被该体系前后两次判定存在异常行为，并且他确实存在异常行为的概率达到了 98% 以上，被误判的可能性已经很小了。按照同样的逻辑，如果该员工被该体系前后三次或更多次判定为存在异常行为，那么他被误判的可能性会继续下降，逐渐接近 0。

这一原理提示我们，在进行员工异常行为排查时要注意两点: 一是在界定员工异常行为时，为最大限度保护员工工作的热情，不应该以一次发现而下定论，因为被误判的可能性较大，即使相应的监测模型已经非常成熟和完善了（例子中达到了 99% 以上）; 二是应该高度重视前后多次排查存在异常行为的员工，这部分员工被误判的可能性较低，应该及时采取措施，防止引发案件风险。

2.8　本章习题

一、选择题

1.（多选）下列哪些属于集中趋势的常用统计量？（　　）
　　A.平均值　　　　　B.中位数　　　　　C.众数　　　　　D.标准差

2.（多选）下列哪些属于离散趋势的常用统计量？（　　）
　　A.平均值　　　　　B.极差　　　　　C.方差　　　　　D.标准差

3.（单选）（　　）是对分布偏斜方向及程度的测度，用来度量分布的不对称性。
　　A.平均值　　　　　B.极差　　　　　C.偏度　　　　　D.峰度

4.（单选）（　　）是频数分布曲线与正态分布相比较，顶端的尖峭程度。
　　A.平均值　　　　　B.极差　　　　　C.偏度　　　　　D.峰度

5.（多选）用于评价参数估计优良性的准则有哪些（　　）？
　　A.无偏性　　　　　B.有效性　　　　　C.稳定性　　　　　D.一致性

6.（多选）以下关于假设检验的说法正确的有（　　）。
　　A.第一类错误的概率恰好就是小概率事件发生的概率 α
　　B.假设检验的基本思想是小概率事件原理
　　C.第一类错误被称为"拒绝为真"错误
　　D.第二类错误被称为"接受伪值"错误

7.（多选）若设定显著性水平为 0.05，那么以下计算的显著性 P 值，哪些会拒绝原假设？（　　）
　　A.$P=0.000$　　　B.$P=0.01$　　　C.$P=0.055$　　　D.$P=0.1$

8.（多选）下面哪些属于非参数检验？（　　）
　　A.卡方检验　　　　B.二项检验　　　　C.游程检验　　　　D.T 检验

9.（多选）下面哪些属于参数检验？（　　）
　　A.卡方检验　　　　B.Z 检验　　　　C.F 检验　　　　D.T 检验

10.（单选）最小二乘法以（　　）为估计准则。
　　A.似然值最大　　B.残差的平方和最小　　C.对数似然值最大　　D.残差的平方和最大

11.（单选）参数估计的有效性就是看估计参数$\hat{\beta}$的方差值，方差代表波动，波动（　　）越有效。
　　A.越大　　　　　B.越小

12.（多选）参数估计的（　　）表示在大样本条件下，估计值接近真实值。
　　A.无偏性　　　　　B.有效性　　　　　C.稳定性　　　　　D.一致性

13. （多选）下面哪些说法是正确的？（　　　）

　　A.模型拟合检验包括 T 检验、F 检验、计算 R^2 值等，用以评价模型拟合的效果与质量

　　B. T 检验针对的是单个解释变量系数的显著性，系数对应 t 值的绝对值越大说明系数越显著

　　C. F 检验针对的是模型整体的显著性，系数对应 F 值的绝对值越小说明模型整体越显著

　　D. R^2 值即模型的可决系数，取值越小表明模型拟合效果越好

14. （多选）分析残差结构的模型拟合检验包括（　　　）等，检验模型中是否存在异方差和自相关。

　　A.卡方检验　　　　　　B.BP 检验　　　　　C.White 检验　　　　D.DW 检验

15. （多选）下面哪些说法体现了贝叶斯方法的思想？（　　　）

　　A.概率会随样本更新

　　B.待估计参数是未知的常数

　　C.待估计参数是随机的，而不是常数

　　D.数据是固定的

二、概念题（可选做其中 10 道）

1. 阐述总体、样本与统计推断的概念。

2. 阐述频率与概率的概念。

3. 阐述条件概率、独立事件与全概率公式的概念。

4. 阐述概率函数与概率密度函数的概念。

5. 阐述离散型概率分布与连续型概率分布的区别。

6. 阐述伯努利分布的概念。

7. 阐述二项分布的概念。

8. 阐述泊松分布的概念。

9. 阐述负二项分布的概念。

10. 阐述多项分布的概念。

11. 阐述正态分布（高斯分布）的概念。

12. 阐述卡方分布的概念。

13. 阐述 T 分布的概念。

14. 阐述 F 分布的概念。

15. 列举常见的集中趋势统计量并进行概念解释。

16. 列举常见的离散趋势统计量并进行概念解释。

17. 列举常见的分布趋势统计量并进行概念解释。

18. 阐述大数定律的基本思想。

19. 阐述中心极限定理的基本思想。

20. 列举常见的点估计方法并进行概念解释。

21. 列举常见的区间估计方法并进行概念解释。

22. 阐述假设检验的概念、原理。

23. 阐述 T 检验的概念。
24. 阐述 Z 检验的概念。
25. 阐述 F 检验的概念。
26. 阐述参数检验与非参数检验的区别。
27. 阐述贝叶斯统计的基本原理。
28. 阐述贝叶斯定理。

第3章

实证研究与调查问卷设计

SPSS 作为一种统计分析软件，本质上只是一种分析工具，需要服务于具体的研究内容。我们学习 SPSS 的最终目的是实现高质量的综合性研究，可以是在校师生创作学术论文的学术型研究，也可以是职场人士解决实际问题的应用型研究。那么如何使用 SPSS 做出高质量的综合性研究呢？本章一方面聚焦于在校师生创作学术论文的学术型研究，学习实证研究与量表设计，另一方面面向应用型研究讲述了调查问卷的制作。

本章教学要点：

- 掌握实证研究的概念。
- 掌握实证研究的步骤。
- 掌握李克特量表的概念及核心思想。
- 学会结合研究主题设计实证研究量表。
- 掌握调查问卷的概念及制作步骤。

3.1 实证研究的概念

 下载资源：可扫描旁边二维码观看或下载教学视频

实证研究起源于经验主义哲学，是指研究者提出理论假设、收集观察资料并检验理论假设而开展的研究。实证研究用事件、案例或者数据对理论假设进行佐证，根据佐证方式的不同，实证研究方法包括案例实证研究和数理实证研究，其中运用事件、案例进行佐证的方式为案例实证研究，运用数据进行佐证的方式为数理实证研究，相对于运用事件、案例，运用数据进行佐证（数理实证研究）是最为常用的实证研究方式。刘明和宋彦玲（2023）[1]指出实证分析是经济学两大基本分析方法

---

[1] 刘明，宋彦玲. 经济学实证研究中的稳健性检验方法——基于检验逻辑视角的阐释[J]. 统计与决策,2023,39(12):45-50.

之一，因具有客观性等优点长期受到多数主流经济学家的推崇和关注。经典的"帕累托最优"理论被看作是完全的实证经济学理论，瓦尔拉斯、莱昂内尔·罗宾斯以及米尔顿·弗里德曼也认为经济学的构建应该遵循实证科学的方向前进。

实证研究的要义是以实证的方式佐证研究假设，所以其研究的出发点和落脚点都是基于相应的理论假设，即先有理论假设再有实证研究。侯先荣和曹建新（2006）研究指出，实证研究并不排斥哲学和历史式的思考以及理论假设，相反，它十分强调研究框架和理论预设的逻辑构想，但是，这种假设和构想必须经过事实的验证。这一观点充分强调了规范实证研究的注意事项，即实证研究不能仅仅"围绕数据做文章，就数据论数据""沉醉于眼花缭乱的统计分析技巧而忘记研究问题的初衷"，不能犯重实证轻理论的本末倒置错误。

就实证研究的具体注意事项来说：一是实证研究的基础是研究框架和理论假设，研究框架和理论假设必须具备科学性，在提出研究框架和理论假设时，要么基于客观事实，基于经济社会运行的真实规律，要么基于所在研究领域的既有权威研究成果，切忌天马行空、主观臆断；二是实证研究的特色在于以事件、案例或者数据为依据，感觉不靠谱，用数据说话，强调统计分析方法的科学性、事实与数据的准确性，强调言之有理，言之有据。

3.2　实证研究的步骤

 下载资源：可扫描旁边二维码观看或下载教学视频

实证研究的步骤包括提出研究问题、查阅参考文献、设计研究框架、提出理论假设、收集数据、选取恰当的统计分析方法开展实证分析、写出研究结论并提出对策建议。

3.2.1　提出研究问题

提出研究问题也称"开题"。好的选题至少需要满足以下几个特点。

1. 研究的问题要明确而聚焦

好的选题应该是"小而美"，能够对研究对象进行充分聚焦，这样研究才能深入。比如"组织环境对员工行为的影响"这个选题就太大了，一方面，从概念含义的角度，组织环境是个非常宽泛的概念，包括组织公平、组织支持、组织氛围等，员工行为的概念就更加宽泛了，到底是什么样的员工行为，是员工沉默行为、员工创新行为、员工前瞻行为还是员工主动行为？另一方面，在规范的实证研究中，研究对象"组织环境""员工行为"都要落实为具体的变量（包括因变量、自变量、中介变量、调节变量等），而正因为概念含义不够明确，就难以找到合适的变量来代表研究对象。总之，研究不够聚焦就无法深入，导致研究得不深不透，很难得出建设性的成果，也经不起审稿人等评价者的询问和质疑。

对比而言，"变革型领导和组织支持感对员工前瞻性行为的影响-以自我效能感为调节"这个选题就比较具体，一方面，概念含义比较明确，"变革型领导""组织支持感""员工前瞻性行为""自我效能感"都可以非常明确而具体地进行概念界定；另一方面，从选题中可以非常清晰地界定出被解释变量（因变量、被影响变量）为员工前瞻性行为，主要解释变量（自变量、影响变量）为变革型领导和组织支持感，调节变量为自我效能感，从而可以非常清晰地列出研究框架，提出理论假设。

2. 选题要具有研究意义和价值

我们开展研究是为了解决学术问题或实际问题，能够对相关领域的研究起到边际提升作用，进一步丰富相关研究领域的研究成果，或能够为解决实际问题提供有益的对策建议。比如我们要研究"组织支持感对员工健身行为的影响"，选题的研究意义和价值就不大，因为我们研究员工行为的目的和意义，或者说研究的出发点和落脚点在于通过研究提升企业的人力资源管理水平，充分激发员工工作的主动性、积极性或创造力，进而提升企业价值，而员工是否健身，对于企业的经营管理水平的提升可能是弱影响的。而"组织激励氛围对员工创新行为的影响：创新动机的中介效应研究"这个选题，就具有比较好的实践应用意义和研究价值，尤其是对于亟需创新的企业而言，比如一些互联网行业内企业、文化娱乐行业内企业等，可以通过研究提出一些建设性的对策建议，为这些企业激发员工创新行为提供有益的参考借鉴和智力支持。

3. 选题要有充分的可行性

"巧妇难为无米之炊"，如果研究的问题无法选取合适的代理变量，或者选取的变量无法收集到研究所需的数据，那么选题就不具备可行性。比如我们要研究政府低碳扶持政策对商业银行绿色信贷投放的影响，如果我们无法获取到商业银行信贷投放的内部数据，那么研究将无法进行。可行性不仅体现在"能"与"不能"层面，还需要考虑成本效益原则，如果在搜集数据时，发现数据搜集的成本过高，超出可承受范围，那么同样说明选题不具备较高的可行性。

4. 选题要有一定的创新性

比如在员工行为研究方面，如果我们要研究"员工沉默行为、员工创新行为、员工前瞻行为、员工主动行为"，可以在中国知网等平台上搜索相关的文献，会发现相关的研究汗牛充栋、浩如烟海，学者对这些员工行为的研究已经非常充分和成熟，我们很难进行别出心裁的创新，或者说，很难为该领域的研究带来边际提升，那么选题将大概率通不过审稿人等评价者的审核，除非能够找到更新、更好的解释变量或中介变量、调节变量，阐述了更好的作用机制，等等。

3.2.2　查阅参考文献

对于高质量的学术研究来说，参考文献是不可或缺的。对于大多数普通学者来说，很难做出高质量的全新研究，即使是全新研究，也需要积极引用经典理论作为理论基础。不论是对相关变量的概念定义和度量，还是提出研究的理论假设，都需要有相关的理论基础或成熟的、权威的研究文献作为支撑，只有这样论文的研究才具有充分的说服力。所以，做研究都是"站在前人的肩膀上""在前人研究的基础上更深一步，更进一步"。

通过查阅与研究问题紧密相关的研究文献，一方面可以找到本研究课题所需要的理论基础，另一方面可以总结回顾既有研究成果，看看学者已经从哪些角度进行了研究，研究进展如何，使用了什么样的样本观测值与研究方法，得到的研究结论是什么，在此基础上，或许可以找到既有研究成果中存在的不足或待改进之处，也可能找到观察问题、分析问题、解决问题的新颖方法和视角，还能进一步探讨或深入探讨变量之间的作用机制，比如学者已经研究明白了变量 A 对变量 B 的影响，相关研究成果已经较为充分，那么是否可以引入中介变量或调节变量，进一步探讨 A 对 B 的作用机制？比如 A 对 B 的影响和作用是不是通过中介变量 C 展开的，即 A 影响了 C，然后 C 影响了 B，A 对 B 的影响和作用是否因为调节变量 D 的存在而得到放大或缩小？这些思考和想法如果做出来，都可以成为论文的创新点。

3.2.3 设计研究框架

在查阅参考文献并进行梳理、归纳的基础上，明确自身的研究主题，明确了研究主题，也就有了研究框架。下面我们分别举一个工商管理学和金融学的研究框架示例。

1. 工商管理学研究框架示例

比如研究主题为"变革型领导和组织支持感对员工前瞻性行为的影响-以自我效能感为调节"，即从变革型领导和组织支持感的角度深入研究员工前瞻性行为的影响因素，同时充分考虑自我效能感的调节作用。那么研究主题中的主要变量就包括前瞻性行为、变革型领导、组织支持感和自我效能感，其中前瞻性行为为被解释变量（因变量），用 Y 来表示；变革型领导为主要解释变量 1（自变量 1），用 $X1$ 来表示；组织支持感为主要解释变量 2（自变量 2），用 $X2$ 来表示；自我效能感为调节变量（调节变量的含义在后面章节中详细讲解，基本思想是，针对主要解释变量对被解释变量的影响起到放大或缩小的调节作用），用 Z 来表示。提出如图 3.1 所示的研究框架。

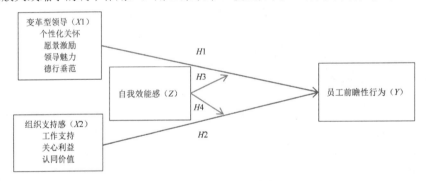

图 3.1　本文的研究框架图

2. 金融学研究框架示例

比如我们要研究数字普惠金融发展对上市公司影子银行化的影响，以影子银行规模占比对数值作为被解释变量，以数字普惠金融指数对数值作为主要解释变量，控制解释变量包括非金融上市公司的营业收入同比增长率、固定资产净额对数值、经营活动产生的现金流量净额/流动负债、资产负债率、总资产净利润率 ROA、第一大股东持股比例、资产总计对数值，则可构建如下的线性回归模型：

$$\text{Shasize}_{i,t} = \beta_0 + \beta_1 \times \ln \text{Index}_{i,t} + \sum \text{Controls}_{i,t} + \eta_{\text{ind}} + \mu_t + \lambda_p + \varepsilon_{i,t}$$

其中 $\text{Shasize}_{i,t}$（影子银行规模占比对数值）即为上市公司影子银行化的代理变量，也是模型中的被解释变量，$\ln \text{Index}_{i,t}$（数字普惠金融指数对数值）即为数字普惠金融发展程度的代理变量，也是回归模型的主要解释变量，如果其系数值 β_1 小于 0 且具备统计显著性，则说明数字普惠金融的发展程度会对上市公司影子银行化起到显著的抑制作用，$\text{Controls}_{i,t}$ 为回归模型涉及的控制解释变量，并且控制非金融上市公司行业固定效应（η_{ind}）、年度固定效应（μ_t）、省份固定效应（λ_p），$\varepsilon_{i,t}$ 为随机误差项。

需要注意的是，研究框架的形成与完善不是一蹴而就的，从最开始的提出到最终的定稿很可能会经历各种各样的曲折，需要进行多次调整与修改。

3.2.4　提出理论假设

设计好研究框架后，就可以提出理论假设。在研究实践中，"设计研究框架""提出理论假设"这两个步骤其实没有绝对地区分先后，也有很多研究是先提出理论假设，再列出研究框架。在提出理论假设时，需要特别注意两个方面：一是要有与研究主题紧密相关的权威研究文献作为支撑，而不能自说自话，相关假设的得出要建立在已有文献研究的基础上，并进行严谨、合理、符合客观事实的推论；二是提出的理论假设要与研究框架相吻合，设计研究框架时提到了需要研究哪些内容，在提出理论假设时就需要——对应地提出相应假设。下面我们继续以前述工商管理学和金融学研究示例进行讲解。

1. 工商管理学研究框架示例

以前面所述的"变革型领导和组织支持感对员工前瞻性行为的影响-以自我效能感为调节"研究主题为例，整理好的研究假设如表 3.1 所示（研究文献推导环节略）。

表3.1　研究假设示例

研究假设代码	研究假设内容
H1	变革型领导对于员工前瞻性行为的发生具有正向推动作用
H1a	个性化关怀维度的变革型领导对于员工前瞻性行为的发生具有正向推动作用
H1b	愿景激励维度的变革型领导对于员工前瞻性行为的发生具有正向推动作用
H1c	领导魅力维度的变革型领导对于员工前瞻性行为的发生具有正向推动作用
H1d	德行垂范维度的变革型领导对于员工前瞻性行为的发生具有正向推动作用
H2	组织支持感对于员工前瞻性行为的发生具有正向推动作用
H2a	工作支持维度的组织支持感对于员工前瞻性行为的发生具有正向推动作用
H2b	关心利益维度的组织支持感对于员工前瞻性行为的发生具有正向推动作用
H2c	认同价值维度的组织支持感对于员工前瞻性行为的发生具有正向推动作用
H3	自我效能感会强化变革型领导对员工前瞻性行为的正向推动作用
H4	自我效能感会强化组织支持感对员工前瞻性行为的正向推动作用

2. 金融学研究框架示例

从对已有文献的理论分析来看，数字普惠金融能够缓解小微企业面临的融资约束，参考（顾宁，2021）[1]、（熊玉梅，2022）[2]、（盛明泉，2022）[3]等的研究。数字普惠金融能够提升普惠金融信贷

---

[1] 顾宁，吴懋，赵勋悦.数字普惠金融对小微企业全要素生产率的影响——"锦上添花"还是"雪中送炭"[J].南京社会科学,2021(12):35-47.

[2] 熊玉梅.数字普惠金融缓解小微企业融资约束路径研究[J].市场周刊,2022,35(01):150-152.

[3] 盛明泉,项春艳,谢睿.数字普惠金融能否抑制实体企业"脱实向虚"[J].首都经济贸易大学学报,2022,24(01):96-112.

业务的可得性、便利性，主要体现在以下几个方面：一是各类数字化技术的进步可以有效帮助众多中小微商户或企业留存客户的交易流水，进而为商业银行等金融机构发放普惠金融业务贷款提供充分的依据；二是各类数字化技术的进步可以有效帮助众多中小微商户或企业提供更多符合商业银行等金融机构授信业务开展所需的抵质押品；三是各类数字化技术的进步在很大程度上解决了信贷市场的信息不对称问题，显著提升了金融机构普惠信贷业务调查、审查、审批、贷后管理的效率和效果，进而提升了普惠金融业务办理的便利性和快捷性。而普惠金融信贷业务的可得性、便利性的提升降低了中小企业非正规渠道的资金需求，具体表现为削弱强势实体企业，尤其是上市公司充当"影子银行"、向其供应链条上的中小企业提供融资服务的功能，从而对上市公司影子银行化具有抑制作用，基于前述分析，提出研究假设：

H1：数字普惠金融的发展对上市公司影子银行化具有抑制作用。

3.2.5 收集数据

实证研究收集数据的方式有很多，针对大多数研究者来说，常见的方式有三种，第一种是搜集政府公开发布的，具有较强的权威性和公信力的数据，比如国家统计局发布的中国各个省市历年的GDP、中国历年的 CPI 指数、各个大中城市房地产价格增长率、居民可支配收入水平等数据，这些数据都是可以公开搜集到的，而且具备较强的权威性和公信力，当然可以用于实证研究。

第二种是使用权威机构发布或调查获取的数据，比如钟凯等（2022）[1]在研究"数字普惠金融与商业信用二次配置"时，使用的数字普惠金融发展指数来自《北京大学数字普惠金融指数（2011—2018）》；左晓慧和李旋旋（2023）[2]开展了"移动支付对家庭金融资产配置影响研究"，使用的数据源于 2019 年西南财经大学在全国开展的中国家庭金融调查（CHFS）项目。赵青矣和吴英发（2023）[3]研究了"'望子成龙'与青少年的睡眠剥夺"，采用中国教育追踪调查（CEPS）2014—2015 学年调查数据，数据源都具有较强的公信力和权威性。

调查直接获取的数据往往需要进行必要的处理，比如左晓慧和李旋旋（2023）的研究对原始样本进行了处理：一是剔除样本缺失值和异常数据样本；二是剔除 18 周岁以下的户主、收入及总资产等小于或等于 0 的异常样本；三是对收入进行对数处理；四是对极端异常值进行处理，对连续变量进行了上下 1%的缩尾。赵青矣和吴英发（2023）对原始样本的处理如下：一是由于调查数据涉及的变量很多，而研究仅使用其中一部分变量，所以剔除那些在研究所使用变量上信息不完整的样本；二是结合研究主题，在论文主体论证部分只选择与父母同住的走读样本纳入研究，而将住校生样本作为论文进一步探讨内容，等等。

第三种是研究者自己通过设计调查问卷、发放调查问卷的方式来获取研究所需要的数据。对于严谨的学术研究来说，新手设计的调查问卷可能会饱受业内专家的质疑，在信度和效度方面也难以保证。所以针对严谨的学术研究，当研究者对于所研究领域相对陌生，并未形成深刻理解，或未在所研究领域具备一定造诣和声望的情况下，建议积极搜集所研究领域的既有国内外研究文

---

[1] 钟凯，梁鹏，董晓丹等.数字普惠金融与商业信用二次配置[J].中国工业经济，2022(01):170-188.

[2] 左晓慧，李旋旋.移动支付对家庭金融资产配置影响研究—基于 CHFS 的实证分析[J].经济问题，2023(08):42-50.

[3] 赵青矣,吴英发."望子成龙"与青少年的睡眠剥夺—基于 CEPS2014—2015 的实证研究[J].中国青年研究，2023(07):15-25.

献，并进行归纳梳理，多多参考知名学者所设计的、已经被反复证明过切实、可行、有效的量表，从而可以较好地保证问卷的信度和效度。即使没有直接相关的研究文献供参考使用，也应积极搜集与课题间接相关的文献，对既有量表进行必要的修改完善，尽量避免完全从零设计调查问卷的情形出现。

3.2.6　选取恰当的统计分析方法开展实证分析

收集好数据后，需要选取恰当的统计分析方法开展实证分析。一方面，要根据数据集的类型是横截面数据、时间序列数据还是面板数据，针对不同类型的数据集选择对应的统计分析方法。另一方面，要考虑被解释变量的类型，如果被解释变量是连续型变量，则可以采用普通的多元线性回归模型进行分析，使用最小二乘法估计变量系数；如果被解释变量是离散型变量，且只有两种取值，则可以使用二元 Logistic 回归进行分析，使用最大似然法估计变量系数；如果被解释变量是离散型变量，且有三种及以上取值，并且取值无大小顺序，则可以使用多元 Logistic 回归进行分析，使用最大似然法估计变量系数；如果被解释变量是离散型变量，且有三种及以上取值，并且取值有大小顺序，则可以使用有序 Logistic 回归进行分析，使用最大似然法估计变量系数，等等。

1. 心理学、管理学、社会学、教育学等领域常用实证分析步骤

在心理学、管理学、社会学、教育学等领域的实证分析过程中，基于问卷调查获取数据开展研究时，可采取"描述性统计""信度分析""效度分析""比较检验""相关性分析""回归分析""中介效应检验""调节效应检验"等环环相扣的分析，当然也可加入后面"经济学、金融学等领域常用实证分析步骤"部分所述的"机制分析""稳健性检验""异质性分析"等内容，以进一步丰富研究成果。

- 描述性统计：针对问卷调查获取的数据，一是要研究被调查者的人口结构学特征，看看样本分布是否均衡，结构是否合理，比如我们研究"员工成就动机对主动性工作行为的影响"，如果通过描述性统计发现被调查者几乎都为女性，那么全文实证分析就成了"**女性**员工成就动机对主动性工作行为的影响"，导致研究出现偏差；二是要研究变量的基本特征，对变量的分布特征以及内部结构获得一个直观的感性认识，重点看看变量得分的平均值是否高于参照值（如 5 分量表中的参照值就是 3，相对于 1~5 分的均值），以及变量的偏度、峰度等是否满足正态分布的标准，为后续深层次数据分析奠定基础，详见第 7 章。
- 信度分析研究的是问卷调查结果的可信程度，同一个维度项下各道题目之间是否具有较高的内在一致性，目前最为常用的是 Alpha 信度系数法，详见 14.1 节的相关介绍。
- 效度分析研究的是问卷调查是否能够准确反映研究目的和要求。在实际研究中，首先设计的是变量（包括因变量、自变量、控制变量、中介变量、调节变量等），然后很多时候会将变量划分为多个维度（比如针对成就动机划分为追求成功动机和避免失败动机两个维度），针对每个变量的每个维度都会设计相应的问卷调查题目，我们所做的效度分析就是评价"能否通过设计的题项实现对变量的科学性测量"。

效度分析通过探索性因子分析和验证性因子分析来实现，其中的验证性因子分析一般通过 AMOS 软件来实现，SPSS 中的效度分析属于探索性因子分析，通常针对非成熟量表或对成熟量表有所改动的量表，针对完全成熟量表（成熟量表是指已由知名学者开发设计、被广泛认可应用的量表）可直接应用验证性因子分析。

效度分析还可以细分为内容效度、结构效度、聚合效度、区分效度等，其中内容效度是指用文字描述的形式来说明量表设计的合理性、科学性，也就是分析问卷调查的题项本身设计有无问题，所以设计调查问卷时多多引用成熟量表或有文献研究支撑是很有必要的。结构效度通过 SPSS 中的探索性因子分析来验证：一是 KMO 值>0.6 且 Bartlett 球形检验的显著性 P 值小于 0.05；二是提取的公因子的累积方差贡献率是否高于 60%，各个题项在某一公因子上的载荷系数是否在 0.4 以上；三是提取的各个公因子对具体题项的载荷情况与调查问卷中各个变量各个维度中包括题项的划分情况是否一致。聚合效度通过 AMOS 中的验证性因子分析来实现，准确绘制路径图并输入数据运行出结果后，观察模型整体的拟合情况（卡方/自由度、修正拟合指数 IFI、比较拟合指数 CFI、非范拟合指数 NNFI（TLI）、近似误差平方根指数 RMSEA 等指标是否达到标准），各个维度项下的各个题项的标准化因子载荷是否均在 0.5 以上，基于各个题项标准化因子载荷计算的各个维度的 CR 值是否均在 0.8 以上，AVE 值是否均在 0.5 以上；区分效度同样通过 AMOS 中的验证性因子分析来实现，观察聚合效度分析中各个变量中各个维度的 AVE 值，是否均大于该维度与其他维度之间的相关系数。关于 SPSS 中的效度分析，详见 14.2 节的相关介绍。很多学术期刊论文或毕业论文中还要求对量表数据进行共同方法偏差检验，本质上也属于效度分析的范畴，详见 14.1.4 节。关于 AMOS 中的验证性因子分析可参阅一些关于 AMOS 的教材介绍。

- 比较检验是一个很大的范畴，包括 T 检验、非参数检验、方差分析等，基本思想都是把样本划分为多个组别，观察各个组别的样本在某一变量或多个变量上的均值是否相同，或具体差异情况。详见第 8 章（参数检验范畴，按照某一分类变量划分样本为多组，检验各组样本在某一变量上的均值是否相同，论文写作中用得最多）、第 9 章（非参数检验范畴，但绝大多数实证研究中的数据样本容量较大，使得连续型变量数据能够满足正态分布条件，用参数检验即可，所以实务中用得较少）、第 10 章（使用多个变量对样本进行分类，不仅有分类变量，还可以有连续型变量，不仅可以检验各组样本在某一变量上的均值，还可以检验各组样本在多个变量上的均值）。

- 相关性分析关注变量之间的相关关系而非因果关系，是进行回归分析的前置环节。通过相关性分析可以获得变量之间的相关系数，从而判断变量之间相关系数的方向、大小和显著性程度。其中相关系数的方向方面，如果相关系数为负值，则说明变量之间是一种负相关关系，如果相关系数为正值，则说明变量之间是一种正相关关系，如果相关系数为 0，则说明变量之间没有相关关系；相关系数的大小方面，相关系数的取值范围为-1~1，相关系数的绝对值越大，说明相关程度越高；相关系数的显著性程度方面，相关系数的显著性 P 值越小，说明相关系数的统计显著性程度越高，越具有统计学意义。相关性分析通过计算变量之间的相关系数展开，相关系数的类型又具体分为三种，分别是皮尔逊相关系数、斯皮尔曼等级相关系数和肯德尔秩相关系数，其中皮尔逊相关系数适用于连续型变量数据，斯皮尔曼等级相关系数和肯德尔秩相关系数适用于离散型变量数据。详见第 11 章。

- 回归分析研究核心解释变量对被解释变量的影响关系。回归分析是研究变量之间因果关系的统计分析方法，在回归分析中，变量被区分为自变量和因变量，其中因变量只有一个，也被称为被解释变量，自变量可以为一个或者多个，也被称为解释变量。回归分析的方法又分为很多种，详见第 12 章。

在回归分析中，我们关注的是 β_1 的正负号、大小以及显著性 P 值，分别用于衡量核心解释变量对被解释变量的影响方向、影响程度大小以及这种影响是否具有统计显著性。而对于一系列的控制变量（模型中的 Controls），则无须特别关注，因为在一个模型中，我们通常无法做到穷举所有有效的控制变量，即使是有效的控制变量，也常常会与其他未观测到（或无法观测到）的因素关联，从而使得它们的边际效应无法解释。在选取控制变量时，一般做法是看看与本研究紧密相关的权威文献中，一方面别人用了什么控制变量，另一方面别人研究中的核心解释变量是否也可作为控制变量，我们参照引用，确保言之有据即可。

- 中介效应检验、调节效应检验研究的是解释变量对被解释变量的影响关系具体是通过什么机制进行的，一般包括中介效应分析和调节效应分析，中介效应分析即解释变量 A 对被解释变量 B 的影响和作用是不是通过中介变量 C 展开的，即 A 影响了 C，然后 C 影响了 B。调节效应分析即解释变量 A 对被解释变量 B 的影响和作用是否因为调节变量 D 的存在而得到放大或缩小，具体可参见第 15 章的相关介绍。

当然，还有很多文章的实证研究可能还会用到因子分析、主成分分析、聚类分析、判别分析、决策树分析、生存分析、绘制 ROC 曲线、RFM 分析等内容，读者可参与书中后续相关章节的介绍。

2. 经济学、金融学等领域常用实证分析步骤

在经济学、金融学等领域的实证分析过程中，基于搜集政府公开发布的，具有较强的权威性和公信力的数据，以及权威机构发布的数据开展研究时，可采取"描述性统计""基准回归""机制分析""稳健性检验""异质性分析"等环环相扣的分析。

- 描述性统计旨在观察变量的基本特征，对变量的分布特征以及内部结构获得一个直观的感性认识。
- 基准回归研究核心解释变量对被解释变量的影响关系。

比如前面提到的研究数字普惠金融发展对上市公司影子银行化的影响问题，基准线性回归模型就是：

$$\text{Shasize}_{i,t} = \beta_0 + \beta_1 \times \ln \text{Index}_{i,t} + \sum \text{Controls}_{i,t} + \eta_{\text{ind}} + \mu_t + \lambda_p + \varepsilon_{i,t}$$

我们同样关注的是 β_1 的正负号、大小以及显著性 P 值，分别用于衡量核心解释变量对被解释变量的影响方向、影响程度大小以及这种影响是否具有统计显著性。

- 机制分析研究的是解释变量对被解释变量的影响关系具体是通过什么机制进行的，不局限于中介效应分析和调节效应分析，方法比较灵活，需根据具体研究情况设定。

比如接上文中，我们研究数字普惠金融发展对上市公司影子银行化的影响的问题，可以进一步从上市公司金融资产配置的角度，将非金融上市公司金融资产配置规模作为中介传导变量，即数字惠金融发展影响了上市公司金融资产配置，进而影响了上市公司影子银行化，中介效应模型中以非

金融上市公司全量金融资产占比作为被解释变量，以数字普惠金融指数对数值作为主要解释变量，控制解释变量包括非金融上市公司的营业收入同比增长率、固定资产净额对数值、经营活动产生的现金流量净额/流动负债、资产负债率、总资产净利润率 ROA、第一大股东持股比例、资产总计对数值，构建如下的线性回归模型：

$$AllFin_{i,t} = \beta_0 + \beta_1 \times \ln Index_{i,t} + \sum Controls_{i,t} + \eta_{ind} + \mu_t + \lambda_p + \varepsilon_{i,t}$$

其中 $AllFin_{i,t}$（全量金融资产占比）即为非金融上市公司金融资产配置的代理变量，也是模型中的被解释变量，$\ln Index_{i,t}$（数字普惠金融指数对数值）即为数字普惠金融发展增量的代理变量，也是回归模型的主要解释变量，如果其系数值 β_1 小于 0 且具备统计显著性，则说明数字普惠金融的发展增量会对非金融上市公司金融资产配置起到显著的抑制作用，$Controls_{i,t}$ 为回归模型涉及的控制解释变量，并且控制非金融上市公司行业固定效应（η_{ind}）、年度固定效应（μ_t）、省份固定效应（λ_p），$\varepsilon_{i,t}$ 为随机误差项。

- 稳健性检验研究的是解释变量对被解释变量的影响关系是否足够稳健，不应过于敏感，否则无法进行泛化和推广。常用的稳健性检验方法包括变量替换法、模型替换法、验证前提条件、补充变量法、删除变量法、调整样本期、改变样本容量法、更换新的数据源等。
- 异质性分析本质上就是分样本回归，主要思想是充分考虑不同的样本对于所得的结果具有不同的敏感性，常见的样本分类方法包括按照行业分类、按照人口规模分类、按照地理位置分类、按照城乡分类、按照性别不同分类等，具体需要紧密结合样本的特点。

比如接上文中，我们研究数字普惠金融发展对上市公司影子银行化的影响的问题，为了进一步探讨不同所有制性质的非金融上市公司样本之间的差异，我们可以把全部非金融上市公司划分为国有企业和非国有企业，然后分别开展数字普惠金融发展对非金融上市公司全量金融资产配置的影响实证研究。

此外，针对金融学、经济学等专业，很多时候需要考虑经济变量的内生性，需要进行内生性检验、解决内生性问题，常用的解决内生性问题的方法包括工具变量法、加入自变量的滞后一期或者两期变量、采用 Heckman 两步法进行稳健性检验等；一些要求比较高的重要期刊论文还要求有"研究主题的进一步探讨"等，限于篇幅不再赘述，仅提供一个示例供读者参考，有深层次研究需要的读者可去中国知网搜索相关文献深入研究。

示例如下：接上文中，我们研究数字普惠金融发展对上市公司影子银行化的影响的问题，在将非金融上市公司金融资产配置规模作为中介传导变量，基于上市公司全量金融资产占比构建模型的基础上，可以进一步将全量金融资产细分为流动性金融资产和非流动性金融资产，从而可以进一步探讨上市公司配置金融资产的深层次作用机制，是"蓄水池"动机还是"投机套利"动机。

如果上市公司倾向于配置流动性金融资产，一方面，企业在将来面临流行性紧张问题时，可以及时将持有的金融资产变现，另一方面，配置一定比例的金融资产可以有效熨平主营业务波动带来的风险，则是出于"蓄水池"动机；而如果上市公司倾向于配置非流动性金融资产，配置金融资产是为了在资本市场获取超额收益的动机，则是出于"投机套利"动机。

"蓄水池"动机检验方面，以非金融上市公司流动性金融资产占比作为被解释变量，以数字普惠金融指数对数值作为主要解释变量，控制解释变量包括非金融上市公司的营业收入同比增长率、固定资产净额对数值、经营活动产生的现金流量净额/流动负债、资产负债率、总资产净利润率 ROA、第一大股东持股比例、资产总计对数值，构建如下的线性回归模型：

$$\text{CurFin}_{i,t}=\beta_0+\beta_1\times\ln\text{Index}_{i,t}+\sum\text{Controls}_{i,t}+\eta_{\text{ind}}+\mu_t+\lambda_p+\varepsilon_{i,t}$$

与"全量金融资产"相比，本回归模型的差别在于将全量金融资产进一步细化到流动性金融资产占比，旨在观察"蓄水池动机"作用机制。回归模型中的 $\text{CurFin}_{i,t}$（流动性金融资产占比）即为非金融上市公司流动性金融资产配置的代理变量，也是模型中的被解释变量，$\ln\text{Index}_{i,t}$（数字普惠金融指数对数值）即为数字普惠金融发展程度的代理变量，也是回归模型的主要解释变量，如果其系数值 β_1 小于 0 且具备统计显著性，则说明数字普惠金融的发展会对非金融上市公司流动性金融资产配置起到显著的抑制作用，$\text{Controls}_{i,t}$ 为回归模型涉及的控制解释变量，并且控制非金融上市公司行业固定效应（η_{ind}）、年度固定效应（μ_t）、省份固定效应（λ_p），$\varepsilon_{i,t}$ 为随机误差项。

"投机套利"动机检验方面，以非金融上市公司非流动性金融资产占比作为被解释变量，以数字普惠金融指数对数值作为主要解释变量，控制解释变量包括非金融上市公司的营业收入同比增长率、固定资产净额对数值、经营活动产生的现金流量净额/流动负债、资产负债率、总资产净利润率 ROA、第一大股东持股比例、资产总计对数值，构建如下的线性回归模型：

$$\text{NocurFin}_{i,t}=\beta_0+\beta_1\times\ln\text{Index}_{i,t}+\sum\text{Controls}_{i,t}+\eta_{\text{ind}}+\mu_t+\lambda_p+\varepsilon_{i,t}$$

与"全量金融资产"相比，本回归模型的差别在于将全量金融资产进一步细化到非流动性金融资产占比，旨在观察"投机套利动机"作用机制。回归模型中的 $\text{NocurFin}_{i,t}$（流动性金融资产占比）即为非金融上市公司非流动性金融资产配置的代理变量，也是模型中的被解释变量，其他变量与前面相同。

3.2.7　写出研究结论并提出对策建议

1. 研究结论

研究结论是对全文研究情况的总结陈述。在撰写研究结论时，首先需要重申研究主题。重申研究主题篇幅不宜过长，保持清晰简洁，只陈述最重要的信息。比如"本文基于国家抑制上市公司影子银行化、大力发展数字普惠金融的研究背景，基于上市公司金融资产配置的视角，开展了数字普惠金融抑制上市公司影子银行化实证研究。"

在重申研究主题的基础上，总结研究的主要发现，比如"本文基于上市公司金融资产配置的视角，提供了一种有别于以往研究中'提升企业全要素生产率、提升企业科技创新水平、缓解小微企业面临的融资约束'等作用渠道的另一崭新方向，研究发现数字普惠金融的发展影响我国上市公司开展金融资产配置的动机主要是'投机套利'动机而不是'蓄水池'动机，并基于样本异质性分析发现，'投机套利'动机更多地体现为国有企业而不是非国有企业。"

另一个可供参考的例子是张甜和曹廷求（2022）[1]在《地方财政风险金融化：来自国企债券信用利差的证据》一文中的研究结论：基于地方国有企业债券信用利差视角，本文从静态、动态和流动性角度检验了地方财政风险向金融系统的风险传染效应及其作用机制。研究发现，地方政府债务增速越快、偿债率越高的地区，国企债券收益率利差越大，表明地方财政风险放大了国企债券的信用

---

[1] 张甜，曹廷求.地方财政风险金融化：来自国企债券信用利差的证据[J].财经科学，2022(08):18-31.

风险，产生了向金融领域的溢出。机制检验结果显示，地方财政风险提升了企业债务融资成本，削弱了市场投资意愿，进而提升了国企债券信用利差。异质性分析表明，随着地方财政风险提高，非市政建设行业、资源型城市及行政级别更低的国企债券信用利差提升幅度更大。

2. 对策建议

对策建议要紧密结合研究主题、过程及结论，能够解决研究中所提出的问题。一般来说，严谨的学术论文都是按照"发现问题-分析问题-解决问题"的模式，对策建议就是聚焦于"解决问题"提出的具有科学合理性、可行性和可操作性的问题解决方案。因此，对策建议的撰写要点有三：一是要紧密结合研究主题，能够解决论文中提出的研究问题；二是要具有科学合理性，与国家的方针政策一致，与客观事实运行规律一致；三是要具有可行性和可操作性，提出的对策建议要能够在具体操作层面得到实施。

3.2.8 稳健性检验专题

目前，稳健性检验几乎成为规范的学术论文实证分析部分的标准分析动作之一。研究者在进行基准回归的基础上，为了验证基准回归的结果是否足够稳健，或者说验证得到的结果是否"过于敏感和脆弱"，从而无法得到一般性的结论，就需要使用各种稳健性检验方法对研究结果进行稳健性检验。

1. 稳健性检验的概念及意义

根据搜狗百科的定义，所谓稳健性检验，考察的是评价方法和指标解释能力的强壮性，也就是当改变某些参数时，评价方法和指标是否仍然对评价结果保持一个比较一致、稳定的解释。

稳健性检验的作用和目的是什么？或者说为什么需要稳健性检验？

一方面，从理论假设提出到实证研究设计之间往往存在一定的跳跃性，实证分析过程中所能运用的模型很难与经济理论完全对应，或者说将理论模型中的变量落地到可供实证分析的指标数据时，其前后吻合程度有待商榷，即可供实证分析的指标数据是否可以很好地代表理论模型中的变量，以及理论模型中的变量是否还有其他可供实证分析的指标数据来代表，这就带来了从理论假设到实证研究的逻辑链条是否足够稳健的问题。

另一方面，从实证研究回归模型的构建角度，只有回归模型被正确设定，回归模型参数估计量的无偏性、有效性及一致性才会得到保证。我们研究的核心是关注核心解释变量对被解释变量的影响，但模型中不仅包括核心解释变量，还包括其他控制变量，那么控制变量的选取或遗漏，以及各个解释变量之间的多重共线性等都有可能会影响核心解释变量的估计有效性，从而造成实证研究结果的失真。

再一方面，从实证研究分析所使用的样本数据考虑，研究者在构建计量回归模型时使用的往往是历史数据或者开展社会调查获得的部分样本数据，但研究结论往往被推广到总体，基于历史数据或部分样本数据所得到的研究结论及对策建议能否很好地适用于未来或代表总体，或者说构建的模型是否具备足够的推广泛化能力，这就涉及实证研究分析过程本身是否足够稳健的问题。

总之，稳健性检验的作用和目的是使得从理论假设到实证研究的逻辑链条以及实证研究分析过程更加严谨，结果更具备说服力。

2. 稳健性检验的方法

结合前述稳健性检验的作用和目的，常用的稳健性检验方法包括变量替换法、模型替换法、验证前提条件、补充变量法、删除变量法、调整样本期、改变样本容量法、更换新的数据源等。

1）论证从理论假设提出到实证研究设计之间的稳健性

变量替换法、模型替换法都是旨在论证从理论假设提出到实证研究设计之间的稳健性。

（1）变量替换法

变量替换法具体包括被解释变量度量指标的替换、核心解释变量度量指标的替换、放宽被解释变量或核心解释变量条件。此处需要注意的是，不是说要替换掉理论模型中的被解释变量和核心解释变量，因为那样就意味着研究对象的彻底改变，而是在理论模型中的被解释变量和核心解释变量保持不变的条件下，替换实证研究分析部分对于被解释变量和核心解释变量的**度量标准**（换成别的指标，但同样可以代表原变量）。

研究示例

被解释变量度量指标的替换：张甜和曹廷求（2022）[1]考察地方财政风险对城商行资产负债行为的影响，其中针对同业负债指标，在基准回归分析部分根据中国人民银行对同业负债的定义，参照刘向明等（2020），同业负债包括同业存放款项、拆入资金、卖出回购金融资产和发行的同业存单；而在稳健性检验部分，则参照王倩和赵铮（2018）及中国人民银行规范，采用狭义口径来测度同业负债以检验结果的稳健性，以同业存放、拆入资金和卖出回购金融资产三者之和来衡量。

核心解释变量度量指标的替换：钟凯等（2022）[2]探讨了数字普惠金融对商业信用二次配置的影响及其作用机制，基准回归部分针对数字普惠金融发展的衡量方式采用北京大学数字普惠金融指数，并取自然对数。稳健性检验部分使用数字普惠金融指数中的两个子项（普惠金融覆盖广度和普惠金融使用深度）替换之前的数字普惠金融指数做进一步检验。

被解释变量度量指标的替换、核心解释变量度量指标的替换：蒋为等（2023）[3]检验数字规制政策对技术创新带来的影响，进行了被解释变量度量指标的替换，基准回归部分采用 IP5 汇编的技术专利总数作为被解释变量技术创新的测度，而在稳健性检验部分则采用按发明人居住国区分定义的专利数据、OECD 定义的三方同族专利数据作为被解释变量技术创新的测度。同时也进行了核心解释变量度量指标的替换，基准回归部分参照 Ferracane et al（2020）的数字规制政策评价框架及赋值规则，从跨国和国内数字规制政策下的三级指标体系，对 DTE 数据库中各国自 1989 年以来的数字规制政策进行测算评估，最终得到 41 个国家 1989—2017 年的数字规制政策指数，而在稳健性检验部分则采用更换指标权重和主成分分析法对数字规制政策指数进行了再测算。

---

[1] 张甜，曹廷求. 地方财政风险金融化：来自城商行的证据[J]. 财贸经济，2022，43(04):21-35.

[2] 钟凯，梁鹏，董晓丹，王秀丽. 数字普惠金融与商业信用二次配置[J]. 中国工业经济，2022，(01):170-188.

[3] 蒋为，陈星达，彭淼，周禄军. 数字规制政策、外部性治理与技术创新——基于数字投入与契约不完全的双重视角[J]. 中国工业经济，2023，(07):66-83.

放宽被解释变量或核心解释变量条件： 孙光国和陈思阳（2022）[1] 考察董事在关联行业任职对企业经营风险产生的影响，基准回归在变量"关联行业任职"的度量方面，以 5% 作为关联行业阈值，稳健性检验部分将阈值由 5% 调整至 10%。

（2）模型替换法

模型替换法是指构建新的模型形式，一个常见的例子是在主回归中采用普通的多元线性回归模型进行分析，使用最小二乘法估计变量系数，然后如果因变量具有一定的受限特点，比如我们在统计某地区游客量时可能只能够统计知名景点，或者说游客人数大于某一特定值的景点游客量；又比如在统计工人的劳动时间时，失业工人的劳动时间一定只取 0，而不论失业的程度有多高等，这时就可以使用断尾回归分析、截取回归分析、样本选择模型等方法构建新的模型进行理论假设验证。（因变量受限回归分析使用 Stata 操作更佳，有需求的读者推荐学习由杨维忠、张甜编著，清华大学出版社出版的《Stata 统计分析从入门到精通》第 10 章因变量受限回归分析）。

研究示例

蒋为等（2023）在基准回归中采用负二项模型进行估计，在稳健性检验部分采用面板固定效应模型进行最小二乘法回归，采用工具变量进行两阶段回归分析。

2）论证实证研究回归模型构建的稳健性

验证前提条件、补充变量法、删除变量法，旨在论证实证研究回归模型构建的稳健性。

（1）验证前提条件

因为各类实证研究统计分析模型都有一定的前提条件，比如对多元线性回归分析中对随机扰动项设定的各种假设条件，又比如构建双重差分法模型研究政策效应时的安慰剂检验、平行趋势检验等，验证前提条件实质上就是从实证研究模型构建有效性的角度论证模型的稳健性。

（2）补充变量法和删除变量法

补充变量法和删除变量法均是通过改变控制变量或加入更多控制变量、删除部分控制变量等情况，观察主要解释变量对于被解释变量的影响是否依然显著并且保持相同的影响的方向，从实证研究回归模型抵御波动性的角度论证模型的稳健性。

补充变量法和删除变量法的区别不仅体现在增加或减少解释变量的具体模型形式设定上，同样也体现为解决可能出现的影响统计分析有效性的问题。其中补充变量法针对的是模型的遗漏变量问题，即基准回归模型中可能遗漏了对于被解释变量具有重要影响的解释变量，从而加入进行补充以佐证实证分析结果的稳健性。而删除变量法则针对的是模型的多重共线性问题，即基准回归中的多个解释变量之间可能存在多重共线性问题，从而需要进行删除以佐证实证分析结果的稳健性。

此外，需要说明的是，补充变量法不仅仅指加入更多的控制变量，也包括加入各类虚拟变量，用以控制其他层面的固定效应。

---

[1] 孙光国，陈思阳. 董事在关联行业任职能够降低企业经营风险吗——基于产业链信息溢出的经验证据[J]. 会计研究，2022，(11):87-101.

研究示例

关于验证前提条件的研究示例非常多，CSSCI 收录期刊上发表的论文，几乎只要是构建双重差分法模型研究政策效应的研究，都进行了安慰剂检验、平行趋势检验等，此处不再赘述。

补充变量法——加入控制变量： 张甜和曹廷求（2022）在开展"地方财政风险金融化：来自城商行的证据"研究时，为进一步缓解可能存在的遗漏变量问题，采取补充变量法进行稳健性检验，考虑到由于城商行流动性紧张程度会影响其资产负债行为，除存贷比外，流动性比率作为重要的流动性监管指标之一，也可能会影响城商行的行为决策。另外，营利性作为商业银行经营的重要原则之一，盈利情况也可能会影响其资产负债行为。所以在模型中增加对流动性比率和盈利指标 ROA 的控制进行稳健性检验。

补充变量法——加入各类虚拟变量： 柳光强和孔高文（2018）[1]验证高管海外经历是否会显著提高内部薪酬差距，相对于基准回归部分，稳健性检验部分在回归中控制了企业高管的个人特征，如年龄、性别、任期等基本特征，还进一步纳入了城市固定效应和企业固定效应，从而排除了高管的个人特征、企业所在地经济发展状况以及其他遗漏的企业特征可能对研究结论的影响。

删除变量法： 张甜和曹廷求（2022）在开展"地方财政风险金融化：来自城商行的证据"研究时，指出由于城商行各经营指标存在一定关联，这可能导致变量之间存在多重共线性问题，从而影响实证结果的可信性。因此，删除控制变量中城商行层面存贷比（LTD）、资本充足率（CAP）变量，并同时增加城市层面金融发展水平（地级市年末贷款余额/GDP）、产业结构（第三产业增加值/GDP），进行稳健性检验。

3）论证实证研究分析所使用样本数据的稳健性

调整样本期、改变样本容量法、更换新的数据源，旨在论证实证研究分析所使用样本数据的稳健性。这三种方式本质上都是更换样本的概念，因为统计推断的核心要义就是以样本推断总体，但其推断有效的前提是使用的样本要能够充分代表总体，如果不能代表总体，那么显然就无法得出有效的推断结论，或者结果可能是有所偏颇的。

其中调整样本期是从时间序列的角度，其基本思想是实证研究结果不应对时间过于敏感，相关研究结论不能因时间的略有前置或推移而发生较大的变化，或者说，相关研究结论不能仅针对特定的时间区间才适用，从而会使得相关研究结论及政策建议失去启示与现实指导作用。调整样本期具体包括拓宽样本时间长度或缩短样本时间长度等。

改变样本容量法是从横截面的角度，其基本思想是实证研究结果不应过于依赖研究时使用的样本，相关研究结论不能因样本的变化而发生较大的变化，或者说，相关研究结论不能仅针对特定的样本才适用，从而会使得相关研究结论及政策建议难以起到泛化指导作用。改变样本容量法具体包括选择子样本、缩尾处理、扩充样本容量等。

更换新的数据源是寻找完全不同的样本，但基本假设同样是样本所依托的总体是不变的。

---

[1] 柳光强，孔高文. 高管海外经历是否提升了薪酬差距[J]. 管理世界，2018，34(08):130-142.

研究示例

　　调整样本期、改变样本容量法： 朱晓文和吕长江（2019）[1]以完成代际传承的中国家族企业为样本，研究接班人的培养模式对传承业绩的影响，以二代接任董事长或 CEO 作为传承的标志，一是改变样本容量，在基准回归部分使用完成代际传承的 135 家上市家族企业作为样本，而在稳健性检验部分，改变传承样本的构成，考虑到二代接班后对企业业绩的影响可能需要一段时间才能显现出来，以总样本中接班后满三年的 97 家家族企业为研究对象；二是调整样本期，改变传承样本的分析区间，在基准回归部分，以上市时点为分析起点，未取对称的分析区间，而在稳健性检验部分，取传承前后 3 年或 5 年的对称区间。

　　改变样本容量法： 张甜和曹廷求（2022）[2]在开展"地方财政风险金融化：来自国企债券信用利差的证据"研究时，基本回归部分样本中的城市既包括普通城市又包括直辖市，但考虑到不同层级政府的行为模式可能存在差异，从而地方财政风险对当地国企的影响可能也会不同，所以删除所有直辖市的国企债券样本后重新检验结论的稳健性。

　　更换新的数据源： 何兴强和杨锐锋（2019）[3]分析房价收入比对家庭消费房产财富效应的影响时，基准回归部分使用西南财经大学中国家庭金融调查与研究中心"中国家庭金融调查"（China Household Finance Survey，CHFS）2011 年、2013 年和 2015 年的调查数据，为了增强研究结论的稳健性，一是采用调查数据构造省级房价收入比指标进行重新估计，二是利用宏观数据构建省级房价收入比进行重新估计；三是进一步采用中国家庭追踪调查（CFPS）2010 年、2012 年和 2014 年的城镇居民数据，构建区县层面的房价收入比，重新估计。

　　最后需要说明的是，关于稳健性检验的具体采用方法没有绝对统一的标准，也没有硬性规定，至少要采用几种方法进行分析。但在大多数研究中，研究者通常综合使用多种稳健性检验方法，从多个角度佐证实证分析结果的稳健性，一方面会大大丰富研究内容，另一方面也会提升研究的可信度。而在具体稳健性检验方法的选取方面，需要有相关的经济理论作为支撑，即需要解释为什么要选择这种稳健性检验方法，或者说考虑什么因素影响了实证研究结果的稳健性。

3.3　李克特量表

　下载资源：可扫描旁边二维码观看或下载教学视频

　　在学术研究中，心理学、管理学、社会学、教育学等社会科学领域普遍采用问卷调查获取数据，SPSS 中也有很多分析方法适用于问卷调查获取的数据，比如 *T* 检验、方差分析、相关分析、回归分析、因子分析等，中介作用和调节作用分析等也非常适用于问卷调查数据。通过开展问卷调查获取数据，调查问卷分为量表题和非量表题。量表题就是测试受访者的态度或者看法的题目，大多采用

1　朱晓文，吕长江. 家族企业代际传承：海外培养还是国内培养?[J]. 经济研究，2019，54(01):68-84.

2　张甜，曹廷求. 地方财政风险金融化：来自国企债券信用利差的证据[J]. 财经科学，2022，(08):18-31.

3　何兴强，杨锐锋. 房价收入比与家庭消费——基于房产财富效应的视角[J]. 经济研究，2019，54(12):102-117.

李克特量表。

李克特量表是一种评分加总式态度量表(Attitude Scale)，由美国社会心理学家李克特于 1932 年所设计。针对所需调查的具体事项，李克特量表由一组陈述组成，每一陈述旁边有文字说明，回答者从中选择最适合他/她对该项目看法的选项，选项范围包括"非常同意""同意""难以决定""不同意""非常不同意"共 5 种，这 5 种选项的量化评分取值分别记为 5、4、3、2、1，每个被调查者针对该调查事项的态度总分就是他对该组陈述内各道题目回答所得分数的加总或取平均值，这一总分或平均值可说明他的态度强弱或他在这一量表上的不同状态。

李克特量表的核心思想包括两个方面：一是具体到每个题目，认为相邻两个选项之间的距离相等，比如"非常同意"和"同意"之间的距离，与"不同意"和"非常不同意"之间的距离是相等的，所以在对调查结果进行量化时，可以直接将"非常同意""同意""难以决定""不同意""非常不同意" 5 种选项分别量化为 5、4、3、2、1；二是同一被调查维度内各个题目的权重相等，针对所需调查的具体事项（一个维度），李克特量表由一组陈述（一组问题）组成，每条陈述（问卷中的每道题目）对需调查具体事项的影响权重相同，所以可以用各道题目得分直接加总或求平均值的方式得到该维度的直接得分，而无须考虑加权求和或加权求平均，因此李克特量表常常被称为累加量表（Summative Scale）。

在对李克特量表的应用中，很多学者将 5 分量表进行了丰富和拓展，采用 4 分量表、6 分量表、7 分量表、9 分量表等，但核心思想都是一样的。

3.4 实证研究量表设计示例

 下载资源：可扫描旁边二维码观看或下载教学视频

本节以"变革型领导和组织支持感对员工前瞻性行为的影响-以自我效能感为调节"研究主题为设计《变革型领导和组织支持感对员工前瞻性行为的影响-以自我效能感为调节调查问卷》。该问卷为规范的学术研究要求的问卷形式，具有很好的参考指导意义。

进行概念界定

明确研究主题的基础上，需要首先对相关概念进行界定。结合对该研究主题内权威研究文献归纳情况，针对各个变量的概念界定如下。

- 前瞻性行为（Y）：参考林叶和李燕萍（2016）的定义，前瞻性行为是指一个人为了更好地改善当前形势或创造一个新环境而挑战现有条件的行为。
- 变革型领导（$X1$）：参考 Burns（1978）的定义，变革型领导是组织的领导者持续提升员工思想、动机与行为的动态过程。
- 组织支持感（$X2$）：参考 Eisenberger（1986）的定义，组织支持感是指员工所能感知到的组织对其工作价值贡献的重视水平，以及给予帮助支持程度的综合看法。
- 自我效能感（Z）：参考阿尔伯特·班杜拉（Albert Bandura）的定义，自我效能感即员工对于自身拥有知识储备和工作技能的自信程度。

3.4.2 明确量表依据

1. 前瞻性行为

前瞻性行为的测量题项来自 Fuller et al（2012），该量表为单维度量表，均为李克特 5 分量表形式，题项包含 6 项，如表 3.2 所示。

表3.2　组织支持的调查问卷设计

维　　度	调查问卷题目设计
前瞻性行为	我改变那些无益绩效的组织规则及政策
	我为单位提出新的、更有效的工作方法
	我能很好地完成自己负责的工作任务
	我为单位带来有益的变革
	我就公司战略提出自己的见解
	我很容易适应新的工作任务和工作环境

2. 变革型领导

变革型领导选用李超平和时勘（2005）提出的变革型领导量表（TLQ），分个性化关怀、愿景激励、领导魅力、德行垂范共 4 个维度，共含有 26 个题项，均为李克特 5 分量表形式，其中个性化关怀维度 8 个题项、愿景激励维度 6 个题项、领导魅力维度 6 个题项、德行垂范维度 6 个题项，如表 3.3 所示。

表3.3　组织支持的调查问卷设计

维　　度	调查问卷题目设计
个性化关怀德行垂范维度	廉洁奉公, 不图私利
	吃苦在前, 享受在后
	不计较个人得失, 尽心尽力工作
	为了部门/单位利益, 能牺牲个人利益
	能把自己个人的利益放在集体和他人利益之后
	不会把别人的劳动成果据为己有
	能与员工同甘共苦
	不会给员工穿小鞋, 搞打击报复
愿景激励维度	能让员工了解本单位/部门的发展前景
	能让员工了解本单位/部门的经营理念和发展目标
	会向员工解释所做工作的长远意义
	向大家描绘了令人向往的未来
	能给员工指明奋斗目标和前进方向
	经常与员工一起分析其工作对单位/部门总体目标的影响
个性化关怀维度	在与员工打交道的过程中, 会考虑员工个人的实际情况
	愿意帮助员工解决生活和家庭方面的难题
	能经常与员工沟通交流, 以了解员工的工作、生活和家庭情况
	耐心地教导员工, 为员工答疑解惑
	关心员工的工作、生活和成长, 真诚地为他（她）们的发展提建议
	注重创造条件, 让员工发挥自己的特长

（续表）

维　　度	调查问卷题目设计
领导魅力维度	业务能力过硬
	有较强的创新意识
	热爱自己的工作,具有很强的事业心和进取心
	对工作非常投入,始终保持高度的热情
	能不断学习,以充实提高自己
	敢抓敢管,善于处理棘手问题

3. 组织支持感

组织支持感选用凌文辁（2006）设计的量表，将组织支持的度量分为三个维度，分别为工作支持维度、关心利益维度和认同价值维度，共含有 24 个题项，均为李克特 6 分量表形式，其中工作支持维度 8 个题项，认同价值维度 6 个题项，关心利益维度 6 个题项，如表 3.4 所示。

表3.4　组织支持的调查问卷设计

维　　度	调查问卷题目设计
工作支持维度	注意到工作出色的员工
	工作中不会有机会就利用员工
	同意合理地改变工作条件要求
	看重员工工作目标价值观
	工作中遇到问题给予帮助
	让员工担当最适合的工作
	提供晋升的机会
	使员工工作充满兴趣
	帮助员工发挥工作潜能
	重视员工工作中的意见
认同价值维度	认为留住员工对单位的作用不小
	挽留离职员工
	认为解雇员工是不小的损失
	不轻易解雇员工
	对员工只采取换岗而不解雇
	为员工成就而骄傲
	员工下岗后可再招回
关心利益维度	奖励额外劳动
	偶尔因私人原因缺勤应给予理解
	提供特殊帮助
	关心员工的生活状态
	利润多时会为员工加薪
	考虑员工应得多少薪水的问题
	做决策时要考虑员工利益

4. 自我效能感

自我效能感选用德国柏林自由大学的著名临床和健康心理学家 Ralf Schwarzer 教授编制的《一般自我效能感量表》（GSES），为单维度量表，均为李克特 4 分量表形式，题项包含 10 项，如表 3.5 所示。

表3.5　自我效能感的调查问卷设计

维　　度	调查问卷题目设计
自我效能感	如果我尽力去做的话，我总是能解决问题
	即使别人反对我，我仍有办法取得我所要的
	对我来说，坚持理想和达成目标是轻而易举的
	我自信能有效地应付任何突如其来的事情
	以我的才智，我一定能应付意料之外的情况
	如果我付出必要的努力，我一定能解决大多数的难题
	我能冷静地面对困难，因为我可以信赖自己处理问题的能力
	面对一个难题时，我通常能找到几个解决方法
	有麻烦的时候，我通常能想到一些应付的方法
	无论什么事在我身上发生，我都能够应付自如

3.4.3　设计调查问卷

《变革型领导和组织支持感对员工前瞻性行为的影响-以自我效能感为调节调查问卷》

尊敬的女士/先生：

我是一名在校学生，目前因学术研究需求，正在开展题为"变革型领导和组织支持感对员工前瞻性行为的影响-以自我效能感为调节"的调查问卷。诚挚邀请您匿名作答，本研究仅供学术研究使用，不会泄露您的信息和隐私，需要您提供真实的看法和判断，感谢您的支持！

一、基本信息调查

基本信息调查仅用于统计相关研究内容的结构分布特征，不会泄露您的信息和隐私，请您放心作答、如实填写即可。

1. 性别：□男 □女
2. 年龄：□18~25 岁 □26~35 岁 □36~45 岁 □46~55 岁 □56 岁以上
3. 受教育程度：□初中及以下 □ 高中及中专 □大学本、专科 □研究生
4. 工作类型：□销售人员 □基层管理人员 □技术人员 □行政人员 □中高层管理人员
5. 年收入水平：□10 万以内 □11 万~20 万 □21 万~30 万 □31 万~50 万 □51 万以上

二、员工前瞻性行为调查（5 分量表）

请您回答对以下描述的赞同程度。

1-非常不同意　　　2-不同意　　　3-一般　　　4-同意　　　5-非常同意

1. 我改变那些无益绩效的组织规则及政策。
　　　　□1　　□2　　□3　　□4　　□5
2. 我为单位提出新的、更有效的工作方法。
　　　　□1　　□2　　□3　　□4　　□5

3. 我能很好地完成自己负责的工作任务。

　　□1　　□2　　□3　　□4　　□5

4. 我为单位带来有益的变革。

　　□1　　□2　　□3　　□4　　□5

5. 我就公司战略提出自己的见解。

　　□1　　□2　　□3　　□4　　□5

6. 我很容易适应新的工作任务和工作环境。

　　□1　　□2　　□3　　□4　　□5

三、变革型领导调查（5 分量表）

请您回答对以下描述的赞同程度。

1-非常不同意　　　2-不同意　　　3-一般　　　4-同意　　　5-非常同意

德行垂范维度

1. 廉洁奉公，不图私利。

　　□1　　□2　　□3　　□4　　□5

2. 吃苦在前，享受在后。

　　□1　　□2　　□3　　□4　　□5

3. 不计较个人得失，尽心尽力工作

　　□1　　□2　　□3　　□4　　□5

4. 为了部门/单位利益，能牺牲个人利益。

　　□1　　□2　　□3　　□4　　□5

5. 能把自己个人的利益放在集体和他人利益之后。

　　□1　　□2　　□3　　□4　　□5

6. 不会把别人的劳动成果据为己有。

　　□1　　□2　　□3　　□4　　□5

7. 能与员工同甘共苦。

　　□1　　□2　　□3　　□4　　□5

8. 不会给员工穿小鞋，搞打击报复。

　　□1　　□2　　□3　　□4　　□5

愿景激励维度

1. 能让员工了解本单位/部门的发展前景。

　　□1　　□2　　□3　　□4　　□5

2. 能让员工了解本单位/部门的经营理念和发展目标。

　　□1　　□2　　□3　　□4　　□5

3. 会向员工解释所做工作的长远意义。

　　□1　　□2　　□3　　□4　　□5

4. 向大家描绘了令人向往的未来。

□1　　□2　　□3　　□4　　□5

5. 能给员工指明奋斗目标和前进方向。

□1　　□2　　□3　　□4　　□5

6. 经常与员工一起分析其工作对单位/部门总体目标的影响。

□1　　□2　　□3　　□4　　□5

个性化关怀维度

1. 在与员工打交道的过程中，会考虑员工个人的实际情况。

□1　　□2　　□3　　□4　　□5

2. 愿意帮助员工解决生活和家庭方面的难题。

□1　　□2　　□3　　□4　　□5

3. 能经常与员工沟通交流，以了解员工的工作、生活和家庭情况。

□1　　□2　　□3　　□4　　□5

4. 耐心地教导员工，为员工答疑解惑。

□1　　□2　　□3　　□4　　□5

5. 关心员工的工作、生活和成长，真诚地为他（她）们的发展提建议。

□1　　□2　　□3　　□4　　□5

6. 注重创造条件，让员工发挥自己的特长。

□1　　□2　　□3　　□4　　□5

领导魅力维度

1. 业务能力过硬。

□1　　□2　　□3　　□4　　□5

2. 有较强的创新意识。

□1　　□2　　□3　　□4　　□5

3. 热爱自己的工作，具有很强的事业心和进取心。

□1　　□2　　□3　　□4　　□5

4. 对工作非常投入，始终保持高度的热情。

□1　　□2　　□3　　□4　　□5

5. 能不断学习，以充实提高自己。

□1　　□2　　□3　　□4　　□5

6. 敢抓敢管，善于处理棘手问题。

□1　　□2　　□3　　□4　　□5

四、组织支持调查（6分量表）

请您回答对以下描述的赞同程度

1-非常不同意　2-不同意　3-有点不同意　4-有点同意　5-同意　6-非常同意

工作支持维度

1. 注意到工作出色的员工。
　　□1　　□2　　□3　　□4　　□5　　□6
2. 工作中不会有机会就利用员工。
　　□1　　□2　　□3　　□4　　□5　　□6
3. 同意合理地改变工作条件要求。
　　□1　　□2　　□3　　□4　　□5　　□6
4. 看重员工工作目标价值观。
　　□1　　□2　　□3　　□4　　□5　　□6
5. 工作中遇到问题给予帮助。
　　□1　　□2　　□3　　□4　　□5　　□6
6. 让员工担当最适合的工作。
　　□1　　□2　　□3　　□4　　□5　　□6
7. 提供晋升的机会。
　　□1　　□2　　□3　　□4　　□5　　□6
8. 使员工工作充满兴趣。
　　□1　　□2　　□3　　□4　　□5　　□6
9. 帮助员工发挥工作潜能。
　　□1　　□2　　□3　　□4　　□5　　□6
10. 重视员工工作中的意见。
　　□1　　□2　　□3　　□4　　□5　　□6

认同价值维度

1. 认为留住员工对单位的作用不小。
　　□1　　□2　　□3　　□4　　□5　　□6
2. 挽留离职员工。
　　□1　　□2　　□3　　□4　　□5　　□6
3. 认为解雇员工是不小的损失。
　　□1　　□2　　□3　　□4　　□5　　□6
4. 不轻易解雇员工。
　　□1　　□2　　□3　　□4　　□5　　□6
5. 对员工只采取换岗而不解雇。
　　□1　　□2　　□3　　□4　　□5　　□6
6. 为员工成就而骄傲。
　　□1　　□2　　□3　　□4　　□5　　□6
7. 员工下岗后可再招回。
　　□1　　□2　　□3　　□4　　□5　　□6

关心利益维度

1. 奖励额外劳动。
   □1   □2   □3   □4   □5   □6

2. 偶尔因私人原因缺勤应给予理解。
   □1   □2   □3   □4   □5   □6

3. 提供特殊帮助。
   □1   □2   □3   □4   □5   □6

4. 关心员工的生活状态。
   □1   □2   □3   □4   □5   □6

5. 利润多时会为员工加薪。
   □1   □2   □3   □4   □5   □6

6. 考虑员工应得多少薪水的问题。
   □1   □2   □3   □4   □5   □6

7. 做决策时要考虑员工利益。
   □1   □2   □3   □4   □5   □6

五、自我效能感调查（4 分量表）

请您回答对以下描述的赞同程度。
1-完全不正确　2-有点正确　3-多数正确　4-完全正确

1. 如果我尽力去做的话，我总是能解决问题。
   □1   □2   □3   □4

2. 即使别人反对我，我仍有办法取得我所要的。
   □1   □2   □3   □4

3. 对我来说，坚持理想和达成目标是轻而易举的。
   □1   □2   □3   □4

4. 我自信能有效地应付任何突如其来的事情。
   □1   □2   □3   □4

5. 以我的才智，我一定能应付意料之外的情况。
   □1   □2   □3   □4

6. 如果我付出必要的努力，我一定能解决大多数的难题。
   □1   □2   □3   □4

7. 我能冷静地面对困难，因为我可以信赖自己处理问题的能力。
   □1   □2   □3   □4

8. 面对一个难题时，我通常能找到几个解决方法。
   □1   □2   □3   □4

9. 有麻烦的时候，我通常能想到一些应付的方法。
   □1   □2   □3   □4

10. 无论什么事在我身上发生，我都能够应付自如。

　　□1　　　□2　　　□3　　　□4

3.5　调查问卷的制作

 下载资源：可扫描旁边二维码观看或下载教学视频

前面我们讲述了规范的学术实证研究的量表制作方法，下面着重讲解研究者自己设计调查问卷开展学术研究，如设计全新领域的研究等，或者使用调查问卷获取数据开展实践应用的情形，如市场营销效果调查、新产品上市购买意愿调查、消费者满意度调查等。前面我们也反复提及，采用调查问卷进行调查是一种很普遍，也是一种很有效的搜集资料的方式，所以掌握调查问卷的制作方法是非常重要的。由于我们的研究目的在很多情况下是抽象而宏观的，而要设计的问卷则是通过具体的提问将研究目的进行微观层面上的分解，因此如何通过询问一个个背后有理论支撑与研究目的问题来获取我们想要的信息，就需要在问题设置上下功夫。

3.5.1　调查问卷的概念

问卷调查是由调查机构或调查者根据调查目的设计各类调查问卷，采取抽样的方式(随机抽样或整群抽样)确定调查样本，通过调查员对样本的访问完成事先设计的调查项目，然后由统计分析得出调查结果的一种方式。调查问卷是调查人根据研究目的和要求，参照各个调查项目设计成的调查表。一份调查问卷通常由 4 部分组成：题目、引言、主体和结束语。

- 题目：主要是说明本次调查的核心内容，一般形式为"关于 XX 的调查"或者"XX 的调查问卷"，比如"大学本科生无人机需求情况调查问卷"。
- 引言：主要是告诉参与者本次问卷调查的主要目的与意义、问卷的解答方法以及关于请求参与者认真参与的感谢语。
- 主体：是问卷的核心部分，一般分为两部分：一部分是被调查者与研究目的相关的基本情况，如性别、年龄、学历等，另一部分是被调查者对相关问题的基本看法和基本做法。主体部分是以后进行数据定量分析的基础。
- 结束语：一般告诉被调查者调查已经结束以及对于被调查者的参与表示感谢的感谢语、祝福语、时令关心语等都可以。

3.5.2　调查问卷的制作步骤

调查问卷的制作是一项系统的工作，一般来说可以按以下步骤进行。

1. 确定调查的形式，即用哪种方法获取资料

具体的方法有很多，比较常用的有调查问卷软件调查、现场调查、电话访问、邮件调查等。

- 调查问卷软件调查：调查者使用问卷星等调查问卷软件便捷化地开展问卷调查，不仅可以快速、低成本地发放和传播调查问卷，还可较为便捷地统计调查数据、开展简单的统计分析。
- 现场调查：顾名思义，就是找到被调查者人群，当面向他们发放调查问卷，请求他们作答，完成后回收问卷的方式。当参与调查的人群比较集中时，可以优先采用这种方法。
- 电话访问：意思是给被调查者打电话，咨询他们的情况和对所研究问题的看法，然后记录下来。当参与调查的人群比较离散时可以优先采用这种方法。
- 邮件调查：就是研究者发邮件给被调查者，然后要求被调查者对邮件中的问题给予作答，作答完成后回复调查者的方式。邮件调查一般不太常用，一方面因为回收率比较低，另一方面因为调查周期相对较长。

对于这些方法，研究者应该综合考虑各种因素，权衡收益与成本，找出最适合的方式。当然，这些方式也常常结合起来使用。

2. 根据研究目的设计出合格的调查问卷

既然是问卷，基本都是采用问题的形式展开调研的。调查者根据研究目的设计好问题，被调查者予以作答。问题一般分为以下三种：

- 开放式的，即问题没有固定的选项，参与者可以自由地以自己的语言予以作答，例如"您对 XX 问题有哪些建议"。
- 封闭式的，即对于每一个问题，调查者都准备了既定的选项，被调查者只能从选项中选出适合自己的选项来完成对题目的作答，例如"您的国籍是：A.中国国籍 B.非中国国籍"。
- 半封闭式的，即对于一个问题，调查者给出了选项，同时提出如果所有的选项都不适合或者不够全面，被调查者可以提出自己的看法，例如"您认为中小企业融资难融资贵的最大原因是：A.自身经营能力欠缺 B.商业银行存在歧视 C.国家推行的很多支持小微企业的政策在落地执行时存在偏差，如果这些都不符合，请您说明原因"。

设计一份合格的问卷需要注意很多问题，这一点在下一小节中将详细说明。

3. 在样卷的基础上，准备最后的问卷

如果只采用电话访问的方式，那么把样卷打印出来或者直接用电子版复制给各个调查者，让他们直接电话调查就可以了。如果需要采用现场访问的方式，必须首先确定拟发放问卷的数量，然后根据确定的数量来复制样卷，既要保证最终问卷的数量能够满足本次调查的需要，又要避免出现大幅度的资源浪费。采用邮件调查方式时，如果发放的是普通邮件，也就是非电子邮件，可仿照现场访问方式。如果是电子邮件，则可仿照电话访问的方式。

准备好最后的问卷后，调查问卷的制作过程就结束了，下一步需要做的是按计划执行调查。

3.5.3 制作调查问卷时需要注意的问题

一个简单的事实是，在问卷调查中，问卷是调查者与被调查者进行沟通交流的唯一途径，所以调查者在制作调查问卷时要在使用科学的调查方法的基础上，注重问卷设计的技巧、方法与策略。

下面我们就问卷设计中应该注意的问题做一下介绍。

1. 问题表述必须规范、详细、意义明确

也就是说不能出现歧义或者含糊不清的情况，以保证每一位被调查者对该问题都有清晰一致的理解，进而保证调查的正确性。例如"您是否经常参加公益活动"这个问题，调查者必须给出具体的判断标准，如"每周参加公益活动的小时数"这个问题，如果调查者不给出判断标准，由于每个人对于"经常"的理解是不一样的，就会出现理解不一致的情况，从而影响调查结果。

2. 不能使用诱导性或带有特定感情色彩的词语

被调查人群往往有"先入为主"的心理效应和"从众心理"。如果调查者在调查中使用诱导性的或者带有感情色彩的词语，被调查者往往会被调查者的诱导所吸引，从而不会形成自己独立的评价，得到的调查结果自然也会有偏差。例如"很多权威的专家人员认为商业银行信贷资金流入房地产是各城市房价提升的最为重要的推手，您的看法是……"这个问题，一方面商业银行信贷资金流入房地产引起各城市房价提升对被调查者形成"先入为主"效应，另一方面"很多权威的专家人员认为"使被调查者追随的概率大增，从而大大影响调查结果。

3. 不要答案不全，也不要答案重复

答案不全指的是出现了对于研究者所提问题，被调查者无法找到合适选项的情况。例如"你最喜欢的颜色是"这个问题，如果只有"红色""黄色""绿色""橙色""紫色""白色"这几个选项，那么如果被调查者最喜欢的颜色是蓝色或者黑色，他就无法作答。答案重复指的是各个选项之间互相有交集。例如"你最喜欢的形状是"这个问题，选项是"四边形""平行四边形""圆形""矩形""菱形""正方形"就存在着答案重复，因为正方形既是矩形，又是菱形，还是平行四边形，更是四边形。

4. 尽量一问一答，不要一题多问

一题多问指的是在所设计问题的那句话中包含多个问题的情况，如"你对我国制造业和批发零售业是否应该转型创新这件事的看法是"这个问题就属于一题多问。如果有人对我国制造业应该转型创新持支持态度，对我国批发零售业应该转型创新持反对态度，那么他就无法作答了。

5. 充分考虑应答者回答问题的能力、意愿

考虑应答者回答问题的能力主要体现在对于普通大众，不要问一些专业性很强的东西，即"隔行如隔山"。即便是强行要求被调查者作答，也不会得到一个比较可信的结果。考虑应答者回答问题的意愿体现在不要问一些敏感问题和社会禁忌问题，包括个人隐私问题、涉及个人利害关系的问题、风俗习惯禁忌以及个人经济收入、年龄等。同样地，即使被调查者回答了这些问题，可信度也是比较低的。

6. 陈述问题时做到肯定、否定一致

尽量全部采用肯定或者全部采用否定，如果有个别情况，最好突出一下（比如量表题中设置反向题目的操作，建议突出显示一下），不然就容易得出被调查者完全违背本意的选择。例如一开始的题目是"你认为下面的说法正确的是"，设计下面的题目时最好也是"你认为下面的说法哪些是

你赞同的"等。

7. 问卷每一部分的位置安排要具有一定的逻辑性

不要让被调查的思维跳跃过大，跳跃过大一方面会加重被调查者的脑力工作量，引起被调查者的反感，另一方面激发不了被调查者对相关问题的比较深入的思考。所以对于某一方面的问题，最好是放在一起，从简到繁，从易到难，循序渐进，一步一步地激发被调查的思维，从而使其做出比较符合真实情况的选择。

3.5.4　调查问卷样例

大学本科生无人机需求情况调查问卷

本调查仅为市场研究使用，不会侵犯您的隐私，也不会留下您的联系方式，

请您如实根据自身情况填写以下内容，谢谢合作！

1. 您的性别？
A. 男　　　　B. 女

2. 您现在读几年级？
A. 大一　　　B. 大二　　　C. 大三　　　D. 大四

3. 您现在是否拥有无人机？
A. 是　　　　B. 否

4. 如果您现在拥有无人机，是何时得到的？如果没有，不必选择。
A. 大一　　　B. 大二　　　C. 大三　　　D. 大四

5. 如果您现在没有无人机或者想再买一台，准备何时购买？如果不想买，不必选择。
A. 大一　　　B. 大二　　　C. 大三　　　D. 大四　　　E. 毕业以后　F. 不确定

6. 您购买无人机的动机是什么？（可以多选）
A. 学习需要　　　　　　B. 社会工作需要（学生协会、社团）　　　C. 游戏娱乐
D. 别人有了我也应该有　　E. 其他

7. 您购买无人机的主要经济来源是什么？
A. 家人或者朋友专款赞助　　　B. 自己做兼职挣得　　　C. 生活费中节省的
D. 奖学金或者助学金　　　　　E. 意外收入

8. 您购买无人机的时候，什么因素会让您最先考虑？
A. 价格　　　B. 功能　　　C. 外形　　　D. 品牌　　　E. 其他

9. 您能接受的价格范围是？
A. 2000 元以下　　　　　　　B. 2000~4000 元　　　　　　C. 4000~6000 元
D. 6000~8000 元　　　　　　E. 8000~10000 元　　　　　　F. 10000 元以上

10. 您对无人机硬件配置的要求是什么？

A. 越高越好 　　　　　　　　　　　　　　　　B. 能满足日常使用即可

C. 比日常使用稍高一些，以防止跟不上软件升级的要求　　D. 无所谓

11. 如果您打算购买无人机或者推荐同学购买无人机，款式方面你会选择？

A. 台式机　　　　　B. 笔记本无人机　　　C. 两者无差异

12. 如果您打算购买无人机或者推荐同学购买无人机，品牌方面你会选择？

A. 国产品牌　　　　B. 国外品牌　　　　　C. 组装机

13. 如果您采取分期付款购买的方式，您能接受每月多少分期付款费用？

A. 2000 元以下　　B. 2000~3000 元　　C. 3000~4000 元　　D. 4000~5000 元　　E. 5000 元以上

14. 如果您采取分期付款购买的方式，您的分期付款费用由谁支付？

A. 自己　　　　　B. 父母或者朋友

15. 您的月平均生活费是？

A. 4000 元以下　　B. 4000~5000 元　　C. 5000~6000 元　　D. 6000~7000 元　　E. 7000 元以上

16. 您认为个人无人机需求情况主要受什么因素影响？（开放题）

_____

17. 您对无人机的市场营销有什么建议？

_____

调查结束，非常感谢您的参与！

XX 股份有限公司

3.5.5　将调查问卷获取的数据导入 SPSS

前面讲到，调查问卷的题目有封闭式、开放式、半封闭式三种。其中封闭式又分为单选题和多选题两种。下面我们逐一介绍如何将调查问卷获取的数据导入 SPSS。如果是量表题，那么可以按照在第 1 章介绍的方法，直接将量表的分值输入 SPSS 中就可以，尤其是通过问卷星等调查问卷软件发放的问卷，可以将其中生成的统计数据 Excel 表直接导入 SPSS（导入方法详见 4.3.4 节）。

1. 将开放题获取的信息录入 SPSS

开放题的录入相对简单，用户首先按照在第 1 章介绍的方法，在"变量视图"窗口中定义该问题涉及的变量，然后切换到"数据视图"中输入该变量的具体取值（也就是问题的具体作答）即可。但特别强调一个细节，由于开放题的答案往往是字符型变量，因此在定义变量时，变量的"宽度"一定要被合理设定，从而确保变量的具体取值能够被完整录入。

【例】3.5.4 节所附调查问卷中第 16 题就是开放题：

---

16. 您认为个人无人机需求情况主要受什么因素影响？

假设其中 3 份调查问卷关于这道题目的答案分别是品牌、价格、其他人的需求。请将此结果录入 SPSS 中。

【答】首先按照第 1 章介绍的方法，在"变量视图"窗口中定义"需求最主要的影响因素"为字符型变量，并且将其"宽度"从默认值调整到 20（或更大一些），然后切换到"数据视图"窗口输入相应的信息即可。最终结果如图 3.2 所示。当然，用户也可以针对这些答案进行信息提取和编码，转化为量化形式，比如进行变量值标签操作，然后将品牌、价格、其他人的需求分别设置为 1、2、3，然后在数据视图直接输入数据即可。

图 3.2 开放题数据录入结果

2. 将封闭题获取的信息录入 SPSS

1）单选题

针对单选题，可以采用"字符直接录入""字符代码+值标签""数值代码+值标签"三种方式录入数据。最常用的最后一种，即"数值代码+值标签"的录入方式。这种方式的本质就是对问题的每个选项都定义一个数值，然后用输入数值来代替输入特定的选项。

【例】3.5.4 节所附调查问卷中第 4 道是单选题：

---

4. 如果您现在拥有无人机，是何时得到的？如果没有，不必选择。

A. 大一   B. 大二   C. 大三   D. 大四

假设其中 4 份调查问卷关于这道题目的结果分别是 A、B、C、A。请将此结果录入 SPSS 中。

【答】首先按照第 1 章介绍的方法，定义变量"年级"，并定义值标签。最终结果如图 3.3 所示。

返回"数据视图"窗口，在"年级"中分别输入 1、2、3、1，即可完成数据的录入，如图 3.4 所示。

图 3.3　对"年级"变量定义值标签　　　　图 3.4　单选题数据录入结果

2）多选题

对于多选题，可以采用"多重二分法"录入数据。多重二分法，即对每个选项都定义一个变量，这些变量只有两个取值，它们各自代表着对一个具体选项的选择结果。

【例】3.5.4 节所附调查问卷中第 6 题就是多选题：

---

6. 您购买无人机的动机是什么？（可以多选）

A. 学习需要　　　　　　B. 社会工作需要（学生协会、社团）　　　　　C. 游戏娱乐

D. 别人有了我也应该有　　E. 其他

假设其中 4 份调查问卷关于这道题目的结果分别是 ABC、BC、AD、AE。请将此结果录入 SPSS 中。

【答】首先定义 5 个变量"学习需要""社会工作需要""游戏娱乐""别人有了我也应该有""其他"为合适的变量形式。然后定义值标签，操作与单选题中相同，这里不再赘述，结果如图 3.5 所示。

图 3.5　多选题数据录入结果

3. 将半封闭题获取的信息录入 SPSS

半封闭题目实质上是单选题与开放题，或者多选题与开放题的结合，做法是把开放部分也定义为一个变量，按照前面介绍的方法录入即可，这里不再赘述。

3.6　本章习题

1. 阐述实证研究的概念。
2. 简述实证研究的步骤。
3. 阐述李克特量表的概念及核心思想。
4. 阐述调查问卷的制作步骤。
5. 简述制作调查问卷时需要注意的问题。

第4章

数据加工处理

本章主要介绍 SPSS 的常用数据处理操作，在对 SPSS 有基本认识的基础上，熟练使用 SPSS 进行变量和样本观测值基本操作、根据已存在的变量建立新变量、数据读取、数据查找、数据行列转置、数据排序、数据加权处理、数据合并、数据分解、数据汇总、数据结构重组、数据缺失值处理等，从而为后面综合使用 SPSS 的各种统计分析功能开展研究做好必要的准备。

本章学习重点：

● 掌握变量和样本观测值的基本操作，具体包括变量和样本观测值的移动、复制和删除，在现有数据文件中增加新的变量，在现有数据文件中增加新的样本观测值，查看文件和变量信息等。

● 学会根据已存在的变量建立新变量，具体包括通过变量计算生成新的变量、通过对样本观测值计数生成新的变量、量表得分或分类变量重新编码操作、连续变量编码为分类变量、变量取值的求等级、生成虚拟变量等。

● 知晓 SPSS 支持的数据文件类型，灵活掌握数据读取，包括 SPSS 数据文件的打开与保存、读取 Stata 数据文件、读取 Excel 数据文件、读取文本数据文件等。

● 掌握数据查找操作，包括按照观测值序号查找单元格，按照变量值查找数据。

● 掌握数据行列转置操作。

● 掌握数据排序操作，包括对数据按照变量进行排序，对数据按照样本观测值进行排序。

● 掌握数据加权处理操作。

● 掌握数据合并操作，包括按照样本观测值合并数据文件按照变量合并数据文件。

● 掌握数据分解操作。

● 掌握数据汇总操作。

● 掌握数据结构重组操作，包括数据重组方式的选择、由变量组到样本观测值组的重组、由样本观测值组到变量组的重组。

● 掌握数据缺失值处理操作。

4.1 变量和样本观测值基本操作

 下载资源：可扫描旁边二维码观看或下载教学视频

下载资源：\sample\数据 4\数据 4

4.1.1 变量和观测值的移动、复制和删除

1. 变量和观测值的移动

在"数据视图"窗口中，选择要移动的对象后，选择"编辑"→"剪切"命令，找到插入位置，然后选择"编辑"→"粘贴"命令，就可以将剪贴板中的变量（或观测值）粘贴到空变量（或空观测值）的位置上。

2. 变量和观测值的复制

观测值可以复制，但变量不能复制，因为变量不允许同名。要复制观测值，只要把移动方法中的"剪切"命令改为"复制"命令即可。

3. 变量和观测值的删除

选择要删除的对象后，选择"编辑"→"清除"命令即可删除变量或观测值。

4.1.2 在现有数据文件中增加新的变量

如果需要在现有变量的右侧增加一个变量，则需要单击"变量视图"标签，切换到变量视图，在变量表最下面一行，按照在变量视图操作部分讲解的方法定义新变量。如果想把新变量放在已经定义的变量之间，则插入一个变量。步骤如下：

步骤01 确定插入位置。在"数据视图"界面中，将光标置于要插入新变量的列中的任意单元格上并单击，或者在"变量视图"界面中单击新变量要占据的那一行的任意位置。

步骤02 选择"编辑"→"插入变量"命令，在选定的位置之前插入一个名为 Var0000n 的变量，其中 n 是系统给的变量序号。原来占据此位置的变量及其后的变量依次后移。

步骤03 切换到"变量视图"界面，对插入的变量定义属性，包括更改变量名，然后切换到"数据视图"界面中输入该变量的数据。

4.1.3 在现有数据文件中增加新的样本观测值

如果需要在现有数据文件中增加新的样本观测值，则可以将光标置于要插入观测值的那一行的任意单元格中，选择"编辑"→"插入个案"命令，或者右击，在弹出的菜单中选择"插入个案"命令（见图 4.1），就会在该行之上增加一个空行，如图 4.2 所示，可以在此行上输入该观测值的各变量值。

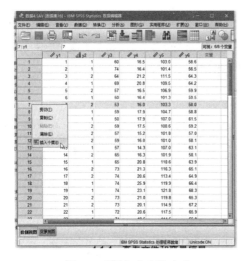
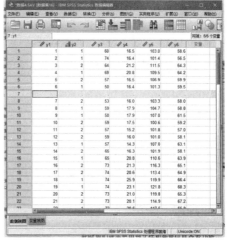

图 4.1　"插入个案"命令　　　　图 4.2　完成插入后的空白观测值

4.1.4　查看文件和变量信息

数据文件建立后,我们可能希望看到数据文件的结构和变量的组成以确定是否需要完善或修改,此时就需要用到文件和变量信息查看功能。

1. 查看变量信息

1)在结果输出窗口中查看变量信息

在菜单栏中选择"文件"→"显示数据文件信息"→"工作文件"命令,就可以将当前工作文件的变量信息输出到结果输出窗口,输出结果如图 4.3 所示;此外,用户还可以在菜单栏中选择"文件"→"显示数据文件信息"→"外部文件"命令并选择相应的外部文件,将其他工作文件的变量信息输出到结果查看窗口。

变量信息								
变量	位置	标签	测量级别	角色	列宽	对齐	打印格式	写格式
y1	1	编号	标度	输入	8	右	F2	F2
y2	2	性别	有序	输入	8	右	F1	F1
y3	3	月龄	标度	输入	8	右	F2	F2
y4	4	体重,kg	标度	输入	8	右	F4.1	F4.1
y5	5	身高,cm	标度	输入	8	右	F5.1	F5.1
y6	6	坐高,cm	标度	输入	8	右	F4.1	F4.1
工作文件中的变量								

图 4.3　结果输出窗口中输出的变量信息

2)利用工具栏查看变量信息

在菜单栏中选择"实用程序"→"变量"命令,打开如图 4.4 所示的"变量"对话框。

在"变量"列表框中选中相应的变量,即可查看当前数据文件中的变量信息,信息显示在右侧文本框中。

2. 查看文件信息

在菜单栏中选择"文件"→"显示数据文件信息"→"外部文件"命令并选择相应的外部文件，可以将相应工作文件的信息输出到结果查看窗口，输出结果如图 4.5 所示。

文件信息		
源		C:\Users\Administrator\Desktop\SPSS\第4章 数据处理\数据4.SAV
类型		SPSS Statistics 数据文件
创建日期		15-MAY-2020 14:23:14
标签		无
字符编码		UTF-8
文件内容	数据类型	个案
	文档的行数	无
	变量集	无
	预测日期信息	无
	多重响应定义	无
	输入的 Windows 信息数据	无
	TextSmart 信息	无
	建模器信息	无
数据信息	个案数	67
	定义的变量元素数	6
	指定的变量数	6
	权重变量	无
	压缩	是

图 4.4 "变量"对话框　　　　　　　图 4.5 文件信息

4.2 根据已存在的变量建立新变量

下载资源：可扫描旁边二维码观看或下载教学视频
下载资源：\sample\数据 4\数据 4、经济学院学生期末考试成绩、问卷调查数据、问卷调查数据 1、数据 4J

4.2.1 通过变量计算生成新变量

在建立数据文件时，通常仅包括可能来自统计调查的原始测量结果。有时需要对变量进行一定的加工，比如在研究学生的中考成绩与 IQ 值之间的关系时，可能需要先将学生文化课、体育课和试验课等成绩按照一定的权重进行计算，得到学生的中考总成绩，再与 IQ 值通过相关分析、回归分析等方法开展研究。有时在分析完之后要对数据进行深加工，比如完成因子分析之后，将观测值的各个因子得分乘以其方差贡献率得到因子总得分，进而开展后续研究等。SPSS 提供强大的计算变量功能，新变量的计算可以借助计算变量功能来完成。以本书附带的数据 4 为例，如果我们要创建新的变量"发育"，其中体重、身高、坐高的权重各为 30%、40%、30%，那么用"计算变量"命令计算新变量的步骤如下：

步骤01 打开数据文件"数据4"，选择"转换"→"计算变量"命令，如图4.6所示。打开"计算变量"对话框，如图4.7所示。

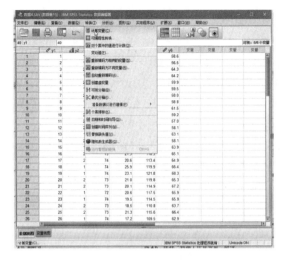 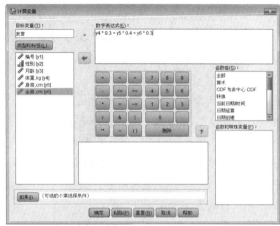

图4.6　选择"转换"→"计算变量"命令　　　　　图4.7　"计算变量"对话框

步骤02 输入计算表达式。使用计算器板或键盘将计算表达式输入"数字表达式"列表框中。表达式中需要用到的 SPSS 函数可从函数组中选择，通过双击或单击"函数和特殊变量"列表框左侧的箭头按钮，将选中的函数移入表达式栏。这时，栏中函数的自变量和参数用"?"表示，自变量必须选用当前工作文件中的变量，可以从左侧变量清单栏中选择，选中后双击它，将其输入表达式中。本例中在"数字表达式"列表框中输入"$y4*0.3+y5*0.4+y6*0.3$"。

步骤03 定义新变量及其类型。在"目标变量"文本框中输入目标变量名，既可以是一个新变量名，又可以是已经定义的变量名，甚至可以是表达式中使用的自变量本身。本例中在"目标变量"中输入"发育"，然后单击"类型和标签"按钮，弹出"计算变量：类型和标签"对话框，如图4.8所示。

图4.8　"计算变量：类型和标签"对话框

对话框深度解读

对于标签的设置有两种方式。

（1）标签：可以在该文本框中给目标变量添加自定义的标签。

（2）将表达式用作标签：使用计算目标变量的表达式作为标签，有利于在统计分析时清晰地了解新变量的意义及运算关系。

在此对话框中，还可以对新变量的类型及宽度进行选择。本例中我们采取系统默认设置，选择确定后，单击"继续"按钮，返回"计算变量"对话框。

步骤 04 "计算变量：If 个案"对话框的使用。有时，仅需要对一些符合特定条件的自变量的观察值进行计算。例如，在数据文件"数据 4"中，我们只需要计算女性的发育情况，即需要选择满足条件"性别=2"的观测值来计算。当条件表达式"性别=2"为真时，将计算出女性的发育情况。使条件表达式为假或缺失的观测量就不会计算这个值，对应这些观测量，新变量的值为系统缺失值。在"计算变量"对话框中单击"如果…"按钮，弹出"计算变量：If 个案"对话框，如图 4.9 所示。条件表达式的建立规则是：条件表达式中至少要包括一个关系运算符，也可以使用逻辑运算符，并且可以通过关系（或逻辑）运算符连接多个条件表达式。本例中，我们首先在左侧变量列表中选择"性别"，然后选中"在个案满足条件时包括"单选按钮，然后在下面的文本框中输入"y2=2"，即可仅计算女性的发育情况。

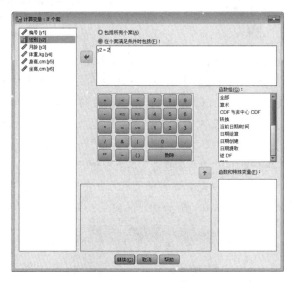

图 4.9　"计算变量：If 个案"对话框

步骤 05 单击"继续"按钮对设定的条件表达式加以确认，返回"计算变量"主对话框。各项选择确认后，单击"确定"按钮，系统将根据表达式和条件计算新变量的值，并将结果显示到数据窗口的工作文件中，如图 4.10 所示，可以看到变量视图中增加了"发育"变量。

图 4.10　增加"发育"变量之后的变量视图

我们还可以在“数据视图”界面看到“发育”变量的具体数据值（见图 4.11）。可以发现，只有女性（$y2=2$）的样本观测值才有发育数据（这与我们前面对表达式的具体设置有关），男性（$y2=1$）的样本观测值中发育变量数据都是缺失值。

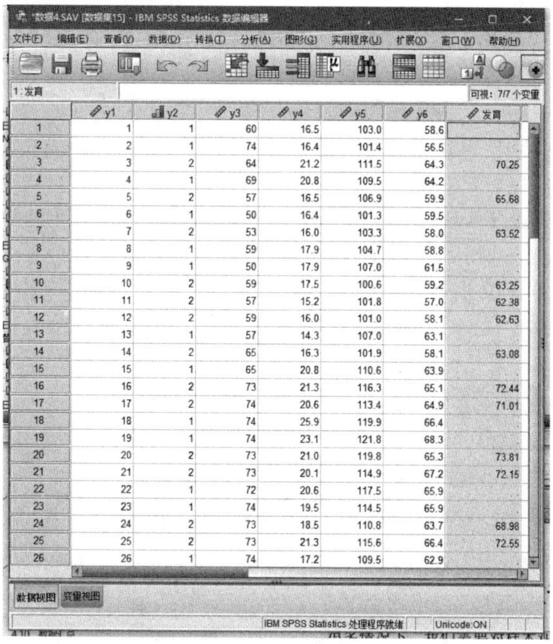

	y1	y2	y3	y4	y5	y6	发育
1	1	1	60	16.5	103.0	58.6	
2	2	1	74	16.4	101.4	56.5	.
3	3	2	64	21.2	111.5	64.3	70.25
4	4	1	69	20.8	109.5	64.2	.
5	5	2	57	16.5	106.9	59.9	65.68
6	6	1	50	16.4	101.3	59.5	.
7	7	2	53	16.0	103.3	58.0	63.52
8	8	1	59	17.9	104.7	58.8	.
9	9	1	50	17.9	107.0	61.5	.
10	10	2	59	17.5	100.6	59.2	63.25
11	11	2	57	15.2	101.8	57.0	62.38
12	12	2	59	16.0	101.0	58.1	62.63
13	13	1	57	14.3	107.0	63.1	.
14	14	2	65	16.3	101.9	58.1	63.08
15	15	1	65	20.8	110.6	63.9	.
16	16	2	73	21.3	116.3	65.1	72.44
17	17	2	74	20.6	113.4	64.9	71.01
18	18	1	74	25.9	119.9	66.4	.
19	19	1	74	23.1	121.8	68.3	.
20	20	2	73	21.0	119.8	65.3	73.81
21	21	2	73	20.1	114.9	67.2	72.15
22	22	1	72	20.6	117.5	65.9	.
23	23	1	74	19.5	114.5	65.9	.
24	24	2	73	18.5	110.8	63.7	68.98
25	25	2	73	21.3	115.6	66.4	72.55
26	26	1	74	17.2	109.5	62.9	.

图 4.11　增加“发育”变量之后的数据视图

4.2.2　通过对样本观测值计数生成新的变量

很多情况下，我们需要对样本观测值进行计数，生成新的变量用于分析。比如在一些职业资格考试中，考试科目包括 5 门，但通过 3 门就算合格，可以取得证书，我们就需要对学生各科成绩的通过情况进行计数，统计出每位学生有多少门课程通过，进而判定其是否可以获得资格证书等。需要特别解释的是，此处所讲述的计数，是指通过设置一定的规则，比如考试成绩需要超过 60 分，观察每个样本观测值（每位学生）在每个变量（每科成绩）上的“命中”（达标）情况，对“命中”情况进行计数求总和。

本小节使用的案例是“经济学院学生期末考试成绩.sav”，数据内容为某高等院校经济学院学生期末考试的成绩。数据文件中共有 7 个变量，分别是“学号”“高等数学”“英语”“统计学”“SPSS 操作”“微观经济学”“宏观经济学”，分别代表各位学生的学号以及“高等数学”“英语”“统计学”“SPSS 操作”“微观经济学”“宏观经济学”6 门课程的期末考试成绩。“经济学院学生期末考试成绩.sav”变量视图如图 4.12 所示。

	名称	类型	宽度	小数位数	标签	值	缺失	列	对齐	测量	角色
1	学号	数字	8	0		无	无	8	右	未知	输入
2	高等数学	数字	8	0		无	无	8	右	未知	输入
3	英语	数字	8	0		无	无	8	右	未知	输入
4	统计学	数字	8	0		无	无	8	右	未知	输入
5	SPSS操作	数字	8	0		无	无	8	右	未知	输入
6	微观经济学	数字	8	0		无	无	8	右	未知	输入
7	宏观经济学	数字	8	0		无	无	8	右	未知	输入

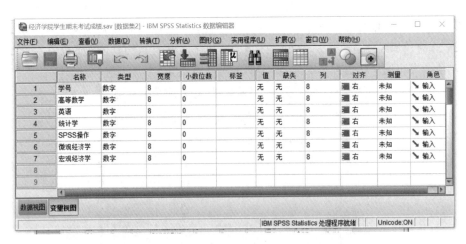

图 4.12 “经济学院学生期末考试成绩.sav”变量视图

“经济学院学生期末考试成绩.sav”数据视图如图 4.13 所示。

	学号	高等数学	英语	统计学	SPSS操作	微观经济学	宏观经济学
1	1	70	75	80	85	90	95
2	2	45	50	55	60	65	70
3	3	54	59	64	69	74	79
4	4	52	57	62	67	72	77
5	5	57	62	67	72	77	82
6	6	47	52	57	62	67	72
7	7	37	42	47	52	57	62
8	8	52	57	62	67	72	77
9	9	51	56	61	66	71	76
10	10	70	75	80	85	90	95
11	11	53	58	63	68	73	78
12	12	58	63	68	73	78	83
13	13	41	46	51	56	61	66
14	14	41	46	51	56	61	66
15	15	53	58	63	68	73	78
16	16	53	58	63	68	73	78
17	17	38	43	48	53	58	63
18	18	45	50	55	60	65	70

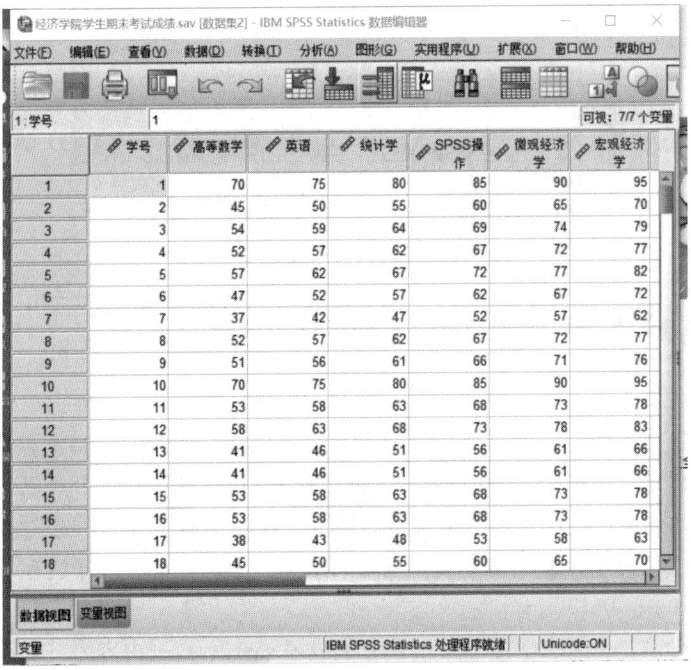

图 4.13 “经济学院学生期末考试成绩.sav”数据视图

本例需要完成以下操作：

（1）使用“通过对样本观测值计数生成新的变量”的方法，生成新的变量 amount 统计每位同学“高等数学”“英语”“统计学”“SPSS 操作”“微观经济学”“宏观经济学”6 门课程的通过数量。

（2）如果学院规定通过 4 门考试即算作本学期学业达标，基于新生成的变量 amount，采用频率分析方法计算学生的达标率。

1. 通过对样本观测值计数生成新的变量

步骤如下：

步骤01 打开数据"经济学院学生期末考试成绩"，选择"转换"→"对个案中的值进行计数"命令，弹出"计算个案中值的出现次数"对话框，如图 4.14 所示。

步骤02 设置目标变量、目标标签和数字变量。目标变量即拟新生成的变量名称，目标标签即拟新生成的变量标签，数字变量即用于"计算个案中值的出现次数"的依据变量。我们在"计算个案中值的出现次数"对话框中的"目标变量"文本框中输入拟生成的新变量的名称 amount，在"目标标签"文本框中输入拟生成的新变量的标签"通过课程数量"，在对话框左侧变量列表中选择"高等数学""英语""统计学""SPSS 操作""微观经济学""宏观经济学"6 个变量，并单击 按钮，使之进入"数字变量"列表框，如图 4.15 所示。

图 4.14　"计算个案中值的出现次数"对话框　图 4.15　"计算个案中值的出现次数"对话框

步骤03 单击"定义值"按钮，弹出如图 4.16 所示的"对个案中的值进行计数：要计数的值"对话框。在该对话框中，选择"范围，从值到最高"并在下面的文本框中填写 60，然后单击中间的"添加"按钮，即可在"要计数的值"列表框中看到 60 thru Highest，意思就是针对上一步选择的"高等数学""英语""统计学""SPSS 操作""微观经济学""宏观经济学"6 个变量，样本观测值的取值大于或等于 60 时，才会被计数统计。

图 4.16　"对个案中的值进行计数：要计数的值"对话框

对话框深度解读

值：在这个输入框中输入具体值作为将要计数的目标。

系统缺失值：将系统指定缺失的值作为计数的目标。

系统缺失值或用户缺失值：将系统缺失值或用户缺失值作为计数的目标。

范围：输入一个取值范围，在这个范围内的值都是计数的目标。

范围，从最低到值：输入一个值，计数的范围是从个案中的最小值到该值。

范围，从值到最高：输入一个值，计数的范围是从这个值到个案中的最大值。

步骤04 设置完毕后，单击"继续"按钮返回"对个案中的值进行计数：要计数的值"对话框，在该对话框中单击"确定"按钮，等待输出结果，最终结果如图 4.17 所示，可以发现数据文件中新生成了 amount。以第一个学生为例（数据文件的第 1 行数据），该学生"高等数学""英语""统计学""SPSS 操作""微观经济学""宏观经济学"6 门课程的成绩都在 60 分以上，所以其 amount 的取值为 6。

图 4.17 输出结果

2. 采用频率分析方法计算学生的达标率

步骤如下：

步骤01 选择"分析"→"描述统计"→"频率"命令，弹出如图 4.18 所示的对话框。

步骤02 选择要进行频率分析的变量。在"频率"对话框的左侧列表框中选择"通过课程数量[amount]"选项，单击中间的 ➡ 按钮使之进入"变量"列表框。

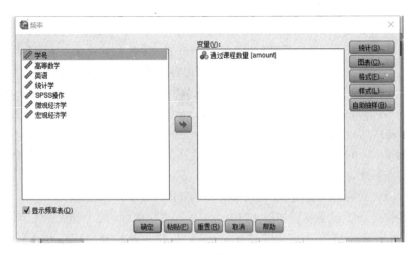

图 4.18 "频率"对话框

步骤03 选择是否显示频率表。选中"频率"对话框左下角的"显示频率表"复选框，要求输出频率表格。本例中我们选中此项。

步骤04 设置完毕后，单击"确定"按钮，等待输出结果。

本例中对于频率分析方法的介绍相对简单，关于频率分析方法的详细介绍，请参见 7.1 节的内容。

分析结果如下。

1）统计表

图 4.19 为统计表，有效样本数为 200 个，缺失值为 0 个。

2）频率分布

图 4.20 给出了按照课程数量的频率分布。该表从左到右分别是有效的样本值、频率、频率占总数的百分比、有效频率占总数的百分比、累计百分比。

如果学院规定通过 4 门考试即算作本学期学业达标，也就是说变量通过课程数量取值为 4、5、6 时判定为达标，学生的达标率=（16.0%+14.0%+15.5%）=45.5%。

统计

通过课程数量

个案数	有效	200
	缺失	0

图 4.19 统计表

通过课程数量

		频率	百分比	有效百分比	累积百分比
有效	1.00	9	4.5	4.5	4.5
	2.00	45	22.5	22.5	27.0
	3.00	55	27.5	27.5	54.5
	4.00	32	16.0	16.0	70.5
	5.00	28	14.0	14.0	84.5
	6.00	31	15.5	15.5	100.0
	总计	200	100.0	100.0	

图 4.20 通过课程数量的频率分布

4.2.3 量表得分或分类变量重新编码操作

如果我们收集的数据来自问卷调查，那么经常会面临一个问题，就是问卷调查中经常会出现正向问题和反向问题交织出现的情况，在这种情况下，我们无法直接使用原始数据，而是需要进行统一，把反向问题重新编码（当然也可将正向问题重新编码，确保一致即可），基于统一之后的数据开展转换变量、描述性统计分析、信度分析、效度分析等一系列数据处理与统计分析工作。

本节使用的案例是“调查问卷数据.sav”，数据内容为通过调查问卷获取 C2C 电子商务顾客信任影响因素。原始调查问卷中设计了 18 个问题，对应数据文件中的 18 个变量，即 xingbie、nianling、pinci、xueli、pinpai1、pinpai2、fuwu1、fuwu2、fuwu3、xinxi1、xinxi2、xinxi3、baozhang1、baozhang2、baozhang3、fankui1、fankui2、xinren，分别用来表示性别、年龄、网购频次、学历、品牌知名度、品牌美誉度、卖家响应的速度、卖家服务的态度、卖家解决问题的效果、卖家商品展示的真实性、卖家商品展示的完整性、卖家商品展示的吸引力、卖方信用处罚制度、卖家准入与退出制度、资金监管账户制度、历史交易满意度、历史评价真实度、整体信任度评价。

“调查问卷数据.sav”变量视图如图 4.21 所示。针对性别变量，用 1 表示男性，用 2 表示女性；针对年龄变量，用 1 表示 25 岁以下，用 2 表示 25 ~35 岁，用 3 表示 35~45 岁，用 4 表示 45 岁以上；针对网购频次变量，用 1 表示一年 5 次以下，用 2 表示一年 5~10 次，用 3 表示一年 10~20 次，用 4 表示一年 20 次以上；针对学历变量，用 1 表示研究生及以上，用 2 表示本科与专科，用 3 表示高中与中专，用 4 表示初中及以下。

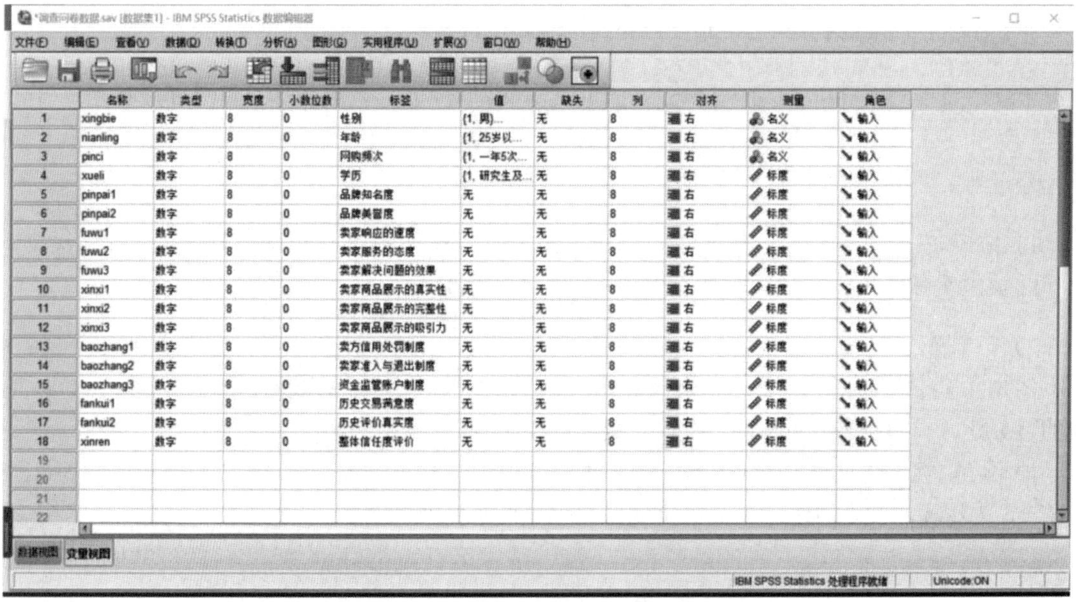

	名称	类型	宽度	小数位数	标签	值	缺失	列	对齐	测量	角色
1	xingbie	数字	8	0	性别	{1, 男}...	无	8	右	名义	输入
2	nianling	数字	8	0	年龄	{1, 25岁以...	无	8	右	名义	输入
3	pinci	数字	8	0	网购频次	{1, 一年5次...	无	8	右	名义	输入
4	xueli	数字	8	0	学历	{1, 研究生及...	无	8	右	标度	输入
5	pinpai1	数字	8	0	品牌知名度	无	无	8	右	标度	输入
6	pinpai2	数字	8	0	品牌美誉度	无	无	8	右	标度	输入
7	fuwu1	数字	8	0	卖家响应的速度	无	无	8	右	标度	输入
8	fuwu2	数字	8	0	卖家服务的态度	无	无	8	右	标度	输入
9	fuwu3	数字	8	0	卖家解决问题的效果	无	无	8	右	标度	输入
10	xinxi1	数字	8	0	卖家商品展示的真实性	无	无	8	右	标度	输入
11	xinxi2	数字	8	0	卖家商品展示的完整性	无	无	8	右	标度	输入
12	xinxi3	数字	8	0	卖家商品展示的吸引力	无	无	8	右	标度	输入
13	baozhang1	数字	8	0	卖方信用处罚制度	无	无	8	右	标度	输入
14	baozhang2	数字	8	0	卖家准入与退出制度	无	无	8	右	标度	输入
15	baozhang3	数字	8	0	资金监管账户制度	无	无	8	右	标度	输入
16	fankui1	数字	8	0	历史交易满意度	无	无	8	右	标度	输入
17	fankui2	数字	8	0	历史评价真实度	无	无	8	右	标度	输入
18	xinren	数字	8	0	整体信任度评价	无	无	8	右	标度	输入
19											
20											
21											
22											

图 4.21 “调查问卷数据.sav”变量视图

我们在收集数据时，采用李克特五级量表，假设我们设计的调查问卷中只有“卖方信用处罚制度[baozhang1]”“历史交易满意度[fankui1]”两个变量对应的问卷问题为反向问题，其他变量为正向问题，也就是说，针对 pinpai1、pinpai2、fuwu1、fuwu2、fuwu3、xinxi1、xinxi2、xinxi3、baozhang2、baozhang3、fankui2、xinren 共 12 个问题，“非常同意”“同意”“不一定”“不同意”“非常不同意”5 个选项对应的值分别为 5、4、3、2、1，而对于“卖方信用处罚制度[baozhang1]”“历史交易满意度[fankui1]”两个问题，“非常同意”“同意”“不一定”“不同意”“非常不同意”5 个选项对应的值分别为 1、2、3、4、5。“调查问卷数据.sav”数据视图如图 4.22 所示。

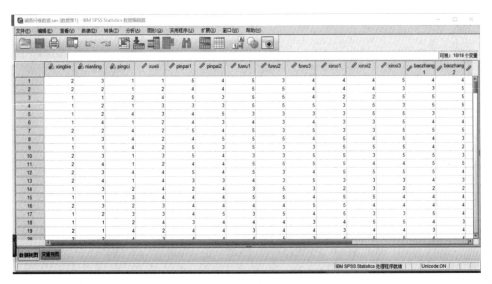

图 4.22 "调查问卷数据.sav"数据视图

本例针对"卖方信用处罚制度[baozhang1]""历史交易满意度[fankui1]"两个变量进行重新编码。编码方法有两种，分别是"重新编码为相同的变量""重新编码为不同变量"。

1. 重新编码为相同的变量

重新编码为相同的变量，是指变量重新编码的数据会自动覆盖原始变量数据，变量名称及各种属性保持不变，只是每个样本观测值的数据发生了变化，被转换成新编码的数据。

步骤如下：

步骤01 打开"调查问卷数据"，选择"转换"→"重新编码为相同的变量"命令，弹出如图 4.23 所示的对话框。

步骤02 选择进行重新编码的变量。在"重新编码为相同的变量"对话框的左侧列表框中，选择"卖方信用处罚制度[baozhang1]""历史交易满意度[fankui1]"并单击 按钮，使之进入"数字变量"列表框。

图 4.23 "重新编码为相同的变量"对话框

步骤03 单击"旧值和新值"按钮，弹出如图 4.24 所示的"重新编码为相同的变量：旧值和新值"对话框。在该对话框中，我们在"旧值"选项列表中选择"值"并且在下面的文本框中填写 1，然后在"新值"选项列表中选择"值"并且在下面的文本框中填写 5，接着单击下方的"添加"按钮，即可在"旧->新"列表框中看到"1→5"的编码映射；按照类似的操作方法，依次完成"2->4""3->3""4->2""5->1"的旧值向新值的重新编码映射。

图 4.24　"重新编码为相同变量：旧值和新值"对话框

步骤 04 设置完毕后，单击"继续"按钮返回"重新编码为相同的变量"对话框，在该对话框中单击"确定"按钮，等待输出结果，最终结果如图 4.25 所示，可以发现所有样本观测值的"卖方信用处罚制度[baozhang1]""历史交易满意度[fankui1]"两个变量均顺利完成了重新编码。

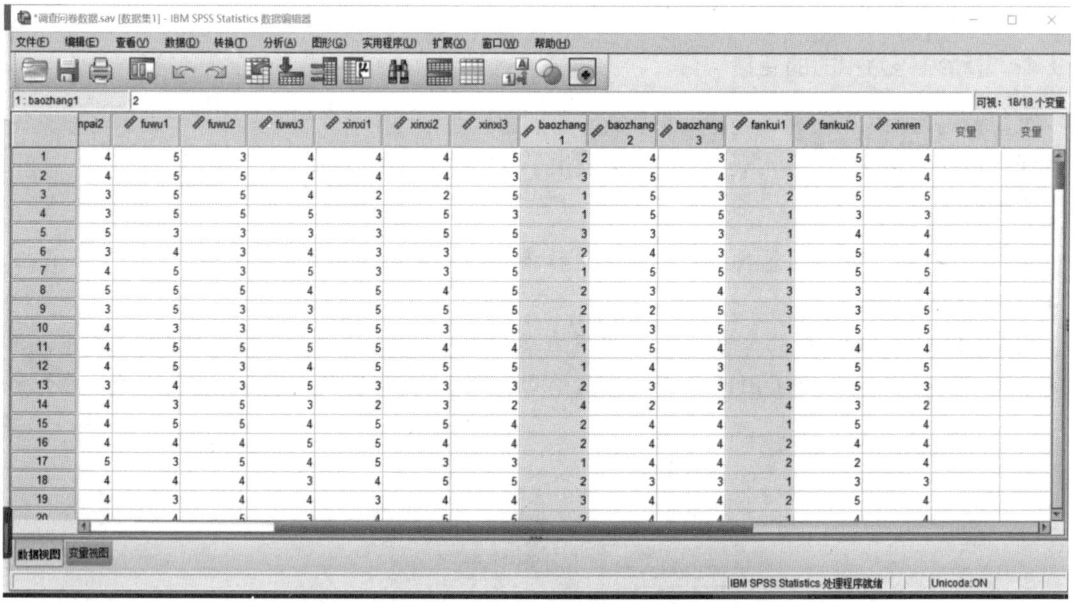

图 4.25　输出结果

2. 重新编码为不同变量

重新编码为不同变量，是指变量重新编码后的数据会生成新的变量，同时原始变量的数据将继续得以保留。如果我们需要继续保留编码前的原始变量信息，就需要使用该编码方式。

步骤如下：

步骤 01 打开"调查问卷数据"，选择"转换"→"重新编码为不同变量"命令，弹出如图 4.26 所示的对话框。

步骤 02 选择进行重新编码的变量。在"重新编码为不同变量"对话框的左侧列表框中，选择"卖方信用处罚制度[baozhang1]""历史交易满意度[fankui1]"并单击➡按钮，使之进入"数字变量->输出变量"列表框。

图 4.26　"重新编码为不同变量"对话框

步骤 03 设置输出变量的名称及标签。首先单击"数字变量->输出变量"列表框中的"baozhang1->？"，然后在"输出变量"下方的"名称"文本框中填写"newbaozhang1"，在"标签"文本框中填写"卖方信用处罚制度 1"，并单击"变化量"按钮进行确认。按照类似的操作方式，单击"数字变量->输出变量"列表框中的"fankui1->？"，然后在"输出变量"下方的"名称"文本框中填写"newfankui1"，在"标签"文本框中填写"历史交易满意度 1"，并单击"变化量"按钮进行确认。设置完成后如图 4.27 所示。

图 4.27　设置结果

步骤 04 在"重新编码为不同变量"对话框中单击"旧值和新值"按钮，弹出如图 4.28 所示的"重新编码为不同变量：旧值和新值"对话框。在"重新编码为不同变量：旧值和新值"对话框中，在"旧值"选项列表中选择"值"并且在下面的文本框中填写 1，然后在"新值"选项列表中选择"值"并且在下面的文本框中填写 5，接着单击下方的"添加"按钮，即可在"旧->新"列表框中看到"1->5"的编码映射；按照类似的操作方法，依次完成"2->4""3->3""4->2""5->1"的旧值向新值的重新编码映射。

图 4.28 "重新编码为不同变量：旧值和新值"对话框

步骤 05 设置完毕后，单击"继续"按钮返回"重新编码为不同变量"对话框，在该对话框中单击"确定"按钮，等待输出结果，最终结果如图 4.29 所示。

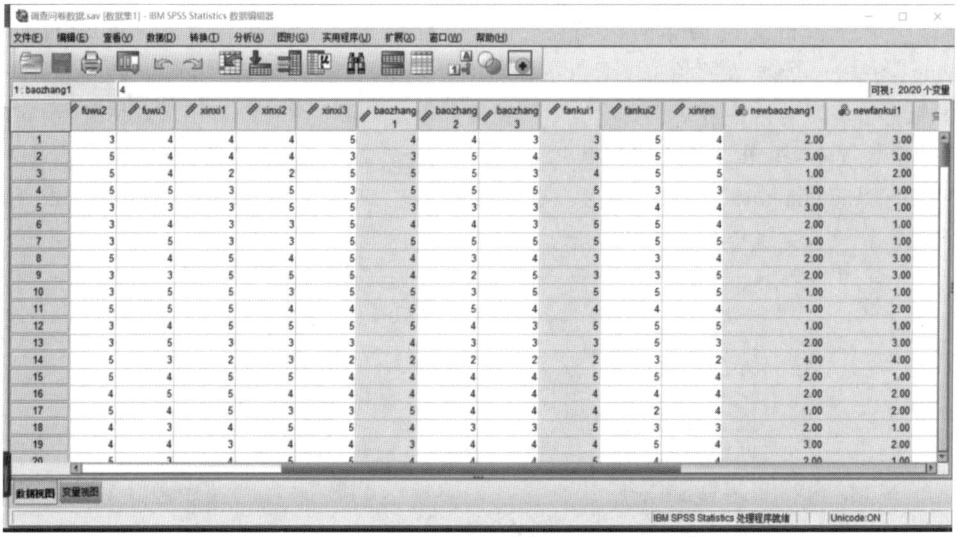

图 4.29 输出结果

在"重新编码为不同变量"模式下，系统新生成了"newbaozhang1""newfankui1"两个变量，同时"baozhang1""fankui1"两个原始变量得以保留。对比"newbaozhang1""newfankui1"两个新生成的变量和"baozhang1""fankui1"两个原始变量的差异，可以发现所有样本观测值的"卖方信用处罚制度[baozhang1]""历史交易满意度[fankui1]"两个变量均顺利完成了重新编码。然后切换到"变量视图"窗口，对新生成的两个变量的属性进行设置，比如小数位数设置为 0，测量方式设置为标度等，以便于原始变量的属性保持一致，在此不再赘述。

4.2.4 连续变量编码为分类变量

很多情况下，我们需要将连续变量转化为分类变量。比如我们在开展问卷调查时收集的是被调查者的具体年龄，但是在实际开展分析研究时，我们想把被调查者按照年龄进行分组，研究不同年龄段被调查者对于某项研究问题的看法，这时就需要将具体被调查者年龄这一连续型变量转化为类似于老年、中年、青年分组的分类变量。又比如我们研究上市公司净资产收益率（ROE）时，数据中很可能有着较多的极端异常值，可以将上市公司的净资产收益率（ROE）分为五类：大于 100%、50%~100%、20%~50%、0~20%、小于 0。针对为数不多、研究价值不大但范围跨度较大的净资产收益率（ROE）为负值的公司，无论其负值的程度有多深，统一归为"ROE<0"一类，从而可以排除极端异常值的影响，提升数据统计分析的稳定性。

　　本小节使用的案例是"调查问卷数据 1.sav"，相对 4.2.3 节的"调查问卷数据.sav"，该数据的不同在于 nianling 变量是客户的真实年龄数据，是连续型变量数据，如图 4.30 所示。

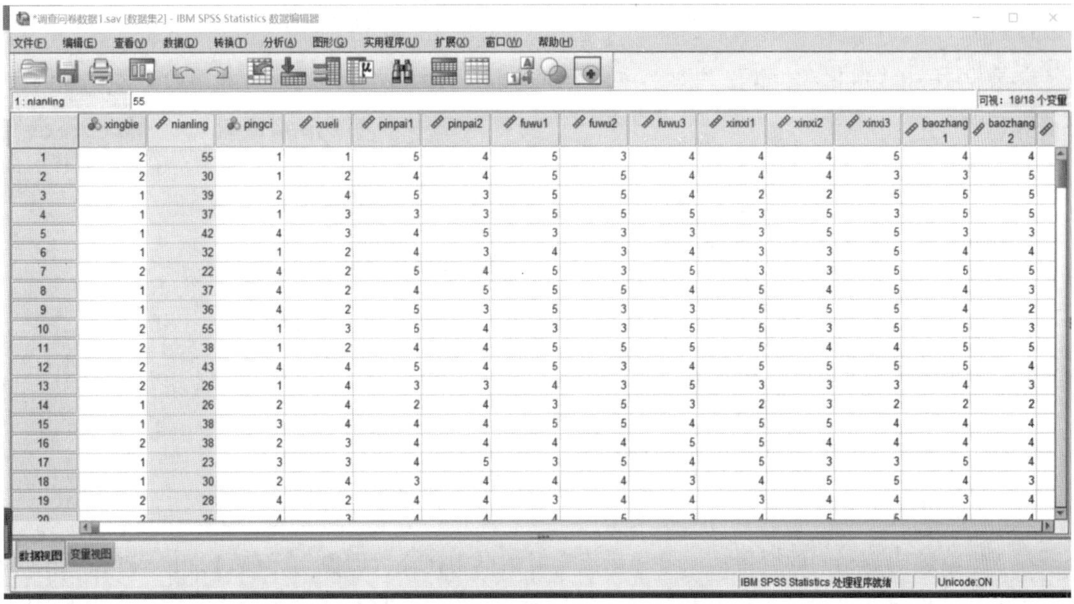

图 4.30　"调查问卷数据 1.sav"数据视图

　　下面将 nianling 连续变量编码为分类变量，将 30 岁及以下的被调查者编码为 1，将 31~45 岁的被调查者编码为 2，将 46 岁以上的被调查者编码为 3。编码方法同样是 4.2.3 节提到的"重新编码为相同的变量""重新编码为不同变量"两种。

1. 重新编码为相同的变量

　　步骤如下：

　　步骤01 打开"调查问卷数据 1"，选择"转换"→"重新编码为相同的变量"命令，弹出如图 4.31 所示的对话框。

　　步骤02 选择进行重新编码的变量。在"重新编码为相同的变量"对话框的左侧列表框中，选择"年龄[nianling]"并单击 按钮，使之进入"数字变量"列表框。

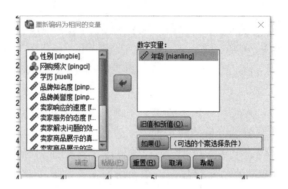

图 4.31　"重新编码为相同的变量"对话框

步骤 03 单击"旧值和新值"按钮，弹出如图 4.32 所示的"重新编码为相同的变量：旧值和新值"对话框。

图 4.32　"重新编码为相同变量：旧值和新值"对话框

在"重新编码为相同的变量：旧值和新值"对话框中，在"旧值"选项列表中选择"范围，从最低到值"并且在下面的文本框中填写 30，然后在"新值"选项列表中选择"值"并且在下面的文本框中填写 1，接着单击下方的"添加"按钮，即可在"旧->新"列表框中看到"Lowest thru 30->1"的编码映射，意思就是将 30 岁及以下的被调查者编码为 1。

在"旧值"选项列表中选择"范围"并在下面的两个文本框中分别填写 31 和 45，然后在"新值"选项列表中选择"值"并在下面的文本框中填写 2，接着单击下方的"添加"按钮，即可在"旧->新"列表框中看到"31 thru 45->2"的编码映射，意思就是将 31~45 岁的被调查者编码为 2，如图 4.33 所示。

图 4.33　"重新编码为相同变量：旧值和新值"对话框

在"旧值"选项列表中选择"范围，从值到最高"并且在下面的文本框中填写 46，然后在"新值"选项列表中选择"值"并且在下面的文本框中填写 3，接着单击下方的"添加"按钮，即可在"旧->新"列表框中看到"46 thru Highest->3"的编码映射，意思就是将 46 岁以上的被调查者编码为 3，如图 4.34 所示。

图 4.34　"重新编码为相同变量：旧值和新值"对话框

步骤 **04** 设置完毕后，单击"继续"按钮返回"重新编码为相同的变量"对话框，在该对话框中单击"确定"按钮，等待输出结果，最终结果如图 4.35 所示，可以发现所有样本观测值的 nianling 变量数据均顺利完成了重新编码。

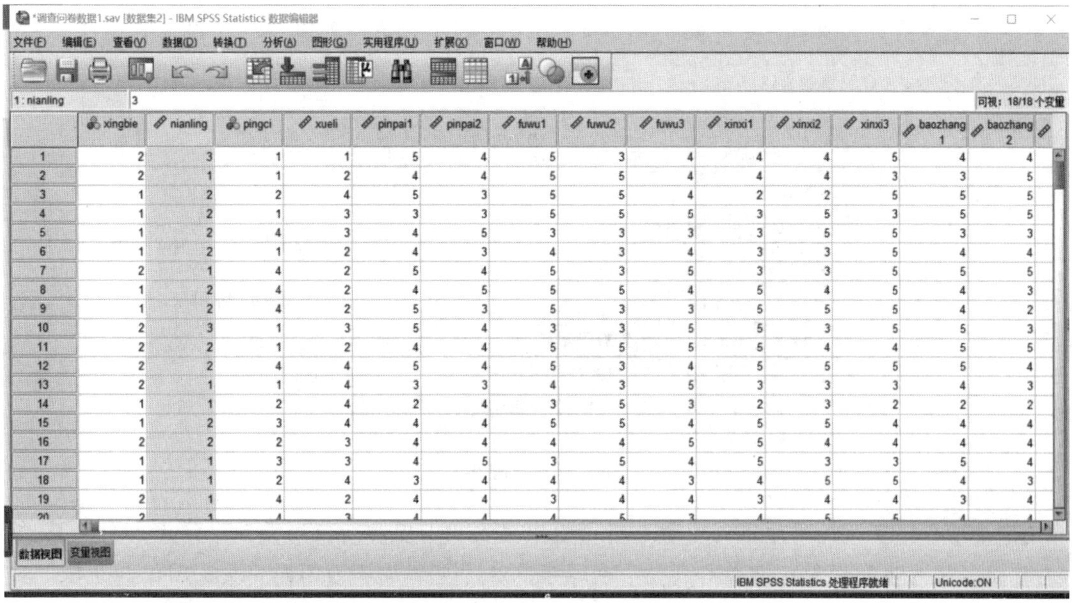

图 4.35　输出结果

2. 重新编码为不同变量

重新编码为不同变量，是指变量重新编码后的数据会生成新的变量，同时原始变量的数据将继续得以保留。如果我们需要继续保留编码前的原始变量信息，就需要使用该编码方式。

步骤如下：

步骤01 打开"调查问卷数据1"，选择"转换"→"重新编码为不同变量"命令，弹出如图 4.36 所示的对话框。

步骤02 选择进行重新编码的变量。在"重新编码为不同变量"对话框的左侧列表框中，选择"年龄[nianling]"并单击 ➡ 按钮，使之进入"数字变量->输出变量"列表框。

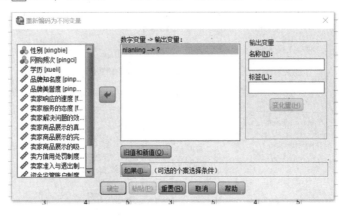

图 4.36 "重新编码为不同变量"对话框

步骤03 设置输出变量的名称及标签。首先单击"数字变量->输出变量"列表框中的"nianling->？"，然后在"输出变量"下方的"名称"文本框中填写 newnianling，在"标签"文本框中填写"年龄"，并单击"变化量"按钮进行确认。设置完成后如图 4.37 所示。

图 4.37 设置结果

步骤04 在"重新编码为不同变量"对话框中单击"旧值和新值"按钮，弹出如图 4.38 所示的"重新编码为不同变量：旧值和新值"对话框。在"重新编码为不同变量：旧值和新值"对话框中，我们在"旧值"选项列表中选择"范围，从最低到值"并且在下面的文本框中填写 30，然后在"新值"选项列表中选择"值"并且在下面的文本框中填写 1，接着单击下方的"添加"按钮，即可在"旧->新"列表框中看到"Lowest thru 30->1"的编码映射，意思就是将 30 岁及以下的被调查者编码为 1。

在"旧值"选项列表中选择"范围"并且在下面的两个文本框中分别填写 31 和 45，然后在"新值"选项列表中选择"值"并且在下面的文本框中填写 2，接着单击下方的"添加"按钮，即可在

"旧->新"列表框中看到"31 thru 45->2"的编码映射，意思就是将31~45岁的调查者编码为2。

在"旧值"选项列表中选择"范围，从值到最高"并且在下面的文本框中填写46，然后在"新值"选项列表中选择"值"并且在下面的文本框中填写3，接着单击下方的"添加"按钮，即可在"旧->新"列表框中看到"46 thru Highest->3"的编码映射，意思就是将46岁以上的被调查者编码为3，如图4.38所示。

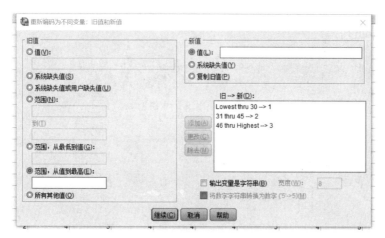

图 4.38 "重新编码为不同变量：旧值和新值"对话框

步骤05 设置完毕后，单击"继续"按钮返回"重新编码为不同变量"对话框，在该对话框中单击"确定"按钮，等待输出结果，最终结果如图4.39所示。

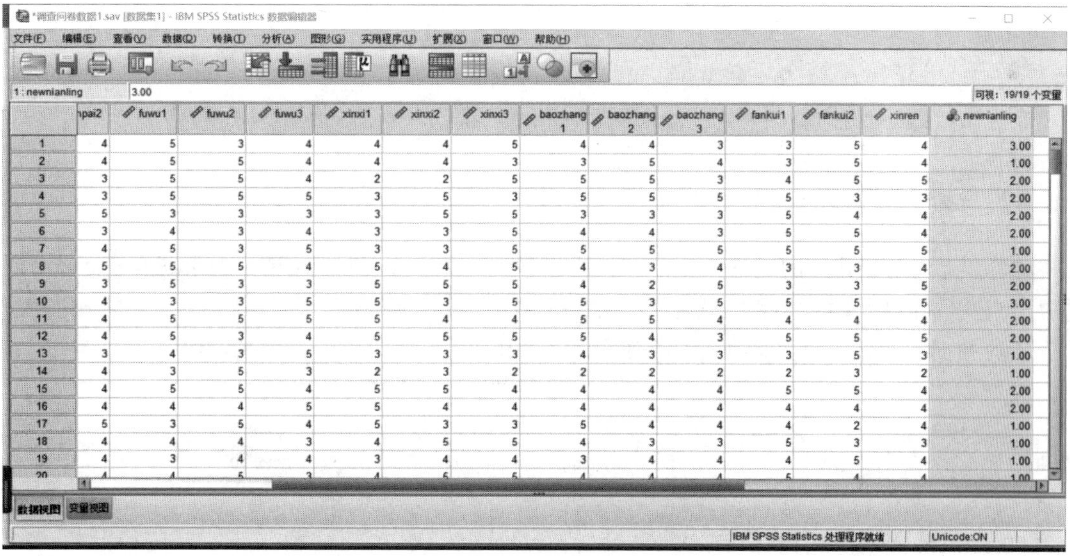

图 4.39 输出结果

在"重新编码为不同变量"模式下，系统新生成了newnianling变量，同时nianling原始变量得以保留。对比新生成的newnianling变量和nianling原始变量的差异，可以发现所有样本观测值均顺利完成了分类变量编码。然后切换到"变量视图"窗口，对新生成的newnianling变量的属性进行设置，比如小数位数设置为0，测量方式设置为有序等，以更好地契合变量实际特征，在此不再赘述。

4.2.5 变量取值的求等级

有时我们想知道某个观测在已知条件下观测中的位置，而又不希望打破数据现有的排序，此时将用到变量取值求等级的功能。所谓变量取值的等级就是变量在某指定条件下的排列中所处的位置，等级反映了变量在有序序列中的位置信息。本小节以"数据 4J"为例介绍变量取值求等级的操作方法，本例中要求按照学生的成绩得到学生的排名信息，如果成绩相同，则并列名次。未求等级的原始数据文件如图 4.40 所示。

图 4.40 未求等级的原始数据文件

变量取值求等级的具体方法如下：

步骤01 在数据编辑器窗口单击"转换"→"个案排秩"命令，打开如图 4.41 所示的"个案排秩"对话框。

步骤02 选择要重新赋值的变量。

选择要进行等级排序的变量，单击 按钮将其选入"变量"列表框中。如果需要进行分组，则选择分组变量并单击 按钮将其选入"依据"列表框中，本例将"成绩"变量选入"变量"列表框，如图 4.42 所示。指定了分组标准后，系统会对各个组分别计算和输出变量的等级。

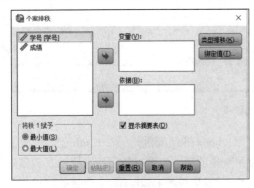

图 4.41 "个案排秩"对话框

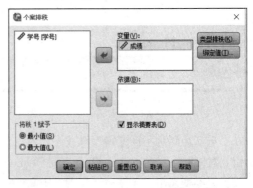

图 4.42 "个案排秩"对话框的变量选择

步骤 **03** 进行相应的设置。

① "类型排秩"设置。单击"类型排秩"按钮，弹出如图 4.43 所示的"个案排秩：类型"对话框。

对话框深度解读

该对话框用于设置等级排序的相关方法和参数，共有 8 个复选框。

秩：表示使用简单等级。

萨维奇得分：表示使用基于指数分布的 Savage 得分作为等级排序的依据。

分数排序：表示使用每个等级除以带有有效值的个案数，再乘以 100 的结果作为等级排序的依据。

百分比分数秩：表示使用等级除以非缺失观测量的权重和作为等级排序的依据。

个案权重总和：表示使用各观测量的权重和作为等级排序的依据。

Ntiles：表示使用百分位数作为等级排序的依据，选择该项后用户可以在其后的文本框中输入百分位数的个数。

比例估算：系统将估计与特定等级对应的分布的累积比例。

正态得分：系统将输出对应估计的累积比例的 Z 得分。

选中"比例估算"或"正态得分"复选框后，"比例估算公式"选项组被激活，用户可以选择要使用的比例估计方法。

本例选中"秩"复选框。

② "绑定值"设置。单击"绑定值"按钮，弹出如图 4.44 所示的"个案排秩：绑定值"对话框。

对话框深度解读

该对话框用于设置对等级取值相同的观测值的处理，共有以下 4 种方式。

平均值：表示以等级的平均值作为最终的结果。

低：表示以相同等级的最小值作为最终的结果。

高：表示以相同等级的最大值作为最终的结果。

顺序秩到唯一值：表示把相同的观测值作为一个值来求等级。

图 4.43 "个案排秩：类型"对话框

图 4.44 "个案排秩：绑定值"对话框

本例要求成绩相同者名称并列，故选中"高"单选按钮。

③ 将秩 1 赋予。该选项组用于设置等级的排列顺序，最小值表示使用升序，最大值表示使用降序，本例选中"最大值"单选按钮。

④ 显示摘要表。若选中该复选框，则将在结果窗口中输出分析的摘要信息。

步骤 **04** 单击"确定"按钮，就可以对变量取值求等级。个案等级排序的结果如图 4.45 所示。

图 4.45 变量等级排序后的结果

由图 4.45 可以看出，变量的等级作为一个新的变量"R 成绩"保存，这个变量给出了每位学生的排名情况，可以由表中第 13～15 行看出，成绩相同的学生的排名是并列的。

4.2.6 生成虚拟变量

虚拟变量也称"哑变量"，很多时候我们需要针对分类变量生成多个虚拟变量以用于后续分析。以本书附带的数据 4 为例，针对"性别"生成虚拟变量的步骤如下：

步骤 **01** 打开数据文件"数据 4"，选择"转换"→"创建虚变量"命令，打开"创建虚变量"对话框，如图 4.46 所示。将"性别[y2]"从"变量"列表中选入"针对下列变量创建虚变量"列表中，然后在下方的"主效应虚变量"勾选"创建主效应虚变量"并在"根名称（每个选定变量各一个）"中填写"y2"，单击"确定"按钮即可查看结果。

步骤 **02** 创建变量后的"数据 4"如图 4.47 所示。

图 4.46 "创建虚变量"对话框

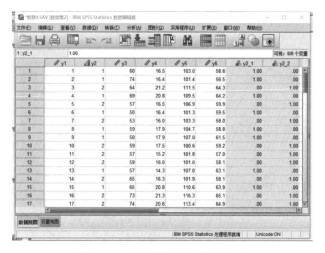

图 4.47　创建变量后的"数据 4"

4.3　数据读取

当输入数据建立数据文件后，根据统计分析的要求，我们可能需要对数据进行分类等处理，或者对数据文件进行相应的转换。对数据文件的正确操作对于准确地进行分析具有重要的意义。

4.3.1　SPSS 数据文件的打开与保存

数据文件的打开是进行数据分析的前提。在分析结束后，如果需要保存分析的结果，此时将会用到数据文件的保存功能。

1. 打开数据文件

步骤 01 在菜单栏中选择"文件"→"打开"→"数据"命令，或者单击工具栏上的 ▷ 按钮，打开如图 4.48 所示的"打开数据"对话框。

步骤 02 选择相应的文件。如果需要打开其他数据文件，用户可以在"文件类型"下拉列表框中选择相应的类型。关于数据文件的转换，本书后面章节会做详细介绍，这里不再赘述。

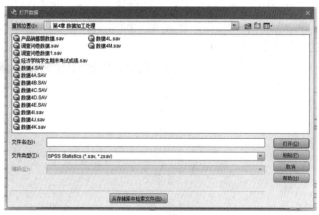

图 4.48　"打开数据"对话框

步骤 03 双击需要打开的文件或单击"打开"按钮即可打开文件。从 SPSS 15.0 开始，系统支持同时打开多个数据文件，这极大地方便了用户在不同的数据文件之间进行操作。

2. 保存数据文件

在菜单栏中选择"文件"→"保存"命令，或者选择"文件"→"另存为"命令，或者在工具栏中单击 按钮都可实现数据文件的保存操作。

如果用户保存的是新建的数据文件，当进行以上操作时，会弹出如图 4.49 所示的"将数据另存为"对话框。

用户可以保存所有的变量，也可以单击"变量"按钮，在弹出的"将数据另存为：变量"对话框（见图 4.50）中选择要保存的变量。

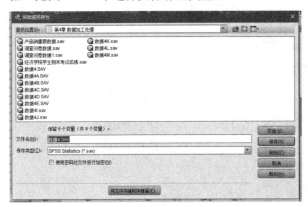

图 4.49 "将数据另存为"对话框

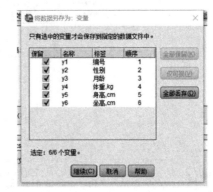

图 4.50 "将数据另存为：变量"对话框

除保存为 SPSS 数据文件外，数据文件还可以用其他的格式保存，在"将数据另存为"对话框的"保存类型"下拉列表框中选择数据文件的保存类型即可。

4.3.2 SPSS 支持的其他格式的数据文件

在 SPSS 中，我们可以通过选择"文件"→"打开"→"数据"命令选择要打开的数据文件，如图 4.51 所示。在"文件类型"下拉列表框中列出了 SPSS 能够读取的文件类型。关于这些数据类型的基本信息如表 4.1 所示。

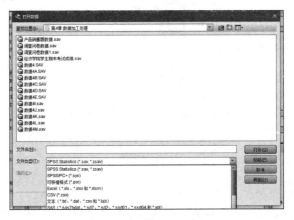

图 4.51 "打开数据"对话框

表4.1　数据类型表

文件类型及扩展名	简单说明
SPSS (*. sav，*. zsav)	SPSS 数据文件
SPSS/PC+ (*. sys)	SPSS 早期版本数据文件
可移植格式 (*. por)	SPSS 便携式数据文件
Excel (*. Xls、*. xlsx 和*. xlsm)	Excel 数据文件
CSV (*. csv)	CSV 格式数据文件
文本文件 (*.txt、*.dat、*.csv 和*.tab)	文本文件
SAS (*. sas7bdat、*. sd7、*.sd2、*.ssd01、*.ssd04 和*.xpt)	SAS 数据文件
Stata(*.dta)	Stata 数据文件
dBase(*.dbf)	dBase 数据库文件
Lotus(*. w*)	Lotus 格式数据文件
SYLK(*.slk)	符号链接格式文件

关于 SPSS 数据文件、SPSS 早期版本数据文件、SPSS 便携式数据文件，用户可以直接打开，因为这些本来就是 SPSS 格式的数据文件。而对于其他格式的数据文件，接下来我们选择 Stata 数据文件、Excel 数据文件和文本文件 3 种进行逐一讲解。

4.3.3　读取 Stata 数据文件

我们以本书附带的"数据 4F"为例进行读取 Stata 数据文件的讲解。"数据 4F"是一个 Stata 数据文件，如图 4.52 所示。

首先启动 SPSS 软件或者在一个已经打开的 SPSS 数据文件的数据视图中从菜单栏选择"文件"→"打开"→"数据"命令，如图 4.53 所示。

图 4.52　数据 4F　　　　　　图 4.53　选择"文件"→"打开"→"数据"命令

然后就会出现如图 4.54 所示的"打开数据"对话框，在该对话框中先要在"查找位置"下拉列表框中找到目标文件所在的文件夹，设置好文件路径，然后在该对话框的"文件类型"下拉列表框中选择 Stata(*.dta)，系统就会自动显示目标文件所在文件夹中所有 Stata(*.dta)格式的数据文件。

选择"数据 4F.dta"，然后单击"打开"按钮，或者直接双击"数据 4F.dta"，就会弹出如

图 4.55 所示的数据文件，说明 SPSS 已经成功打开"数据 4F.dta"。可以发现，已经打开的数据文件中有两个变量，分别是 region 和 sum，各个样本观测值也已经被准确地展示出来了。切换到变量视图，如图 4.56 所示。

图 4.54 "打开数据"对话框

图 4.55 用 SPSS 打开"数据 4F.dta"的数据视图

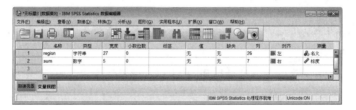

图 4.56 用 SPSS 打开"数据 4F.dta"的变量视图

用户可以对该数据进行保存，保存成 SPSS 格式或者 SPSS 能够读取的其他文件类型格式。

4.3.4 读取 Excel 数据文件

我们以本书附带的"数据 4G"为例进行读取 Excel 数据文件的讲解。"数据 4G"是一个 Excel 数据文件，如图 4.57 所示。

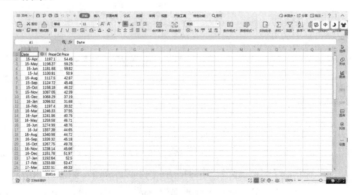

图 4.57 数据 4G

首先启动 SPSS 软件或者在一个已经打开的 SPSS 数据文件的数据视图中从菜单栏选择"文件"→"打开"→"数据"命令，如图 4.58 所示。

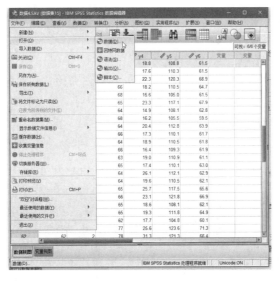

图 4.58　选择"文件"→"打开"→"数据"命令

然后就会出现如图 4.59 所示的"打开数据"对话框。在该对话框中，在"查找位置"下拉列表框中找到目标文件所在的文件夹，设置好文件路径，然后在该对话框的"文件类型"下拉列表中选择 Excel (*. Xls、*. Xlsx 和*. xlsm)，系统就会自动显示目标文件所在文件夹中所有 Excel (*. Xls、*. Xlsx 和*. xlsm)格式的数据文件。

选择"数据 4G.xlsx"，然后单击"打开"按钮，或者直接双击"数据 4G.xlsx"，就会弹出如图 4.60 所示的"读取 Excel 文件"对话框。

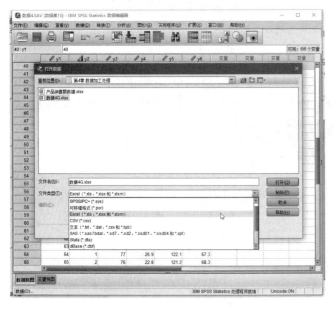

图 4.59　"打开数据"对话框

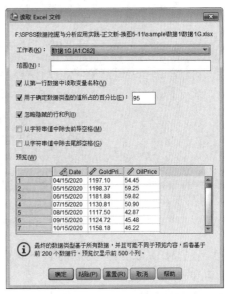

图 4.60　"读取 Excel 文件"对话框

在"读取 Excel 文件"对话框中，如果 Excel 中有多个工作表，就可以通过"工作表"下拉菜单选择想要打开的工作表，然后圈定打开数据的范围。

● "从第一行数据中读取变量名称"复选框用于设置首行数据。如果在 Excel 中的第一行是变量名称，就可以选中该复选框；如果在 Excel 中的第一行是观测样本，而没有变量名称，就可以不选中该复选框。

● "忽略隐藏的行和列"复选框用于设置 Excel 中隐藏的行和列的读取方式，如果选中该复选框，那么 SPSS 将不会读取 Excel 中隐藏的行和列；如果取消选中该复选框，那么 SPSS 会一并读取 Excel 中隐藏的行和列。

● 在"读取 Excel 文件"对话框中的预览部分，我们可以对 SPSS 读取的数据进行预览。

如果通过预览认为没有问题，就可以单击"确定"按钮进行确认，出现如图 4.61 所示的用 SPSS 打开的"数据 4G.xlsx"的数据视图。

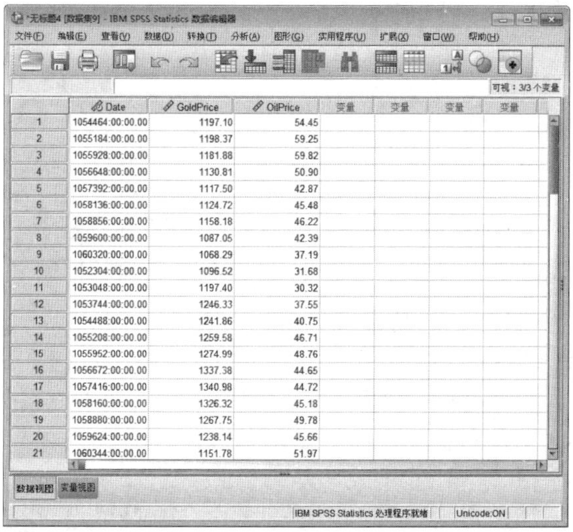

图 4.61 用 SPSS 打开的"数据 4G.xlsx"的数据视图

可以发现，已经打开的数据文件中有 3 个变量，分别是 Date、GoldPrice 和 OilPrice，但是 Date 的样本观测值不够清楚（由于格式的原因）。这时可以对格式进行调整。切换到变量视图，如图 4.62 所示。

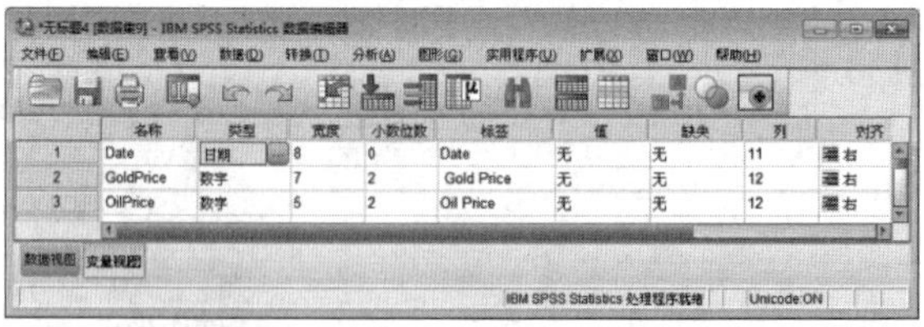

图 4.62 用 SPSS 打开的"数据 4G.xlsx"的变量视图

我们对 Date 变量类型进行重新设置，单击变量 Date 行、"类型"列的单元格右侧的省略号，即可弹出如图 4.63 所示的"变量类型"对话框。我们在"变量类型"对话框中可以选择"yy/mm/dd"，然后单击"确定"按钮，切换到数据视图，如图 4.64 所示。

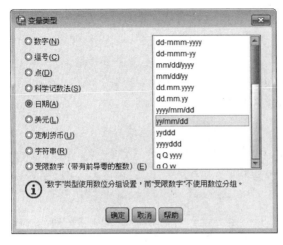

图 4.63 "变量类型"对话框

图 4.64 调整 Date 变量格式后的数据视图

可以发现，在该数据视图中，Date 变量的观测值已经调整成容易理解的格式，第一个观测值是 2003 年 1 月 29 日的观测值。用户可以对该数据进行保存，保存成 SPSS 格式或者 SPSS 能够读取的其他文件类型格式。

4.3.5 读取文本数据文件

我们以本书附带的"数据 4H"为例进行读取文本数据文件的讲解。"数据 4H"是一个文本数据文件，如图 4.65 所示。

首先启动 SPSS 软件或者在一个已经打开的 SPSS 数据文件的数据视图中从菜单栏中选择"文件"→"打开"→"数据"命令，如图 4.66 所示。

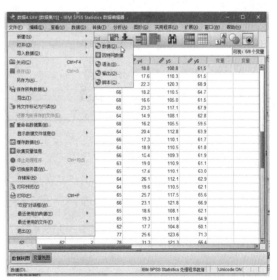

图 4.65 数据 4H   图 4.66 选择"文件"→"打开"→"数据"命令

然后就会出现如图 4.67 所示的"打开数据"对话框，在该对话框中先要在"查找位置"下拉列表框中找到目标文件所在的文件夹，设置好文件路径，然后在该对话框的"文件类型"下拉列表框中选择文本(*.txt、*.dat、*.csv 和*.tab)，系统就会自动显示目标文件所在文件夹中所有的文本(*.txt、*.dat、*.csv 和*.tab）格式的数据文件。

选择"数据 4H.txt"，然后单击"打开"按钮，或者直接双击"数据 4H.txt"，就会弹出如图 4.68 所示的"文本导入向导-第 1/6 步"对话框。文本导入向导总共分为 6 步，每一步都比较关键，需要用户根据研究需要认真选择。

图 4.67　"打开数据"对话框　　　　图 4.68　"文本导入向导-第 1/6 步"对话框

"文本导入向导-第 1/6 步"对话框中有一个问题："您的文本文件与预定义的格式匹配吗？"因为我们并没有设定预定义的格式，所以在此处选择系统默认设置的"否"选项，然后单击"下一步"按钮，弹出如图 4.69 所示的"文本导入向导-第 2/6 步"对话框。

"文本导入向导-第 2/6 步"对话框有 3 个问题：

● 第一个问题是"变量如何排列？"有两个选择：一个是"定界"，其概念是变量由特定字符（即逗号或者制表符）定界；另一个是"固定宽度"，其概念是变量通过固定宽度的列对齐。因为我们的文本数据文件是按空格进行定界的，所以此处选中"定界"单选按钮。

● 第二个问题是"文件开头是否包括变量名？"因为我们的文本数据文件的开头第一行就是变量名，所以选中"是"单选按钮，并且在"包含变量名称的行号"文本框中填写 1。

● 第三个问题是"小数符号是什么？"因为我们的文本数据文件的小数用的都是英文状态下的句号，所以选中"句点"单选按钮。

全部选项设置完毕以后，单击"下一步"按钮，弹出如图 4.70 所示的"文本导入向导-定界，第 3/6 步"对话框。

图 4.69 "文本导入向导-第 2/6 步"对话框 图 4.70 "文本导入向导-定界,第 3/6 步"对话框

"文本导入向导-定界,第 3/6 步"对话框有 3 个问题:

● 第一个问题是"第一个数据个案从哪个行号开始?"因为我们的文本数据文件的第一个数据个案从第 2 个行号开始,所以在"第一个数据个案从哪个行号开始?"文本框中填写 2。

● 第二个问题是"个案的表示方式如何?"有两个选择:一个是"每一行表示一个个案",另一个是"变量的特定编号表示一个个案",因为我们的文本数据文件是每一行表示一个个案,所以选中"每一行表示一个个案"单选按钮。

● 第三个问题是"要导入多少个案?"有三个选项:第一个是"全部个案",表示把文本文档数据文件中所有的样本观测值都导入 SPSS 中;第二个是"前_个个案",表示把文本文档数据文件中"前_个"样本观测值导入 SPSS 中;第三个是"随机百分比的个案(近似值)",表示从文本文档数据文件中随机选取一定百分比的样本观测值导入 SPSS 中,此处选中"全部个案"单选按钮,把文本文档数据文件中所有的样本观测值都导入 SPSS 中。

全部选项设置完毕以后,单击"下一步"按钮,弹出如图 4.71 所示的"文本导入向导-定界,第 4/6 步"对话框。

"文本导入向导-定界,第 4/6 步"对话框有两个问题:

● 第一个问题是"变量之间存在哪些定界符?"可选项包括"制表符""空格""逗号""分号""其他",默认设置为"制表符""空格"。因为我们的文本文档数据文件就是以"制表符""空格"作为定界符的,所以采用系统默认设置即可。

● 第二个问题是"文本限定符是什么?"可选项包括"无""单引号""双引号""其他",默认设置为"无"。因为我们的文本文档数据文件没有文本限定符,所以采用系统默认设置即可。

全部选项设置完毕以后,单击"下一步"按钮,弹出如图 4.72 所示的"文本导入向导-第 5/6 步"对话框。

图 4.71 "文本导入向导-定界，第 4/6 步"对话框　　图 4.72 "文本导入向导-第 5/6 步"对话框

在"文本导入向导-第 5/6 步"对话框中可以设置变量名、数据格式，对数据进行预览。本例中采用系统默认设置即可，然后单击"下一步"按钮，弹出如图 4.73 所示的"文本导入向导-第 6/6 步"对话框。

在"文本导入向导-第 6/6 步"对话框中可以设置是否保存文件格式、是否粘贴此语法，并可以对数据进行预览。本例中我们采用系统默认设置即可，然后单击"完成"按钮，弹出如图 4.74 所示的用 SPSS 打开的"数据 4H"数据视图。

 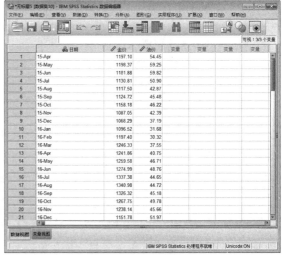

图 4.73 "文本导入向导-第 6/6 步"对话框　　图 4.74 用 SPSS 打开的"数据 4H"数据视图

切换到变量视图，如图 4.75 所示，可以看到"数据 4H"中包括"日期""金价""油价"3 个变量。

图 4.75 用 SPSS 打开的"数据 4H"变量视图

4.4 数据查找

| 下载资源：可扫描旁边二维码观看或下载教学视频 |
| 下载资源：\sample\数据 4\数据 4 |

4.4.1 按照观测值序号查找单元格

当文件中有许多观测值、变量时，我们很多时候希望能够快速地查找和定位某单元格中的数据。下面介绍按观测值序号来查找单元格数据的方法。首先打开本书附件的数据 4 文件，如图 4.76 所示。

图 4.76 数据 4

如需查看序号为 40 的样本观测值的资料，操作步骤如下：

步骤 01 选择"编辑"→"转到个案"命令，将弹出"转到"对话框，如图 4.77 所示，在"转到个案号"文本框中输入 40。

步骤 02 单击"跳转"按钮，40 号观测值将置于数据区域的顶端，如图 4.78 所示。

图 4.77 输入需定位的观测值序号　　　　　图 4.78 观测值查找结果

4.4.2 按照变量值查找数据

如果要查找当前工作文件中某变量的一个变量值，那么可以按照下面的方法查找。仍以本文附带的数据 4 为例，假如需要查看变量 $y2$ 性别为 1（男）的变量值，步骤如下：

步骤01 选中变量 $y2$ 性别的任意单元格，选择"编辑"→"查找"命令，弹出"查找和替换-数据视图"对话框，如图 4.79 所示。

步骤02 在"查找"文本框中输入要查的变量值 1，单击"查找下一个"按钮，如果找到这个值，则定位到该变量值所在的单元格。如果需要进一步查询，就继续单击"查找下一个"按钮，如果查找中未发现要找的变量值，比如我们查找变量值为 3 的数据，在"查找"文本框中输入要查找的变量值 3，单击"查找下一个"按钮，则系统将会通报用户"找不到搜索字符串'3'"，说明没有变量值为 3 的数据。

图 4.79 按变量值查找数据对话框

提　示

对于数值型变量，由于定义了变量宽度和小数位数，数据文件的单元格中显示的数值是经四舍五入后的近似数值，与变量的真实数值是不同的。例如某数据文件限制小数位数为 3 位，其中个别单元格中显示的数值是 6.567，但变量真实值为 6.5669，用户在"查找"文本框中输入 6.567 后，就会出现查找不到的情形。

4.5　数据行列转置

	下载资源：可扫描旁边二维码观看或下载教学视频
	下载资源：\sample\数据 4\数据 4

在很多情况下，各类数据资料编辑的风格不同，需要对数据的行与列进行互换。利用 SPSS 数据的转置功能可以非常轻易地将原数据文件中的行、列进行互换，将观测值转变为变量，将变量转变为观测值。转置的结果是系统将创建一个新的数据文件，并且自动建立新的变量名显示各新变量列。数据转置的步骤如下：

步骤 01 以本书附带的数据 4 为例，首先打开数据文件，然后在菜单栏中选择"数据"→"转置"命令，如图 4.80 所示。然后打开"转置"对话框，如图 4.81 所示，从左边变量框中选择要进行转置的变量，移入"变量"列表框中。比如本例中我们针对除 y6 之外的所有变量进行转置，就把左侧列表框中除 y6 之外的所有变量都选入右侧的"变量"列表框中。

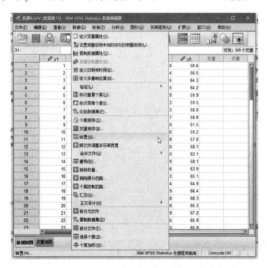

图 4.80　"数据"→"转置"命令　　　　　　图 4.81　"转置"对话框

步骤 02 单击"确定"按钮，弹出如图 4.82 所示的提示信息，提示用户"未选择转置某些变量。未转置的变量将丢失。"需要注意的是，如果将原变量列表中的全部变量都进行转置，那么系统将不会弹出该对话框。

图 4.82　数据转置确认对话框

步骤 03 单击"确定"按钮，转置后的新文件将取代原数据文件出现在数据窗口中，如图 4.83 所示。

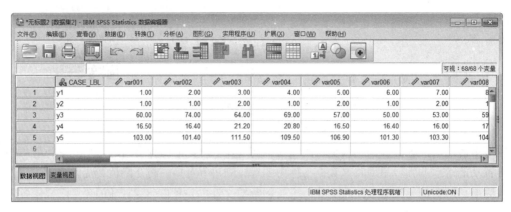

图 4.83　转置后的数据

4.6　数据排序

下载资源：可扫描旁边二维码观看或下载教学视频	
下载资源：\sample\数据 4\数据 4	

4.6.1　对数据按照变量进行排序

在整理数据资料或者查看分析结果时，如果变量设置得非常多，我们有时会希望变量值能够按照变量的某一属性大小进行升序或者降序排列，比如我们想观察有哪些变量是名义变量或者有序变量，有哪些变量进行了变量标签操作或者值标签操作等。以本章附带的数据 4 为例，如果要按照变量的测量方式进行降序排列，操作步骤如下：

 图 4.84 显示了变量排序之前的数据。我们在菜单栏中选择"数据"→"变量排序"命令，如图 4.85 所示。

	名称	类型	宽度	小数位数	标签	值	缺失	列	对齐	测量	角色
1	y1	数字	2	0	编号	无	无	8	右	标度	输入
2	y2	数字	1	0	性别	{1, 1-男}...	无	8	右	有序	输入
3	y3	数字	2	0	月龄	无	无	8	右	标度	输入
4	y4	数字	4	1	体重,kg	无	无	8	右	标度	输入
5	y5	数字	5	1	身高,cm	无	无	8	右	标度	输入
6	y6	数字	4	1	坐高,cm	无	无	8	右	标度	输入

图 4.84　排序前的变量

步骤02 系统将会弹出如图 4.86 所示的"变量排序"对话框，在该对话框的"变量视图列"列表框中选择"测量"属性，在"排列顺序"选项组中选中"降序"单选按钮。

图 4.85　选择"数据"→"变量排序"命令　　　　图 4.86　"变量排序"对话框

步骤 **03** 在图 4.86 所示的"变量排序"对话框下方，可以选择是否在新属性中保存当前（预先排序的）变量顺序。如果需要进行保存，就选中"在新属性中保存当前（预先排序的）变量顺序"复选框，然后下方的"属性名称"文本框将会被激活。在该文本框中可以输入需要保存的属性名称。比如我们保存该设置，将其命名为"测量方式排序"，全部设置完毕后，单击"确定"按钮，即可对数据按照变量进行排序，排序结果如图 4.87 所示。

	名称	类型	宽度	小数位数	标签	值	缺失	列	对齐	测量	角色	[测量方式排序]
1	y6	数字	4	1	坐高,cm	无	无	8	右	标度	输入	6
2	y5	数字	5	1	身高,cm	无	无	8	右	标度	输入	5
3	y4	数字	4	1	体重,kg	无	无	8	右	标度	输入	4
4	y3	数字	2	0	月龄	无	无	8	右	标度	输入	3
5	y1	数字	2	0	编号	无	无	8	右	标度	输入	1
6	y2	数字	1	0	性别	{1, 1-男}...	无	8	右	有序	输入	2

图 4.87　排序后的变量

4.6.2　对数据按照样本观测值进行排序

在整理数据资料或者查看分析结果时，我们通常希望样本观测值能够按照某一变量的大小进行升序或者降序排列，比如我们想按照学生的学习成绩进行排序，按照销售额的大小对各个便利店进行排序等。以本章附带的数据 4 为例，如果要按照 $y4$ 体重变量进行降序排列，操作步骤如下：

步骤 **01** 图 4.88 显示了按照 $y4$ 体重变量排序之前的数据。在菜单栏中选择"数据"→"个案排序"命令，如图 4.89 所示。

步骤 **02** 系统将会弹出"个案排序"对话框，在该对话框中选择"体重"变量，并单击按钮，将其选入"排序依据"列表框。然后在"排列顺序"组合框中选中"降序"选项，如图 4.90 所示。

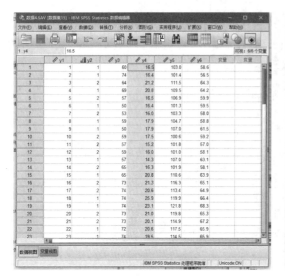

图 4.88　排序前的数据

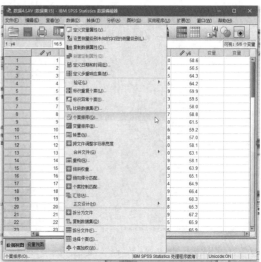

图 4.89　选择"数据"→"个案排序"命令

步骤 03 设置后，在"个案排序"对话框下方可以选择是否保存排序后的数据。如果需要进行保存，就选中"保存包含排序后的数据的文件"复选框，然后下方的"文件"按钮将会被激活。单击"文件"按钮，即可弹出如图 4.91 所示的"将排序后的数据另存为"对话框，用户可以在该对话框中设置文件路径，对数据进行保存。

图 4.90　"个案排序"对话框

图 4.91　"将排序后的数据另存为"对话框

4.7　数据加权处理

| 下载资源：可扫描旁边二维码观看或下载教学视频 |
| 下载资源：\sample\数据 4\数据 4K |

对数据进行加权处理是我们使用 SPSS 提供某些分析方法的重要前提。对数据进行加权后，当前的权重将被保存在数据中。当进行相应的分析时，用户无须再次进行加权操作。本节以对广告的效果观

测为例，讲解数据的加权操作。本例给出了消费者购买行为与是否看过广告之间的联系，按"是否看过广告"和"是否购买商品"两个标准，消费者被分为 4 类，研究者对这 4 类消费者分别进行了调查。由于各种情况下调查的人数不同，如果将 4 种情况等同进行分析，势必由于各种情况的观测数目不同导致分析的偏误，因此我们需要对观测量进行加权。加权前的数据文件如图 4.92 所示。

加权操作的具体步骤如下。

步骤 01 在菜单栏中选择"数据"→"个案加权"命令，打开如图 4.93 所示的"个案加权"对话框。

不对个案加权：表示对当前数据集不进行加权，该项一般用于对已经加权的数据集取消加权。

个案加权系数：表示对当前数据集进行加权，同时激活"频率变量"列表框。

步骤 02 选择加权变量。加权变量用于定制权重，从变量列表框中选择作为加权变量的变量，单击 ➡ 按钮将其选入"频率变量"列表框，如图 4.94 所示，本例选择"人数"变量作为加权频率变量。

图 4.92　加权前的数据文件

图 4.93　"个案加权"对话框

步骤 03 单击"确定"按钮，即可进行加权操作。加权后数据编辑器窗口右下角的状态栏右侧会显示"权重开启"信息，表示数据已经加权，如图 4.95 所示。

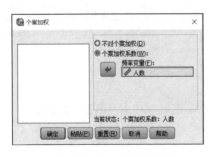

图 4.94　加权变量的选择

图 4.95　加权后的数据文件

4.8 数据合并

	下载资源：可扫描旁边二维码观看或下载教学视频
	下载资源：\sample\数据 4\数据 4A、数据 4B、数据 4C、数据 4D

4.8.1 按照样本观测值合并数据文件

我们在进行很多数据处理时，往往需要将两个结构相同或某些部分结构相同的数据文件合并成一个文件，比如两个公司发生了兼并，需要将这两个公司的员工信息表合并为一个信息表，这时就需要对数据文件进行样本观测值的合并；又比如某公司领导想将员工的绩效考核数据和工资薪酬数据放在一起进行数据分析，需要将员工绩效考核信息表和员工工资薪酬信息表进行合并，这时就需要对数据进行变量的合并。

SPSS 中的数据合并分为两种：一种是观测值的合并，因为观测值在 SPSS 的数据视图中是以行来呈现的，所以又被称为纵向合并，也就是将两个有相同变量但有不同观测值的数据合并；另一种是变量的合并，因为变量在 SPSS 的数据视图中是以列来呈现的，所以又被称为横向合并，也就是将描述同一组观测样本的不同变量合并为一个数据文件，新的数据文件包含所有合并前的各个数据的变量。

本小节介绍如何按样本观测值合并数据文件，即纵向合并，将会增加观测量，即把一个外部文件中与源文件具有相同变量的观测量增加到当前工作文件中。这种合并要求两个数据文件至少应具有一个属性相同的变量，即使它们的变量名不同。这种"纵向合并"的操作方法和对话框的设置方法如下（以本书附带的数据文件"数据 4A"和"数据 4B"为例）：

步骤 01 打开数据文件"数据 4A"，然后选择"数据"→"合并文件"→"添加个案"命令，如图 4.96 所示。弹出"添加个案至数据 4A.SAV"对话框，如图 4.97 所示。

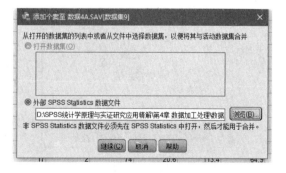

图 4.96 "数据"→"合并文件"→"添加个案"命令　　图 4.97 "添加个案至数据 1A.SAV"对话框

在"从打开的数据集的列表中或者从文件中选择数据集，以便将其与活动数据集合并"选项组中选中"外部 SPSS Statistics 数据文件"单选按钮，然后单击"浏览"按钮，弹出"添加个案：读取文件"对话框，如图 4.98 所示。

图 4.98　"添加个案：读取文件"对话框

选定数据文件数据 4B.SAV，选中后单击"打开"按钮，打开"添加个案至数据 4A.SAV"对话框，再单击"继续"按钮，弹出"添加个案自……"对话框，如图 4.99 所示。

- "非成对变量"列表框，列出两个文件中的不成对变量，即变量名和变量类型不匹配的变量，其中用"*"标记的属于正在打开的活动数据集，本例中为数据 4A，用"+"标记的属于外部文件，本例中为数据 4B。
- "新的活动数据集中的变量"列表框列出了两个数据文件中变量名和变量类型都匹配的相同变量。
- "指示个案源变量"复选框将在合并后的文件中建立一个名为 source01 的变量。此变量仅有两个值：0 和 1，分别标记观测量属于当前工作文件或外部文件。

图 4.99　"添加个案自……"对话框

步骤 02 本例中数据 4A 和数据 4B 两个数据文件的变量是完全一致的，所以都进入了"新的活动数据集中的变量"列表框。如果这两个数据文件的变量类型相同，变量名不同，那么将两者同时选中，单击"配对"按钮，就可以将它们移至"新的活动数据集中的变量"列表框。

合并后的新文件变量列中二者的观测值被合并在一起。如果要为"非成对变量"列表框中的变量重命名，那么选中它并单击"重命名"按钮，打开"重命名"对话框，输入新名称，单击"继续"按钮返回主对话框。

对“非成对变量”列表框中分属两个文件的变量配对时，要求二者必须具有相同的变量类型。变量宽度可以不同，但是属于工作文件（本例中为数据 4A）的变量宽度应大于或等于外部文件（本例中为数据 4B）中的变量宽度。若情况相反，则合并后外部文件被合并的观测量中相应的观测值可能不能显示，而在单元格中以若干“*”加以标记。

步骤 03 如果要让变量名和类型变量均不匹配的变量出现在新数据文件中，就选中它，单击➡按钮，将它移到“新的活动数据集中的变量”列表框。设置完毕后单击“确定”按钮，执行合并就可以得到合并后的数据文件。需要注意的是，如果要将“非成对变量”列表框中分属两个文件的类型不同的变量配对，那么在合并后的新文件中这两个变量都不会出现。本例中合并完成的数据集如图 4.100 所示。可以发现，数据 4A 的样本观测值扩充到了 67 个，与数据 4B 完成了合并。

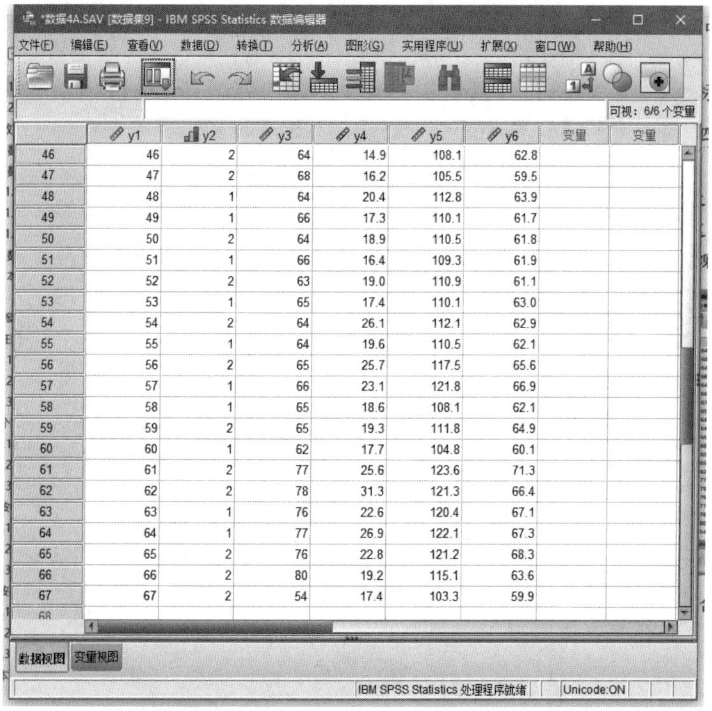

	y1	y2	y3	y4	y5	y6	变量	变量
46	46	2	64	14.9	108.1	62.8		
47	47	2	68	16.2	105.5	59.5		
48	48	1	64	20.4	112.8	63.9		
49	49	1	66	17.3	110.1	61.7		
50	50	2	64	18.9	110.5	61.8		
51	51	1	66	16.4	109.3	61.9		
52	52	2	63	19.0	110.9	61.1		
53	53	1	65	17.4	110.1	63.0		
54	54	2	64	26.1	112.1	62.9		
55	55	1	64	19.6	110.5	62.1		
56	56	2	65	25.7	117.5	65.6		
57	57	1	66	23.1	121.8	66.9		
58	58	1	65	18.6	108.1	62.1		
59	59	2	65	19.3	111.8	64.9		
60	60	1	62	17.7	104.8	60.1		
61	61	2	77	25.6	123.6	71.3		
62	62	2	78	31.3	121.3	66.4		
63	63	1	76	22.6	120.4	67.1		
64	64	1	77	26.9	122.1	67.3		
65	65	2	76	22.8	121.2	68.3		
66	66	2	80	19.2	115.1	63.6		
67	67	2	54	17.4	103.3	59.9		
68								

图 4.100 合并之后的数据 4A

4.8.2 按照变量合并数据文件

按照变量合并数据文件是指将一个外部文件中的若干变量添加到当前工作文件中，又被称为横向合并。按照变量合并数据文件，要求参与合并的两个数据文件必须具有一个共同的关键变量，而且这两个文件中的关键变量还具有一定数量相等的观测量数值。所谓关键变量，指的是两个数据文件中变量名、变量类型、变量值排序完全相同的变量。此处以本书附带的数据 4C 和数据 4D 数据文件为例，这种“按照变量合并数据文件”的操作方法和步骤如下：

步骤 01 打开数据文件“数据 4C”，然后选择“数据”→“合并文件”→“添加变量”命令，弹出“变量添加至数据 4C.SAV”对话框，如图 4.101 所示。

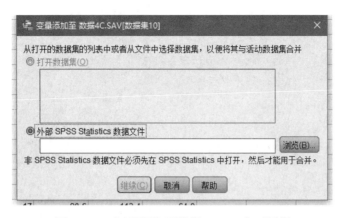

图 4.101　"变量添加至数据 4C.SAV"对话框

在"从打开的数据集的列表中或者从文件中选择数据集,以便将其与活动数据集合并"选项组中选中"外部 SPSS Statistics 数据文件"单选按钮,单击"外部 SPSS Statistics 数据文件"项下的"浏览"按钮,弹出"添加变量:读取文件"对话框,如图 4.102 所示。

选定数据文件(此处以本书附带的"数据 4D.SAV"为例),选中后单击"打开"按钮,返回"添加个案至数据 1C.SAV"对话框,再单击"继续"按钮,弹出"变量添加自……"对话框。

步骤 02 "变量"选项卡如图 4.103 所示。

● "排除的变量"列表框中列出的是外部文件(本例中为数据 4D)与工作文件(本例中为数据 4C)中重复的同名变量,本例中没有显示。

● "包含的变量"列表框中列出的是进入新的工作文件的变量,分别用"+"和"*"来标记"外部文件(本例中为数据 4D)"和活动文件(本例中为数据 4C)。

● "键变量"列表框中列出的是关键变量,指的是两个数据文件中变量名、变量类型、变量值排序完全相同的变量。

根据需要设置完毕后,单击"确定"按钮,就可以将两个数据文件合并成一个新的数据文件。

图 4.102　"添加变量:读取文件"对话框

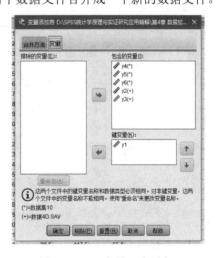

图 4.103　"变量"选项卡

特别提示

如果两个文件含有相等的观测量，而且分类排序顺序一致，一一对应，就无须指定关键变量，直接单击"确定"按钮进行合并即可。

如果两个文件含有数目不等的观测量，而且分类排序顺序不一致或没有一一对应关系，则需在合并之前先对数据文件按关键变量进行升序排序，在"排除的变量"列表框中选择一个关键变量，移至"键变量"列表框中。

步骤 03 "合并方法"选项卡如图 4.104 所示。

● 基于文件顺序的一对一合并：这是按关键变量匹配观测量的系统默认选项，表示按照"选择查找表"列表框中列出的顺序将两个数据文件的所有观测量合并。合并结果是凡关键变量值相等的合并为一个观测量，如果在参与合并的文件中找不到相等的关键变量值，就合并为一个独立的观测量，即在新文件中单独作为一个观测量（相当于增加一个观测量），而缺少的变量值作为缺失值。

● 基于键值的一对一合并：表示将非活动数据文件作为关键表，即只将外部数据文件中与活动数据集中对应变量值相同的观测量并入新的数据文件。

● 基于键值的一对多合并：表示合并后保留当前外部文件中的观测量，且只有当前工作文件中与外部文件关键变量值相等的观测量才被合并到新文件中。

步骤 04 本例中默认合并方法为"基于键值的一对一合并"，表示将非活动数据文件作为关键表，即只将外部数据文件中与活动数据集中对应变量值相同的观测量并入新的数据文件。以上选项确定后，单击"确定"按钮，合并结果如图 4.105 所示。可以发现，相较于合并之前的数据 4C 文件，多了 y2、y3 两个变量，实现了与数据 4D 的合并。

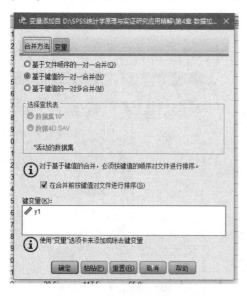

图 4.104　"合并方法"选项卡

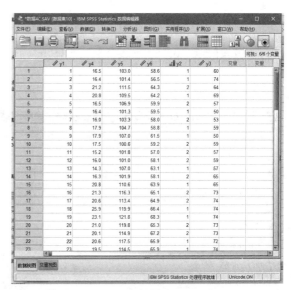

图 4.105　合并后的数据 1C

4.9　数据分解

下载资源：可扫描旁边二维码观看或下载教学视频
下载资源：\sample\数据 4\调查问卷数据

所谓数据文件的分解，是指将该数据文件中的所有样本观测值以某一个或某几个变量为关键字进行分组，以便于集中对比和操作。SPSS 文件拆分功能分为两种情况：一种为"拆分文件"，仅仅进行内部拆分，数据的拆分并没有将总体文件拆分成几个单独的文件，而只是在总文件中将文件层次分明地显示出来；另一种为"拆分为文件"，是文件的物理拆分。本节将以"调查问卷数据"为例，讲解两种"拆分文件"的方式。本例中我们希望按照年龄段划分被调查者，以分析不同年龄段的 C2C 电子商务顾客信任影响因素情况。分解前的数据文件详见 4.2.3 节的介绍。

内部拆分方式数据分解的具体操作步骤如下：

步骤01 在菜单栏中选择"数据"→"拆分文件"命令，打开如图 4.106 所示的"拆分文件"对话框。

步骤02 选择文件分解方式。如选中"分析所有个案，不创建组"单选按钮，系统将不进行分组操作；如选中"比较组"单选按钮，系统将把各组的分析结果放在同一个表格中比较输出；如选中"按组来组织输出"单选按钮，系统将按分组单独输出分析结果。本例选中"按组来组织输出"单选按钮。

步骤03 选择分组方式与显示方式。选中"比较组"或"按组来组织输出"单选按钮，分组方式列表和设置文件排序方式的两个单选按钮将被激活。在列表中选择排序依据变量，然后单击 按钮，将选中的变量选入"分组依据"列表框中。本例将按照年龄段研究 C2C 电子商务顾客信任影响因素，故选择"年龄"变量输入"分组依据"列表框。

步骤04 选择排序方式。如选中"按分组变量进行文件排序"单选按钮，系统会将观测量按分组文件的顺序进行排列；如选中"文件已排序"单选按钮，则表示文件已经排序，无须系统进行排序操作。本例中的数据文件未按"年龄"变量进行分组，故选中"按分组变量进行文件排序"单选按钮。

单击"确定"按钮，即可进行文件分解操作。分解完成的数据文件如图 4.107 所示。由图 4.107 可以看出，数据已经按照年龄进行了划分，我们可以很方便地了解各个年龄段的 C2C 电子商务顾客信任影响因素情况。

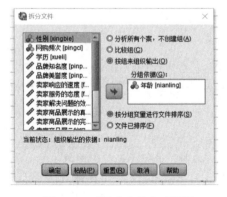

图 4.106　"拆分文件"对话框

图 4.107　分解后的数据文件

物理拆分方式数据分解的具体操作步骤如下：

步骤01 重新打开数据文件"调查问卷数据"，在菜单栏中选择"数据"→"拆分为文件"命令，打开如图 4.108 所示的"将数据集拆分为单独的文件"对话框。

步骤02 在"将数据集拆分为单独的文件"对话框中，将"年龄"变量从左侧"变量"列表框中选入"按以下变量拆分个案"列表框。然后通过单击"浏览"按钮设置拆分后的文件路径，设置好的路径将在"输出文件目录"处显示。

单击"确定"按钮，即可进行文件分解操作。在设置的路径目录下可以找到相应的文件，此处不再展示。

图 4.108 "将数据集拆分为单独的文件"对话框

4.10 数据汇总

下载资源：可扫描旁边二维码观看或下载教学视频
下载资源：\sample\数据 4\调查问卷数据

数据汇总就是按指定的分类变量对样本观测值进行分组并计算各分组中某些变量的描述统计量。本节以"调查问卷数据"为例，讲解数据的汇总操作，本例要求按年龄段输出整体信任度评价的均值，以此分析不同年龄段的被调查者的整体信任度评价情况。数据的汇总操作步骤如下：

步骤01 在菜单栏中选择"数据"→"汇总"命令，打开如图 4.109 所示的"汇总数据"对话框。选择分类变量，单击 ➡ 按钮将其选入"分界变量"列表框；选择要进行汇总的变量，单击 ➡ 按钮将其选入"变量摘要"列表框，本例将"年龄"变量选入"分界变量"列表框，将"整体信任度评价平均得分"变量选入"变量摘要"列表框。

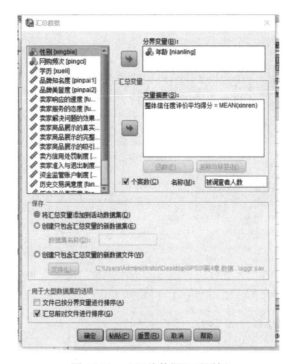

图 4.109　"汇总数据"对话框

步骤02 设置汇总变量。在"变量摘要"列表框中选中汇总变量，单击"函数"按钮，在弹出的"汇总数据：汇总函数"对话框（见图 4.110）中选择汇总函数的类型。本例输出整体信任度评价变量的平均值，所以采用系统默认的"平均值"即可。

单击"名称与标签"按钮，在弹出的"汇总数据：变量名和标签"对话框（见图 4.111）中设置汇总后产生的新变量的变量名与变量标签。本例输出整体信任度评价变量的平均值，命名为"整体信任度评价平均得分"。

图 4.110　"汇总数据：汇总函数"对话框　　　图 4.111　"汇总数据：变量名和标签"对话框

如果用户希望在新变量中显示每个类别中的样本观测值的个数，可以在"汇总数据"对话框中选中"个案数"复选框并在其后的"名称"文本框中输入相应变量的名称。本例选中"个案数"复选框并在其后的"名称"文本框中输入"被调查者人数"。

步骤 03 进行相应的设置。

① "保存"设置。该选项组用于设置汇总结果的保存方式。

选中"将汇总变量添加到活动数据集"单选按钮，系统会将汇总的结果保存到当前数据集。

选中"创建只包含汇总变量的新数据集"单选按钮，系统将创建一个新的、只包含汇总变量的数据集，用户可以在"数据集名称"文本框中输入新数据集名称。

选中"创建只包含汇总变量的新数据文件"，系统会将汇总后的变量保存到一个新的数据文件中。本例选中"创建只包含汇总变量的新数据文件"单选按钮，并且设置文件路径为"桌面"，将新数据文件命名为"汇总文件"。

② 用于大型数据集的选项。该选项组用于设置对于较大数据集的处理方式。

选中"文件已按分界变量进行排序"复选框，表示数据已经按照分组变量进行排序，系统将不再进行排序操作。

选中"汇总前对文件进行排序"复选框，系统会在进行汇总前按照分组变量对数据进行排序。

本例选中"汇总前对文件进行排序"复选框。

步骤 04 单击"确定"按钮，就可以进行汇总操作。

图 4.112 即为按年龄汇总后的新数据文件"汇总文件"，SPSS 分别给出了各个年龄段的"整体信任度评价平均得分"和"被调查者人数"，并作为新变量保存在数据文件中。

图 4.112　汇总后的数据文件

4.11　数据结构重组

 下载资源：可扫描旁边二维码观看或下载教学视频

下载资源：\sample\数据 4\数据 4L、数据 4M

不同的分析方法需要不同的数据文件结构，当现有的数据文件结构与将要进行的分析所要求的数据结构不一致时，我们需要进行数据文件的结构重组。一般来说，数据文件的结构分为横向与纵向两种。

横向结构的数据将一个变量组中的不同分类分别作为不同的变量，例如，在示例数据中将采用不同促销方案下的产品销量分别作为一个变量进行保存，每个省份是一个样本观测值，如图 4.113 所示。

纵向结构的数据将一个变量组中的不同分类分别作为不同的样本观测值，例如，在示例数据中将每个省份在不同促销方案下的产品销量分别作为一个样本观测值，如图 4.114 所示。

本节以采用不同促销方案下的产品销量为例（数据 4L）讲解数据文件的结构重组，图 4.113 和图 4.114 给出了该数据文件的两种不同的保存方式。

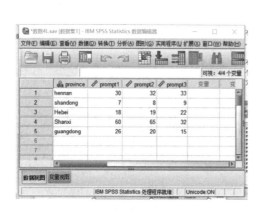 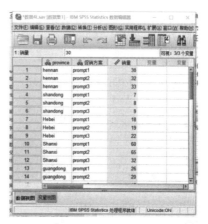

图 4.113　数据文件的横向结构　　图 4.114　数据文件的纵向结构（产量单位：千克/亩）

4.11.1　数据重组方式的选择

在数据编辑器窗口单击"数据"→"重构"命令，打开如图 4.115 所示的"重构数据向导"对话框。

该对话框提供了 3 种数据重组方式，分别是"将选定变量重构为个案""将选定个案重构为变量"和"转置所有数据"，用户可以根据现有数据的组合方式和将要进行的分析来选择相应的数据重组方式。本例中选择"将选定变量重构为个案"。

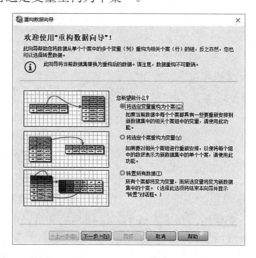

图 4.115　"重构数据向导"对话框

4.11.2 由变量组到样本观测值组的重组

变量组到样本观测值组的重组将会使数据由横向格式转换为纵向格式，首先打开横向格式保存的数据文件，如图 4.113 所示。

1. 选择变量组个数

在如图 4.115 所示的"重构数据向导"对话框中选中"将选定变量重构为个案"单选按钮，单击"下一步"按钮，弹出如图 4.116 所示的"重构数据向导-第 2/7 步"对话框，在该对话框中选择要重构的变量组的个数。因为本例只有促销方案一个变量组，所以选中"一个"单选按钮。

2. 选择要重组的变量

单击"下一步"按钮，弹出如图 4.117 所示的"重构数据向导-第 3/7 步"对话框。

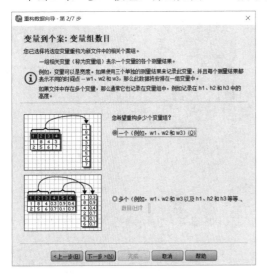

图 4.116 "重构数据向导-第 2/7 步"对话框

图 4.117 "重构数据向导-第 3/7 步"对话框

（1）"个案组标识"选项组。该选项组用于设置对观测记录的标识变量，在下拉列表框中有 3 个选择项：

- 使用个案号，选择此项系统会出现"名称"文本框和"标签"列表，用户可以设置重组后序号变量的变量名和变量标签。
- 使用选定变量，选择此项系统会出现一个 按钮和"变量"列表，选择标识变量，单击 按钮将其选入"变量"列表框即可。
- 无，表示不使用标识变量。

本例中选择"无"。

（2）"要转置的变量"选项组。该选项组用于设置需要进行变换的变量组。"目标变量"下拉列表框用于指定要进行重组的变量组。指定完成后，选择相应变量，单击 按钮将其选入"目标变量"列表框，组成要变换的变量组。

（3）"固定变量"列表框。如果用户不希望一个变量参加重组，只需要选择该变量，单击 按钮将其选入"固定变量"列表框即可。

本例将 prompt1、prompt2 和 prompt3 变量选入"要转置的变量"列表框，在"目标变量"后的文本框中输入"销量"。

3. 选择索引变量的个数

单击"下一步"按钮，弹出如图 4.118 所示的"重构数据向导-第 4/7 步"对话框。

该对话框用于设置重组后生成的索引变量的个数，可以选择一个或多个，也可以选择无，表示把索引信息保存在某个要变换重组的变量中，不生成索引变量。本例选择创建一个索引变量。

4. 设置索引变量的参数

继续单击"下一步"按钮，弹出如图 4.119 所示的"重构数据向导-第 5/7 步"对话框。

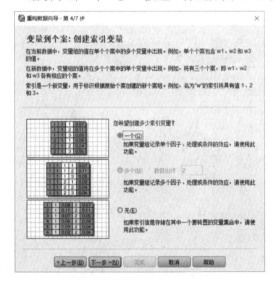

图 4.118   "重构数据向导-第 4/7 步"对话框　　　图 4.119   "重构数据向导-第 5/7 步"对话框

（1）"索引值具有什么类型？"选项组：该选项组用于设置索引值的类型，用户可以选择连续数字或变量名作为索引值的类型。

（2）"编辑索引变量名和标签"栏：在该栏中设置索引变量的变量名和变量标签。

本例在"索引值具有什么类型？"选项组中选择"变量名"，并在下方的"编辑索引变量名和标签"栏中设置索引变量的名称为"促销方案"，其索引值为 prompt1、prompt2 和 prompt3。

5. 其他参数的设置

单击"下一步"按钮，弹出如图 4.120 所示的"重构数据向导-第 6/7 步"对话框。

（1）"未选择的变量的处理方式"选项组。该选项组用于设置对用户未选择的变量的处理方式，如选中"从新数据文件中删除变量"单选按钮，系统会将这一部分变量删除；如选中"保留并作为固定变量处理"单选按钮，系统会将这一部分变量作为固定变量处理。

（2）"所有转置后的变量中的系统缺失值或空值"选项组。该选项组用于设置对要变换的变量中的缺失值和空白值的处理方式，如选中"在新文件中创建个案"单选按钮，表示系统将为这些变量单独生成观测记录；如选中"废弃数据"单选按钮，则这一部分观测值将被删除。

（3）"个案计数变量"选项组。该选项组用于设置是否生成计数变量，选中"计算由当前数据中的个案创建的新个案的数目"复选框，表示生成计数变量，同时将激活"名称"和"标签"文本框，用户可以在其中输入计数变量的变量名和变量标签。在本例中，该步保持默认设置即可。

6. 完成数据重组

单击"下一步"按钮，弹出如图 4.121 所示的"重构数据向导-完成"对话框。

图 4.120 "重构数据向导-第 6/7 步"对话框 　　图 4.121 "重构数据向导-完成"对话框

这里可选择是否立即进行数据重组，如选中"将本向导生成的语法粘贴到语法窗口中"单选按钮，系统会将相应的命令语句粘贴至语法窗口。

设置完成后，单击"完成"按钮即可进行数据重组操作。重组后的数据文件如图 4.114 所示，横向格式的数据文件转换成了纵向格式的数据文件。

4.11.3 由样本观测值组到变量组的重组

本小节以"数据 4M"为例说明由样本观测值组到变量组的重组，使数据由纵向格式转换为横向格式，步骤如下。

步骤 01 选择重组变量。在如图 4.115 所示的"重构数据向导"对话框中选中"将选定个案重构为变量"单选按钮，单击"下一步"按钮，弹出如图 4.122 所示的"重构数据向导-第 2/5 步"对话框。

图 4.122　"重构数据向导-第 2/5 步"对话框

从"当前文件中的变量"列表框中选择在重组后将在数据集中标识观测记录的变量,单击 ➡ 按钮将其选入"标识变量"列表框;选择构成新数据集中变量组的变量,单击 ➡ 按钮将其选入"索引变量"列表框。

本例将 province 变量选入"标识变量"列表框,将"促销方案"变量选入"索引变量"列表框。

步骤 **02** 原始数据的排序设置。单击"下一步"按钮,弹出如图 4.123 所示的"重构数据向导-第 3/5 步"对话框。

该对话框用于设置是否对原始数据进行排序,选中"是"单选按钮,系统会在数据重组之前按照标识变量和索引变量对原始数据进行排序;选中"否"单选按钮,则不进行此项操作。本例选中"是"单选按钮。

步骤 **03** 新变量的相关参数设置。单击"下一步"按钮,弹出如图 4.124 所示的"重构数据向导-第 4/5 步"对话框。

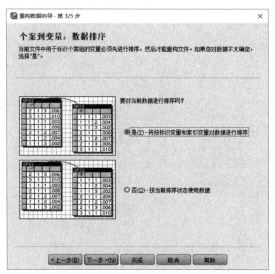

图 4.123　"重构数据向导-第 3/5 步"对话框　　　　图 4.124　"重构数据向导-第 4/5 步"对话框

① "新变量组的顺序"选项组：用于设置新变量组中变量的排序方式，有"按原始变量进行分组"和"按索引分组"两种。

② "个案计数变量"选项组：设置是否生成计数变量，如选中"计算当前数据中用来创建新个案的个案数"复选框，则表示生成计数变量，同时激活"名称"和"标签"文本框，用户可以在其中输入计数变量的变量名和变量标签。

③ "指示符变量"选项组：设置是否生成指示变量，选中"创建指示符变量"复选框，表示对索引变量的每个取值生成一个指示变量，用于记录对应的变量取值是否为空值，用户可以在"根名称"文本框中输入指示变量的前缀。

本例保持默认设置即可。

步骤 04 完成数据重组。继续单击"下一步"按钮，弹出"重构数据向导-完成"对话框。

4.12　数据缺失值处理

下载资源：可扫描旁边二维码观看或下载教学视频
下载资源：\sample\数据 4\数据 4E

在我们整理数据资料的时候，经常发现有的数据会有缺失值，造成这种现象的原因可能是当时在统计数据的时候就没有统计完整，也有可能是在加工数据的过程中出现了数据丢失。注意，此处所指的缺失值概念完全不同于前面介绍变量属性时提到的缺失值，变量属性中的缺失值是指出现了一些错误值或者极端异常值，我们宁可做缺失值处理，也不会将这些数据纳入分析范围。此处所讲的缺失值处理是指数据本来就存在缺失，需要进行必要的技术处理，将缺失值补充完整，从而保证数据分析的连续性。SPSS 中的缺失值替换功能针对含有缺失值的变量，使用系统提供的替换方法产生一个新的变量序列。这项功能的操作步骤和方法如下：

步骤 01 以本书附带的"数据 4E.SAV"为例，首先打开"数据 4E.SAV"，然后选择"转换"→"替换缺失值"命令，如图 4.125 所示。打开"替换缺失值"对话框，如图 4.126 所示。

图 4.125　选择"转换"→"替换缺失值"命令

图 4.126　"替换缺失值"对话框

步骤 02 从源变量框中选择含有缺失值并且需要替代缺失值的变量，移至"新变量"框中，"新变量"框中显示形如"变量名_l＝替代的估计方法简名（变量名）"格式的变量转换表达式。其中，"变量名"为所选变量的名称或者它的前 6 个字符。本例中，y6 变量是有缺失值的，所以我们把 y6 从源变量框中移至"新变量"框中。在"名称和方法"选项框中，"名称"文本框中显示系统默认的变量名，重命名后需要单击"变化量"按钮确认。

步骤 03 "方法"下拉列表中显示系统默认的序列均值。如果系统默认的设置符合要求，就单击"确定"按钮执行。系统将依照默认的估计方法计算出估计值，用它替代序列中的缺失值，并将替代后的时间序列作为新变量的观测值显示于数据窗口内。如果要使用其他估计方法计算缺失值的估计值，可单击"方法"下拉列表（见图 4.127）进行选择。

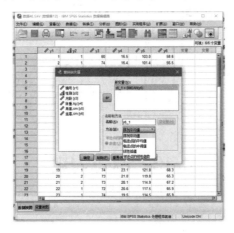

图 4.127　"方法"下拉列表

- 序列平均值：用整个序列有效数值的平均值作为缺失值的估计值。
- 临近点的平均值：如果选择此方法，那么"邻近点的跨度"栏的两个单选按钮"数值"和"全部"会被激活。若选择前者，输入数值指定缺失值上下邻近点的点数，则将这些点数的有效数值的均值作为缺失值估计值，若邻近点的点数达不到指定的数值，则缺失值仍然保留。若选择后者，则用全部有效观测值的均值作为缺失值的估计值，效果与选择序列平均值相同。
- 临近点的中间值：选择此法与临近点的平均值一样，将用缺失值上下邻近点指定跨度范围内的有效数值或全部有效数值的中位数作为缺失值的估计值。
- 线性插值：对缺失值之前最后一个和其后第一个有效值使用线性插值法计算估计值。如果序列的第一个或最后一个观测值缺失，则不能用这种方法替代这些缺失值。
- 邻近点的线性趋势：选择此法，对原序列以序号为自变量，以选择变量为因变量求出线性回归方程，再用回归方程计算各缺失值处的趋势预测值，并用预测值替代相应的缺失值，当选择的替代方法、数值等项设置更换后，需要单击"更改"按钮确认。

步骤 04 本例中，我们采用系统默认设置，设置完成后，单击"确定"按钮，提交系统执行，系统将依照默认的估计方法计算出估计值，用它替代序列中的缺失值，并将替代后的时间序列作为新变量的观测值显示于数据窗口内。如图 4.128 所示，数据 1E 的数据视图中增加了 y6_1 变量，相较于 y6 变量，所有的缺失值都得到了补充和完善。

该结果在结果数据窗口也可以看到，如图 4.129 所示，系统创建了 *y6_1* 变量。

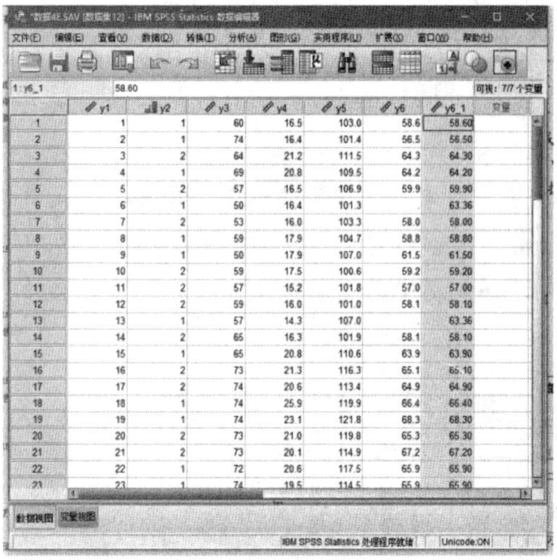

图 4.128　y6_1 变量

➜ **替换缺失值**

结果变量

	结果变量	替换的缺失值数	非缺失值的个案编号 第一个	非缺失值的个案编号 最后一个	有效个案数	创建函数
1	y6_1	11	1	67	67	SMEAN(y6)

图 4.129　结果变量

4.13　本章习题

1. 读取 Excel 数据文件“产品销售额数据”。
2. 读取 Stata 数据文件“产品销售额数据”。
3. 读取文本数据文件“产品销售额数据”。
4. 针对 SPSS 格式的数据文件“产品销售额数据”，进行以下操作：

（1）生成变量 total，为变量 advertisement 和变量 Marketing 之和。
（2）生成变量 every，为变量 total 除以变量 customer。
（3）将数据文件按照 sales 进行降序排列。

5. 以本书附带的数据 4I 为例，针对变量“行业分类”生成虚拟变量。
6. 以本书附带的数据 4N 为例，针对变量“资产负债率”中的缺失值采用“序列平均值”方法进行缺失值处理，针对变量“主营业务收入”中的缺失值采用“临近点的平均值”方法进行缺失值处理。
7. 以本书附带的数据 4I 为例，针对变量“行业分类”进行数据分解操作，包括内部拆分和物理拆分两种方式。
8. 以本书附带的数据 4I 为例，针对全部变量数据进行行列转置操作。
9. 以本书附带的数据 4N 为例，进行数据汇总操作。要求按变量“行业分类”分别输出变量“银行负债”“其他渠道负债”的均值，以此分析不同行业的公司负债情况。

第5章

统计分析报表制作

因为研究需要，很多时候会用到统计分析报告，以便一目了然地观察数据文件的基本信息，从而为后续更加深入地分析做好必要准备。SPSS 中支持的统计分析报表包括在线分析处理报告、个案摘要报告、按行显示的摘要报告、按列显示的摘要报告等。

本章教学要点：

- 学会使用 SPSS 制作在线分析处理报告。
- 学会使用 SPSS 制作个案摘要报告。
- 学会使用 SPSS 制作按行显示的摘要报告。
- 学会使用 SPSS 制作按列显示的摘要报告。

5.1　在线分析处理报告

下载资源：可扫描旁边二维码观看或下载教学视频
下载资源：\sample\数据 5\管理学院学生期末考试成绩

5.1.1　统计学原理

OLAP（On-Line Analytical Processing，联机分析处理）立方过程可以计算一个或多个分类分组变量类别中连续摘要变量的总和、均值和其他单变量统计量。它可以为每个分组变量的每个类别创建单独的层，表中的每一层是依据一个分组变量的结果输出。

5.1.2　SPSS 操作

本节使用的案例是"管理学院学生期末考试成绩.sav"，数据内容为某高等院校经济学院学生期末考试的成绩。数据文件中共有 6 个变量，分别是"学号""班级""性别""统计学""微观经济学""宏观经济学"，分别代表各位学生的学号、班级、性别以及"统计学""微观经济学""宏观经济学"三门课程的期末考试成绩。"管理学院学生期末考试成绩.sav"变量视图如图 5.1 所示。

图 5.1 "管理学院学生期末考试成绩.sav"变量视图

"管理学院学生期末考试成绩.sav"数据视图如图 5.2 所示。

图 5.2 "管理学院学生期末考试成绩.sav"数据视图

下面形成管理学院全部学生期末考试成绩的在线分析处理报告。SPSS 操作如下：

步骤01 打开数据"管理学院学生期末考试成绩.sav"，在菜单栏中依次选择"分析"→"报告"→"OLAP 立方体"命令，打开如图 5.3 所示的"OLAP 立方体"对话框。

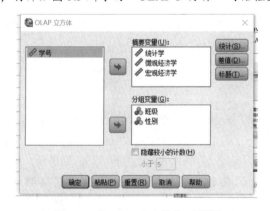

图 5.3 "OLAP 立方体"对话框

对话框深度解读

（1）摘要变量。该列表框中的变量为需要进行摘要分析的目标变量，变量要求为数值型变量。

（2）分组变量。该列表框中的变量为"摘要变量"中目标变量的分组变量，该变量的属性可以是字符型或者取有限值的数值型变量。

我们可以在"隐藏较小的计数"复选框下，设置生成的表格中最小的计数值。若某个计数值小于指定的正整数（如 5），则该计数将不显示于表格中。

本例中从源变量列表框中把"统计学""微观经济学""宏观经济学"选入"摘要变量"列表框，把"班级""性别"选入"分组变量"列表框。

步骤02 单击"统计"按钮，弹出如图 5.4 所示的"OLAP 立方体：统计"对话框。"OLAP 立方体：统计"对话框由"统计"和"单元格统计"两个列表框组成。"统计"列表框列出了 SPSS 在线处理分析报告中可以计算的统计量，包括中位数、方差、偏度、峰度等；"单元格统计"列表框中的统计量将显示在最终输出的表格中。

本例中从"统计"列表框中选择"个案数""平均值""标准差""偏度"和"峰度"进入"单元格统计"列表框中，单击"继续"按钮。

步骤03 单击"差值"按钮，弹出如图 5.5 所示的"OLAP 立方体：差值"对话框。

图 5.4　"OLAP 立方体：统计"对话框　　　图 5.5　"OLAP 立方体：差值"对话框

对话框深度解读

该对话框用于设置差异统计方式，主要包括以下 4 个选项组：

（1）摘要统计的差值。该选项组包括"无""变量之间的差值"和"组间差值" 3 个单选按钮，分别表示不进行差异计算、计算变量之间的差异和计算分组之间的差异。若选择后面两项，则将分别激活"变量之间的差值"和"组间差值"选项组。

（2）差值类型。该选项组包括"百分比差值"与"算术差值"两个复选框，用于选择要计算的差异统计量。

（3）变量之间的差值。该选项组设置关于变量之间差异的选项，需要至少两个汇总变量。其中包括"变量""减变量"两个下拉列表框和"百分比标签""算术标签"两个文本框，分别用于设置对比的变量和差异形式。同时，SPSS 支持多对变量比较，设置完成后单击 按钮使之选入"对"列表框中即可，也可单击"删除对"按钮取消该变量对的比较。

（4）个案组间差值。该选项组用于设置关于组之间差异的选项，需要至少一个分组变量。其中包括一个"分组变量"下拉列表框和"类别""减类别""百分比标签"和"算术标签"4个文本框，分别用于设置分组变量、比较的各类别取值和差异方式。

本例中采用系统默认设置即可。

步骤 04 单击"标题"按钮，弹出如图 5.6 所示的"OLAP 立方：标题"对话框。该对话框用于设置输出表格标题，包括"标题"和"文字说明"两个文本框，分别用于输入表格标题和表格脚注。本例中在"标题"文本框中输入"管理学院学生期末考试成绩分析报告"，设置完毕后，单击"继续"按钮返回主对话框。然后单击"确定"按钮，即可在结果输出窗口得到在线分析处理报告。

图 5.6　"OLAP 立方：标题"对话框

5.1.3　运行结果精解与分析

1. 个案处理摘要

图 5.7 为个案处理摘要，给出了分析中用到的案例个数和比例。从该图中可以看到，共有 100个样本观测值参与了分析过程，没有缺失值。

个案处理摘要

	个案					
	包括		排除		总计	
	个案数	百分比	个案数	百分比	个案数	百分比
统计学 * 班级 * 性别	100	100.0%	0	0.0%	100	100.0%
微观经济学 * 班级 * 性别	100	100.0%	0	0.0%	100	100.0%
宏观经济学 * 班级 * 性别	100	100.0%	0	0.0%	100	100.0%

图 5.7　个案处理摘要

2. 在线分析处理报告

图 5.8 是在线分析处理报告，可以看到管理学院全体学生统计学、微观经济学、宏观经济学三

门课程成绩个案数、平均值、标准偏差、偏度、峰度情况。把鼠标放到"班级：总计"或"性别：总计"上面双击，即可进行 OLAP 统计表的交互操作，如图 5.9 所示，其中可以分别按班级、性别查看学生统计学、微观经济学、宏观经济学三门课程成绩的统计量情况。

管理学院学生期末考试成绩分析报告

班级：总计
性别：总计

	个案数	平均值	标准 偏差	偏度	峰度
统计学	100	62.06	10.951	1.669	3.314
微观经济学	100	71.68	9.750	1.162	1.134
宏观经济学	100	76.50	9.259	.956	.402

图 5.8 在线分析处理报告

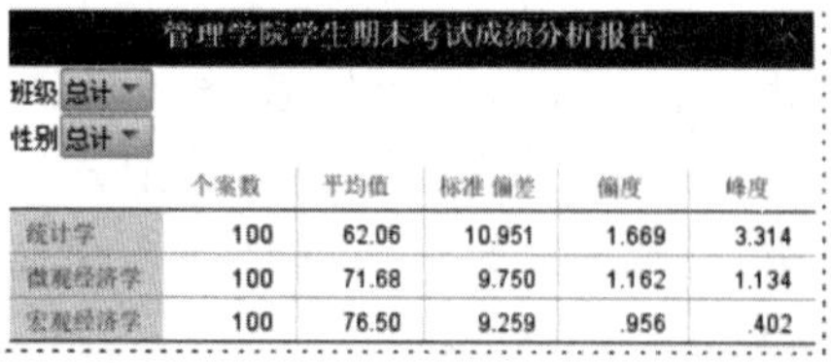

管理学院学生期末考试成绩分析报告

班级 总计
性别 总计

	个案数	平均值	标准 偏差	偏度	峰度
统计学	100	62.06	10.951	1.669	3.314
微观经济学	100	71.68	9.750	1.162	1.134
宏观经济学	100	76.50	9.259	.956	.402

图 5.9 在线分析处理报告（双击交互）

5.2 个案摘要报告

	下载资源：可扫描旁边二维码观看或下载教学视频
	下载资源：\sample\数据 5\管理学院学生期末考试成绩

5.2.1 统计学原理

SPSS 的个案摘要报告功能可以为一个或多个分组变量类别中的变量计算子组统计量并将各级别的统计量以列表显示形成个案摘要报告。在个案摘要报告中，每个类别中的数据值可以列出，也可以不列出，对于大型数据集，可以选择只列出部分个案。

5.2.2 SPSS 操作

本节继续使用"管理学院学生期末考试成绩.sav"，形成管理学院全部学生期末考试成绩的个案摘要报告。SPSS 操作如下：

步骤01 打开数据"管理学院学生期末考试成绩.sav"，在菜单栏中依次选择"分析"→"报告"→"个案摘要"命令，打开如图 5.10 所示的"个案摘要"对话框。

图 5.10 "个案摘要"对话框

在"个案摘要"对话框中，我们需要从源变量列表框中选择需要进行摘要分析的目标变量，单击 ➡ 按钮将选中的变量选入"变量"列表框中；再选择分组变量，将其选入"分组变量"列表框中。对话框左下角的"显示个案"复选框用于选择是否"显示个案"，勾选后下面的三个复选框将被激活，其中"将个案数限制为前……"用于当样本容量比较大时，仅显示前面的样本；"仅显示有效个案"用于选择是否只显示有效的样本观测值；"显示个案号"用于选择是否显示样本观测值编号。

本例中从源变量列表框中把"统计学""微观经济学""宏观经济学"选入"变量"列表框，把"班级""性别"选入"分组变量"列表框。因样本容量较大，取消勾选"显示个案"复选框。

步骤 02 单击"统计"按钮，弹出如图 5.11 所示的"摘要报告：统计"对话框。"摘要报告：统计"对话框由"统计"和"单元格统计"两个列表框组成。"统计"列表框列出了 SPSS 在线处理分析报告中可以计算的统计量，包括中位数、方差、偏度、峰度等；"单元格统计"列表框中的统计量将显示在最终输出的表格中。

本例中从"统计"列表框中选择"个案数""平均值""中位数""偏度"和"峰度"进入"单元格统计"列表框中，单击"继续"按钮。

步骤 03 单击"选项"按钮，弹出如图 5.12 所示的"选项"对话框。该对话框中的"标题"和"文字说明"文本框分别用于输入表格标题和表格脚注。选中"总计副标题"复选框，表示把统计量的名称作为子标题显示在单元格内；选中"成列排除具有缺失值的个案"复选框，表示只要分析中有一个变量取值缺失，就把这条记录从分析中删除；"缺失统计显示方式"文本框用于设置代表缺失值的符号。

图 5.11 "摘要报告：统计"对话框

图 5.12 "选项"对话框

本例中在"标题"文本框中输入"管理学院学生期末考试成绩分析报告"，单击"继续"按钮返回主对话框。然后单击"确定"按钮，即可在结果输出窗口得到个案摘要报告。

5.2.3 运行结果精解与分析

1. 个案处理摘要

图 5.13 为个案处理摘要，给出了分析中用到的案例个数和比例。从该图中可以看到，共有 100 个样本观测值参与了分析过程，没有缺失值。

个案处理摘要

		个案					
		包括		排除		总计	
		个案数	百分比	个案数	百分比	个案数	百分比
统计学 *班级 *性别		100	100.0%	0	0.0%	100	100.0%
微观经济学 *班级 *性别		100	100.0%	0	0.0%	100	100.0%
宏观经济学 *班级 *性别		100	100.0%	0	0.0%	100	100.0%

图 5.13　个案处理摘要

2. 个案摘要报告

图 5.14 是个案摘要报告，可以看到按班级、按性别分别分类汇总统计以及整体统计的学生统计学、微观经济学、宏观经济学三门课程成绩个案数、平均值、中位数、偏度、峰度情况。因图片过大，仅显示部分。

管理学院学生期末考试成绩分析报告

班级	性别		统计学	微观经济学	宏观经济学
1班	男	个案数	33	33	33
		平均值	59.97	69.70	74.55
		中位数	57.00	67.00	72.00
		偏度	1.844	1.389	1.185
		峰度	4.459	2.024	1.118
	女	个案数	17	17	17
		平均值	63.71	73.12	77.88
		中位数	61.00	71.00	76.00
		偏度	1.904	1.297	1.056
		峰度	4.695	2.030	1.162
	总计	个案数	50	50	50
		平均值	61.24	70.86	75.68
		中位数	59.00	69.00	74.00
		偏度	1.769	1.261	1.052
		峰度	3.856	1.556	.768

图 5.14　个案摘要报告（因图片过大，仅显示部分）

5.3　按行显示的摘要报告

下载资源：可扫描旁边二维码观看或下载教学视频
下载资源：\sample\数据 5\管理学院学生期末考试成绩

5.3.1　统计学原理

按行显示的摘要报告可以将数据重新组织，并按用户的要求在"输出查看器窗口"输出。此外，按行显示的摘要报告还可以进行相关的统计分析并给出相应的统计量。与个案摘要报告相比，按行显示的摘要报告可以生成更复杂的报告形式。

5.3.2　SPSS 操作

本节继续使用"管理学院学生期末考试成绩.sav"，形成管理学院全部学生期末考试成绩的个案摘要报告。SPSS 操作如下：

步骤01 打开数据"管理学院学生期末考试成绩.sav"，在菜单栏中依次选择"分析"→"报告"→"按行显示的报告摘要"命令，打开如图 5.15 所示的"报告：行摘要"对话框。

图 5.15 "报告：行摘要"对话框

我们从源变量列表框中选择需要摘要分析的目标变量，本例中为"统计学""微观经济学""宏观经济学"，单击 按钮选入"数据列变量"列表框中；从源变量列表框中选择分组变量，本例中为"班级"，单击 按钮选入"分界列变量"列表框中。

对话框深度解读

（1）对于被选入"数据列变量"列表框中的变量，可以选中相应变量并单击"格式"按钮打开对话框来设置变量的显示格式，比如本例选中"统计学"变量并单击"格式"按钮，则对话框如图 5.16 所示。

图 5.16 "报告：统计学的数据列格式"对话框

在"报告：统计学的数据列格式"对话框中，可以输入并调整列标题，调整值在列中的位置和列的内容及列宽。本例中将"列标题对齐"设置为"中心"，并将"列宽"调整为 20，在"值在列中的位置"选项组中选择"在列中居中"。针对"宏观经济学""微观经济学"两个变量也进行同样的设置。

（2）对于被选入"分界列变量"列表框中的变量，同样可以选中相应变量并单击"格式"按钮进行设置，除了可以设置其格式外，还可以通过在"报告：行摘要"对话框中单击"摘要"设置该变量的统计量，单击"选项"设置该变量的页面参数，选择"升序""降序"或"数据已排序"选项来设置该变量的排列顺序。本例选中"班级"变量并单击相应按钮进行说明。

① "摘要"设置：单击"分组列变量"列表框下的"摘要"按钮，弹出如图 5.18 所示的"报告：班级的摘要行"对话框。可选的统计量包括值的总和、标准差值的平均值、峰度、最小值、方差、最大值、偏度、个案数、上方百分比、下方百分比和区间内百分比（临界值在后面的文本框中输入）。本例中选中值的平均值、最大值、最小值、个案数、标准差、峰度、偏度等统计量。

② "选项"设置：单击"选项"按钮，弹出如图 5.18 所示的"报告：班级的分界选项"对话框。"报告：班级的分界选项"对话框中包括"页面控制"选项组与"摘要前的空行数"文本框。"页面控制"选项组用于设置分组类别输出的页面参数，有 3 种选择："分界前跳过的行数""开始下一页"和"开始新页并重置页码"。本例中采用系统默认设置。

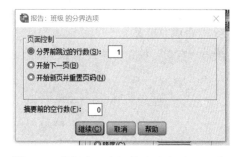
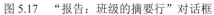

图 5.17 "报告：班级的摘要行"对话框　　图 5.18 "报告：班级的分界选项"对话框

③ "排序顺序"设置：可选择"升序"或"降序""选项来设置该变量的排序顺序；如果使用分组变量分析前，数据已经按分组变量值进行排序，则可选中"数据已排序"复选框以节省运行时间。本例中采用系统默认设置。

（3）显示个案：选中该复选框，表示在结果中显示所有的单个记录行。本例中采用系统默认设置，不选择。

（4）预览：选中该复选框后，SPSS 将只输出第一页的显示结果作为预览，如果用户满意输出格式，只需取消该复选框便可输出全部的显示结果。本例中采用系统默认设置，不选择。

步骤 02 全部数据的参数设置。在"报告：行摘要"对话框的右上角可进行全部数据的参数设置。

对话框深度解读

1. "摘要"设置

单击"摘要"按钮，弹出的界面与分界列下相同，参数选项和设置方法也一致，在此不再赘述。本例中选中值的平均值、最大值、最小值、个案数、标准差、峰度、偏度等统计量。

2. "选项"设置

单击"选项"按钮，弹出如图 5.19 所示的"报告：选项"对话框。

图 5.19 "报告：选项"对话框

"报告：选项"对话框中包括"成列排除具有缺失值的个案"复选框以及"缺失值显示方式"和"起始页码"两个文本框。选中"成列排除具有缺失值的个案"复选框，表示只要分析中有一个变量取值缺失，就把这条记录从分析中删除；"缺失值显示方式"文本框用于设置代表缺失值的符号；"起始页码"文本框用于指定输出结果的起始页码。本例中采用系统默认设置。

3. "布局"设置

单击"布局"按钮，弹出如图 5.20 所示的"报告：布局"对话框。

图 5.20 "报告：布局"对话框

该对话框主要用于设置输出结果的格式，包括以下 5 个选项组。

（1）"页面布局"选项组：用于设置每页的行数和每行的列数及对齐方式，设置时只需要在相应的文本框或下拉列表框中进行输入或选择即可。

（2）"页面标题和页脚"选项组：用于设置标题后面和页脚前面的行，设置时只需要在相应的文本框中进行输入。

（3）"列标题"选项组：用于设置列标题的相关参数。

（4）"分界列"选项组：用于设置分组变量的输出位置，选中"所有分界都在第一列"复选框，表示所有分组变量都在第一列给出；"每次分界时的缩进"文本框用于设置每一级分组向右缩进的字数。

（5）"数据列行与分界标签"选项组：用于设置数据列与分组标注的对齐方式，共有"自动垂直对齐""显示在同一行"和"显示在标签下方"3 种方式可供选择。

本例中针对"分界列"选项组选中"所有分界都在第一列"复选框并在"每次分界时的缩

进"文本框中输入 20，其他项采用系统默认设置。

4. 认标题"设置

单击"标题"按钮，弹出如图 5.21 所示的"报告：标题"对话框。

图 5.21　"报告：标题"对话框

该对话框包括变量列表框及"页面标题"与"页面脚注"两个选项组。

（1）"页面标题"选项组。在"左""中心""右"文本框中可以分别输入显示内容，最多可以指定 10 页的标题，各页的设置通过"上一页"和"下一页"按钮调节。

（2）"页面脚注"选项组。该选项组用于设置页脚，设置方法同"页面标题"选项组。

（3）"特殊变量"列表框中给出了两个系统变量：DATE 和 PAGE，选中它们后单击 ➡ 按钮即可将其选入相应的显示位置。

本例中在"中心"文本框中输入"管理学院学生期末考试成绩"。

步骤 03 设置完毕后，单击"确定"按钮，即可在结果输出窗口得到按行显示的摘要报告。

5.3.3　运行结果精解与分析

按行显示的摘要报告如图 5.22 所示，我们可以看出 SPSS 管理学院学生的统计学、微观经济学和宏观经济学的学习成绩按班级进行了汇总。其中包括相应统计量的取值。

管理学院学生期末考试成绩			
班级	统计学	微观经济学	宏观经济学
1班			
平均值	61	71	76
最小值	47	57	62
最大值	99	100	100
N	50	50	50
标准差	11	10	9
峰度	3.86	1.56	.77
偏度	1.77	1.26	1.05

总计			
平均值	62	72	77
最小值	47	57	62
最大值	99	100	100
N	100	100	100
标准差	11	10	9
峰度	3.31	1.13	.40
偏度	1.67	1.16	.96

2班			
平均值	63	73	77
最小值	49	59	64
最大值	99	100	100
N	50	50	50
标准差	11	10	9
峰度	3.38	1.04	.27
偏度	1.66	1.13	.92

图 5.22　按行显示的摘要报告

5.4 按列显示的摘要报告

	下载资源：可扫描旁边二维码观看或下载教学视频
	下载资源：\sample\数据 5\管理学院学生期末考试成绩

5.4.1 统计学原理

按列显示的摘要报告与按行显示的摘要报告功能基本相同，只是在输出格式上略有差异。

5.4.2 SPSS 操作

本节继续使用"管理学院学生期末考试成绩.sav"，形成管理学院全部学生期末考试成绩的个案摘要报告。SPSS 操作如下：

步骤01 打开数据"管理学院学生期末考试成绩.sav"，在菜单栏中依次选择"分析"→"报告"→"按列显示的报告摘要"命令，打开如图 5.23 所示的"报告：列摘要"对话框。

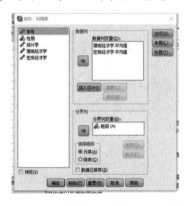

图 5.23 "报告：列摘要"对话框

从源变量列表框中选中需要进行摘要分析的目标变量，选入"数据列变量"列表框中；再选择分组变量，选入"分界列变量"列表框中。本例中从源变量列表框中选择"微观经济学"和"宏观经济学"变量，单击➡按钮将其选入"数据列变量"列表框中；再选择"班级"变量，单击➡按钮将其选入"分界列变量"列表框中。

对话框深度解读

对选入"数据列变量"列表框中的变量，可以通过"摘要"按钮设置输出统计量，通过"格式"按钮设置输出格式，通过"插入总计"按钮以列的形式对其他列的数据进行汇总。

本例以选中"微观经济学为例"，单击"摘要"按钮，弹出如图 5.24 所示的"报告：微观经济学的摘要行"对话框。"报告：微观经济学的摘要行"对话框可以为每个汇总变量分别设置输出的统计量，这里可以输出的统计量与按行显示的摘要报告中相同，只不过为单选项。本例中选择"值的平均值"。

图 5.24 "报告：微观经济学的摘要行"对话框

单击"插入总计"按钮，SPSS 会将一个名为"总计"的变量加入"数据列变量"列表框，在结果中以列的形式对其他列的数据进行汇总。

对话框中的其他参数设置与按行显示的摘要报告一致，在此不再赘述。本例中均采用系统默认设置。

步骤 **02** 全部数据的参数设置。在"报告：列摘要"对话框的右上角可进行全部数据的参数设置。

对话框深度解读

单击"选项"按钮，弹出如图 5.25 所示的"报告：选项"对话框。

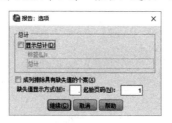

图 5.25 "报告：选项"对话框

本例中选中"显示总计"复选框，表示在输出结果的最后增加对所有行进行汇总的新行； "标签"文本框用于指定这个汇总行的行标签。对话框中的其他参数设置与按行显示的摘要报告一致，在此不再赘述。本例中均采用系统默认设置。

步骤 **03** 设置完毕后，单击"确定"按钮，即可在结果输出窗口得到按列显示的摘要报告。

5.4.3 运行结果精解与分析

按列显示的摘要报告如图 5.26 所示，我们可以看出管理学院学生的微观经济学和宏观经济学的学习成绩平均值按班级进行了汇总。

班级	微观经济学平均值	宏观经济学平均值
1班	71	76
2班	73	77
总计	72	77

图 5.26 按列显示的摘要报告

5.5 本章习题

1. 数据文件给出了 3 个班级男女生的语文和数学考试成绩的相关统计数据，性别变量中 1 表示男生，2 表示女生，部分数据如表 5.1 所示。

表 5.1 习题 1 部分数据

性别	语文	数学	班级
1	90	90	1
1	91	94	1
1	94	88	1
1	98	92	1
1	46	62	1
1	57	67	1
1	64	62	1
1	78	78	1
1	79	83	2
1	81	86	2
1	81	78	2
1	82	85	2
1	84	80	2
1	84	86	2
1	84	78	2
1	85	89	2

（1）制作在线处理分析报告（语文、数学为摘要变量；班级、性别为分组变量）。

（2）制作个案摘要报告（语文、数学为目标变量；班级、性别为分组变量）。

2. 数据文件给出了某高校物理学院 2 个班级男女生的高等数学和英语考试成绩的相关统计数据，性别变量中 1 表示男生，2 表示女生，部分数据如表 5.2 所示。

表 5.2 习题 2 部分数据

班级	性别	高等数学	英语
1	1	100	100
1	1	74	79

（续表）

班级	性别	高等数学	英语
1	1	77	82
1	1	67	72
1	1	57	62
1	1	72	77
1	1	90	95
1	1	73	78
1	1	78	83
1	1	61	66
1	1	61	66

（1）制作按行显示的摘要报告（高等数学、英语为数据列变量，班级为分界列变量）。

（2）制作按列显示的摘要报告（高等数学、英语为数据列变量，班级为分界列变量）。

第6章

统计图形绘制

　　统计图形绘制是指将数据内部结构或数据分析结果以图形化的形式直观地表达出来，在数据统计分析中的地位非常重要。一方面，统计图形绘制本身就是数据分析的重要方法和实现途径之一，针对一些相对比较简单的、无须深度挖掘的数据统计分析项目，通常通过使用图形绘制、可视化表达的方式即可完成；另一方面，统计图形绘制是数据统计分析结果展示的重要途径，通过数据可视化可以更好地对结果进行表达，更容易让分析结果的使用者理解和传达，并据此做出相应的决策。本章介绍 SPSS 中 3 种典型的图形绘制方法，以及常用的统计图形的绘制，包括条形图、直方图、箱图、散点图、折线图、面积图、饼图、误差条线图、双轴线图、时间序列趋势图、高低图等。

本章教学要点：

- 学会 3 种典型的图形绘制方法。
- 学会绘制条形图。
- 学会绘制直方图。
- 学会绘制箱图。
- 学会绘制散点图。
- 学会绘制折线图。
- 学会绘制面积图。
- 学会绘制饼图。
- 学会绘制误差条线图。
- 学会绘制双轴线图。
- 学会绘制时间序列趋势图。
- 学会绘制高低图。

6.1　3 种典型的图形绘制方法

下载资源：可扫描旁边二维码观看或下载教学视频	
下载资源：\sample\数据 6\数据 6	

SPSS 中常用的 3 种典型的图形绘制方法分别是图表构建器、图形画板模板选择器和旧对话框。

6.1.1　图表构建器

在数据文件的数据编辑器窗口，在菜单栏中选择"图形"→"图表构建器"命令，即可打开"图表构建器"对话框，如图 6.1 所示。

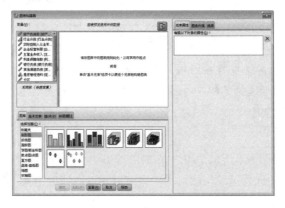

图 6.1　"图表构建器"对话框

"图表构建器"对话框左侧的"变量"列表框显示了"图表构建器"所打开的数据文件中所有的可用变量。对话框下方包括"图库""基本元素""组/点 ID""标题/脚注"4 个选项卡，右侧包括"元素属性""图表外观""选项"3 个选项卡。

1."图库"选项卡

"图库"选项卡如图 6.2 所示，是"图表构建器"对话框中的默认选项卡。

左侧是"选择范围"列表框，列出了系统可以使用"图表构建器"绘制的各种常用图形及用户放在收藏夹中的图形。用户在"选择范围"列表框中选中相应图形后，在右侧即可出现与该图表类型对应的图库，如本例中在"选择范围"列表框中选择的是"条形图"，在右侧即可出现可供选择的 8 种具体条形图类型。

用户选中一种类型后，可以双击该图片或者将其拖动到上方的图表预览区域（其中显示：请将图库中的图表拖动到此处，以将其用作起点或者单击"基本元素"选项卡以便逐个元素地构建图表）。如果图表预览区域原来就存在图表，则新的图库图表会自动取代已有的图表。

2."基本元素"选项卡

"基本元素"选项卡如图 6.3 所示，包括选择轴和选择元素。

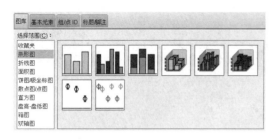

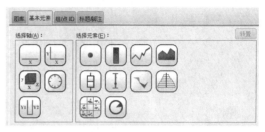

图 6.2　"图库"选项卡　　　　　　　　　　图 6.3　"基本元素"选项卡

选择轴即为选择坐标轴，有 5 种可供选择，自左至右、自上而下分别为一维坐标、二维坐标、三维坐标、极距坐标、双 Y 坐标。

选择元素有 10 种可供选择，自左至右、自上而下分别为点图、条形图、折线图、面积图、箱图、盘高-盘低图、差别面积图、人口金字塔、散点图矩阵、饼图。

轴和元素都是构成图形的基本条件，用户都需要进行选择，首先选择轴，然后选择元素。

特别提示

如果用户对基本元素的选择存在困难，则可仅使用前面介绍的"图库"选项卡进行设置，因为用户在"图库"选项卡选择了相应的图表后，系统就会自动选择基本元素，从而便于操作。

---

3. "组/点 ID"选项卡

"组/点 ID"选项卡如图 6.4 所示。用户在"组/点 ID"选项卡选择任一复选框，系统就会在图表预览区域增加一个相应的放置区。当然，用户也可以通过取消选中某复选框从而删除画布中已存在的放置区。

4. "标题/脚注"选项卡

"标题/脚注"选项卡如图 6.5 所示。用户在"标题/脚注"选项卡中选择相应的复选框，选中的项将对图表添加标题和脚注，同时在"图表构建器"对话框右侧的"元素属性"选项卡中"编辑以下对象的属性"列表框中会出现相应的对象，单击该对象即可编辑文本。

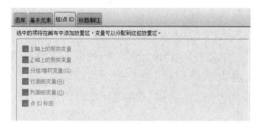

图 6.4　"组/点 ID"选项卡　　　　　　　　图 6.5　"标题/脚注"选项卡

5. "元素属性"选项卡

"元素属性"选项卡如图 6.6 所示。选项卡中的"编辑以下对象的属性"列表框用于显示可以进行属性设置的图形元素，本例中显示的图形元素包括 X-Axis1、Y-Axis1。需要提示的是，用户选择的图表不同，那么相应的图形元素可以设置的属性也会不同。

6. "图表外观"选项卡

"图表外观"选项卡如图 6.7 所示。用户可以通过该选项卡手工编辑图表的外观，对颜色、边框和网格线进行设置，也可以直接调用相应的模板进行设置。

7. "选项"选项卡

"选项"选项卡如图 6.8 所示。

- "用户缺失值"选项组用于设置缺失值的处理方式。"分界变量"缺失值有两种处理方式，如果选择"排除"，则表示系统绘制图形时排除缺失值；如果选择"包括"，则表示系统绘制图形时把它作为一个单独的类别。

- "摘要统计和个案值"选项组用于设置当观测变量出现用户定义的缺失值时对相应样本观测值的处理方法。

  - ➢ "以列表方式排除以确保一致的个案库"表示系统绘制图形时直接忽略这个样本，以确保所有变量的样本观测值都保持一致。

  - ➢ "逐个排除变量"表示只有包含缺失值的变量用于当前计算和分析时才忽略这个样本观测值，以便最大限度地利用数据。

- "图表大小"文本框用于设置图形显示的大小，默认值为 100%。

- "面板"选项组用于图形列过多时的显示设置，若选中"面板回绕"复选框，则表示图形列过多时允许换行显示，否则即使图形再多，也不会换行，只会使得每行上的图形自动缩小，以确保显示在同一行中。

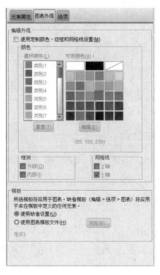
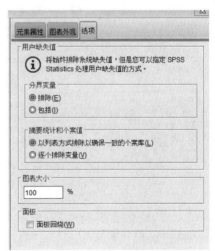

图 6.6　"元素属性"选项卡　　　图 6.7　"图表外观"选项卡　　　图 6.8　"选项"选项卡

6.1.2　图形画板模板选择器

图形画板模板选择器相对来说更加智能，系统会根据用户选择的变量自动推荐可用的常见图形，用户只需做出选择就可以，大大便利了操作。在数据文件的数据编辑器窗口，在菜单栏中选择"图形"→"图形画板模板选择器"命令，即可打开"图形画板模板选择器"对话框，如图 6.9 所示。
"图形画板模板选择器"对话框中包括"基本""详细""标题"及"选项"4 个选项卡。

1. "基本"选项卡

"基本"选项卡上端有"自然""名称""类型"3 个选项，用户可以通过选择相应选项对所有变量进行排序，尤其是在变量比较多的情形下，可以快速找出绘制图形所需的变量。3 个选项下方即为变量列表框，其中显示了所打开数据文件中的所有变量。用户选择其中一个或多个变量后，列表框右侧会显示可用的绘图类型。例如本例中同时选中"资产负债率"和"行业分类"两个变量，右侧就出现了饼图、带状图、二维点图等图形供选择使用。变量列表框下方是"摘要"下拉列表框，供用户选择相应的摘要统计，常用的摘要统计量包括和、平均值、极小值和极大值等。

2. "详细"选项卡

如果用户需要非常明确地绘制某一种图形，而不需要系统提供可选项辅助决策，或者需要更加精细化地设置，就可以使用"详细"选项卡，"详细"选项卡如图 6.10 所示。

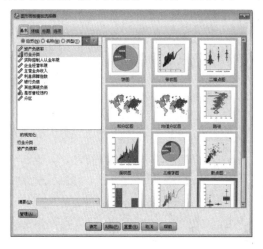
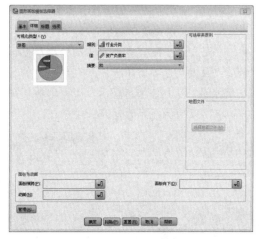

图 6.9 "图形画板模板选择器"对话框　　　　图 6.10 "详细"选项卡

● 上方的"可视化类型"下拉列表框供用户选择具体的图形类型，用户首先根据研究需要进行选择，选择后系统将自动预览相应的图形。此外，如果用户已经在"基本"选项卡中进行了设置，对图形类型进行了选择，那么"详细"选项卡将展示出该类型。

选择可视化类型后，右侧会自动出现可供设置的图表元素，如本例中我们选择了饼图，右侧就会出现类别、值、摘要供用户选择设置，本例中系统自动抓取了分类变量"行业分类"，将其作为"类别"，即饼图扇形所代表的内容，自动抓取了定距变量"资产负债率"，将其作为"值"，摘要统计设置为"和"。

● "可选审美原则"选项组设置图形外观显示，用户选择的可视化类型不同，相应地可供选择的选项也会有所差异。比如本例中我们选了饼图，那么就没有任何设置选项。为了全面讲解，我们在"可视化类型"下拉列表框中选择"中位数分区图上的坐标"选项，将会显示出如图 6.11 所示的内容。

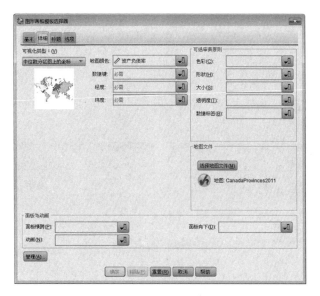

图 6.11 选择"中位数分区图上的坐标"选项

对话框深度解读

"色彩"：如果用户使用定距变量定义颜色，则图形颜色根据变量的值而有所不同；如果用户使用分类变量定义颜色，则每个类别一种颜色；如果图形元素代表多个样本观测值，且一个范围变量用于颜色，则颜色根据范围变量的平均值而有所不同。

"形状"：仅可使用分类变量，如果用户使用分类变量定义形状，则每个类别一种形状。

"大小"：如果用户使用定距变量定义大小，则图形大小根据变量的值而有所不同；如果用户使用分类变量定义大小，则每个类别一种大小；如果图形元素代表多个样本观测值，且一个范围变量用于大小，则大小根据范围变量的平均值而有所不同。

"透明度"：如果用户使用定距变量定义透明度，则图形透明度根据变量的值而有所不同；如果用户使用分类变量定义透明度，则每个类别一种透明度；如果图形元素代表多个样本观测值，且一个范围变量用于透明度，则透明度根据范围变量的平均值而有所不同，在最大值处完全透明，在最小值处完全不透明。

"数据标签"：仅可使用分类变量。

- "面板与动画"选项组用来选择面板变量和动画变量。
  - "面板横跨"和"面板向下"下拉列表框均用来选择面板变量，仅能为分类变量。"面板横跨"和"面板向下"输出图形中均将为每个类别生成一个图形，区别在于"面板横跨"所有面板从左至右同时显示，"面板向下"所有面板从上至下同时显示。
  - "动画"下拉列表框用于从中选择动画变量，可为分类变量或定距变量。动画与面板的区别是图形不同时显示。

3. "标题"选项卡

"标题"选项卡如图 6.12 所示。默认为"使用缺省标题"，本例中显示为无任何标题和脚注。

若用户选择"使用定制标题"单选按钮，则可在对应文本框中输入需要输出图形的标题、副标题和脚注。

4. "选项"选项卡

"选项"选项卡如图 6.13 所示。用户可以使用"选项"选项卡指定在结果输出窗口查看器中出现的输出标签、样式表和用户缺失值处理方法。

图 6.12 "标题"选项卡

图 6.13 "选项"选项卡

6.1.3 旧对话框

旧对话框是利用菜单绘制图形的另一种方法，支持绘制的图形种类包括条形图、三维条形图、线图、面积图、饼图、盘高-盘低图、箱图、误差条形图、金字塔图、散点图和直方图等。与前面介绍的两种图形绘制方法不同，使用旧对话框要求用户对于拟创建的图形种类有明确的认知。

以创建条形图为例，在数据文件的数据编辑器窗口，在菜单栏中选择"图形"→"旧对话框"→"条形图"命令，即可打开"条形图"对话框，如图 6.14 所示。

● "条形图"对话框上面部分展示了 3 种可供选择的条形图，包括"简单""簇状"和"堆积"，用户根据自身研究需要选择即可，本例中选择"简单"。

● 下面部分"图表中的数据为"选项组供用户设置条形图中数据的展示情况，包括"个案组摘要""单独变量的摘要""单个个案的值" 3 种，其中选择"个案组摘要"表示将按样本观测值分组生成条形图，"单独变量的摘要"表示将按变量分组生成条形图，"单个个案的值"表示将按每个样本观测值逐一生成条形图。

本例中我们选择"个案组摘要"，然后单击对话框下方的"定义"按钮，将弹出如图 6.15 所示的"定义简单条形图：个案组摘要"对话框，可在此进行图形的详细设置。

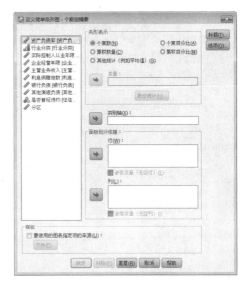

图 6.14 "条形图"对话框   图 6.15 "定义简单条形图：个案组摘要"对话框

- "定义简单条形图：个案组摘要"对话框左侧为变量列表，展示了可供选择的变量。"条形表示"用于选择条形图的条形所要代表的摘要统计量，可供选择的摘要统计量包括个案数、个案百分比、累积数量、累积百分比、其他统计（例如平均值）。如果选择"其他统计（例如平均值）"，用户可通过单击"变量"下方的"更改统计"按钮，从打开的对话框中选择想要输出的统计量，如图 6.16 所示，最后单击"继续"按钮即可完成设置。本例中我们将资产负债率选入"变量"框中，然后选择"其他统计（例如平均值）"，在其中再选择"值的平均值"，即条形图中的条形代表资产负债率的平均值。

图 6.16 "统计"对话框

- "定义简单条形图：个案组摘要"对话框中的"类别轴"列表框用于从变量列表框中选入 X 轴要表示的变量。本例中我们把"行业分类"选入进来作为 X 轴，即绘制按行业分类的资产负债率平均值的简单条形图。

- "面板划分依据"选项组用于对要输出的面板图形进行设置，"行"和"列"列表框分别用于选入行或列面板变量。对于某些图表，仅可按行或列生成面板，对于另一些图表，可同时按行和列生成面板。如果变量的含义依赖于其他变量的值，则意味着该变量是嵌套的，如果行或列中的变量嵌套，则可选中"嵌套变量（无空行/列）"复选框，表示仅针对每个嵌套而不是每个类别组合创建面板；如果未选中"嵌套变量（无空行/列）"复选框，则变量会存在交叉，这意味着将为每个变量中的每个类别组合创建一个面板，如果变量嵌套，则会导致出现空列或空行。

- "要使用的图表指定项的来源"复选框用于打开图形显示模板，选中该复选框后可单击"文件"按钮选择相应模板。本例中我们不需要设置 "面板划分依据"选项组和"要使用的图表指定项的来源"复选框。

- "标题"按钮用于设置标题，单击该按钮，即可打开如图 6.17 所示的"标题"对话框，用户可以在此设置输出图形的标题和脚注，本例中我们在"标题"→"第 1 行"中输入"各行业资产负债率条形图"，然后单击"继续"按钮返回主对话框。

● "选项"按钮用于设置对缺失值的处理及误差条形图等，单击该按钮，即可打开如图 6.18 所示的"选项"对话框，用户可以在此设置，本例中我们选中"显示误差条形图"复选框，置信区间、标准误差、标准差均采用系统默认设置。设置完毕后，单击对话框中的"确定"按钮，即可生成如图 6.19 所示的条形图。

图 6.17 "标题"对话框   图 6.18 "选项"对话框

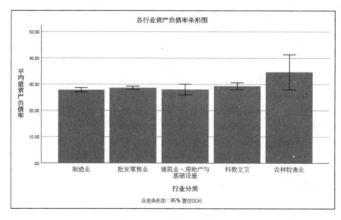

图 6.19 条形图

6.2 条形图

| 下载资源：可扫描旁边二维码观看或下载教学视频 |
| 下载资源：\sample\数据 6\XX 饮料连锁企业各省市连锁店经营数据（增加类型） |

条形图也称柱状图、长条图、条状图，是一种将数据分组到同等宽的长方形长条（bin）中，绘制出每个长方形长条中的观察数据的数量，以长方形长条的长度为大小的统计报告图，适用于只有一个变量但有多种情形（不同时间或不同横截面）的情况，通常用于较小的数据集的分析。

6.2.1 条形图的类型

条形图分为简单条形图、分类条形图和分段条形图 3 种。

条形图类型

简单条形图： 又称单式条形图，该条形图用单个条形对每个类别、观测或变量做对比，用间隔的等宽条表示各类统计数据的大小，主要由两个统计量决定。通过简单条形图可以清楚地看到各类数据间的对比情况。

分类条形图： 又称集群条形图，适用于对两个变量交叉分类的描述。该条形图使用一组条形对指标进行对比，每个组的位置是一个变量的取值，与其紧密排列的条带是以不同颜色标记的另一个变量的取值，因此图形主要由 3 个变量决定。分类图形可以看作是简单条形图中的每一条带对应数据根据其他变量所做的进一步分类。

分段条形图： 又称堆栈条形图，适用于对两个变量交叉分类的描述。该图中每个条的位置是其中一个变量取值，条的长度是要描述的统计量的值，但是条带按照另一个变量各类别所占的比例被划分为多个段，并用不同的颜色或阴影来表示各个分段。

每种类型的条形图都对应 3 种描述方法：个案组摘要、单独变量的摘要和单个个案的值。

条形图类型

个案组摘要： 根据分组变量对所有个案进行分组，并根据分组后的个案数据创建条形图。

单独变量的摘要： 可以描述多个变量，简单类型的条形图能描述文件的每个变量，复杂类型的条形图能使用另一个分类变量描述一个变量。

单个个案的值： 为分组变量中的每个观测值生成一个条形图，适用于对原始数据进行一定整理后形成的概括性数据文件。

6.2.2 简单条形图的绘制

本小节使用的案例数据文件是"XX 饮料连锁企业各省市连锁店经营数据（增加类型）.sav"，数据是来自 XX 健身连锁企业（虚拟名，如有雷同纯属巧合）在北京、广东、天津、浙江等省市的各个连锁店 2022 年的相关销售数据（包括营业收入、运营成本以及经营利润等数据）。由于营业收入数据涉及商业机密，因此在本章介绍时进行了适当的脱密处理，对于其中的部分数据也进行了必要的调整。其中 code、income、cost、profit、shengshi、leixing 六个变量分别表示门店编号、营业收入、运营成本、经营利润以及所在省市、所处商圈。"XX 饮料连锁企业各省市连锁店经营数据（增加类型）.sav"的数据视图如图 6.20 所示。下面我们绘制 XX 饮料连锁企业各省市连锁店营业收入平均值的简单条形图。

图 6.20 XX 饮料连锁企业各省市连锁店经营数据（增加类型）

1. 用图表构建器绘制简单条形图

步骤01 打开数据文件，在菜单栏中选择"图形"→"图表构建器"命令，打开"图表构建器"对话框。在"选择范围"列表框中选择"条形图"，然后从右侧显示的直观表示中双击简单条形图直观表示 ![icon]或将其选中拖入画布中。从"变量"列表框中选中 shengshi 变量并拖至 X 轴变量放置区，选择 income 变量并拖至 Y 轴变量放置区，如图 6.21 所示。

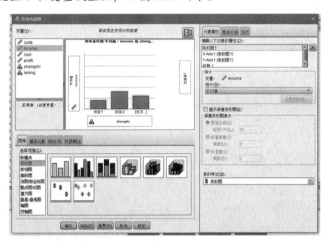

图 6.21 "图表构建器"对话框

步骤02 设置图形元素的属性。

- 在"图表构建器"对话框右侧的"元素属性"选项卡中，在"编辑以下对象的属性"列表中选择"条形图 1"，然后在下方"统计"下拉列表中选择"平均值"作为输出统计量。
- 在"编辑以下对象的属性"列表中选择"X-Axis1"进入 X 轴元素属性设置对话框，在"轴标签"文本框中输入"各省市"作为 X 轴标签。
- 在"编辑以下对象的属性"列表中选择"Y-Axis1"进入 Y 轴元素属性设置对话框，在"轴标签"文本框中输入"门店营业收入平均值"作为 Y 轴标签。

● 在"编辑以下对象的属性"列表中选择"标题 1"进入标题设置对话框,选择"定制"并在下面的文本框中输入"XX 饮料连锁企业各省市连锁店营业收入平均值"作为标题。

步骤 03 设置完毕后,单击"图表构建器"对话框中的"确定"按钮,即可在结果输出窗口查看结果,如图 6.22 所示。

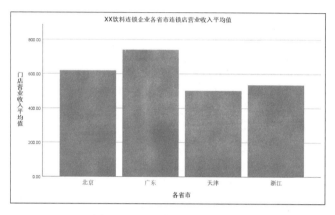

图 6.22 简单条形图输出结果

2. 用图形画板模板选择器绘制简单条形图

在菜单栏中选择"图形"→"图形画板模板选择器"命令,打开"图形画板模板选择器"对话框,如图 6.23 所示。

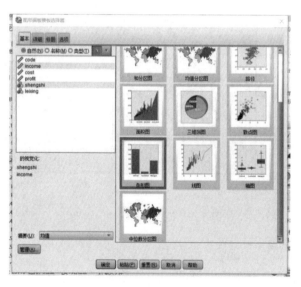

图 6.23 "图形画板模板选择器"对话框

步骤 01 从变量列表框中同时选中 shengshi 和 income 两个变量(选中一个后按住键盘上的 Ctrl键再选另一个),对话框右侧将显示可用的图形直观表示,有条形图、三维饼图、散点图、线图、面积图等,从中选择条形图直观表示 ,从"摘要"下拉列表框中选择"均值"作为输出摘要统计量。

步骤 02 单击"详细"选项卡,这里采用默认设置,如图 6.24 所示。

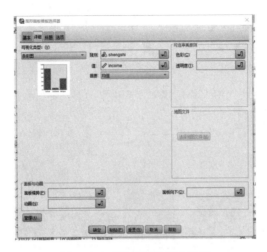

图 6.24 "详细"选项卡设置

步骤 03 单击"标题"选项卡，选中"使用定制标题"单选按钮，在"标题"文本框中输入"XX饮料连锁企业各省市连锁店营业收入平均值"。

步骤 04 单击"选项"选项卡，在"输出标签"选项组的"标签"文本框中输入"简单条形图：门店营业收入平均值"，其他采用默认设置。设置完毕后，单击"图表构建器"对话框中的"确定"按钮，即可在结果输出窗口查看结果，如图 6.25 所示。

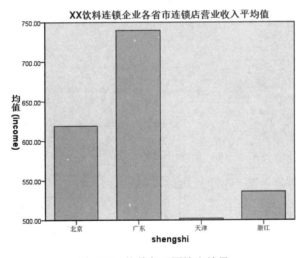

图 6.25 简单条形图输出结果

3. 使用旧对话框绘制简单条形图

在菜单栏中选择"图形"→"旧对话框"→"条形图"命令，打开"条形图"对话框。选择"简单"直观表示，在"图表中的数据为"选项组中选中"个案组摘要"单选按钮，如图 6.26 所示。

该对话框包括条形图类型直观显示：简单、簇状和堆积，也包括各种图形类型的 3 种模式：个案组摘要、单独变量的摘要和单个个案的值。

步骤 01 单击"定义"按钮，弹出"定义简单条形图：个案组摘要"对话框，从"条形表示"选项组中选中"其他统计（例如平均值）"单选按钮，并从变量列表框中将 income 变量选入"变量"

列表框中，系统默认变量的统计量为均值，将 shengshi 变量选入"类别轴"列表框中，其他采用默认设置，如图 6.27 所示。

图 6.26 "条形图"对话框　　图 6.27 "定义简单条形图：个案组摘要"对话框

"条形表示"选项组用于定义确定条形图中条带的长度的统计量，各选项含义如下：

- 个案数：选中该单选按钮，表示条形图的长度为分类变量值的观测数。条形图中条的长度表示频率，分类变量可以是字符型变量或数值型变量。该选项为系统默认选项。
- 个案百分比：选中该单选按钮，表示条形图的长度为分类变量的观测在总观测中所占的比重，即以频率作为统计量。
- 累积数量：选中该单选按钮，表示条形图的长度为分类变量中到某一值的累积频率，即分类变量的当前值对应的个案数与以前各值对应的总个案数。
- 累积百分比：选中该单选按钮，表示条形图的长度为分类变量中到某一值的累积百分比，即条的长度表示的是累积频率。
- 其他统计：选中该单选按钮，则"变量"列表框被激活，选入变量后，系统默认设置对该变量的数据取平均值，并作为条形图的长度。

若想选择其他统计量，则可单击"更改统计"按钮，打开如图 6.28 所示的"统计"对话框。

图 6.28 "统计"对话框

对话框深度解读

在"统计"对话框中可以选择总体特征的描述统计量、单侧区间数据特征的描述统计量和双侧区间数据的特征描述统计量。"统计"对话框上方为总体特征的描述统计量，设置较为简单，不再赘述。

"统计"对话框中间给出了单侧区间数据特征的描述统计量，当选择该部分中的选项时，上方的"值"文本框被激活，在文本框中输入数值，表示单侧区间的内界。按照原有数据与内界的大小关系，可将所有数据划分为两个区间，即大于该值的区间和小于该值的区间，各单选按钮的含义分别介绍如下。

- 若选中"上方百分比"单选按钮，则以变量值大于阈值（内界）的比例作为条形的长度，"下方百分比"单选按钮的含义恰好相反。
- 若选中"百分位数"单选按钮，则表示以变量值的百分位数作为条形的长度。
- 若选中"上方数目"单选按钮，则表示以变量值大于阈值的个数作为条形的长度，"下方数目"单选按钮的含义与之相反。

"统计"对话框下方给出了双侧区间数据特征的描述统计量。当选择该部分中的选项时，上方的"低"和"高"文本框被激活，分别用于输入区间的下限和上限。各单选按钮的含义分别介绍如下。

- 若选中"区间内百分比"单选按钮，则表示以变量值在该区间的比例为纵轴；
- 若选中"区间内数目"单选按钮，则表示以变量值在指定区间的数目为条形长度。

若选中"值是分组中点"复选框，则表示值由中点分类。

步骤 02 在"定义简单条形图：个案组摘要"对话框中单击"标题"按钮，打开"标题"对话框，在"标题"选项组"第 1 行"文本框中输入"XX 饮料连锁企业各省市连锁店营业收入平均值"字样。设置完毕后，单击"继续"按钮，返回主对话框。

步骤 03 单击"选项"按钮，打开"选项"对话框。用户可以在该对话框中设置对缺失值的处理方法、是否显示误差条形图及误差条形图的内容，图表的可用选项取决于图表的类型和数据。采用默认设置，如图 6.29 所示。

"选项"对话框中其他选项介绍如下。

- "缺失值"选项组：用户若选中"成列排除个案"单选按钮，则表示被摘要的变量存在缺失值时会从整个图表中排除个案；若选中"按变量排除个案"单选按钮，则表示可从每个计算的摘要统计量中排除单个缺失个案，不同的图表元素可能基于不同的个案组。
- "显示带有个案标签的图表"复选框：若选中该复选框，则表示在图中显示个案的标签值。

设置完毕后，单击"图表构建器"对话框中的"确定"按钮，即可在结果输出窗口查看结果，如图 6.30 所示。

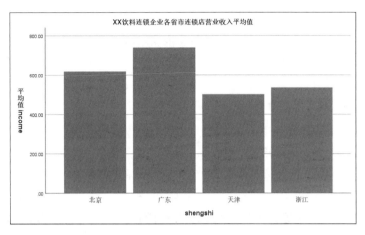

图 6.29　"选项"对话框　　　　　　　图 6.30　简单条形图输出结果

6.2.3　分类条形图的绘制

分类条形图能够反映更多的信息，它对 X 轴的每个取值再按某个指标进一步细分，并作出关于所得子类别的条形图。下面我们继续使用"XX 饮料连锁企业各省市连锁店经营数据（增加类型）.sav"绘制分类条形图，观察不同省市、不同商圈类型对门店营业收入平均值的影响。

● 在菜单栏中选择"图形"→"图形画板模板选择器"命令，打开"图形画板模板选择器"对话框。
● 从变量列表框中同时选择 shengshi 和 income 两个变量，从中选择条形图直观表示，从"摘要"下拉列表框中选择"均值"作为输出摘要统计量。
● 单击"详细"选项卡，从"可选审美原则"选项组的"色彩"下拉列表框中选择 leixing，如图 6.31 所示。
● 在"标题"选项卡中为图标添加"各门店营业收入平均值"标题，其他均采用默认设置。

单击"确定"按钮，即可在结果输出窗口中查看图形，如图 6.32 所示。

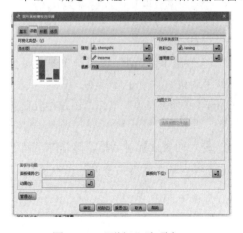

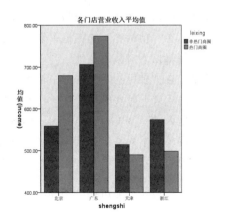

图 6.31　"详细"选项卡　　　　　　　图 6.32　分类条形图输出结果

6.2.4 分段条形图的绘制

分段条形图或堆积条形图与分类条形图相似，区别只是堆积条形图不把子类别分散开来做条形图，而是将其逐次堆积在 Y 轴方向上，以便更好地比较总值的大小。下面我们继续使用"XX 饮料连锁企业各省市连锁店经营数据（增加类型）.sav"绘制分段条形图，观察不同省市、不同商圈类型对门店营业收入平均值的影响。

步骤01 在菜单栏中选择"图形"→"图表构建器"命令，打开"图表构建器"对话框。

步骤02 在"选择范围"列表框中选择"条形图"，然后从右侧显示的直观表示中双击分类条形图直观表示██或将其拖入画布中。从变量列表框中选择 shengshi 变量并拖至 X 轴变量放置区，选择income 变量拖至 Y 轴变量放置区，将 leixing 拖入"堆积"变量放置区，如图 6.33 所示。

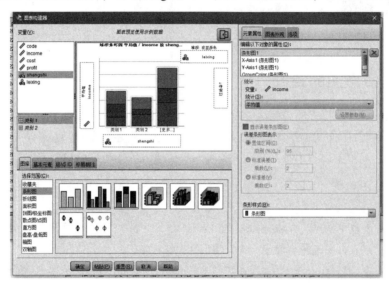

图 6.33 "图表构建器"对话框设置结果

- 在"图表构建器"对话框右侧"元素属性"选项卡中，在"编辑以下对象的属性"列表中选择"条形图 1"，然后在下方"统计"下拉列表选择"平均值"作为输出统计量。
- 在"编辑以下对象的属性"列表中选择"X-Axis1（条形图 1）"进入 X 轴元素属性设置对话框，在"轴标签"文本框中输入"各省市"作为 X 轴标签。
- 在"编辑以下对象的属性"列表中选择"Y-Axis1（条形图 1）"进入 Y 轴元素属性设置对话框，在"轴标签"文本框中输入"门店营业收入平均值"作为 Y 轴标签。
- 在"编辑以下对象的属性"列表中选择"GroupColor（条形图 1）"，在"图注标签"文本框中输入"商圈类型"作为图注标签。
- 在"编辑以下对象的属性"列表中选择"标题 1"进入标题设置对话框，选择"定制"并在下面的文本框中输入"XX 饮料连锁企业各省市连锁店营业收入平均值"作为标题。

单击"确定"按钮，即可在结果输出窗口中查看图形，如图 6.34 所示。

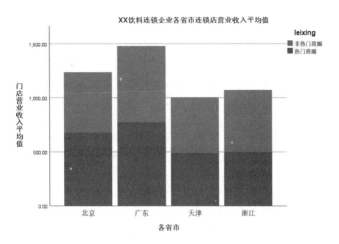

图 6.34 分段条形图输出结果

6.3 直方图

	下载资源：可扫描旁边二维码观看或下载教学视频
	下载资源：\sample\数据 6\XX 饮料连锁企业各省市连锁店经营数据（增加类型）

　　直方图（Histogram）又称质量分布图，是一种以组距为底边、以频率为高度的一系列连接起来的直方型矩形图，由一系列高度不等的纵向条纹或线段表示数据分布的情况。一般用横轴表示数据类型，纵轴表示分布情况。通过绘制直方图可以较为直观地传递有关变量的数据变化信息，使数据使用者能够较好地观察变量数据波动的状态，使数据决策者能够依据分析结果确定在什么地方需要集中力量改进工作。绘制直方图时，可选择带上正态分布曲线，以直观观察数据是否服从正态分布。

　　下面将简单介绍如何使用图形画板模板选择器绘制直方图，读者可以参照前文自主学习使用其他方法绘制直方图。这里使用的依然是"XX 饮料连锁企业各省市连锁店经营数据（增加类型）.sav"，绘制带有正态分布曲线的各门店营业收入直方图。操作步骤如下：

　　步骤 01 打开数据文件，进入 SPSS Statistics 数据编辑器窗口，在菜单栏中选择"图形"→"图形画板模板选择器"命令，打开"图形画板模板选择器"对话框。

　　步骤 02 从变量列表框中选择 income 变量，从右侧可用图形类型中选择"带有正态分布的直方图" 。

　　步骤 03 在"标题"选项卡中为图表添加"各门店营业收入直方图"标题，其他均采用默认设置。

　　单击"确定"按钮，即可在结果输出窗口中查看图形，如图 6.35 所示。

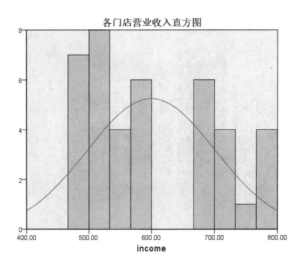

图 6.35　直方图输出结果

从图 6.35 中可以看出，各门店营业收入不完全符合正态分布。

6.4　箱图

	下载资源：可扫描旁边二维码观看或下载教学视频
	下载资源：\sample\数据 6\XX 饮料连锁企业各省市连锁店经营数据（增加类型）

箱图（Box-Plot）又称为盒须图、盒式图或箱线图，是一种用于显示一组数据的分散情况的统计图。箱图提供了一种只用 5 个点总结数据集的方式，这 5 个点包括最小值、第一个四分位数 $Q1$、中位数点、第三个四分位数 $Q3$、最大值。数据分析者通过绘制箱图不仅可以直观明了地识别数据中的异常值，还可以判断数据的偏态、尾重以及比较几批数据的形状。

绘制箱图的基本思路是：针对某一变量数据，计算该变量数据的 5 个特征值包括除异常值外的最小值（minimum）、最大值（maximum）、中位数（median）、两个四分位数（下四分位数 $Q1$ 和上四分位数 $Q3$）。

其中中位数的计算方法为：将变量数据的所有数值从小到大排列，如果是奇数个数值，则取最中间一个值作为中位数，之后最中间的值在计算下四分位数 $Q1$ 和上四分位数 $Q3$ 时不再使用；偶数个数值则取最中间两个数的平均数作为中位数，这两个数在计算下四分位数 $Q1$ 和上四分位数 $Q3$ 时继续使用。

下四分位数 $Q1$ 的计算方法为：中位数将变量所有数据分成两部分，然后针对变量最小值到中位数的部分，再按取中位数的方法取中位数，即为下四分位数 $Q1$。

上四分位数 $Q3$ 的计算方法为：中位数将变量所有数据分成两部分，然后针对中位数到变量最大值的部分，再按取中位数的方法取中位数，即为上四分位数 $Q3$。

四分位数间距（IQR）即为：

$$IQR = Q3 - Q1$$

　　一般情况下，将所有不在（$Q1-1.5IQR,Q3+1.5IQR$）区间内的数值称为异常值，除去异常值之后，剩下数值中最大的为变量数据的最大值，最小的为变量数据的最小值。

　　将上述变量数据的 5 个特征值按从小到大排列：除异常值外的最小值、下四分位数 $Q1$、中位数、上四分位数 $Q3$、除异常值外的最大值描绘在一个图上，5 个特征值在一条直线上，最小值和 $Q1$ 连接起来，$Q1$、中位数、$Q3$ 分别作平行等长线段，最大值和 $Q3$ 连接起来，连接两个四分位数构成箱体，然后连接除异常值外的最小值、除异常值外的最大值两个极值点与箱子，形成箱图，最后点上离群值即可。

6.4.1　箱图的类型

　　SPSS 26.0 为用户提供了两种箱图类型：简单箱图和簇状箱图。简单箱图用于描述单个变量数据的分布，簇状箱图用于描述某个变量关于另一个变量数据的分布。每种基本图形类型又包括两种模式：个案组摘要和单独变量的摘要。这两种模式的含义与 6.2 节中的介绍相同，不再赘述。

6.4.2　简单箱图的绘制

　　本小节将继续使用"XX 饮料连锁企业各省市连锁店经营数据（增加类型）.sav"，介绍如何使用图形画板模板选择器绘制各省市连锁店营业收入的简单箱图。

　　步骤01打开数据文件，进入 SPSS Statistics 数据编辑器窗口，在菜单栏中选择"图形"→"图形画板模板选择器"命令，打开"图形画板模板选择器"对话框。

　　步骤02从变量列表框中同时选中 income 和 shengshi 变量，从右侧可用图形类型中选择"箱图"。

　　步骤03在"标题"选项卡中为图表添加"各省市连锁店营业收入箱图"标题，其他均采用默认设置。

　　单击"确定"按钮，即可在结果输出窗口中查看图形，如图 6.36 所示。可以看出，广东的连锁店营业收入要明显高于其他省市。

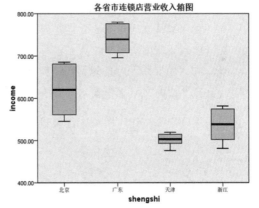

图 6.36　简单箱图输出结果

6.4.3　簇状箱图的绘制

　　簇状箱图的绘制过程与简单箱图的绘制基本相同，只需要在原有变量的基础上添加一个分类变量即可。下面继续使用"XX 饮料连锁企业各省市连锁店经营数据（增加类型）.sav"介绍如何使用图表构建器绘制各省市连锁店营业收入的簇状箱图（按商圈类型分类）。

　　步骤01打开数据文件，进入 SPSS Statistics 数据编辑器窗口，在菜单栏中选择"图形"→"图表构建器"命令，打开"图表构建器"对话框。

　　步骤02在"选择范围"列表框中选择"箱图"，然后从右侧显示的直观表示中双击"群集框图"直观表示或将其拖入画布中。将变量 shengshi 拖入横轴变量放置区内，将变量 income 拖入纵轴变量放置区内，将 leixing 拖入"X 轴上的聚类：设置颜色"变量放置区内，如图 6.37 所示。

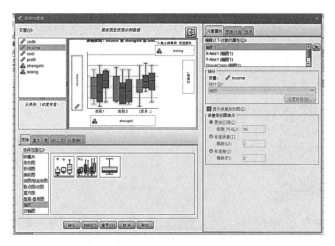

图 6.37 "图表构建器"对话框

- 在"图表构建器"对话框右侧"元素属性"选项卡中,在"编辑以下对象的属性"列表中选择"X-Axis1(箱图 1)"进入 X 轴元素属性设置对话框,在"轴标签"文本框中输入"各省市"作为 X 轴标签。
- 在"编辑以下对象的属性"列表中选择"Y-Axis1(箱图 1)"进入 Y 轴元素属性设置对话框,在"轴标签"文本框中输入"门店营业收入"作为 Y 轴标签。在"标度范围"中针对"最小值"选择"定制"并在文本框中输入 450;针对"最大值"选择"定制"并在文本框中输入 800。
- 在"编辑以下对象的属性"列表中选择 GroupColor(箱图 1),在"图注标签"文本框中输入"商圈类型"作为图注标签。
- 在"编辑以下对象的属性"列表中选择"标题 1"进入标题设置对话框,选择"定制"并在下面的文本框中输入"各省市不同商圈类型连锁店营业收入箱图"作为标题。

单击"确定"按钮,即可在结果输出窗口中查看图形,如图 6.38 所示。

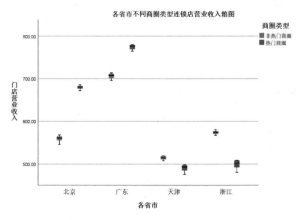

图 6.38 簇状箱图输出结果

6.5　散点图

	下载资源：可扫描旁边二维码观看或下载教学视频
	下载资源：\sample\数据 6\XX 保险公司促销数据

作为对数据进行预处理的重要工具之一，散点图（Scatter Diagram）深受专家、学者们的喜爱。散点图的简要定义就是点在直角坐标系平面上的分布图。研究者对数据制作散点图的主要出发点是通过绘制该图来观察某变量随另一变量变化的大致趋势，据此可以探索数据之间的关联关系，甚至选择合适的函数对数据点进行拟合。

6.5.1　散点图的类型

SPSS 26.0 提供了散点图的 5 种基本类型，分别为简单散点图、重叠散点图、矩阵散点图、三维散点图和简单点图。

- 简单散点图：用于对照某个变量绘制另一个变量或在一个标记变量定义的类别中绘制两个变量。
- 重叠散点图：用于绘制两个或多个 y-x 变量对，每对都采用不同标记来表示。
- 矩阵散点图：行和列数与所选矩阵变量个数相等，所有可能的变量组合都会被显示（变量 1 对比变量 2）和翻转（变量 2 对比变量 1）。
- 三维散点图：用于在三维空间内绘制 3 个变量。
- 简单点图：用于为某个数值变量绘制各个观察值。

与其他图形的绘制一样，SPSS 26.0 同样提供了图表构建器、图形画板模板选择器、旧对话框等方法绘制散点图。由于简单点图的绘制较为简单，接下来我们将使用"XX 保险公司促销数据"数据文件，说明 SPSS 26.0 绘制除简单点图外的 4 种散点图的具体操作方法。

6.5.2　简单散点图的绘制

本小节仅介绍如何使用图形画板模板选择器绘制简单散点图，用户可以自主参照前文学习其他绘制方法。本小节使用"XX 保险公司促销数据"，记录的是某保险公司推出的一款新产品，在北京、上海、广州、深圳 4 个一线城市的不同地区进行促销，统计其促销数据。限于篇幅，不再展示数据文件的数据视图和变量视图，读者可自行打开相关源文件观察。数据文件中共有 5 个变量，分别是促销地点、促销费用、目标客户数量、成交客户数量、促销人天投入。其中，"促销地点"变量为分类变量，分别将北京、上海、广州、深圳 4 个城市赋值为 1、2、3 和 4。

下面我们绘制"促销费用"和"成交客户数量"的简单散点图，操作步骤如下：

打开数据文件，进入 SPSS Statistics 数据编辑器窗口，在菜单栏中选择"图形"→"图形画板模板选择器"命令，打开"图形画板模板选择器"对话框。从变量列表框中同时选中"促销费用"和"成交客户数量"变量，从右侧可用图形类型中选择"散点图"。

步骤 **02** 在"标题"选项卡中选择"使用定制标题"并在下面的文本框中输入"促销费用和成交客户数量的简单散点图"作为标题。

单击"确定"按钮,即可在结果输出窗口中查看图形,如图 6.39 所示。

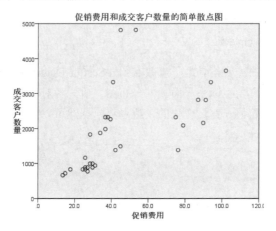

图 6.39 简单散点图输出结果

6.5.3 重叠散点图的绘制

本小节同样使用"XX 保险公司促销数据"展示重叠散点图的绘制。以"促销费用"和"促销人天投入"为 X 变量,以"成交客户数量"为 Y 变量。

步骤 **01** 打开数据文件,进入 SPSS Statistics 数据编辑器窗口,在菜单栏中选择"图形"→"旧对话框"→"散点/点状"命令,打开"散点图/点图"对话框,对话框中显示了 5 种可用的散点图类型,如图 6.40 所示。因为我们想要输出的是重叠散点图,所以选中"重叠散点图"。

图 6.40 "散点图/点图"对话框

步骤 **02** 单击"定义"按钮,弹出"重叠散点图"对话框,在此指定变量及其他图形元素。从变量列表框中将"成交客户数量"变量选入变量配对 1 和 2 的 Y 变量放置区,将"促销费用"和"促销人天投入"分别拖入变量配对 1 和 2 的 X 变量放置区,如图 6.41 所示。

步骤 **03** 打开"标题"对话框,在"第 1 行"文本框输入"XX 保险公司促销情况重叠散点图"。

单击"确定"按钮,即可在结果输出窗口中查看图形,如图 6.42 所示。

图 6.41 "重叠散点图"对话框

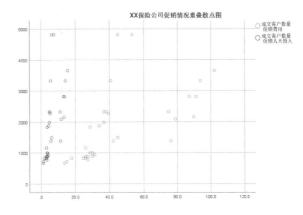

图 6.42 重叠散点图输出结果

由图 6.42 可知,促销费用越高,成交客户数量倾向于越多,但促销人天投入与成交客户数量的关系不够明显。

6.5.4 矩阵散点图的绘制

SPSS 26.0 提供的可以绘制矩阵散点图的方法主要有图表构建器和旧对话框两种。同样使用"XX保险公司促销数据"展示利用图表构建器绘制变量"成交客户数量""促销费用"和"促销人天投入"的矩阵散点图,用户可参照前文学习如何使用旧对话框绘制矩阵散点图。

步骤01 打开数据文件,进入 SPSS Statistics 数据编辑器窗口,在菜单栏中依次选择"图形"→"图表构建器"命令,打开"图表构建器"对话框。

步骤02 在"选择范围"列表框中选择"散点图/点图",然后从右侧显示的直观表示中双击散点图矩阵直观表示 或将其拖入画布中。将变量"促销费用""成交客户数量"和"促销人天投入"拖入散点矩阵变量放置区内,如图 6.43 所示。

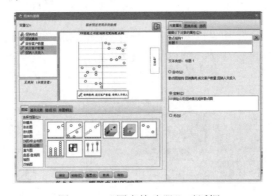

图 6.43 "图表构建器"对话框

步骤03 在"元素属性"选项卡"编辑以下对象的属性"列表中选择"标题 1"进入标题设置对话框,选择"定制"并在下面的文本框中输入"XX 保险公司促销情况矩阵散点图"作为标题。

单击"确定"按钮,即可在结果输出窗口中查看图形,如图 6.44 所示。

由图 6.44 可以看出，促销费用越高，成交客户数量倾向于越多，但促销人天投入与成交客户数量的关系不够明显。

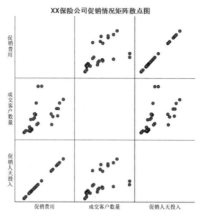

图 6.44　矩阵散点图输出结果

6.5.5　三维散点图的绘制

三维散点图的绘制过程与简单散点图的绘制过程基本一致，只是增加了一个 Z 轴。下面基于"XX保险公司促销数据"讲解使用图表构建器绘制变量"促销费用""成交客户数量"及"促销人天投入"三维散点图。

步骤 01 打开数据文件，进入 SPSS Statistics 数据编辑器窗口，在菜单栏中选择"图形"→"图表构建器"命令，打开"图表构建器"对话框。

步骤 02 在"选择范围"列表框中选择"散点图/点图"，然后从右侧显示的直观表示中双击简单 3-D 散点图直观表示 ，或将其拖入画布中。将变量"促销费用""成交客户数量"及"促销人天投入"分别拖入 X 轴变量放置区、Y 轴变量放置区及 Z 轴变量放置区内，如图 6.45 所示。

步骤 03 在"元素属性"选项卡"编辑以下对象的属性"列表中选择"标题 1"进入标题设置对话框，选择"定制"并在下面的文本框中输入"XX 保险公司促销情况三维散点图"作为标题。

单击"确定"按钮，即可在结果输出窗口中查看图形，如图 6.46 所示。

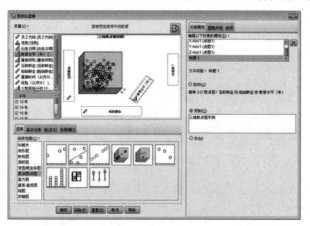

图 6.45　"图表构建器"对话框

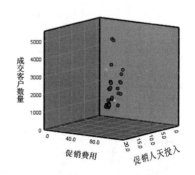

图 6.46　三维散点图输出结果

6.6 折线图

 | 下载资源：可扫描旁边二维码观看或下载教学视频
| 下载资源：\sample\数据 6\XX 饮料连锁企业各省市连锁店经营数据（增加类型）

折线图是用线段的升降在坐标系中表示某一变量的变化趋势或某变量随时间变化的过程的图形。折线图适用于连续性资料，通常用来表示两个因素之间的关系，即当一个因素发生变化时，另一个因素对应的变化情况。

6.6.1 折线图的类型

折线图分为 3 种类型，分别是简单折线图、多线折线图和垂线折线图。

- 简单折线图：用一条折线表示某个现象的变化趋势。
- 多线折线图：用多条折线表示各种现象的变化趋势。
- 垂线折线图：用于反映某些现象。

像条形图一样，每种类型的线图都对应 3 种描述方法，分别是个案组摘要、单独变量的摘要和单个个案的值。概念与条形图中一致，不再赘述。

6.6.2 绘制简单折线图

本小节使用的案例数据文件是"XX 饮料连锁企业各省市连锁店经营数据（增加类型）.sav"。下面将介绍如何利用图表构建器绘制各省市连锁店营业收入平均值的简单折线图。

步骤01 打开数据文件，进入 SPSS Statistics 数据编辑器窗口，在菜单栏中选择"图形"→"图表构建器"命令，打开"图表构建器"对话框。

步骤02 在"选择范围"列表框中选择"折线图"，然后从右侧显示的直观表示中双击简单折线图直观表示▽或将其拖入画布中。将变量 shengshi 和 income 分别拖入横轴和纵轴变量放置区内，如图 6.47 所示。

- 在"图表构建器"对话框右侧"元素属性"选项卡中，在"编辑以下对象的属性"列表中选择"折线图 1"，然后在下方"统计"下拉列表选择"平均值"作为输出统计量。
- 在"编辑以下对象的属性"列表中选择"X-Axis1"进入 X 轴元素属性设置对话框，在"轴标签"文本框中输入"各省市"作为 X 轴标签。
- 在"编辑以下对象的属性"列表中选择"Y-Axis1"进入 Y 轴元素属性设置对话框，在"轴标签"文本框中输入"门店营业收入平均值"作为 Y 轴标签。
- 在"编辑以下对象的属性"列表中选择"标题 1"进入标题设置对话框，选择"定制"并在下面的文本框中输入"XX 饮料连锁企业各省市连锁店营业收入平均值"作为标题。

单击"确定"按钮，即可在结果输出窗口中查看图形，如图 6.48 所示。

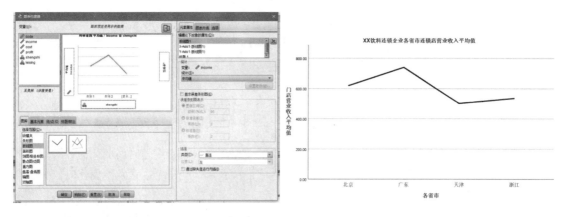

图 6.47 "图表构建器"对话框   图 6.48 简单折线图输出结果

6.6.3 绘制多线折线图

多线折线图在一个图中显示多条趋势图，它需要指定一个分线变量，对其每个取值分别在图中作一条曲线，以便观察和比较不同类别的样本的变化趋势。本小节使用的案例数据文件是"XX 饮料连锁企业各省市连锁店经营数据（增加类型）.sav"。下面将介绍如何利用旧对话框绘制各省市连锁店（按商圈类型分类）营业收入平均值的多线折线图。

步骤01 打开数据文件，进入 SPSS Statistics 数据编辑器窗口，在菜单栏中选择"图形"→"旧对话框"→"折线图"命令，打开"折线图"对话框。选择"多线"，在"图中的数据为"选项组中选择"个案组摘要"，单击"定义"按钮，弹出"定义多线折线图：个案组摘要"对话框。

步骤02 从"定义多线折线图：个案组摘要"对话框左侧源变量列表框中选择 shengshi 进入"类别轴"，选择 leixing 进入"折线定义依据"，在"折线表示"选项组中选择"其他统计（例如平均值）"，然后选择 income 进入变量，统计量默认即为平均值，无须通过"更改统计"按钮特别设置。

步骤03 在"定义多线折线图：个案组摘要"对话框中单击"标题"按钮，在弹出的"标题"对话框的"第 1 行"中填写"XX 饮料连锁企业各省市连锁店营业收入平均值"。

单击"确定"按钮，即可在结果输出窗口中查看图形，如图 6.49 所示。

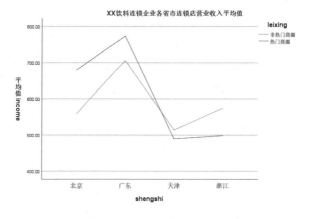

图 6.49 多线折线图输出结果

6.6.4　绘制垂线折线图

垂线折线图与多线折线图反映的内容类似，差别只是表现的形式不同而已。垂线折线图可以反映某些现象在同一时期的差距或各种数据在各分类中所占的比例。本小节仍以"XX 饮料连锁企业各省市连锁店经营数据（增加类型）.sav"介绍各省市连锁店（按商圈类型分类）营业收入平均值的垂线折线图的绘制。

步骤01 打开数据文件，进入 SPSS Statistics 数据编辑器窗口，在菜单栏中选择"图形"→"旧对话框"→"折线图"命令，打开"折线图"对话框。选择"垂线"，在"图中的数据为"选项组中选择"个案组摘要"，单击"定义"按钮，弹出"定义垂线折线图：个案组摘要"对话框。

步骤02 从"定义垂线折线图：个案组摘要"对话框左侧源变量列表框中选择 shengshi 进入"类别轴"，选择 leixing 进入"点定义依据"，在"折线表示"选项组中选择"其他统计（例如平均值）"，然后选择 income 进入变量，统计量默认即为平均值，无须通过"更改统计"按钮特别设置。

步骤03 在"定义垂线折线图：个案组摘要"对话框中单击"标题"按钮，在弹出的"标题"对话框的"第 1 行"中填写"XX 饮料连锁企业各省市连锁店营业收入平均值"。

单击"确定"按钮，即可在结果输出窗口中查看图形，如图 6.50 所示。

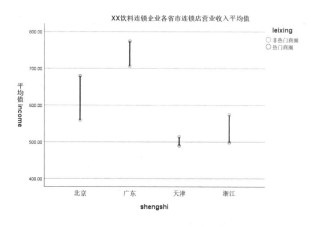

图 6.50　垂线折线图输出结果

6.7　面积图

	下载资源：可扫描旁边二维码观看或下载教学视频
	下载资源：\sample\数据 6\XX 保险公司促销数据

面积图与线形图反映的信息相似，经常用来描述某个汇总变量随时间或其他变量的变化过程。面积图通过面积的变化描绘连续型变量的分布形状或变化趋势，直观来看，它相当于在线形图中用某种颜色填充线条和横轴之间的面积区域。

6.7.1 面积图的类型

SPSS 26.0 提供了两种面积图：简单面积图和堆积面积图。简单面积图是用面积的变化表示某一现象变动的趋势；堆积面积图使用不同颜色的面积表示两种或多种现象变化的趋势。像条形图一样，每种类型的面积图都对应 3 种描述方法：个案组摘要、单独变量的摘要和单个个案的值，概念与条形图中一致，不再赘述。

6.7.2 简单面积图绘制的试验操作

本小节使用"XX 保险公司促销数据"介绍促销费用和成交客户数量简单面积图的绘制。

步骤01 打开数据文件，进入 SPSS Statistics 数据编辑器窗口，在菜单栏中选择"图形"→"图形画板模板选择器"命令，打开"图形画板模板选择器"对话框。从变量列表框中同时选中"促销费用"和"成交客户数量"两个变量，从中选择面积图直观表示 ，在"摘要"下拉列表框中选择"均值"作为摘要统计量。

步骤02 在"标题"选项卡中为图表添加"促销费用和成交客户数量面积图"标题，其他均采用默认设置。

单击"确定"按钮，即可在结果输出窗口中查看图形，如图 6.51 所示。

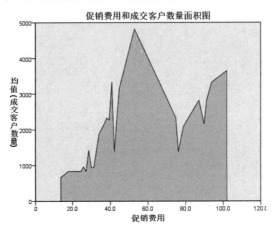

图 6.51　简单面积图输出结果

6.7.3 堆积面积图的绘制

本小节使用"XX 保险公司促销数据"介绍促销费用和成交客户数量的堆积面积图（区分促销地点）的绘制。

步骤01 打开数据文件，进入 SPSS Statistics 数据编辑器窗口，在菜单栏中选择"图形"→"图表构建器"命令，打开"图表构建器"对话框。

步骤02 在"选择范围"列表框中选择"面积图"，然后从右侧显示的直观表示中双击堆积面积图直观表示  或将其拖入画布中。从变量列表框中选择"促销费用"变量并拖至 X 轴变量放置区，选择"成交客户数量"变量并拖至 Y 轴变量放置区，将"促销地点"拖入"堆栈：设置颜色"变量放置区。

- 在"图表构建器"对话框右侧的"元素属性"选项卡中，在"编辑以下对象的属性"列表中选择"面积图 1"，然后在下方的"统计"下拉列表中选择"平均值"作为输出统计量。
- 在"编辑以下对象的属性"列表中选择"X-Axis1"进入 X 轴元素属性设置对话框，在"轴标签"文本框中输入"促销费用"作为 X 轴标签。
- 在"编辑以下对象的属性"列表中选择"Y-Axis1"进入 Y 轴元素属性设置对话框，在"轴标签"文本框中输入"成交客户数量平均值"作为 Y 轴标签。
- 在"编辑以下对象的属性"列表中选择"标题 1"进入标题设置对话框，选择"定制"并在下面的文本框中输入"促销费用和成交客户数量面积图"作为标题。

单击"确定"按钮，即可在结果输出窗口中查看图形，如图 6.52 所示。

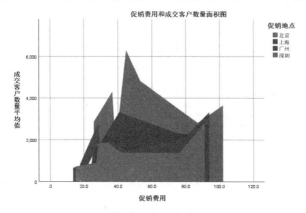

图 6.52　堆积面积图输出结果

6.8　饼图

　下载资源：可扫描旁边二维码观看或下载教学视频

下载资源：\sample\数据 6\XX 保险公司促销数据

饼图是数据分析中常见的一种经典图形，因其外形类似于圆饼而得名。在数据分析中，很多时候需要分析数据总体的各个组成部分的占比，我们可以通过各个部分与总额相除来计算，但这种数学比例的表示方法相对抽象。而饼图能够直接以图形的方式显示各个组成部分所占的比例，因此更加形象直观。

我们将继续结合"XX 保险公司促销数据"来介绍饼图的绘制过程，绘制各促销地点成交客户数量占比的饼图。

步骤 01 打开数据文件，进入 SPSS Statistics 数据编辑器窗口，在菜单栏中选择"图形"→"图表构建器"命令，打开"图表构建器"对话框。

步骤 02 在"选择范围"列表框中选择"饼图/极坐标图"，然后从右侧显示的直观表示中双击饼图直观表示 或将其拖入画布中，将变量"促销地点"拖入横轴放置区内，将变量"成交客户数量"拖入纵轴放置区内。

- 在"图表构建器"对话框右侧的"元素属性"选项卡中，在"编辑以下对象的属性"列表中选择"极坐标区间图 1"，然后在下方的"统计"下拉列表中选择"总和"作为输出统计量。
- 在"编辑以下对象的属性"列表中选择"标题 1"进入标题设置对话框，选择"定制"并在下面的文本框中输入"各促销地点成交客户数量占比饼图"作为标题。

单击"确定"按钮，即可在结果输出窗口中查看图形，如图 6.53 所示。

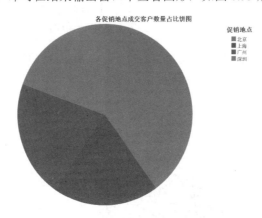

图 6.53　饼状图输出结果

6.9　误差条形图

| 下载资源：可扫描旁边二维码观看或下载教学视频 |
| 下载资源：\sample\数据 6\XX 保险公司促销数据、XX 饮料连锁企业各省市连锁店经营数据（增加类型） |

误差条形图是一种用于描述平均值、标准差、标准误差和总体平均值的置信区间等指标的统计图形，利用误差条形图可以观测样本的离散程度。误差条形图还可以伴随着其他图形的建立过程而输出，如条形图、线图等。

6.9.1　误差条形图的类型

误差条形图包括两种基本类型，即简单误差条形图和簇状误差条形图。每种图形类型同时包含个案组摘要和单独变量的摘要两种模式。

6.9.2　简单误差条形图的绘制

我们将继续结合"XX 保险公司促销数据"来介绍简单误差条形图的绘制，绘制成交客户数量平均值的置信区间简单误差条形图。

步骤01 打开数据文件，进入 SPSS Statistics 数据编辑器窗口，在菜单栏中选择"图形"→"旧对话框"→"误差条形图"命令，打开"误差条形图"对话框。选择"简单"直观表示，在"图表中的数据为"选项组中选中"个案组摘要"单选按钮。

步骤02 单击"定义"按钮，弹出"定义简单误差条形图：个案组摘要"对话框。从变量列表框中分别将"促销地点"和"成交客户数量"选入"类别轴"变量放置区和"变量"列表框中。在"条形表示"下拉列表框中选择默认的"平均值的置信区间"。

步骤03 打开"标题"对话框，将"成交客户数量简单误差条形图"输入"第 1 行"文本框中作为输出图形的标题，单击"继续"按钮保存设置回到主对话框，其他采用默认设置。

单击"确定"按钮，即可在结果输出窗口中查看图形，如图 6.54 所示。

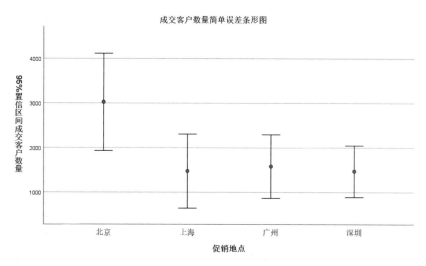

图 6.54　简单误差条形图输出结果

6.9.3　簇状误差条形图的绘制

我们将结合"XX 饮料连锁企业各省市连锁店经营数据（增加类型）"来介绍簇状误差条形图的绘制，绘制各省市门店营业收入簇状误差条形图（按商圈类型分类）。

步骤01 打开数据文件，进入 SPSS Statistics 数据编辑器窗口，在菜单栏中选择"图形"→"旧对话框"→"误差条形图"命令，打开"误差条形图"对话框。选择"簇状"直观表示，在"图表中的数据为"选项组中选中"个案组摘要"单选按钮。

步骤02 单击"定义"按钮，弹出"定义簇状误差条形图：个案组摘要"对话框。从变量列表框中分别将 income、shengshi 和 leixing 分别选入"变量""类别轴"和"聚类定义依据"中。在"条形表示"下拉列表框中选择默认的"平均值的置信区间"。

步骤03 打开"标题"对话框，将"门店营业收入簇状误差条形图"输入"第 1 行"文本框中作为输出图形的标题，单击"继续"按钮保存设置回到主对话框，其他采用默认设置。

单击"确定"按钮，即可在结果输出窗口中查看图形，如图 6.55 所示。

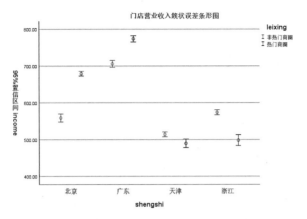

图 6.55 簇状误差条形图输出结果

6.10 双轴线图

	下载资源：可扫描旁边二维码观看或下载教学视频
	下载资源：\sample\数据 6\XX 保险公司促销数据

双轴线图主要用来展示两个因变量和一个自变量的关系，并且两个因变量的数值单位不同时的情形。具体来说，双轴线图是指在一幅图上有一个横轴和两个纵轴，适用于三个变量。两个纵轴分别表示一个变量，横轴变量同时适用于两个纵轴上的变量，从而实现将多个变量信息集中到一幅图上，达到更加直观的对比分析效果。如果不同作图对象的度量单位不同或者量纲不同，那么就可以用双轴线图，它在一幅图中给出两个纵坐标轴，分别用来刻画不同的变量。本节使用 XX 保险公司促销数据为例讲述双轴线图的绘制，绘制变量"促销费用"和"成交客户数量"的双轴线图。

步骤 01 打开数据文件，进入 SPSS Statistics 数据编辑器窗口，在菜单栏中选择"图形"→"图表构建器"命令，打开"图表构建器"对话框，如图 6.56 所示。

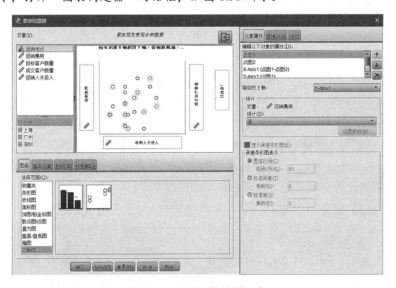

图 6.56 设置双轴线图元素

步骤02 在"选择范围"列表框中选择"双轴图",然后从右侧显示的直观表示中双击包含刻度 X 轴的双 Y 轴直观表示或将其拖入画布中。将变量"促销人天投入"拖入横轴变量放置区内,将变量"促销费用"和"成交客户数量"分别拖入左右纵轴变量放置区内。在"图表构建器"对话框右侧"元素属性"选项卡"编辑以下对象的属性"列表中选择"标题 1"进入标题设置对话框,选择"定制"并在下面的文本框中输入"双轴线图示例"作为标题。

单击"确定"按钮,即可在结果输出窗口中查看图形,如图 6.57 所示。

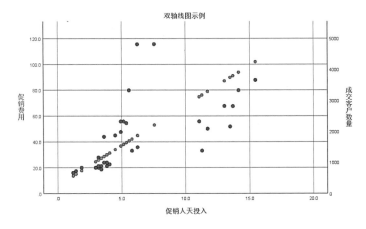

图 6.57 双轴线图输出结果

6.11 时间序列趋势图

	下载资源:可扫描旁边二维码观看或下载教学视频
	下载资源:\sample\数据 6\stocks.sav

时间序列趋势图反映的是变量随着时间的变化趋势,通过绘制时间序列趋势图可以看出变量的变化情况,从中发现规律并做出合理解释,用于对时间序列数据的研究。SPSS 26.0 中可绘制的时间序列趋势图有 4 种:普通序列图、自相关序列图、偏相关序列图和互相关序列图。

6.11.1 普通时间序列趋势图

普通时间序列趋势图就是对变量的观测记录按照当前顺序作图,从而反映一个或几个变量观测值随时间的变化趋势。本小节使用 SPSS 安装包自带的 stocks.sav 文件为例讲述 High 变量普通时间序列趋势图的绘制。数据文件如图 6.58 所示。

图 6.58 stocks.sav 数据文件

步骤 **01** 打开数据文件，进入 SPSS Statistics 数据编辑器窗口，在菜单栏中选择"分析"→"时间序列预测"→"序列图"命令，打开"序列图"对话框。

步骤 **02** 将 High 选入"变量"列表框中，将 Date 选入"时间轴标签"列表框中，其他均采用默认设置。

单击"确定"按钮，即可在结果输出窗口中查看图形，如图 6.59 所示。图中给出了股票价格最高值随时间的变化趋势。

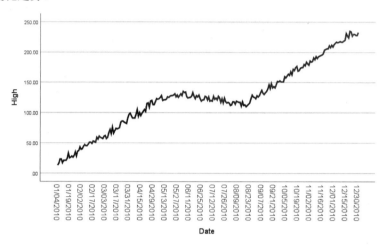

图 6.59 普通时间序列趋势图输出结果

6.11.2 自相关序列图和偏相关序列图的绘制

自相关序列图和偏相关序列图分别用于描述时间序列的自相关函数和偏相关函数。本小节使用 SPSS 安装包自带的 stocks.sav 文件为例讲述 High 变量自相关序列图和偏相关序列图的绘制。

步骤 **01** 打开数据文件,进入 SPSS Statistics 数据编辑器窗口,在菜单栏中选择"分析"→"时间序列预测"→"自相关"命令,打开"自相关性"对话框。

步骤 **02** 将 High 选入"变量"列表框中,其他采用默认设置。

步骤 **03** 单击"自相关性"对话框中的"选项"按钮,打开如图 6.60 所示的"自相关性:选项"对话框,对话框中各选项的含义介绍如下。

图 6.60 "自相关:选项"对话框

- "最大延迟数"文本框：在"最大延迟数"文本框中可以输入新的数字，以定义自相关或偏相关的一个最大延迟数。默认为 16。
- "标准误差法"选项组：该选项组用于选择计算标准误差的方法，只适用于自相关序列图。若选中"独立模型"单选按钮，则表示假设数据为白噪声序列；"巴特利特近似"单选按钮适用于 $k-1$ 阶的滑动平均序列。
- "在周期性延迟处显示自相关性"复选框：选中该复选框，表示只输出延迟阶数为序列周期长度的自相关或偏相关序列。

单击"确定"按钮，即可在结果输出窗口中查看图形。图 6.61 给出了自相关图，由该图可以看出，股票最高值存在明显的自相关关系，虽然在持续下降，但连续延迟 16 期的自相关系数都很高（大于 0.5）。图 6.62 给出了偏自相关图，可以明显看出股票最高价格延迟一期的偏相关系数较高，接近 1，后续延迟各期趋于收敛，均接近 0。

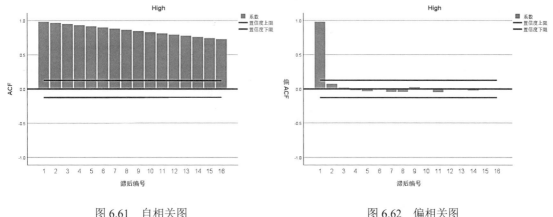

图 6.61　自相关图　　　　　　　　　　图 6.62　偏相关图

6.11.3　互相关序列图

互相关函数表示两个时间序列之间的相关系数，用于表现不同序列之间的相关关系，它只适用于时间序列数据。本小节使用 SPSS 安装包自带的 stocks.sav 文件为例讲述 High、Low 两个变量互相关序列图的绘制。

步骤 01 打开数据文件，进入 SPSS Statistics 数据编辑器窗口，在菜单栏中选择"分析"→"时间序列预测"→"交叉相关性"命令，打开"交叉相关性"对话框。

步骤 02 从变量列表框中将 High、Low 选入"变量"列表框中，其他采用默认设置。

单击"确定"按钮，即可在结果输出窗口中查看图形，如图 6.63 所示，两个序列交叉相关关系显著，但在零延迟时相关性最强。

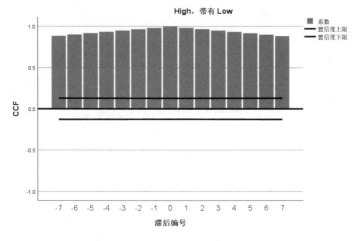

图 6.63　交叉相关性和互相关图

6.12　高低图

	下载资源：可扫描旁边二维码观看或下载教学视频
	下载资源：\sample\数据 6\stocks.sav

高低图适合描述每小时、每天和每周等时间内不断波动的资料，可以形象地向用户呈现出单位时间内某变量的最高值、最低值和最终值。它是专为观察股票、期货、外汇等市场波动趋势而设计的。本节使用 SPSS 安装包自带的 stocks.sav 文件为例讲述高低图的绘制。

步骤01 打开数据文件，进入 SPSS Statistics 数据编辑器窗口，在菜单栏中选择"图形"→"图表构建器"命令，打开"图表构建器"对话框。

步骤02 在"选择范围"列表框中选择"盘高-盘低图"，然后从右侧显示的直观表示中双击高-低-收盘图直观表示 或将其拖入画布中。将变量 Date 拖入横轴变量放置区内，将 High、Low 和 Close 分别拖入"高变量""低变量"和"收盘变量"变量放置区内。

步骤03 在"图表构建器"对话框右侧"元素属性"选项卡中，在"编辑以下对象的属性"列表中选择"标题 1"进入标题设置对话框，选择"定制"并在下面的文本框中输入"简单高低图示例"作为标题。

单击"确定"按钮，即可在结果输出窗口中查看图形，如图 6.64 所示。

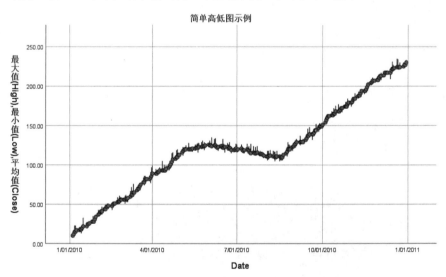

图 6.64　简单高低图输出结果

6.13　本章习题

1. 继续使用"XX 饮料连锁企业各省市连锁店经营数据（增加类型）.sav"完成以下操作：

（1）绘制 XX 饮料连锁企业各省市连锁店经营利润平均值的简单条形图。

（2）绘制分类条形图，观察不同省市、不同商圈类型对门店经营利润平均值的影响。

（3）绘制分段条形图，观察不同省市、不同商圈类型对门店经营利润平均值的影响。

（4）绘制带有正态分布曲线的各门店经营利润直方图。

（5）绘制各省市连锁店经营利润的简单箱图。

（6）绘制各省市连锁店经营利润的簇状箱图（按商圈类型分类）。

（7）绘制各省市连锁店经营利润平均值的简单折线图。

（8）绘制各省市连锁店营业收入平均值的多线折线图（按商圈类型分类）。

（9）绘制各省市连锁店营业收入平均值的垂线折线图（按商圈类型分类）。

（10）绘制各省市门店营业收入的簇状误差条形图（按商圈类型分类）。

2. 继续使用"XX 保险公司促销数据.sav"完成以下操作：

（1）绘制"促销人天投入"和"成交客户数量"的简单散点图。

（2）以"促销费用"和"目标客户数量"为 X 变量，以"成交客户数量"为 Y 变量，绘制重叠散点图。

（3）绘制变量"成交客户数量""促销费用"和"目标客户数量"的矩阵散点图。

（4）绘制变量"成交客户数量""促销费用"和"目标客户数量"的三维散点图。

（5）绘制变量"成交客户数量"和"目标客户数量"的简单面积图。

（6）绘制变量"成交客户数量"和"目标客户数量"的堆积面积图（区分促销地点）。

（7）绘制变量"目标客户数量"平均值的置信区间简单误差条形图。

（8）绘制变量"促销费用"和"目标客户数量"的双轴线图。

3. 使用如表 6.2 所示的数据文件"某银行 2022 年 8 家城市分行的存贷款数据"分别绘制存款数据和贷款数据的饼图。

表6.2　某银行2022年8家城市分行的存贷款数据

分行名称	存款数据	贷款数据
济南分行	69548	62866
青岛分行	63979	53433
沈阳分行	57450	51904
南京分行	52646	50692
杭州分行	52057	53850
昆明分行	81178	57021
西安分行	80312	57302
上海分行	78228	57229

4. 使用数据文件"济南市 1994－2020 年部分发展指标时间序列数据.xls"绘制时间序列趋势图。数据为济南市 1994－2020 年部分发展指标时间序列数据，记录了济南市 1994－2020 年地区生产总值、固定资产投资、年底就业人数、财政科技投入等时间序列数据。所有数据均取自历年《济南统计年鉴》。数据文件中共有 5 个变量，分别为 year、gdp、invest、labor、scientific，分别表示年份、地区生产总值、固定资产投资、年底就业人数、财政科技投入。

（1）分别绘制地区生产总值、固定资产投资、年底就业人数、财政科技投入的普通时间序列趋势图。

（2）分别绘制地区生产总值、固定资产投资、年底就业人数、财政科技投入的自相关序列图。

（3）分别绘制地区生产总值、固定资产投资、年底就业人数、财政科技投入的偏相关序列图。

（4）分别绘制地区生产总值和固定资产投资、地区生产总值和年底就业人数、地区生产总值和财政科技投入的互相关序列图。

第7章

描述统计分析

本章主要学习 SPSS 的描述统计分析。用户在对数据进行统计分析的时候,在很多情况下需要先研究数据的基本特征,对变量的分布特征以及内部结构获得一个直观的感性认识,进而决定采用哪种分析方法更深入地揭示变量的统计规律。

本章教学要点:

- 清楚知晓 SPSS 的频率分析、描述分析、探索分析、交叉表分析 4 种分析方法的特色,知晓每种方法的适用条件。
- 熟练掌握 SPSS 的频率分析、描述分析、探索分析、交叉表分析的窗口功能,根据研究需要灵活进行窗口设置,开展描述性统计分析。
- 能够对各种描述性分析的结果进行解读,从中发现数据特征,得出研究结论。

写实证研究类论文时,频率分析可以实现针对分类变量(性别、学历、所在行业)的各个分类输出统计量指标,描述分析可以实现对变量的标准化处理,探索分析可以对数据进行正态性检验、输出箱图等图形,交叉表分析可以实现对两个分类变量的列联表。

7.1 频率分析

 下载资源:可扫描旁边二维码观看或下载教学视频

下载资源:\sample\数据 7\数据 7.1

7.1.1 统计学原理

频率分析是描述统计分析的一种,也是一种基础的分析方法,通常是我们开展数据分析的起点。通过频率分析,我们可以得到各种类型变量的统计量和统计图。其中统计量包括详细的频率表以及平均值、中位数、众数、总和、最大值、最小值、方差、标准差、范围、标准误差平均值、偏度系数和峰度系数等;统计图包括条形图、饼图和直方图等。

7.1.2 SPSS 操作

本小节用于分析的数据是 120 家房地产上市公司 2020 年 6 月 30 日的财务报表数据，SPSS 数据视图如图 7.1 所示。

图 7.1　数据 7.1

下面我们要针对这 120 家房地产上市公司开展市盈率频率分析，SPSS 操作如下：

步骤 01 打开数据 7.1，选择"分析"→"描述统计"→"频率"命令，弹出如图 7.2 所示的"频率"对话框。

步骤 02 选择进行频率分析的变量。在"频率"对话框的左侧列表框中选择"市盈率"选项，单击中间的 ➡ 按钮使之进入"变量"列表框。

步骤 03 选择是否显示频率表。选中"频率"对话框左下角的"显示频率表"复选框，要求输出频率表。本例中我们选中此项。

步骤 04 选择输出相关描述统计量。单击"频率"对话框右上角的"统计"按钮，弹出如图 7.3 所示的"频率：统计"对话框，在该对话框中可以设置相关描述统计量。

图 7.2　"频率"对话框

图 7.3　"频率：统计"对话框

对话框深度解读

百分位值用来表示数据所处的位置，包括四分位数、分割点、百分位数 3 种设置方式。

- 四分位数：即将观察值分为 4 个大小相等的组，显示第 25、50、75 个百分位数。
- 分割点：如果用户想让分组数不等于 4 而等于 8，则选择该选项并在后面的文本框中输入 8，即将观察值分为 8 个大小相等的组，显示第 17.5、25、37.5、50、67.5、75、87.5 个百分位数。
- 百分位数：用户指定单个百分位数（比如输入 60，则显示第 60 个百分位数，有 60% 的观察值大于该值）。

集中趋势用来表示数据的集中趋势，具体包括平均值、中位数、众数和总和。

- 平均值：此处计算的是算术平均值，即用所有值的总和除以样本数。
- 中位数：按大小顺序排列位于中间的数值，大于该值和小于该值的样本数各占一半，也就是第 50 个百分位数。如果样本数为偶数，则中位数是样本在以升序或降序排列的情况下最中间的两个样本的平均值。
- 众数：出现次数最多的值。按照统计学上的概念，如果出现次数最多的值不止一个，那么这些数都是众数。但此处 SPSS 的频率分析过程并不会全部显示所有众数，而仅显示此类多个众数中最小的那个。
- 总和：所有非缺失值的样本值的合计。

离散用来表示数据的离散程度，包括标准差、方差、范围、最小值、最大值和标准误差平均值。

- 标准差、方差：方差是各样本值与其算术平均数的离差平方的算数平均数，方差的平方根就是标准差。在正态分布中，有 68% 的个案在均值的一倍标准差范围内，95% 的个案在均值的两倍标准差范围内。例如，如果一组数据服从正态分布，且平均值为 100，标准差为 10，则 68% 的个案将处于 90~110，95% 的个案将处于 80~120。
- 范围、最小值、最大值：最小值是一组数据中的最小值，最大值是一组数据中的最大值，范围是一组数据中最大值和最小值之间的差。
- 标准误差平均值：标准误差平均值就是样本均值的标准差，是针对取自同一分布的样本与样本之间均值之差的测量。

表示后验分布包括偏度和峰度，是描述数据的分布形状和对称性的统计量，这些统计量通常与其标准误差一起计算。

- 偏度：偏度是对分布偏斜方向及程度的测度，用来度量分布的不对称性。正态分布是对称的，偏度值为 0。具有显著正偏度值的分布有很长的右尾，具有显著负偏度值的分布有很长的左尾。一般情况下，如果计算的偏度值超过其标准误差的两倍，则认为这组数据不具有对称性。
- 峰度：峰度是频率分布曲线与正态分布相比较，顶端的尖峭程度。在 SPSS 中，正态分布的峰度统计量的值为 0，正峰度值表示相对于正态分布，观测值更为集中在均值附近，体现在分布峰度更尖，尾部更薄。负峰度值表示相对于正态分布，观测值更为分散，分布峰度较低，尾部较厚。

值为组的中点，如果数据值被重新编码为组的中点，则采用该选项，比如针对所有体重在 50kg~60kg 的人被统一为 55kg 时，可以选择该选项，用来估计原始未分组的数据的中位数和百分位数。

本例中我们在"百分位值"选项组中选中"四分位数"复选框，在"集中趋势"选项组中选中"平均值""中位数""众数""总和"复选框，在"离散"选项组中选中"标准差""方差""范围""最小值""最大值""标准误差平均值"复选框，在"表示后验分布"选项组中选中"偏度""峰度"复选框。设置完毕后，单击"继续"按钮返回"频率"对话框。

步骤 05 设置图表的输出。单击"频率"对话框中的"图表"按钮，弹出如图 7.4 所示的"频率：图表"对话框，选择有关的图形输出。

图 7.4 "频率：图表"对话框

对话框深度解读

图表类型：用于设置图表的输出类型，包括饼图、条形图、直方图。

- 无：不输出图表。
- 饼图：饼图是数据分析中常见的一种经典图形，因其外形类似于圆饼而得名。在数据分析中，很多时候需要分析数据总体的各个组成部分的占比，我们可以通过各个部分与总额相除来计算，但这种数学比例的表示方法相对抽象，饼图能够直接以图形的方式显示各个组成部分所占的比例，更加形象直观。
- 条形图：条形图将不同值或不同类别的计数作为单独的条显示，条形图本身所包含的信息相对较少，但是它们仍然为平均数、中位数、合计数等多种概要统计提供了简单又多样化的展示，所以条形图也深受研究者的喜爱，经常出现在研究者的论文或者调查报告中。
- 直方图：直方图又称柱状图，是一种统计报告图，由一系列高度不等的纵向条纹或线段表示数据分布的情况。一般用横轴表示数据类型，纵轴表示分布情况。通过绘制直方图可以较为直观地传递有关数据的变化信息，使数据使用者能够较好地观察数据波动的状态，使数据决策者能够依据分析结果确定在什么地方需要集中力量改进工作。

在直方图上显示正态曲线：选择该选项可以帮助用户判断数据是否为正态分布。

图表值：当用户在"图表类型"中选择"条形图"时，可以选择按频率或百分比标记刻度轴。

本例中我们选择直方图，并且带正态曲线。

步骤 06 设置相关输出的格式。单击"频率"对话框中的"格式"按钮，弹出如图 7.5 所示的"频率：格式"对话框。

- "排序方式"选项组用于设置频率表中各个数据值的排列顺序，其中"按值的升序排序"表示按数据值的大小升序排列；

图 7.5 "频率：格式"对话框

"按计数的升序排序"表示按数据值的频率升序排列。本例我们选中"按值的升序排序"单选按钮。

● "多个变量"选项组是针对按多个变量进行频率输出的情形，如果用户生成多个变量的统计表，则可在单个表中显示所有变量（比较变量），或显示每个变量的独立统计量表（按变量组织输出）。因为本例中我们进行频率分析输出依据的变量只有"市盈率"，所以保持默认设置。

● "排除具有多个类别的表"选项用于防止显示具有超过指定数目（最大类别数）的表，本例中也保持系统默认设置。

步骤 07 设置完毕后，单击"确定"按钮，等待输出结果。

7.1.3 运行结果精解与分析

1. 统计表

图 7.6 为统计表，从图 7.6 中可以读出以下信息：有效样本数为 119 个，缺失值为 1 个，市盈率平均值为 55.4994，标准偏差为 357.93866，最大值是 3853.32，最小值是-321.61 等。偏度、峰度均为正且较大，说明数据不太符合正态分布，有显著的右偏，呈尖峰分布。

2. 频率分布

图 7.7 给出了市盈率的频率分布。该表从左到右分别是有效的样本值、频率、频率占总数的百分比、有效频率占总数的百分比、累积百分比。

3. 带正态曲线的直方图

图 7.8 是市盈率的带正态曲线的直方图，从图 7.8 中可以看出学生身高不太服从正态分布，右偏和尖峰较为明显。

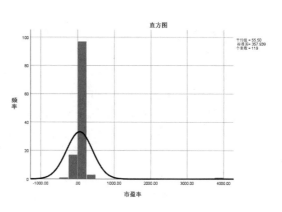

图 7.6 统计   图 7.7 频率分布表（仅显示部分）   图 7.8 带正态曲线的直方图

7.2 描述分析

	下载资源：可扫描旁边二维码观看或下载教学视频
	下载资源：\sample\数据 7\数据 7.1

7.2.1 统计学原理

本小节讲述的描述分析也是描述统计分析的一种。该分析方法与前面所讲述的频率分析具有相似性，相关描述统计量同样包括平均值、最大值、最小值、方差、标准差、极差、平均数标准误差、偏度系数和峰度系数等，但除此之外也有自己的分析特色。最大的特色在于该分析方法可以为单个表中的若干变量显示单变量摘要统计量，并计算变量的标准化值（Z 得分）。标准化值不仅能表明各原始数据在一组数据分布中的相对位置，而且能在不同分布的各组原始数据间进行比较，标准化的意义在于可以有效消除变量单位及量纲之间的差异，从而使得数据更加可比，有效提升分析质量，比如我们想要针对城市按照其人口数、GDP、就业率等不同类型的指标进行聚类分析，则可以先对这些变量数据进行标准化，再进行分析，就可以提升分析效率。

Z 得分的计算公式如下：

$$Z_i = \frac{X_i - \overline{X}}{\sigma}$$

Z_i 即为 X_i 的 Z 标准化得分。

7.2.2 SPSS 操作

本小节继续沿用数据 7.1。下面针对这 120 家房地产上市公司开展市盈率描述分析，SPSS 操作如下：

步骤 01 打开相关数据 7.1，选择"分析"→"描述统计"→"描述"命令，弹出如图 7.9 所示的"描述"对话框。

步骤 02 选择进行描述分析的变量。在"描述"对话框的左侧列表框中选择"市盈率"，单击▶按钮，使之进入"变量"列表框。

步骤 03 选择是否将标准化值另存为变量。若选中"描述"对话框左下角的"将标准化值另存为变量"复选框，则系统会将标准化值另存为变量；若不选中此项，则系统不会执行。此处我们选中该复选框。

步骤 04 选择输出相关描述统计量。单击"描述"对话框右上角的"选项"按钮，弹出如图 7.10 所示的"描述：选项"对话框，在该对话框中可以设置相关描述统计量。关于各统计量的概念可参考 7.1 节的相关介绍。本例中我们选择输出"平均值"和"总和"。

- 在"离散"选项组中选择"标准差""方差""范围""最小值""最大值""标准误差平均值"复选框。

- 在 "表示后验分布的特征" 选项组中选择 "峰度" "偏度" 复选框。
- 关于 "显示顺序" 选项组解释如下:
  - ➢ 变量列表: 表示按变量列表中变量的顺序进行排序。
  - ➢ 字母: 表示按变量列表中变量的首字母的顺序排序。
  - ➢ 按平均值的升序排序: 表示按变量列表中变量的均值的升序排序。
  - ➢ 按平均值的降序排序: 表示按变量列表中变量的均值的降序排序。

本例中我们采用系统默认设置, 即选中 "变量列表" 单选按钮。设置完毕后, 单击 "继续" 按钮返回 "描述" 对话框。

图 7.9 "描述" 对话框   图 7.10 "描述: 选项" 对话框

步骤 **05** 单击 "确定" 按钮, 等待输出结果。

7.2.3 运行结果精解与分析

图 7.11 为描述分析结果, 可以看出样本个数为 119 个, 范围为 4174.94, 最小值是-321.61, 最大值是 3853.32, 均值为 55.4994, 标准偏差是 357.93866, 偏度系数、峰度系数分别为 10.289、109.948, 与 "7.1 频率分析" 中的结论完全一致。

描述统计

	N	范围	最小值	最大值	合计	均值		标准 偏差	方差	偏度		峰度	
	统计	统计	统计	统计	统计	统计	标准 误差	统计	统计	统计	标准 误差	统计	标准 误差
市盈率	119	4174.94	-321.61	3853.32	6604.43	55.4994	32.81218	357.93866	128120.086	10.289	.222	109.948	.440
有效个案数（成列）	119												

图 7.11 描述分析结果

此外, 我们可以在数据编辑器的数据视图或变量视图中看到市盈率 Z 得分变量被保存进了数据文件中, 如图 7.12 所示。

图 7.12　新变量"Z 市盈率"

7.3　探索分析

下载资源：可扫描旁边二维码观看或下载教学视频
下载资源：\sample\数据 7\数据 7.2

7.3.1　统计学原理

当我们需要进行数据筛选、识别极端异常值、分析各组样本之间的变量差异、探索变量变化的分布特征时，都会用到探索分析。其一，探索分析既可以为参与分析的所有样本生成摘要统计量和图形显示，又可以依据分组变量为各组样本分别生成摘要统计量和图形显示；其二，探索分析可以识别极端异常值，极端异常值主要包括错误数据、与绝大多数数值相比过大或过小的数据等，数据中如果包含极端异常数据，则必然会影响分析结果，掩盖变量变化的真实规律和特征；其三，探索数据可以探索变量变化的分布特征，从而帮助用户确定用于数据分析的统计方法是否合适，比如有的分析方法要求数据呈正态分布，而通过探索分析发现实际上数据不呈正态分布，则很可能不会得到期望的结果。

7.3.2　SPSS 操作

本小节使用数据 7.2。数据 7.2 是某研究通过调查问卷获取的 C2C 电子商务顾客信任影响因素数据。数据文件中有 18 个变量，即 xingbie、nianling、pinci、xueli、pinpai1、pinpai2、fuwu1、fuwu2、fuwu3、xinxi1、xinxi2、xinxi3、baozhang1、baozhang2、baozhang3、fankui1、fankui2、xinren，分

别用来表示性别、年龄、网购频次、学历、品牌知名度影响、品牌美誉度影响、卖家响应的速度影响、卖家服务的态度影响、卖家解决问题的效果影响、卖家商品展示的真实性影响、卖家商品展示的完整性影响、卖家商品展示的吸引力影响、卖方信用处罚制度影响、卖家准入与退出制度影响、资金监管账户制度影响、历史交易满意度影响、历史评价真实度影响、整体信任度评价。

针对性别变量，用 1 表示男性，用 2 表示女性；针对年龄变量，用 1 表示 25 岁以下，用 2 表示 25~35 岁，用 3 表示 35~45 岁，用 4 表示 45 岁以上；针对网购频次变量，用 1 表示一年 5 次以下，用 2 表示一年 5~10 次，用 3 表示一年 10~20 次，用 4 表示一年 20 次以上；针对学历变量，用 1 表示研究生及以上，用 2 表示本科与专科，用 3 表示高中与中专，用 4 表示初中及以下。下面我们针对这 120 家房地产上市公司开展市盈率描述分析。数据 7.2 的变量视图与数据视图分别如图 7.13 和图 7.14 所示。

	名称	类型	宽度	小数位数	标签	值	缺失	列	对齐	测量	角色
1	xingbie	数字	8	0	性别	{1, 男}...	无	8	右	名义	输入
2	nianling	数字	8	0	年龄	{1, 25岁以...	无	8	右	名义	输入
3	pingci	数字	8	0	网购频次	{1, 一年5次...	无	8	右	名义	输入
4	xueli	数字	8	0	学历	{1, 研究生及...	无	8	右	标度	输入
5	pinpai1	数字	8	0	品牌知名度影响	无	无	8	右	标度	输入
6	pinpai2	数字	8	0	品牌美誉度影响	无	无	8	右	标度	输入
7	fuwu1	数字	8	0	卖家响应的速度...	无	无	8	右	标度	输入
8	fuwu2	数字	8	0	卖家服务的态度...	无	无	8	右	标度	输入
9	fuwu3	数字	8	0	卖家解决问题的...	无	无	8	右	标度	输入
10	xinxi1	数字	8	0	卖家商品展示的...	无	无	8	右	标度	输入
11	xinxi2	数字	8	0	卖家商品展示的...	无	无	8	右	标度	输入
12	xinxi3	数字	8	0	卖家商品展示的...	无	无	8	右	标度	输入
13	baozhang1	数字	8	0	卖方信用处罚制...	无	无	8	右	标度	输入
14	baozhang2	数字	8	0	卖家准入与退出...	无	无	8	右	标度	输入
15	baozhang3	数字	8	0	资金监管账户制...	无	无	8	右	标度	输入
16	fankui1	数字	8	0	历史交易满意度...	无	无	8	右	标度	输入
17	fankui2	数字	8	0	历史评价真实度...	无	无	8	右	标度	输入
18	xinren	数字	8	0	整体信任度评价	无	无	8	右	标度	输入

图 7.13　数据 7.2 的变量视图

	xingbie	nianling	pinci	xueli	pinpai1	pinpai2	fuwu1	fuwu2	fuwu3	xinxi1	xinxi2	xinxi3
1	2	3	1	1	8	7	9	6	7	7	7	9
2	2	2	1	2	7	4	8	5	7	7	4	6
3	1	1	2	4	5	3	5	5	7	2	2	5
4	1	2	1	3	6	6	5	5	5	6	8	6
5	1	2	4	3	7	5	6	6	6	6	9	8
6	1	4	1	2	4	6	4	3	4	3	6	5
7	2	2	4	2	8	7	8	6	8	6	6	9
8	1	3	4	2	7	5	9	5	4	8	7	9
9	1	1	4	2	5	3	5	3	6	5	5	5
10	2	3	1	3	9	7	6	6	9	8	6	9
11	2	4	1	2	7	7	9	8	8	8	7	7
12	2	3	4	4	8	7	8	6	7	8	5	8
13	2	4	1	4	6	6	4	6	8	6	6	6
14	1	3	2	4	2	4	3	5	3	2	3	2
15	1	1	3	4	7	7	5	8	7	9	5	7
16	2	3	2	3	4	4	4	4	5	5	7	4

图 7.14　数据 7.2 的数据视图

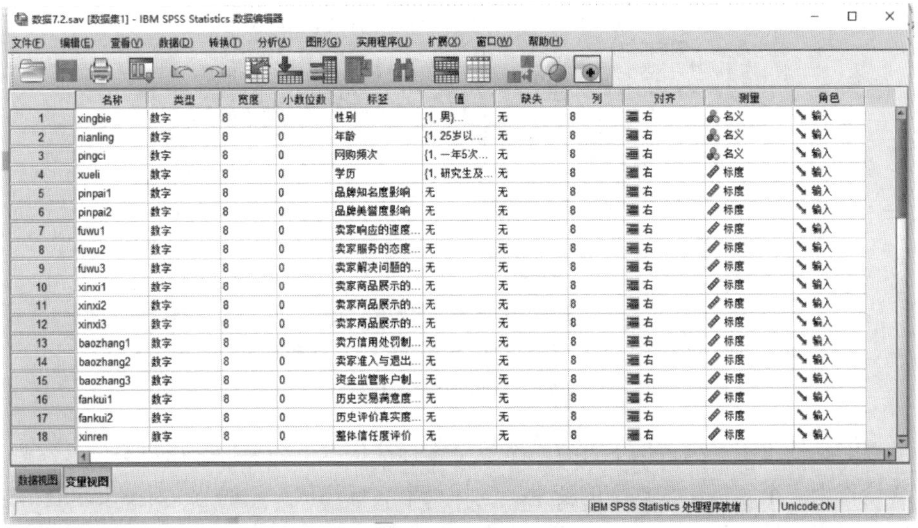

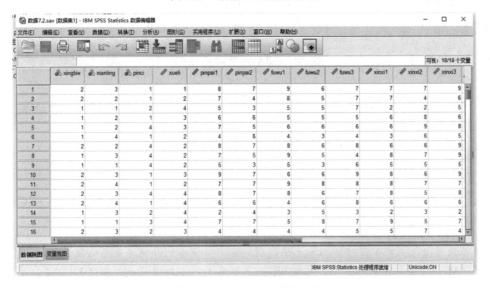

本例针对"整体信任度评价[xinren]"变量进行探索分析，分析步骤如下：

步骤01 打开数据 7.2，选择"分析"→"描述统计"→"探索"命令，弹出如图 7.15 所示的"探索"对话框。

步骤02 选择进行探索分析的变量。在"探索"对话框的左侧列表框中，选择"整体信任度评价[xinren]"并单击 ➡ 按钮，使之进入"因变量列表"列表框，这是因为我们要分析的变量是整体信任度评价，如果要分析多个变量，可以把要分析的所有变量都移至"因变量列表"中。然后在左侧的变量框中选择"性别 [xingbie]"，单击 ➡ 按钮，移入右侧的"因子列表"中，我们把性别作为因子变量是为了分析性别的差异对整体信任度评价差异的解释能力。

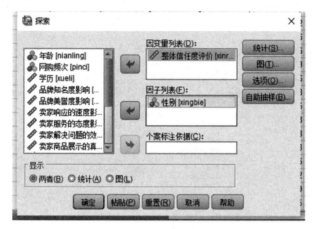

图 7.15　"探索"对话框

"探索"对话框"因子列表"下方有一个"个案标注依据"列表框，用户可以从左侧的变量窗口中选择变量作为"个案标注依据"的变量。选择"个案标注依据"的意义是，如果系统在进行数据探索时发现了极端异常值，便可利用标识变量加以标记，以便用户查找这些极端异常值，如果用户在此处不做选择，那么 SPSS 会默认以第一个变量作为"个案标注依据"变量。

步骤03 在"探索"对话框下方的"显示"选项组选择是否输出统计量表或者统计图。

● 统计：选择"统计"时，"统计"功能处于激活状态（"图"单选按钮取消激活），输出时只显示统计量表。

● 图：选择"图"时，"图"功能处于激活状态（"统计量"单选按钮取消激活），输出时只显示统计图。

● 两者：选择此项则两者同时显示，这是系统默认的选项。

此处我们选中"两者"单选按钮。

步骤04 选择输出相关描述统计量。单击"探索"对话框右上角的"统计"按钮，弹出如图 7.16 所示的"探索：统计"对话框，在该对话框中可以设置相关描述统计量。

● "描述性"复选框用于输出基本描述统计量，其中系统默认平均值的置信区间为 95%。

● "M-估计量"复选框用于输出样本均值和中位数的稳健替代值，包括休伯 M 估计量、图基双权、汉佩尔 M 估计量、安德鲁波，其中休伯 M 估计量比较适合接近正态分布的数据，其余 3 种比较适合数据中有较多极端值的情况。

● "界外值"复选框用于输出 5 个最大值和最小值。
● "百分位数"复选框用于输出 5%、10%、25%、50%、75%、90% 以及 95% 的百分位数。

我们选中所有复选框。设置完毕后，单击"继续"按钮返回"探索"对话框。

步骤 05 设置统计图的输出。单击"探索"对话框中的"图"按钮，弹出如图 7.17 所示的"探索：图"对话框，可以设置有关的图形输出。

图 7.16　"探索：统计"对话框　　　　图 7.17　"探索：图"对话框

左上角的"箱图"选项组有以下 3 个选项。

● 因子级别并置：该选项主要针对有一个因变量时，将每个因变量对于不同分组的箱图并列显示，有利于比较各组在因变量同一水平上的差异。
● 因变量并置：该选项主要针对有多个因变量时，根据因变量每个分组单独产生箱图，各因变量的箱图并排排列。
● 无：将不显示任何箱图。

这里选择"因子级别并置"，因为我们想要比较的是各组变量在同一水平上的差异。右上方的"描述图"选项组有两种图形可选：茎叶图和直方图，把这两个图形都选上。"含检验的正态图"复选框可以显示正态图和去趋势正态概率图，我们也选上。

下方的"含莱文检验的分布-水平图"选项组中有以下 4 个选项。

● 无：不进行莱文检验。
● 效能估算：将产生四分位数间距的自然对数与所有单元格中位数的自然对数的散布图。
● 转换后：可以选择相应的幂次，产生转换后数据的散布图。
● 未转换：产生原始数据的散布图。

本例中我们在"含莱文检验的分布-水平图"选项组中选择"无"，之所以选择"无"，是因为我们要分析的变量是单变量，不需要进行莱文检验。

步骤 06 选项设置。单击"探索"对话框中的"选项"按钮，弹出如图 7.18 所示的"探索：选项"对话框，可以设置对缺失值的处理方法。

图 7.18 "探索：选项"对话框

"缺失值"选项组用来设置缺失值的处理方法。

- 按列表排除个案：在所有分析中，均剔除因变量或自变量中含有缺失值的个案。
- 按对排除个案：在分析时剔除此分析中含有缺失值的个案。
- 报告值：将因变量中含有缺失值的样本作为一个独立的分类处理，在结果中产生一个附加分类。

选中"按列表排除个案"单选按钮，单击"继续"按钮返回"探索"对话框。

步骤 07 设置完毕后，单击"确定"按钮，等待输出结果。

7.3.3 运行结果精解与分析

1. 个案处理摘要

图 7.19 为个案处理摘要，列出了参与分析的样本的基本信息。可以看出，参与分析的男性、女性样本数分别为 106 个和 94 个，没有缺失值。

个案处理摘要

		个案					
		有效		缺失		总计	
	性别	N	百分比	N	百分比	N	百分比
整体信任度评价	男	106	100.0%	0	0.0%	106	100.0%
	女	94	100.0%	0	0.0%	94	100.0%

图 7.19 个案处理摘要

2. 描述统计量

图 7.20 为描述统计量信息，按性别分组列出。每组的描述统计量均包括平均值、平均值的置信区间、中位数、方差、标准差、最小值、最大值、范围、偏度、峰度等信息。

3. M 估计量

图 7.21 为 M 估计量。极端异常值会导致数据的均值和中位数有所失真，M 估计量则是样本均值和中位数的稳健替代值，适用于数据中有较多极端异常值、需要寻找数据位置的情形。SPSS 输出的 M 估计量有 4 种，分别是休伯 M 估计量、图基双权、汉佩尔 M 估计量、安德鲁波。如图 7.21 所示，本例中 4 种估计量的值与数据的实际平均值、中位数接近，在一定程度上说明了数据中存在极端异常值的概率相对较低。

描述

	性别			统计	标准误差
整体信任度评价	男	平均值		5.46	.188
		平均值的 95% 置信区间	下限	5.09	
			上限	5.83	
		5% 剪除后平均值		5.46	
		中位数		6.00	
		方差		3.737	
		标准偏差		1.933	
		最小值		2	
		最大值		9	
		范围		7	
		四分位距		3	
		偏度		-.034	.235
		峰度		-.989	.465
	女	平均值		5.73	.215
		平均值的 95% 置信区间	下限	5.31	
			上限	6.16	
		5% 剪除后平均值		5.77	
		中位数		6.00	
		方差		4.326	
		标准偏差		2.080	
		最小值		1	
		最大值		9	
		范围		8	
		四分位距		4	
		偏度		-.179	.249
		峰度		-.931	.493

图 7.20　描述统计量

M 估计量

	性别	休伯 M 估计量[a]	图基双权[b]	汉佩尔 M 估计量[c]	安德鲁波[d]
整体信任度评价	男	5.47	5.47	5.46	5.47
	女	5.79	5.78	5.77	5.78

a. 加权常量为 1.339。

b. 加权常量为 4.685。

c. 加权常量为 1.700、3.400 和 8.500

d. 加权常量为 1.340*pi。

图 7.21　M 估计量

4. 百分位数

图 7.22 为百分位数统计指标。百分位数是一种位置指标，它将一组观察值分为两部分，如百分位数 5 代表的值就表示理论上有 5%的观察值比该值小，有 95%的观察值比该值大。从图 7.22 中可以看到分组后的各个百分位数。

百分位数

			百分位数						
		性别	5	10	25	50	75	90	95
加权平均（定义 1）	整体信任度评价	男	2.00	3.00	4.00	6.00	7.00	8.00	8.65
		女	2.00	3.00	4.00	6.00	8.00	8.00	9.00
图基枢纽	整体信任度评价	男			4.00	6.00	7.00		
		女			4.00	6.00	8.00		

图 7.22　百分位数

5. 极值

图 7.23 给出了按性别分组列出的前 5 个最大值和最小值。

6. 正态分布的检验结果

图 7.24 为按性别分组的整体信任度评价的正态分布的检验结果。SPSS 对数据进行了柯尔莫戈洛夫-斯米诺夫(V)和夏皮洛-威尔克正态性检验，可以发现两组数据的显著性都很高（“显著性”一列的值接近 0，远远小于参考显著性水平 0.05），显著拒绝了数据服从正态分布的原假设，说明两组数据都不服从正态分布。

极值

	性别			个案号	值
整体信任度评价	男	最大值	1	25	9
			2	26	9
			3	37	9
			4	57	9
			5	139	9
		最小值	1	188	2
			2	168	2
			3	112	2
			4	98	2
			5	93	2ᵃ
	女	最大值	1	10	9
			2	39	9
			3	41	9
			4	49	9
			5	69	9ᵇ
		最小值	1	138	1
			2	143	2
			3	108	2
			4	107	2
			5	104	2ᵃ

a. 在较小极值的表中，仅显示了不完整的个案列表（这些个案的值为 2）。

b. 在较大极值的表中，仅显示了不完整的个案列表（这些个案的值为 9）。

图 7.23　极值

正态性检验

	性别	柯尔莫戈洛夫-斯米诺夫(V)ᵃ			夏皮洛-威尔克		
		统计	自由度	显著性	统计	自由度	显著性
整体信任度评价	男	.128	106	.000	.949	106	.000
	女	.133	94	.000	.947	94	.001

a. 里利氏显著性修正

图 7.24　正态分布的检验结果

7. 直方图

按性别分组列出的直方图如图 7.25 所示。

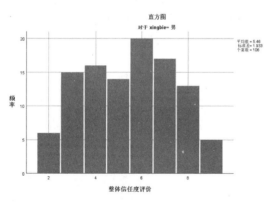
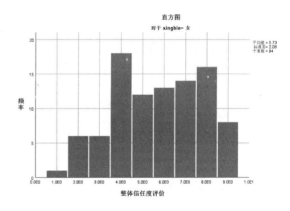

图 7.25　直方图

8. 茎叶图

如图 7.26 所示是两组数据的茎叶图，从左往右分别是频率、茎、叶 3 部分。其中茎代表数值的整数部分，叶代表数值的小数部分，每个叶表示一个样本。例如性别为女、茎为 9 的叶片有 8 个（小数位数为 8），则表示值为 9 个，频率是 8。

```
整体信任度评价 茎叶图:              整体信任度评价 茎叶图:
xingbie=男                       xingbie=女

频率      Stem & 叶              频率      Stem & 叶

 6.00    2. 000000             1.00    1. 0
  .00    2.                    6.00    2. 000000
15.00    3. 000000000000000    6.00    3. 000000
  .00    3.                   18.00    4. 000000000000000000
16.00    4. 0000000000000000  12.00    5. 000000000000
  .00    4.                   13.00    6. 0000000000000
14.00    5. 00000000000000    14.00    7. 00000000000000
  .00    5.                   16.00    8. 0000000000000000
20.00    6. 00000000000000000000  8.00  9. 00000000
  .00    6.
17.00    7. 00000000000000000
  .00    7.                  主干宽度:        1
13.00    8. 0000000000000    每个叶:        1 个案
  .00    8.
 5.00    9. 00000

主干宽度:        1
每个叶:        1 个案
```

图 7.26　茎叶图

9. 正态概率图

图 7.27 是按性别分组的整体信任度评价的正态概率图，其中斜线表示正态分布的标准线，点表示实际数据的分布，各点越接近直线，则数据的分布越接近正态分布。本例中无论是男性还是女性的数据分布都接近直线，但由于整体信任度评价的差别数值较小，我们还需要具体看看数值与直线的偏离大小。

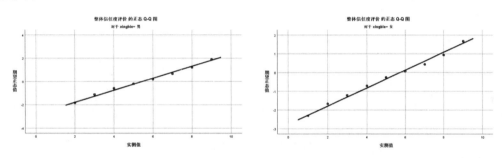

图 7.27　正态概率图

10. 去掉趋势的正态概率图

图 7.28 是按性别分组的整体信任度评价的去掉趋势的正态概率图。去掉趋势的正态概率图反映的是按正态分布计算的理论值和实际值之差（也就是残差）的分布情况。如果数据服从正态分布，数据点应该均匀地分布在中间标准线的上下。可以看到，实测值与正态的偏差还是比较大的，因此，不能确切说明样本数据服从正态分布。

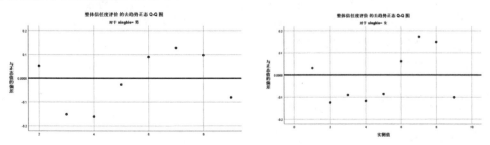

图 7.28　去掉趋势的正态概率图

11. 箱图

图 7.29 给出了按性别分组的整体信任度评价的箱图。其中箱为四分位间距的范围，所谓四分位间距，就是百分位数 75 代表的值减去百分位数 25 代表的值。中间的粗线表示平均数，上面和下面的细线分别表示最大值和最小值。

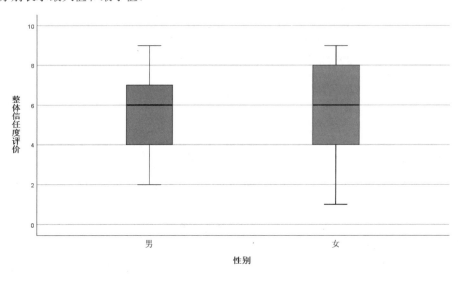

图 7.29　箱图

7.4　交叉表分析

	下载资源：可扫描旁边二维码观看或下载教学视频
	下载资源：\sample\数据 7\数据 7.2

7.4.1　统计学原理

交叉表分析是描述统计的一种，分析特色是将数据按照层变量、行变量、列变量进行描述统计，其分析结果是交叉表格，还可以对行变量、列变量进行相关性检验和度量。比如我们要针对体验结果分析高血脂和高血压的情况，则可以使用交叉表分析方法将高血脂作为行变量、高血压作为列变量（当然，行列变量也可以互换），对所有被体检者生成二维交叉表格描述统计分析；如果我们想要在此基础上再按性别进行细化分析，则可以将性别作为层变量、高血脂作为行变量、高血压作为列变量，生成带有层变量的描述统计交叉表格。同时，还可以针对高血脂和高血压是否具有相关性进行度量和显著性检验。

7.4.2　SPSS 操作

本节继续使用数据 7.2。针对参与调查的客户性别、年龄与网购频次进行交叉表分析，SPSS 操作如下：

步骤01 选择"分析"→"描述统计"→"交叉表"命令，弹出如图 7.30 所示的"交叉表"对话框。

图 7.30　"交叉表"对话框

步骤02 首先定义行变量，在对话框左侧的列表中选择"网购频次[pinci]"并单击 ↓ 按钮，使之进入右侧的"行"列表框。然后定义列变量，在对话框左侧的列表中选择"年龄[nianling]"并单击 ↓ 按钮，使之进入右侧的"列"列表框。接着定义层变量，在对话框左侧的列表中选择"性别[xingbie]"并单击 ↓ 按钮，使之进入右侧的"层 1/1"列表框，选中下面的"在表层中显示层变量"复选框。最后选中"显示簇状条形图"复选框。

对话框深度解读

行变量最终生成交叉表格中的行，列变量最终生成交叉表格中的列。

层变量也称为控制变量，移入"层1/1"列表框中，可以决定交叉表频率分布的层。用户可以选择多个层变量，通过"下一个"按钮依次移入，单击左边的"上一个"按钮可选择前面已经选定的变量，如果不选择层变量，则直接对全部数据形成一个包含行变量和列变量的交叉表。如果选择层变量，则将按照总计及各个分层变量的值分别输出交叉表。下面的"在表层中显示层变量"复选框用来选择最终交叉表格的显示方式，具体情况将在结果解读部分详细解释。

对话框下面的"显示簇状条形图"将对每个层变量分类中每个行变量和列变量的组合输出一幅分簇的条形图。具体展示详见结果解读部分。

最后一行的"禁止显示表"，如果勾选该复选框的话，就会在结果中不显示交叉表，这里需要显示交叉表，因此不勾选该复选框。

步骤03 选择相关统计检验。单击"交叉表"对话框右侧的"统计"按钮，弹出如图 7.31 所示的"交叉表：统计"对话框，在该对话框中可以设置相关统计检验。选中"卡方""相关性"复选框，用于检验行变量"网购频次"和列变量"年龄"之间是否相关。

图 7.31 "交叉表：统计"对话框

对话框深度解读

"卡方"对行变量和列变量的相关性进行卡方检验，包括皮尔逊卡方检验、似然比检验、线性关联检验 3 种。对于具有任意行列数的表，皮尔逊卡方检验、似然比检验都是有意义的。当两个表变量都是定量变量时，卡方将产生线性关联检验。

"相关性"可以计算相关系数，用于检验行列两个变量的线性相关程度。对于行列都包含排序值的表，将生成斯皮尔曼相关系数；当行列两个变量都是定量变量时，将生成皮尔逊相关系数。斯皮尔曼相关系数和皮尔逊相关系数的取值都在-1（完全负相关）和+1（完全正相关）之间，如果取值为 0，则表示二者不存在线性相关关系。斯皮尔曼相关系数和皮尔逊相关系数的区别在于，斯皮尔曼相关系数是等级顺序之间的相关性测量，皮尔逊相关系数是变量之间的线性相关性测量。

"交叉表：统计"对话框左侧的"名义"选项组用于处理无序分类变量（如黄色、红色等）。

- 列联系数：基于卡方统计量计算的相关性，取值严格大于 0、小于 1，如果这个系数的值接近 0 或接近 1，分别表示行、列变量之间无关联或高度关联，列联系数的大小与表中行列的数目有关。
- Phi 和克莱姆 V：基于卡方统计量计算的相关性，其中 Phi 系数的值等于卡方统计量除以样本数，然后取平方根。
- Lambda：反映用自变量值预测因变量值时的误差比率。Lambda 值为 1 时，意味着自变量的值可以很好地预测因变量的值；Lambda 值为 0 时，则表示自变量的值无助于预测因变量的值。
- 不确定性系数：反映当用一个变量值预测另一个变量值时的误差比率。

右侧的"有序"选项组用于处理有序分类变量（如不喜欢、比较喜欢、喜欢等）。

- Gamma：即伽马系数，反映两个有序分类变量的对称相关性，其值在-1 与 1 之间，伽马系数绝对值接近 1 表明两个变量之间具有高度线性关系，接近 0 表明变量之间有较弱或无线性关系。
- 萨默斯：其作用与伽马系数基本相同，也反映两个有序分类变量的对称相关性。

- 肯德尔 tau-b: 反映有序分类变量的非参数关联程度, 其值在-1 与 1 之间, 系数的符号反映相关方向, 其绝对值越大, 表明变量的相关程度越高。
- 肯德尔 tau-c: 其作用与肯德尔 tau-b 基本相同。

"按区间标定"选项适用于行列变量中一个变量为分类变量 (如性别), 另一个变量为定量变量 (如购物金额) 的情形。Eta 系数反映行列变量的关联程度, 其值在 0 与 1 之间, 值越接近 1 表明变量的关联程度越高, 越接近 0 表明变量的关联程度越低。

Kappa 用来检验两个模型对同一对象进行评估时是否具有相同的判断。其值为 1 表明二者判断完全相同, 0 表明二者没有共同点。注意 Kappa 系数只用于两个变量有相等数量分类时的情形。

"风险"反映某因子的存在与某事件的发生之间关联性强度的测量。

麦克尼马尔用于两个相关二分变量的非参数检验。

"柯克兰和曼特尔-亨赛尔统计"用于检验二值因变量与二值自变量之间的条件独立性。

步骤 04 选择交叉表单元格中需要计算的指标, 单击"交叉表"对话框右侧的"单元格"按钮, 弹出如图 7.32 所示的"交叉表: 单元格显示"对话框, 在该对话框中可以设置相关输出内容。本例中我们在"计数"选项组中选中"实测"复选框, 在"百分比"选项组中选择"总计"复选框。设置完毕后, 单击"继续"按钮返回"交叉表"对话框。

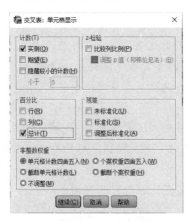

图 7.32 "交叉表: 单元格显示"对话框

对话框深度解读

"计数"下可以选择列联表单元格中频率的显示格式, 有以下 3 个选项。

- 实测: 表示显示观测值频率, 这是系统默认的选项。
- 期望: 如果行、列变量在统计意义上相互独立或不相关, 则显示期望的或预测的观测值频率。
- 隐藏较小的计数: 如果数值小于下方的框中所设置的值, 则不予显示。

"百分比"用于选择列联表单元格中百分比的显示格式, 各选项含义如下。

- 行: 显示观测值数占该行观测值总数的百分比。
- 列: 显示观测值数占该列观测值总数的百分比。

- 总计：显示观测值数占全部观测值总数的百分比。

  "残差"用于选择列联表单元格中残差的显示格式，各选项含义如下。

- 未标准化：指的是单元格中的观测值与预测值之差。如果两个变量之间没有关系，那么期望值是期望在单元格中出现的个案数。如果行变量和列变量独立，那么正的残差表示单元格中的实际个案数多于期望的个案数。
- 标准化：标准化残差也称为皮尔逊残差，它的均值为 0，标准差为 1。
- 调整后标准化：指的是观测值与期望值之差除以标准误差的估计值。生成的标准化残差表示为均值上下的标准差单位。

  "非整数权重"：由于单元格计数表示每个单元格的例数，在一般情况下为整数，如果数据文件的加权变量含有小数，那么单元格计数也为小数，读者可在计算单元格之前或之后截去或舍入小数点后的数字，也可以在列联表中显示含小数的单元格计数并且参与统计量的计算。有如下 5 种方式。

- 单元格计数四舍五入：对单元格的累计权重进行四舍五入后才进行统计量的计算。
- 截断单元格计数：对单元格的累计权重进行舍位（截去小数点后的数字）后才进行统计量的计算。
- 个案权重四舍五入：在加权前对个案权重重新进行四舍五入。
- 截断个案权重：在加权前对个案权重重新进行舍位。
- 不调整：选择该项将会使个案权重及单元格计数均使用小数，然而若选择了精确概率统计量，则在计算精确概率检验统计量之前仍会对单元格的累计加权进行舍入或舍位。

步骤 05 最后选择行变量是升序排列还是降序排列。单击"交叉表格"对话框右侧的"格式"按钮，弹出如图 7.33 所示的"交叉表格：表格格式"对话框，在该对话框中可以设置行变量的排序方式。本例采用系统默认设置。

步骤 06 设置完毕后，单击"确定"按钮，等待输出结果。

图 7.33　"交叉表格：表格格式"对话框

7.4.3　运行结果精解与分析

1. 个案处理摘要

图 7.34 为个案处理摘要，参与分析的样本个数为 200，没有缺失值。

个案处理摘要

		个案					
		有效		缺失		总计	
		N	百分比	N	百分比	N	百分比
网购频次 * 年龄 * 性别		200	100.0%	0	0.0%	200	100.0%

图 7.34　个案处理摘要

2. 交叉表

图 7.35 为交叉表分析的核心部分,即交叉表。可以发现标题命名为网购频次*年龄*性别交叉表,网购频次为一年 5 次以下且年龄为 25 岁以下的样本有 5 个,在全部样本中占比为 2.5%。需要特别说明的是,因为我们当时在“交叉表”对话框中设置时选中了“在表层中显示层变量”复选框,其中的“性别:总计”选项是可以选择的,在结果输出窗口双击此处,则可出现如图 7.36 所示的对话框。

在该对话框中我们可以按照“男”“女”“总计”分别生成交叉表,图 7.36 显示的是样本为男性的交叉表。

网购频次 * 年龄 * 性别 交叉表

性别: 总计

			年龄				总计
			25岁以下	25岁至35岁	35岁-45岁	45岁以上	
网购频次	一年5次以下	计数	5	8	17	15	45
		占总计的百分比	2.5%	4.0%	8.5%	7.5%	22.5%
	一年5次-10次	计数	8	13	13	15	49
		占总计的百分比	4.0%	6.5%	6.5%	7.5%	24.5%
	一年10次-20次	计数	17	11	9	9	46
		占总计的百分比	8.5%	5.5%	4.5%	4.5%	23.0%
	一年20次以上	计数	15	19	13	13	60
		占总计的百分比	7.5%	9.5%	6.5%	6.5%	30.0%
总计		计数	45	51	52	52	200
		占总计的百分比	22.5%	25.5%	26.0%	26.0%	100.0%

图 7.35　交叉表 1

网购频次 * 年龄 * 性别 交叉表

性别 男

			年龄				总计
			25岁以下	25岁至35岁	35岁-45岁	45岁以上	
网购频次	一年5次以下	计数	2	3	10	7	22
		占总计的百分比	1.9%	2.8%	9.4%	6.6%	20.8%
	一年5次-10次	计数	4	7	8	10	29
		占总计的百分比	3.8%	6.6%	7.5%	9.4%	27.4%
	一年10次-20次	计数	10	5	6	2	23
		占总计的百分比	9.4%	4.7%	5.7%	1.9%	21.7%
	一年20次以上	计数	5	12	6	9	32
		占总计的百分比	4.7%	11.3%	5.7%	8.5%	30.2%
总计		计数	21	27	30	28	106
		占总计的百分比	19.8%	25.5%	28.3%	26.4%	100.0%

图 7.36　交叉表 2

读者可以自行尝试在“交叉表”对话框中设置时不选中“在表层中显示层变量”复选框,观察一下两种设置下输出结果的区别。

3. 卡方检验结果

如图 7.37 所示，卡方检验通过假设检验判断分类变量之间的关系，基于全体样本数据开展的皮尔逊卡方检验（见图中"总计"包括的行）的显著性 P 值为 0.068，大于显著性水平参考值 0.05，接受了原假设，原假设是行列两个变量呈统计独立性，即网购频次变量和年龄变量之间是独立的，不存在相关性。

4. 相关性对称测量结果

因为我们在"交叉表：统计"对话框中选中了"相关性"复选框，所以生成了如图 7.38 所示的相关性对称测量结果。从结果中可以看出，基于全体样本数据（看图中"总计"包括的行）计算的斯皮尔曼相关系数为-0.201，相关系数比较小。

卡方检验

性别		值	自由度	渐进显著性（双侧）
男	皮尔逊卡方	18.856[b]	9	.026
	似然比	18.297	9	.032
	线性关联	3.646	1	.056
	有效个案数	106		
女	皮尔逊卡方	7.260[c]	9	.610
	似然比	7.781	9	.556
	线性关联	4.690	1	.030
	有效个案数	94		
总计	皮尔逊卡方	15.946[a]	9	.068
	似然比	15.785	9	.072
	线性关联	8.299	1	.004
	有效个案数	200		

a. 0 个单元格 (0.0%) 的期望计数小于 5。最小期望计数为 10.13。

b. 2 个单元格 (12.5%) 的期望计数小于 5。最小期望计数为 4.36。

c. 1 个单元格 (6.3%) 的期望计数小于 5。最小期望计数为 4.68。

对称测量

性别			值	渐近标准误差[a]	近似 T[b]	渐进显著性
男	区间到区间	皮尔逊 R	-.186	.091	-1.934	.056[c]
	有序到有序	斯皮尔曼相关性	-.184	.093	-1.909	.059[c]
	有效个案数		106			
女	区间到区间	皮尔逊 R	-.225	.096	-2.210	.030[c]
	有序到有序	斯皮尔曼相关性	-.225	.096	-2.214	.029[c]
	有效个案数		94			
总计	区间到区间	皮尔逊 R	-.204	.066	-2.935	.004[c]
	有序到有序	斯皮尔曼相关性	-.201	.067	-2.881	.004[c]
	有效个案数		200			

a. 未假定原假设。

b. 在假定原假设的情况下使用渐近标准误差。

c. 基于正态近似值。

图 7.37　卡方检验　　　　　　　　　　图 7.38　相关性对称测量结果

5. 簇状条形图

由于本例中我们把性别设置为层变量（控制变量），因此系统输出了按性别分类的簇状条形图，男性和女性的簇状条形图分别如图 7.39 和图 7.40 所示。

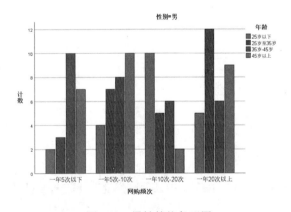

图 7.39　男性簇状条形图

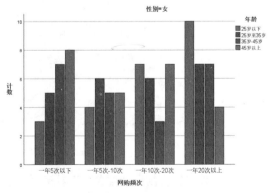

图 7.40　女性簇状条形图

7.5　本章习题

1. 使用数据 7.1，针对 120 家房地产上市公司开展市净率频率分析，求出平均值、中位数、众数、总和、最大值、最小值、方差、标准差、范围、标准误差平均值、偏度系数和峰度系数等统计量并进行分析，绘制市净率条形图、饼图和直方图。

2. 使用数据 7.1，针对 120 家房地产上市公司开展市净率描述分析，求出平均值、中位数、众数、总和、最大值、最小值、方差、标准差、范围、标准误差平均值、偏度系数和峰度系数等统计量并进行分析，生成市净率的标准化值（Z 得分）变量并保存。

3. 使用数据 7.2，针对整体信任度评价按学历分组开展探索分析，得出分组展示的平均值、平均值的置信区间、中位数、方差、标准差、最小值、最大值、范围、偏度、峰度等统计量并进行分析，对分组数据进行正态检验，得出分组数据的直方图、茎叶图、正态概率图、去掉趋势的正态概率图、箱图。

4. 使用数据 7.2，针对参与调查的客户学历、年龄与网购频次进行交叉表分析。要求一是把网购频次作为行变量，把年龄作为列变量，把客户学历作为层变量，求出交叉表并进行结果解读；二是运用卡方检验和相关性检验分析行变量和列变量之间的相关关系。

第8章

均值比较、T检验、单因素方差分析

本章主要学习 SPSS 的比较平均值分析，包括平均值分析、单样本 T 检验、独立样本 T 检验、成对样本 T 检验、单因素方差分析（单因素 ANOVA 检验）5 种分析方法。如果样本数据只有一组，则通常用到均值比较过程和单样本 T 检验；如果样本数据有两组且两组样本是随机独立的，则通常用到独立样本 T 检验；如果样本数据有两组且两组样本不是随机独立的，则通常用到成对样本 T 检验；如果样本数据有三组及以上，则需要用到 ANOVA 检验。

本章教学要点：

- 清楚知晓 SPSS 的平均值分析、单样本 T 检验、独立样本 T 检验、成对样本 T 检验、单因素 ANOVA 检验 5 种分析方法的特色，并知晓每种方法的适用条件。
- 熟练掌握 SPSS 的均值分析、单样本 T 检验、独立样本 T 检验、成对样本 T 检验、单因素 ANOVA 检验的窗口功能，根据研究需要灵活进行窗口设置，开展比较平均值分析。
- 能够对各种比较平均值分析的结果进行解读，从中发现数据特征，得出研究结论。

8.1　平均值分析

	下载资源：可扫描旁边二维码观看或下载教学视频
	下载资源：\sample\数据 8\数据 8.1

8.1.1　统计学原理

平均值分析的特色在于将因变量按因子变量分组输出均值及其他统计量，还可以获得单因素方差分析和相关性测量。

8.1.2 SPSS 操作

本小节用于分析的数据是《中国 2019 年部分行业城镇私营单位就业人员平均工资》，数据摘编自《中国统计年鉴 2020》。SPSS 变量视图和数据视图分别如图 8.1 和图 8.2 所示。在变量视图中可以看到数据文件包括 3 个变量，分别是省市、行业和平均工资，其中针对行业变量进行值标签操作，用 1 表示制造业，2 表示批发和零售业，3 表示建筑业。

下面我们针对就业人员平均工资分行业维度开展平均值分析，并探索不同行业的平均工资是否存在显著不同，SPSS 操作如下：

步骤01 打开数据 8.1，选择"分析"→"比较平均值"→"平均值"命令，弹出如图 8.3 所示的"平均值"对话框。

步骤02 选择进行平均值分析的变量。在"平均值"对话框的左侧列表框中选择"平均工资"并单击 ➡ 按钮，使之进入"因变量列表"列表框，选择"行业"并单击 ➡ 按钮，使之进入"层 1/1"列表框。

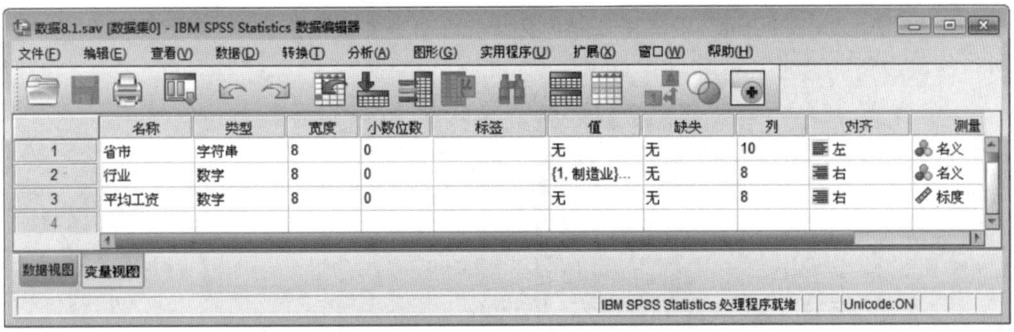

图 8.1 数据 8.1 的变量视图

图 8.2 数据 8.1 的数据视图

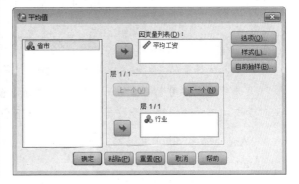

图 8.3 "平均值"对话框

对话框深度解读

因变量列表：该列表框中的变量为要进行均值比较的目标变量，一般为连续变量。比如本例中研究的是不同行业的平均工资是否存在显著不同，所以"平均工资"就是目标变量（因变量）。

层1/1：该列表框中的变量为分组变量，也被称为因子或自变量。自变量为分类变量，其取值可以为数字，也可以为字符串。用户指定了一个自变量后，对话框中的"下一个"按钮就会被激活，此时单击该按钮可以在原分层基础上进一步再细分层次，也可以利用"上一个"按钮回到上一个层次。如果在层 1 中有一个自变量，层 2 中也有一个自变量，结果就显示为一个交叉的表，而不是对每个自变量显示一个独立的表。

步骤03 选择输出相关描述统计量。单击"平均值"对话框右上角的"选项"按钮，弹出如图8.4 所示的"平均值：选项"对话框，在该对话框中可以选择输出的单元格统计量。我们在"统计"列表框中依次选择"平均值""个案数""标准差"并单击➡按钮，使之进入"单元格统计"列表框，然后勾选"Anova 表和 Eta"和"线性相关度检验"两个复选框，单击"继续"按钮返回"平均值"对话框。

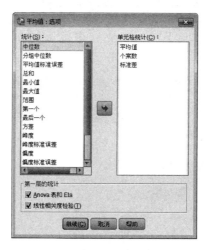

图 8.4 "平均值：选项"对话框

对话框深度解读

关于各统计量的基本概念不再赘述。针对"第一层的统计"选项组说明如下：

该选项组主要用于检验第一层自变量对因变量的影响是否显著，比如本例中检验的就是行业对于平均工资的影响是否显著。主要包括以下两个复选框：

- "Anova 表和 Eta"复选框：表示对第一层自变量和因变量进行单因素方差分析，然后输出 Anova 表和 Eta 的值。
- "线性相关度检验"复选框：表示对各组平均数进行线性相关度检验，实际上是通过因变量的均值对自变量进行线性回归，并计算该回归的可决系数和线性度量，该检验仅在自变量有 3 个以上层次时才能进行。

步骤 **04** 设置完毕后，单击"确定"按钮，等待输出结果。

8.1.3　运行结果精解与分析

1. 个案处理摘要

图 8.5 为个案处理摘要。参与分析的样本数为 90 个，没有被排除的样本。

2. 描述性分析报告

图 8.6 给出了描述性分析报告。该表展示了按行业分组的平均工资水平，比如制造业的平均工资为 48806.87，样本数为 30，标准差为 9543.969。

个案处理摘要

	个案					
	包括		排除		总计	
	个案数	百分比	个案数	百分比	个案数	百分比
平均工资 * 行业	90	100.0%	0	0.0%	90	100.0%

图 8.5　个案处理摘要

报告

平均工资

行业	平均值	个案数	标准 偏差
制造业	48806.87	30	9543.969
批发和零售业	44770.23	30	9199.320
建筑业	49812.07	30	7614.877
总计	47796.39	90	8997.243

图 8.6　描述性分析报告

3. 方差分析表

图 8.7 是方差分析表。从表中可以看出不同行业的平均工资水平差别不够显著（体现为组间显著性水平为 0.07，大于通常意义上的显著性 P 值 0.05，组间即代表不同分组，本例中为不同行业）。

4. 相关性测量

图 8.8 是相关性测量结果。可以看出有复相关系数 R、可决系数 R 方、Eta、Eta 平方。

ANOVA 表

			平方和	自由度	均方	F	显著性
平均工资 * 行业	组间	（组合）	427249190.7	2	213624595.3	2.742	.070
		线性相关度	15156405.60	1	15156405.60	.195	.660
		偏离线性度	412092785.1	1	412092785.1	5.290	.024
	组内		6777334679	87	77900398.61		
	总计		7204583869	89			

图 8.7　方差分析表

相关性测量

	R	R 方	Eta	Eta 平方
平均工资 * 行业	.046	.002	.244	.059

图 8.8　相关性测量

复相关系数是测量一个变量（因变量 Y）与其他多个变量（自变量 X_1, X_2, …）之间线性相关程度的指标。

具体计算方式是先将因变量对自变量开展回归分析，求出回归方程，再根据各个自变量 X_i 的实际值和回归系数求出因变量的拟合值。

$$\hat{y} = \hat{\beta}_0 + \hat{\beta}_1 X_1 + \cdots + \hat{\beta}_k X_k$$

然后计算因变量实际值与拟合值之间的简单相关系数，即为复相关系数。

$$R = \frac{\sum (y - \bar{y})(\hat{y} - \bar{y})}{\sqrt{\sum (y - \bar{y})^2 \sum (\hat{y} - \bar{y})^2}}$$

复相关系数的平方（R^2）被称为可决系数，也被称为拟合优度，用来衡量自变量对于因变量的解释程度或者说模型的解释能力，可决系数越大，模型的解释能力就越强。

$$R^2 = \frac{\left[\sum (y - \bar{y})(\hat{y} - \bar{y}) \right]^2}{\sum (y - \bar{y})^2 \sum (\hat{y} - \bar{y})^2}$$

Eta 是指 Eta 系数，用于衡量分类变量与连续变量的相关性程度，以连续变量作为因变量 Y，分类变量作为自变量 X，Eta 系数介于 0~1，值越大，说明 X 无法解释 Y 差异的程度越小，也就说明变量之间的相关性越强。Eta 平方的概念是分类变量对连续变量的削减误差比例（PRE），或者说分类自变量对于连续因变量的解释力，或者说效应量。

本例中复相关系数 R 为 0.046，可决系数 R 方为 0.002，Eta 为 0.244，Eta 平方为 0.059。这些值都相对较小，说明行业分类与平均工资之间的相关性比较弱，或者说不同行业的平均工资水平差别不够显著。

8.2 单样本 T 检验

下载资源：可扫描旁边二维码观看或下载教学视频	
下载资源：\sample\数据 8\数据 8.2	

8.2.1 统计学原理

单样本 T 检验的统计学原理是将单个变量的样本平均值与特定值相比较，检验单个变量的平均值是否与指定的常数不同。比如抽取样本检验某个地区高三学生的高考数学成绩均值是否显著为 125 分。"单样本 T 检验"一般要求数据服从正态分布，但是对于偏离正态性的数据也是相当稳健的。

8.2.2 SPSS 操作

本节用于分析的数据是《中国 2019 年主要城市平均气温统计》，数据摘编自《中国统计年鉴 2020》。SPSS 变量视图和数据视图分别如图 8.9 和图 8.10 所示。在变量视图中可以看到数据文件包括 14 个变量，分别是城市、一月到十二月和年平均。其中一月到十二月分别表示具体月份的平均气温，年平均表示全年的平均气温。

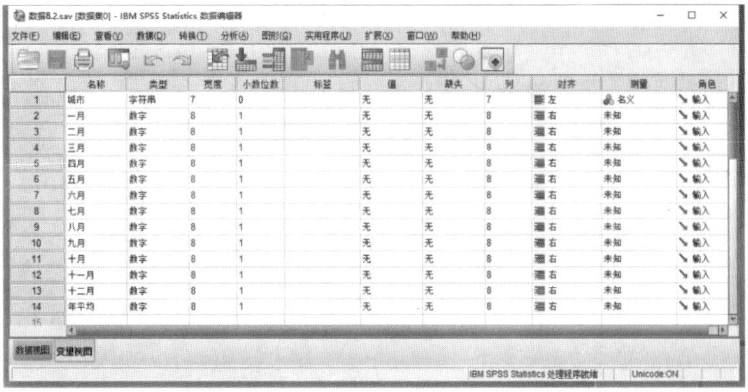

图 8.9 数据 8.2 的变量视图

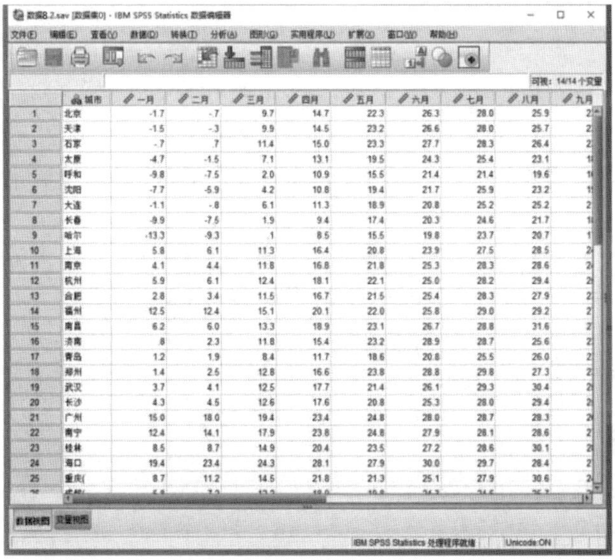

图 8.10 数据 8.2 的数据视图

下面以 2019 年的数据作为样本，针对中国主要城市平均气温开展单样本 T 检验，检验平均气温是否为 15 摄氏度，SPSS 操作如下：

步骤 **01** 打开数据 8.2，选择"分析"→"比较平均值"→"单样本 T 检验"命令，弹出如图 8.11 所示的"单样本 T 检验"对话框。

步骤 **02** 选择进行单样本 T 检验分析的变量。在"单样本 T 检验"对话框的左侧列表框中选择"年平均"并单击 ⮕ 按钮，使之进入"检验变量"列表框。在"检验值"文本框中输入待检验的平均气温 15。

步骤 **03** 设置置信区间和缺失值的处理方法。单击"单样本 T 检验"对话框中的"选项"按钮，弹出如图 8.12 所示的"单样本 T 检验：选项"对话框。我们在"置信区间百分比"文本框中输入 95，即设置显著性水平为 5%。在"缺失值"选项组中选中"按具体分析排除个案"。设置完毕后，单击"继续"按钮返回"单样本 T 检验"对话框。

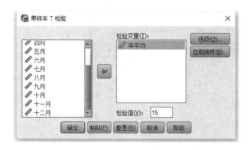 

图 8.11 "单样本 T 检验"对话框   图 8.12 "单样本 T 检验：选项"对话框

对话框深度解读

"缺失值"选项组用于用户检验多个变量，并且一个或多个变量的数据缺失时，设置分析包含（或排除）哪些样本。

- 按具体分析排除个案：每个变量的 T 检验，均使用对于检验的变量具有有效数据的全部样本，这种情况下参与分析的样本大小可能随 T 检验的不同而不同。
- 成列排除个案：每个变量的 T 检验，只使用对于在所有请求的 T 检验中使用的所有变量都具有有效数据的样本，这种情况下参与分析的样本大小在各个 T 检验之间恒定。

步骤 04 设置完毕后，单击"确定"按钮，等待输出结果。

8.2.3 运行结果精解与分析

1. 单样本统计量

图 8.13 为单样本统计量结果。参与分析的样本数为 34 个，样本的平均值为 14.809，标准偏差为 4.9918，标准误差平均值为 0.8561。

2. 单样本 T 检验

图 8.14 给出了单样本 T 检验结果。t 值为 -0.223，自由度为 33，双侧检验显著性 P 值为 0.825，远远大于 0.05（对应 95% 的置信区间），说明显著接受了不存在差异的原假设，即年平均气温与 15 摄氏度之间没有什么显著不同。

单样本统计

	个案数	平均值	标准 偏差	标准 误差平均值
年平均	34	14.809	4.9918	.8561

单样本检验

检验值 = 15

	t	自由度	Sig. (双尾)	平均值差值	差值 95% 置信区间 下限	差值 95% 置信区间 上限
年平均	-.223	33	.825	-.1912	-1.933	1.551

图 8.13 单样本统计量   图 8.14 单样本 T 检验

8.3 独立样本 *T* 检验

	下载资源：可扫描旁边二维码观看或下载教学视频
	下载资源：\sample\数据8\数据 8.3

8.3.1 统计学原理

独立样本 *T* 检验用于比较两组独立样本中某一变量的均值是否显著相同。该检验方法输出的结果是每组样本的描述统计量和莱文方差相等性检验，以及按相等方差和不等方差分组列示的 *T* 值、均值差分的 95%置信区间。

8.3.2 SPSS 操作

本节用于分析的数据是数据 8.3，记录的是不同性别的两组儿童在某次测试中的得分情况。SPSS 变量视图和数据视图分别如图 8.15 和图 8.16 所示。

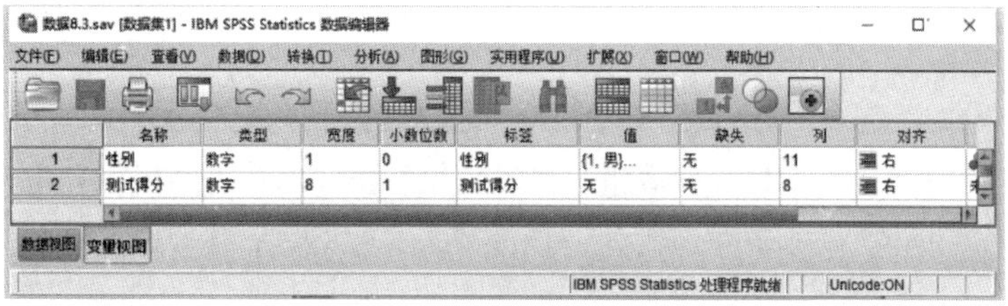

图 8.15 数据 8.3 的变量视图

图 8.16 数据 8.3 的数据视图

下面使用独立样本 T 检验方法检验不同性别儿童的测试得分是否存在显著不同，SPSS 操作如下：

步骤 01 打开数据 8.3，选择 "分析" → "比较平均值" → "独立样本 T 检验" 命令，弹出如图 8.17 所示的 "独立样本 T 检验" 对话框。

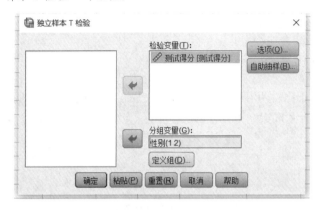

图 8.17 "独立样本 T 检验" 对话框

步骤 02 选择进行独立样本 T 检验的变量。在 "独立样本 T 检验" 对话框的左侧列表框中选择 "测试得分" 并单击 按钮，使之进入 "检验变量" 列表框。

步骤 03 选择分组变量。在 "独立样本 T 检验" 对话框的左侧列表框中选择 "性别" 并单击 按钮，使之进入 "分组变量" 列表框。然后单击 "定义组" 按钮，弹出如图 8.18 所示的 "定义组" 对话框。其中 "组 1" "组 2" 分别表示第一、二组类别变量的取值。我们在 "组 1" 中输入 1，在 "组 2" 中输入 2。

步骤 04 设置置信区间和缺失值的处理方法。单击 "独立样本 T 检验" 对话框中的 "选项" 按钮，弹出如图 8.19 所示的 "独立样本 T 检验：选项" 对话框。同样，在 "置信区间百分比" 文本框中输入 95，即设置显著性水平为 5%。在 "缺失值" 选项组中选中 "按具体分析排除个案"，单击 "继续" 按钮，返回 "独立样本 T 检验" 对话框。

图 8.18 "定义组" 对话框   图 8.19 "独立样本 T 检验：选项" 对话框

对话框深度解读

"定义组" 对话框包括两种选择，一是 "使用指定的值"，二是 "分割点"。

- 使用指定的值：如果分组变量是名义变量，在 "组 1" 中输入一个字符串，在 "组 2" 中输入另一个字符串，具有其他字符串的个案将从分析中排除；如果分组变量是连续变量，在 "组 1" 中输入一个值，在 "组 2" 中输入另一个值，具有任何其他值的个案将从分析中排除。

- 分割点：如果使用"分割点"设置，则需要输入一个分组变量的值，值小于分割点的样本组成一个组，值大于或等于分割点的样本组成另一个组。

步骤 05 设置完毕后，单击"确定"按钮，等待输出结果。

8.3.3　运行结果精解与分析

1. 组统计量

图 8.20 为组统计量结果。可以看出，参与分析的男、女两组样本数都为 34 个，男、女两组样本的平均值分别为 26.003 和 24.132，标准偏差分别为 3.5155 和 3.4149，标准误差平均值分别为 0.6029 和 0.5857。

组统计

	性别	个案数	平均值	标准 偏差	标准 误差平均值
测试得分	男	34	26.003	3.5155	.6029
	女	34	24.132	3.4149	.5857

图 8.20　组统计量

2. 独立样本 T 检验

图 8.21 给出了独立样本 T 检验结果。其中左侧是莱文方差等同性检验，可以发现检验的显著性 P 值为 0.914，显著接受了等方差的原假设。在等方差情形下，平均值等同性 T 检验的双尾显著性水平为 0.029，显著拒绝了平均值等同的原假设，也就是说不同性别样本的测试得分有着显著不同。

独立样本检验

		莱文方差等同性检验		平均值等同性 t 检验					差值 95% 置信区间	
		F	显著性	t	自由度	Sig.（双尾）	平均值差值	标准误差差值	下限	上限
测试得分	假定等方差	.012	.914	2.226	66	.029	1.8706	.8405	.1924	3.5487
	不假定等方差			2.226	65.945	.029	1.8706	.8405	.1924	3.5488

图 8.21　独立样本 T 检验

8.4　成对样本 T 检验

下载资源：可扫描旁边二维码观看或下载教学视频
下载资源：\sample\数据 8\数据 8.4

8.4.1　统计学原理

成对样本 T 检验用来比较具有关联关系的两个变量的均值是否显著相同，比如针对某患者服药前后身体相关指标的变化等。检验原理是计算两个变量的值之差，并检验平均差值是否为 0。该检验方法输出的结果是检验变量的描述统计量、两个变量之间的相关性、配对差值的描述统计量、T 检验和 95% 置信区间。

8.4.2 SPSS 操作

本小节用于分析的数据是同一组劳动者在培训前后分别参加绩效考核的成绩。SPSS 变量视图和数据视图分别如图 8.22 和图 8.23 所示。

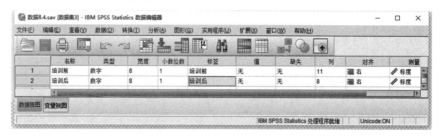

图 8.22 数据 8.4 的变量视图

下面使用成对样本 T 检验方法检验同一组劳动者在培训前后分别参加绩效考核的成绩是否存在显著不同，SPSS 操作如下：

步骤01 打开数据 8.4，选择"分析"→"比较平均值"→"成对样本 T 检验"命令，弹出如图 8.24 所示的"成对样本 T 检验"对话框。

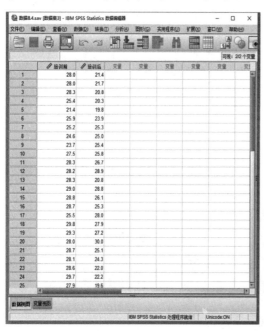

图 8.23 数据 8.4 的数据视图

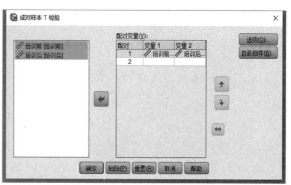

图 8.24 "成对样本 T 检验"对话框

步骤02 选择进行成对样本 T 检验的变量。在"成对样本 T 检验"对话框的左侧列表框中同时选中"培训前[培训前]"和"培训后[培训后]"并单击 ➡ 按钮，使之进入"配对变量"列表框。

步骤03 设置置信区间和缺失值的处理方法。单击"成对样本 T 检验"对话框中的"选项"按钮，弹出如图 8.25 所示的"成对样本 T 检验：选项"对话框。本例中采用系统默认设置即可，设置完毕后，单击"确定"按钮确认。

图 8.25　"成对样本 *T* 检验：选项"对话框

8.4.3　运行结果精解与分析

1. 配对样本统计量

图 8.26 为配对样本统计量结果。可以看出，共有 30 个样本参与了分析，培训前后样本的平均值分别为 26.560 和 23.853，标准偏差分别为 3.0888 和 3.5182，标准误差平均值分别为 0.5639 和 0.6423。

2. 配对样本相关性

图 8.27 为配对样本相关性结果。可以看出，共有 30 个样本参与了分析，两组样本的相关系数为 0.420，显著性 *P* 值为 0.021，说明相关关系比较显著。

配对样本统计

		平均值	个案数	标准 偏差	标准 误差平均值
配对 1	培训前	26.560	30	3.0888	.5639
	培训后	23.853	30	3.5182	.6423

图 8.26　配对样本统计量

配对样本相关性

	个案数	相关性	显著性
配对 1　培训前 & 培训后	30	.420	.021

图 8.27　配对样本相关性

3. 配对样本 *T* 检验

图 8.28 给出了配对样本 *T* 检验结果。从结果中可以看出配对差值的平均值、标准偏差、标准误差平均值以及差值 95% 的置信区间。最终配对样本 *T* 检验的显著性 *P* 值为 0.000，显著拒绝了差值为 0 的原假设，说明培训前后的考核成绩是有着显著差异的，结合"培训前-培训后"的平均值为 2.7067，说明培训后的考核成绩要显著低于培训前，培训起到的效果是负面的。

配对样本检验

		配对差值							
					差值 95% 置信区间				
		平均值	标准 偏差	标准 误差平均值	下限	上限	t	自由度	Sig. (双尾)
配对 1	培训前 - 培训后	2.7067	3.5749	.6527	1.3718	4.0416	4.147	29	.000

图 8.28　配对样本 *T* 检验

8.5　单因素 ANOVA 检验

	下载资源：可扫描旁边二维码观看或下载教学视频
	下载资源：\sample\数据 8\数据 8.5

8.5.1　统计学原理

单因素 ANOVA 检验也就是单因素方差分析，用来检验多组变量的均值是否相等，本质上是前面介绍的两个独立样本 T 检验的拓展。单因素方差分析按照单因子变量（只有一个自变量）生成对单一定量因变量（因变量也只有一个）的方差分析，对数据的要求是因变量应为定量连续变量，自变量取值应为整数。单因素方差分析除了可以确定不同组变量之间的均值是否相等之外，还可以检验具体是哪些组之间存在显著差异，检验方法包括先验对比和两两比较检验，两种检验方法的差异在于先验对比是在试验开始前进行的检验，两两比较检验是在试验结束后进行的检验。

8.5.2　SPSS 操作

本小节用于分析的数据是《中国历年农村居民按东、中、西部及东北地区分组的人均可支配收入统计（2013—2019）》，数据摘编自《中国统计年鉴 2020》。SPSS 变量视图和数据视图分别如图 8.29 和图 8.30 所示。在变量视图中可以看到数据文件包括 3 个变量，分别是年份、地区和人均可支配收入。其中针对地区变量进行值标签操作，1 表示东部地区，2 表示中部地区，3 表示西部地区，4 表示东北地区。

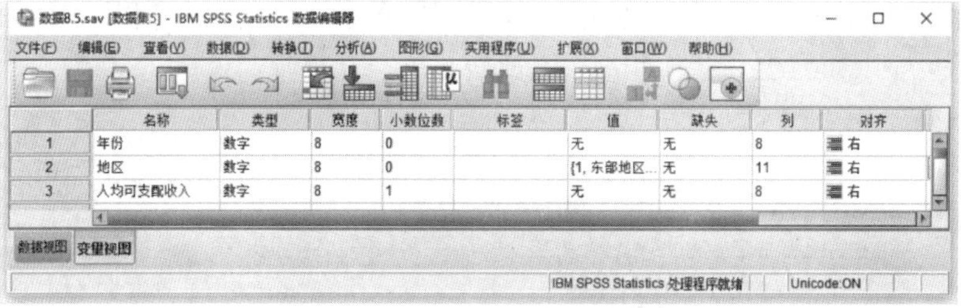

图 8.29　数据 8.5 的变量视图

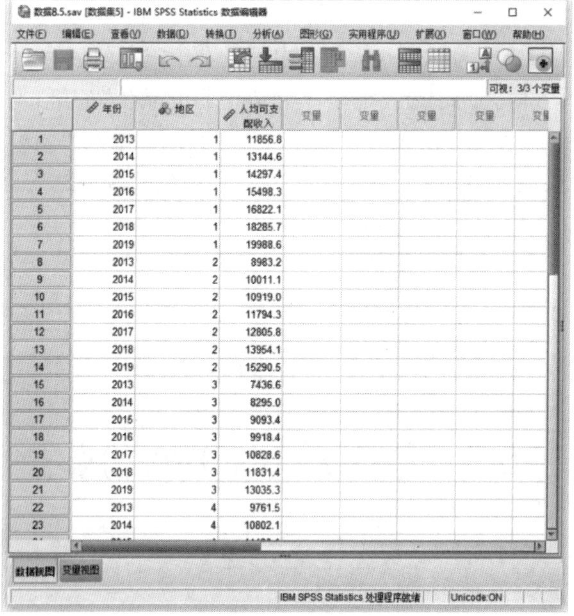

图 8.30　数据 8.5 的数据视图

下面我们使用单因素 ANOVA 检验方法检验中国农村居民按东、中、西部及东北地区分组的人均可支配收入是否存在显著不同，SPSS 操作如下：

步骤 01 打开数据 8.5，选择"分析"→"比较平均值"→"单因素 ANOVA 检验"命令，弹出如图 8.31 所示的"单因素 ANOVA 检验"对话框。"因变量列表"列表框中的变量为要进行方差分析的目标变量，要求为连续数值变量。"因子"列表框中的变量为因子变量，又称自变量，也是分类变量，主要用来分组，取值可以为数字，也可以为字符串，但变量值应为整数，并且为有限个类别。本例中我们在"单因素 ANOVA 检验"对话框的左侧列表框中选择"人均可支配收入"并单击 ➡ 按钮，使之进入"因变量列表"列表框，选择"地区"并单击 ➡ 按钮，使之进入"因子"列表框。

步骤 02 设置先验对比检验，也就是在试验开始前进行的检验。单击"单因素 ANOVA 检验"对话框右上角的"对比"按钮，弹出如图 8.32 所示的"单因素 ANOVA：对比"对话框。本例中采用系统默认设置。

图 8.31　"单因素 ANOVA 检验"对话框　　图 8.32　"单因素 ANOVA：对比"对话框

对话框深度解读

在"单因素 ANOVA：对比"对话框中，用户可以开展趋势检验，也可以开展先验对比检验。

- 趋势检验：趋势检验针对因子（控制变量）为定序变量时的情形（本例中不满足这一条件，各个地区之间不存在明确顺序），判断因变量随因子（控制变量）的变化趋势，比如是线性变化还是一阶、二阶变化等。如果用户想开展趋势检验，则勾选"多项式"复选框，并且在后面的"度"下拉菜单中选择多项式的阶数，可以选择的阶次包括线性、二次、三次、四次、五次，多项式的阶数读者可根据研究需要选择。系统将在输出中给出指定阶次和低于指定阶次的各阶的平方和分解结果以及各阶次的自由度、*F* 值和 *F* 检验的概率值。

- 先验对比检验：事先指定各均值的系数，再对其线性组合进行检验。比如我们针对 *X*1、*X*2、*X*3、*X*4 四个变量指定一组系数（0.7，0.3，–0.5，–0.5），则系统将会对（0.7**X*1+0.3**X*2）和（0.5**X*3+0.5**X*4）两者的均值进行检验。

指定系数的具体操作为：首先在"系数"框中输入一个系数，单击"添加"按钮，则"系数"框中的系数进入下面的方框中。然后按照同样的操作方式依次输入其他各组均值的系数，因子变量有几个分组，就输入几个系数，最终在方框中形成一列系数。注意，不参与比较的分组系数应该为 0。通常情况下，设置的各系数的和应为 0，如果各系数的和不是 0，也可以使用，但是会出现一条警告消息。一组系数输入结束后，激活"下一页"按钮，单击该按钮后"系数"

框被清空，准备接收下一组系数数据。最多可以输入 10 组系数，如果认为前面输入的几组系数有误，可视情况单击"上一页"或"下一页"按钮找出具体项进行更改，并单击"更改"按钮确认。

步骤 03 设置事后多重比较方法。单因素方差分析的基本分析只能判断自变量是否对因变量产生了显著影响，如果自变量确实对因变量产生了显著影响，那么还应该进一步确定自变量的不同水平对因变量的影响程度，包括哪个水平的作用是显著的，哪个水平的作用是不显著的，等等。单击"单因素 ANOVA 检验"对话框右上角的"事后比较"按钮，弹出如图 8.33 所示的"单因素 ANOVA 检验：事后多重比较"对话框。"假定等方差"选项组提供了 14 种方法，"不假定等方差"选项组提供了 4 种方法，各种方法各有优劣，具体统计量的计算公式可参阅相关统计学教材。本例中我们在"假定等方差"选项组选择最为常用的 LSD，在"不假定等方差"选项组选择"塔姆黑尼 T2"。

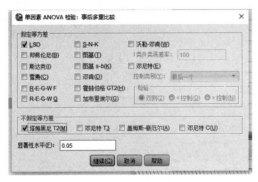

图 8.33 "单因素 ANOVA 检验：事后多重比较"对话框

步骤 04 定义相关统计选项以及缺失值处理方法。单击"单因素 ANOVA 检验"对话框右侧的"选项"按钮，弹出如图 8.34 所示的"单因素 ANOVA 检验：选项"对话框。我们在"统计"选项组中选中"描述""方差齐性检验"复选框，然后选中"平均值图"复选框，对"缺失值"选项组采用系统默认设置。设置完毕后，单击"继续"按钮返回"单因素 ANOVA 检验"对话框。设置完毕后，单击"确定"按钮确认。

图 8.34 "单因素 ANOVA 检验：选项"对话框

对话框深度解读

"统计"选项组可以设置需要输出的统计量。

- 描述: 计算并输出各组中每个因变量的个案数、平均值、标准偏差、标准错误、最小值、最大值、95％置信区间。
- 固定和随机效应: 输出固定效应模型的标准偏差、标准错误和 95％置信区间, 以及随机效应模型的标准错误、95％置信区间和方差成分间估测值。
- 方差齐性检验: 使用莱文统计量进行方差齐性检验。
- 平均值相等性稳健检验: 包括布朗-福塞斯统计量和韦尔奇统计量, 检验各组平均值是否显著相等, 当不能确定方差齐性假设时, 该统计量优于 F 统计量。

"平均值图": 绘制平均值分布图, 反映因变量随自变量分组的均值分布情况。

8.5.3 运行结果精解与分析

1. 描述统计量

图 8.35 为描述统计量结果, 按东部地区、中部地区、西部地区和东北地区以及总计分别展示了参与分析的个案数、平均值、标准偏差、标准错误、平均值的 95%置信区间、最小值、最大值等统计量。

描述

人均可支配收入

		个案数	平均值	标准 偏差	标准 错误	平均值的 95% 置信区间		最小值	最大值	成分间方差
						下限	上限			
东部地区		7	15699.071	2876.4927	1087.2121	13038.759	18359.383	11856.8	19988.6	
中部地区		7	11965.429	2219.4039	838.8558	9912.822	14018.035	8983.2	15290.5	
西部地区		7	10062.671	1980.4369	748.5348	8231.073	11894.270	7436.6	13035.3	
东北地区		7	12411.600	1933.7294	730.8810	10623.199	14200.001	9761.5	15356.7	
总计		28	12534.693	2983.9831	563.9198	11377.625	13691.761	7436.6	19988.6	
模型	固定效应			2283.7143	431.5814	11643.953	13425.433			
	随机效应				1171.3025	8807.085	16262.300			4742748.309

图 8.35 描述统计量

2. 方差齐性检验

图 8.36 为方差齐性检验结果。使用基于平均值、基于中位数、基于中位数并具有调整后自由度、基于剪除后平均值 4 种方法进行方差齐性检验, 显著性 P 值分别为 0.613、0.654、0.655、0.618, 都远远大于通常意义上的显著性 P 值 0.05, 所以非常显著地接受了方差齐性的原假设。

方差齐性检验

		莱文统计	自由度 1	自由度 2	显著性
人均可支配收入	基于平均值	.613	3	24	.613
	基于中位数	.548	3	24	.654
	基于中位数并具有调整后自由度	.548	3	21.589	.655
	基于剪除后平均值	.606	3	24	.618

图 8.36 方差齐性检验

3. 方差分析结果

图 8.37 给出了方差分析结果。方差分析的统计学原理是将因变量差异分为组间差异和组内差异，分别计算组间平方和和组内平方和，组间差异表示的是由于自变量分组带来的差异，组内差异则是由于同一自变量分组内部随机因素造成的差异，组间差异才衡量自变量对于因变量的影响关系。从结果中可以看出，本例中方差检验的 F 值为 7.366，显著性 P 值为 0.001，组间影响是非常显著的，或者说不同地区的人均可支配收入有着显著不同。

4. 平均值相等性稳健检验

图 8.38 给出了平均值相等性稳健检验结果。与方差分析使用 F 检验不同，平均值相等性稳健检验使用的是渐近 F 分布，韦尔奇检验和布朗-福塞斯检验的显著性 P 值分别是 0.010 和 0.001，非常显著地拒绝了原假设（原假设为差异不显著），也就是说不同地区的人均可支配收入有着显著不同，与方差分析的结论一致。

ANOVA

人均可支配收入

	平方和	自由度	均方	F	显著性
组间	115243767.6	3	38414589.19	7.366	.001
组内	125168424.6	24	5215351.023		
总计	240412192.1	27			

图 8.37 方差分析结果

平均值相等性稳健检验

人均可支配收入

	统计[a]	自由度 1	自由度 2	显著性
韦尔奇	5.622	3	13.224	.010
布朗-福塞斯	7.366	3	21.387	.001

a. 渐近 F 分布。

图 8.38 平均值相等性稳健检验

5. 多重比较结果

图 8.39 给出了多重比较结果。多重比较结果包括等方差假设下的 LSD 法和不等方差假设下的塔姆黑尼 T2 法。根据前面的方差齐性检验结果，由于方差是齐性（等方差）的，因此我们只分析 LSD 法即可。可以看到东部地区与中部地区、西部地区、东北地区的人均可支配收入差异都非常显著（显著性 P 值分别为 0.005、0.000、0.013），中部地区的人均可支配收入只与东部地区有显著差异（显著性 P 值为 0.005），与西部地区（显著性 P 值为 0.132）、东北地区（显著性 P 值为 0.718）没有显著差异；西部地区的人均可支配收入也是只与东部地区有显著差异（显著性 P 值为 0.000），与中部地区（显著性 P 值为 0.132）、东北地区（显著性 P 值为 0.066）没有显著差异；东北地区的人均可支配收入也是只与东部地区有显著差异（显著性 P 值为 0.013），与中部地区

多重比较

因变量：人均可支配收入

	(I) 地区	(J) 地区	平均值差值 (I-J)	标准 错误	显著性	95% 置信区间 下限	上限
LSD	东部地区	中部地区	3733.6429*	1220.6966	.005	1214.249	6253.037
		西部地区	5636.4000*	1220.6966	.000	3117.006	8155.794
		东北地区	3287.4714*	1220.6966	.013	768.077	5806.865
	中部地区	东部地区	-3733.6429*	1220.6966	.005	-6253.037	-1214.249
		西部地区	1902.7571	1220.6966	.132	-616.637	4422.151
		东北地区	-446.1714	1220.6966	.718	-2965.565	2073.223
	西部地区	东部地区	-5636.4000*	1220.6966	.000	-8155.794	-3117.006
		中部地区	-1902.7571	1220.6966	.132	-4422.151	616.637
		东北地区	-2348.9286	1220.6966	.066	-4868.323	170.465
	东北地区	东部地区	-3287.4714*	1220.6966	.013	-5806.865	-768.077
		中部地区	446.1714	1220.6966	.718	-2073.223	2965.565
		西部地区	2348.9286	1220.6966	.066	-170.465	4868.323
塔姆黑尼	东部地区	中部地区	3733.6429	1373.2113	.112	-633.108	8100.394
		西部地区	5636.4000*	1319.9751	.008	1387.872	9884.928
		东北地区	3287.4714	1310.0447	.167	-941.450	7516.393
	中部地区	东部地区	-3733.6429	1373.2113	.112	-8100.394	633.108
		西部地区	1902.7571	1124.2702	.525	-1637.468	5442.982
		东北地区	-446.1714	1112.5944	.999	-3953.547	3061.204
	西部地区	东部地区	-5636.4000*	1319.9751	.008	-9884.928	-1387.872
		中部地区	-1902.7571	1124.2702	.525	-5442.982	1637.468
		东北地区	-2348.9286	1046.1794	.238	-5635.574	937.717
	东北地区	东部地区	-3287.4714	1310.0447	.167	-7516.393	941.450
		中部地区	446.1714	1112.5944	.999	-3061.204	3953.547
		西部地区	2348.9286	1046.1794	.238	-937.717	5635.574

*. 平均值差值的显著性水平为 0.05。

图 8.39 多重比较结果

（显著性 P 值为 0.718）、西部地区（显著性 P 值为 0.066）没有显著差异。

6. 平均值图

图 8.40 给出了平均值图。从结果中可以比较直观地看出 4 个地区的人均可支配收入平均值对比情况。可以看到东部地区的人均可支配收入平均值明显偏高，西部地区的人均可支配收入平均值明显偏低，中部地区和东北地区没有明显差异。但是正如前面的多重比较分析结果，西部地区与中部地区、东北地区在平均值图中的差异基于 5% 的显著性水平并不显著。

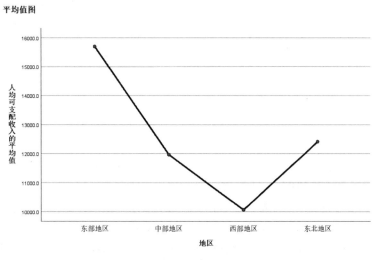

图 8.40　平均值图

8.6　本章习题

1. 用于分析的数据是习题 8.1，数据为《中国 2019 年部分行业城镇私营单位就业人员平均工资》，数据摘编自《中国统计年鉴 2020》，与数据 8.1 的差别在于选取的行业不同。针对就业人员平均工资分行业维度（包括农、林、牧、渔业，电力、热力、燃气及水生产和供应业，交通运输、仓储和邮政业）开展平均值分析，并探索不同行业的平均工资是否存在显著不同。

2. 使用数据习题 8.2，针对中国 2019 年主要城市 6 月平均气温开展单样本 T 检验，检验平均气温是否为 15 摄氏度。

3. 使用习题 8.3 数据。该数据记录的是不同分组受试者的谷丙转氨酶数据，其中一组为服用了药物组，另一组为服用了安慰剂组，请使用独立样本 T 检验方法检验两组的均值是否有显著不同。

4. 使用习题 8.3 数据。该数据记录的是 25 名患者在服用一种药物前后身体健康指数的变化，请使用成对样本 T 检验方法检验该药物是否有效。

5. 习题 8.4 数据记录的是某公司山东、河南、浙江、江苏 4 个省份 2020 年的销售额，请使用单因素 ANOVA 检验方法检验不同省份的销售额是否存在显著不同。

第9章

非参数检验

本章主要学习 SPSS 的非参数检验，包括卡方检验、二项检验、游程检验、单样本 K-S 检验、两个独立样本检验、两个相关样本检验、K 个独立样本检验、K 个相关样本检验 8 种分析方法。第 8 章介绍的各类 T 检验方法本质上都是参数检验，参数检验一般假设统计总体的具体分布为已知，但是我们往往会遇到一些总体分布不能用有限个实参数来描述或者不考虑被研究对象为何种分布，以及无法合理假设总体分布等情形，这时就需要放弃对总体分布参数的依赖，去寻求更多的来自样本的信息，基于这种思路的统计检验方法被称为非参数检验。

本章教学要点：

- 清楚知晓卡方检验、二项检验、游程检验、单样本 K-S 检验、两个独立样本检验、两个相关样本检验、K 个独立样本检验、K 个相关样本检验 8 种分析方法的特色，知晓每种方法的适用条件。
- 熟练掌握卡方检验、二项检验、游程检验、单样本 K-S 检验、两个独立样本检验、两个相关样本检验、K 个独立样本检验、K 个相关样本检验的窗口功能，根据研究需要灵活进行窗口设置，开展非参数检验。
- 能够对各种比较非参数检验的结果进行解读，从中发现数据特征，得出研究结论。

9.1 卡方检验

	下载资源：可扫描旁边二维码观看或下载教学视频
	下载资源：\sample\数据 9\数据 2.2

9.1.1 统计学原理

卡方检验的统计学原理是通过样本的频率分布来推断总体是否服从某种理论分布。这种检验过程是通过分析实际频率与理论频率之间的差别或者说吻合程度来完成的，该检验可以将一个变量以表格形式列在不同的类别中，检验所有类别是否包含相同比例的值，或检验每个类别是否包含用户指定比例的值。比如卡方检验可用于确定一盒积木是否包含相等比例的三角形、长方形、正方形、圆形，也可以检验一盒积木是否包含35%三角形、35%长方形、15%正方形、15%圆形。

　　卡方检验的原假设是：样本所属总体的分布与理论分布之间不存在显著差异。卡方检验的检验统计量公式为：

$$\chi^2 = \sum_{i=1}^{k} \frac{(M_{oi} - M_{ei})^2}{M_{ei}}$$

　　在公式中，χ^2 统计量在大样本条件下渐进服从于自由度为 $k-1$ 的卡方分布，M_{oi} 表示观测频率，M_{ei} 表示理论频率。χ^2 统计量越小，表示观测频率与理论频率越接近，如果小于由显著性水平和自由度确定的临界值，则认为样本所属的总体分布与理论分布无显著差异。

9.1.2　SPSS 操作

　　本小节用于分析的数据是第 2 章介绍的数据 2.2，即某研究通过调查问卷获取的 C2C 电子商务顾客信任影响因素数据。下面我们针对参与调查的样本年龄结构开展卡方检验，探索样本年龄分布是否均匀（各年龄段人数是否大致相等），SPSS 操作如下：

　　步骤 01 打开数据 2.2，选择 "分析" → "非参数检验" → "旧对话框" → "卡方" 命令，弹出如图 9.1 所示的 "卡方检验" 对话框。因为本例检验的是年龄分布，所以在 "卡方检验" 对话框的左侧列表框中选择 "年龄[nianling]" 并单击 ➡ 按钮，使之进入 "检验变量列表" 列表框，在 "期望范围" 选项组中选中 "从数据中获取" 单选按钮，在 "期望值" 选项组中选中 "所有类别相等" 单选按钮。

图 9.1　"卡方检验" 对话框

对话框深度解读

● 期望范围：如果选择 "从数据中获取"，则系统将为检验变量的每个不同的值均定义一个类别。如果选择 "使用指定范围"，并在 "下限" 和 "上限" 文本框中输入整数值，则系统仅为上下限范围内的每个整数值建立类别，并在执行检验时排除不在上下限范围内的样本。以本例进行说明，如果指定下限值为 2，上限值为 3，则对卡方检验仅使用 2 和 3 的整数值，针对年龄段为 2 和 3 进行分析，检验两个年龄段的样本数是否相等。

● 期望值。如果选择"所有类别相等"，则卡方检验将检验所有类别是否具有相等的期望值，即是否服从均匀分布。如果选择"值"，则卡方检验将检验用户指定的比例，比如本例中如果输入一组值（1,2,3,4），则系统将检验 1~4 四个年龄段的样本占比是否分别为 1/10、2/10、3/10、4/10。具体操作方式是，在"值"文本框中输入一个大于 0 的值，然后单击"添加"按钮，每次添加值时，该值就会出现在值列表的底部。注意值的顺序很重要，该顺序与检验变量的类别值的升序相对应，即列表中的第一个值与检验变量的最低组值（本例中为 1）相对应，而列表中的最后一个值与最高值（本例中为 4）相对应，系统将对值列表框中的所有值进行求和（本例中为 1+2+3+4=10），然后每个值除以该和，就是相应类别中所期望的样本占比。

步骤 02 单击"卡方检验"对话框中的"选项"按钮，弹出如图 9.2 所示的"卡方检验：选项"对话框。我们在"统计"选项组中选中"描述"复选框，也就是输出变量的描述性统计量，包括平均值、标准偏差、最小值、最大值、非缺失样本个数，选中"四分位数"复选框，也就是输出变量对应第 25 个、第 50 个和第 75 个百分位数的值。"缺失值"选项组采用系统默认设置，相关选项的含义不再赘述。设置完毕后，单击"继续"按钮返回"卡方检验"对话框，并单击"确定"按钮确认。

图 9.2 "卡方检验：选项"对话框

9.1.3 运行结果精解与分析

1. 描述统计结果

图 9.3 为描述统计结果。参与分析的非缺失样本数为 200 个，平均值为 2.56，标准偏差为 1.106，最小值为 1，最大值为 4，年龄变量第 25 个、第 50 个、第 75 个百分位数的值分别为 2、3、4。

2. 卡方检验结果

图 9.4 是卡方检验结果，从图中上半部分的"频率"结果中可以看出 4 个年龄组的实测个案数、期望个数以及两者之间的残差；从图中下半部分的"检验统计"结果中可以看出卡方统计量、自由度以及渐进显著性 P 值，可以看到渐进显著性 P 值为 0.878，远远大于通常意义上的显著性水平 0.05，所以非常显著地接受了原假设，即不同年龄组的样本个数并不存在显著不同，从年龄维度来看，参

与调查的样本是均匀的。

卡方检验

频率

年龄

	实测个案数	期望个案数	残差
25岁以下	45	50.0	-5.0
25岁至35岁	51	50.0	1.0
35岁-45岁	52	50.0	2.0
45岁以上	52	50.0	2.0
总计	200		

检验统计

	年龄
卡方	.680ᵃ
自由度	3
渐进显著性	.878

a. 0 个单元格 (0.0%) 的期望频率低于 5。期望的最低单元格频率为 50.0。

描述统计

	个案数	平均值	标准 偏差	最小值	最大值	第 25 个	百分位数 第 50 个（中位数）	第 75 个
年龄	200	2.56	1.106	1	4	2.00	3.00	4.00

图 9.3 描述统计结果　　　　图 9.4 卡方检验结果

9.2 二项检验

	下载资源：可扫描旁边二维码观看或下载教学视频
	下载资源：\sample\数据 9\数据 2.2

9.2.1 统计学原理

二项检验是用于检验样本是否来自二项分布总体的一种检验方法，统计学原理是检验二分类变量的两个类别的实际频率与指定概率参数的二项分布下的期望频率是否相同。二分变量是只能取两个值的变量，比如是或否、0 或 1 等。SPSS 默认把数据集中遇到的第一个值定义为第一组，第二个值定义为第二组。如果参与分析的变量不是二分变量，则用户需要指定分割点。通过设置分割点的方式将具有小于或等于分割点的值的样本分到第一组，其他样本分到第二组。

9.2.2 SPSS 操作

本小节继续使用数据 2.2。下面针对 C2C 电子商务顾客整体信任度开展二项检验，检验信任程度在 5 分以上的样本是否占比为 50%，SPSS 操作如下：

步骤 01 打开数据 2.2，选择"分析"→"非参数检验"→"旧对话框"→"二项"命令，弹出如图 9.5 所示的"二项检验"对话框。因为本例检验的是整体信任度评价，所以在"二项检验"对话框的左侧列表框中选择"整体信任度评价"并单击 按钮，使之进入"检验变量列表"列表框。在"二项检验"对话框的"定义二分法"选项组中，选中"分割点"单选按钮，并在后面的文本框中输入 5，在"检验比例"文本框中输入 0.50。

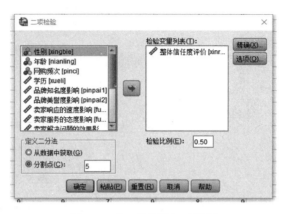

图 9.5 "二项检验"对话框

对话框深度解读

- 定义二分法：只有检验变量存在两种取值时才可以选择"从数据中获取"，并且 SPSS 默认在数据集中遇到的第一个值定义为第一组，第二个值定义为第二组。如本例，由于检验变量有 1~9 多种取值，因此不能选择此选项，如果选择，则系统会提示"存在两个以上用于整体信任度评价的值，无法计算二项检验"。"分割点"选项适用于本例，本例指定分割点 5 后，小于或等于 5 的值的样本将分到第一组，其他样本将分到第二组。

- 检验比例：用于设置检验概率，系统默认为 0.50，即均匀分布，用户可根据研究需要在其中输入合适的值。需要注意的是，此处设定的检验比例是针对第一组的。

步骤 02 关于"精确"和"选项"两个按钮设置与卡方检验类似，在此不再讲解。最后单击"确定"按钮确认。

9.2.3 运行结果精解与分析

图 9.6 为二项检验结果。组 1 为小于或等于 5 的样本组，共有 94 个样本，在全部样本中的实际占比为 0.47，设定的检验比例为 0.50，双尾精确显著性 P 值为 0.437，远大于 0.05，说明显著接受了原假设，即组 1 的实测比例与检验比例并无显著不同，或者说信任程度在 5 分以上的样本占比为 50%，这一假设检验被通过了。

二项检验

		类别	个案数	实测比例	检验比例	精确显著性（双尾）
整体信任度评价	组1	<= 5	94	.47	.50	.437
	组2	> 5	106	.53		
	总计		200	1.00		

图 9.6 二项检验

9.3　游程检验

	下载资源：可扫描旁边二维码观看或下载教学视频
	下载资源：\sample\数据 9\数据 9.1

9.3.1　统计学原理

　　游程检验是为了检验某一变量的取值是否随机，以判断相关调查研究的可信性。如果序列是随机序列，那么游程的总数不应当太多，也不应当太少，游程过多或过少均可以认为相应变量值的出现并不是随机的。

9.3.2　SPSS 操作

　　本小节用于分析的数据是数据 9.1，记录的是某公司 170 天的饮料销售量情况。SPSS 数据视图如图 9.7 所示。

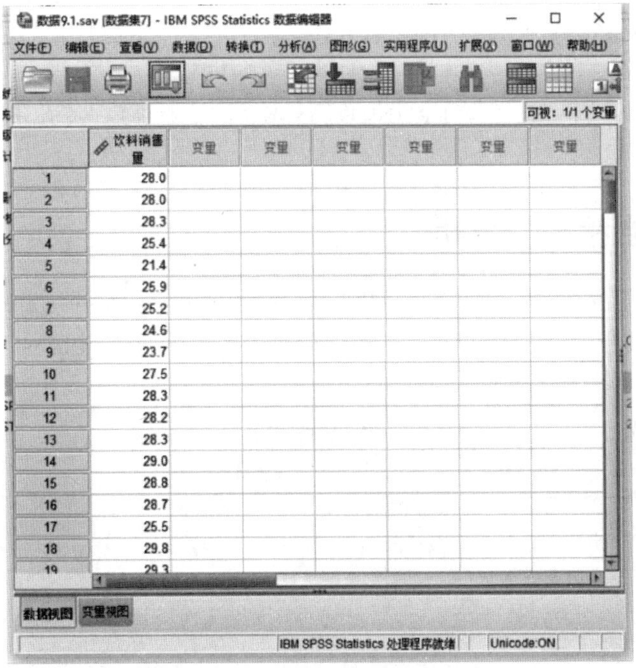

图 9.7　数据 9.1 的数据视图

　　下面我们使用游程检验方法检验该公司饮料销售量是否随机，SPSS 操作如下：

　　步骤01 打开数据 9.1，选择"分析"→"非参数检验"→"旧对话框"→"游程"命令，弹出如图 9.8 所示的"游程检验"对话框。在"游程检验"对话框的左侧列表框中选择"饮料销售量"并单击 按钮，使之进入"检验变量列表"列表框。在"游程检验"对话框内的"分割点"选项组中选中"中位数""众数""平均值"选项。

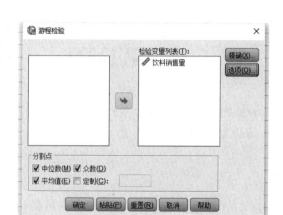

图9.8 "游程检验"对话框

对话框深度解读

分割点：用户指定一个分割点以分割检验变量各观测样本，小于分割点的样本观测值被分配到一组，大于或等于分割点的样本观测值被分配到另一组。用户可以使用检验变量数据的平均值、中位数或众数作为分割点，也可以使用指定的值作为分割点。如果用户有多个选择，系统将为用户每个选择的分割点都执行一次游程检验。

步骤 02 关于"精确"和"选项"两个按钮的设置与卡方检验类似，在此不再讲解。然后单击"确定"按钮确认。

9.3.3 运行结果精解与分析

图 9.9 为分别使用中位数、平均值和众数作为分割点的游程检验的结果。可以发现所有游程检验的双尾渐进显著性 P 值均为 0.000，都非常显著地拒绝了原假设，也就是说该公司的饮料销售量不是随机的。

游程检验

	饮料销售量
检验值[a]	25.5
个案数 < 检验值	85
个案数 >= 检验值	85
总个案数	170
游程数	37
Z	-7.539
渐近显著性（双尾）	.000

a. 中位数

游程检验 2

	饮料销售量
检验值[a]	24.748
个案数 < 检验值	71
个案数 >= 检验值	99
总个案数	170
游程数	41
Z	-6.753
渐近显著性（双尾）	.000

a. 平均值

游程检验 3

	饮料销售量
检验值[a]	28.3
个案数 < 检验值	132
个案数 >= 检验值	38
总个案数	170
游程数	39
Z	-4.669
渐近显著性（双尾）	.000

a. 众数

图9.9 游程检验结果

9.4 单样本 K-S 检验

下载资源：可扫描旁边二维码观看或下载教学视频
下载资源：\sample\数据 9\数据 9.1

9.4.1 统计学原理

单样本 K-S 检验的基本功能是判断一组样本观测结果的经验分布是否服从特定的理论分布，该理论分布可以是正态分布、均匀分布、泊松分布或指数分布。这种检验过程通过将变量的观察累积分布函数与指定的理论分布进行比较（计算观察累积分布函数和理论累积分布函数之间的最大差分）来实现。

9.4.2 SPSS 操作

本小节继续使用数据 9.1，使用单样本 K-S 检验方法判断数据的分布特征，SPSS 操作如下：

步骤 01 打开数据 9.1，选择"分析"→"非参数检验"→"旧对话框"→"单样本 K-S"命令，弹出如图 9.10 所示的"单样本柯尔莫戈洛夫-斯米诺夫检验"对话框。在该对话框的左侧列表框中选择"饮料销售量"并单击 ![箭头] 按钮，使之进入"检验变量列表"列表框。在该对话框的"检验分布"选项组中选中"正态""均匀""泊松""指数"复选框。

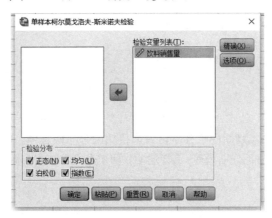

图 9.10 "单样本柯尔莫戈洛夫-斯米诺夫检验"对话框

对话框深度解读

检验分布：用户选择相关检验分布选项以判断检验变量是否服从相应的分布特征。检验分布选项包括正态、均匀、泊松和指数。如果用户有多个选择，系统将为用户选择的每种检验分布选项都执行一次单样本柯尔莫戈洛夫-斯米诺夫检验。

步骤 02 关于"精确"和"选项"两个按钮的设置与卡方检验类似，在此不再讲解。最后单击"确定"按钮确认。

9.4.3 运行结果精解与分析

图 9.11 为分别指定正态分布、均匀分布、泊松分布和指数分布选项执行单样本柯尔莫戈洛夫-斯米诺夫检验的结果。可以发现，除了泊松分布直接不适用、无须检验之外（系统提示：泊松变量是非负整数，数据中出现值 12.3，无法执行单样本柯尔莫戈洛夫-斯米诺夫检验），其他所有检验的双尾渐进显著性 P 值均为 0.000，都非常显著地拒绝了原假设，也就是说该公司的饮料销售量不服从正态分布、均匀分布和指数分布中的任何一种。

单样本柯尔莫戈洛夫-斯米诺夫检验1

		饮料销售量
个案数		170
正态参数 a,b	平均值	24.748
	标准 偏差	3.9765
最极端差值	绝对	.110
	正	.073
	负	-.110
检验统计		.110
渐近显著性（双尾）		.000 c

a. 检验分布为正态分布。
b. 根据数据计算。
c. 里利氏显著性修正。

单样本柯尔莫戈洛夫-斯米诺夫检验 2

		饮料销售量
个案数		170
均匀参数 a,b	最小值	12.3
	最大值	31.6
最极端差值	绝对	.289
	正	.064
	负	-.289
柯尔莫戈洛夫-斯米诺夫Z		3.766
渐近显著性（双尾）		.000

a. 检验分布为均匀分布。
b. 根据数据计算。

单样本柯尔莫戈洛夫-斯米诺夫检验 3

		饮料销售量
个案数		170 c
泊松参数 a,b	平均值	24.748

a. 检验分布为泊松分布。
b. 根据数据计算。
c. 泊松变量是非负整数。数据中出现值12.3。无法执行单样本柯尔莫戈洛夫-斯米诺夫检验。

单样本柯尔莫戈洛夫-斯米诺夫检验 4

		饮料销售量
个案数		170
指数参数 a,b	平均值	24.748
最极端差值	绝对	.459
	正	.285
	负	-.459
柯尔莫戈洛夫-斯米诺夫Z		5.984
渐近显著性（双尾）		.000

a. 检验分布为指数分布。
b. 根据数据计算。

图 9.11 单样本柯尔莫戈洛夫-斯米诺夫检验结果

9.5 两个独立样本检验

	下载资源：可扫描旁边二维码观看或下载教学视频
	下载资源：\sample\数据 9\数据 3.3

9.5.1 统计学原理

2 个独立样本检验用于在总体分布未知的情况下，通过对两个独立样本的集中趋势、离中趋势、偏度等指标进行差异性检验，判断两个样本是否来自相同分布的总体。SPSS 非参数检验模块有 4 种"2 个独立样本检验"方法，分别是曼-惠特尼 U、柯尔莫戈洛夫-斯米诺夫 Z、莫斯极端反应和瓦尔德-沃尔福威茨游程检验。

9.5.2 SPSS 操作

本节使用数据 3.3，记录的是不同性别的两组儿童在某次测试中的得分情况，使用两个独立样本检验方法判断不同性别的两组儿童来自的总体分布是否存在显著差异，SPSS 操作如下：

步骤01 打开数据 3.3，选择"分析"→"非参数检验"→"旧对话框"→"2 个独立样本"命令，弹出如图 9.12 所示的"双独立样本检验"对话框。在该对话框的左侧列表框中选择"测试得分[测试得分]"并单击 ➡ 按钮，使之进入"检验变量列表"列表框。

步骤02 选择检验类型。在"双独立样本检验"对话框的"检验类型"列表框中选择曼-惠特尼 U、柯尔莫戈洛夫-斯米诺夫 Z、莫斯极端反应和瓦尔德-沃尔福威茨游程 4 种方法。

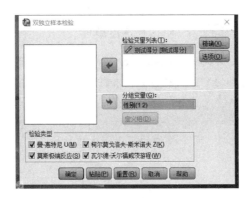

图 9.12　"双独立样本检验"对话框

对话框深度解读

- 曼-惠特尼 U 检验法：最常用的双独立样本检验方法，等同于对两个组进行的 Wilcoxon 秩和检验和 Kruskal-Wallis 检验，在检验的同时将一并输出 Wilcoxon 秩和 W 统计量。原假设是两个独立样本来自的总体分布不存在显著差异。当检验两个独立样本是否来自同一个总体，但样本量小于 30，或数据不符合正态分布，不适合用双独立样本 T 检验时，可选用曼-惠特尼 U 检验法。

- 柯尔莫戈洛夫-斯米诺夫 Z 检验法：计算两个样本的实际累积分布函数之间的最大绝对差，当这个差很大时，就将两个分布视为不同的分布。原假设是两个独立样本来自的总体分布不存在显著差异。

- 莫斯极端反应检验法：将一个样本作为试验样本，另一个样本作为控制样本，再将两个样本合并按升序排列，得出每个数据的等级并计算控制组的跨度（控制组样本中最大等级和最小等级之间包含的样本个数），如果跨度较大，则认为两个样本存在极限反应，具有显著性差异。因为极端异常值可能轻易使跨度范围变形，所以系统还会修剪取值极高和极低的各 5% 数据，生成另一个跨度辅助检验。原假设是两个独立样本来自的总体分布不存在显著差异。

- 瓦尔德-沃尔福威茨游程检验法：对来自两个组的样本观测值进行组合和排秩。如果两个样本来自同一总体，则两个组应随机散布在整个秩次中。原假设是两个独立样本来自的总体分布不存在显著差异。

步骤 03 选择分组变量。在"双独立样本检验"对话框的左侧列表框中选择"性别（12）"并单击 按钮，使之进入"分组变量"列表框。然后单击"定义组"按钮，弹出如图 9.13 所示的"双独立样本：定义组"对话框。其中"组 1""组 2"分别表示第一、二组类别变量的取值。我们在"组 1"中输入 1，在"组 2"中输入 2。

图 9.13　"双独立样本：定义组"对话框

对话框深度解读

定义组：如果分组变量是名义变量，在“组 1”中输入一个字符串，在“组 2”中输入另一个字符串，具有其他字符串的个案将从分析中排除；如果分组变量是连续变量，在“组 1”中输入一个值，在“组 2”中输入另一个值，具有任何其他值的个案将从分析中排除。

步骤 04 关于“精确”和“选项”两个按钮的设置与卡方检验类似，在此不再讲解。最后单击“确定”按钮确认。

9.5.3 运行结果精解与分析

图 9.14 为曼-惠特尼 U、柯尔莫戈洛夫-斯米诺夫 Z、莫斯极端反应和瓦尔德-沃尔福威茨游程 4 种检验的结果。可以发现曼-惠特尼 U（渐进显著性 P 值为 0.010）、柯尔莫戈洛夫-斯米诺夫 Z（渐进显著性 P 值为 0.014）、瓦尔德-沃尔福威茨游程（渐进显著性 P 值为 0.025）3 种检验都显著拒绝了原假设，不同性别的两组儿童来自的总体分布存在显著差异，而莫斯极端反应（显著性 P 值为 0.500、0.822）显著接受了原假设。从本例的分析对比中可以看出，不同的检验方法会导致不同的结论，我们需要结合各种检验结果综合判断。

曼-惠特尼检验

秩

	性别	个案数	秩平均值	秩的总和
测试得分	男	34	40.68	1383.00
	女	34	28.32	963.00
	总计	68		

检验统计[a]

	测试得分
曼-惠特尼 U	368.000
威尔科克森 W	963.000
Z	-2.576
渐进显著性（双尾）	.010

a. 分组变量：性别

莫斯检验

频率

	性别	个案数
测试得分	男（控制）	34
	女（实验）	34
	总计	68

检验统计[a,b]

		测试得分
实测控制组范围		66
	Sig.（单尾）	.500
剪除后控制组跨度		64
	Sig.（单尾）	.822
在两端剪除了离群值		1

a. 莫斯检验
b. 分组变量：性别

双样本柯尔莫戈洛夫-斯米诺夫检验

频率

	性别	个案数
测试得分	男	34
	女	34
	总计	68

检验统计[a]

		测试得分
最极端差值	绝对	.382
	正	.029
	负	-.382
柯尔莫戈洛夫-斯米诺夫 Z		1.576
渐进显著性（双尾）		.014

a. 分组变量：性别

瓦尔德-沃尔福威茨检验

频率

	性别	个案数
测试得分	男	34
	女	34
	总计	68

检验统计[a,b]

		游程数	Z	渐近显著性（单尾）
测试得分	最小可能值	27[c]	-1.955	.025
	最大可能值	35[c]	.000	.500

a. 瓦尔德-沃尔福威茨检验
b. 分组变量：性别
c. 存在 7 个组内绑定值，涉及 17 个个案。

图 9.14 双独立样本检验结果

9.6　两个相关样本检验

 | 下载资源：可扫描旁边二维码观看或下载教学视频
--- | ---
 | 下载资源：\sample\数据 9\数据 3.4

9.6.1　统计学原理

两个相关样本的非参数检验一般用于对研究对象试验前后是否具有显著性差异的分析。SPSS 非参数检验模块有 4 种方法可用于两个相关样本检验，分别是威尔科克森、符号、麦克尼马尔和边际齐性。

9.6.2　SPSS 操作

本节使用数据 3.4，记录的是同一组劳动者在培训前后分别参加绩效考核的成绩。下面使用双关联样本检验方法检验培训前后绩效考核成绩的差异，SPSS 操作如下：

步骤 01 打开数据 3.4，选择"分析"→"非参数检验"→"旧对话框"→"2 个相关样本"命令，弹出如图 9.15 所示的"双关联样本检验"对话框。从源变量列表框中选择"培训前[培训前]"和"培训后[培训后]"变量并单击 按钮，使之选入"检验对"列表框中。

图 9.15　"双关联样本检验"对话框

步骤 02 选择检验类型。在"双关联样本检验"对话框的"检验类型"列表框中选择威尔科克森、符号、麦克尼马尔和边际齐性 4 种方法。

对话框深度解读

威尔科克森、符号、麦克尼马尔和边际齐性 4 种方法的具体选取依赖于数据类型。

如果数据是连续的，可使用威尔科克森、符号检验。符号检验计算所有样本的两个变量（如本例中培训前、培训后）之间的差，并将差分类为正、负或 0。如果两个变量分布相似，则正和负的数目不会有很大的差别。威尔科克森检验除了考虑两个变量之间差的正负方向之外，还考虑差的幅度，比符号检验更强大。

如果数据为二值分类数据（取值只有两个），则使用麦克尼马尔检验，此检验通常用于测量由试验引起的响应变化（如服药前、服药后），每个样本有两次响应数据，一次在指定事件发生之前，一次在指定事件发生之后。麦克尼马尔检验确定初始响应率（事件前）是否等于最终响应率（事件后）。

如果数据为分类数据（不局限于两个值，也有可能是多个取值，但是是分类数据），则使用边际齐性检验。边际齐性检验本质上是麦克尼马尔检验从二值响应到多项响应的扩展。

步骤 03 关于"精确"和"选项"两个按钮的设置与卡方检验类似，在此不再讲解。最后单击"确定"按钮确认。

9.6.3 运行结果精解与分析

由于本例中参与分析的两个变量不是二值分类数据，因此未执行麦克尼马尔检验。图 9.16 为威尔科克森、符号和边际齐性 3 种检验的结果。可以发现威尔科克森（渐进显著性 P 值为 0.001）、符号（渐进显著性 P 值为 0.018）和边际齐性（渐进显著性 P 值为 0.001）3 种检验都显著拒绝了原假设，即培训前后绩效考核成绩的差异是显著的。

符号检验

威尔科克森符号秩检验

秩

	个案数	秩平均值	秩的总和
培训后 - 培训前　负秩	22[a]	18.00	396.00
正秩	8[b]	8.63	69.00
绑定值	0[c]		
总计	30		

a. 培训后 < 培训前
b. 培训后 > 培训前
c. 培训后 = 培训前

检验统计[a]

	培训后 - 培训前
Z	-3.364[b]
渐进显著性（双尾）	.001

a. 威尔科克森符号秩检验
b. 基于正秩。

频率

		个案数
培训后 - 培训前	负差值[a]	22
	正差值[b]	8
	绑定值[c]	0
	总计	30

a. 培训后 < 培训前
b. 培训后 > 培训前
c. 培训后 = 培训前

检验统计[a]

	培训后 - 培训前
Z	-2.373
渐进显著性（双尾）	.018

a. 符号检验

边际齐性检验

	培训前 & 培训后
相异值	44
非对角个案	30
实测 MH 统计	796.800
平均值 MH 统计	756.200
MH 统计的标准差	12.149
标准 MH 统计	3.342
渐进显著性（双尾）	.001

图 9.16　双关联样本检验结果

9.7　K 个独立样本检验

下载资源：可扫描旁边二维码观看或下载教学视频
下载资源：\sample\数据 9\数据 3.5

9.7.1 统计学原理

K 个独立样本检验的统计学原理与两个独立样本检验相同，两个独立样本检验是 K 个独立样本检验的特殊情况。SPSS 提供了克鲁斯卡尔-沃利斯 H、约克海尔-塔帕斯特拉和中位数 3 种检验方法进行 K 个独立样本检验。

9.7.2 SPSS 操作

本小节使用数据 3.5，即《中国历年农村居民按东、中、西部及东北地区分组的人均可支配收入统计（2013—2019）》，请使用 *K* 个独立样本检验方法检验中国农村居民按东、中、西部及东北地区分组的人均可支配收入是否存在显著不同，SPSS 操作如下：

步骤 01 打开数据 3.5，选择"分析"→"非参数检验"→"旧对话框"→"*K* 个独立样本"命令，弹出如图 9.17 所示的"针对多个独立样本的检验"对话框。在该对话框的左侧列表框中选择"人均可支配收入"并单击 → 按钮，使之进入"检验变量列表"列表框。

步骤 02 在"针对多个独立样本的检验"对话框的左侧列表框中选择"地区（14）"并单击 → 按钮，使之进入"分组变量"列表框。然后单击"定义范围"按钮，弹出如图 9.18 所示的对话框，针对分组变量的范围进行设置。其中"最小值""最大值"分别表示分组变量的取值下限和上限。我们在"最小值"中输入 1，在"最大值"中输入 4。

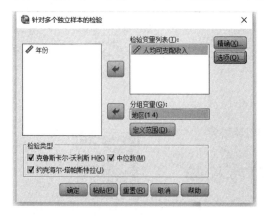

图 9.17　"针对多个独立样本的检验"对话框　　图 9.18　"针对多个独立样本的检验：定义范围"对话框

步骤 03 选择检验类型。在"针对多个独立样本的检验"对话框的"检验类型"选项组中，选择克鲁斯卡尔-沃利斯 H、中位数和约克海尔-塔帕斯特拉 3 种方法。

对话框深度解读

- 克鲁斯卡尔-沃利斯 H 检验：曼-惠特尼 U 检验法的扩展，是单因素方差分析的非参数模拟，用于检测分布位置的差别。
- 中位数检验：首先将所有样本合并并计算中位数，然后计算各组样本中大于或小于这个中位数的样本的个数。如果这些数据差距过大，则认为两组样本所属的总体有显著差异。
- 约克海尔-塔帕斯特拉检验：在 *K* 个总体已进行自然先验排序（升序或降序）的情况下，该检验性能更优。

步骤 04 关于"精确"和"选项"两个按钮的设置与卡方检验类似，在此不再讲解。最后单击"确定"按钮确认。

9.7.3 运行结果精解与分析

图 9.19 为克鲁斯卡尔-沃利斯 H、约克海尔-塔帕斯特拉和中位数 3 种检验的结果。可以发现克鲁斯卡尔-沃利斯 H（渐进显著性 P 值为 0.005）、约克海尔-塔帕斯特拉（渐进显著性 P 值为 0.030）两种检验都显著拒绝了原假设，中位数检验（渐进显著性 P 值为 0.059）显著程度不高。我们综合 3 种检验方法的结论，可以合理认为中国农村居民按东、中、西部及东北地区分组的人均可支配收入存在显著不同。

克鲁斯卡尔-沃利斯检验

秩

	地区	个案数	秩平均值
人均可支配收入	东部地区	7	23.00
	中部地区	7	13.00
	西部地区	7	7.43
	东北地区	7	14.57
	总计	28	

检验统计[a,b]

	人均可支配收入
克鲁斯卡尔-沃利斯 H(K)	12.880
自由度	3
渐进显著性	.005

a. 克鲁斯卡尔-沃利斯检验
b. 分组变量：地区

中位数检验

频率

		地区			
		东部地区	中部地区	西部地区	东北地区
人均可支配收入	> 中位数	6	3	1	4
	<= 中位数	1	4	6	3

检验统计[a]

	人均可支配收入
个案数	28
中位数	12065.700
卡方	7.429[b]
自由度	3
渐进显著性	.059

a. 分组变量：地区
b. 8 个单元格 (100.0%) 的期望频率低于 5。期望的最低单元格频率为 3.5。

约克海尔-塔帕斯特拉检验[a]

	人均可支配收入
地区 中的级别数	4
个案数	28
实测 J-T 统计	94.000
平均值 J-T 统计	147.000
J-T 统计的标准差	24.417
标准 J-T 统计	-2.171
渐进显著性（双尾）	.030

a. 分组变量：地区

图 9.19 K 个独立样本检验结果

9.8 K 个相关样本检验

	下载资源：可扫描旁边二维码观看或下载教学视频
	下载资源：\sample\数据 9\数据 9.2

9.8.1 统计学原理

K 个相关样本检验用于在总体分布未知的情况下检验多个相关样本是否来自相同分布的总体。K 个相关样本检验的统计学原理与两个相关样本检验相同，两个相关样本检验是 K 个相关样本检验的特殊情况。SPSS 提供了傅莱德曼、肯德尔 W 和柯克兰 Q 三种方法进行 K 个相关样本检验。

9.8.2 SPSS 操作

本节使用数据 9.2，为《中国 2018 年主要城市日照时数统计》（摘编自《中国统计年鉴 2019》），请使用 K 个相关样本检验方法检验 6 月、7 月、8 月的日照时数是否存在显著不同，SPSS 操作如下：

步骤 01 打开数据 9.2，选择"分析"→"非参数检验"→"旧对话框"→"K 个相关样本"命令，弹出如图 9.20 所示的"针对多个相关样本的检验"对话框。从源变量列表框中选择"6 月[@6月]""7 月[@7月]"和"8 月[@8月]"变量，单击 按钮使之选入"检验变量"列表框中。

图 9.20 "针对多个相关样本的检验"对话框

步骤 02 选择检验类型。在"针对多个相关样本的检验"对话框的"检验类型"选项组中选择傅莱德曼、肯德尔 W 和柯克兰 Q 三种方法。

对话框深度解读

傅莱德曼检验：首先对所有样本合并并按升序排列，然后求各观测量在各自行中的等级，并对各组样本求平均等级及等级和。如果平均等级或等级和相差很大，则认为两组样本所属的总体有显著差异。

肯德尔 W 检验：傅莱德曼的标准化形式。该方法将每个样本观测值视为一名评分者，每个变量视为评价的一项，计算协调系数 W，作为评分者之间一致程度的测量，W 取值范围为 0（完全不一致）~1（完全一致）。

柯克兰 Q 检验：等同于傅莱德曼检验，但仅用于处理二值数据的情况。

步骤 03 关于"精确"和"统计"两个按钮的设置与卡方检验类似，在此不再讲解。最后单击"确定"按钮确认。

9.8.3 运行结果精解与分析

由于本例中参与分析的 3 个变量不是二值分类数据，因此未执行柯克兰 Q 检验。图 9.21 为傅莱德曼和肯德尔 W 两种检验的结果。可以发现傅莱德曼（渐进显著性 P 值为 1.000）和肯德尔 W（渐进显著性 P 值为 1.000）两种检验都显著接受了原假设，即 6 月、7 月、8 月的日照时数不存在显著不同。

傅莱德曼检验　　**肯德尔 W 检验**

秩

秩平均值
6月	2.00
7月	2.00
8月	2.00

秩

秩平均值
6月	2.00
7月	2.00
8月	2.00

检验统计a

个案数	34
卡方	.000
自由度	2
渐进显著性	1.000

a. 傅莱德曼检验

检验统计

个案数	34
肯德尔 Wa	.000
卡方	.000
自由度	2
渐进显著性	1.000

a. 肯德尔协同系数

图 9.21 K 个相关样本检验结果

9.9 本章习题

1. 使用数据 2.2，针对参与调查的样本网购频次结构开展卡方检验，探索样本网购频次分布是否均匀（各网购频次人数是否大致相等）。

2. 使用数据 2.2，针对卖家响应的速度影响（fuwu1）开展二项检验，检验卖家响应的速度影响评价在 4 分以上的样本是否占比为 60%。

3. 使用习题 9.1 数据。该数据记录的是某牛奶商一定时期每天的牛奶产量数据，请使用游程检验方法检验该产量是否为随机。

4. 使用习题 9.1 数据。该数据记录的是某牛奶商一定时期每天的牛奶产量数据，请使用单样本柯尔莫戈洛夫-斯米诺夫检验方法检验该产量是否服从正态分布、均匀分布、泊松分布或指数分布。

5. 使用习题 3.2 数据。该数据记录的是不同分组受试者的谷丙转氨酶数据，其中一组为服用了药物组，另一组为服用了安慰剂组，请使用双独立样本检验方法检验两组样本来自的总体分布存在显著差异。

6. 使用习题 3.3 数据。该数据记录的是 25 名患者在服用一种药物前后身体健康指数的变化，请使用两个相关样本检验该药物是否有效。

7. 习题 3.4 数据记录的是某公司山东、河南、浙江、江苏 4 个省份 2020 年的销售额，请使用 K 个独立样本检验方法检验不同省份的销售额是否存在显著不同。

8. 继续使用数据 9.2，使用 K 个相关样本检验方法检验 9 月、10 月、11 月的日照时数是否存在显著不同。

第 10 章

多因素方差分析与多因变量分析

本章主要学习 SPSS 的一般线性模型，包括多因素方差分析与多因变量分析。

本章教学要点：

- 清楚知晓 SPSS 的多因素方差分析与多因变量分析的特色，知晓每种方法的适用条件。
- 熟练掌握 SPSS 的多因素方差分析与多因变量分析的窗口功能，根据研究需要灵活进行窗口设置，开展一般线性模型分析。
- 能够对各种一般线性模型分析的结果进行解读，从中发现数据特征，得出研究结论。

10.1　多因素方差分析

	下载资源：可扫描旁边二维码观看或下载教学视频
	下载资源：\sample\数据 10\数据 10.1

10.1.1　统计学原理

SPSS 多因素方差分析的统计学原理是通过一个或多个因子或协变量（解释变量）为一个因变量（被解释变量）提供回归分析和方差分析。之所以称为多因素方差分析，是因为因子（包括固定因子和随机因子）或协变量可以有一个或多个，但因变量只有一个。用户可以研究个别因子对因变量的影响，也可以研究因子之间的交互效应对因变量的影响，还可以研究协变量对因变量的影响以及协变量与因子之间的交互效应对因变量的影响。

关键点 1：因子和协变量的区别是什么？SPSS 多因素方差分析要求因变量是定量连续变量，对于因子要求必须是分类变量，当然分类变量可以是最多 8 个字符的字符串值，也可以是用 1、2、3、4 分组的数字值。除了分类变量的因子外，如果还有定量连续变量可以影响因变量怎么办？这就需要通过设置协变量的形式来实现，协变量是对因变量有影响的定量连续变量。

关键点 2：固定因子和随机因子的区别是什么？如果因变量为单变量，同时因子之间属于同级并列关系，就应该把因子都作为固定因子处理，而如果因子之间有着较为明确的从属关系，则应该把最为主要的因子作为固定因子，把其他因子作为随机因子处理；如果因变量为多变量，不论因子之间的从属关系如何，都应该把因子作为固定因子处理。

10.1.2　SPSS 操作

本节使用数据 10.1。数据 10.1 是某研究通过调查问卷获取的 C2C 电子商务顾客信任影响因素数据（与数据 2.2 有差异）。限于篇幅，不再展示数据文件的数据视图和变量视图，读者可自行打开相关源文件观察。下面以整体接受度评价作为因变量，以性别、年龄、网购频次作为固定因子，开展多因素方差分析。SPSS 操作如下：

步骤01 打开数据 10.1，选择"分析"→"一般线性模型"→"单变量"命令，弹出"单变量"对话框。在左侧变量框中选择"整体接受度评价"变量，单击 按钮，选入右侧的"因变量"框，选择"性别""年龄""网购频次"变量，单击 按钮，选入右侧的"固定因子"框，如图 10.1 所示。

步骤02 单击"模型"按钮，弹出"单变量：模型"对话框，如图 10.2 所示。本例中采用系统默认设置的"全因子"模型。

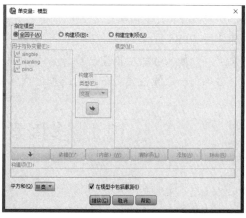

图 10.1　"单变量"对话框　　　　　　图 10.2　"单变量：模型"对话框

对话框深度解读

"指定模型"选项组用来设置模型的类型，即最终进入模型的自变量（因子）。

- 全因子：系统默认选项。全因子模型包括所有因子变量的主效应、所有协变量的主效应、所有因子与因子的交互效应，但不包括多个协变量之间或协变量与因子之间的交互效应。该对话框如果选择"全因子"，则无须进行其他设置。

- 构建项：若用户不需要使用全因子模型，而仅需指定其中一部分因子的主效应、一部分因子之间的交互效应或一部分因子与协变量之间的交互效应，可选择该选项，系统将在"因子与协变量"框中自动列出可以作为因子变量的变量名，这些变量都是由用户在前面的"单变量"

对话框指定的，用户根据表中列出的变量名自行建立模型即可。

构建项中包括交互、主效应、所有二阶、所有三阶、所有四阶、所有五阶等类型。在同时选中因子与协变量列表框中的各个因子以后，若选择主效应，则将各个因子本身作为变量纳入模型，本例中为 xingbie、nianling、pinci，若选择交互，则创建所有选定变量的最高级交互项，本例中为 xingbie*nianling*pinci；若选择二阶交互，则创建所有选定变量的所有可能的二阶交互，本例中为 xingbie*nianling、nianling*pinci、xingbie*pinci；若选择三阶交互，则创建所有选定变量的所有可能的三阶交互；本例中为 xingbie*nianling*pinci，若选择四阶交互，则创建所有选定变量的所有可能的四阶交互；若选择五阶交互，则创建所有选定变量的所有可能的五阶交互。因为本例中只有 3 个因子，所以即使选择四阶交互、五阶交互，也仅会出现三阶交互的结果，即 xingbie*nianling*pinci。

- 构建定制项：如果要包含嵌套项，或者想要按变量显式构建任何项，才使用该选项。

在对话框的左下方有"平方和"下拉框，可以进行 4 项选来来确定平方和的分解方法，包括Ⅰ类、Ⅱ类、Ⅲ类和Ⅳ类 4 种，其中Ⅲ类是系统默认的，也是常用的一种。

- Ⅰ类：平方和分层解构法，仅对模型主效应之前的每项进行调整，一般适用于以下模型：
  - ➤ 平衡的 ANOVA 模型。在这个模型中，一阶交互效应前指定主效应，二阶交互效应前指定一阶交互效应，以此类推。
  - ➤ 多项式回归模型。在该模型中任何低阶项都在较高阶项前面指定。
  - ➤ 纯嵌套模型。在模型中第一个被指定的效应嵌套在第二个被指定的效应中，第二个被指定的效应嵌套在第三个被指定的效应中，嵌套模型只能使用语句指定。

- Ⅱ类：该方法计算一个效应的平方和时，对其他所有的效应进行调整，一般适用于平衡的 ANOVA 模型、仅有主效应的模型、任何回归模型、纯嵌套模型。

- Ⅲ类：为系统默认的处理方法，对其他任何效应均进行调整。它的优势是把所估计剩余常量都考虑到单元频率中。一般适用于Ⅰ类、Ⅱ类所列的模型和没有空单元格的平衡或不平衡模型。

- Ⅳ类：该方法是为有缺失单元格的情况设计的，使用此方法时任何效应 F 计算平方和，如果 F 不包含在其他效应中，则Ⅳ类=Ⅲ类=Ⅱ类；如果 F 包含在其他效应中，则Ⅳ类只与 F 的较高水平效应参数作对比，一般适用于Ⅰ类、Ⅱ类所列模型和带有空单元格的平衡或不平衡模型。

右下角的"在模型中包括截距"项，系统默认截距包括在回归模型中，如果假设数据通过原点，可以不包括截距，即不选择此项，这里保持默认选项。

步骤 03 单击"继续"按钮，回到"单变量"对话框，单击"对比"按钮，弹出"单变量：对比"对话框，如图 10.3 所示。本例中采用系统默认设置。

图 10.3 "单变量：对比"对话框

对话框深度解读

"因子"框中显示出所有在主对话框中选中的因子变量，因子变量名后的括号中是当前的对比方法。"更改对比"栏中可以改变变量的对比方法。

对比用来检验因子的水平之间的差值，我们可以对模型中的每个因子指定一种对比方法，对比结果描述的是参数的线性组合。操作方法如下：

（1）在"因子"框中选择想要改变对比方法的因子，这一操作使"更改对比"选项组中的各项被激活。

（2）单击"对比"参数框后的下拉箭头，在展开的对比方法表中选择对比方法，可供选择的对比方法及其含义如下。需要提示的是，对于偏差对比和简单对比，用户可以自主选择参考类别是最后一个类别还是第一个类别。

- 无：不进行均值比较。
- 偏差：将因子的每个水平（参考类别除外）的平均值与所有水平的平均值（总平均值）进行比较。
- 简单：将因子的每个水平的平均值与指定水平的平均值进行比较。当存在控制组时，此类对比很有用。
- 差值：将因子的每个水平的平均值（第一个水平除外）与前面水平的平均值进行比较。
- 赫尔默特：将因子的每个水平的平均值(最后一个水平除外)与后面水平的平均值进行比较。
- 重复：将因子的每个水平的平均值（最后一个水平除外）与后一个水平的平均值进行比较。
- 多项式：比较线性效应、二次效应、三次效应等。第一自由度包含跨所有类别的线性效应，第二自由度包含二次效应，以此类推。这些对比常用来估计多项式趋势。

（3）单击"更改"按钮，选中的（或改变了的）对比方法将显示在步骤（1）选中的因子变量后面的括号中。

（4）选择对比的参考水平，只有选择了"偏差"或"简单"方法时才需要选择参考水平。共有两种可能的选择："最后一个"和"第一个"，系统默认的参考水平是"最后一个"。

步骤 **04** 单击"继续"按钮，回到"单变量"对话框，单击"图"按钮，弹出"单变量：轮廓图"对话框，如图 10.4 所示。这里我们把 xingbie 变量选为水平轴变量，把 nianling 变量选为单独的线条变量，把 pinci 变量选为单独的图变量，然后单击"添加"按钮将其添加到下方的"图"列表框中。

图 10.4　"单变量：轮廓图"对话框

对话框深度解读

轮廓图对于比较模型中的边际平均值是有用的，单因子的轮廓图显示估计边际平均值是沿水平增加还是减小。所有固定和随机因子（如果存在）都可用于绘制轮廓图，图表可以是折线图或条形图。第一个因子对应"水平轴"，反映因子的每个水平（每个取值）上的估计因变量边际平均值；第二个因子对应"单独的线条"，变量的每个水平将在图中是一条线；第三个因子对应"单独的图"，每个水平可用来创建分离图，分离图变量的每个水平生成一幅线图。具体设置如下：

（1）从左侧的"因子"列表框中把因子变量分别选入"水平轴""单独的线条""单独的图"中，单击"添加"按钮，即在"图"列表框中生成图形表达式，生成图形表达式后如发现有错误，可以单击"更改"或"除去"按钮分别进行修改和删除。

（2）选择图表类型，可为折线图或条形图。

（3）选择是否输出误差条形图，用户可选择"包括误差条形图"并且设定置信区间或标准误差。

（4）选择是否包括总平均值的参考线，可选择是否包括一个参考线来表示总体平均值。

（5）若可选 Y 轴从 0 开始复选框，对于仅包含整数值或仅包含负数值的折线图，强制 Y 轴从 0 开始。条形图始终从（或包含）0 开始。

步骤 05 单击"继续"按钮，回到"单变量"对话框，单击"事后比较"按钮，弹出"单变量：实测平均值的事后多重比较"对话框，如图 10.5 所示。我们从"因子"栏中选择全部因子变量，单击 按钮，选入右侧的"下列各项的事后检验"框，然后在下面的多个复选框中选择需要的多重比较方法 LSD。

对话框深度解读

单变量方差分析的基本分析只能判断自变量是否对因变量产生了显著影响，如果自变量确实对因变量产生了显著影响，那么还应该进一步确定自变量的不同水平对因变量的影响程度，包括哪个水平的作用是显著的，哪个水平的作用是不显著的，等等。

"假定等方差"选项组提供了 14 种方法，"不假定等方差"选项组提供了 4 种方法，各种方法各有优劣，具体统计量的计算公式可参阅相关统计学教材。本例中我们在"假定等方差"选项组中选择最为常用的 LSD。

步骤06 单击"继续"按钮，回到"单变量"对话框，单击"保存"按钮，弹出"单变量：保存"对话框，如图 10.6 所示。通过在该对话框中的选择，系统使用默认变量名将所计算的预测值、残差和诊断等作为新的变量保存在编辑数据文件中，以便在其他统计分析中使用这些值，在数据编辑器窗口中，使用鼠标指向变量名，会给出对新生成变量含义的解释。本例中我们采用系统默认设置。单击"继续"按钮，回到"单变量"对话框。

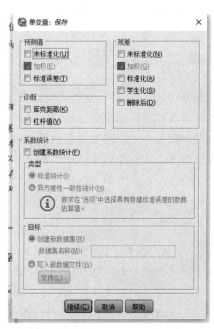

图 10.5　"单变量：实测平均值的事后多重比较"对话框　　　图 10.6　"单变量：保存"对话框

对话框选项设置/说明

设置"预测值"，系统对每个样本观测值给出根据模型计算的预测值，有以下 3 个选项。

- 未标准化：选择该项将输出未标准化预测值。
- 加权：只有在"单变量"对话框中选择了"WLS 权重"，该选项才会被激活，选中这个选项将保存加权非标准化预测值。
- 标准误差：选择该项将给出预测值标准误差。

　　"诊断"可以测量并标识对模型影响较大的观测量或自变量，包括两个选项：库克距离和杠杆值。

　　"残差"选项组的各选项含义如下。

- 未标准化：给出未标准化残差值，即观测值与预测值之差。
- 加权：只有在"单变量"对话框中选择了"WLS 权重"，该选项才会被激活，选中这个选项将保存加权的非标准化残差。
- 标准化：给出标准化残差，又称皮尔逊残差。
- 学生化：给出学生化残差。
- 删除后：给出剔除残差，也就是因变量值与校正预测值之差。

　　如果选中"创建系数统计"复选框，则将模型参数估计的方差-协方差矩阵保存到一个新文件中。对因变量将产生三行数据，一行是参数估计值，一行是与参数估计值相对应的显著性检验的 T 统计量，还有一行是残差自由度。所生成的新数据文件可以作为其他分析的输入数据文件，单击"写入新数据文件"下方的"文件"按钮，打开相应的保存对话框，指定文件的保存位置和文件名。这里我们选择按系统默认方式设置，因为保存设置对我们的分析结果没有任何影响。

　　步骤07 单击"选项"按钮，弹出"单变量：选项"对话框，如图 10.7 所示。本例中我们选择系统默认选项。最后单击"继续"按钮，回到"单变量"对话框，单击"确定"按钮，进入计算分析。

图 10.7　"单变量：选项"对话框

对话框深度解读

　　"显示"选项组可以指定要输出的统计量，有以下选项。

- 描述统计：输出的描述统计量有样本观测值的平均值、标准差和每个单元格中的样本观测值数。
- 效应量估算：它反映了每个效应与每个参数估计值可以归于因子的总变异的大小。
- 实测幂：给出各种检验假设的功效，计算功效的显著性水平，系统默认的临界值是 0.05。

- 参数估算值：给出各因素变量的模型参数估计、标准误差、T检验的T值、显著性概率和95%的置信区间。
- 对比系数矩阵：显示 L 矩阵（对比系数矩阵）。
- 齐性检验：表示进行方差齐性检验。
- 分布-水平图：绘制观测量均值-标准差图、观测量均值-方差图。
- 残差图：表示绘制残差图，给出观测值、预测值散点图和观测量数目对标准化残差的散点图，以及正态和标准化残差的正态概率图。
- 失拟：检查独立变量和非独立变量间的关系是否被充分描述。
- 一般可估函数：可以根据一般估计函数自定义假设检验，对比系数矩阵的行与一般估计函数是线性组合的。

　　"异方差性检验"选项组可以指定要进行异方差性检验的方法，有以下选项。

- 布劳殊-帕甘检验：也就是统计学上常说的 BP 检验。
- 修改布劳殊-帕甘检验：也就是统计学上的改进的 BP 检验。
- F检验：使用 F 联合检验异方差。
- 怀特检验：相对于布劳殊-帕甘检验，怀特检验在对条件方差函数一阶近似的基础上，加入了条件方差函数的二次项，包括平方项和交互项。

　　"具有稳健标准误差的参数估算值"选项组，有以下选项。

- HC0：使用 0 阶稳健标准差进行估计，以消除异方差因素带来的影响。
- HC1：使用 1 阶稳健标准差进行估计，以消除异方差因素带来的影响。
- HC2：使用 2 阶稳健标准差进行估计，以消除异方差因素带来的影响。
- HC3：使用 3 阶稳健标准差进行估计，以消除异方差因素带来的影响。
- HC4：使用 4 阶稳健标准差进行估计，以消除异方差因素带来的影响。

　　最下面的"显著性水平"框用于设置在事后检验中的显著性水平，以及用于构造置信区间的置信度。

10.1.3　运行结果精解与分析

1. 主体间因子

　　图 10.8 为主体间因子展示。可以发现各个因子变量包括性别、年龄、网购频次的具体因子水平，以及各个因子水平下的样本观测值数。比如性别这一因子变量共有男、女两个水平，样本观测值数分别是 106 个、94 个。

2. 主体间效应检验

　　图 10.9 为主体间效应检验结果，也是方差分析的主要结果。可以看到因变量为整体接受度评价，对表中各列含义解释如下。

- 源：进入模型的因子变量情况，除了截距常数项以及误差项之外，还有性别、年龄、网购频次 3 个因子变量的主效应以及 3 个因子变量之间的交互效应（含 3 个因子两两交互效应和一个三阶交互效应）。

- III 类平方和：用默认的 III 类方法计算的各效应的偏差平方和。修正模型的偏差平方和为 691.923，修正后总计偏差平方和为 888.620，两者之差为误差偏差平方和 196.697。
- 自由度：各效应的自由度。总计自由度 200，等于修正模型自由度 31、截距项自由度 1、误差项自由度 168 之和。
- 均方：各效应的均方，数值上等于各效应的偏差平方和除以相应的自由度。
- F：该值是各效应在进行 F 检验时的 F 值，数值上等于各自的均方除以误差均方。
- 显著性：为显著性 P 值，小于 0.05 说明相应的变量效应比较显著。本例中 xingbie（P=0.000）、nianling（P=0.022）、nianling*pinci（P=0.002）、xingbie*nianling*pinci（P=0.001）4 个效应是比较显著的，其他的不够显著。说明性别、年龄会对整体接受度评价产生显著影响，年龄与网购频次的二阶交互相应、性别年龄与网购频次的三阶交互相应也会对整体接受度评价产生显著影响，其他主效应或交互效应不够显著。

表的下端为 R 方以及调整后 R 方，R 方就是可决系数，调整后 R 方就是调整后的可决系数，表明因变量的变异有多少可以由指定的方差模型所解释，其值应该在 0 和 1 之间，越大表示模型的解释能力越强，拟合得越充分。本例中 R 方为 0.779，调整后 R 方为 0.738，模型的解释能力还是很不错的。

主体间因子

		值标签	个案数
性别	1	男	106
	2	女	94
年龄	1	25岁以下	45
	2	25岁至35岁	51
	3	35岁-45岁	52
	4	45岁以上	52
网购频次	1	一年5次以下	45
	2	一年5次-10次	49
	3	一年10次-20次	46
	4	一年20次以上	60

图 10.8　主体间因子表

主体间效应检验

因变量：整体接受度评价

源	III 类平方和	自由度	均方	F	显著性
修正模型	691.923[a]	31	22.320	19.064	.000
截距	4318.712	1	4318.712	3688.645	.000
xingbie	277.812	1	277.812	237.281	.000
nianling	11.558	3	3.853	3.291	.022
pinci	5.367	3	1.789	1.528	.209
xingbie * nianling	3.379	3	1.126	.962	.412
xingbie * pinci	2.377	3	.792	.677	.567
nianling * pinci	33.233	9	3.693	3.154	.002
xingbie * nianling * pinci	34.782	9	3.865	3.301	.001
误差	196.697	168	1.171		
总计	6656.000	200			
修正后总计	888.620	199			

a. R 方 = .779（调整后 R 方 = .738）

图 10.9　主体间效应检验

3. 事后多重比较检验结果

图 10.10 和图 10.11 分别为年龄、网购频次两个因子变量的事后多重比较检验结果（LSD 法），用来观察同一因子内部不同水平的差异性。需要说明的是，接受事后多重比较检验的因子至少需要有 3 个水平（也可以理解为有 3 种取值），本例中由于性别因子不足 3 个组，因此没有对性别因子执行事后检验。

事后检验

年龄

多重比较

因变量：整体接受度评价
LSD

(I)年龄	(J)年龄	平均值差值(I-J)	标准误差	显著性	95%置信区间 下限	上限
25岁以下	25岁至35岁	.68*	.221	.003	.24	1.11
	35岁-45岁	.27	.220	.222	-.16	.71
	45岁以上	-.13	.220	.545	-.57	.30
25岁至35岁	25岁以下	-.68*	.221	.003	-1.11	-.24
	35岁-45岁	-.41	.213	.059	-.83	.02
	45岁以上	-.81*	.213	.000	-1.23	-.39
35岁-45岁	25岁以下	-.27	.220	.222	-.71	.16
	25岁至35岁	.41	.213	.059	-.02	.83
	45岁以上	-.40	.212	.059	-.82	.02
45岁以上	25岁以下	.13	.220	.545	-.30	.57
	25岁至35岁	.81*	.213	.000	.39	1.23
	35岁-45岁	.40	.212	.059	-.02	.82

基于实测平均值。
误差项是均方（误差）= 1.171。
*. 平均值差值的显著性水平为 0.05。

图 10.10　年龄事后多重比较检验结果

网购频次

多重比较

因变量：整体接受度评价
LSD

(I)网购频次	(J)网购频次	平均值差值(I-J)	标准误差	显著性	95%置信区间 下限	上限
一年5次以下	一年5次-10次	-1.16*	.223	.000	-1.60	-.72
	一年10次-20次	-1.16*	.227	.000	-1.61	-.71
	一年20次以上	-.88*	.213	.000	-1.30	-.46
一年5次-10次	一年5次以下	1.16*	.223	.000	.72	1.60
	一年10次-20次	.00	.222	.989	-.44	.44
	一年20次以上	.28	.208	.179	-.13	.69
一年10次-20次	一年5次以下	1.16*	.227	.000	.71	1.61
	一年5次-10次	.00	.222	.989	-.44	.44
	一年20次以上	.28	.212	.182	-.13	.70
一年20次以上	一年5次以下	.88*	.213	.000	.46	1.30
	一年5次-10次	-.28	.208	.179	-.69	.13
	一年10次-20次	-.28	.212	.182	-.70	.13

基于实测平均值。
误差项是均方（误差）= 1.171。
*. 平均值差值的显著性水平为 0.05。

图 10.11　网购频次事后多重比较检验结果

针对年龄事后多重比较检验的结果解释如下：

- 25 岁以下的整体接受度评价要显著高于 25 岁至 35 岁（体现在平均值差值为 0.68>0，且显著性 P 值为 0.003）；25 岁以下的整体接受度评价高于 35 岁至 45 岁，但这种差异不够显著（体现在平均值差值虽然为 0.27>0，但显著性 P 值为 0.222，远大于通常意义上的显著性水平 0.05）；25 岁以下的整体接受度评价低于 45 岁以上，但这种差异不够显著（体现在平均值差值虽然为-0.13<0，但显著性 P 值为 0.545，远大于通常意义上的显著性水平 0.05）。

- 25 岁至 35 岁的整体接受度评价要显著低于 25 岁以下，低于 35 岁至 45 岁但不够显著，显著低于 45 岁以上。

- 35 岁至 45 岁的整体接受度评价要低于 25 岁以下，高于 25 岁至 35 岁，低于 45 岁以上，但这些差异都不够显著。

- 45 岁以上的整体接受度评价要高于其他所有组，但仅与 25 岁至 35 岁的差异比较显著。

针对网购频次事后多重比较检验的结果解释如下：

- 一年 5 次以下的整体接受度评价要显著低于一年 5 次至 10 次（体现在平均值差值为-1.16<0，且显著性 P 值为 0.000），显著低于一年 10 次至 20 次（体现在平均值差值为-1.16<0，且显著性 P 值为 0.000），显著低于一年 20 次以上（体现在平均值差值为-0.88<0，且显著性 P 值为 0.000）。

- 一年 5 次至 10 次的整体接受度评价与一年 10 次至 20 次基本一样，除此之外要高于其他两组，但仅与一年 5 次以下的差异比较显著。

- 一年 10 次至 20 次的整体接受度评价与一年 5 次至 10 次基本一样，除此之外要高于其他两组，但仅与一年 5 次以下的差异比较显著。

- 一年 20 次以上的整体接受度评价要显著高于一年 5 次以下，同时低于其他两组，但这种差异并不显著。

4. 估算边际平均值图

系统会输出估算边际平均值图的信息。其中网购频次是"单独的图"变量（针对每一类网购频次情形分别绘制一幅估算边际平均值图），此处以"网购频次在 1 年 5 次以下时"介绍，如图 10.12 所示，每个年龄段都有一条单独的线条。"性别"是"水平轴"变量，展示了不同年龄段不同性别估算边际平均值的差异情况，一是各个年龄段的女性整体接受度评价普遍高于男性（各个年龄段整体接受度评价中代表女性的点都要高于男性）；二是不同年龄段之间的整体接受度评价存在一定的差异（各个年龄段的整体接受度评价直线之间存在着间隔）。

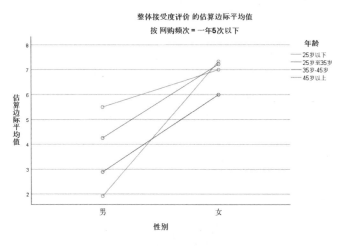

图 10.12　估算边际平均值图

10.2　多因变量分析

 下载资源：可扫描旁边二维码观看或下载教学视频

下载资源：\sample\数据 10\数据 10.1

10.2.1　统计学原理

多因变量分析过程通过一个或多个因子或协变量为多个连续因变量提供回归分析和方差分析，其与其他分析方法的核心差异在于因变量是多个而非一个，且为连续变量类型。多因变量分析过程中因子均为固定因子，因子与协变量的差异在于因子为分类变量，协变量为连续变量。多因变量分析过程通过固定因子将总体划分成组，检验不同分组的因变量的均值是否有显著差异，与前面的多因素方差分析相同，用户可以研究个别因子对因变量的影响，也可以研究因子之间的交互效应对因变量的影响，还可以研究协变量对因变量的影响，以及协变量与因子之间的交互效应对因变量的影响。

平衡与非平衡模型均可通过多因变量分析过程进行检验。平衡与非平衡模型的区别在于，如果模型中的每个单元包含相同的样本观测值数，则模型是平衡的。在多因变量模型中，模型中的效应引起的平方和以及误差平方和以矩阵形式表示，而不是以多因素方差分析中的标量形式表示。这些矩阵称为 SSCP（平方和与叉积）矩阵。如果指定了多个因变量，则多因变量分析过程提供使用比莱轨迹、威尔克 Lambda、霍特林轨迹以及罗伊最大根的多变量方差分析，同时还提供每个因变量的单变量方差分析。而且除了检验假设外，多因变量分析过程还会生成参数估计。此外，多因素方差分析中介绍的先验对比、事后多重比较、估算边际平均值图等功能在多因变量分析过程中也都存在。

10.2.2 SPSS 操作

本节继续使用数据 10.1。以整体接受度评价、整体信任度评价作为因变量，以性别、年龄、网购频次作为固定因子，开展多因变量分析，SPSS 操作如下：

步骤 01 打开数据 10.1，选择"分析"→"一般线性模型"→"多变量"命令，弹出"多变量"对话框。在左侧变量框中选择"整体接受度评价""整体信任度评价"变量，单击 ➡ 按钮，选入右侧的"因变量"框，在左侧变量框中选择"性别""年龄""网购频次"变量，单击 ➡ 按钮，选入右侧的"固定因子"框，如图 10.13 所示。

步骤 02 单击"模型"按钮，弹出"多变量：模型"对话框，如图 10.14 所示。本例中采用系统默认设置的"全因子"模型。该对话框中的选项与前面介绍的"单变量：模型"对话框一致，含义相同，在此不再赘述。

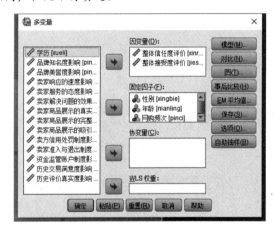
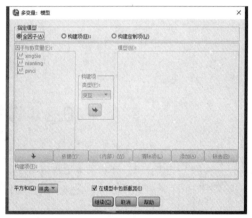

图 10.13 "多变量"对话框　　　　图 10.14 "多变量：模型"对话框

步骤 03 单击"继续"按钮，回到"多变量"对话框，单击"对比"按钮，弹出"多变量：对比"对话框，如图 10.15 所示。本例中采用系统默认设置。该对话框中的选项与前面介绍的"单变量：对比"对话框一致，含义相同，在此不再赘述。

步骤 04 单击"继续"按钮，回到"多变量"对话框，单击"图"按钮，弹出"多变量：轮廓图"对话框，如图 10.16 所示。这里我们把 xingbie 变量选为水平轴变量，把 nianling 变量选为单独的线条变量，把 pinci 选为单独的图变量，然后单击"添加"按钮将其添加到下方的"图"列表框中。该对话框中的选项与前面介绍的"单变量：轮廓图"对话框一致，含义相同，在此不再赘述。

图 10.15　"多变量：对比"对话框　　　　图 10.16　"多变量：轮廓图"对话框

步骤 05 单击"继续"按钮，回到"多变量"对话框，单击"事后比较"按钮，弹出"多变量：实测平均值的事后多重比较"对话框，如图 10.17 所示。我们从"因子"栏中选择全部因子变量，单击 按钮，选入右侧的"下列各项的事后检验"框，然后在下面的多个复选框中选择需要的多重比较方法 LSD。该对话框中的选项与前面介绍的"单变量：实测平均值的事后多重比较"对话框一致，含义相同，在此不再赘述。

步骤 06 单击"继续"按钮，回到"多变量"对话框，单击"保存"按钮，弹出"多变量：保存"对话框，如图 10.18 所示。该对话框中的选项与前面介绍的"单变量：保存"对话框一致，含义相同，在此不再赘述。本例中我们采用系统默认设置。单击"继续"按钮，回到"多变量"对话框。

图 10.17　"多变量：实测平均值的事后多重比较"对话框　　图 10.18　"多变量：保存"对话框

步骤 07 单击"选项"按钮，弹出"多变量：选项"对话框，如图 10.19 所示。本例中我们在"显示"选项组中选择"描述统计""效应量估算""齐性检验""参数估算值""SSCP 矩阵"复选框。单击"继续"按钮，回到"多变量"对话框，然后单击"确定"按钮确认。

图 10.19 "多变量：选项"对话框

对话框深度解读

"多变量：选项"对话框"显示"选项组中可以选择输出以下选项。

- 描述统计：输出按因变量、因子分组统计的描述统计量，统计指标包括样本观测值的平均值、标准差和总数。

- 效应量估算：基于方差分析，在主体间效应检验中输出偏 Eta 方值，用于描述总可变性中可归因于某个因子的部分。

- 实测幂：给出 F 检验的显著性 P 值。

- 参数估算值：基于回归分析，输出各因子变量的模型参数估计值、标准误差、T 检验的 T 值、显著性 P 值、95%的置信区间、偏 Eta 方值。

- SSCP 矩阵：在多变量模型中，模型中的效应引起的平方和以及误差平方和以矩阵形式表示，而不是以多因素方差分析中的标量形式表示。选择 SSCP 矩阵，系统将输出 SSCP 平方和与叉积矩阵。

- 残差 SSCP 矩阵：给出 SSCP 残差的 SSCP 矩阵，残差 SSCP 矩阵的维度与模型中的因变量数相同，残差的协方差矩阵为 SSCP 除以残差自由度，残差相关矩阵是由残差协方差矩阵标准化得来的。

- 转换矩阵：显示对因变量的转换系数矩阵或 M 矩阵。

- 齐性检验：生成误差方差的菜文等同性检验，还包含对因变量协方差矩阵的博克斯等同性检验。

- 分布-水平图：给出各因变量标准差与平均值的分布-水平图，以及各因变量方差与平均值的分布-水平图。

- 残差图：给出实测*预测*标准化残差图。

- 失拟：执行拟合优度检验（它要求对一个或几个自变量重复观测），如果检验被拒绝，就意味着当前的模型不能充分说明因子与因变量之间的关系，可能有因子变量被忽略，或者模型中需要其他项。

- 一般可估函数：产生表明估计函数一般形式的表格。

在"多变量：选项"对话框最下面的"显著性水平"框中可以改变多重比较的显著性水平。检验的显著性水平使用默认的水平 0.05。

10.2.3　运行结果精解与分析

1. 主体间因子

图 10.20 为主体间因子表。与 10.1 节多因素方差分析中的结果一致，此处不再赘述。

主体间因子

		值标签	个案数
性别	1	男	106
	2	女	94
年龄	1	25岁以下	45
	2	25岁至35岁	51
	3	35岁-45岁	52
	4	45岁以上	52
网购频次	1	一年5次以下	45
	2	一年5次-10次	49
	3	一年10次-20次	46
	4	一年20次以上	60

图 10.20　主体间因子表

2. 描述统计

图 10.21 为描述统计结果，因结果界面过大，仅摘取部分。描述统计是按因变量、因子分组统计的描述统计量，统计指标包括样本观测值的平均值、标准偏差和个案数。

3. 因变量协方差矩阵的博克斯等同性检验

图 10.22 为因变量协方差矩阵的博克斯等同性检验，原假设是“各个组的因变量实测协方差矩阵相等”，显著性 P 值为 0.039，显著拒绝了原假设，即各个组的因变量实测协方差矩阵不相同。

描述统计

	性别	年龄	网购频次	平均值	标准偏差	个案数
整体信任度评价	男	25岁以下	一年5次以下	2.42	1.311	12
			一年5次-10次	5.33	.577	3
			一年10次-20次	5.50	.707	2
			一年20次以上	5.00	.000	2
			总计	3.47	1.775	19
		25岁至35岁	一年5次以下	3.22	1.302	9
			一年5次-10次	4.00	1.414	11
			一年10次-20次	3.60	.894	5
			一年20次以上	5.17	.408	6
			总计	3.94	1.315	31
		35岁-45岁	一年5次以下	4.25	.500	4
			一年5次-10次	5.00	.894	6
			一年10次-20次	3.30	.675	10
			一年20次以上	4.13	.354	8
			总计	4.04	.881	28
		45岁以上	一年5次以下	5.50	.707	2
			一年5次-10次	4.50	.577	4
			一年10次-20次	5.00	.816	4
			一年20次以上	4.22	.428	18
			总计	4.46	.637	28
		总计	一年5次以下	3.19	1.469	27
			一年5次-10次	4.50	1.180	24
			一年10次-20次	3.90	1.091	21
			一年20次以上	4.41	.557	34
			总计	4.02	1.203	106

图 10.21　描述统计

协方差矩阵的博克斯等同性检验[a]

博克斯 M	78.830
F	1.391
自由度 1	48
自由度 2	4320.410
显著性	.039

检验"各个组的因变量实测协方差矩阵相等"这一原假设。

a. 设计：截距 + xingbie + nianling + pinci + xingbie * nianling + xingbie * pinci + nianling * pinci + xingbie * nianling * pinci

图 10.22　因变量协方差矩阵的博克斯等同性检验

4. 多变量检验

图 10.23 为多变量检验结果，多变量检验使用比莱轨迹、威尔克 Lambda、霍特林轨迹以及罗伊最大根 4 种方法，判断固定因子对因变量的贡献度。比莱轨迹、霍特林轨迹、罗伊最大根都是一个正值统计量，其越大对模型贡献的效应越大；威尔克 Lambda 是一个介于 0～1 的统计量，其值越小对模型贡献的效应越大。在本例中，性别的贡献是最大的，然后是交互项性别*年龄*网购频次、年龄*网购频次，其他项均贡献相对较小。

多变量检验[a]

效应		值	F	假设自由度	误差自由度	显著性	偏 Eta 平方
截距	比莱轨迹	.968	2554.046[b]	2.000	167.000	.000	.968
	威尔克 Lambda	.032	2554.046[b]	2.000	167.000	.000	.968
	霍特林轨迹	30.587	2554.046[b]	2.000	167.000	.000	.968
	罗伊最大根	30.587	2554.046[b]	2.000	167.000	.000	.968
xingbie	比莱轨迹	.645	151.538[b]	2.000	167.000	.000	.645
	威尔克 Lambda	.355	151.538[b]	2.000	167.000	.000	.645
	霍特林轨迹	1.815	151.538[b]	2.000	167.000	.000	.645
	罗伊最大根	1.815	151.538[b]	2.000	167.000	.000	.645
nianling	比莱轨迹	.063	1.813	6.000	336.000	.096	.031
	威尔克 Lambda	.938	1.821[b]	6.000	334.000	.094	.032
	霍特林轨迹	.066	1.828	6.000	332.000	.093	.032
	罗伊最大根	.059	3.328[c]	3.000	168.000	.021	.056
pinci	比莱轨迹	.061	1.769	6.000	336.000	.105	.031
	威尔克 Lambda	.940	1.763[b]	6.000	334.000	.106	.031
	霍特林轨迹	.064	1.758	6.000	332.000	.107	.031
	罗伊最大根	.046	2.558[c]	3.000	168.000	.057	.044
xingbie * nianling	比莱轨迹	.040	1.148	6.000	336.000	.334	.020
	威尔克 Lambda	.960	1.143[b]	6.000	334.000	.337	.020
	霍特林轨迹	.041	1.138	6.000	332.000	.340	.020
	罗伊最大根	.030	1.658[c]	3.000	168.000	.178	.029
xingbie * pinci	比莱轨迹	.012	.341	6.000	336.000	.915	.006
	威尔克 Lambda	.988	.340[b]	6.000	334.000	.916	.006
	霍特林轨迹	.012	.339	6.000	332.000	.916	.006
	罗伊最大根	.012	.678[c]	3.000	168.000	.567	.012
nianling * pinci	比莱轨迹	.232	2.444	18.000	336.000	.001	.116
	威尔克 Lambda	.779	2.471[b]	18.000	334.000	.001	.119
	霍特林轨迹	.271	2.497	18.000	332.000	.001	.119
	罗伊最大根	.206	3.848[c]	9.000	168.000	.000	.171
xingbie * nianling * pinci	比莱轨迹	.236	2.495	18.000	336.000	.001	.118
	威尔克 Lambda	.777	2.501[b]	18.000	334.000	.001	.119
	霍特林轨迹	.272	2.507	18.000	332.000	.001	.120
	罗伊最大根	.186	3.478[c]	9.000	168.000	.001	.157

a. 设计: 截距 + xingbie + nianling + pinci + xingbie * nianling + xingbie * pinci + nianling * pinci + xingbie * nianling * pinci

b. 精确统计

c. 此统计是生成显著性水平下限的 F 的上限。

图 10.23　多变量检验结果

5. 误差方差的莱文等同性检验

图 10.24 为误差方差的莱文等同性检验，检验"各个组中的因变量误差方差相等"这一原假设。可以发现对于整体信任度评价和整体接受度评价两个因变量，如果是基于平均值或者基于剪除后平均值，显著性 P 值均小于 0.05，拒绝原假设；而如果是基于中位数或者基于中位数并具有调整后自由度，显著性 P 值均大于 0.05，接受原假设。

误差方差的莱文等同性检验[a]

		莱文统计	自由度 1	自由度 2	显著性
整体信任度评价	基于平均值	1.688	30	168	.021
	基于中位数	.688	30	168	.886
	基于中位数并具有调整后自由度	.688	30	100.131	.879
	基于剪除后平均值	1.562	30	168	.042
整体接受度评价	基于平均值	2.373	30	168	.000
	基于中位数	.696	30	168	.879
	基于中位数并具有调整后自由度	.696	30	78.744	.867
	基于剪除后平均值	2.164	30	168	.001

检验"各个组中的因变量误差方差相等"这一原假设。

a. 设计: 截距 + xingbie + nianling + pinci + xingbie * nianling + xingbie * pinci + nianling * pinci + xingbie * nianling * pinci

图 10.24　误差方差的莱文等同性检验

6. 主体间效应检验

图 10.25 为主体间效应检验结果，对表中各列含义解释如下：

- 源、因变量、III 类平方和、自由度、均方、F、显著性均与前面 10.1 节多因素方差分析中的结果类似，不再讲解。可以发现针对整体信任度评价和整体接受度评价两个因变量，模型中所有项的显著性没有差别（如 xingbie 对于整体信任度评价的显著性 P 值为 0.000，对于整体接受度评价的显著性 P 值为 0.000）。本例中性别、年龄、年龄*网购频次、性别*年龄*网购频次 4 个效应是比较显著的，其他的不够显著。

- 偏 Eta 平方：用于描述因变量总可变性中可归因于某个因子（或交互项）的部分，数值越大说明解释能力越强。在本例中，性别的偏 Eta 平方是最大的（0.640 和 0.585），说明该因子主效应对于因变量的影响作用是最大的，然后是交互项性别*年龄*网购频次（0.157 和 0.150）、年龄*网购频次（0.108 和 0.145），其他项均贡献相对较小，这与前面 4 种多变量检验结果以及显著性 P 值的检验结果也是一致的。

表的下端为 R 方以及调整后 R 方。本例中整体信任度评价 R 方为 0.803，调整后 R 方为 0.767；整体接受度评价 R 方为 0.779，调整后 R 方为 0.738，模型的解释能力还是很不错的。

主体间效应检验

源	因变量	III 类平方和	自由度	均方	F	显著性	偏 Eta 平方
修正模型	整体信任度评价	641.356[a]	31	20.689	22.135	.000	.803
	整体接受度评价	691.923[b]	31	22.320	19.064	.000	.779
截距	整体信任度评价	4598.031	1	4598.031	4919.446	.000	.967
	整体接受度评价	4318.712	1	4318.712	3688.645	.000	.956
xingbie	整体信任度评价	279.551	1	279.551	299.093	.000	.640
	整体接受度评价	277.812	1	277.812	237.281	.000	.585
nianling	整体信任度评价	7.669	3	2.556	2.735	.045	.047
	整体接受度评价	11.558	3	3.853	3.291	.022	.056
pinci	整体信任度评价	5.789	3	1.930	2.065	.107	.036
	整体接受度评价	5.367	3	1.789	1.528	.209	.027
xingbie * nianling	整体信任度评价	1.974	3	.658	.704	.551	.012
	整体接受度评价	3.379	3	1.126	.962	.412	.017
xingbie * pinci	整体信任度评价	1.631	3	.544	.582	.628	.010
	整体接受度评价	2.377	3	.792	.677	.567	.012
nianling * pinci	整体信任度评价	18.943	9	2.105	2.252	.021	.108
	整体接受度评价	33.233	9	3.693	3.154	.002	.145
xingbie * nianling * pinci	整体信任度评价	29.233	9	3.248	3.475	.001	.157
	整体接受度评价	34.782	9	3.865	3.301	.001	.150
误差	整体信任度评价	157.024	168	.935			
	整体接受度评价	196.697	168	1.171			
总计	整体信任度评价	7048.000	200				
	整体接受度评价	6656.000	200				
修正后总计	整体信任度评价	798.380	199				
	整体接受度评价	888.620	199				

a. R 方 =.803（调整后 R 方 =.767）
b. R 方 =.779（调整后 R 方 =.738）

图 10.25　主体间效应检验

7. 参数估算值

图 10.26 为参数估算值结果，因结果界面过大，仅摘取部分。图中 B 列为 0 且上标为 a 的项是因为 "此参数冗余，因此设置为零"。参数估算值结果实质上是一种回归分析结果，针对不同的因变量分别列出了回归分析模型中各自变量（含截距、因子的不同水平以及因子不同水平之间的交互效应）的系数、标准误差、t 值、显著性 P 值、95% 的置信区间以及偏 Eta 平方。读者可据此写出回

归方程。关于回归分析的详细介绍可参考后续章节。

参数估算值

因变量	参数	B	标准误差	t	显著性	95% 置信区间 下限	95% 置信区间 上限	偏 Eta 平方
整体信任度评价	截距	7.667	.395	19.425	.000	6.887	8.446	.692
	[xingbie=1]	-3.444	.456	-7.558	.000	-4.344	-2.545	.254
	[xingbie=2]	0ª	.	.	.	.	.	.
	[nianling=1]	-.222	.510	-.436	.663	-1.228	.784	.001
	[nianling=2]	-.500	.558	-.896	.372	-1.602	.602	.005
	[nianling=3]	-.667	.585	-1.139	.256	-1.822	.489	.008
	[nianling=4]	0ª	.	.	.	.	.	.
	[pinci=1]	-.467	.585	-.797	.426	-1.622	.689	.004
	[pinci=2]	-.167	.499	-.334	.739	-1.152	.819	.001
	[pinci=3]	-.667	.684	-.975	.331	-2.016	.683	.006
	[pinci=4]	0ª	.	.	.	.	.	.
	[xingbie=1] * [nianling=1]	1.000	.883	1.133	.259	-.742	2.742	.008
	[xingbie=1] * [nianling=2]	1.444	.721	2.005	.047	.022	2.867	.023
	[xingbie=1] * [nianling=3]	.569	.715	.796	.427	-.842	1.981	.004
	[xingbie=1] * [nianling=4]	0ª	.	.	.	.	.	.
	[xingbie=2] * [nianling=1]	0ª	.	.	.	.	.	.
	[xingbie=2] * [nianling=2]	0ª	.	.	.	.	.	.
	[xingbie=2] * [nianling=3]	0ª	.	.	.	.	.	.
	[xingbie=2] * [nianling=4]	0ª	.	.	.	.	.	.
	[xingbie=1] * [pinci=1]	1.744	.928	1.879	.062	-.088	3.577	.021
	[xingbie=1] * [pinci=2]	.444	.731	.608	.544	-.999	1.888	.002
	[xingbie=1] * [pinci=3]	1.444	.868	1.665	.098	-.269	3.157	.016
	[xingbie=1] * [pinci=4]	0ª	.	.	.	.	.	.
	[xingbie=2] * [pinci=1]	0ª	.	.	.	.	.	.
	[xingbie=2] * [pinci=2]	0ª	.	.	.	.	.	.
	[xingbie=2] * [pinci=3]	0ª	.	.	.	.	.	.
	[xingbie=2] * [pinci=4]	0ª	.	.	.	.	.	.
	[nianling=1] * [pinci=1]	.689	.871	.791	.430	-1.030	2.408	.004
	[nianling=1] * [pinci=2]	-.278	.815	-.341	.734	-1.887	1.332	.001
	[nianling=1] * [pinci=3]	.859	.810	1.060	.291	-.741	2.458	.007

图 10.26　参数估算值

8. 主体间 SSCP 矩阵

图 10.27 为主体间 SSCP 矩阵结果，用默认的 III 类方法计算的各效应的偏差平方和。

主体间 SSCP 矩阵

			整体信任度评价	整体接受度评价
假设	截距	整体信任度评价	4598.031	4456.184
		整体接受度评价	4456.184	4318.712
	xingbie	整体信任度评价	279.551	278.680
		整体接受度评价	278.680	277.812
	nianling	整体信任度评价	7.669	9.338
		整体接受度评价	9.338	11.558
	pinci	整体信任度评价	5.789	5.299
		整体接受度评价	5.299	5.367
	xingbie * nianling	整体信任度评价	1.974	2.327
		整体接受度评价	2.327	3.379
	xingbie * pinci	整体信任度评价	1.631	1.968
		整体接受度评价	1.968	2.377
	nianling * pinci	整体信任度评价	18.943	24.097
		整体接受度评价	24.097	33.233
	xingbie * nianling * pinci	整体信任度评价	29.233	30.956
		整体接受度评价	30.956	34.782
误差		整体信任度评价	157.024	164.970
		整体接受度评价	164.970	196.697

基于 III 类平方和

图 10.27　主体间 SSCP 矩阵

9. 事后多重比较检验结果

图 10.28 和图 10.29 分别为年龄、网购频次两个因变量的事后多重比较检验结果（LSD 法），用来观察同一因子内部不同水平的差异性。需要说明的是，接受事后多重比较检验的因子至少需要有 3 个水平（也可以理解为有 3 种取值），本例中由于性别因子不足 3 个组，因此没有对性别因子执行事后检验。针对结果的解释与 10.1 节多因素方差分析中类似，不再赘述。

事后检验

年龄

多重比较

LSD

因变量	(I) 年龄	(J) 年龄	平均值差值(I-J)	标准误差	显著性	95% 置信区间 下限	上限
整体信任度评价	25岁以下	25岁至35岁	.60*	.198	.003	.21	.99
		35岁-45岁	.24	.197	.220	-.15	.63
		45岁以上	-.03	.197	.891	-.42	.36
	25岁至35岁	25岁以下	-.60*	.197	.003	-.99	-.21
		35岁-45岁	-.36	.191	.059	-.74	.01
		45岁以上	-.63*	.191	.001	-1.01	-.25
	35岁-45岁	25岁以下	-.24	.197	.220	-.63	.15
		25岁至35岁	.36	.191	.059	-.01	.74
		45岁以上	-.27	.190	.157	-.64	.11
	45岁以上	25岁以下	.03	.197	.891	-.36	.42
		25岁至35岁	.63*	.191	.001	.25	1.01
		35岁-45岁	.27	.190	.157	-.11	.64
整体接受度评价	25岁以下	25岁至35岁	.68*	.221	.003	.24	1.11
		35岁-45岁	.27	.222	.222	-.16	.71
		45岁以上	-.13	.220	.545	-.57	.30
	25岁至35岁	25岁以下	-.68*	.221	.003	-1.11	-.24
		35岁-45岁	-.41	.213	.059	-.83	.02
		45岁以上	-.81*	.213	.000	-1.23	-.39
	35岁-45岁	25岁以下	-.27	.220	.222	-.71	.16
		25岁至35岁	.41	.213	.059	-.02	.83
		45岁以上	-.40	.212	.059	-.82	.02
	45岁以上	25岁以下	.13	.220	.545	-.30	.57
		25岁至35岁	.81*	.213	.000	.39	1.23
		35岁-45岁	.40	.212	.059	-.02	.82

基于实测平均值。
误差项是均方（误差）= 1.171。
*. 平均值差值的显著性水平为 .05。

图 10.28　年龄事后多重比较检验结果

网购频次

多重比较

LSD

因变量	(I) 网购频次	(J) 网购频次	平均值差值(I-J)	标准误差	显著性	95% 置信区间 下限	上限
整体信任度评价	一年5次以下	一年5次-10次	-1.16*	.200	.000	-1.55	-.76
		一年10次-20次	-.98*	.203	.000	-1.38	-.58
		一年20次以上	-.86*	.191	.000	-1.24	-.48
	一年5次-10次	一年5次以下	1.16*	.200	.000	.76	1.55
		一年10次-20次	.18	.198	.379	-.22	.57
		一年20次以上	.30	.186	.113	-.07	.66
	一年10次-20次	一年5次以下	.98*	.203	.000	.58	1.38
		一年5次-10次	-.18	.198	.379	-.57	.22
		一年20次以上	.12	.189	.524	-.25	.50
	一年20次以上	一年5次以下	.86*	.191	.000	.48	1.24
		一年5次-10次	-.30	.186	.113	-.66	.07
		一年10次-20次	-.12	.189	.524	-.50	.25
整体接受度评价	一年5次以下	一年5次-10次	-1.16*	.223	.000	-1.60	-.72
		一年10次-20次	-1.16*	.227	.000	-1.61	-.71
		一年20次以上	-.88*	.213	.000	-1.30	-.46
	一年5次-10次	一年5次以下	1.16*	.223	.000	.72	1.60
		一年10次-20次	.00	.222	.989	-.44	.44
		一年20次以上	.28	.208	.179	-.13	.69
	一年10次-20次	一年5次以下	1.16*	.227	.000	.71	1.61
		一年5次-10次	.00	.222	.989	-.44	.44
		一年20次以上	.28	.212	.182	-.13	.70
	一年20次以上	一年5次以下	.88*	.213	.000	.46	1.30
		一年5次-10次	-.28	.208	.179	-.69	.13
		一年10次-20次	-.28	.212	.182	-.70	.13

基于实测平均值。
误差项是均方（误差）= 1.171。
*. 平均值差值的显著性水平为 .05。

图 10.29　网购频次事后多重比较检验结果

10.3　本章习题

1. 使用数据 10.1，以整体信任度评价作为因变量，以性别、年龄作为固定因子，以网购频次、学历作为随机因子，适当选取数据文件中的其他变量作为协变量，开展多因素方差分析。

2. 使用数据 10.1，以整体接受度评价、整体信任度评价作为因变量，以性别、学历、网购频次作为固定因子，适当选取数据文件中的其他变量作为协变量，开展多因变量分析。

第11章

相关分析

本章主要学习 SPSS 的相关分析，包括双变量相关分析、偏相关分析、距离相关分析 3 种分析方法。相关分析是不考虑变量之间的因果关系而只研究分析变量之间的相关关系的一种统计分析方法。按相关程度划分，变量之间的相关关系可以划分为完全相关、不相关和不完全相关 3 种。按相关的方向划分，变量之间的相关关系可划分为正相关和负相关。按相关的形式划分，变量之间的相关关系可划分为线性相关和非线性相关。

本章教学要点：

- 清楚知晓 SPSS 的双变量相关分析、偏相关分析、距离相关分析 3 种分析方法的特色，知晓每种方法的适用条件。
- 熟练掌握 SPSS 的双变量相关分析、偏相关分析、距离相关分析的窗口功能，根据研究需要灵活进行窗口设置，开展相关分析。
- 能够对各种相关分析的结果进行解读，从中发现数据特征，得出研究结论。

11.1　双变量相关分析

	下载资源：可扫描旁边二维码观看或下载教学视频
	下载资源：\sample\数据 11\数据 11.1

11.1.1　统计学原理

双变量相关分析通过计算皮尔逊简单相关系数、斯皮尔曼等级相关系数、肯德尔等级相关系数及其显著性水平展开。其中皮尔逊简单相关系数是一种线性关联度量，适用于变量为定量连续变量且服从正态分布、相关关系为线性时的情形。如果变量不是正态分布的，或具有已排序的类别，相互之间的相关关系不是线性的，则更适合采用斯皮尔曼等级相关系数和肯德尔等级相关系数。

相关系数 r 有如下性质：

（1）$-1 \leqslant r \leqslant 1$，$r$ 绝对值越大，表明两个变量之间的相关程度越强。

（2）$0 < r \leqslant 1$，表明两个变量之间存在正相关。若 $r = 1$，则表明变量间存在着完全正相关的关系。

（3）$-1 \leqslant r < 0$，表明两个变量之间存在负相关。若 $r = -1$，则表明变量间存在着完全负相关的关系。

（4）$r = 0$，表明两个变量之间无线性相关。

应该注意的是，相关系数所反映的并不是一种必然的、确定的关系，也不能说明变量之间的因果关系，而仅仅是关联关系。

11.1.2　SPSS 操作

本小节用于分析的数据是《中国 2020 年 1~12 月货币供应量统计》，数据摘编自《中国经济统计快报 202101》。SPSS 变量视图和数据视图分别如图 11.1 和图 11.2 所示。在变量视图中可以看到数据文件包括 4 个变量，分别是月份、流通中现金、狭义货币、广义货币。

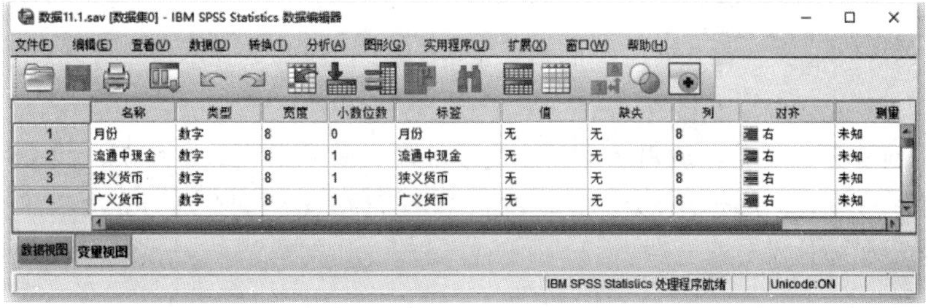

图 11.1　数据 11.1 的变量视图

图 11.2　数据 11.1 的数据视图

下面针对中国 2020 年 1-12 月的流通中现金和狭义货币开展双变量相关分析，SPSS 操作如下：

步骤 01 打开数据 11.1，选择"分析"→"相关"→"双变量"命令，弹出如图 11.3 所示的"双变量相关性"对话框。在该对话框的左侧列表框中同时选中 "流通中现金"和"狭义货币"并单击 按钮，使之进入"变量"列表框。

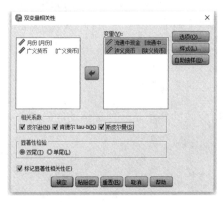

图 11.3 "双变量相关性"对话框

步骤02 设置相关系数类型。在"双变量相关性"对话框内的"相关系数"选项组中选择"皮尔逊""肯德尔 tau-b""斯皮尔曼"3 个复选框。

对话框深度解读

皮尔逊：线性关联度量，适用于变量为定量连续变量且服从正态分布、相关关系为线性时的情形。若随机变量 X、Y 的联合分布是二维正态分布的，x_i 和 y_i 分别为 n 次独立观测值，则皮尔逊相关系数公式为：

$$r = \frac{\sum\limits_{i=1}^{n}(x_i - \bar{x})(y_i - \bar{y})}{\sqrt{\sum\limits_{i=1}^{n}(x_i - \bar{x})^2}\sqrt{\sum\limits_{i=1}^{n}(y_i - \bar{y})^2}}$$

"肯德尔 tau-b""斯皮尔曼"均为等级相关系数，当数据资料不服从双变量正态分布、总体分布未知或原始数据用等级表示时，宜选择肯德尔 tau-b 或斯皮尔曼相关系数。

步骤03 设定显著性检验选项。在"显著性检验"选项组中，选择"双尾"单选按钮（如果预先已知相关的方向，也就是已经确定是正相关或负相关，才可以选择单尾，否则需要选择双尾）。选中"标记显著性相关性"复选框，选择该选项后，输出结果中把有统计学意义的结果用"*"表示出来，其中用一个星号来标识显著性水平为 0.05 的相关系数，用两个星号来标识显著性水平为 0.01 的相关系数。

步骤04 选择相关统计量的输出和缺失值的处理方法。单击"双变量相关性"对话框中的"选项"按钮，弹出如图 11.4 所示的"双变量相关性：选项"对话框。我们在"统计"选项组中选中"平均值和标准差""叉积偏差和协方差"复选框，在"缺失值"选项组中选中"成对排除个案"单选按钮。设置完毕后，单击"继续"按钮返回"双变量相关性"对话框并单击"确定"按钮完成设置。

图 11.4 "双变量相关性：选项"对话框

对话框深度解读

平均值和标准差：选择该项，系统为每个变量输出平均值、标准偏差以及非缺失样本个数。

叉积偏差和协方差：选择该项，系统为每对变量输出叉积偏差和协方差。

- 叉积偏差是皮尔逊相关系数的分子，即 $\sum_{i=1}^{n} (x_i - \bar{x})(y_i - \bar{y})$。

- 协方差是有关两个变量之间关系的一种非标准化度量，等于叉积偏差除以 N-1。

步骤 05 设置完毕后，单击"确定"按钮，等待输出结果。

11.1.3 运行结果精解与分析

1. 描述统计量

图 11.5 为描述统计量。参与分析的样本数为 12，流通中现金和狭义货币的平均值分别是 82861.258 和 589754.333，标准偏差分别是 4088.9614 和 25232.8744。

2. 皮尔逊相关性分析结果

图 11.6 给出了皮尔逊相关性分析结果。可以发现中国 2020 年 1-12 月流通中现金和狭义货币的皮尔逊相关系数为-0.632，显著性 P 值为 0.027，在 0.05 的显著性水平上非常显著，也就是说两者呈现较为显著的负相关关系。

相关性

		流通中现金	狭义货币
流通中现金	皮尔逊相关性	1	-.632[*]
	Sig.（双尾）		.027
	平方与叉积	183915658.9	-717368553
	协方差	16719605.36	-65215323.0
	个案数	12	12
狭义货币	皮尔逊相关性	-.632[*]	1
	Sig.（双尾）	.027	
	平方与叉积	-717368553	7003677476
	协方差	-65215323.0	636697952.3
	个案数	12	12

*. 在 0.05 级别（双尾），相关性显著。

描述统计

	平均值	标准 偏差	个案数
流通中现金	82861.258	4088.9614	12
狭义货币	589754.333	25232.8744	12

图 11.5 描述统计量

图 11.6 皮尔逊相关性分析结果

3. 肯德尔 tau-b、斯皮尔曼相关性分析结果

图 11.7 是肯德尔 tau-b、斯皮尔曼相关性分析结果,从图中可以看出中国 2020 年 1-12 月流通中现金和狭义货币的肯德尔 tau-b 相关系数为-0.182,显著性 P 值为 0.411。中国 2020 年 1-12 月流通中现金和狭义货币的斯皮尔曼相关系数为-0.301,显著性 P 值为 0.342。两个等级相关系数虽然都证明了流通中现金和狭义货币是负相关的,但是在 0.05 的显著性水平上都不够显著。

非参数相关性

相关性

			流通中现金	狭义货币
肯德尔 tau_b	流通中现金	相关系数	1.000	-.182
		Sig. (双尾)	.	.411
		N	12	12
	狭义货币	相关系数	-.182	1.000
		Sig. (双尾)	.411	.
		N	12	12
斯皮尔曼 Rho	流通中现金	相关系数	1.000	-.301
		Sig. (双尾)	.	.342
		N	12	12
	狭义货币	相关系数	-.301	1.000
		Sig. (双尾)	.342	.
		N	12	12

图 11.7　肯德尔 tau-b、斯皮尔曼相关性分析结果

11.2　偏相关分析

	下载资源:可扫描旁边二维码观看或下载教学视频
	下载资源:\sample\数据 11\数据 11.1

11.2.1　统计学原理

在很多时候,我们需要进行相关分析的变量取值会同时受到其他变量的影响,这时就需要把其他变量控制住,然后输出控制其他变量影响后的相关系数。比如在分析学生各科学习成绩之间的相关性时,各科学习成绩同受 IQ 值的影响等。SPSS 的偏相关分析将计算偏相关系数,该系数在控制一个或多个其他量效应的同时,分析两个变量之间的线性相关关系。

偏相关分析通过计算偏相关系数来完成。假如有 x 个控制变量,则称为 x 阶偏相关。一般情况下,假设有 n($n>2$)个变量 $X_1, X_2, \cdots, X_n$,则 X_i 和 X_j 的 x 阶样本偏相关系数公式为:

$$r_{ij-l_1l_2\cdots l_x} = \frac{r_{il-l_1l_2\cdots l_{x-1}} - r_{il_x-l_1l_2\cdots l_{x-1}} r_{jl_x-l_1l_2\cdots l_{x-1}}}{\sqrt{(1-r^2_{il_x-l_1l_2\cdots l_{x-1}})(1-r^2_{jl_x-l_1l_2\cdots l_{x-1}})}}$$

式中右边均为 $x-1$ 阶的偏相关系数,其中 $l_1, l_2, \cdots, l_x$ 为自然数从 1 到 n 除去 i 和 j 的不同组合。

11.2.2　SPSS 操作

本小节用于分析的数据是某商业银行分支机构 2003 年至 2019 年历年公司存款增长、零售存款

增长、公司贷款增长、零售贷款增长和市场营销费用的数据。SPSS 变量视图和数据视图分别如图 11.8 和图 11.9 所示。在变量视图中可以看到数据文件包括 6 个变量，分别是年份、公司存款增长、零售存款增长、公司贷款增长、零售贷款增长和市场营销费用。

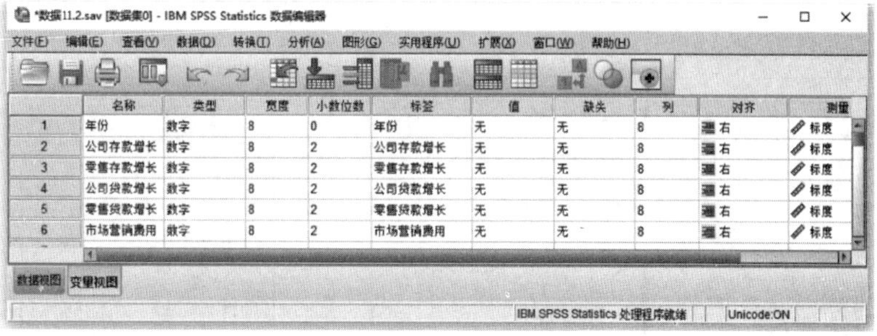

	名称	类型	宽度	小数位数	标签	值	缺失	列	对齐	测量
1	年份	数字	8	0	年份	无	无	8	右	标度
2	公司存款增长	数字	8	2	公司存款增长	无	无	8	右	标度
3	零售存款增长	数字	8	2	零售存款增长	无	无	8	右	标度
4	公司贷款增长	数字	8	2	公司贷款增长	无	无	8	右	标度
5	零售贷款增长	数字	8	2	零售贷款增长	无	无	8	右	标度
6	市场营销费用	数字	8	2	市场营销费用	无	无	8	右	标度

图 11.8　数据 11.2 的变量视图

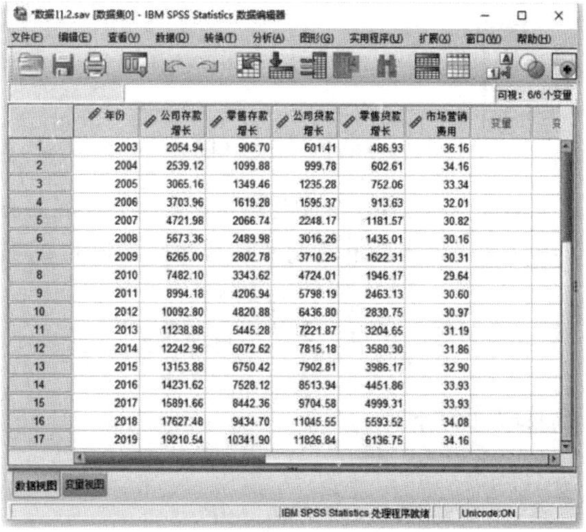

	年份	公司存款增长	零售存款增长	公司贷款增长	零售贷款增长	市场营销费用
1	2003	2054.94	906.70	601.41	486.93	36.16
2	2004	2539.12	1099.88	999.78	602.61	34.16
3	2005	3065.16	1349.46	1235.28	752.06	33.34
4	2006	3703.96	1619.28	1595.37	913.63	32.01
5	2007	4721.98	2066.74	2248.17	1181.57	30.82
6	2008	5673.36	2489.98	3016.26	1435.01	30.16
7	2009	6265.00	2802.78	3710.25	1622.31	30.31
8	2010	7482.10	3343.62	4724.01	1946.17	29.64
9	2011	8994.18	4206.94	5798.19	2463.13	30.60
10	2012	10092.80	4820.88	6436.80	2830.75	30.97
11	2013	11238.88	5445.28	7221.87	3204.65	31.19
12	2014	12242.96	6072.62	7815.18	3580.30	31.86
13	2015	13153.88	6750.42	7902.81	3986.17	32.90
14	2016	14231.62	7528.12	8513.94	4451.86	33.93
15	2017	15891.66	8442.36	9704.58	4999.31	33.93
16	2018	17627.48	9434.70	11045.55	5593.52	34.08
17	2019	19210.54	10341.90	11826.84	6136.75	34.16

图 11.9　数据 11.2 的数据视图

下面针对该分支机构 2003 年至 2019 年历年公司存款增长、零售存款增长的相关关系进行分析，但是存款的增长会受到市场营销费用配置的影响，所以将市场营销费用作为控制变量进行偏相关分析，SPSS 操作如下：

步骤 01 打开数据 11.1，选择“分析”→“相关”→“偏相关”命令，打开如图 11.10 所示的“偏相关性”对话框。在该对话框的左侧列表框中，同时选中 “公司存款增长”和“零售存款增长”并单击➡按钮，使之进入“变量”列表框，选中“市场营销费用”并单击➡按钮，使之进入“控制”列表框。

步骤 02 设定显著性检验选项。在“显著性检验”选项组中，选择“双尾”单选按钮，同时选中下方的“显示实际显著性水平”复选框。选中该复选框将显示每个相关系数的 P 值和自由度，如果取消选择此项，则不显示自由度，使用单个星号标识显著性水平为 0.05 的系数，使用两个星号标识显著性水平为 0.01 的系数，这一设置将同时影响偏相关矩阵和零阶相关矩阵。

步骤 03 “选项”按钮设置方法。单击“偏相关性”对话框中的“选项”按钮，弹出如图 11.11

所示的"偏相关性：选项"对话框。我们在"统计"选项组中选中"平均值和标准差""零阶相关性"复选框，在"缺失值"选项组中选中"成对排除个案"单选按钮。设置完毕后，单击"继续"按钮返回"偏相关性"对话框，并单击"确定"按钮完成设置。

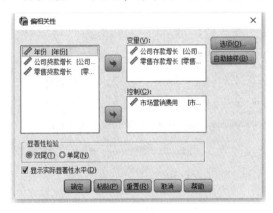 

图 11.10 "偏相关性"对话框　　　图 11.11 "偏相关性：选项"对话框

对话框深度解读

平均值和标准差：选择该项，系统为每个变量输出平均值、标准偏差以及非缺失样本个数。

零阶相关性：选择该项，系统输出所有变量（包括控制变量）之间简单相关系数的矩阵。

步骤 04 设置完毕后，单击"确定"按钮，等待输出结果。

11.2.3　运行结果精解与分析

1. 描述统计

图 11.12 为描述统计结果。参与分析的样本数为 17 个，结果中还包括"公司存款增长""零售存款增长""市场营销费用"3 个变量的平均值、标准偏差。

2. 偏相关性分析结果

图 11.13 给出了偏相关性分析结果。该结果包括两部分，上半部分是没有设置控制变量时，"公司存款增长""零售存款增长""市场营销费用"3 个变量的简单相关系数矩阵，即本例中设置的"零阶相关性"。可以发现"公司存款增长""零售存款增长"之间的相关系数达到了 0.998，显著性 P 值为 0.000，说明两者之间具有非常显著的正相关关系。"市场营销费用"与"公司存款增长""零售存款增长"之间的相关系数分别为 0.187（显著性 P 值为 0.473）、0.246（显著性 P 值为 0.342），说明相关特征并不明显，在一定程度上也说明我们找的控制变量是不够好的。

下半部分是设置"市场营销费用"为控制变量时，"公司存款增长""零售存款增长"之间的偏相关性，可以发现设置了以后，"公司存款增长""零售存款增长"之间的偏相关系数达到了 1.000，显著性 P 值为 0.000，说明两者之间具有非常显著的正相关关系。

相关性

控制变量			公司存款增长	零售存款增长	市场营销费用
-无- a	公司存款增长	相关性	1.000	.998	.187
		显著性（双尾）	.	.000	.473
		自由度	0	15	15
	零售存款增长	相关性	.998	1.000	.246
		显著性（双尾）	.000	.	.342
		自由度	15	0	15
	市场营销费用	相关性	.187	.246	1.000
		显著性（双尾）	.473	.342	.
		自由度	15	15	0
市场营销费用	公司存款增长	相关性	1.000	1.000	
		显著性（双尾）	.	.000	
		自由度	0	14	
	零售存款增长	相关性	1.000	1.000	
		显著性（双尾）	.000	.	
		自由度	14	0	

a. 单元格包含零阶（皮尔逊）相关性。

描述统计

	平均值	标准 偏差	个案数
公司存款增长	9305.2718	5467.78569	17
零售存款增长	4630.6859	3045.44881	17
市场营销费用	32.3662	1.86500	17

图 11.12　描述统计　　　　　　图 11.13　偏相关性分析结果

11.3　距离相关分析

📷	下载资源：可扫描旁边二维码观看或下载教学视频
	下载资源：\sample\数据 11\数据 11.3

11.3.1　统计学原理

　　距离相关分析计算变量或样本观测值之间的相似性或不相似性（距离）的程度。在很多情况下，变量或样本观测值会比较多，我们有必要按照变量或者观测值进行聚类，也就是聚类分析；也有的情况下，变量比较多，但是相互之间的信息有所重叠，我们有必要从多个变量中提取出少数因子再进行分析，即进行降维分析。本小节介绍的距离分析可为因子分析、聚类分析或多维尺度分析等提供一些相似性或不相似性（距离）的各种统计量，以帮助分析复杂的数据。

11.3.2　SPSS 操作

　　本小节用于分析的数据是数据 11.3，数据为《中国 2019 年分地区连锁餐饮企业基本情况统计》（摘编自《中国统计年鉴 2020》）。SPSS 变量视图和数据视图分别如图 11.14 和图 11.15 所示。数据文件中共有 8 个变量，分别是省市、门店总数、年末从业人数、年末餐饮营业面积、餐位数、营业额、商品购进总额、统一配送商品购进额。

图 11.14　数据 11.3 的变量视图

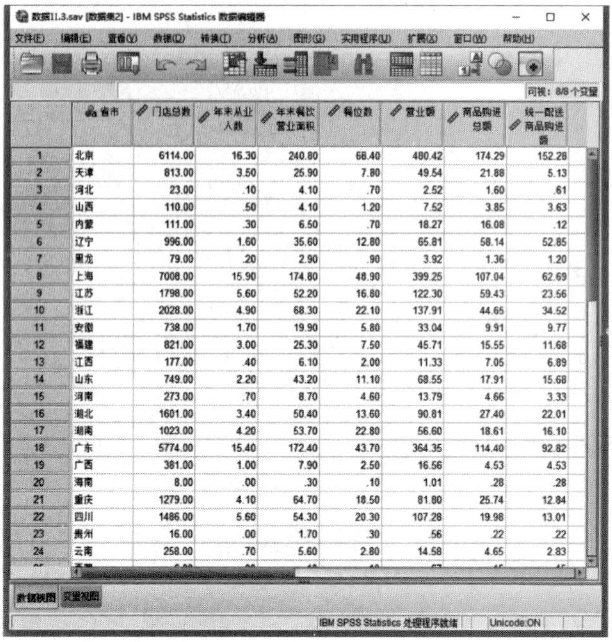

图 11.15　数据 11.3 的数据视图

下面我们使用距离相关分析检验门店总数、年末从业人数、年末餐饮营业面积、餐位数 4 个变量之间的相关情况，SPSS 操作如下：

步骤 **01** 打开数据 11.3，选择"分析"→"相关"→"距离"命令，打开如图 11.16 所示的"距离"对话框。从该对话框左侧源变量列表框中选择需要进行距离分析的 4 个变量：门店总数、年末从业人数、年末餐饮营业面积、餐位数，然后单击 按钮将选中的变量选入"变量"列表框中，将"省市[省市]"变量选入"个案标注依据"列表框中，在"计算距离"选项组中选择"变量间"，在"测量"选项组中选择"相似性"，单击"确定"按钮，等待输出结果。

图 11.16　"距离"对话框

对话框深度解读

- 个案标注依据：用来标识样本观测值，本例中选择"省市"，即使用"省市"作为数据视图中各样本观测值（体现在每一行）的标识。
- "计算距离"选项组：用于选择是测量变量（数据视图中的每一列）之间的距离还是样本观测值（数据视图中的每一行）之间的距离（相似性或非相似性）。用户可以选择至少一个数值变量来计算各个样本观测值之间的距离，也可以选择至少两个数值变量来计算各个变量间的距离。
- "测量"选项组：包括"非相似性"和"相似性"两个选项，不同选项对应下面的"测量"按钮的内容不同。选择"非相似性"，将会出现如图 11.17 所示的"距离：非相似性测量"对话框；选择"相似性"，将会出现如图 11.18 所示的"距离：相似性测量"对话框。

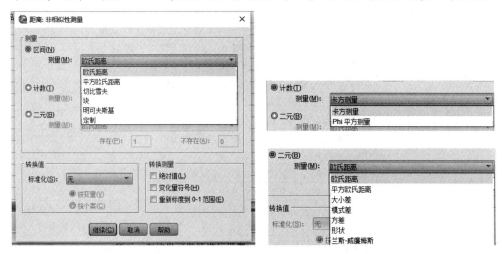

图 11.17　"距离：非相似性测量"对话框

图 11.18　"距离：相似性测量"对话框

针对"距离：非相似性测量"对话框中的各种测量方法简要介绍如表 11.1 所示。

表11.1 "距离：非相似性测量"对话框中的各种测量方法

测量	测量方法	具体含义
区间	欧氏距离	各项值之间平方差之和的平方根 $\mathrm{dist}(X,Y) = \sqrt{\sum_{i=1}^{n}(x_i - y_i)^2}$
	平方欧氏距离	欧氏距离的平方
	切比雪夫	各项值之间的最大绝对差
	块	各项值之间绝对差之和，又称为曼哈顿距离
	明可夫斯基	各项值之间 p 次幂绝对差之和的 p 次根。 $$D(x,y) = \left(\sum_{u=1}^{n} |x_u - y_u|^p \right)^{\frac{1}{p}}$$ 选择此项还需要在"幂"下拉列表中选择 p 值，其取值范围为1~7。当 $p=1$ 时，就是上面的"块"（曼哈顿距离）；当 $p=2$ 时，就是上面的欧氏距离；当 p 趋近于无穷大时，就是上面的"切比雪夫"距离
	定制	各项值之间 p 次幂绝对差之和的 r 次根。选择此项还需要在"幂"和"根"下拉列表中选择 p 值和 r 值，其取值范围均为1~7
计数	卡方测量	基于对两组频率等同性的卡方检验
	phi 平方测量	等于由组合频率平方根标准化的卡方测量
二元	欧氏距离	根据四重表计算 SQRT($b+c$)得到，其中 b 和 c 代表对应在一项上存在但在另一项上不存在的个案的对角单元
	平方欧氏距离	计算非协调的个案的数目。它的最小值为 0，没有上限
	大小差	非对称性指数，取值范围为0~1
	模式差	根据四重表计算 $bc/(n^{**}2)$得到，其中 b 和 c 代表对应在一项上存在但在另一项上不存在的个案的对角单元，n 为观察值的总数，取值范围为0~1
	方差	根据四重表计算 $(b+c)/7n$ 得到，其中 b 和 c 代表对应在一项上存在但在另一项上不存在的个案的对角单元，n 为观察值的总数，取值范围为0~1
	形状	对不匹配项的非对称性加以惩罚，取值范围为0~1
	兰斯-威廉姆斯	根据四重表计算 $(b+c)/(2a+b+c)$得到，其中 a 代表对应两项上都存在的个案的单元，b 和 c 代表对应在一项上存在但在另一项上不存在的个案的对角单元，取值范围为0~1

此外，若选择"二元"单选按钮，用户可以更改"存在"和"不存在"字段以指定可指示某个特征存在或不存在的值，存在的默认值为 1，不存在的默认值为 0。该过程将忽略所有其他值。

当"测量"方法选择"区间"或"计数"时，"距离：非相似性测量"对话框中的"转换值"选项组的"标准化"下拉列表会被激活，如图 11.19 所示。

图 11.19 "转换值"选项组的"标准化"下拉列表

- 无：不进行标准化。
- Z 得分：将每个样本观测值或变量值标准化到均值为 0、标准差为 1 的 Z 得分。

- 范围-1 到 1：将每个样本观测值或变量值都除以样本观测值或变量值的全距，将它们标准化到-1~1。
- 范围 0 到 1：将每个样本观测值或变量值减去它们的最小值，然后除以极差，将它们标准化到 0~1。
- 最大量级为 1：将每个样本观测值或变量值除以最大值，然后将它们标准化到最大值 1。
- 平均值为 1：将每个样本观测值或变量值除以它们的均值，将它们标准化到 1。
- 标准差为 1：将每个样本观测值或变量值都除以它们的标准差，然后将它们标准化到 1。

除"无"外，以上各种标准化方法均需指定标准化的对象。若选中"按变量"单选按钮，则表示对变量进行标准化，若选中"按个案"单选按钮，则表示对每个样本观测值进行标准化。

针对"距离：非相似性测量"对话框右下角的"转换测量"选项组介绍如下：

"转换测量"选项组用于设置对距离测度的结果进行转换的方法，可用的选项有绝对值、变化量符号和重新标度到 0－1 范围。当仅对相关性的大小感兴趣时，可勾选"绝对值"复选框；若勾选"变化量符号"复选框，则表示改变距离的符号，如此可以把非相似性测度转换成相似性测度，反之亦然；若勾选"重新标度到 0-1 范围"复选框，则表示转换后的取值范围是 0~1。

针对"距离：相似性测量"对话框中的各种测量方法简要介绍如表 11.2 所示。

表11.2　"距离：相似性测量"对话框中的各种测量方法

测　量	测量方法	具体含义
区间	皮尔逊相关性	两个值向量之间的皮尔逊相关性
	余弦	两个值向量之间夹角的余弦
二元	拉塞尔-拉奥	内积的二分类版本，对匹配项和不匹配项给予相等的权重
	简单匹配	匹配项与值总数的比率，对匹配项和不匹配项给予相等的权重
	杰卡德	又称相似率，对匹配项和不匹配项给予相等的权重
	掷骰	又称 Czekanowski 或 Sorensen 度量，对匹配项给予双倍权重
	罗杰斯-塔尼莫特	对不匹配项给予双倍权重
	索卡尔-施尼斯 1	对匹配项给予双倍权重
	索卡尔-施尼斯 2	对不匹配项给予双倍权重，不考虑联合不存在项
	索卡尔-施尼斯 3	这是匹配项与不匹配项的比率，此指数有下限 0，无上限
	切卡诺夫斯基 1	联合存在项与所有不匹配项的比率，此指数有下限 0，无上限
	切卡诺夫斯基 2	基于特征在一个项中存在的情况下也在另一个项中存在的条件概率
	索卡尔-施尼斯 4	基于一个项中的特征与另一个项中的值相匹配的条件概率
二元	哈曼	匹配数减去不匹配数，再除以总项数。其范围为-1~1
	Lambda	使用一个项来预测另一个项（双向预测），从而与误差降低比例（PRE）相对应。值范围为 0~1
	安德伯格 D	类似于 Lambda，通过使用一个项来预测另一个项（双向预测），值范围为 0~1
	尤尔 Y	又称捆绑系数，为 2*2 表的交比函数，值范围为-1~1
	尤尔 Q	一个交比函数，独立于边际总计，值范围为-1~1
	落合	余弦相似性测量的二元形式，值范围为 0~1
	索卡尔-施尼斯 5	正匹配和负匹配的条件概率的几何平均数的平方，独立于项目编码，取值范围为 0~1
	Phi 4 点相关	Pearson 相关系数的二分类模拟，取值范围为-1~1
	离散	此指数的取值范围为-1~1

步骤 02 设置完毕后，单击"确定"按钮，等待输出结果。

11.3.3 运行结果精解与分析

1. 个案处理摘要

图 11.20 为个案处理摘要。参与分析的样本共有 28 个，没有缺失值。

2. 近似值矩阵

图 11.21 给出了近似值矩阵结果。根据前面的设置，系统输出的是门店总数（个）、年末从业人数（万人）、年末餐饮营业面积（万平方米）、餐位数（万个）4 个变量的皮尔逊相关系数，可以发现相互之间的皮尔逊相关系数都很高，且为正向，说明变量间存在着较为明显的正向相关关系，相似程度比较高。

个案处理摘要

个案					
有效		缺失		总计	
个案数	百分比	个案数	百分比	个案数	百分比
28	100.0%	0	0.0%	28	100.0%

图 11.20　个案处理摘要

近似值矩阵

	值 的向量之间的相关性			
	门店总数(个)	年末从业人数(万人)	年末餐饮营业面积(万平方米)	餐位数(万个)
门店总数(个)	1.000	.987	.969	.951
年末从业人数(万人)	.987	1.000	.978	.967
年末餐饮营业面积(万平方米)	.969	.978	1.000	.991
餐位数(万个)	.951	.967	.991	1.000

这是相似性矩阵

图 11.21　近似值矩阵

11.4　本章习题

1. 使用数据 11.1，针对中国 2020 年 1~12 月的广义货币和狭义货币开展双变量相关分析。

2. 使用数据 11.2，以市场营销费用作为控制变量，运用偏相关分析方法，对该分支机构 2003 年至 2019 年历年公司贷款增长、零售贷款增长的相关关系进行分析。

3. 使用数据 11.3，使用多种距离相关分析方法研究营业额、商品购进总额、统一配送商品购进额 3 个变量的相似性和不相似性程度。

第12章

回归分析

本章主要学习 SPSS 的回归分析，包括线性回归分析、加权最小二乘回归分析、曲线估算回归分析、二元 Logistic 回归分析、多元 Logistic 回归分析、有序回归分析、概率回归分析、非线性回归分析、最优标度回归分析 9 种分析方法。回归分析是研究一个因变量与一个或多个自变量之间因果关系的一种统计分析方法，通过建立回归方程，使用各自变量来拟合因变量，并可使用回归方程进行预测。使用回归分析还可以得到很多统计量，其中对于每个变量（包括因变量和自变量），可以得到有效个案数、平均值和标准偏差；对于每个回归模型，可以得到回归系数、相关性矩阵、部分相关和偏相关系数、复相关系数、可决系数、修正的可决系数、可决系数的变化、估计值的标准误差、方差分析表、预测值和残差，此外还可以灵活设置输出每个回归系数的 95%置信区间、方差-协方差矩阵、方差膨胀因子、容差、Durbin-Watson 检验、距离测量（Mahalanobis、Cook 和杠杆值）、DfBeta、DfFit、预测区间和个案诊断信息以及散点图、部分图、直方图和正态概率图等信息。

本章教学要点：

- 清楚知晓线性回归分析、加权最小二乘回归分析、曲线估算回归分析、二元 Logistic 回归分析、多元 Logistic 回归分析、有序回归分析、概率回归分析、非线性回归分析、最优标度回归分析 9 种分析方法的特色，知晓每种方法的适用条件。

- 熟练掌握线性回归分析、加权最小二乘回归分析、曲线估算回归分析、二元 Logistic 回归分析、多元 Logistic 回归分析、有序回归分析、概率回归分析、非线性回归分析、最优标度回归分析 9 种分析的窗口功能，根据研究需要灵活进行窗口设置，开展回归分析。

- 能够对各种回归分析的结果进行解读，从中发现数据特征，得出研究结论。

12.1　线性回归分析

下载资源：可扫描旁边二维码观看或下载教学视频
下载资源：\sample\数据 12\数据 12.1

12.1.1　统计学原理

线性回归分析法是非常基础、常用的回归分析方法,基于自变量和因变量之间存在的线性关系,线性回归的数学模型为:

$$y = \alpha + \beta_1 x_1 + \beta_2 x_2 + \cdots\cdots + \beta_n x_n + \varepsilon$$

矩阵形式为：

$$y = \alpha + X\beta + \varepsilon$$

其中，$y = \begin{pmatrix} y_1 \\ y_2 \\ \vdots \\ y_n \end{pmatrix}$ 为因变量，$\alpha = \begin{pmatrix} \alpha_1 \\ \alpha_2 \\ \vdots \\ \alpha_n \end{pmatrix}$ 为截距项，$\beta = \begin{pmatrix} \beta_1 \\ \beta_2 \\ \vdots \\ \beta_n \end{pmatrix}$ 为待估计系数，$X = \begin{pmatrix} x_{11} & x_{12} & \cdots & x_{1k} \\ x_{21} & x_{22} & \cdots & x_{2k} \\ \vdots & \vdots & \ddots & \vdots \\ x_{n1} & x_{n2} & \cdots & x_{nk} \end{pmatrix}$ 为

自变量，$\varepsilon = \begin{pmatrix} \varepsilon_1 \\ \varepsilon_2 \\ \vdots \\ \varepsilon_n \end{pmatrix}$ 为误差项。

并且假定自变量之间无多重共线性，误差项 ε_i（$i=1,2,\cdots,n$）之间相互独立，且均服从同一正态分布 $N(0,\sigma^2)$，σ^2 是未知参数，误差项满足与自变量之间的严格外生性假定，以及自身的同方差、无自相关假定。

因变量的变化可以由 $\alpha + X\beta$ 组成的线性部分和随机误差项 ε_i 两部分解释。对于线性模型，一般采用最小二乘估计法来估计相关的参数，统计学原理是使残差平方和最小。残差就是因变量的实际值与拟合值之间的差值。

所以，采用最小二乘估计法来估计参数 α、β，也就是求解如下最优化问题：

$$\arg\min \sum_{i=1}^{n} e_i^2 = \arg\min \sum_{i=1}^{n} (y - \hat{\alpha} - \hat{\beta} X)^2$$

12.1.2 SPSS 操作

本小节用于分析的数据是数据 12.1，记录的是 XX 生产制造企业 1997—2021 年营业利润水平（profit）、固定资产投资（invest）、平均职工人数（labor）、研究开发支出（rd）等数据。

数据 12.1 的数据视图与变量视图分别如图 12.1 和图 12.2 所示。

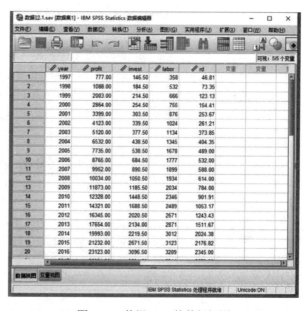

图 12.1　数据 12.1 的数据视图

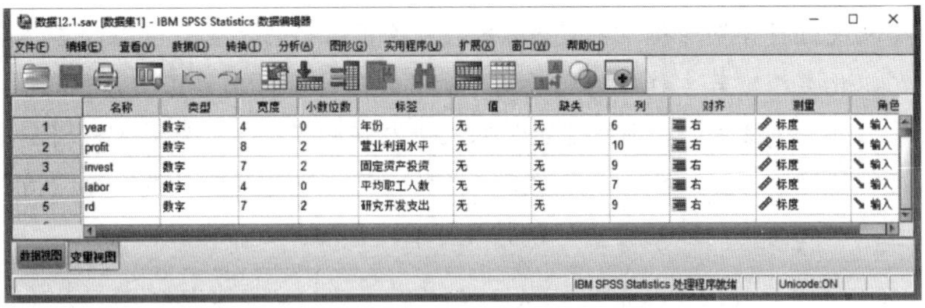

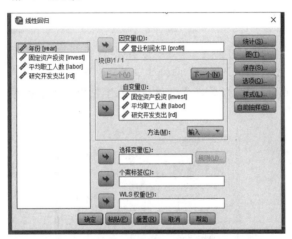

图 12.2 数据 12.1 的变量视图

下面我们以营业利润水平作为因变量,以固定资产投资、平均职工人数、研究开发支出作为自变量,开展线性回归分析,SPSS 操作如下:

步骤01打开数据 12.1,选择"分析"→"回归"→"线性"命令,弹出如图 12.3 所示的"线性回归"对话框。在该对话框左侧的列表框中选中"营业利润水平[profit]"并单击 按钮,使之进入"因变量"列表框,选中"固定资产投资[invest]""平均职工人数[labor]""研究开发支出[rd]"并单击 按钮,使之进入"自变量"列表框。在"方法"下拉列表中,指定自变量进入分析的方式,本例中保持系统默认的"输入"方式。

图 12.3 "线性回归"对话框

对话框深度解读

"方法"下拉菜单包括以下选项。

- 输入:如果用户选择该方法,则进入自变量列表框中的全部变量将一次性进入回归模型,并且成为最终回归模型。
- 步进:如果用户选择该方法,则系统将产生多个回归模型,在每一步中,一个最小概率(概率小于设定值)的变量将引入回归方程。若已经引入回归方程的变量的概率大于设定值,则从回归方程除去,若无变量被引入或被剔除,则终止回归过程。
- 除去:如果用户选择该方法,则将所有不进入方程模型的备选变量一次性剔除。
- 后退:如果用户选择该方法,则一次性将所有变量引入方程,并依次进行除去。首先剔除与因变量最小相关且符合剔除标准的变量，然后剔除第二个与因变量最小相关并且符合剔除标准的变量，以此类推。若方程中的变量均不满足剔除标准，则终止回归过程。

- 前进：如果用户选择该方法，则被选变量依次进入回归模型。首先引入与因变量最大相关且符合引入标准的变量，引入第一个变量后，再引入第二个与因变量最大偏相关并且符合引入标准的变量，以此类推。若无变量符合引入标准，则回归过程终止。

需要注意的是，无论选择哪种汇总引入方法，进入方程的变量必须符合容许偏差，默认的容许偏差是 0.0001。

"选择变量"文本框：用于指定进入回归分析样本的选择规则，如果用户进行了设置，那么参与回归分析的样本将仅限于包含此变量特定值的样本子集。

- "个案标签"文本框：用于标识样本观测值。
- "WLS 权重"文本框：用于加权最小二乘回归分析（12.2 节详细介绍），统计学原理是利用加权最小平方方法给观测值不同的权重值，可用来补偿或减少采用不同测量方式所产生的误差。需要注意的是，因变量与自变量不能再作为加权变量使用（系统将会提示"目标列表只接受未在另一目标列表中出现的变量"），如果加权变量的值是零、负数或缺失值，那么相对应的观测值将被删除。

步骤 02 单击"统计"按钮，弹出"线性回归：统计"对话框，如图 12.4 所示。"线性回归：统计"对话框包括"回归系数"和"残差"两个选项组，以及"模型拟合""R 方变化量""描述""部分相关性和偏相关性""共线性诊断"复选框。在本例中，为了讲解比较充分，我们选择上述全部选项组及选项。

图 12.4　"线性回归：统计"对话框

对话框深度解读

"回归系数"选项组中有"估算值""置信区间""协方差矩阵"3 个选项。

- 估算值：输出回归系数、回归系数的标准错误、标准化回归系数 Beta、对回归系数进行检验的 T 值、T 值的双尾检验的显著性水平。
- 置信区间：输出每一个非标准化回归系数 95% 的置信区间。

- 协方差矩阵：输出非标准化回归系数的协方差矩阵、各变量的相关系数矩阵。

  "残差"选项组包括"德宾-沃森"和"个案诊断"两个选项。

- 德宾-沃森：即 DW 统计量，该统计量的作用是检验残差是否存在自相关。
- 个案诊断：输出观测值诊断表。选择该项后将激活下面两个单选按钮。
  - ➢ 离群值：后面紧跟着标准差 n 的设置，用来设置异常值的判断依据，超出 n 倍标准差以上的个案为异常值，默认 n 为 3。
  - ➢ 所有个案：表示输出所有观测值的残差值。
- 模型拟合：输出复相关系数 R、可决系数及修正的可决系数、估计值的标准错误、方差分析表等。
- R 方变化量：输出当回归方程中引入或剔除一个自变量后 R 平方的变化量，如果较大，就说明从回归方程引入或剔除的可能是一个较好的回归自变量。
- 描述：输出有效样本观测值的数量、变量的平均值、标准偏差、相关系数矩阵及其单侧检验显著性水平矩阵。
- 部分相关性和偏相关性：输出部分相关系数、偏相关系数与零阶相关系数。部分相关性是指对于因变量与某个自变量，当已移去模型中的其他自变量对该自变量的线性效应之后，因变量与该自变量之间的相关性。当变量添加到方程时，其与 R 方的更改有关。偏相关性是指两个变量之间剩余的相关性，对于因变量与某个自变量，当已移去模型中的其他自变量对上述两者的线性效应之后，这两者之间的相关性。
- 共线性诊断：输出用来诊断多重共线性问题的各种统计量。

步骤03 单击"继续"按钮，回到"线性回归"对话框，单击"图"按钮，打开"线性回归：图"对话框，如图 12.5 所示。我们把 DEPENDNT 选入散点图的 Y 列表框，把 ZRESID 选入散点图的 X 列表框，通过观察因变量和残差之间的散点图来观察回归模型是否符合经典回归模型的基本假设。"线性回归：图"对话框左下方的"标准化残差图"选项组可以决定是否输出标准化残差图，这里我们把"直方图"和"正态概率图"复选框都勾选上。"生成所有局部图"复选框将输出每个自变量对于因变量残差的散点图，因为本例中我们并不需要分析所有自变量的残差与因变量残差的关系，所以不勾选该复选框。

图 12.5　"线性回归：图"对话框

对话框深度解读

　　"线性回归：图"对话框提供绘制散点图、直方图、正态概率图等功能，通过观察这些图形既有助于确认样本的正态性、线性和等方差性，也有助于发现和察觉那些异常观测值和离群值。用户从左边变量框中可以选择变量，并决定绘制哪种散点图，针对各个变量的解释如下：
DEPENDNT：因变量；ADJPRED：经调整的预测值；ZPRED：标准化预测值；SRESID：学生

化残差；ZRESID：标准化残差；SDRESID：学生化剔除残差；DRESID：剔除残差。

步骤04 单击"继续"按钮，回到"线性回归"对话框，单击"保存"按钮，打开"线性回归：保存"对话框，如图 12.6 所示。在"线性回归：保存"对话框中，用户可以通过选择该对话框中的选项决定将预测值、残差或其他诊断结果值作为新变量保存于当前工作文件或新文件中。本例中我们采用系统默认设置。

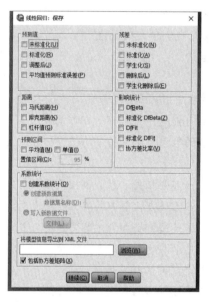

图 12.6 "线性回归：保存"对话框

对话框深度解读

"预测值"选项组：用户在"预测值"选项组中可以选择输出回归模型中每个观测值的预测值，包括以下选项。

- 未标准化：保存模型中因变量的未标准化预测值。
- 标准化：保存每个预测值的标准化形式，即用预测值与平均预测值之差除以预测值的标准差。
- 调整后：保存在回归系数的计算中除去当前个案时当前个案的预测值。
- 平均值预测标准误差：保存与自变量相同数值的因变量均值的标准误差。

"距离"选项组："距离"选项组可以将自变量的异常观测值和对回归模型产生较大影响的观测值区分出来，有以下选项。

- 马氏距离：也就是马哈拉诺比斯距离，是一个测量自变量观测值中有多少观测值与所有观测值均值显著不同的测度，把马氏距离数值大的观测值视为极端值。
- 库克距离：若一个特殊的观测值被排除在回归系数的计算之外，则库克距离用于测量所有观测值的残差变化；若库克距离数值大的观测值被排除在回归分析的计算之外，则会导致回归系数发生实质性变化。
- 杠杆值：用于测度回归拟合中一个点的影响。若拟合中没有影响，则杠杆值为 0。

"预测区间"选项组包括以下选项。

- 平均值：平均值预测区间的上下限。
- 单值：因变量的单个观测值预测区间的上下限。
- 置信区间：在文本框中输入一个 1~99.99 的数值，作为预测区间的置信概率，通常选用的置信概率为 90%、95% 或 99%，系统默认值为 95%。

"残差"选项组包括以下选项。

- 未标准化：因变量的实际值与预测值之差。
- 标准化：标准化之后的残差，即所谓的皮尔逊残差，其均值为 0，标准差为 1。
- 学生化：从一个观测值到另一个观测值的残差被估计标准差除后的数值。
- 删除后：从回归系数的计算中除去的观测值的残差，等于因变量的值与经调整的预测值之差。
- 学生化删除后：一个观测值的剔除残差被它的标准错误差除后的数值。

"影响统计"选项组包括以下选项。

- DfBeta：Beta 值之差，是排除一个特定观测值所引起的回归系数的变化。
- 标准化 DfBeta：DfBeta 的标准化形式。
- DfFit：拟合值之差，是由于排除一个特定观测值所引起的预测值的变化。
- 标准化 DfFit：DfFit 的标准化形式。
- 协方差比率：一个被从回归系数计算中剔除的特定观测值的协方差矩阵与包括全部观测值的协方差矩阵的比率。如果这个比率接近 1，就说明这个特定观测值对于协方差矩阵的变更没有显著的影响。

"系数统计"选项组：如果用户选中"系数统计"选项组中的"写入新数据文件"单选按钮，然后单击"文件"按钮，系统就会弹出"线性回归：保存到文件"对话框，在该对话框中用户可以将回归系数或参数估算的值保存到指定的新文件中。

"将模型信息导出到 XML 文件"选项组：用户在保存回归模型时，单击"将模型信息导出到 XML 文件"选项组旁边的"浏览"按钮可以指定文件名及路径。

步骤 05 单击"继续"按钮，回到"线性回归"对话框，单击"选项"按钮，打开"线性回归：选项"对话框，如图 12.7 所示。"线性回归：选项"对话框包括"步进法条件"选项组、"在方程中包括常量"复选框和"缺失值"选项组。本例中我们采用系统默认设置。设置完毕后单击"继续"按钮，回到"线性回归"对话框，然后单击"确定"按钮确认。

图 12.7　"线性回归：选项"对话框

对话框深度解读

"步进法条件"选项组包括以下选项。

- 使用 F 的概率:将使用 F 的概率作为决定变量进入或移出回归方程的标准。如果变量的 F 值的显著性水平小于"进入"值,则该变量将被选入模型中;如果该变量的显著性水平大于"除去"值,则将该变量从模型中移去。"进入"值必须小于"除去"值,且两者均必须为正数。如果用户想要将更多的变量选入模型中,则需要增加"进入"值;如果用户想要将更多的变量从模型中移去,则需要降低"除去"值。
- 使用 F 值:系统将使用 F 统计量值本身作为决定变量进入或移出回归方程的标准。如果变量的 F 值大于"进入"值,则该变量将进入模型;如果变量的 F 值小于"除去"值,则该变量将从模型中移去。"进入"值必须大于"除去"值,且两者均必须为正数。如果用户想要将更多的变量选入模型中,则需要降低"进入"值;如果用户想要将更多的变量从模型中移去,则需要增大"除去"值。

"在方程中包括常量"复选框:"在方程中包括常量"复选框系统默认选中。取消选择此复选框可强制使回归通过原点,也就是在最终模型中不包括常数项,实际上很少这样做,因为某些通过原点的回归结果无法与包含常数的回归结果相比较,比如不能以常用的方式解释可决系数等。

"缺失值"选项组是对含有缺失值的个案的处理方式,有以下 3 种。

- 成列排除个案:系统将剔除有缺失值的观测值。
- 成对排除个案:系统将成对剔除计算相关系数的变量中含有缺失值的观测值。
- 替换为平均值:系统将用变量的均值替代缺失值。

12.1.3 运行结果精解与分析

1. 描述统计结果

图 12.8 给出了描述统计结果,显示了因变量及各个自变量全部样本观测值的平均值、标准偏差和个案数,比如营业利润水平全部样本观测值的平均值是 14376.7400,标准偏差是 11115.46606,个案数是 25 个。

描述统计

	平均值	标准偏差	个案数
营业利润水平	14376.7400	11115.46606	25
固定资产投资	1746.5000	1581.64538	25
平均职工人数	2150.00	1108.545	25
研究开发支出	1295.3664	1217.76005	25

图 12.8 描述统计

2. 相关性

图 12.9 给出了相关系数矩阵,显示了因变量及各个自变量两两间的皮尔逊相关系数,以及关于相关系数等于零假设的单尾显著性 P 值,可以发现因变量及各个自变量两两间的皮尔逊相关系数非

常高，而且全部呈正相关关系。

相关性

		营业利润水平	固定资产投资	平均职工人数	研究开发支出
皮尔逊相关性	营业利润水平	1.000	.993	.963	.991
	固定资产投资	.993	1.000	.939	.994
	平均职工人数	.963	.939	1.000	.931
	研究开发支出	.991	.994	.931	1.000
显著性（单尾）	营业利润水平		.000	.000	.000
	固定资产投资	.000		.000	.000
	平均职工人数	.000	.000		.000
	研究开发支出	.000	.000	.000	
个案数	营业利润水平	25	25	25	25
	固定资产投资	25	25	25	25
	平均职工人数	25	25	25	25
	研究开发支出	25	25	25	25

图 12.9　相关系数矩阵

3. 输入/除去的变量

图 12.10 给出了输入模型和被除去的变量信息，从中可以看出，因为我们采用的是输入法，所以所有自变量都进入模型。

输入/除去的变量ᵃ

模型	输入的变量	除去的变量	方法
1	研究开发支出，平均职工人数，固定资产投资ᵇ	.	输入

a. 因变量：营业利润水平

b. 已输入所请求的所有变量。

图 12.10　输入/除去的变量

4. 模型摘要

图 12.11 给出了模型摘要，模型的复相关系数（R）为 0.998，可决系数（R 方）为 0.996，修正的可决系数（调整后 R 方）为 0.995，说明模型的解释能力非常好。另外，图中还给出了其他统计量，其中德宾-沃森检验值 DW=0.875。DW 是一个用于检验一阶变量自回归形式的序列相关问题的统计量，DW 在数值 2 附近说明模型变量无序列相关，越趋近于 0 说明正自相关性越强，越趋近于 4 说明负自相关性越强。本例中说明模型变量可能有一定的正自相关。

模型摘要ᵇ

模型	R	R 方	调整后 R 方	标准估算的错误	更改统计					德宾-沃森
					R 方变化量	F 变化量	自由度 1	自由度 2	显著性 F 变化量	
1	.998ᵃ	.996	.995	772.13815	.996	1650.889	3	21	.000	.875

a. 预测变量：(常量)，研究开发支出，平均职工人数，固定资产投资

b. 因变量：营业利润水平

图 12.11　模型摘要

5. ANOVA 分析

图 12.12 给出了 ANOVA 分析，从中可以看到模型设定检验 F 统计量的值为 1650.889，显著性水平几乎为零，于是我们的模型通过了设定检验，也就是说，因变量与自变量之间的线性关系明显。

ANOVAᵃ

模型		平方和	自由度	均方	F	显著性
1	回归	2952765912	3	984255304.0	1650.889	.000ᵇ
	残差	12520143.65	21	596197.317		
	总计	2965286056	24			

a. 因变量：营业利润水平

b. 预测变量：(常量)，研究开发支出，平均职工人数，固定资产投资

图 12.12　ANOVA 分析

6. 回归系数

图 12.13 为回归系数结果，包括未标准化系数及其标准错误、标准化系数、t 值、显著性 P 值、未标准化系数 95% 的置信区间等统计量，结合未标准化系数结果，最终线性回归方程的表达式为：

营业利润水平=2.859*固定资产投资+2.627*平均职工人数+3.127*研究开发支出-315.637

系数[a]

模型		未标准化系数 B	标准错误	标准化系数 Beta	t	显著性	B 的 95.0% 置信区间 下限	上限	相关性 零阶	偏	部分	共线性统计 容差	VIF
1	(常量)	-315.637	474.847		-.665	.513	-1303.134	671.861					
	固定资产投资	2.859	.940	.407	3.043	.006	.905	4.813	.993	.553	.043	.011	88.919
	平均职工人数	2.627	.413	.262	6.357	.000	1.768	3.486	.963	.811	.090	.118	8.446
	研究开发支出	3.127	1.151	.343	2.716	.013	.733	5.522	.991	.510	.039	.013	79.134

a. 因变量: 营业利润水平

图 12.13 回归系数

如果是基于通用的 0.05 的显著性水平，可以发现各个自变量系数包括固定资产投资（P=0.006）、平均职工人数（P=0.000）、研究开发支出（P=0.013）等都是比较显著的，而且都是正向作用关系（系数值均大于 0）。

针对回归系数结果，后面的"共线性统计"解释如下：

容差和 VIF（方差膨胀因子）都是衡量回归模型多重共线性的指标。多重共线性是指线性回归模型中的解释变量之间由于存在高度相关关系而使模型估计失真或难以估计准确，产生原因包括经济变量相关的共同趋势、滞后变量的引入、样本资料的限制等。多重共线性会造成以下影响：完全共线性下参数估计量不存在；近似共线性下 OLS 估计量非有效；参数估计量经济含义不合理；变量的显著性检验失去意义，可能将重要的解释变量排除在模型之外；模型的预测功能失效。解决办法包括排除引起共线性的变量、将原模型变换为差分模型、使用岭回归法减小参数估计量的方差等。

一般情况下，如果容差< 0.2 或 VIF > 10，则说明自变量之间存在多重共线性的问题。本例中，固定资产投资和研究开发支出两个变量的容差分别为 0.011、0.013，均显著小于 0.2，VIF 分别为 88.919、79.134，均显著大于 10，说明自变量之间的多重共线性还是比较明显的。

7. 系数相关性

图 12.14 为各个自变量回归系数之间的相关性结果，可以发现固定资产投资和研究开发支出两个自变量回归系数之间的相关系数为-0.951，呈现比较高的负相关关系，平均职工人数和研究开发支出两个自变量回归系数之间的相关系数为 0.049，呈现微弱的正相关关系，平均职工人数和固定资产投资两个自变量回归系数之间的相关系数为-0.335，呈现较低的负相关关系。

8. 共线性诊断

图 12.15 为共线性诊断结果，在共线性诊断结果表中，主要通过观察"特征值"和"条件指标"两列进行共线性诊断：多个维度的特征值约为 0 证明存在多重共线性，条件指标大于 10 时提示我们可能存在多重共线性。本例中，随着往模型中逐步添加自变量，特征值逐渐减少而接近 0，条件指标的值则随着自变量的加入而逐渐增大，尤其是在加入自变量 3 后，特征值接近 0，条件指标超过 10，说明自变量间存在多重共线性，与前面通过容差和 VIF 分析得到的结论一致。

系数相关性[a]

模型			研究开发支出	平均职工人数	固定资产投资
1	相关性	研究开发支出	1.000	.049	-.951
		平均职工人数	.049	1.000	-.335
		固定资产投资	-.951	-.335	1.000
	协方差	研究开发支出	1.326	.023	-1.029
		平均职工人数	.023	.171	-.130
		固定资产投资	-1.029	-.130	.883

a. 因变量: 营业利润水平

图 12.14　系数相关性

共线性诊断[a]

模型	维	特征值	条件指标	方差比例			
				(常量)	固定资产投资	平均职工人数	研究开发支出
1	1	3.638	1.000	.01	.00	.00	.00
	2	.341	3.267	.20	.00	.00	.00
	3	.018	14.116	.78	.01	.94	.03
	4	.003	36.554	.01	.99	.05	.96

a. 因变量: 营业利润水平

图 12.15　共线性诊断

9. 残差统计

图 12.16 给出了残差统计，显示了预测值、残差、标准预测值、标准残差等的最小值、最大值、平均值、标准偏差及个案数。

残差统计[a]

	最小值	最大值	平均值	标准偏差	个案数
预测值	1190.0399	36557.9609	14376.7400	11091.97516	25
残差	-1611.91846	1333.53735	.00000	722.26910	25
标准预测值	-1.189	2.000	.000	1.000	25
标准残差	-2.088	1.727	.000	.935	25

a. 因变量: 营业利润水平

图 12.16　残差统计

10. 直方图和正态 P-P 图

图 12.17 和图 12.18 给出了模型残差的直方图和正态 P-P 图,由于在模型中始终假设残差服从正态分布,因此可以从这两幅图中直观地看出回归后的实际残差是否符合假设。从回归残差的直方图与附于图上的正态分布曲线相比较,可以认为残差分布近似地服从正态分布。从正态 P-P 图来看,该图也是用于比较残差分布与正态分布差异的图形,图的纵坐标为期望的累计概率,横坐标为观测的累计概率,图中的斜线对应着一个平均值为 0 的正态分布。如果图中的散点密切地散布在这条斜线附近,就说明随机变量残差服从正态分布,从而证明样本确实来自正态总体;如果偏离这条直线太远,就应该怀疑随机变量的正态性。基于以上认识,从图中的散点分布状况来看,散点大致散布于斜线附近,可以认为残差分布基本上是正态的。

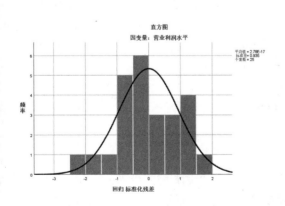

图 12.17　残差分布直方图

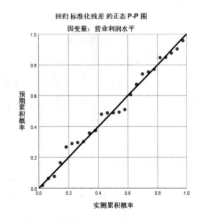

图 12.18　正态 P-P 图

11. 散点图

图 12.19 为因变量和回归标准化残差的散点图。正常情况下，回归标准化残差应该较为均匀地分布在 0 周围，不论因变量大小如何。从该图中可以看出，随着因变量的增大，残差分布有一定的分散倾向，说明变量可能存在一定程度的异方差。

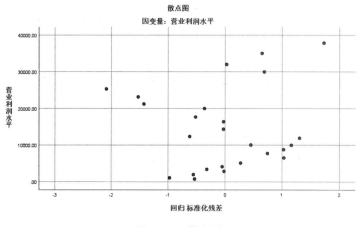

图 12.19　散点图

12.2　加权最小二乘回归分析

| | 下载资源：可扫描旁边二维码观看或下载教学视频 |
| | 下载资源：\sample\数据 12\数据 12.1 |

12.2.1　统计学原理

12.1 节讲述的线性回归分析本质上采用的是普通最小二乘法，统计学原理是使得残差的平方和最小，但普通最小二乘法有着种种假设条件，实际往往不能满足要求。其中之一是误差项的同方差性。如果误差项存在异方差，继续采用普通最小二乘法，就会导致参数估计量非有效、变量的显著性检验失去意义、模型的预测失效等后果。

从公式的角度来说，如果对于回归模型 $y_i = a + X\beta + \varepsilon_i$ 出现 $\mathrm{Var}(\varepsilon_i) = \delta_i^2$ 的情况，即对于不同的样本点，随机误差项的方差不再是常数，而互不相同，则认为出现了异方差性。

模型存在异方差性，可用加权最小二乘法（WLS）进行估计。加权最小二乘法是对原模型加权，使之变成一个新的不存在异方差性的模型，然后采用 OLS 估计其参数。

12.2.2　SPSS 操作

本节继续使用数据 12.1。下面以营业利润水平作为因变量，以固定资产投资、平均职工人数、研究开发支出作为自变量，以研究开发支出作为权重变量，开展加权最小二乘回归分析，SPSS 操作如下：

步骤 **01** 打开数据 12.1，选择"分析"→"回归"→"权重估算"命令，弹出"权重估算"对话框，如图 12.20 所示。从源变量列表中选择"营业利润水平[profit]"并单击 ➡ 按钮，使之进入"因变量"列表框，选中"固定资产投资[invest]""平均职工人数[labor]""研究开发支出[rd]"并单击 ➡ 按钮，使之进入"自变量"列表框。选中"研究开发支出[rd]"并单击 ➡ 按钮，使之进入"权重变量"列表框，然后选择幂的范围，我们把范围设置为-2~2 并以 0.5 步进。该对话框左下角的"在方程中包括常量"保持系统默认设置。

对话框深度解读

- 权重变量：选入权重变量，权重函数是此权重变量取幂后的倒数，为指定范围内的每个幂值分别计算回归方程，系统将标识出使对数似然函数最大的幂作为最优解。
- 幂的范围：输入幂的初始值与结束值，在"按"输入框中输入幂的步长。系统要求幂的范围在-6.5 和 12.5 之间，且满足"（结束值-初始值）/步长≤150"的条件。

步骤 **02** 单击"选项"按钮，弹出"权重估算：选项"对话框，如图 12.21 所示。本例中我们采用系统默认设置，设置完毕后单击"继续"按钮，回到"权重估算"对话框，单击"确定"按钮确认。

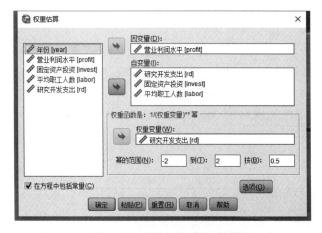

图 12.20　"权重估算"对话框　　　　图 12.21　"权重估算：选项"对话框

对话框深度解读

"将最佳权重保存为新变量"复选框：若勾选该复选框，则系统将得到的最优权重作为一个新变量保存在数据文件中。

"显示 ANOVA 和估算值"选项组：该选项组用于设置方差与估计值的输出方式。

- 若选中"对于最佳幂"单选按钮，则系统将只输出最终的估计值与方差分析表。
- 若选中"对于每个幂值"单选按钮，则系统将输出设定的幂的范围内的所有权重的估计值与方差分析表。

12.2.3 运行结果精解与分析

1. 幂摘要及最佳模型统计

图 12.22 为幂摘要及最佳模型统计结果。幂摘要展示的是权重变量的幂次取值（从【-2，2】）并且按照 0.5 步进的各个回归模型的对数似然值，可以发现当幂为 1 的时候对数似然值最大，即最佳幂为 1。最佳模型统计则展示了幂为 1 时的回归模型具体情况。

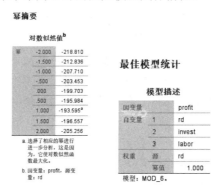

图 12.22　幂摘要及最佳模型统计

2. 模型摘要及 ANOVA

图 12.23 给出了模型摘要及 ANOVA 结果，从模型摘要中可以看出，复相关系数为 0.998，可决系数为 0.996，调整后可决系数为 0.996，说明模型的拟合优度很高，解释能力很强。对数似然函数值为-193.595，与前述幂摘要结果中幂为 1 时的对数似然函数值相同。从 ANOVA 来看，加权回归分析模型的 F 值为 1776.752，对应的显著性 P 值为 0.000，远远小于统计意义上常用的显著性 P 值 0.05，说明模型整体非常显著。

模型摘要

复 R	.998
R 方	.996
调整后 R 方	.996
标准 估算的错误	22.460
对数似然函数值	-193.595

ANOVA

	平方和	自由度	均方	F	显著性
回归	2688892.260	3	896297.420	1776.752	.000
残差	10593.624	21	504.458		
总计	2699485.884	24			

图 12.23　模型摘要及 ANOVA

3. 系数

图 12.24 给出了模型的系数结果，我们可以写出回归方程：

营业利润水平=3.933*研究开发支出+1.552*固定资产投资+3.535*平均职工人数-1029.984

系数

	未标准化系数		标准化系数			
	B	标准 错误	Beta	标准 错误	t	显著性
(常量)	-1029.984	173.104			-5.950	.000
rd	3.933	1.116	.373	.106	3.523	.002
invest	1.552	.842	.193	.105	1.844	.079
labor	3.535	.258	.455	.033	13.692	.000

图 12.24　系数

从加权最小二乘回归的结果可以看出，研究开发支出和平均职工人数对于营业利润水平的正向影响作用依然显著（显著性 P 值分别为 0.002、0.000），但固定资产投资的正向影响作用已不再显著（显著性 P 值为 0.079），由于该回归方程消除了原模型中存在的异方差性，保证了参数检验的有效性，因此该结论相对于 12.1 节使用最小二乘回归分析得到的结论更加稳健。

12.3　曲线估算回归分析

	下载资源：可扫描旁边二维码观看或下载教学视频
	下载资源：\sample\数据 12\数据 12.2

12.3.1　统计学原理

前面不论是线性回归分析还是加权最小二乘回归分析，本质上描述的都是因变量与自变量之间的线性关系。但是在很多时候，变量之间的关系并非线性关系，这时仍然建立线性回归模型就不合适了。为了解决这一问题，可以通过变量的转换将非线性关系转换为线性关系，这就需要用到曲线估算回归分析方法。曲线估算回归分析的统计学原理就是通过变量替换的方法将不满足线性关系的数据转换为符合线性回归模型的数据，再利用线性回归进行估计。SPSS 26.0 的曲线估算回归分析过程提供了线性曲线、二次项曲线、复合曲线、增长曲线、对数曲线、立方曲线、S 曲线、指数曲线、逆模型、幂函数模型、Logistic 模型共 11 种曲线回归模型。需要特别说明的是，这 11 种模型之间并不是互斥的，而且可以同时选择多个，系统将对每个因变量生成一个单独的模型，对于每个模型系统都将输出回归系数、复相关系数 R、可决系数 R 方、修整的可决系数、估计值的标准误差、方差分析表、预测值、残差和预测区间等统计量，用户可以结合各种曲线估计结果选择最为恰当的模型。

12.3.2　SPSS 操作

本小节用于分析的数据是数据 12.2，记录的是某生产制造企业营销费用投入、销售额和营业利润等数据。数据 12.2 的变量视图与数据视图分别如图 12.25 和图 12.26 所示。

图 12.25　数据 12.2 的变量视图

图 12.26　数据 12.2 的数据视图

下面我们以销售额作为因变量，以营销费用投入作为自变量，开展曲线估算回归分析，SPSS操作如下：

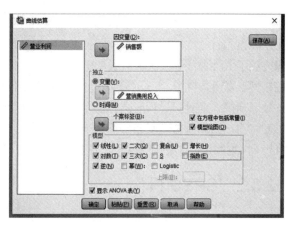

图 12.27　"曲线估算"对话框

步骤01 打开数据 12.2，选择"分析"→"回归"→"曲线估算"命令，弹出"曲线估算"对话框，如图 12.27 所示。从左侧变量框中选择需要进行曲线回归分析的因变量，然后单击 按钮，将选中的变量选入 "因变量" 列表中；从左侧变量框中选择需要进行曲线回归分析的自变量，然后单击 按钮，将选中的变量选入"变量"列表中。本例中，我们在左侧变量框中选择"销售额"变量，单击 按钮，选入右侧上方的"因变量"框；在左侧变量框中选择"营销费用投入"变量，单击 按钮，选入右侧独立选项组中的"变量"框。在"模型"选项组中勾选"线性""对数""逆""二次""三次"复选框，然后勾选"在方程中包括常量""模型绘图""显示 ANOVA 表"复选框。

对话框深度解读

"因变量"列表：选择进入曲线回归模型中的因变量。

"独立"选项组：包括以下选项。

- "变量"单选按钮：选择进入曲线回归模型中的自变量。
- "时间"单选按钮：若选中，则时间将作为自变量进入曲线回归模型。

"个案标签"列表：用于指定个案标签的变量，作为模型绘图中点的标记。

"模型"选项组：用于指定具体的曲线模型，共有 11 种曲线回归模型，分别是线性、二次、复合、增长、对数、三次、S、指数、逆、幂、Logistic。其中，如果选择 Logistic 复选框，可在"上限"输入框中指定模型上限。

- 线性曲线的数学表达式为：$Y = b0 + (b1 * t)$。
- 二次曲线的数学表达式为：$Y = b0 + (b1 * t) + (b2 * t^{**}2)$。
- 复合曲线的数学表达式为：$Y = b0 * (b1^{**}t)$ 或 $\ln(Y) = \ln(b0) + (\ln(b1) * t)$。
- 增长曲线的数学表达式为：$Y = e^{**}(b0 + (b1 * t))$ 或 $\ln(Y) = b0 + (b1 * t)$。
- 对数曲线的数学表达式为：$Y = b0 + (b1 * \ln(t))$。
- 三次曲线的数学表达式为：$Y = b0 + (b1 * t) + (b2 * t^{**}2) + (b3 * t^{**}3)$。
- S 曲线的数学表达式为：$Y = e^{**}(b0 + (b1/t))$ 或 $\ln(Y) = b0 + (b1/t)$。
- 指数曲线的数学表达式为：$Y = b0 * (e^{**}(b1 * t))$ or $\ln(Y) = \ln(b0) + (b1 * t)$。
- 逆模型曲线的数学表达式为：$Y = b0 + (b1 / t)$。
- 幂模型的数学表达式为：$Y = b0 * (t^{**}b1)$ 或 $\ln(Y) = \ln(b0) + (b1 * \ln(t))$。
- Logistic 模型的数学表达式为：$Y = 1 / (1/u + (b0*(b1^{**}t)))$ 或 $\ln(1/y - 1/u) = \ln(b0) + (\ln(b1) * t)$。

"显示 ANOVA 表"复选框：输出方差分析结果。

"在方程中包括常量"复选框：在回归模型中含有常数项。

"模型绘图"复选框：输出所估计曲线模型的拟合图及观察点的散点图，用于直观评价曲线模型的拟合程度。

步骤 02 单击"保存"按钮，弹出"曲线估算：保存"对话框，如图 12.28 所示。本例中我们采用系统默认设置，然后单击"继续"按钮，回到"曲线估算"对话框，单击"确定"按钮确认。

图 12.28 "曲线估算：保存"对话框

对话框深度解读

"保存变量"选项组，包括以下选项。

- 预测值：保存曲线模型对因变量的预测值。
- 残差：保存曲线模型回归的原始残差。
- 预测区间：保存预测区间的上下限，在"置信区间"下拉列表框中选择置信区间的范围。

"预测个案"选项组，该选项组只有在"曲线估算"对话框中选中"时间"单选按钮才会被激活，主要用于对个案进行预测。

- 从估算期到最后一个个案的预测：保存所有因变量个案的预测值，显示在对话框底端的估算期可通过“数据”菜单上的“选择个案”选项的“范围”子对话框来定义。如果未定义任何估算期，那么使用所有个案来预测值。
- 预测范围：保存用户指定预测范围的预测值，在“观测值”文本框中输入要预测的观测值。根据估算期中的个案预测指定日期、时间或观察值范围内的值。

12.3.3 运行结果精解与分析

1. 模型描述、个案处理摘要、变量处理摘要

图 12.29 为模型描述。从该图中可以看到模型的因变量和自变量的名称、是否含有常数项、是否指定用于在图中标注观测值的变量、有关在方程中输入项的容差以及我们设置的 5 个回归模型的类型。

图 12.30 给出了个案处理摘要。从该图可以得到参与曲线回归的个案数总共有 11 个。

图 12.31 给出了变量处理摘要。从该图中可以得到因变量和自变量的正负值情况，如本试验中因变量和自变量都含有 11 个正值，没有零和负值。

模型描述

模型名称		MOD_2
因变量	1	销售额
方程	1	线性
	2	对数
	3	逆
	4	二次
	5	三次
自变量		营销费用投入
常量		包括
值用于在图中标注观测值的变量		未指定
有关在方程中输入项的容差		.0001

图 12.29 模型描述

个案处理摘要

	个案数
总个案数	11
排除个案数[a]	0
预测的个案	0
新创建的个案	0

a. 在分析中，将排除那些在任何变量中具有缺失值的个案。

图 12.30 个案处理摘要

变量处理摘要

		变量	
		因变量	自变量
		销售额	营销费用投入
正值的数目		11	11
零的数目		0	0
负值的数目		0	0
缺失值的数目	用户缺失值	0	0
	系统缺失值	0	0

图 12.31 变量处理摘要

2. 5 个模型摘要、ANOVA 表和系数

图 12.32~图 12.36 给出了“线性”“对数”“逆”“二次”“三次”5 个回归模型的模型摘要、ANOVA 表和系数。可以看出，在这 5 个回归模型中，自变量的系数都是非常显著的，说明营销费用投入确实可以显著地影响销售额。但是这 5 个回归模型的拟合优度不同，其中“三次”回归模型的拟合优度最高（负相关系数为 0.986，可决系数为 0.972，修正后可决系数为 0.960），所以“三次”回归模型的解释能力最好。

线性

模型摘要

R	R 方	调整后 R 方	标准 估算的错误
.712	.507	.452	332.113

自变量为营销费用投入。

ANOVA

	平方和	自由度	均方	F	显著性
回归	1021070.937	1	1021070.937	9.257	.014
残差	992691.565	9	110299.063		
总计	2013762.502	10			

自变量为营销费用投入。

系数

	未标准化系数		标准化系数		
	B	标准 错误	Beta	t	显著性
营销费用投入	6.711	2.206	.712	3.043	.014
(常量)	2648.796	223.539		11.849	.000

图 12.32　回归模型 1

对数

模型摘要

R	R 方	调整后 R 方	标准 估算的错误
.874	.765	.739	229.452

自变量为营销费用投入。

ANOVA

	平方和	自由度	均方	F	显著性
回归	1539930.489	1	1539930.489	29.250	.000
残差	473832.013	9	52648.001		
总计	2013762.502	10			

自变量为营销费用投入。

系数

	未标准化系数		标准化系数		
	B	标准 错误	Beta	t	显著性
ln(营销费用投入)	591.273	109.327	.874	5.408	.000
(常量)	691.351	479.387		1.442	.183

图 12.33　回归模型 2

逆

模型摘要

R	R 方	调整后 R 方	标准 估算的错误
.973	.947	.942	108.393

自变量为营销费用投入。

ANOVA

	平方和	自由度	均方	F	显著性
回归	1908020.832	1	1908020.832	162.398	.000
残差	105741.670	9	11749.074		
总计	2013762.502	10			

自变量为营销费用投入。

系数

	未标准化系数		标准化系数		
	B	标准 错误	Beta	t	显著性
1/营销费用投入	-32780.549	2572.329	-.973	-12.744	.000
(常量)	3793.239	53.288		71.184	.000

图 12.34　回归模型 3

二次

模型摘要

R	R 方	调整后 R 方	标准 估算的错误
.915	.838	.797	202.136

自变量为营销费用投入。

ANOVA

	平方和	自由度	均方	F	显著性
回归	1686891.167	2	843445.583	20.643	.001
残差	326871.335	8	40858.917		
总计	2013762.502	10			

自变量为营销费用投入。

系数

	未标准化系数		标准化系数		
	B	标准 错误	Beta	t	显著性
营销费用投入	30.939	6.150	3.283	5.031	.001
营销费用投入 ** 2	-.132	.033	-2.634	-4.037	.004
(常量)	1809.348	248.503		7.281	.000

图 12.35　回归模型 4

三次

模型摘要

R	R 方	调整后 R 方	标准 估算的错误
.986	.972	.960	90.007

自变量为营销费用投入。

ANOVA

	平方和	自由度	均方	F	显著性
回归	1957054.169	3	652351.390	80.525	.000
残差	56708.333	7	8101.190		
总计	2013762.502	10			

自变量为营销费用投入。

系数

	未标准化系数		标准化系数		
	B	标准 错误	Beta	t	显著性
营销费用投入	77.243	8.473	8.196	9.116	.000
营销费用投入 ** 2	-.718	.103	-14.329	-7.004	.000
营销费用投入 ** 3	.002	.000	6.992	5.775	.001
(常量)	869.329	196.827		4.417	.003

图 12.36　回归模型 5

3. 拟合曲线及实测值的散点图

图 12.37 给出了 5 个曲线模型拟合曲线及实测值的散点图。从图中可以很直观地看出，在 5 个曲线模型拟合的曲线中，三次模型拟合的曲线与实测值拟合得最好。

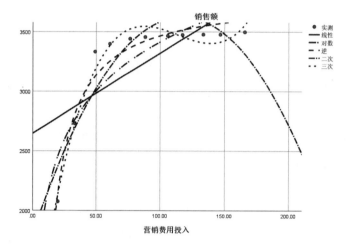

图 12.37　5 个曲线模型拟合曲线及实测值的散点图

因此，我们可以得出畅销书价格和销售量之间的关系为：

Y（销售额）$=869.329+712.243*X$（营销费用投入）$-0.718X^2+0.002X^3$

12.4　二元 Logistic 回归分析

	下载资源：可扫描旁边二维码观看或下载教学视频
	下载资源：\sample\数据 12\数据 12.3

12.4.1　统计学原理

在前面几节的分析中，我们都假定因变量为连续定量变量，但在很多情况下，因变量只能取二值（0,1），比如是否满足某一特征等。因为一般回归分析要求因变量呈现正态分布，并且各组中具有相同的方差-协方差矩阵，所以直接用来为二值因变量进行回归估计是不恰当的。这时候就可以用到本节介绍的二元 Logistic 回归分析。二元 Logistic 回归分析的统计学原理是考虑因变量（0,1）发生的概率，用发生的概率除以没有发生的概率再取对数。通过这一变换改变了"回归方程左侧因变量估计值取值范围为 0~1，而右侧取值范围是无穷大或者无穷小"这一取值区间的矛盾，也使得因变量和自变量之间呈线性关系。当然，正是由于这一变换，使得 Logistic 回归自变量系数不同于一般回归分析自变量系数，而是模型中每个自变量概率比的概念。

Logistic 回归系数的估计通常采用最大似然法，最大似然法的基本思想是先建立似然函数与对数似然函数，再通过使对数似然函数最大求解相应的系数值，所得到的估计值称为系数的最大似然估计值。Logistic 模型的公式如下：

$$\ln \frac{p}{1-p} = \alpha + X\beta + \varepsilon$$

其中，P 为发生的概率，$\alpha = \begin{pmatrix} \alpha_1 \\ \alpha_2 \\ \vdots \\ \alpha_n \end{pmatrix}$ 为模型的截距项，$\beta = \begin{pmatrix} \beta_1 \\ \beta_2 \\ \vdots \\ \beta_n \end{pmatrix}$ 为待估计系数，

$X = \begin{pmatrix} x_{11} & x_{12} & \cdots & x_{1k} \\ x_{21} & x_{22} & \cdots & x_{2k} \\ \cdots & \cdots & \ddots & \cdots \\ x_{n1} & x_{n2} & \cdots & x_{nk} \end{pmatrix}$ 为自变量，$\varepsilon = \begin{pmatrix} \varepsilon_1 \\ \varepsilon_2 \\ \vdots \\ \varepsilon_n \end{pmatrix}$ 为误差项。通过公式也可以看出，Logistic 模型实质上建

立了因变量发生的概率和自变量之间的关系，回归系数是模型中每个自变量概率比的概念。

当然，二元 Logistic 回归分析也有自身的适用条件：一是因变量需为二分类的分类变量，自变量可以是区间级别的变量或分类变量；二是残差和因变量都要服从二项分布；三是自变量和 Logistic 概率是线性关系；四是各样本观测值相互独立。

12.4.2 SPSS 操作

本小节使用数据 12.3，记录的是 20 名癌患者的相关数据。数据 12.3 中有 6 个变量，分别是细胞癌转移情况、年龄、细胞癌血管内皮生长因子、癌细胞核组织学分级、细胞癌组织内微血管数和细胞癌分期。数据 12.3 的数据视图与变量视图分别如图 12.38 和图 12.39 所示。

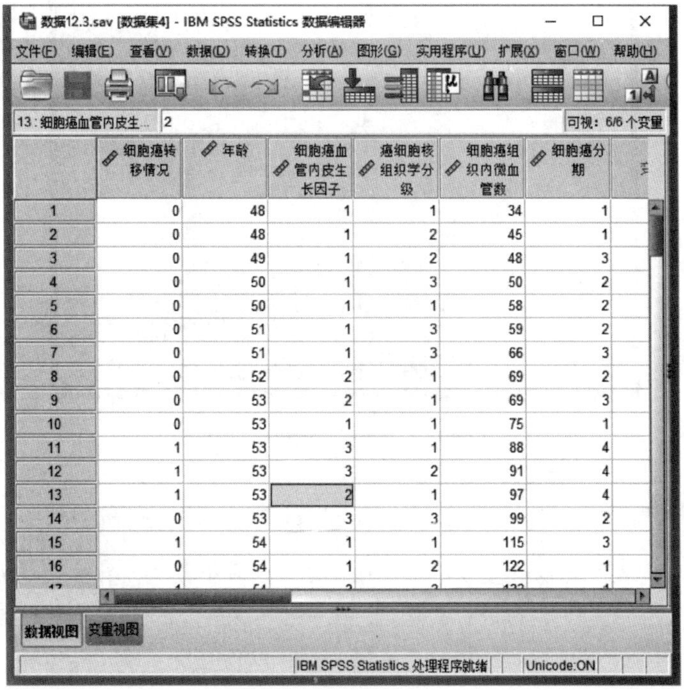

图 12.38 数据 12.3 的数据视图

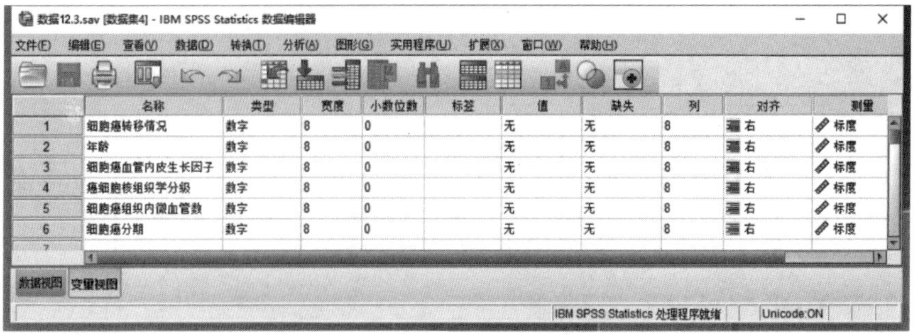

图 12.39　数据 12.3 的变量视图

下面将使用二元 Logistic 回归分析方法分析患者细胞癌转移情况（有转移 $y=1$、无转移 $y=0$）与患者年龄、细胞癌血管内皮生长因子（其阳性表述由低到高共 3 个等级）、癌细胞核组织学分级（由低到高共 4 级）、细胞癌组织内微血管数、细胞癌分期（由低到高共 4 期）之间的关系。SPSS 操作如下：

步骤 01 打开数据 12.3，选择"分析"→"回归"→"二元 Logistic"命令，弹出"Logistic 回归"对话框，如图 12.40 所示。在"Logistic 回归"对话框的左侧列表框中选中"细胞癌转移情况"并单击 按钮，使之进入"因变量"列表框，同时选中"年龄""细胞癌血管内皮生长因子""癌细胞核组织学分级""细胞癌组织内微血管数"和"细胞癌分期"并单击 按钮，使之进入"块（B）1/1"列表框，其他采用系统默认设置。

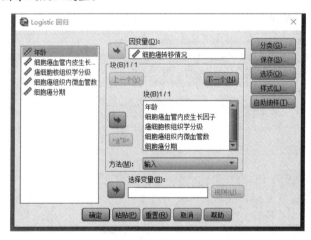

图 12.40　"Logistic 回归"对话框

对话框深度解读

- "块（B）1/1"列表框可以设置多个块，也就是建立多个模型，针对每个块都会输出一个模型，通过单击"下一个"按钮进行新增，"上一个"或"下一个"按钮进行编辑修改。在选择模型中的变量时，不仅可以选择单个变量，也可以设置交互项，具体操作方法是，同时选择具有交互作用的变量，然后单击">a*b>"按钮，选中到"块"列表中。
- "方法"下拉列表框中可以确定各自变量进入模型的方式，有以下几种方式：

> 输入：所有自变量将全部进入模型。

> 向前：有条件：逐步向前选择，其中进入检验是基于得分统计量的显著性，移去检验是基于在条件参数估计基础上的似然比统计的概率。

> 向前：LR：逐步向前选择，其中进入检验是基于得分统计量的显著性，移去检验是基于在最大局部似然估计基础上的似然比统计的概率。

> 向前：瓦尔德：逐步向前选择，其中进入检验是基于得分统计量的显著性，移去检验是基于瓦尔德统计的概率。

> 向后：有条件：逐步向后选择，移去检验是基于在条件参数估计基础上的似然比统计的概率。

> 向后：LR：逐步向后选择，移去检验是基于在最大局部似然估计基础上的似然比统计的概率。

> 向后：瓦尔德：逐步向后选择，移去检验是基于瓦尔德统计的概率。

无论选择哪种引入方法，进入方程的变量必须符合容许偏差，默认的容许偏差是 0.0001，一个变量若使模型中的变量的容许偏差低于默认的容许偏差，则不进入方程。

● "选择变量"文本框根据指定变量的取值范围选择参与分析的观测样本，这里不使用这个功能，因为我们将分析全部的观测样本。

步骤 02 单击"分类"按钮，弹出"Logistic 回归：定义分类变量"对话框，如图 12.41 所示。本例中采用系统默认设置。

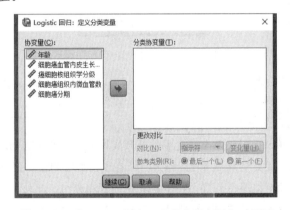

图 12.41 "Logistic 回归：定义分类变量"对话框

对话框深度解读

● "协变量"列表框中已经包含"Logistic 回归"对话框中设置完毕的全部变量，如果其中含有字符串变量，则将自动进入"分类协变量"框，如果没有字符串变量而有其他分类变量，则用户可自行选择合适的分类变量作为"分类协变量"。

● "更改对比"选项组用于设置分类协变量中各类水平的对比方式。单击"对比"右侧的下拉按钮进行选择，有以下几种对比方式。

> 指示符：指示是否属于参考分类，参考分类在对比矩阵中表示为一排 0。

> ➤ 简单：除参考类别外，预测变量的每个类别都与参考类别相比较。
>
> ➤ 差值：除第一个类别外，预测变量的每个类别都与前面类别的平均效应相比较，也称作逆赫尔默特对比。
>
> ➤ 赫尔默特：除最后一类外，预测变量的每个类别都与后面类别的平均效应相比较。
>
> ➤ 重复：除第一个类别外，预测变量的每个类别都与它前面的那个类别进行比较。
>
> ➤ 多项式：正交多项式对比，假设类别均匀分布。多项式对比仅适用于数值变量。
>
> ➤ 偏差：除参考类别外，预测变量的每个类别都与总体效应相比较。

对于"参考类别"，如果选择了偏差、简单、指示符对比方式，可选择"最后一个"或"第一个"单选按钮，指定分类变量的第一类或最后一类作为参考类。

步骤 03 单击"继续"按钮，回到"Logistic 回归"对话框，单击"保存"按钮，进入"Logistic 回归：保存"对话框，如图 12.42 所示。本例中采用系统默认设置。

图 12.42　"Logistic 回归：保存"对话框

对话框深度解读

- "预测值"选项组，包括以下选项。
  - ➤ 概率：即每个样本观测值发生特定事件的预测概率。此处所指的"事件"是值较大的因变量类别，比如因变量取 0 和 1，那么将保存该样本观测值取值为 1 的预测概率。
  - ➤ 组成员：根据预测概率得到每个样本观测值的预测分组。此处所指的预测分组是基于判别分数，具有最大后验概率的组。比如某样本观测值对应的因变量取 0 和 1 的概率分别为 70%和 30%，那么该样本观测值将会被分到因变量取 0 的组。
- "影响"选项组，包括以下选项。
  - ➤ 库克距离：在回归系数计算中排除特定样本观测值的影响，引起的所有样本观测值的残差变化幅度。
  - ➤ 杠杆值：每个样本观测值对模型拟合度的相对影响。
  - ➤ DfBeta(s)：即 Beta 值的差分，排除某个特定样本观测值而导致的回归系数的改变。将为模型中的每一项自变量（包括常数项）均计算一个值。
- "残差"选项组，包括以下选项。

> ➤ 非标准化：实际样本观测值与模型预测值之间的差。
> ➤ 分对数：使用 Logit 模型对样本观测值进行预测时的残差。Logit 是一个商，分子是残差，分母是"预测概率"乘以 "1-预测概率"。
> ➤ 学生化：排除了某个样本观测值的情况下，模型离差的改变。
> ➤ 标准化：残差除以其标准差的估计。标准化残差也称为皮尔逊残差，它的平均值为 0，标准差为 1。
> ➤ 偏差：基于模型偏差的残差。

步骤 04 单击"继续"按钮，回到"Logistic 回归"对话框，单击"选项"按钮，弹出"Logistic 回归：选项"对话框，如图 12.43 所示。在"统计和图"选项组中选择"霍斯默-莱梅肖拟合优度"复选框，其他采用系统默认设置。单击"继续"按钮，回到"Logistic 回归"对话框，单击"确定"按钮确认。

图 12.43　"Logistic 回归：选项"对话框

对话框深度解读

- "统计和图"选项组，包括以下选项。
  - ➤ 分类图：因变量的预测值与实际值的分类直方图。
  - ➤ 霍斯默-莱梅肖拟合优度：一种常用的拟合优度统计量，将样本观测值分组为不同的风险度十分位数并比较每个十分位数中已观察到的概率与期望概率，比 Logistic 回归中所用的传统拟合度统计更稳健，特别是对于具有连续协变量的模型和使用小样本的研究。
  - ➤ 个案残差列表：输出非标准化残差、预测概率、样本观测值的实际与预测分组水平。
  - ➤ 估算值的相关性：输出回归方程中各变量系数的相关系数矩阵。
  - ➤ 迭代历史记录：给出每一步迭代输出的相关系数和对数似然比值。
  - ➤ Exp(B)的置信区间：输入 1~99 的数值，可以得到不同置信度的置信区间。
- "显示"选项组，包括以下选项。
  - ➤ 在每个步骤：对每步计算过程都输出表格、统计量和图形。
  - ➤ 在最后一个步骤：只输出最终回归模型的表格、统计量和图形。

- "步进概率"选项组：设置变量进入模型及从模型中剔除的判别依据，如果该变量的概率值小于"进入"框中设置的值，那么此变量进入模型中；如果该变量的概率值大于"除去"框的设置值，那么该变量会被从模型中除去。"进入"框的默认值为 0.05，"除去"框的默认值为 0.10。注意此处设置的值必须为正数，而且进入值必须小于除去值。
- 右下方的"分类分界值"可以指定样本分类的节点，预测值大于分类节点的样本为阳性，小于分类节点的样本为阴性，默认值为 0.5，取值范围为 0.01~0.09。
- "最大迭代次数"用来设置最大的迭代步数。
- "在模型中包括常量"意味着模型将包含常数项。

12.4.3 运行结果精解与分析

1. 个案处理摘要、因变量编码

图 12.44 为 Logistic 回归的个案处理摘要和因变量编码。从该图中可以看到，共有 100 个样本观测值参与了分析过程，没有缺失值。因变量编码原值和内部值是统一的，取值都是 0 和 1。

2. 块 0：起始块情况

图 12.45 为块 0：起始块情况。从"分类表"中可以看到，起始块模型预测的总体正确百分比为 53%，其中针对因变量细胞癌转移情况实测为 0 的情形全部预测错误，针对实测为 1 的情形全部预测正确，说明该模型只是将全部样本观测值都简单预测为 1，没有价值。从"方程中的变量"中可以看到，起始块模型中只有常量，而且显著性 P 值达到了 0.549，并不显著；从"未包括在方程中的变量"中可以看到，年龄、细胞癌血管内皮生长因子、癌细胞核组织学分级、细胞癌组织内微血管数和细胞癌分期 5 个自变量都没有进入回归方程。

块 0：起始块

分类表^{a,b}

			预测		
			细胞癌转移情况		正确百分比
实测			0	1	
步骤 0	细胞癌转移情况	0	0	47	.0
		1	0	53	100.0
	总体百分比				53.0

a. 常量包括在模型中。
b. 分界值为 .500

Logistic 回归

个案处理摘要

未加权个案^a		个案数	百分比
选定的个案	包括在分析中的个案数	100	100.0
	缺失个案数	0	.0
	总计	100	100.0
未选定的个案		0	.0
总计		100	100.0

a. 如果权重重为生效状态，请参阅分类表以了解个案总数。

因变量编码

原值	内部值
0	0
1	1

方程中的变量

		B	标准误差	瓦尔德	自由度	显著性	Exp(B)
步骤 0	常量	.120	.200	.360	1	.549	1.128

未包括在方程中的变量

			得分	自由度	显著性
步骤 0	变量	年龄	37.298	1	.000
		细胞癌血管内皮生长因子	13.071	1	.000
		癌细胞核组织学分级	3.917	1	.048
		细胞癌组织内微血管数	31.507	1	.000
		细胞癌分期	20.536	1	.000
	总体统计		56.650	5	.000

图 12.44 Logistic 回归的个案处理摘要、因变量编码   图 12.45 块 0：起始块情况

3. 块 1 模型系数的 Omnibus 检验、模型摘要

图 12.46 为块 1 模型系数的 Omnibus 检验、模型摘要情况（本例中因为没有设置多个模型，所以块 1 模型也就是最终模型）。模型系数的 Omnibus 检验是针对模型整体的检验，是一种似然比校验，其中步骤是每一步与前一步的似然比检验结果，块是指将块 N 与块 $N-1$ 相比的似然比检验结果，模型是指 Logistic 回归模型中所有参数是否都为 0 的似然比检验结果，也是总体评价的关键检验，可以发现本例中步骤、块、模型整体上都是非常显著的。

模型摘要显示了模型的量化评价拟合优度效果。所谓拟合优度（Goodness of Fit），是指模型的拟合效果如何，或者通过构建的模型，自变量对因变量的解释能力如何。在线性回归分析中，我们用的是可决系数 R 方或者修正的可决系数，而在 Logistic 回归模型中则用到两类，一类是模型的量化评价拟合优度效果，另一类是质性评价拟合优度效果。

从模型的量化评价拟合优度效果可以看出，-2 对数似然值（由于参数估算值的变化不足 0.001，因此估算在第 7 次迭代时终止）为 53.806，这是模型评价的重要指标，该值越小越好，可用于不同模型拟合优度的比较。考克斯-斯奈尔 R 方和内戈尔科 R 方又被称为伪 R 方，越大（越接近 1）越好，本例中分别为 0.570 和 0.761，还是可以的。

块 1：方法 = 输入

模型系数的 Omnibus 检验

		卡方	自由度	显著性
步骤 1	步骤	84.463	5	.000
	块	84.463	5	.000
	模型	84.463	5	.000

模型摘要

步骤	-2 对数似然	考克斯·斯奈尔 R 方	内戈尔科 R 方
1	53.806[a]	.570	.761

a. 由于参数估算值的变化不足 .001，因此估算在第 7 次迭代时终止。

图 12.46　块 1 模型系数的 Omnibus 检验、模型摘要情况

4. 块 1 模型的霍斯默-莱梅肖检验、霍斯默-莱梅肖检验的列联表

图 12.47 为模型的霍斯默-莱梅肖检验、霍斯默-莱梅肖检验的列联表。霍斯默-莱梅肖检验是质性评价拟合优度效果，用来评价模型是否充分利用了现有自变量的信息以拟合因变量。如果检验显著性 P 值大于 0.05，则说明拟合效果比较好，如果小于 0.05，则说明拟合效果欠佳。本例中显著性 P 值为 0.899，说明模型拟合效果非常好。

霍斯默-莱梅肖检验的列联表的统计学原理是将样本观测值分组为不同的风险度十分位数并比较每个十分位数中的实测概率与期望概率，比 Logistic 回归中所用的传统拟合度统计更稳健，特别是对于具有连续协变量的模型和使用小样本的研究。本例中，可以看到第 1 组 10 个样本（第一个十分位数内的样本）细胞癌转移情况为 0，实测概率和为 10（说明这 10 个样本因变量的实际值都是 0，每个样本为 0 的概率都是 1），通过模型拟合的期望概率和为 9.967（10 个样本的期望概率加起来），非常接近；同时细胞癌转移情况为 1，实测概率和为 0（说明这 10 个样本因变量的实际值都是 0，每个样本为 1 的概率都是 0），通过模型拟合的期望概率和为 0.033（10 个样本的期望概率加起来），也非常接近。以此类推，可以发现 10 个区间实测概率和期望概率都比较接近，模型拟合优度很好。

5. 块 1 模型的分类表

图 12.48 为块 1 模型的分类表。可以发现该模型针对因变量的预测正确百分比较块 0 有了显著提高，总体正确百分比达到了 91%。其中针对因变量细胞癌转移情况实际为 0 的样本（41+6=47 个）预测正确 41 个（预测值同时为 0），正确百分比为 87.2%；针对因变量细胞癌转移情况实际为 1 的

样本（3+50=53 个）预测正确 50 个（预测值同时为 1），正确百分比为 94.3%。

霍斯默-莱梅肖检验

步骤	卡方	自由度	显著性
1	3.496	8	.899

霍斯默-莱梅肖检验的列联表

		细胞癌转移情况 = 0		细胞癌转移情况 = 1		总计
		实测	期望	实测	期望	
步骤 1	1	10	9.967	0	.033	10
	2	10	9.867	0	.133	10
	3	9	9.342	1	.658	10
	4	8	7.952	2	2.048	10
	5	4	4.978	6	5.022	10
	6	3	3.104	7	6.896	10
	7	3	1.357	7	8.643	10
	8	0	.371	10	9.629	10
	9	0	.053	10	9.947	10
	10	0	.010	10	9.990	10

分类表[a]

		预测		
		细胞癌转移情况		
实测		0	1	正确百分比
步骤 1	细胞癌转移情况 0	41	6	87.2
	1	3	50	94.3
	总体百分比			91.0

a. 分界值为 .500

图 12.47 模型的霍斯默-莱梅肖检验、霍斯默-莱梅肖检验的列联表　　图 12.48 分类表

6. 块 1 模型方程中的变量

图 12.49 为块 1 模型方程中的变量，包括年龄、细胞癌血管内皮生长因子、癌细胞核组织学分级、细胞癌组织内微血管数、细胞癌分期及常量。可以发现年龄、细胞癌血管内皮生长因子、癌细胞核组织学分级、细胞癌组织内微血管数、细胞癌分期 5 个变量对因变量都是正向影响关系（体现在 5 个变量 B 系数列所有的值均为正），但是细胞癌血管内皮生长因子、癌细胞核组织学分级两个变量影响并不显著（显著性 P 值分别为 0.545、0.414，均远大于 0.05）。

方程中的变量

		B	标准误差	瓦尔德	自由度	显著性	Exp(B)
步骤 1[a]	年龄	.182	.058	9.999	1	.002	1.200
	细胞癌血管内皮生长因子	.288	.476	.366	1	.545	1.334
	癌细胞核组织学分级	.320	.392	.666	1	.414	1.377
	细胞癌组织内微血管数	.044	.012	13.267	1	.000	1.045
	细胞癌分期	1.718	.520	10.905	1	.001	5.576
	常量	-21.274	4.944	18.517	1	.000	.000

a. 在步骤 1 输入的变量: 年龄, 细胞癌血管内皮生长因子, 癌细胞核组织学分级, 细胞癌组织内微血管数, 细胞癌分期。

图 12.49 方程中的变量

最终的回归方程为：

logit（$P|y$=转移）=0.182*年龄+0.288*细胞癌血管内皮生长因子+0.320*癌细胞核组织学分级+0.044*细胞癌组织内微血管数+1.718*细胞癌分期及常量-21.274

或者，设 T=0.182*年龄+0.288*细胞癌血管内皮生长因子+0.320*癌细胞核组织学分级+0.044*细胞癌组织内微血管数+1.718*细胞癌分期及常量-21.274

$$\mathrm{Prob}(Y = 转移) = \frac{e^T}{1+e^T}$$

12.5 多元 Logistic 回归分析

	下载资源：可扫描旁边二维码观看或下载教学视频
	下载资源：\sample\数据 12\数据 12.4

12.5.1 统计学原理

多元 Logistic 回归分析是二元 Logistic 回归分析的拓展，用于因变量取多个单值且无先后顺序的情形，如偏好选择、考核等级等。多元 Logistic 回归分析的统计学原理同样是考虑因变量（0,1）发生的概率，用发生概率除以没有发生概率再取对数。回归自变量系数也是模型中每个自变量概率比的概念，回归系数的估计同样采用迭代最大似然法。多元 Logistic 模型的公式为：

$$\ln \frac{p}{1-p} = \alpha + X\beta + \varepsilon$$

其中，p 为事件发生的概率，$\alpha = \begin{pmatrix} \alpha_1 \\ \alpha_2 \\ \vdots \\ \alpha_n \end{pmatrix}$ 为模型的截距项，$\beta = \begin{pmatrix} \beta_1 \\ \beta_2 \\ \vdots \\ \beta_n \end{pmatrix}$ 为自变量系数，

$X = \begin{pmatrix} x_{11} & x_{12} & \cdots & x_{1k} \\ x_{21} & x_{22} & \cdots & x_{2k} \\ \cdots & \cdots & \ddots & \cdots \\ x_{n1} & x_{n2} & \cdots & x_{nk} \end{pmatrix}$ 为自变量，$\varepsilon = \begin{pmatrix} \varepsilon_1 \\ \varepsilon_2 \\ \vdots \\ \varepsilon_n \end{pmatrix}$ 为误差项。

需要说明和强调的是，二元 Logistic 回归过程和多项 Logistic 回归过程这两个过程都可以拟合用于二分类数据的模型，该模型是使用二项式分布和 logit 关联函数的广义线性模型。但在其他关联函数更适合用户数据的情况下，用户应该不再局限于回归分析模块，而是使用更加优良的广义线性模型。此外，如果用户具有二分类数据的重复测量或者以其他方式相关联的记录，那么也可以考虑更为合适的广义线性混合模型或广义估计方程。

12.5.2 SPSS 操作

本小节使用数据 12.4，记录的是某商业银行全体员工收入档次（1 为高收入，2 为中收入，3 为低收入）、工作年限、绩效考核得分和违规操作积分、职称情况、数据。数据 12.4 的数据视图与变量视图分别如图 12.50 和图 12.51 所示。

图 12.50　数据 12.4 的数据视图

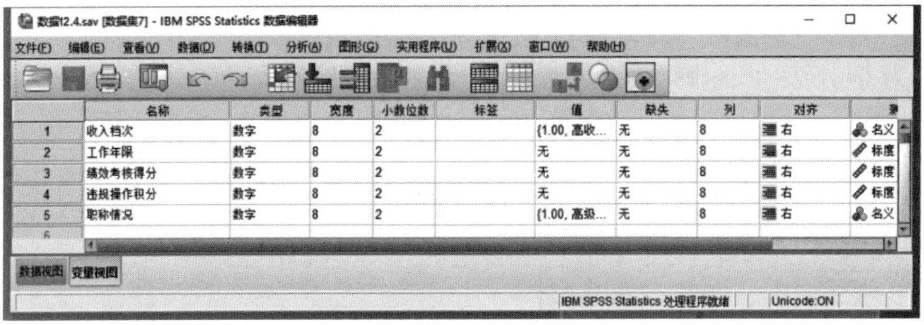

图 12.51　数据 12.4 的变量视图

下面以收入档次为因变量，工作年限、绩效考核得分和违规操作积分为自变量，开展多元 Logistic 回归分析。SPSS 操作如下：

步骤 01 打开数据 12.4，选择"分析"→"回归"→"多元 Logistic"命令，弹出"多元 Logistic 回归"对话框，如图 12.52 所示。在该对话框左侧的列表中选中"收入档次（最后一个）"并单击 ➡ 按钮，使之进入"因变量"列表框，选中"工作年限""绩效考核得分"和"违规操作积分"并单击 ➡ 按钮，使之进入"协变量"列表框。

图 12.52　"多元 Logistic 回归"对话框

对话框深度解读

从源变量列表中选择需要进行多元 Logistic 回归分析的因变量，然后单击 ➡ 按钮将选中的变量选入"因变量"列表中。自变量分因子和协变量两种，其中因子为分类变量（字符串变量或者已编码的数值变量），协变量为连续定量变量。如本例中，"工作年限""绩效考核得分"和"违规操作积分"均为连续定量变量，所以选入"协变量"列表；如果在此基础上还有"性别""学历"等分类变量，则需要选入"因子"列表。

步骤02 单击"模型"按钮，弹出"多元 Logistic 回归：模型"对话框，如图 12.53 所示。本例中采用系统默认设置。

图 12.53　"多元 Logistic 回归：模型"对话框

对话框深度解读

- "指定模型"选项组，包括以下选项。
  - ➤ 主效应：系统默认选项，表示仅包含因子和协变量的主效应，不包含交互效应。
  - ➤ 全因子：建立全模型，包括所有因子和协变量的主效应、所有因子与因子之间的交互效应，但不包括因子和协变量之间的交互效应。
  - ➤ 定制/步进：用户自定义模型。如果选中"定制/步进"，则"强制进入项""步进项"和"步进法"会被激活。
- "构建项"选项组：用于选择模型效应，包括"主效应""交互""所有二阶""所有三阶""所有四阶""所有五阶"。具体含义与 6.1 节单变量分析中介绍的"单变量：模型"对话框相同，不再赘述。
- 关于"强制进入项"和"步进项"的区别：如果选择"强制进入项"，则模型中会包含所有添加到"强制进入项"列表中的项，如果选择"步进项"，则添加到"步进项"列表中的项将按照用户选择的步进方法之一包含在模型中。

➢ 向前进入：开始时模型中没有步进项，然后下面每一步都会将最显著的项添加到模型中，直到留在模型之外的任何项在添加到模型中之后都不再具有显著性为止。

➢ 向后去除：开始时将"步进项"列表中的所有项输入模型中，然后每一步都从模型中移去最不显著的项，直到剩余所有步进项都具有显著性。

➢ 前向逐步：从向前进入方法选定的模型开始，在此基础上，算法交替执行模型中步进项的向后去除和模型外剩余项的向前进入。此操作持续执行，直到不再有项满足输入或移去标准。

➢ 向后步进：从向后去除方法选定的模型开始，在此基础上，算法交替执行模型外剩余项的向前进入和模型中步进项的向后去除。此操作持续执行，直到不再有项满足输入或移去标准。

● 左下角的"在模型中包括截距"项表示常量将包括在回归模型中。

步骤 03 单击"统计"按钮，进入"多元 Logistic 回归：统计"对话框，如图 12.54 所示。本例中采用系统默认设置。

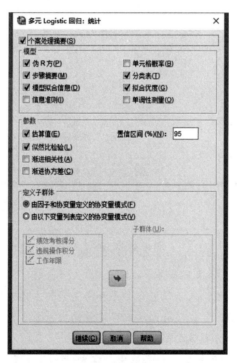

图 12.54 "多元 Logistic 回归：统计"对话框

对话框深度解读

● "个案处理摘要"复选框，提供了样本观测值的基本信息，包括参与分析的样本个数、缺失的样本个数。

- "模型"选项组,包括以下选项。
  - 伪 R 方:输出考克斯-斯奈尔、内戈尔科、麦克法登 3 个统计量。
  - 步骤摘要:只有在"多元 Logistic 回归:模型"对话框中指定"定制/步进"的情况下,才会生成该表,该表汇总了步进法中每一步中进入或移去的效应。
  - 模型拟合信息:将拟合模型与仅截距或空模型进行比较。
  - 信息准则:输出 AIC 和 BIC 信息标准。
  - 单元格概率:输出实测频率与预测频率透视表。
  - 分类表:实测因变量分组和预测因变量分组对照的表。
  - 拟合优度:皮尔逊和似然比卡方统计量。
  - 单调性测量:显示包含有关协调对、非协调对和相等对的信息表。
- "参数"选项组,包括以下选项。
  - 估算值:使用用户指定的置信度输出模型参数的估计值。
  - 似然比检验:输出模型偏效应的似然比检验。
  - 渐进相关性:输出参数估计的渐进相关性矩阵。
  - 渐进协方差:输出参数估计的渐进协方差矩阵。
  - 置信区间:输出参数估计的置信区间。
- "定义子群体"选项组:用户可选择因子和协变量的子集,以便定义单元格概率和拟合度检验所用的协变量模式。

步骤 04 单击"条件"按钮,弹出"多元 Logistic 回归:收敛条件"对话框,如图 12.55 所示。本例中采用系统默认设置。

图 12.55　"多元 Logistic 回归:收敛条件"对话框

对话框深度解读

- "迭代"选项组:用来设定多元 Logistic 回归的收敛条件。
  - 最大迭代次数:设置多元 Logistic 回归计算的最大迭代次数,当系统计算次数达到最大迭代次数时将会强制停止迭代。
  - 最大逐步二分次数:设置多元 Logistic 回归计算的最大逐步二分次数,系统默认为 5。
  - 对数似然收敛:设置多元 Logistic 回归模型计算的收敛精度,其下拉列表中包括 0、0.1、

0.01、0.001、0.0001、0.00001、0.000001 六个选项。

➢ 参数收敛：设置多元 Logistic 回归参数计算的收敛精度，其下拉列表中包括 0、0.0001、0.00001、0.000001、0.0000001、0.00000001 六个选项。

➢ "每次达到以下步数打印一次迭代历史记录"复选框：用于设置结果输出中的迭代历史记录打印频次，系统默认为 1。

➢ "在迭代中检查数据点分离＿向前"复选框：用于在迭代中检查数据点分离向前点数，系统默认为 20。

步骤 05 单击"选项"按钮，弹出"多元 Logistic 回归：选项"对话框，如图 12.56 所示。本例中采用系统默认设置。

图 12.56 "多元 Logistic 回归：选项"对话框

对话框深度解读

- "离散标度"选项组：设置多元 Logistic 回归的离散标度，包括以下选项。
  - ➢ 无：不设置离散标度。
  - ➢ 由用户定义：选中该操作时，后面的值列表框将会被激活，用户需要自行确定并输入离散标度值。
  - ➢ 皮尔逊：设置皮尔逊离散标度。
  - ➢ 偏差：设置偏差离散标度。
- "步进选项"选项组：可以设置检验方法的相关参数，包括以下选项。
  - ➢ 进入概率：变量输入的似然比统计的概率。用户指定的概率越大，变量就越容易进入模型。除非选择向前进入、向前步进或向后步进法，否则此准则将被忽略。
  - ➢ 进入检验：在步进法中输入项，用户将在似然比检验和得分检验间选择。除非用户在操作中选择向前进入、向前步进或向后步进法，否则此准则将被忽略。
  - ➢ 除去概率：用于变量剔除的似然比统计的概率。用户指定的概率越大，变量就越容易保留在模型中。除非选择向后去除、向前步进或向后步进法，否则此准则将被忽略。

> ➤ 除去检验：用于在步进法中移去项。用户将在似然比检验和沃尔德检验间选择。除非用户在操作中选择向后去除、向前步进或向后步进法，否则此准则将被忽略。

> ➤ 模型中的最小分步效应（对于后退法）：使用向后去除或向后步进法时，指定将包含在模型中的最小项数。截距不算作模型项。

> ➤ 模型中的最大分步效应（对于前进法）：使用向前进入或向前步进法时，指定将包含在模型中的最大项数。截距不算作模型项。

- "以分层方式约束项的进入和移除"复选框：设置多元 Logistic 回归的约束项和移除项，包括 3 种选择：将协变量作为因子处理以确定层次结构；仅考虑因子项以确定层次结构，任何具有协变量的项都可以随时输入；在协变量效应内，仅考虑因子项以确定层次结构。默认选项为将协变量作为因子处理以确定层次结构，一般不需要特别处理。

步骤 06 单击"保存"按钮，弹出"多元 Logistic 回归：保存"对话框，如图 12.57 所示。本例中在"保存的变量"选项组中选择"估算响应概率"，其他采用系统默认设置。单击"继续"按钮回到"多元 Logistic 回归"对话框，单击"确定"按钮确认。

图 12.57　"多元 Logistic 回归：保存"对话框

对话框深度解读

"多元 Logistic 回归：保存"对话框允许用户将变量保存到工作文件中，或将模型信息导出到一个外部文件中。

- "保存的变量"选项组，包括以下选项。
  - ➤ 估算响应概率：保存每个样本观测值的预测因变量概率，保存概率的数目与因变量的类别数目相当，最多保存 25 个概率。
  - ➤ 预测类别：保存每个样本观测值的预测因变量具有最大期望概率的响应类别。
  - ➤ 预测类别概率：保存每个样本观测值的预测因变量预测类别对应的概率。
  - ➤ 实际类别概率：保存将每个样本观测值分类为实际类别的估计概率，也可以理解为预测分类恰好为实际分类的概率。
- 将模型信息导出到 XML 文件。将参数估计值及其协方差矩阵（勾选下方的"包括协方差矩阵"复选框）导出到指定的 XML 文件。用户可以使用该模型文件以应用模型信息到其他数据文件用于评分或预测。

12.5.3 运行结果精解与分析

1. 个案处理摘要

图 12.58 为个案处理摘要。可以看出共有 1034 个样本参与了分析，其中收入档次为高收入的样本为 407 个，中收入样本为 417 个，低收入样本为 210 个，没有缺失值。

2. 模型拟合信息、拟合优度和伪 R 方

在图 12.59 中，第一部分是模型拟合信息，包括仅含截距项的情况和最终模型的情况，最终模型的显著性 P 值为 0.000，所以最终模型还是很显著的；第二部分为拟合优度，给出了皮尔逊和似然比卡方统计量；第三部分是 3 个伪决定系数，这些值都比较高，考克斯-斯奈尔伪 R 方为 0.794，内戈尔科伪 R 方为 0.903，麦克法登伪 R 方为 0.747。如果从模型解释能力的角度来看待分析结果的话，不难认为模型解释能力较强。

模型拟合信息

模型	模型拟合条件 -2 对数似然	似然比检验		
		卡方	自由度	显著性
仅截距	2185.828			
最终	553.759	1632.069	6	.000

拟合优度

	卡方	自由度	显著性
皮尔逊	961087.559	2060	.000
偏差	553.759	2060	1.000

个案处理摘要

		个案数	边际百分比
收入档次	高收入	407	39.4%
	中收入	417	40.3%
	低收入	210	20.3%
有效		1034	100.0%
缺失		0	
总计		1034	
子群体		1034[a]	

a. 因变量在 1034 (100.0%) 子群体中只有一个实测值。

图 12.58　个案处理摘要

伪 R 方

考克斯-斯奈尔	.794
内戈尔科	.903
麦克法登	.747

图 12.59　模型拟合信息、拟合优度和伪 R 方

3. 似然比检验结果

图 12.60 给出了模型的似然比检验结果。可以非常清晰地看出工作年限、绩效考核得分和违规操作积分的显著性 P 值均为 0.000，所以 3 个变量在似然比检验中都是显著的。

似然比检验

效应	模型拟合条件 简化模型的 -2 对数似然	似然比检验		
		卡方	自由度	显著性
截距	1335.690	781.931	2	.000
绩效考核得分	591.819	38.060	2	.000
违规操作积分	569.160	15.402	2	.000
工作年限	1979.181	1425.422	2	.000

卡方统计是最终模型与简化模型之间的 -2 对数似然之差。简化模型是通过在最终模型中省略某个效应而形成。原假设是，该效应的所有参数均为 0。

图 12.60　似然比检验结果

4. 参数估算值结果

图 12.61 给出了模型的参数估算值结果，得到最终模型为：

$Y1$=LOG【P（高收入）/P（低收入）】=29.879-0.042*绩效考核得分+0.034*违规操作积分-1.466*

工作年限

$Y2=$LOG【P（中收入）/P（低收入）】$=22.763-0.036*$绩效考核得分$+0.023*$违规操作积分$-0.824*$

工作年限

$Y3=0$

参数估算值

收入档次[a]		B	标准错误	瓦尔德	自由度	显著性	Exp(B)	Exp(B) 的 95% 置信区间	
								下限	上限
高收入	截距	29.879	2.229	179.752	1	.000			
	绩效考核得分	-.042	.009	22.538	1	.000	.959	.942	.976
	违规操作积分	.034	.010	12.157	1	.000	1.034	1.015	1.054
	工作年限	-1.466	.095	238.109	1	.000	.231	.192	.278
中收入	截距	22.763	2.110	116.414	1	.000			
	绩效考核得分	-.036	.007	27.516	1	.000	.964	.952	.978
	违规操作积分	.023	.007	11.116	1	.001	1.023	1.010	1.037
	工作年限	-.824	.081	103.115	1	.000	.439	.374	.514

a. 参考类别为: ^1。

图 12.61　参数估算值结果

因为低收入本来就是因变量中的参考类别，其所有系数均为 0，所以输出结果中未进行报告。

多元 Logistic 回归分析不仅可以对现有数据样本进行合理解释，其更为重要的意义在于统计推断，或者说合理预测。通过分析结果建立的模型，我们可以根据新样本观测值的自变量合理推断其因变量的概率。这一功能是非常具有实用性的。在本例中，我们就可以合理估算出某个员工收入档次的概率。

比如对一个绩效考核得分为 200 分、违规操作积分为 100 分、工作年限为 10 年的员工来说，

$Y1=$LOG【P（高收入）/P（低收入）】$=29.879-0.042*200+0.034*100-1.466*10$

$Y2=$LOG【P（中收入）/P（低收入）】$=22.763-0.036*200+0.023*100-0.824*10$

$Y3=0$

根据公式：

P(高收入)$=$exp($Y1$)/【exp$(Y1)+$exp$(Y2)+$exp$(Y3)$】

P(中收入)$=$exp($Y2$)/【exp$(Y1)+$exp$(Y2)+$exp$(Y3)$】

P(低收入)$=$exp($Y3$)/【exp$(Y1)+$exp$(Y2)+$exp$(Y3)$】

便可计算出该员工收入档次为高收入、中收入、低收入的概率。

5. 分类表

图 12.62 给出了模型的分类表，在实测为高收入的样本中，预测准确（预测也是高收入）的概率是 95.1%；中收入的样本中，预测准确（预测也是中收入）的概率是 94.2%；低收入的样本中，预测准确（预测也是低收入）的概率是 91.9%。

分类

实测	预测			
	高收入	中收入	低收入	正确百分比
高收入	387	17	3	95.1%
中收入	13	393	11	94.2%
低收入	2	15	193	91.9%
总体百分比	38.9%	41.1%	20.0%	94.1%

图 12.62　参数估算值结果

6. 估算响应概率

由于前面我们在"多元 Logistic 回归：保存"对话框中选择了保存"估算响应概率"，因此系统保存了每个样本观测值针对因变量每种分类的预测概率。以第一个样本观测值为例，其因变量取 1（高收入）的预测概率为 0.00，取 2（中收入）的预测概率为 0.10，取 3（低收入）的预测概率为 0.90，如图 12.63 所示。

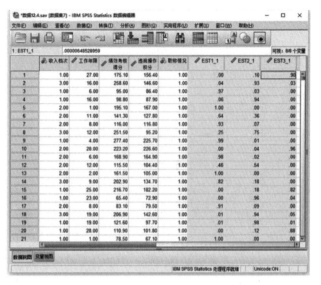

图 12.63　估算响应概率

12.6　有序回归分析

下载资源：可扫描旁边二维码观看或下载教学视频
下载资源：\sample\数据 12\数据 12.4

12.6.1　统计学原理

如果因变量不是单纯的名义分类变量，而是有顺序的分类变量，比如在银行信贷资产的分类中，按照监管部门的规定要求将授信资产划分为正常、关注、次级、可疑、损失，又比如在债券发行市场对债券发行主体进行信用评级，评级为 AAA、AA、A、BBB、……、D 等，在这种情况下，我们应该使用有序回归分析方法。序数回归的设计基于 McCullagh (1980, 1998)的方法论。

12.6.2　SPSS 操作

本节继续使用数据 12.4，以收入档次为因变量，工作年限、绩效考核得分和违规操作积分为自变量，开展有序回归分析。SPSS 操作如下：

步骤01打开数据 12.4，选择"分析"→"回归"→"有序"命令，弹出"有序回归"对话框，如图 12.64 所示。该对话框中因变量、因子、协变量的含义与上一节介绍的"多元 Logistic 回归"对话框中一致，不再赘述。本例中在"有序回归"对话框左侧的列表中将"收入档次"选入"因变量"列表框，将"工作年限""绩效考核得分"和"违规操作积分"选入"协变量"列表框。

步骤02单击"选项"按钮，弹出"有序回归：选项"对话框，如图 12.65 所示。该对话框中相关选项的含义与上一节介绍的"多元 Logistic 回归：收敛条件"对话框中一致，仅针对"联接"下拉列表进行详解。本例中采用系统默认设置。

图 12.64　"有序回归"对话框

图 12.65　"有序回归：选项"对话框

对话框深度解读

- "联接"下拉列表用于指定对模型累积概率转换的链接函数，共有 5 种函数选择。

  - 逆柯西：$f(x)=\tan(\pi(x-0.5))$，主要适用于潜变量含有较多极端值的情况。
  - 互补双对数：$f(x)=\log(-\log(1-x))$，主要适用于因变量可能存在更多较高类别的情况。
  - Logit：$f(x)=\log(x/(1-x))$，主要适用于因变量为均匀分布的情况。
  - 负双对数：$f(x)=-\log(-\log(x))$，主要适用于因变量可能存在更多较低类别的情况。
  - Probit：$f(x)=\Phi^{-1}(x)$，主要适用于因变量为正态分布的情况。

步骤 03 单击"输出"按钮，弹出"有序回归：输出"对话框，用于设置输出的统计量和表及保存变量，如图 12.66 所示。本例中我们在"显示"选项组中选择"拟合优度统计""摘要统计""参数估算值"，在"保存的变量"选项组中选择"估算响应概率"。

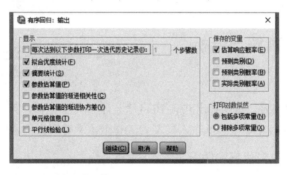

图 12.66　"有序回归：输出"对话框

对话框深度解读

- "显示"选项组：用于指定要输出的统计摘要表，包括以下选项。
  - 每次达到以下步数打印一次迭代历史记录：打印迭代历史记录，在"个步骤数"中输入正整数值，表示输出每隔该值的迭代历史记录，同时输出第一步和最后一步的迭代记录。

➢ 拟合优度统计：输出皮尔逊和卡方统计量。

➢ 摘要统计：输出摘要统计表，该统计表中含有考克斯-斯奈尔、内戈尔科和麦克法登伪 R 方统计量。

➢ 参数估算值：输出参数估计表。

➢ 参数估算值的渐进相关性：输出参数估计值的渐进相关性矩阵。

➢ 参数估算值的渐进协方差：输出参数估计值的渐进协方差矩阵。

➢ 单元格信息：输出观测值和预测值的频率和累积频率、频率和累积频率的皮尔逊残差、观察到的和期望的概率以及以协变量模式表示的观察到的和期望的每个响应类别的累积概率。对于具有许多协变量模式的模型（例如本例中具有连续协变量的模型），该选项可能会生成非常大的、很难处理的表。

➢ 平行线检验：输出平行线检验统计量，该检验的原假设是位置参数在多个因变量水平上都相等，但该项仅适用于位置模型。

● "保存的变量"选项组：用于设置保存变量，相关选项含义与"多元 Logistic 回归：保存"对话框中一致。

● "打印对数似然"选项组：用于设置输出似然对数统计量，包括以下选项。

➢ 包含多项常量：输出包含常数的似然对数统计量。

➢ 排除多项常量：输出不包含常数的似然对数统计量。

步骤 04 单击"位置"按钮，弹出"有序回归：位置"对话框，用于指定回归模型中的效应，如图 12.67 所示。相关选项含义与上一节介绍的"多元 Logistic 回归：模型"对话框类似，不再赘述，本例采取系统默认设置。单击"继续"按钮，回到"有序回归"对话框，单击"确定"按钮确认。

图 12.67 "有序回归：位置"对话框

12.6.3 运行结果精解与分析

1. 个案处理摘要

图 12.68 为个案处理摘要。可以看出共有 1034 个样本参与了分析，其中收入档次为高收入的样本为 407 个，中收入样本为 417 个，低收入样本为 210 个，没有缺失值。

2. 模型拟合信息、拟合优度和伪 R 方

在图 12.69 中，第一部分是模型拟合信息，包括仅含截距项的情况和最终模型的情况，最终模型的显著性 P 值为 0.000，所以最终模型还是很显著的；第二部分为拟合优度，给出了皮尔逊和似然比卡方统计量；第三部分是 3 个伪决定系数，这些值都比较高，考克斯-斯奈尔伪 R 方为 0.792，内戈尔科伪 R 方为 0.901，麦克法登伪 R 方为 0.743。如果从模型解释能力的角度来看待分析结果的话，不难认为模型解释能力较强。

模型拟合信息

模型	-2 对数似然	卡方	自由度	显著性
仅截距	2185.828			
最终	561.689	1624.139	3	.000

关联函数：分对数。

拟合优度

	卡方	自由度	显著性
皮尔逊	263200.607	2063	.000
偏差	561.689	2063	1.000

关联函数：分对数。

伪 R 方

考克斯-斯奈尔	.792
内戈尔科	.901
麦克法登	.743

关联函数：分对数。

个案处理摘要

		个案数	边际百分比
收入档次	高收入	407	39.4%
	中收入	417	40.3%
	低收入	210	20.3%
有效		1034	100.0%
缺失		0	
总计		1034	

图 12.68　个案处理摘要　　　　图 12.69　模型拟合信息、拟合优度和伪 R 方

3. 参数估算值结果

图 12.70 给出的是参数估算值结果，可以发现针对因变量的不同类别（高收入、中收入、低收入），所有的自变量系数都是一样的（包括估算值、标准错误、瓦尔德统计量、自由度、显著性、95%置信区间等），差别在于阈值不同。

参数估算值

		估算	标准 错误	瓦尔德	自由度	显著性	95% 置信区间 下限	95% 置信区间 上限
阈值	[收入档次 = 1.00]	9.223	.641	207.123	1	.000	7.967	10.479
	[收入档次 = 2.00]	18.309	1.122	266.259	1	.000	16.110	20.508
位置	工作年限	.738	.044	276.464	1	.000	.651	.825
	绩效考核得分	.017	.004	19.009	1	.000	.009	.025
	违规操作积分	-.016	.005	13.180	1	.000	-.025	-.008

关联函数：分对数。

图 12.70　参数估算值结果

工作年限、绩效考核得分的系数值均为正（分别为 0.738、0.017），违规操作积分的系数值为负（-0.016），3 个自变量的显著性水平都很高（均为 0.000），说明对于因变量都有显著影响。由于我们在数据文件中设置的是 1 为高收入、2 为中收入、3 为低收入，因此工作年限、绩效考核得分越大，因变量取较大值的概率越大，即收入越低；同理，违规操作积分的值越高，因变量取较大值的概率越小，即收入越低。虽然实际结论与常理相悖，但也在很大程度上说明了该单位亟需改革薪酬体系的现实情况。

4. 估算响应概率

由于前面在"有序回归：输出"对话框中选择了保存"估算响应概率"，因此系统保存了每个样本观测值针对因变量每种分类的预测概率，如图 12.71 所示。以第一个样本观测值为例，其因变量取 1（高收入）的预测概率为 0.00，取 2（中收入）的预测概率为 0.11，取 3（低收入）的预测概率为 0.89。

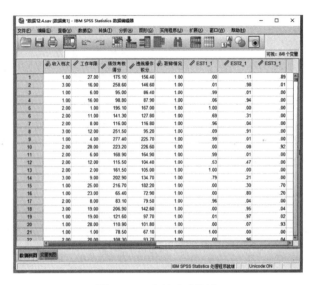

图 12.71　估算响应概率

12.7　概率回归分析

	下载资源：可扫描旁边二维码观看或下载教学视频
	下载资源：\sample\数据 12\数据 12.5

12.7.1　统计学原理

概率回归分析适用于分析刺激作用与响应比例之间的关系。如果因变量是二分类变量，并且研究者有合理理由认为该因变量的取值受某些自变量取值的影响，则此分析方法将非常有用。一个典型的例子是，研究一款新型毒鼠剂对于杀灭老鼠的有效性如何，适用浓度多大，就可以执行一项试验，对老鼠样本施用不同浓度的毒鼠剂，然后记录杀灭的老鼠数量以及被施用毒鼠剂的老鼠数量，通过对这些数据应用概率回归分析，可以确定毒鼠剂浓度和杀灭效力之间的关系紧密度，并且可以确定在希望确保杀灭一定比例（例如90%）的老鼠时毒鼠剂的适当浓度。

与 Logistic 回归一样，概率回归分析同样要求将取值在实数范围内的值累积概率函数变换转换为目标概率值，然后进行回归分析。常见的累积概率分布函数有 logit 概率函数和标准正态累积概率函数，公式如下：

● logit 概率函数：

$$\pi = \frac{1}{1 + e^{-(\beta_0 + \beta_1 X_1 + \cdots + \beta_p X_p)}}$$

● 标准正态累积概率函数：

$$\pi = \int e^{-t^2/2} dx$$

概率回归分析与 Logistic 回归紧密相关。实际上，如果选择 Logit 转换（logit 概率函数），则此过程最终计算的是 Logistic 回归。总的来说，概率回归分析更适用于设计的试验，而 Logistic 回归分析更适用于观察研究。这两种回归过程输出结果的差异也反映了这些不同：概率回归分析过程的输出结果是不同响应频率下有效值的估计值，而 Logistic 回归过程的输出结果是因变量概率比的估计值。

12.7.2　SPSS 操作

本小节使用数据 12.5，记录的是某保险公司推出的一款新产品，在北京、上海、广州、深圳 4 个一线城市的不同地区进行促销，统计其促销数据。限于篇幅，不再展示该数据文件的数据视图和变量视图，读者可自行打开相关源文件观察。该数据文件中共有 5 个变量，分别是促销地点、促销费用、目标客户数量、成交客户数量、促销人天投入。其中，"促销地点"变量为分类变量，分别将北京、上海、广州、深圳 4 个城市赋值为 1、2、3 和 4。

下面将使用概率回归分析方法验证本次促销活动的促销效果，SPSS 操作如下：

步骤 01 选择"文件"→"打开"→"数据"命令，打开数据 12.5。选择"分析"→"回归"→"概率"命令，弹出"概率分析"对话框，如图 12.72 所示。在"概率分析"对话框左侧的列表中，将"成交客户数量"变量选入"响应频率"列表，将"促销地点"选入"因子"列表，将"目标客户数量"选入"实测值总数"列表，将"促销费用"选入"协变量"列表，然后单击"定义范围"按钮，打开"概率分析：定义范围"对话框，如图 12.73 所示。在该对话框中的"最小值"中输入"1"，在"最大值"中输入"4"，单击"继续"按钮。返回"概率分析"对话框，在"转换"下拉列表中选择"自然对数"。

图 12.72　"概率分析"对话框

对话框深度解读

- "响应频率"列表：概率回归模型中的响应变量，数值类型为数值型，为响应值的样本数。
- "实测值总数"列表：总观测样本数。
- "因子"列表：列表中的变量为分类变量，因子变量可以是字符型，但必须用连续整数进行赋值。一旦选定因子变量后，"定义范围"按钮被激活。单击"定义范围"按钮，弹出 "概率分析：定义范围"对话框。在该对话框的"最小值"中输入因子变量的最小整数值，在"最大值"中输入因子变量中的最大整数值。

- "协变量"选项组：概率回归模型的自变量或者控制变量，数值类型一般为数值型。如果解释变量为分类变量或定性变量，则可以用虚拟变量（哑变量）表示。
- "转换"下拉列表框：设置对协变量进行函数转换的具体形式。
  - ➤ 无，表示不进行任何形式的转换，在回归中用协变量的原始形式。
  - ➤ 以 10 为底的对数，表示对协变量取对数进行转换，其中对数底为 10。
  - ➤ 自然对数，表示对协变量取对数进行转换，但对数底为 e。
- "模型"选项组：设定概率回归模型的响应概率算法。
  - ➤ 概率，选中该单选按钮表示用标准正态累积概率函数来计算响应概率。
  - ➤ 分对数，选中该单选按钮表示利用 Logit 模型计算响应概率。

图 12.73 "概率分析：定义范围"对话框

步骤 02 单击"选项"按钮，弹出"概率分析：选项"对话框，如图 12.74 所示。选中"统计"选项组中的"频率""相对中位数""平行检验""信仰置信区间"复选框，在"自然响应率"选项组中选择"根据数据计算"单选按钮，其他采用系统默认设置，然后单击"继续"按钮，回到"概率分析"对话框，单击"确定"按钮确认。

图 12.74 "概率分析：选项"对话框

对话框深度解读

"概率分析：选项"对话框主要用于对概率回归分析中的统计量、自然响应率和迭代条件进行设置，分别说明如下。

- "统计"选项组：设置输出的模型统计量，包括以下选项。
  - ➤ 频率：输出样本观测值的频率、残差等信息。
  - ➤ 相对中位数：输出因子变量各个水平的中位数强度比值，以及95%置信区间和对数转换的95%置信区间，但是如果在"概率分析"对话框中没有指定因子变量，则该复选框不可用。
  - ➤ 平行检验：输出平行检验结果，该检验的原假设是因子变量的所有水平具有相同的斜率，但如果在"概率分析"对话框中没有指定因子变量，则该复选框不可用。
  - ➤ 信仰置信区间：选中该复选框表示输出响应概率所需的协变量取值的置信区间，在"使用异质因子时采用的显著性水平"文本框中指定显著水平。
- "自然响应率"选项组：用于设置自然响应率，表示在没有进行干预时自然响应的概率，如本例中的自然响应率就是在没有开展促销活动时（没有投入促销费用时）目标客户自然转化为成交客户的概率。如果自然响应率为 0，表示响应的发生全部归功于外生的刺激作用。
  - ➤ 无：不定义任何自然响应率。
  - ➤ 根据数据计算：从样本数据中估计自然响应率。
  - ➤ 值：用户自己在文本框中输入指定的自然响应率，但取值范围必须小于1。
- "条件"选项组：设置概率回归的最大似然迭代估计的参数。
  - ➤ 最大迭代次数：用于输入最大迭代次数。
  - ➤ 步骤限制：用于选择迭代的步长，可供选择的值有 0.1、0.01 和 0.001。
  - ➤ 最优性容差：用于选择最优容差。

12.7.3 运行结果精解与分析

1. 数据信息和收敛信息

图 12.75 给出了模型的数据信息。从该图可以得到参与概率回归分析的样本观测值有 32 个，没有设置控制组，按促销地点分类的每个组的样本观测值数都是 8。

图 12.76 给出了回归模型收敛信息。从该图可以得到迭代次数为 17，并找到了模型的最优解。

数据信息

		个案数
有效		32
已拒绝	超出范围[a]	0
	缺失	0
	无法执行对数转换	0
	响应数 > 主体数	0
控制组		0
促销地点	北京	8
	上海	8
	广州	8
	深圳	8

a. 由于组值超出范围，因此个案被拒绝。

收敛信息

	迭代次数	找到的最佳解
PROBIT	17	是

图 12.75　数据信息　　　　图 12.76　收敛信息

2. 参数估算值、参数估算值的协方差和相关性、自然响应率估算值

图 12.77 给出了参数估算值信息，从图中可以看出概率回归模型为：

PROBIT(p) = 截距 + 1.410*ln（促销费用）

参数估算值

参数		估算	标准 错误	Z	显著性	95% 置信区间 下限	95% 置信区间 上限
PROBIT[a]	促销费用	1.410	.020	71.383	.000	1.371	1.448
截距[b]	北京	-4.854	.081	-60.136	.000	-4.935	-4.774
	上海	-5.330	.085	-62.632	.000	-5.415	-5.245
	广州	-5.672	.088	-64.188	.000	-5.761	-5.584
	深圳	-5.686	.093	-60.913	.000	-5.779	-5.592

a. PROBIT 模型：PROBIT(p) = 截距 + BX（协变量 X 使用底数为 2.718 的对数进行转换。）

b. 对应于分组变量 促销地点。

图 12.77　参数估算值

其中截距对应分组变量促销地点，4 个回归方程对应的斜率即为促销费用的系数 1.410，各个方程共享这一共同的斜率。具体为：

北京：PROBIT(p) = -4.854 + 1.410*ln（促销费用）。
上海：PROBIT(p) = -5.330 + 1.410*ln（促销费用）。
广州：PROBIT(p) = -5.672 + 1.410*ln（促销费用）。
深圳：PROBIT(p) = -5.686 + 1.410*ln（促销费用）。

还可以看到，无论是协变量系数还是各个截距项都是非常显著的（显著性 P 值均为 0），通过结果可以看出，促销费用的投入对于目标客户的转化有着显著的促进作用，促销起到了效果，此外，针对 4 个截距项，由于都非常显著，说明促销地点的选择对于促销效果的影响常显著的，截距项的值从大到小分别是北京、上海、广州、深圳，这意味着促销效果从大到是北京、上海、广州、深圳。

图 12.78 给出了参数估算值的协方差和相关性。图 12.79 给出了自然响应率估算值信息现在没有开展促销活动的时候，目标客户自然转化为成交客户的概率为 17.9%。

3. 卡方检验

图 12.80 给出了模型回归的两个卡方检验统计量值。皮尔逊拟合优度检验结果是 0.000于统计意义上常用的显著性 P 值 0.05，拒绝了模型拟合良好的原假设。此外，由于显著性0.150，因此在置信限度的计算中使用了异质性因子。平行检验统计量值为 0.000，拒绝了个水平下的概率回归方程具有相同斜率的原假设（在一定程度上说明模型是不够成功的，的模型是基于具有相同斜率的原假设建立的）。综上所述，模型质量不够好。

参数估算值的协方差和相关性

		促销费用	自然响应
PROBIT	促销费用	.000	.783
	自然响应	.000	.000

协方差（下方）和相关性（上方）。

自然响应率估算值[a]

		估算	标准 错误
PROBIT		.179	.006

a. 未提供控制组。

卡方检验

		卡方	自由度[b]	显著性
PROBIT	皮尔逊拟合优度检验	9886.834	26	.000[a]
	平行检验	1308.573	3	.000

a. 由于显著性水平小于 .150，因此在置信限度的计算中使用了异质性因子。

b. 基于单个个案的统计与基于汇总个案的统计不同。

图 12.78　参数估算值的协方差和相关性　　图 12.79　自然响应率估算值　　图 12.80　卡方检验

4. 单元格计数和残差

图 12.81 给出了单元格计数和残差的信息。"数字"表示对样本观测值进行编号,"促销地点"表示自变量的各个分组,"促销费用"为该样本观测值对应的促销费用,"主体数"在本例中表示样本观测值对应的目标客户数,"实测响应"表示实际的交易客户数,"期望响应"表示根据回归得到的概率回归模型进行预测的交易客户数,"残差"表示实际的交易客户数与根据回归得到的概率回归模型进行预测的交易客户数之差,"概率"表示在给定促销费用下目标客户向交易客户转化的概率值。

单元格计数和残差

	数字	促销地点	促销费用	主体数	实测响应	期望响应	残差	概率
PROBIT	1	1	4.625	3872	3655	3719.689	-64.689	.961
	2	1	4.466	3432	2820	3221.587	-401.587	.939
	3	1	3.971	5016	4820	4074.566	745.434	.812
	4	1	3.804	5632	4815	4218.174	596.826	.749
	5	1	3.675	3960	2270	2749.483	-479.483	.694
	6	1	3.640	3344	2325	2269.990	55.010	.679
	7	1	3.603	2640	2325	1749.125	575.875	.663
	8	1	3.252	4488	1160	2252.536	-1092.536	.502
	9	2	4.497	3080	2160	2684.455	-524.455	.872
	10	2	4.315	2640	2325	2150.230	174.770	.814
	11	2	3.709	4224	3325	2348.368	976.632	.556
	12	2	3.399	2464	885	1036.909	-151.909	.421
	13	2	3.303	3168	775	1217.163	-442.163	.384
	14	2	3.252	2552	830	933.490	-103.490	.366
	15	2	3.198	1848	830	642.033	187.967	.347
	16	2	2.610	3696	665	810.112	-145.112	.219
	17	3	4.542	3344	3325	2704.912	620.088	.809
	18	3	4.368	2904	2090	2155.612	-65.612	.742
	19	3	3.804	4488	1490	2196.450	-706.450	.489
	20	3	3.603	5104	1985	2071.703	-86.703	.406
	21	3	3.443	3432	940	1195.071	-255.071	.348
	22	3	3.399	2816	995	940.280	54.720	.334
	23	3	3.352	2112	995	675.324	319.676	.320
	24	3	2.872	3960	830	877.392	-47.392	.222
	25	4	4.512	3168	2815	2518.030	296.970	.795
	26	4	4.333	2728	1380	1974.251	-594.251	.724
	27	4	3.741	4312	1380	1975.885	-595.885	.458
	28	4	3.526	4928	1875	1841.302	33.698	.374
	29	4	3.352	3256	1830	1032.033	797.967	.317
	30	4	3.303	2640	885	800.504	84.496	.303
	31	4	3.252	1936	885	561.026	323.974	.290
	32	4	2.705	3784	720	770.991	-50.991	.204

图 12.81　单元格计数和残差

5. 相对中位数强度估算值

图 12.82 给出了相对中位数强度估算值及 95% 置信限度。从该图可以得到因子(促销地点)各个水平间的相对中位数强度对比值及 95% 置信限度。例如 1(北京)与 2(上海)的相对中位数强度对比值为 0.714<1,95%置信限度为 0.283~1.106。这说明北京的促销效果更为理想,因为它能以较少的促销费用促使50%的目标客户发生转化,同理可以推断其他促销地点之间的相互比较结果,与前面参数估算值得到的结论是一致的。

相对中位数强度估算值

	(I) 促销地点	(J) 促销地点	估算	95% 置信限度 下限	上限	进行对数转换情况下的 95% 置信限度[a] 估算	下限	上限
PROBIT	1	2	.714	.283	1.106	-.338	-1.264	.101
		3	.560	.144	.918	-.580	-1.941	-.085
		4	.554	.104	.996	-.590	-2.264	-.004
	2	2	1.402	.904	3.538	.338	-.101	1.264
		3	.784	.338	1.247	-.243	-1.085	.221
		4	.777	.258	1.285	-.252	-1.356	.251
	3	2	1.275	.802	2.959	.243	-.221	1.085
		1	1.787	1.089	6.967	.580	.085	1.941
		4	.991	.481	1.634	-.010	-.732	.491
	4	2	1.287	.778	3.883	.252	-.251	1.356
		1	1.804	1.004	9.619	.590	.004	2.264
		3	1.010	.612	2.080	.010	-.491	.732

a. 对数底数 = 2.718。

图 12.82　相对中位数强度估算值

6. 目标客户转化概率与促销费用的对数值构成的散点图

图 12.83 给出了目标客户转化概率与促销费用的对数值构成的散点图。从该图可以直观地看到经过对数转换的促销费用与目标客户转化概率之间呈非线性关系,促销费用越高,目标客户转化概率越大,且北京散点大多位于上方,因此可以判断在相同的促销费用下,北京地区的促销效果最好。

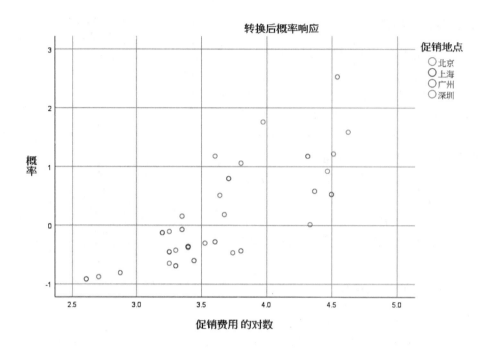

图 12.83　目标客户转化概率与促销费用的对数值构成的散点图

12.7.4　知识点总结与练习题

知识点总结：本节讲述了概率回归分析的 SPSS 操作，对涉及的窗口界面进行了深度解读。通过本节的学习应该较为清晰地知晓概率回归分析的适用情形，并且能够较为连贯地对分析结果进行解读，并写出模型的回归方程。

练习题：继续使用数据 12.5，以"成交客户数量"作为"响应频率"变量，"促销地点"作为"因子"变量，"目标客户数量"作为"实测值总数"变量，"促销费用"作为"协变量"变量，开展概率回归分析。

12.8　非线性回归分析

	下载资源：可扫描旁边二维码观看或下载教学视频
	下载资源：\sample\数据 12\数据 12.6

12.8.1　统计学原理

非线性回归分析是针对因变量与一个或多个自变量之间建立非线性模型的统计方法。与我们之前讲解的线性回归模型不同，非线性回归可以估计因变量与自变量之间的任意关系，非线性回归分析中参数的估计是通过迭代的方法获得的。需要注意的是，建立非线性模型时，需要指定一个描述因变量与自变量之间关系的准确的函数，在迭代计算中选定一个好的初始值也是非常重要的，初始值选择得不合适可能导致迭代迟迟不能收敛，或者可能得到一个局部的最优解，而不是整体的最优解。此外，对许多呈现非线性关系的模型，如果可以转化成线性模型，应尽量选择线性回归进行分析，如果不能确定一个恰当的模型，可以借助散点图直观地观察变量的变化，这将有助于确定一个恰当的函数关系。

12.8.2 SPSS 操作

本小节使用数据 12.6，记录的是某集团公司 2021 年 1~9 月各个月份累计增长额数据。限于篇幅，不再展示该数据文件的数据视图和变量视图，读者可自行打开相关源文件观察。

下面以累计增长额为因变量、月份为自变量开展非线性回归分析。SPSS 操作如下：

步骤 01 打开数据 12.6。选择"分析"→"回归"→"非线性"命令，弹出"非线性回归"对话框，如图 12.84 所示。在左侧变量框中选择"累计增长额"变量，单击 ➡ 按钮，选入右侧上方的"因变量"框，在"模型表达式"框中建立回归模型，即因变量与自变量关系的数学表达式，模型中可以包含未知参数，也可以引用"函数"中的函数。本例建立 Gompertz（龚伯兹）曲线回归模型，即累计增长额=a*b**(c**月份)，将此模型输入"模型表达式"框中。

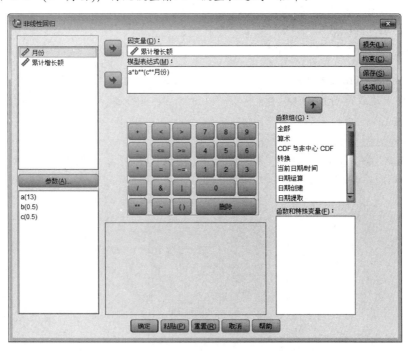

图 12.84 "非线性回归"对话框

对话框深度解读

我们在设置模型（撰写模型表达式）时要具有针对性，最好有理论基础或者实践经验作为支撑，泛泛地、随机选择的模型很可能不能较好地拟合数据，而且参数起始值的选择也比较重要，有些模型还要求使用约束才能实现收敛性。常用的非线性回归模型的模型表达式如下：

- 渐近回归：$b1+b2*\exp(b3*x)$。

- 密度: $(b1+b2*x)**(-1/b3)$。
- Gauss: $b1*(1-b3*\exp(-b2*x**2))$。
- Gompertz: $b1*\exp(-b2*\exp(-b3*x))$。
- Johnson-Schumacher: $b1*\exp(-b2/(x+b3))$。
- 对数修改: $(b1+b3*x)**b2$。
- 对数 Logistic: $b1-\ln(1+b2*\exp(-b3*x))$。
- Metcherlich 的收益递减规律: $b1+b2*\exp(-b3*x)$。
- MichaelisMenten: $b1*x/(x+b2)$。
- Morgan-Mercer-Florin: $(b1*b2+b3*x**b4)/(b2+x**b4)$。
- Peal-Reed: $b1/(1+b2*\exp(-(b3*x+b4*x**2+b5*x**3)))$。
- 三次比: $(b1+b2*x+b3*x**2+b4*x**3)/(b5*x**3)$。
- 四次比: $(b1+b2*x+b3*x**2)/(b4*x**2)$。
- Richards: $b1/((1+b3*\exp(-b2*x))**(1/b4))$。
- Verhulst: $b1/(1+b3*\exp(-b2*x))$。
- Von Bertalanffy: $(b1**(1-b4)-b2*\exp(-b3*x))**(1/(1-b4))$。
- 韦伯: $b1-b2*\exp(-b3*x**b4)$。
- 产量密度: $(b1+b2*x+b3*x**2)**(-1)$。

需要注意的是，在使用时需要将此处示例模型表达式中的 x 换成实际的自变量。比如本例中使用的模型表达式是 Gompertz，自变量是"月份"，最终输入模型表达式列表中的公式就是: $a*b**(c**月份)$。

步骤 02 单击"参数"按钮，弹出"非线性回归：参数"对话框，如图 12.85 所示。单击"继续"按钮，回到"非线性回归"对话框。

图 12.85 "非线性回归：参数"对话框

对话框深度解读

参数是非线性回归模型的重要组成部分，参数可以是加在模型中的常数、系数、指数等。非线性回归过程需要为每个参数都指定一个初始值，即在"名称"框中输入参数名，这个参数名必须是"非线性回归"对话框"模型表达式"列表中的有效参数。

具体操作方式是：在"开始值"框中为参数指定一个初始值，这个值应该尽可能地接近最终期望值，单击"添加"按钮加以确认，定义好的参数便显示在参数清单框中，如本例中在"名称"中输入 a，在"开始值"中输入 13。接下来再为第二个参数命名并设定初始值，以此类推。用户还可以单击"更改"或者"除去"按钮来更正或删除已设置的参数开始值。最下面的"使用上一分析的开始值"表示使用上一分析确定的初始值。当算法的收敛速度减慢时，可选择它继续进行搜索，需要注意主对话框的参数清单栏中的参数在以后的分析中一直有效，直到更换了模型，它的作用才被取消。

我们的模型中有 3 个参数，因此可以设定 3 个参数的初始值，在这里分别设定 A、B、C 的初始值为 13、0.5、0.5。

步骤 **03** 单击"损失"按钮，弹出"非线性回归：损失函数"对话框，如图 12.86 所示。本例中采取系统默认设置，单击"继续"按钮，回到"非线性回归"对话框。

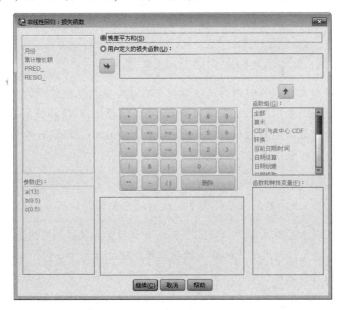

图 12.86　"非线性回归：损失函数"对话框

对话框深度解读

非线性回归的损失函数用来定义算法。系统默认将残差平方和作为统计量并使之最小化，如果用户需要将其他统计量最小化，就需要自定义损失函数。

残差平方和：将残差平方和作为统计量并使之最小化。

用户定义的损失函数：用户自定义损失函数，将其他统计量最小化。用户可利用计算板、工作文件中的变量、参数和函数在表达式文本框中编辑损失函数表达式。在"非线性回归：损失函数"对话框左侧列表中，除了自变量之外，还有预测值 PRED_，它等于因变量实际值减去残差；残差 RESID_，它等于因变量实际值减去预测值（默认损失函数残差平方和就是RESID_**2）。

步骤 **04** 单击"约束"按钮，弹出"非线性回归：参数约束"对话框，如图 12.87 所示。本例中采取系统默认设置，单击"继续"按钮，回到"非线性回归"对话框。

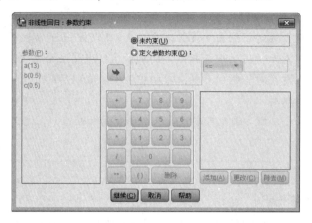

图 12.87　"非线性回归：参数约束"对话框

对话框深度解读

参数约束条件是指在非线性回归的迭代过程中对模型参数取值范围的限制，在迭代开始之初线性约束首先被使用，用以防止结果溢出，非线性约束条件则在第一步迭代之后使用。线性约束是单个参数或者常数与参数的积，或者是参数的线性组合，非线性约束是其中至少有一个参数被其他参数相乘、相除或者进行幂运算。

- 未约束：为系统默认的选项。
- 定义参数约束：在被激活的约束条件文本框进行约束编辑，编辑方法如下：

每一个约束等式或者不等式中都必须至少包括一个模型参数，利用键盘或计算板将运算符、数字、括号等输入表达式，利用框边的箭头按钮选择逻辑运算符"<=""="或">="连接，并在右边的小框中输入适当的数值常数。建立约束等式或者不等式后，单击"添加"按钮加以确认。接下来编辑另一个约束，以此类推，需要注意的是约束中不得包含任何变量。

步骤05 单击"保存"按钮，弹出"非线性回归：保存新变量"对话框，如图 12.88 所示。本例中采取系统默认设置，单击"继续"按钮，回到"非线性回归"对话框。

图 12.88　"非线性回归：保存新变量"对话框

对话框深度解读

"非线性回归：保存新变量"对话框主要用来帮助用户将模型生产的预测值、残差等统计量作为新变量保存在当前文件中。

- 预测值：新变量名为 Pred_。
- 残差：新变量名为 Resid。
- 导数：关于预测模型各个参数的一阶导函数在自变量各取值处的导数值，新变量名由在相应参数名的前 6 个字符之前加上前缀 "d." 构成。
- 损失函数值：该选项只有当用户自定义了损失函数的时候才有效，新变量名为 loss_。

步骤 06 单击"选项"按钮，弹出"非线性回归：选项"对话框，如图 12.89 所示。本例中采取系统默认设置，单击"继续"按钮，回到"非线性回归"对话框，单击"确定"按钮确认。

图 12.89　"非线性回归：选项"对话框

对话框深度解读

"非线性回归：选项"对话框用于控制非线性回归分析的各种特征。

- 标准误差的自助抽样估算"是一种依据原始数据集使用重复抽样估算标准误差的方法，基本思路是用重复抽样的方法得到许多相同容量的样本作为原始数据集，对其中的每一个样本都估计非线性方程，然后计算每一个参数的估计标准误差作为自引导估计的标准差，原始数据的参数估计值都作为每一个自引导样本的初始值，选择此选项需要序列二次规划算法的支持（也就是说，如果勾选了"标准误差的自助抽样估算"复选框，则系统自动在下面的"估算方法"中选中"序列二次规划"单选按钮）。
- "估算方法"选项组用于选择估计方法，包括以下选项。
  - 序列二次规划：这种估计法对约束模型和无约束模型均有效，如果指定了约束模型、自定义了损失函数或选择了"标准误差的自助抽样估算"复选框，序列二次规划算法将被自动运用。选择这个选项后，用户可以在下面的"序列二次规划"选项组中确定一些参数。
    - ◇ 最大迭代次数：可以指定算法的最大迭代步数。
    - ◇ 步骤限制：输入一个正数，设置参数向量长度的最大允许改变量。
    - ◇ 最优性容差：目标函数求解的精度或有效数字位数，假如容差限为 0.000001，目标函数大约有 6 位有效数字，最优性容差必须大于函数精度。
    - ◇ 函数精度：当函数值较大时，可作为相对精确度，当函数值较小时，可作为绝对精确度，它必须小于最优性容差。

◇ 无限步长：如果某一步迭代中参数的改变量大于指定的这个无限步长值，则估算过程将终止。

➤ Levenberg-Marquardt：无约束模型的默认算法，假如确定了约束模型、自定义了损失函数或勾选了"标准误差的自助抽样估算"复选框，此算法无效。

◇ 最大迭代次数：设置最大迭代步数。

◇ 平方和收敛：如果连续迭代失败，则可通过下拉列表调整比例值来改变平方和收敛标准，以使过程终止。

◇ 参数收敛：如果连续迭代失败，则可通过下拉列表调整比例值改变参数值收敛标准，以使过程终止。

12.8.3 运行结果精解与分析

1. 迭代历史记录

图 12.90 为迭代历史记录。"迭代编号"列为历次迭代情况，主迭代号在小数点左侧显示，次迭代号在小数点右侧显示。"残差平方和"列就是我们设置的损失函数，可以发现越来越小，说明模型在历次迭代后持续得到优化。由于连续残差平方和之间的相对减小量最多为 SSCON = $1.000E-8$，因此运行在 15 次模型评估和 7 次导数评估后停止。a、b、c 三列分别表示的是每一次迭代形成模型的参数值。最终模型的参数值分别是 13.374、0.285、0.712。

迭代历史记录[b]

迭代编号[a]	残差平方和	参数 a	b	c
1.0	57.637	13.000	.500	.500
1.1	258.026	12.623	.565	1.072
1.2	26.210	12.727	.431	.574
2.0	26.210	12.727	.431	.574
2.1	3.628	12.475	.316	.713
3.0	3.628	12.475	.316	.713
3.1	.944	13.396	.283	.714
4.0	.944	13.396	.283	.714
4.1	.937	13.367	.285	.712
5.0	.937	13.367	.285	.712
5.1	.937	13.374	.285	.712
6.0	.937	13.374	.285	.712
6.1	.937	13.373	.285	.712
7.0	.937	13.373	.285	.712
7.1	.937	13.374	.285	.712

将通过数字计算来确定导数。

a. 主迭代号在小数点左侧显示，次迭代号在小数点右侧显示。

b. 由于连续残差平方和之间的相对减小量最多为 SSCON = 1.000E-8，因此运行在 15 次模型评估和 7 次导数评估后停止。

图 12.90　迭代历史记录

2. 参数估算值、参数估算值相关性

图 12.91 给出了最终模型的参数估算值，a、b、c 三个参数值分别是 13.374、0.285、0.712。图 12.92 给出了参数估算值相关性，列出了各对参数之间的相关系数的值。

参数估算值				
			95% 置信区间	
参数	估算	标准 错误	下限	上限
a	13.374	.634	11.822	14.925
b	.285	.031	.208	.362
c	.712	.043	.606	.818

图 12.91　参数估算值

参数估算值相关性			
	a	b	c
a	1.000	.374	.913
b	.374	1.000	.661
c	.913	.661	1.000

图 12.92　参数估算值相关性

根据参数估算值可以写出我们估计的回归方程：

$$累计增长额 = 13.374 \times 0.285^{0.712^{月份}}$$

根据这个方程就可以对该集团公司未来月份的累计增长额进行预测。

3. ANOVA 表

图 12.93 给出了模型的 ANOVA 表，最终的残差平方和为 0.937，损失非常小。表下方有一行公式：
"R 方=1-（残差平方和）／（修正平方和）=0.981"，通过该公式计算出 R^2 值为 0.981，这个结果表明非线性回归的拟合优度非常好，该集团公司的累计增长额与月份之间存在高度的龚伯兹函数关系。

ANOVA[a]

源	平方和	自由度	均方
回归	940.102	3	313.367
残差	.937	6	.156
修正前总计	941.038	9	
修正后总计	49.890	8	

因变量：累计增长额

a. R 方 = 1 -（残差平方和）/（修正平方和）= .981。

图 12.93　ANOVA 表

12.9　最优标度回归分析

	下载资源：可扫描旁边二维码观看或下载教学视频
	下载资源：\sample\数据 12\数据 12.7

12.9.1　统计学原理

我们经常会遇到因变量或自变量为分类变量的情况，比如性别、职称级别、学历等，一般做法是直接将各个类别定义取值为等距连续整数，比如将职称级别的高、中、低分别定义为 1、2、3，但是这往往意味着这 3 个级别之间的差距是相等的，或者说它们对影响程度的变化是均匀的，无法准确反映分类变量不同取值的距离。本节介绍的最优标度回归分析就是为了解决类似问题，它擅长将分类变量的不同取值进行量化处理，从而将分类变量转换为数值型进行统计分析。最优标度回归分析大大提高了分类对变量数据的处理能力，突破了分类变量对分析模型选择的限制。

12.9.2　SPSS 操作

本小节使用数据 12.7，记录的是对不同职业的从业人员进行满意度调查的数据。限于篇幅，不再展示该数据文件的数据视图和变量视图，读者可自行打开相关源文件观察。该数据文件中一共有4 个变量，分别是"满意度""年龄""性别""职业"，其中针对满意度也进行值标签操作，用 1表示不满意，用 2 表示基本满意，用 3 表示满意，用 4 表示很满意，用 5 表示非常满意；针对性别进行值标签操作，用 1 表示男性，用 2 表示女性；针对职业也进行值标签操作，用 1 表示餐饮服务员，用 2 表示房产销售，用 3 表示企业会计，用 4 表示车间工人，用 5 表示银行柜员。

下面我们以满意度为因变量，"年龄""性别""职业"为自变量，开展最优标度回归分析。SPSS 操作如下：

步骤01打开数据 12.7，选择"分析"→"回归"→"最优标度"命令，弹出"分类回归"对话框，如图 12.94 所示。在"分类回归"对话框左侧的列表中，选中"满意度"并单击➡按钮使之进入"因变量"列表框，再单击下方的"定义标度"按钮，弹出"分类回归：定义标度"对话框，如图 12.95 所示。我们在其中选中"有序"并单击"继续"返回；然后同时选中"年龄""性别""职业"并单击➡按钮，使之进入"自变量"列表框，再仿照前面对"满意度"的操作方式，把它们依次指定为"数字""名义""名义"的标度类别。

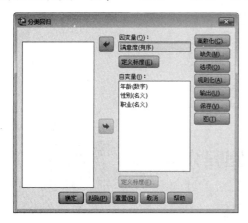

图 12.94　"分类回归"对话框

图 12.95　"分类回归：定义标度"对话框

在此简要说明一下"定义标度"的选择理由：因变量"满意度"是分类且有顺序的，所以我们在"最优标度级别"中选择"有序"是最为合适的；自变量"年龄"为数值型连续变量，所以选择"数字"；自变量"性别"为分类变量且没有顺序，所以选择"名义"；自变量"职业"同样为分类变量且没有顺序，也选择"名义"。

步骤02单击"图"按钮，弹出"分类回归：图"对话框，如图 12.96 所示。该对话框主要用于设置输出相应的结果图，其中转换图要求软件输出原分类变量各取值经最优标度变换后的数值对应图，残差图可输出模型的拟合残差图。本例中我们将 4 个变量（含因变量及自变量）均选入"转换图"列表，设置完成后单击"继续"按钮返回主对话框。

步骤03单击"保存"按钮，弹出"分类回归：保存"对话框，如图 12.97 所示。该对话框主要用于在活动数据文件中保存预测值、残差和其他对于诊断有用的统计量。本例中采用系统默认设置，然后单击"继续"按钮，回到"分类回归"对话框，单击"确定"按钮确认。

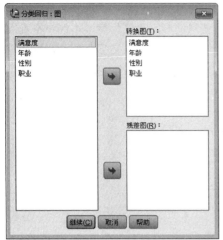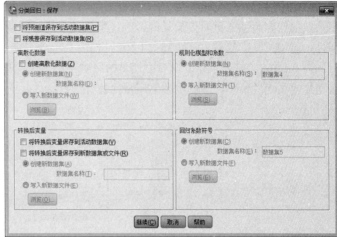

图 12.96　"分类回归：图"对话框　　　　图 12.97　"分类回归：保存"对话框

12.9.3　运行结果精解与分析

1. 个案处理摘要、模型摘要、ANOVA 表

图 12.98 第一部分是个案处理摘要，参与分析的样本数据有 60 个，没有缺失值；第二部分是模型摘要，R 方是 0.529，调整后 R 方是 0.475，模型解释能力还算过得去；第三部分是 ANOVA，P 值为 0.000，非常显著，模型具有统计学意义。

个案处理摘要

有效活动个案	60
具有缺失值的活动个案	0
补充个案	0
总计	60
在分析中使用的个案	60

模型摘要

复 R	R 方	调整后 R 方	表观预测误差
.727	.529	.475	.471

因变量：满意度
预测变量：年龄 性别 职业

ANOVA

	平方和	自由度	均方	F	显著性
回归	31.720	6	5.287	9.908	.000
残差	28.280	53	.534		
总计	60.000	59			

因变量：满意度
预测变量：年龄 性别 职业

图 12.98　个案处理摘要、模型摘要、ANOVA 表

2. 系数、相关性和容差

在图 12.99 中，第一部分是模型的系数，可以发现各个系数均为正且系数的显著性水平很高，说明年龄、性别、职业对于满意度的影响都是很显著的，其中年龄越大对于满意度的评价越高（我们在设置因变量时从 1~5 表示越来越满意），性别为女的人员对于满意度的评价更高，职业变量编码（1~5）越大的人员对于满意度的评价越高。

　　第二部分是相关性和容差，相关分析包括"零阶""偏""部分"3 列，其中"零阶"表示简单相关系数，"偏"是指偏相关，即控制了其他变量对所有变量影响后的估计，"部分"是指部分相关，只控制其他变量对自变量的影响；重要性分析表明各自变量的影响重要程度，本例中不难发现性别对满意度影响最大，达到了 0.672，然后是年龄，重要性水平为 0.207，最后是职业，重要性水平为 0.120；容差表示该变量对因变量的影响不能被其他自变量所解释的比例，越大越好，反映了自变量的共线性情况，本例中结果还是比较好的。

系数

| | 标准化系数 | | | |
	Beta	标准误差的自助抽样 (1000) 估算	自由度	F	显著性
年龄	.585	.169	1	11.921	.001
性别	.738	.152	1	23.488	.000
职业	.524	.141	4	13.731	.000

因变量：满意度

相关性和容差

| | 相关性 | | | | 容差 | |
	零阶	偏	部分	重要性	转换后	转换前
年龄	.187	.583	.493	.207	.711	.732
性别	.482	.697	.667	.672	.817	.940
职业	.121	.543	.444	.120	.720	.768

因变量：满意度

图 12.99　模型中变量系数、变量的相关性和容差

3. 变量最优标度转换图

　　系统会输出 4 个变量的最优标度转换图。变量最优标度转换图主要是看整个分析过程中分类变量是如何转换为标准数值尺度的，是一个过程性的结果，并非关键结果。比如因变量满意度的图形如图 12.100 所示，是按照有序尺度转换的，可以看出转换后 2~3 的距离大于 1~2，而并非此前的等间隔距离，软件自动为其计算了最优的量化标准。

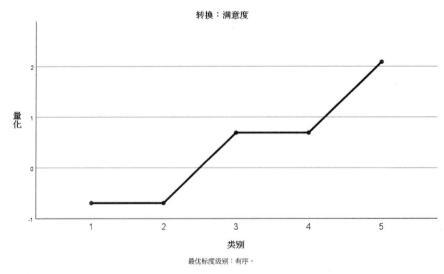

图 12.100　因变量满意度的图形

12.10　分位数回归分析

| 下载资源：可扫描旁边二维码观看或下载教学视频 |
| 下载资源：\sample\数据 12\数据 12.8 |

12.10.1　统计学原理

分位数回归是定量建模的一种统计方法，最早由 Roger Koenker 和 Gilbert Bassett 于 1978 年提出，广泛应用于经济社会研究、医学保健等行业研究领域。前面介绍的多重线性回归是基本 OLS 估计，是一种标准分析方法，研究的是自变量与因变量的条件期望之间的关系，而分位数回归研究的是自变量与因变量的特定百分位数之间的关系。用更通俗易懂的语言来讲，就是普通线性回归的因变量与自变量的线性关系只有一个，包括斜率和截距；而分位数回归则根据自变量值所处的不同分位数值分别生成对因变量的线性关系，可形成多个回归方程。比如我们研究上市公司人力投入回报率对于净资产收益率的影响，当人力投入回报率处于较低水平时，其对净资产收益率的带动是较大的。但是当人力投入回报率达到较高水平时，其对净资产收益率的带动会减弱。也就是说，随着自变量值的变化，线性关系的斜率是会发生较大变动的，因此非常适合采用分位数回归方法。与普通线性回归相比，分位数回归对于目标变量的分布没有严格要求，也会趋向于抑制偏离观测值的影响，非常适合目标变量不服从正态分布、方差较大的情形。

12.10.2　SPSS 操作

数据来源于万得资讯发布的，依据证监会行业分类的 CSRC 软件和信息技术服务业上市公司 2019 年年末财务指标横截面数据（不含 ST 类公司数据）。研究使用的横截面数据包括信雅达、常山北明、浪潮软件等上市公司，数据指标包括序号、证券简称、市盈率 PE（TTM）、市净率 PB（LF）、总资产报酬率 ROA、净资产收益率 ROE（平均）、人力投入回报率（ROP）等 16 项。数据均为真实数据，来源于公司经审计的年度财务报告，数据时点为 2019 年 12 月 31 日。限于篇幅，不再展示该数据文件的数据视图和变量视图，读者可自行打开相关源文件观察。

下面我们以"净资产收益率 ROE（平均）"为因变量，"人力投入回报率（ROP）"为自变量，开展分位数回归分析。SPSS 操作如下：

步骤01 打开数据 12.7，选择"分析"→"回归"→"分位数"命令，弹出"分位数回归"对话框，如图 12.101 所示。在"分位数回归"对话框左侧的列表中，选中"净资产收益率 ROE（平均）"并单击➡按钮，使之进入"目标变量"列表框，选中"人力投入回报率（ROP）"并单➡击按钮使之进入"协变量"列表框。

图 12.101 "分位数回归"对话框

对话框深度解读

- "分位数回归"对话框中的因子和协变量的区别是什么？如果自变量是分类变量，则放入"因子"列表，当然分类变量可以是最多 8 个字符的字符串值，也可以是用 1、2、3、4 分组的数字值。如果自变量是连续变量，则放入"协变量"列表，"协变量"列表不允许使用字符串变量。

- "分位数回归"对话框下方的"权重变量"列表用于选择回归权重变量，需要注意权重变量不允许为字符串变量。

- 下方的"针对复杂分析或大型数据集节省内存"复选框如果被选中，那么在数据处理期间可以将数据保存在外部文件中，从而在运行复杂分析或进行大型数据集分析时可有效节约内存资源。

步骤02 单击"条件"按钮，弹出"分位数回归：条件"对话框，如图 12.102 所示。该对话框主要用于设置分位数回归的条件。本例中我们将在"分位数"区域的"分位数值"文本框分别添加 3 个四分位数，也就是 0.25、0.5、0.75 三个百分位数，设置完成后单击"继续"按钮返回主对话框。

图 12.102 "分位数回归：条件"对话框

对话框深度解读

- "分位数值"文本框：添加用于分位数回归的分位数值，至少需要一个值才能运行分析，默认为 0.5。系统允许输入多个值，并且每个值必须属于 [0, 1] 且不得重复。设置方法是首先在"分位数值"文本框中输入具体值，然后单击"添加"按钮，即可出现在列表框中。如果设置完成后觉得不合适，则可以通过选中已设置的值，然后单击"更改"或"除去"按钮，将值除去。

- "估算方法"选项组：用户选择模型估计的方法。
  - ➤ "由程序自动选择"为默认设置，即允许 SPSS 自动选择合适的估计方法。
  - ➤ "单纯形算法"为使用 Barrodale 和 Roberts 开发的单纯形算法。
  - ➤ "Frisch-Newton 内点非线性优化"为使用 Frisch-Newton 内点非线性优化的算法。

- "估算后"区域中包括"假设个案是 IID"复选框和"带宽类型"选项组。
  - ➤ "假设个案为 IID"复选框如果被选中，则假设误差项独立且均匀分布；如果不选中此项，那么不会有上述假设，可能会显著增加大型模型的计算时间。
  - ➤ "带宽类型"选项组供用户选择使用哪种带宽方法来估算参数估计的方差-协方差矩阵，有 Bofinger 和 Hall-Sheather 两种，其中默认设置为 Bofinger。

- "缺失值"选项组用于指定如何处理缺失值。如果用户选择"排除用户缺失值和系统缺失值"，则系统将同时排除用户缺失值和系统缺失值；如果用户选择"将用户缺失值视为有效"，则系统会把缺失值作为有效值处理，提供用于确定如何处理缺失值的选项。

- "置信区间%"文本框用于指定显著性水平，默认为 95。

步骤 03 单击"模型"按钮，弹出"分位数回归：模型"对话框，如图 12.103 所示。该对话框中各选项的含义与本书第 10 章"一般线性模型"图 10.4"单变量：模型"对话框中的介绍一致，不再赘述。本例中采用系统默认设置，然后单击"继续"按钮，回到"分位数回归"对话框。

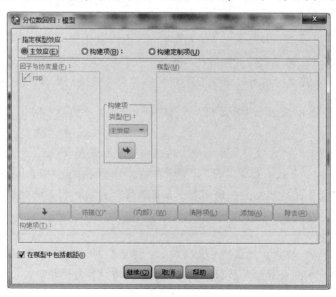

图 12.103 "分位数回归：模型"对话框

步骤 04 单击"显示"按钮，弹出"分位数回归：显示"对话框，如图 12.104 所示。本例中采用系统默认设置，然后单击"继续"按钮，回到"分位数回归"对话框。

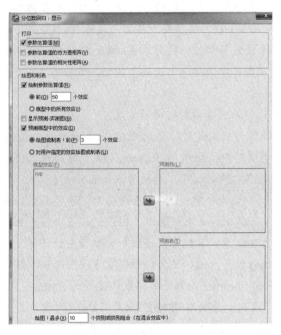

图 12.104 "分位数回归：显示"对话框

对话框深度解读

- "打印"选项组：如果选中"参数估算值"复选框，则系统将输出参数估算值、相应的检验统计和置信区间；如果选中"参数估算值的协方差矩阵"复选框，则系统将输出估算参数协方差矩阵；如果选中"参数估算值的相关性矩阵"复选框，则系统将输出估算参数的相关性矩阵。

- "绘图和制表"选项组：如果选中"绘制参数估算值"复选框，则系统将绘制指定数量的效应或模型中所有效应的参数估计。用户只有在"分位数回归：条件"对话框中的分位数值中指定多个值时，此设置才有效，如果只是指定一个分位数值，那么系统将不会创建绘图。

　　如果选中"显示预测-实测图"复选框，将创建包含点（用不同颜色的点表示不同的分位数）的单个图。

　　如果选中"预测模型中的效应"复选框，再选中"绘图或制表：前_个效应"单选按钮并输入具体数值，将针对前_个效应创建其预测图或预测表，如果指定的值大于模型中的有效效应的数量，将针对所有效应创建预测图或预测表；如果选择"对用户指定的效应绘图或制表"单选按钮，将针对用户定制的具体效应绘图或制表。

步骤 05 单击"保存"按钮，弹出"分位数回归：保存"对话框，如图 12.105 所示。本例中采用系统默认设置，然后单击"继续"按钮，回到"分位数回归"对话框。

图 12.105 "分位数回归：保存"对话框

对话框深度解读

- 预测的响应值：如果选中该复选框，将保存预测值。
- 残差：如果选中该复选框，将保存残差，即预测值与实际值之差。
- 预测区间的下限：如果选中该复选框，将保存预测区间的下限。
- 预测区间的上限：如果选中该复选框，将保存预测区间的上限。

步骤 06 单击"导出"按钮，弹出"分位数回归：导出"对话框，如图 12.106 所示。本例中采用系统默认设置，然后单击"继续"按钮，回到"分位数回归"对话框，单击"确定"按钮确认。

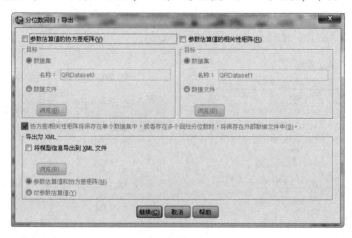

图 12.106 "分位数回归：导出"对话框

对话框深度解读

- 参数估算值的协方差矩阵：如果选中该复选框，用户可以将参数估算值的协方差矩阵保存在单个数据集或外部文件中。
- 参数估算值的相关性矩阵：如果选中该复选框，用户可以将参数估算值的相关性矩阵保存在单个数据集或外部文件中。
- 协方差/相关性矩阵将保存在单个数据集中，或者存在多个回归分位数时，将保存在外部数据文件中：仅在针对"分位数回归：条件"对话框中的分位数值指定多个值，且选中"参数估算值的协方差矩阵"或"参数估算值的相关性矩阵"复选框时，此选项才可用，选中后协方差/相关性矩阵将保存在单个数据集中，或者存在多个回归分位数时，将保存在外部文件中。

- 将模型信息导出到 XML 文件：用户选中该选项，可以将模型信息导出到特定的 XML 文件中。

12.10.3 运行结果精解与分析

1. 模型质量

图 12.107 为模型质量，用伪 R 方和平均绝对误差（MAE）来衡量，伪 R 方越大，说明模型的质量越好，平均绝对误差（MAE）的值越小，说明模型的质量越好，可以发现当 q=0.5 的时候模型的质量是最好的。

2. 参数估计与不同的分位数

图 12.108 为参数估计与不同的分位数。可以发现，当 q=0.25、q=0.5、q=0.75 时的参数估计值是完全不一样的，q=0.25 时，人力投入回报率（ROP）每提高一个单位，因变量净资产收益率 ROE（平均）会提高 0.040 个单位，然后当 q 提高到 0.5 时，人力投入回报率（ROP）每提高一个单位，因变量净资产收益率 ROE（平均）会提高 0.038 个单位，再当 q 提高到 0.75 时，人力投入回报率（ROP）每提高一个单位，因变量净资产收益率 ROE（平均）会提高 0.034 个单位，从 q=0.25 到 q=0.5 再到 q=0.75，人力投入回报率（ROP）对因变量净资产收益率 ROE（平均）的提高是不断下降的，也就是说人力投入回报率（ROP）的提高作用是边际递减的。

模型质量[a,b,c]

	q=0.25	q=0.5	q=0.75
伪 R 方	.097	.103	.097
平均绝对误差 (MAE)	4.5070	3.8586	4.4232

a. 因变量：净资产收益率ROE(平均)

b. 模型：（截距），人力投入回报率(ROP)

c. 方法：单纯形算法

图 12.107　模型质量

参数估计与不同的分位数[a,b]

参数	q=0.25	q=0.5	q=0.75
（截距）	3.744	6.826	9.409
人力投入回报率(ROP)	.040	.038	.034

a. 因变量：净资产收益率ROE(平均)

b. 模型：（截距），人力投入回报率(ROP)

图 12.108　参数估计与不同的分位数

3. 参数估计值

图 12.109 为分位数 q=0.25、q=0.5、q=0.75 时的参数估计的完整信息，包括系数值、标准误差、t 值、自由度、显著性水平、95%置信区间。可以发现 3 个回归方程都是非常显著的（"显著性"一列为显著性 P 值，均为 0.000，远远小于 0.05）。

分位数 = 0.25

参数估计[a,b]

参数	系数	标准误差	t	自由度	显著性	95% 置信区间 下限	上限
（截距）	3.744	.7192	5.205	156	.000	2.323	5.164
人力投入回报率(ROP)	.040	.0075	5.318	156	.000	.025	.055

a. 因变量：净资产收益率ROE(平均)

b. 模型：（截距），人力投入回报率(ROP)

图 12.109　参数估计值

分位数 = 0.5

参数估计[a,b]

参数	系数	标准误差	t	自由度	显著性	95% 置信区间 下限	上限
（截距）	6.826	.6326	10.791	156	.000	5.577	8.076
人力投入回报率(ROP)	.038	.0066	5.662	156	.000	.024	.051

a. 因变量：净资产收益率ROE(平均)

b. 模型：（截距），人力投入回报率(ROP)

分位数 = 0.75

参数估计[a,b]

参数	系数	标准误差	t	自由度	显著性	95% 置信区间 下限	上限
（截距）	9.409	.8843	10.640	156	.000	7.663	11.156
人力投入回报率(ROP)	.034	.0093	3.644	156	.000	.015	.052

a. 因变量：净资产收益率ROE(平均)

b. 模型：（截距），人力投入回报率(ROP)

图 12.109　参数估计值（续）

4. 估算参数图

图 12.110 为估算参数图（见下载资源）。蓝色区域为参数估计值的置信区间覆盖范围，黑色线为不同分位数下的参数估计值，红色实线为使用普通线性回归分析时的参数估计值，红色虚线为使用普通线性回归分析时的参数估计值的置信区间上下限。从该图中可以有效对比分位数回归和普通线性回归分析的差异。

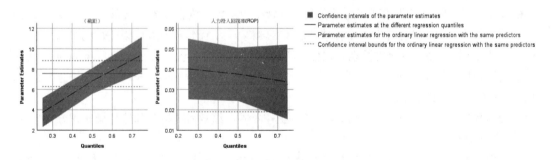

图 12.110　估算参数图

5. 预测线

图 12.111 为分位数 $q=0.25$、$q=0.5$、$q=0.75$ 时，人力投入回报率（ROP）与因变量净资产收益率 ROE（平均）之间的线性关系模型预测。可以发现 $q=0.25$ 时，模型的斜率最大，截距最小；$q=0.75$ 时，模型的斜率最小，截距最大。与前面参数估计值的结果一致。

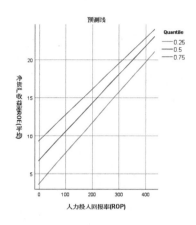

图 12.111 预测线

12.11 本章习题

1. 使用数据 12.1，请以研究开发支出为因变量，以营业利润水平、固定资产投资、平均职工人数为自变量，开展线性回归分析。

2. 使用数据 12.1，请以营业利润水平为因变量，以固定资产投资、平均职工人数、研究开发支出为自变量，以固定资产投资作为权重变量，开展加权最小二乘回归分析。

3. 使用数据 12.2，以营业利润为因变量，以营销费用投入为自变量，开展曲线估算回归分析。

4. 使用数据 12.3，以患者细胞癌转移情况（有转移 $y=1$、无转移 $y=0$）为因变量，以患者年龄、细胞癌组织内微血管数、细胞癌分期（由低到高共 4 期）为自变量，开展二元 Logistic 回归分析。

5. 使用数据 12.4，以职称情况为因变量，工作年限、绩效考核得分和违规操作积分为自变量，开展多元 Logistic 回归分析。

6. 使用数据 12.4，以职称情况为因变量，工作年限、绩效考核得分和违规操作积分为自变量，开展有序回归分析。

7. 使用数据 7.5，以"成交客户数量"为"响应频率"变量，"促销地点"为"因子"变量，"目标客户数量"为"实测值总数"变量，"促销费用"为"协变量"变量，开展概率回归分析。

8. 使用数据 12.6，以累计增长额为因变量，月份为自变量，选用 1~3 种我们在"非线性回归"对话框中列示的其他模型表达式，开展非线性回归分析。

9. 使用数据 12.7，以满意度为因变量，年龄、性别为自变量，不再保留"职业"变量，开展最优标度回归分析。

10. 使用数据 12.8，以总资产报酬率（ROA）为因变量，人力投入回报率（ROP）为自变量，开展分位数回归分析。

第13章

因子分析、主成分分析与对应分析

本章主要学习 SPSS 的降维分析，包括因子分析、主成分分析、对应分析 3 种分析方法。我们在研究事物之间的影响关系时，通常首先会选取一些变量，然后针对选取的变量搜集相应的样本观测值数据。第 12 章提到，有时候各个自变量之间可能出现多重共线性关系，其实这种现象的本质就是各变量承载的信息出现了信息重叠，或者说变量选取的相对"多"了；另外，当我们的样本观测值数较少，但是选取的变量过多的话，会导致模型的自由度太小，进而造成构建效果欠佳。本章介绍的降维分析就是解决上述问题的重要方法。降维分析的基本思想是在尽可能不损失信息或者少损失信息的情况下，将多个变量减少为少数几个潜在的因子或者主成分，这几个因子或主成分可以高度地概括大量数据中的信息，这样既减少了变量个数，又能最大程度地保留原有变量中的信息。

除了本章介绍的这些降维分析方法之外，前面章节介绍的聚类分析方法中的按变量聚类实质性也是一种降维分析，其他常用的分析方法还有缺失值比率（Missing Values Ratio）、低方差滤波（Low Variance Filter）、高相关滤波（High Correlation Filter）、随机森林/组合树（Random Forests）、随机投影（Random Projections）、反向特征消除（Backward Feature Elimination）、前向特征构造（Forward Feature Construction）、非负矩阵分解（Non-Negative Matrix Factorization）、自动编码（Auto-Encoders）、卡方检测与信息增益（Chi-Square and Information Gain）、多维标定（Multidimensional Scaling）以及贝叶斯模型（Bayesian Models）等。

本章教学要点：

- 清楚知晓因子分析、主成分分析、对应分析 3 种分析方法的特色，知晓每种方法的适用条件。
- 熟练掌握因子分析、主成分分析、对应分析 3 种分析的窗口功能，根据研究需要灵活进行窗口设置，开展生存分析。
- 能够对各种降维分析的结果进行解读，从中发现数据特征，得出研究结论。

13.1　因子分析

| 下载资源：可扫描旁边二维码观看或下载教学视频 |
| 下载资源：\sample\数据 13\数据 13.1 |

13.1.1　统计学原理

因子分析是降维分析的一种，旨在从变量群中提取共性因子，最早由英国心理学家 C.E.斯皮尔曼提出。其基本思想是认为既有变量之间存在内部关联关系，且有少数几个独立的潜在变量可以有效地描述这些关联关系，并概括既有变量的主要信息，这些潜在变量就是因子。因子分析的基本过程如下。

1. 选择分析的变量，计算所选原始变量的相关系数矩阵

如果变量之间无相关性或相关性较小的话，就没有必要进行因子分析了，所以原始变量之间有较强的相关性是因子分析的前提，相关系数矩阵也是估计因子结构的基础。

2. 估计因子载荷矩阵，提出公共因子

因子分析的基本模型如下：

$$\underset{(m\times1)}{Z} = \underset{(m\times p)}{A} \cdot \underset{(p\times1)}{F} + \underset{\substack{(m\times m)\\(\text{对角阵})}}{C}\ \underset{(m\times1)}{U}$$

其中 Z 为原始变量，是可实测的 m 维随机向量，它的每个分量代表一个指标或者变量；A 为因子载荷矩阵，矩阵中的每一个元素称为因子载荷，表示第 i 个变量在第 j 个公共因子上的载荷；F 为公共因子，为不可观测的 p 维随机向量，它的各个分量将出现在每个变量中，模型展开形式如下：

$$\begin{cases} Z_1 = a_{11}F_1 + a_{12}F_2 + \cdots + a_{1p}F_p + c_1U_1 \\ Z_2 = a_{22}F_1 + a_{22}F_2 + \cdots + a_{2p}F_p + c_2U_2 \\ \qquad\qquad\qquad \vdots \\ Z_m = a_{m2}F_1 + a_{m2}F_2 + \cdots + a_{mp}F_p + c_mU_m \end{cases}$$

向量 U 称为特殊因子，其中包括随机误差，它满足条件：

（1）$\mathrm{Cov}(F,U) = 0$，即 F 与 U 不相关。

（2）$\mathrm{Cov}(F_i,F_j) = 0, i \neq j; \mathrm{Var}(F_i) = \mathrm{Cov}(F_i,F_i) = I$，即向量 F 的协方差矩阵为 P 阶单位阵。

（3）$\mathrm{Cov}(U_i,U_j) = 0, i \neq j; \mathrm{Var}(U_i) = \sigma_i^2$，即向量 U 的协方差矩阵为 m 阶对角阵。

在开展因子分析时需要确定因子的个数，在因子个数的具体确定上可以根据因子方差的大小来确定。一般情况下，只取特征值大于 1 的那些因子，因为特征值小于 1 的因子的贡献可能很小；然后还要一并考虑提取因子的累计方差贡献率，一般认为要达到 60% 才能符合要求。

3. 因子旋转

在很多情况下，我们实施因子分析除了需要达到降维的目的之外，还需要对提取的公因子进行解释，或者说需要赋予公因子一定的意义，以便对问题做出实际分析，如果每个公共因子的含义不清，则不便于进行实际背景的解释，所以需要对因子载荷阵施行变换或称因子旋转。

有 3 种主要的正交旋转法，即四次方最大法、方差最大法和等量最大法。常用的方法是方差最大法，使旋转后的因子载荷阵中的每一列元素尽可能地拉开距离，或者说向 0 或 1 两极分化，使每一个主因子只对应少数几个变量具有高载荷，其余载荷很小，且每一个变量也只在少数主因子上具

有高载荷，其余载荷都很小。需要注意的是，正交旋转适用于正交因子模型，即主因子是相互独立的情况；如果主因子之间存在着较为明显的相关关系，这时做非正交旋转（斜交旋转）更为合适。

4. 计算因子得分

计算因子得分，有了因子得分值，可以在许多分析中使用这些因子。比如以因子的得分做聚类分析的变量，做回归分析中的自变量。

13.1.2 SPSS 操作

本小节用于分析的数据是数据 13.1，记录的是《中国 2021 年 1-3 月份地区主要能源产品产量统计》，数据摘编自《中国经济景气月报 202104》。限于篇幅，不再展示该数据文件的数据视图和变量视图，读者可自行打开相关源文件观察。针对汽油万吨、煤油万吨、柴油万吨、燃料油万吨、石脑油万吨、液化石油气万吨、石油焦万吨、石油沥青万吨、焦炭万吨、煤气亿立方米 10 个变量开展因子分析，SPSS 操作如下：

步骤 01 打开数据 13.1，选择"分析"→"降维"→"因子"命令，弹出"因子分析"对话框，如图 13.1 所示。在"因子分析"对话框左侧变量列表框中选择汽油（万吨）、煤油（万吨）、柴油（万吨）、燃料油（万吨）、石脑油（万吨）、液化石油气（万吨）、石油焦（万吨）、石油沥青（万吨）、焦炭（万吨）、煤气（亿立方米）10 个变量，单击 ➡ 按钮，选入右侧的"变量"列表框中（在选择的时候可使用 Shift 快捷键，即先选择最上面一个需要进入分析的变量，然后按住键盘上的 Shift 键，再选择最下面一个需要进入分析的变量，那么中间的变量就都选中了）。

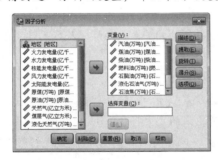

图 13.1 "因子分析"对话框

如果需要限定样本范围，即使用部分样本观测值参与因子分析，则需要从左侧变量列表框中选择一个能够标记这部分样本观测值的变量，单击 ➡ 按钮，选入"选择变量"框中，并单击下方的"值"按钮，打开如图 13.2 所示的"因子分析：设置值"对话框。在"选择变量值"文本框中输入能标记这部分样本观测值的变量值。当然，如果需要使用全部观测量，该步骤可以省略，本例中使用全部样本观测值，所以不设置"选择变量"选项。

步骤 02 在"因子分析"对话框中单击"描述"按钮，弹出"因子分析：描述"对话框，如图 13.3 所示，我们可以在这里选择需要输出的统计量。本例中在"统计"选项组中选择"单变量描述""初始解"两个选项，在"相关性矩阵"中选择"系数""逆""显著性水平""再生""决定因子""反映像""KMO 和巴特利特球形度检验"7 个选项，单击"继续"按钮，回到"因子分析"对话框。

图 13.2　"因子分析：设置值"对话框　　　图 13.3　"因子分析：描述"对话框

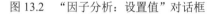

对话框深度解读

- "统计"选项组中有以下两个选项。
  - ➤ 单变量描述：输出参与分析的各个变量的平均值、标准偏差以及分析个案数。
  - ➤ 初始解：输出初始公因子方差、特征值和已解释方差的百分比。
- "相关性矩阵"选项组中有以下 7 个选项。
  - ➤ 系数：输出原始变量之间的相关系数矩阵，如果相关系数矩阵中的大部分系数都小于 0.3，即变量之间大多为弱相关，则原则上不适合进行因子分析。
  - ➤ 逆：输出变量相关系数矩阵的逆矩阵。
  - ➤ 显著性水平：输出相关系数矩阵中相关系数的单尾假设检验的概率值，相应的原假设是相关系数为 0。
  - ➤ 再生：输出因子分析后的估计相关系数矩阵以及残差阵（原始相关阵与再生相关阵的差分）。
  - ➤ 决定因子：计算相关系数矩阵的行列式值。
  - ➤ 反映像：输出反映像协方差矩阵和反映像相关性矩阵，在一个好的因子模型中，反映像相关阵中，大部分非对角线的元素将会很小，变量的取样充分性度量显示在反映像相关性矩阵的对角线上。反映像相关矩阵的对角线上的元素又称为变量的取样充分性度量（MSA）。
  - ➤ KMO 和巴特利特球形度检验：KMO 统计量用于比较变量间简单相关系数矩阵和偏相关系数的指标，KMO 值越接近 1，表示越适合做因子分析，而巴特利特球形度检验的原假设为相关系数矩阵为单位阵，如果是单位阵，则表明不适合采用因子模型，如果 Sig 值拒绝原假设，则表示变量之间存在相关关系，适合做因子分析。

步骤 03 在"因子分析"对话框中单击"提取"按钮，弹出"因子分析：提取"对话框，如图 13.4 所示。本例中在"方法"下拉列表中选择"主成分"，在"分析"选项组中选择"相关性矩阵"，在"显示"选项组中选择"未旋转因子解""碎石图"，在"提取"选项组中选择"基于特征值"，且将下面的"特征值大于"设置为 1，"最大收敛迭代次数"保持系统默认设置的 25，然后单击"继续"按钮，回到"因子分析"对话框。

图 13.4　"因子分析：提取"对话框

对话框深度解读

- "方法"下拉列表：用于选择公因子提取方法，包括以下 7 种。
  - 主成分：该方法作为因子提取方法的一种，用于形成观察变量的不相关的线性组合。在主成分分析中，一个非常重要的特点是，第一个成分具有最大的方差，后面的成分对方差的解释的比例呈现逐渐变小的走势，而且这些主成分相互之间均不相关。主成分分析通常用来获取最初因子解，可以在相关性矩阵是奇异矩阵时使用。
  - 未加权最小平方：该方法作为因子提取方法的一种，可以使观察的相关性矩阵和再生的相关性矩阵之间的差的平方值之和最小（忽略对角线）。
  - 广义最小平方：该方法作为因子提取方法的一种，可以使观察的相关性矩阵和再生的相关性矩阵之间的差的平方值之和最小。相关系数要进行加权，权重为它们单值的倒数，这样单值高的变量，其权重比单值低的变量的权重小。
  - 最大似然法：该方法作为因子提取方法的一种，在样本来自多变量正态分布的情况下，它生成的参数估计最有可能生成观察到的相关性矩阵。将变量单值的倒数作为权重对相关性进行加权，并使用迭代算法。
  - 主轴因子分解：该方法作为因子提取方法的一种，在初始相关性矩阵中，多元相关系数的平方放于对角线上作为公因子方差的初始估计值。这些因子载荷用来估计替换对角线中的旧公因子方差估计值的新的公因子方差。继续迭代，直到某次迭代和下次迭代之间公因子方差的改变幅度能满足提取的收敛性条件。
  - Alpha 因式分解：该方法作为因子提取方法的一种，将分析中的变量视为来自潜在变量全体的一个样本。此方法使因子的 Alpha 可靠性最大。
  - 映像因式分解：该方法作为因子提取方法的一种，由 Guttman 开发，它基于映像理论。变量的公共部分（称为偏映像）定义为其对剩余变量的线性回归，而非假设因子的函数。
- "分析"选项组：可以指定相关性矩阵或协方差矩阵。
  - 相关性矩阵：在分析中使用不同的刻度测量变量时很有用。
  - 协方差矩阵：将因子分析应用于每个变量具有不同方差的多个组时很有用。
- "显示"选项组：可以请求未旋转的因子解和特征值的碎石图。

> ➢ 未旋转因子解：显示未旋转的因子载荷（因子模式矩阵）、公因子方差和因子解的特征值。

> ➢ 碎石图：与每个因子相关联的方差的图。该图用于确定应保持的因子个数。图上有一个明显的分界点，它的左边陡峭的斜坡代表大因子，右边缓变的尾部代表其余的小因子(碎石)。

- "提取"选项组用于选择提取公因子的数量，有以下两个选择。

> ➢ 基于特征值：选择此选项并在后面的矩形框中输入一数值（系统的默认值为 1），凡特征值大于该数值的因子都将被作为公因子提取出来。

> ➢ 因子的固定数目：在后面的矩形框中指定提取公因子的数量，以保留特定数量的因子。

- 最大收敛迭代次数：设置最大的迭代次数，系统默认的最大迭代次数为 25。

步骤 **04** 在"因子分析"对话框中单击"旋转"按钮，弹出"因子分析：旋转"对话框，如图 13.5 所示，我们在"方法"选项组中选择"最大方差法"，在"显示"选项组中选择"旋转后的解""载荷图"，其他采用系统默认设置，然后单击"继续"按钮，回到"因子分析"对话框。

图 13.5 "因子分析：旋转"对话框

对话框深度解读

- "方法"选项组：选择因子旋转的方法，可用的方法有无、最大方差法、直接斜交法、四次幂极大法、等量最大法或最优斜交法。

> ➢ 无：不进行旋转，这是系统默认的选项。

> ➢ 最大方差法：一种正交旋转方法，它使得对每个因子有高负载的变量的数目达到最小。该方法简化了因子的解释。

> ➢ 直接斜交法：一种斜交（非正交）旋转方法，选择此项后，可在被激活的 Delta 框中输入不超过 0.8 的数值，系统默认的 Delta 值为 0，表示因子分析的解最倾斜。Delta 值可取负值（大于或等于-1），Delta 值负得越厉害，因子的斜交度越低，旋转越接近正交。

> ➢ 四次幂极大法：一种旋转方法，它可使得解释每个变量所需的因子最少。该方法简化了观察到的变量的解释。

> ➢ 等量最大法：该方法将最大方差法和四次幂极大法相结合，使得高度依赖因子的变量的个数以及解释变量所需的因子的个数最少。

➢ 最优斜交法，即斜交旋转法，该方法允许因子之间相关，比直接斜交法计算得更快，适用于大型数据集，选择此项，在被激活的 Kappa 框中输入控制斜交旋转的参数值，这个参数的默认值为 4（此值最适合分析）。

- "显示"选项组：用于设置旋转解的输出。

  ➢ 旋转后的解：当在"方法"栏中选择了一种旋转方法后，此选项才被激活。对于正交旋转，输出旋转模型矩阵、因子转换矩阵；对于斜交旋转，则输出模式、结构和因子相关性矩阵。

  ➢ 载荷图：输出前 3 个因子的三维因子载荷图。对于双因子解，显示二维图。如果只抽取了一个因子，那么不显示图。如果要求旋转，那么图会显示旋转解。

- "最大收敛迭代次数"选项：当选择了一种旋转方法后，对话框中的选项"最大收敛迭代次数"被激活，允许输入指定的最大迭代次数，系统默认为 25。

步骤 05 在"因子分析"对话框中单击"得分"按钮，弹出"因子分析：因子得分"对话框，如图 13.6 所示。我们选择"保存为变量"选项并在下方的"方法"选项组中选择"回归"，选择"显示因子得分系数矩阵"选项，单击"继续"按钮，回到"因子分析"对话框。

图 13.6　"因子分析：因子得分"对话框

对话框深度解读

- "保存为变量"选项：选择"保存为变量"选项时，系统将为最终解中的每个因子创建一个新变量（根据提取的公共因子的多少，默认的变量名为 fac_i，i=1,2,…），将因子得分保存到当前工作文件中，供其他统计分析时使用。计算因子得分的可选方法有回归、巴特利特和安德森-鲁宾。

  ➢ 回归：生成的因子得分的平均值等于 0，方差等于估计的因子得分与真实的因子值之间的复相关系数的平方。即使因子是正交的，因子得分也可能相关。

  ➢ 巴特利特：可由最小二乘法或极大似然法导出，生成的因子得分的平均值等于 0，使整个变量范围中所有唯一因子的平方和达到最小。

  ➢ 安德森-鲁宾：生成的因子得分平均值为 0，标准差为 1，且不相关。此方法是对巴特利特法的改进，它保证了被估计因子的正交性。

- "显示因子得分系数矩阵"选项：选择"显示因子得分系数矩阵"选项，可以输出因子得分的系数矩阵及因子得分之间的相关性矩阵。

步骤06 在"因子分析"对话框中单击"选项"按钮，弹出"因子分析：选项"对话框，如图 13.7 所示。本例中采取系统默认设置，单击"继续"按钮，回到"因子分析"对话框，单击"确定"按钮确认。

图 13.7 "因子分析：选项"对话框

对话框深度解读

- "缺失值"选项组：用于设置缺失值的处理方式，有以下 3 种。
  - ➤ 成列排除个案：排除在任何分析中所用的任何变量有缺失值的个案。
  - ➤ 成对排除个案：从分析中排除变量对中有一个或两个缺失值的个案。
  - ➤ 替换为平均值：将缺失值用变量平均值代替。
- "系数显示格式"选项组：用于控制输出矩阵的外观。
  - ➤ 按大小排序：将因子载荷矩阵和结构矩阵按数值大小排序，使得对同一因子具有高载荷的变量在一起显示。
  - ➤ 禁止显示小系数：只显示绝对值大于指定值的因子载荷，系统默认的指定值为 0.1，也可以在小框内输入 0~1 的任意数值。

13.1.3 运行结果精解与分析

1. 描述统计

图 13.8 为汽油（万吨）等 10 个变量的描述统计量，包括平均值、标准偏差、分析个案数。

描述统计

	平均值	标准偏差	分析个案数
汽油(万吨)	117.4806	127.56793	31
煤油(万吨)	33.7419	42.61315	31
柴油(万吨)	121.7871	155.47284	31
燃料油(万吨)	29.4645	54.18021	31
石脑油(万吨)	38.9000	63.38246	31
液化石油气(万吨)	38.3871	74.31495	31
石油焦(万吨)	23.7645	50.87091	31
石油沥青(万吨)	44.8645	120.35532	31
焦炭(万吨)	383.8000	517.77012	31
煤气(亿立方米)	127.7129	179.15365	31

图 13.8 描述统计

2. 相关性矩阵

图 13.9 给出了参与因子分析变量的相关系数矩阵表，上半部分为各变量之间的相关系数矩阵，下半部分为各变量相关性检验的单侧显著性水平，显著性检验矩阵中的空格表示 0。由此表可以看出，多数参与因子分析的变量之间存在高度的相关关系，因此数据文件比较适合进行因子分析。

相关性矩阵[a]

		汽油(万吨)	煤油(万吨)	柴油(万吨)	燃料油(万吨)	石脑油(万吨)	液化石油气(万吨)	石油焦(万吨)	石油沥青(万吨)	焦炭(万吨)	煤气(亿立方米)
相关性	汽油(万吨)	1.000	.606	.966	.862	.909	.784	.833	.797	.101	.335
	煤油(万吨)	.606	1.000	.531	.588	.637	.454	.345	.287	-.181	.099
	柴油(万吨)	.966	.531	1.000	.887	.869	.861	.920	.882	.126	.266
	燃料油(万吨)	.862	.588	.887	1.000	.818	.891	.884	.869	.124	.378
	石脑油(万吨)	.909	.637	.869	.818	1.000	.750	.803	.746	.004	.251
	液化石油气(万吨)	.784	.454	.861	.891	.750	1.000	.939	.943	.071	.198
	石油焦(万吨)	.833	.345	.920	.884	.803	.939	1.000	.978	.107	.222
	石油沥青(万吨)	.797	.287	.882	.869	.746	.943	.978	1.000	.157	.292
	焦炭(万吨)	.101	-.181	.126	.124	.004	.071	.107	.157	1.000	.467
	煤气(亿立方米)	.335	.099	.266	.378	.251	.198	.222	.292	.467	1.000
显著性 (单尾)	汽油(万吨)		.000	.000	.000	.000	.000	.000	.000	.295	.033
	煤油(万吨)	.000		.001	.000	.000	.005	.029	.059	.165	.297
	柴油(万吨)	.000	.001		.000	.000	.000	.000	.000	.249	.074
	燃料油(万吨)	.000	.000	.000		.000	.000	.000	.000	.253	.018
	石脑油(万吨)	.000	.000	.000	.000		.000	.000	.000	.492	.087
	液化石油气(万吨)	.000	.005	.000	.000	.000		.000	.000	.352	.142
	石油焦(万吨)	.000	.029	.000	.000	.000	.000		.000	.284	.115
	石油沥青(万吨)	.000	.059	.000	.000	.000	.000	.000		.200	.055
	焦炭(万吨)	.295	.165	.249	.253	.492	.352	.284	.200		.004
	煤气(亿立方米)	.033	.297	.074	.018	.087	.142	.115	.055	.004	

a. 决定因子 = 2.981E-8

图 13.9　相关系数矩阵表

3. 相关性矩阵的逆矩阵

图 13.10 为相关性矩阵的逆矩阵。

相关性矩阵的逆矩阵

	汽油(万吨)	煤油(万吨)	柴油(万吨)	燃料油(万吨)	石脑油(万吨)	液化石油气(万吨)	石油焦(万吨)	石油沥青(万吨)	焦炭(万吨)	煤气(亿立方米)
汽油(万吨)	57.352	4.198	-62.571	-4.803	-18.656	-3.003	40.005	-9.365	2.476	-3.231
煤油(万吨)	4.198	5.335	-7.785	-3.627	-3.771	-4.883	9.124	3.514	.823	-.022
柴油(万吨)	-62.571	-7.785	80.755	4.967	18.765	7.179	-54.798	8.906	-3.731	3.592
燃料油(万吨)	-4.803	-3.627	4.967	11.433	2.002	-2.197	-9.659	1.147	-.411	-1.735
石脑油(万吨)	-18.656	-3.771	18.765	2.002	12.183	3.228	-19.680	4.737	-.539	.426
液化石油气(万吨)	-3.003	-4.883	7.179	-2.197	3.228	18.180	-7.136	-13.655	-.450	1.786
石油焦(万吨)	40.005	9.124	-54.798	-9.659	-19.680	-7.136	81.449	-36.942	2.608	1.752
石油沥青(万吨)	-9.365	3.514	8.906	1.147	4.737	-13.655	-36.942	45.105	-.308	-3.340
焦炭(万吨)	2.476	.823	-3.731	-.411	-.539	-.450	2.608	-.308	1.586	-.771
煤气(亿立方米)	-3.231	-.022	3.592	-1.735	.426	1.786	1.752	-3.340	-.771	2.274

图 13.10　相关性矩阵的逆矩阵

4. KMO 和巴特利特检验

图 13.11 为 KMO 和巴特利特检验结果。KMO 检验是为了看数据是否适合进行因子分析，其取值范围是 0~1。其中 0.9~1 表示极好，0.8~0.9 表示可奖励，0.7~0.8 表示还好，0.6~0.7 表示中等，0.5~0.6 表示糟糕，0~0.5 表示不可接受。KMO 取样适切性量数为 0.755，说明还好。巴特利特球形度检验的近似卡方值为 447.655，自由度为 45，显著性 P 值为 0.000。巴特利特球形度检验的原假设为相关系数

KMO 和巴特利特检验

KMO 取样适切性量数		.755
巴特利特球形度检验	近似卡方	447.655
	自由度	45
	显著性	.000

图 13.11　KMO 和巴特利特检验

矩阵为单位阵，如果是单位阵，则表明不适合采用因子模型，本例中显著性 P 值为 0.000，显著拒绝了原假设，表明适合做因子分析。

5. 反映像矩阵

图 13.12 为反映像矩阵，包括反映像协方差矩阵和反映像相关性矩阵，在一个好的因子模型中，反映像相关性矩阵中大部分非对角线的元素将会很小，变量的取样充分性度量显示在反映像相关性矩阵的对角线上。可以发现，本例中的数据能够相对较好地满足这一特征，适合进行因子分析。

反映像矩阵

		汽油(万吨)	煤油(万吨)	柴油(万吨)	燃料油(万吨)	石脑油(万吨)	液化石油气(万吨)	石油焦(万吨)	石油沥青(万吨)	焦炭(万吨)	煤气(亿立方米)
反映像协方差矩阵	汽油(万吨)	.017	.014	-.014	-.007	-.027	-.003	.009	-.004	.027	-.025
	煤油(万吨)	.014	.187	-.018	-.059	-.058	-.050	.021	.015	.097	-.002
	柴油(万吨)	-.014	-.018	.012	.005	.019	.005	-.008	.002	-.029	.020
	燃料油(万吨)	-.007	-.059	.005	.087	.014	-.011	-.010	.002	-.023	-.067
	石脑油(万吨)	-.027	-.058	.019	.014	.082	.015	-.020	.009	-.028	.015
	液化石油气(万吨)	-.003	-.050	.005	-.011	.015	.055	-.005	-.017	-.016	.043
	石油焦(万吨)	.009	.021	-.008	-.010	-.020	-.005	.012	-.010	.020	.009
	石油沥青(万吨)	-.004	.015	.002	.002	.009	-.017	-.010	.022	-.004	-.033
	焦炭(万吨)	.027	.097	-.029	-.023	-.028	-.016	.020	-.004	.630	-.214
	煤气(亿立方米)	-.025	-.002	.020	-.067	.015	.043	.009	-.033	-.214	.440
反映像相关性矩阵	汽油(万吨)	.715[a]	.240	-.919	-.188	-.706	-.093	.585	-.184	.260	-.283
	煤油(万吨)	.240	.606[a]	-.375	-.464	-.468	-.496	.438	.227	.283	-.006
	柴油(万吨)	-.919	-.375	.716[a]	.163	.598	.187	-.676	.148	-.330	.265
	燃料油(万吨)	-.188	-.464	.163	.900[a]	.170	-.152	-.317	.051	-.097	-.340
	石脑油(万吨)	-.706	-.468	.598	.170	.737[a]	.217	-.625	.202	-.123	.081
	液化石油气(万吨)	-.093	-.496	.187	-.152	.217	.870[a]	-.185	-.477	-.084	.278
	石油焦(万吨)	.585	.438	-.676	-.317	-.625	-.185	.718[a]	-.609	.229	.129
	石油沥青(万吨)	-.184	.227	.148	.051	.202	-.477	-.609	.847[a]	-.036	-.330
	焦炭(万吨)	.260	.283	-.330	-.097	-.123	-.084	.229	-.036	.397[a]	-.406
	煤气(亿立方米)	-.283	-.006	.265	-.340	.081	.278	.129	-.330	-.406	.553[a]

a. 取样适切性量数 (MSA)

图 13.12 反映像矩阵

6. 公因子方差

图 13.13 给出了公因子方差结果，提取方法为主成分分析法，表示的是各变量中所含原始信息能被提取的公因子所解释的程度。以第一个变量“汽油（万吨）”为例，提取公因子方差为 0.892，也就是说提取的公因子对变量“汽油（万吨）”的方差做出了 89.2%的贡献，能够包含原变量 89.2%的信息。可以发现本例中所有变量的公因子方差都比较高，所以提取的公因子对各变量的解释能力很强，说明变量空间转化为因子空间时，保留了比较多的信息，因子分析的效果是显著的。

公因子方差

	初始	提取
汽油(万吨)	1.000	.892
煤油(万吨)	1.000	.502
柴油(万吨)	1.000	.936
燃料油(万吨)	1.000	.909
石脑油(万吨)	1.000	.838
液化石油气(万吨)	1.000	.858
石油焦(万吨)	1.000	.891
石油沥青(万吨)	1.000	.863
焦炭(万吨)	1.000	.778
煤气(亿立方米)	1.000	.628

提取方法：主成分分析法。

图 13.13 公因子方差

7. 总方差解释

图 13.14 给出了总方差解释。可以看出，“初始特征值”一栏显示只有前两个公因子特征值大

于 1，所以 SPSS 只选择了前两个公因子；"提取载荷平方和"一栏显示第一公因子的方差百分比是 66.188%，前两个公因子的方差占所有公因子方差的 80.956%，由此可见，选前两个公因子已足够替代原来的变量，几乎涵盖了原变量的全部信息；"旋转载荷平方和"一栏显示的是旋转以后的因子提取结果，与未旋转之前差别不大。

总方差解释

成分	初始特征值			提取载荷平方和			旋转载荷平方和		
	总计	方差百分比	累积 %	总计	方差百分比	累积 %	总计	方差百分比	累积 %
1	6.619	66.188	66.188	6.619	66.188	66.188	6.485	64.846	64.846
2	1.477	14.768	80.956	1.477	14.768	80.956	1.611	16.110	80.956
3	.896	8.959	89.915						
4	.470	4.697	94.612						
5	.291	2.908	97.520						
6	.118	1.182	98.702						
7	.074	.738	99.441						
8	.035	.349	99.789						
9	.016	.160	99.949						
10	.005	.051	100.000						

提取方法：主成分分析法。

图 13.14　总方差解释

8. 碎石图

图 13.15 给出了碎石图，碎石图的纵坐标为特征值，横坐标为公因子，从图中可以看出前两个公因子的特征值较大（皆大于 1），图中折线陡峭，从第三个公因子以后，折线平缓，特征值均小于 1。

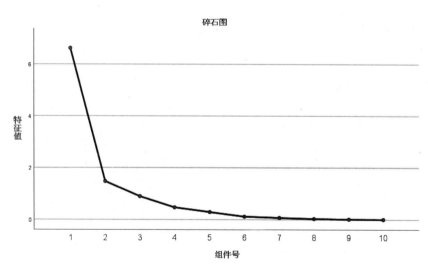

图 13.15　碎石图

9. 再生相关性

图 13.16 为再生相关性结果，包括因子分析后的估计相关系数矩阵以及残差阵（原始相关阵与再生相关阵的差分）。

再生相关性

		汽油(万吨)	煤油(万吨)	柴油(万吨)	燃料油(万吨)	石脑油(万吨)	液化石油气(万吨)	石油焦(万吨)	石油沥青(万吨)	焦炭(万吨)	煤气(亿立方米)
再生相关性	汽油(万吨)	.892a	.559	.914	.899	.858	.875	.891	.868	.088	.300
	煤油(万吨)	.559	.502a	.568	.541	.583	.554	.541	.493	-.286	-.094
	柴油(万吨)	.914	.568	.936a	.922	.877	.896	.913	.891	.100	.316
	燃料油(万吨)	.899	.541	.922	.909a	.857	.881	.900	.883	.139	.345
	石脑油(万吨)	.858	.583	.877	.857	.838a	.843	.851	.819	-.018	.204
	液化石油气(万吨)	.875	.554	.896	.881	.843	.858a	.873	.849	.073	.284
	石油焦(万吨)	.891	.541	.913	.900	.851	.873	.891a	.873	.127	.333
	石油沥青(万吨)	.868	.493	.891	.883	.819	.849	.873	.863a	.202	.389
	焦炭(万吨)	.088	-.286	.100	.139	-.018	.073	.127	.202	.778a	.666
	煤气(亿立方米)	.300	-.094	.316	.345	.204	.284	.333	.389	.666	.628a
残差b	汽油(万吨)		.047	.052	-.037	.052	-.091	-.058	-.071	.013	.035
	煤油(万吨)	.047		-.037	.046	.054	-.101	-.196	-.206	.105	.193
	柴油(万吨)	.052	-.037		-.035	-.009	-.035	.007	.009	.026	-.051
	燃料油(万吨)	-.037	.046	-.035		-.040	.011	-.017	-.013	-.015	.033
	石脑油(万吨)	.052	.054	-.009	-.040		-.093	-.048	-.074	.022	.047
	液化石油气(万吨)	-.091	-.101	-.035	.011	-.093		.066	.094	-.002	-.085
	石油焦(万吨)	-.058	-.196	.007	-.017	-.048	.066		.105	-.021	-.111
	石油沥青(万吨)	-.071	-.206	.009	-.013	-.074	.094	.105		-.045	-.096
	焦炭(万吨)	.013	.105	.026	-.015	.022	-.002	-.021	-.045		-.199
	煤气(亿立方米)	.035	.193	-.051	.033	.047	-.085	-.111	-.096	-.199	

提取方法: 主成分分析法。

a. 再生公因子方差

b. 将计算实测相关性与再生相关性之间的残差。存在 21 个 (46.0%) 绝对值大于 0.05 的非冗余残差。

图 13.16　再生相关性

10. 成分矩阵及旋转后的成分矩阵

图 13.17 是成分矩阵，图 13.18 是旋转后的成分矩阵。可以发现公因子 1 主要载荷汽油（万吨）、煤油（万吨）、柴油（万吨）、燃料油（万吨）、石脑油（万吨）、液化石油气（万吨）、石油焦（万吨）、石油沥青（万吨）8 个变量的信息，公因子 2 主要载荷焦炭（万吨）、煤气（亿立方米）2 个变量的信息。

成分矩阵a

	成分 1	成分 2
汽油(万吨)	.944	-.035
煤油(万吨)	.577	-.411
柴油(万吨)	.967	-.025
燃料油(万吨)	.953	.022
石脑油(万吨)	.903	-.151
液化石油气(万吨)	.925	-.050
石油焦(万吨)	.944	.010
石油沥青(万吨)	.924	.098
焦炭(万吨)	.126	.873
煤气(亿立方米)	.345	.713

提取方法: 主成分分析法。

a. 提取了 2 个成分。

图 13.17　成分矩阵

旋转后的成分矩阵a

	成分 1	成分 2
汽油(万吨)	.937	.117
煤油(万吨)	.636	-.312
柴油(万吨)	.959	.132
燃料油(万吨)	.937	.175
石脑油(万吨)	.915	-.003
液化石油气(万吨)	.921	.100
石油焦(万吨)	.930	.162
石油沥青(万吨)	.896	.246
焦炭(万吨)	-.017	.882
煤气(亿立方米)	.225	.760

提取方法: 主成分分析法。

旋转方法: 凯撒正态化最大方差法。

a. 旋转在 3 次迭代后已收敛。

图 13.18　旋转后的成分矩阵

11. 成分转换矩阵、成分得分协方差矩阵

图 13.19 是成分转换矩阵，提取方法为主成分分析法；旋转方法为凯撒正态化最大方差法，旋转在 3 次迭代后收敛。图 13.20 给出了因子得分的协方差矩阵，我们发现这是一个单位矩阵，说明提取的两个公因子是不相关的。

成分转换矩阵

成分	1	2
1	.987	.162
2	-.162	.987

提取方法：主成分分析法。
旋转方法：凯撒正态化最大方差法。

图 13.19　成分转换矩阵

成分得分协方差矩阵

成分	1	2
1	1.000	.000
2	.000	1.000

提取方法：主成分分析法。
旋转方法：凯撒正态化最大方差法。
组件得分。

图 13.20　成分得分协方差矩阵

12. 成分得分系数矩阵

图 13.21 给出了因子得分系数矩阵，因子分析的模型实质上是将原始变量表示成公因子的线性组合，自然也可以将公因子再回溯表示成原始变量的线性组合。本例中将提取的两个公因子分别对变量汽油（万吨）、煤油（万吨）、柴油（万吨）、燃料油（万吨）、石脑油（万吨）、液化石油气（万吨）、石油焦（万吨）、石油沥青（万吨）、焦炭（万吨）、煤气（亿立方米）做线性回归，得到系数的最小二乘估计就是所谓的因子得分系数，根据估计出来的得分系数，我们可以计算每个样本观测值的因子得分。

成分得分系数矩阵

	成分	
	1	2
汽油(万吨)	.145	-.001
煤油(万吨)	.131	-.260
柴油(万吨)	.147	.007
燃料油(万吨)	.140	.038
石脑油(万吨)	.151	-.079
液化石油气(万吨)	.143	-.011
石油焦(万吨)	.140	.030
石油沥青(万吨)	.127	.088
焦炭(万吨)	-.077	.586
煤气(亿立方米)	-.027	.485

提取方法：主成分分析法。
旋转方法：凯撒正态化最大方差法。
组件得分。

图 13.21　成分得分系数矩阵

$F1$=0.145*汽油（万吨）+0.131*煤油（万吨）+0.147*柴油（万吨）+0.140*燃料油（万吨）+0.151*石脑油（万吨）+0.143*液化石油气（万吨）+0.140*石油焦（万吨）+0.127*石油沥青（万吨）-0.077*焦炭（万吨）-0.027*煤气（亿立方米）

$F2$=-0.001*汽油（万吨）-0.260*煤油（万吨）+0.007*柴油（万吨）+0.038*燃料油（万吨）-0.079*石脑油（万吨）-0.011*液化石油气（万吨）+0.030*石油焦（万吨）+0.088*石油沥青（万吨）+0.586*焦炭（万吨）+0.485*煤气（亿立方米）

13. 因子载荷图

图 13.22 是因子载荷图，本例中我们只提取了两个公因子，所以输出的是二维平面图，从因子载荷图上同样可以发现公因子 1 主要载荷汽油（万吨）、煤油（万吨）、柴油（万吨）、燃料油（万吨）、石脑油（万吨）、液化石油气（万吨）、石油焦（万吨）、石油沥青（万吨）8 个变量的信息，公因子 2 主要载荷焦炭（万吨）、煤气（亿立方米）两个变量的信息。

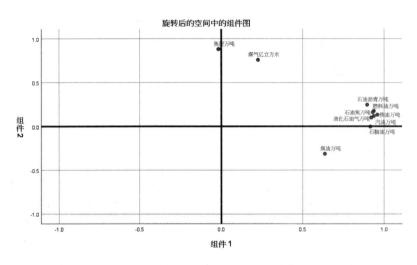

图 13.22　因子载荷图

14. 因子分析新生成的变量

由于我们在前面的"因子分析：保存"对话框中选择了"保存为变量"选项，因此在数据文件中保存了两个新变量：FAC_1 和 FAC_2，如图 13.23 所示，这两个变量就是依据因子得分系数矩阵计算的每个样本观测值的因子得分。

15. 因子分析之后续图形分析

为了研究我国主要能源产品产量的区域差异，我们有必要对因子分析的结果进行进一步解析。下面对因子分析的结果进行图形分析。操作步骤如下：

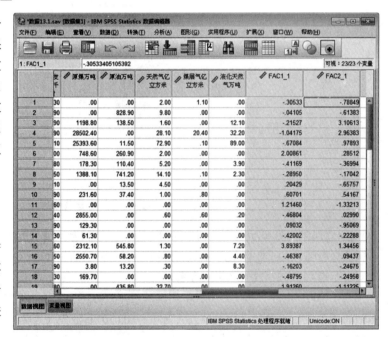

图 13.23　因子分析新生成的变量

步骤 01 在数据文件界面选择"图形"→"旧对话框"→"散点/点状"命令，弹出如图 13.24 所示的对话框。单击"定义"按钮，弹出如图 13.25 所示的对话框。

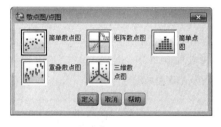

图 13.24　"散点图/点图"对话框　　　　　图 13.25　"简单散点图"对话框

步骤02 选择 REGR factor score 1 for analysis 1 并单击 ➡ 按钮，使之进入"Y 轴"列表框；选择
REGR factor score 2 for analysis 1 并单击 ➡ 按钮，使之进入"X 轴"列表框；选择"地区"并单击 ➡
按钮，使之进入"标记设置依据"列表框。

步骤03 单击"确定"按钮，等待输出结果，如图 13.26 所示。

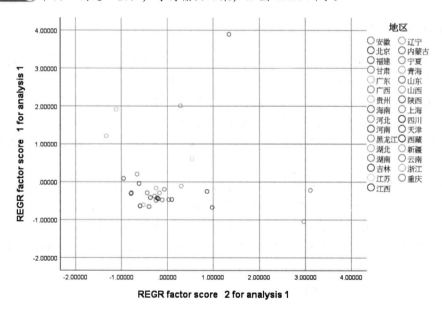

图 13.26　散点图

结果如下：

位于第 1 象限的有山东、辽宁、江苏，表示这些地区在主要能源产品产量的各个方面都领先其

他城市。

位于第 2 象限的有广东、浙江、上海、福建，表示这些地区在汽油（万吨）、煤油（万吨）、柴油（万吨）、燃料油（万吨）、石脑油（万吨）、液化石油气（万吨）、石油焦（万吨）、石油沥青（万吨）等产量方面有优势，在其他方面不如平均水平。

位于第 3 象限的有北京、海南、天津、西藏、青海、甘肃、贵州、重庆、吉林、宁夏、湖南、湖北、江西、四川、黑龙江、云南、广西，表示这些地区在主要能源产品产量的各个方面都落后于总体平均水平。

位于第 4 象限的有安徽、河南、新疆、陕西、内蒙古、山西、河北，表示这些地区在焦炭（万吨）、煤气（亿立方米）等产量方面有优势，在其他方面不如平均水平。

说　明

如果看不清楚图形或者图形有所失真，请参照 SPSS 数据集中每个地区对应的 REGR factor score 1 for analysis 1 和 REGR factor score 2 for analysis 1 的值做出判断。

13.2　主成分分析

	下载资源：可扫描旁边二维码观看或下载教学视频
	下载资源：\sample\数据 13\数据 13.1

13.2.1　统计学原理

主成分分析是一种降维分析的统计过程，该过程通过正交变换将原始的 n 维数据集变换到一个新的被称为主成分的数据集中，也就是将众多的初始变量整合成少数几个相互无关的主成分变量，而这些新的变量尽可能地包含初始变量的全部信息，然后用这些新的变量来代替以前的变量进行分析。在 SPSS 中，主成分分析被嵌入因子分析过程中，因此本次试验的操作步骤和上一节试验的步骤大致相同，但读者需要注意主成分分析和因子分析的差别，其实主要的不同在于它们的数学模型的构建上。

主成分分析法从原始变量到新变量是一个正交变换（坐标变换），通过正交变换将其原随机向量（分量间有相关性）转化成新随机向量（分量间不具有相关性），也就是将原随机向量的协方差阵变换成对角阵。在变换后的结果中，第一个主成分具有最大的方差值，每个后续的主成分在与前述主成分正交条件限制下也具有最大方差。降维时仅保存前 $m(m<n)$ 个主成分即可保持最大的数据信息量。

SPSS 进行主成分分析的主要步骤如下：

（1）变量数据标准化（由 SPSS 软件自动执行）。

（2）变量之间的相关性判定。

（3）确定主成分个数 m。

（4）写出主成分 F_i 的表达式。

（5）对各个主成分 F_i 命名。

主成分分析的数学模型为：

设有原始变量 $X=(X_1,\cdots,X_p)'$，是一个 p 维随机变量，首先将其标准化 $ZX=(ZX_1,\cdots,ZX_p)'$，然后考虑它的线性变换，提取主成分，即为：

$$F_p=a_{1i}*ZX_1+a_{2i}*ZX_2+\cdots+a_{pi}*ZX_p$$

可以发现，如果要用 F_1 尽可能多地保留原始的 X 的信息，经典的办法是使 F_1 的方差尽可能大。其他的各 F_i 也希望尽可能多地保留 X 的信息，但前面的 F 已保留的信息就不再保留，即要求 $\text{Cov}(F_i,F_j)=0$，$j=1,\cdots,i-1$，在这样的条件下使 $\text{Var}(F_i)$ 最大，为了减少变量的个数，希望前几个 F_i 可以代表 X 的大部分信息。计算特征值和单位特征向量，记为 $F_1 \geqslant F_2 \geqslant \cdots \geqslant F_p$ 和 $a_1,a_2,\cdots,a_p$，用 $Y_i=a_i'X$ 作为 X 的第 i 主成分。

在主成分个数的确定方面，最终选取的主成分的个数可以通过累积方差贡献率来确定。一般情况下，以累积方差贡献率大于或等于 85% 为标准。

13.2.2　SPSS 操作

本小节继续使用数据 13.1。下面针对汽油（万吨）、煤油（万吨）、柴油（万吨）、燃料油（万吨）、石脑油（万吨）、液化石油气（万吨）、石油焦（万吨）、石油沥青（万吨）、焦炭（万吨）、煤气（亿立方米）10 个变量开展主成分分析，SPSS 操作如下：

步骤01 进行因子分析。在 SPSS 26.0 中，主成分分析过程是含在因子分析过程中的，同样需要选择"分析"→"降维"→"因子"命令，通过设置"因子分析"对话框来实现，但是需要注意的是，在"因子分析：提取"对话框中需设置方法为"主成分"。本例中，我们在 13.1 节"因子分析：提取"对话框中，关于方法的设置本来采用的就是"主成分"，所以直接引用 13.1 节结果即可。

步骤02 建立过渡性数据文件。因子分析结果中的主因子数目就是主成分分析中主成分的数目。本例中提取了两个公因子，所以在 SPSS 中新建一个数据文件，设定变量 $T1$、$T2$，然后将所得"成分矩阵"中的因子载荷分别输入新数据文件定义的新变量中，如图 13.27 所示。

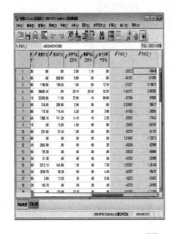

图 13.27　过渡性数据文件

步骤 03 在新数据文件的数据编辑器窗口选择"转换"→"计算变量"命令，打开如图 13.28 所示的"计算变量"对话框。在"目标变量"中输入要定义的特征向量的名称（如 F2），然后在"数字表达式"中输入"新数据文件中定义的新变量名称/SQRT（第一步因子分析中相应主因子的初始特征值）"，特征值可查询 13.1 节运行结果精解与分析中"总方差解释"的"总计"列，本例中需要分别输入 $F1=T1/SQRT(6.618751)$、$F2=T2/SQRT(1.476833)$。

在"计算变量"对话框中单击"确定"按钮，最终在新数据文件的数据编辑器窗口得到特征向量 F1、F2，如图 13.29 所示。

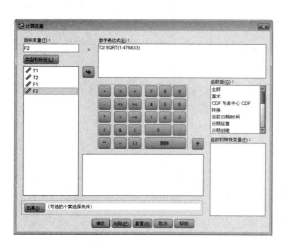

图 13.28　"计算变量"对话框

图 13.29　特征向量 F1、F2

步骤 04 对原始变量进行标准化。在数据 13.1 的数据编辑器窗口中，选择"分析"→"描述统计"→"描述"命令，打开如图 13.30 所示的"描述"对话框，然后将参与因子分析的原始变量都选入"变量"列表框中，并选中"将标准化值另存为变量"复选框。

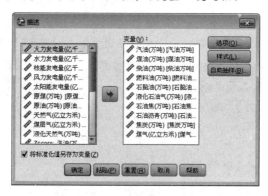

图 13.30　"描述"对话框

单击"确定"按钮就可以得到标准化变量，我们将得到的标准化变量分别重新命名为 Z1~Z10，如图 13.31 所示（之所以需要重新命名，是因为原来的变量名字太长，在接下来的"计算变量"操作中会被系统拒绝）。

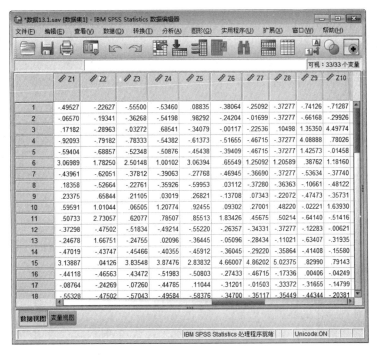

图 13.31　新生成的标准化变量

步骤 05 计算主成分。

结合前面特征向量 *F*1、*F*2 的结果以及新生成的标准化变量，我们就可以写出最终的主成分计算公式，将两个主成分分别命名为 *ZF*1、*ZF*2，则：

*ZF*1=0.37*Z1+0.22*Z2+0.38*Z3+0.37*Z4+0.35*Z5+0.36*Z6+0.37*Z7+0.36*Z8+0.05*Z9+0.13*Z10

*ZF*2=−0.03*Z1−0.34*Z2−0.02*Z3+0.02*Z4−0.12*Z5−0.04*Z6+0.01*Z7+0.08*Z8+0.72*Z9+0.59*Z10

然后在数据 13.1 的数据编辑器窗口选择"转换"→"计算变量"命令，打开"计算变量"对话框，在"目标变量"和"数字表达式"文本框中依次输入上述公式，分别单击"确定"按钮，就可以得到主成分分析的结果：*ZF*1、*ZF*2 两个变量，如图 13.32 所示。

根据前面在原理部分的介绍，每个主成分变量都是原始变量标准化后的线性组合，每个主成分变量与其他主成分变量都

图 13.32　主成分分析结果

无相关性，且第一主成分解释的方差比率最大。但是对于每个主成分的具体含义是比较难解释的，只能实现降维的作用，这一点是需要用户注意的。

13.2.3 运行结果精解与分析

本部分内容已经嵌入前面 13.2.2 节 "SPSS 操作"中，不再重复讲解。

13.3 对应分析

	下载资源：可扫描旁边二维码观看或下载教学视频
	下载资源：\sample\数据 13\数据 13.2

13.3.1 统计学原理

对应分析是一种视觉化的数据分析方法，特色是通过将一个交叉表格的行、列中各元素的比例结构以点的形式在较低维的空间中展示，从而将众多的样本观测值和众多的变量同时作到同一幅图上，将样本观测值的大类及其属性在图上直观表示出来，主要应用在市场细分、产品定位、地质研究以及计算机工程等领域中。对应分析的目标之一是描述低维空间中对应表中的两个名义变量之间的关系，同时描述每个变量的类别之间的关系。对于每个变量，类别点在图中的距离反映了相似的类别绘制为相互靠近的类别间的关系。从原点到另一个变量的类别点的向量上的一个变量的投影点描述了变量之间的关系。

前面介绍的因子分析是描述低维空间中的变量之间的关系的标准技术，但是因子分析需要定距数据，并且样本观测值应为变量数的 5 倍，而对应分析法省去了因子选择和因子轴旋转等复杂的数学运算及中间过程，可以从因子载荷图上对样本观测值进行直观地分类，而且能够指示分类的主要参数（主因子）以及分类的依据，是一种直观、简单、方便的多元统计方法。此外，对应分析采用名义变量，并且可以描述每个变量的类别之间的关系和变量之间的关系，可用于分析任何正对应度量的表。交叉表格分析通常包括检查行和列概要文件以及通过卡方统计检验自变量。但是，概要文件的数量可能非常大，并且卡方检验不会揭示因变量结构，交叉表格过程提供了多个相关性测量和关联性检验，但是不能以图形方式表示变量间的任何关系。如果涉及两个以上的变量，应使用多重对应分析。

13.3.2 SPSS 操作

本小节用于分析的数据是数据 13.2。限于篇幅，不再展示该数据文件的数据视图和变量视图，读者可自行打开相关源文件观察。数据 13.2 记录的是一家大型商超一段时期内饮料销售的市场调研数据，数据中包括饮料包装、饮料颜色、频率、饮料品牌等。下面使用对应分析法分析饮料包装、饮料颜色与饮料销售量的关系，SPSS 操作如下：

步骤 01 因为本例中是以频率格式录入数据的（相同取值的观测只录入一次，另加一个频率变量用于记录该数值共出现了多少次），所以首先要对数据进行预处理，以频率变量进行加权，从而将数据指定为这种格式。选择"数据"→"个案加权"命令，弹出如图 13.33 所示的"个案加权"对话框。首先在该对话框的右侧选中"个案加权依据",然后在左侧的列表框中选择"频率",单击  按钮,使之进入"频率变量"列表框。单击"确定"按钮,完成数据预处理。

图 13.33 "个案加权"对话框

步骤 **02** 选择"分析"→"降维"→"对应分析"命令,弹出如图 13.34 所示的对话框。先定义行变量及其取值范围,即在"对应分析"对话框的左侧选择"饮料包装"并单击  按钮,使之进入右侧的"行"列表框,然后单击下方的"定义范围"按钮,弹出如图 13.35 所示的对话框,在"最小值"处输入 1,最大值处输入 4,单击"更新"按钮,最后单击"继续"按钮返回"对应分析"对话框。利用同样的方法在如图 13.36 所示的对话框中定义列变量及其取值范围。列变量选择"饮料颜色","最小值"输入 1,最大值输入 5。

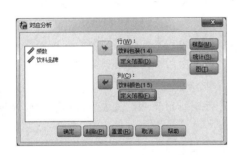

图 13.34 "对应分析"对话框

图 13.35 "对应分析:定义行范围"对话框

对话框深度解读

- 必须为行变量、列变量分别定义范围,指定的最小值和最大值必须为整数,小数数据值会在分析中被截断。指定范围之外的类别值在分析中会被忽略。

- 关于类别约束:初始状态下,所有类别都不受约束且是活动的,用户可将行类别约束为等于其他行类别,或者可将行类别定义为补充类别,针对列变量也是如此。

  ➤ 类别必须相等:类别必须具有相等的得分。如果所获得的类别顺序不理想或不直观,则可使用该选项。可约束为相等的行类别的最大数量等于活动行类别总数减 1。若要对类别集施加不同的等同性约束,则需要使用语法。例如使用语法,将类别 1 和类别 2 约束为相等,将类别 3 和类别 4 约束为相等,针对列变量也是如此。

  ➤ 类别为补充性:补充类别不影响分析,但会出现在由活动类别定义的空间中。补充类别对定义维不起作用。补充行类别的最大数目为行类别总数减 2,针对列变量也是如此。

步骤 **03** 在"对应分析"对话框单击"模型"按钮，即可弹出"对应分析：模型"对话框，如图 13.37 所示。用户使用"对应分析：模型"对话框可以指定解中的维数、距离测量、标准化方法以及正态化方法。本例中采用系统默认值即可，单击"继续"按钮返回"对应分析"对话框。

图 13.36　"对应分析：定义列范围"对话框　　图 13.37　"对应分析：模型"对话框

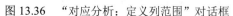

对话框深度解读

- 解中的维数：用于指定解中的维数。一般情况下，用户应根据需要选择尽量少的维数来解释大多数变异。最大维数取决于分析中使用的活动类别数以及等同性约束。最大维数是以下两项中的较小者：
  - 活动行类别数减去约束为相等的行类别数，加上受约束的行类别集的数目。
  - 活动列类别数减去约束为相等的列类别数，加上受约束的列类别集的数目。
- 距离测量：选择对应表的行和列之间距离的测量方法。
  - 卡方：使用加权概要文件距离，其中权重是行或列的质量，该方法为标准对应分析所必需的。
  - 欧氏：使用行对和列对之间平方差之和的平方根。
- 标准化方法。
  - 除去行列平均值：行和列都居中，该方法为标准对应分析所必需的。
  - 除去行平均值：只有行居中。
  - 除去列平均值：只有列居中。
  - 使行总计相等，并除去平均值：使行居中之前，使行边距相等。
  - 使列总计相等，并除去平均值：使列居中之前，使列边距相等。
- 正态化方法。
  - 对称：对于每个维，行得分为列得分的加权平均值除以对应的奇异值，列得分为行得分的加权平均值除以对应的奇异值。该方法主要用来检验两个变量的类别之间的差异或相似性。
  - 主成分：行点和列点之间的距离是对应表中对应所选距离测量的距离的近似值。该方法主要用来检验一个或两个变量的类别之间的差别，而非两个变量之间的差别。
  - 行主成分：行点之间的距离是对应表中对应所选距离测量的距离的近似值。行得分是列得分的加权平均值。该方法主要用来检验行变量的类别之间的差分或相似性。

➤ 列主成分：列点之间的距离是对应表中对应所选距离测量的距离近似值。列得分是行得分的加权平均值。该方法主要用来检验列变量的类别之间的差异或相似性。

➤ 定制：选择该方法，需要在后面的框中指定介于-1 和 1 之间的值。值为-1 对应主要列，值为 1 对应主要行，值为 0 对应对称。其他值将惯量不同程度地分布于行得分和列得分上。该方法对于制作合适的双标图很有用。

步骤 04 在"对应分析"对话框单击"统计"按钮，即可弹出"对应分析：统计"对话框，如图 13.38 所示。用户使用"对应分析：统计"对话框可以指定输出统计表的类型。本例中采用系统默认的"对应表""行点概述""列点概述"即可，单击"继续"按钮返回"对应分析"对话框。

图 13.38　"对应分析：统计"对话框

对话框深度解读

- 对应表：如果用户选择该选项，则系统将输出对应表，对应表为交叉表格，表格的行、列分别为"对应分析"对话框中指定的行与列，行/列不仅包括相应变量的不同类型统计，也包括总的活动边际总计值。
- 行点概述：如果用户选择该选项，则系统将输出行点概览。对于每个行类别，有数量、维得分（分不同的维分别列出）、惯量、点对维的惯量的贡献（分不同的维分别列出）以及维对点惯量的贡献（分不同的维分别列出）。
- 列点概述：如果用户选择该选项，则系统将输出列点概览。对于每个列类别，有数量、维得分（分不同的维分别列出）、惯量、点对维的惯量的贡献（分不同的维分别列出）以及维对点惯量的贡献（分不同的维分别列出）。
- 对应表的排列：如果用户选择该选项，则系统将输出按维排序的对应表。
- 行概要：如果用户选择该选项，则系统将输出行概要表。
- 列概要：如果用户选择该选项，则系统将输出列概要表。
- 以下对象的置信度统计。
    - ➤ 行点：输出置信度行点表。
    - ➤ 列点：输出置信度列点表。

步骤 05 在"对应分析"对话框单击"图"按钮，弹出"对应分析：图"对话框，如图 13.39 所示。

图 13.39　"对应分析：图"对话框

　　用户使用"对应分析：图"对话框可以指定生成哪些图。本例中采用系统默认设置即可，单击"继续"按钮返回"对应分析"对话框，然后单击"确定"按钮确认。

对话框深度解读

- 散点图：用于设置输出哪种对应分析的散点图。
  - ➢ 双标图：生成行点和列点的联合图。
  - ➢ 行点：生成行点图。
  - ➢ 列点：生成列点图。

  用户可指定散点图的 ID 标签宽度。该值必须为小于或等于 20 的非负整数。

- 折线图：为所选变量的每一维生成一个图。
  - ➢ 转换后行类别：根据初始行类别值的对应行得分生成这些值的图。
  - ➢ 转换后列类别：根据初始列类别值的对应列得分生成这些值的图。

  用户可指定折线图的 ID 标签宽度。该值必须为小于或等于 20 的非负整数。

- 图维：可用于控制在输出中显示的维数。
  - ➢ 显示解中所有的维：解中的所有维数都显示在散点图中。
  - ➢ 限制维数：限制解中显示的维数。如果限制维数，则必须选择最低和最高维数。最低维数的范围可从 1 到解中的维数减 1，并且针对较高维数绘制。最高维数的范围可从 2 到解中的维数，表示在绘制对应分析图时使用的最高维数。

13.3.3　运行结果精解与分析

1. 对应表

　　图 13.40 是按照原始数据整理而成的交叉表格，反映的是饮料颜色和饮料包装不同组合下的实际样本观测值。

对应表

			饮料颜色			
饮料包装	橙色饮料	无色饮料	绿色饮料	黑色饮料	其他颜色	活动边际
玻璃瓶装	101	51	406	684	88	1330
易拉罐装	346	87	912	415	29	1789
塑料瓶装	329	41	244	113	6	733
其他包装	691	119	587	191	7	1595
活动边际	1467	298	2149	1403	130	5447

图 13.40　对应表

2. 摘要

图 13.41 为对应分析摘要。第 1 列是维度，其个数等于变量的最小分类数减 1，本例中的最小分类数是饮料包装的种类（为 4 类），所以维度是 3；第 2~5 列分别表示奇异值、惯量、卡方和显著性；随后的列给出了各个维度所能解释的两个变量关系的百分比，可以发现前两个维度就累计解释了 99.7% 的信息。

摘要

维	奇异值	惯量	卡方	显著性	惯量比例		置信度奇异值	
					占	累积	标准差	相关性 2
1	.439	.193			.864	.864	.012	.261
2	.173	.030			.133	.997	.013	
3	.026	.001			.003	1.000		
总计		.223	1215.961	.000ª	1.000	1.000		

a. 12 自由度

图 13.41　摘要

3. 行点总览、列点总览

图 13.42 给出了行变量（饮料包装）和列变量（饮料颜色）在各个维度上的坐标值，以及各个类别对各维数的贡献值。

行点总览ª

饮料包装	数量	维得分		惯量	点对维的惯量		维对点的惯量		
		1	2		1	2	1	2	总计
玻璃瓶装	.244	1.042	-.320	.121	.604	.145	.964	.036	1.000
易拉罐装	.328	.052	.587	.020	.002	.657	.019	.980	1.000
塑料瓶装	.135	-.586	-.399	.024	.105	.124	.831	.152	.983
其他包装	.293	-.658	-.208	.058	.289	.074	.958	.038	.996
活动总计	1.000			.223	1.000	1.000			

a. 对称正态化

列点总览ª

饮料颜色	数量	维得分		惯量	点对维的惯量		维对点的惯量		
		1	2		1	2	1	2	总计
橙色饮料	.269	-.814	-.412	.086	.406	.265	.908	.092	1.000
无色饮料	.055	-.341	-.124	.004	.015	.005	.790	.041	.832
绿色饮料	.395	-.062	.502	.018	.003	.575	.038	.962	1.000
黑色饮料	.258	.881	-.249	.090	.455	.093	.969	.030	1.000
其他颜色	.024	1.491	-.670	.025	.121	.062	.926	.073	.999
活动总计	1.000			.223	1.000	1.000			

a. 对称正态化

图 13.42　行点总览、列点总览

以本表上半部分的行点总览为例，对表中各列的含义做一下简要说明。

- "数量"列表示各种类别的构成比，如玻璃瓶装的饮料占总数的构成比例是 0.244。
- "维得分"列表示各类别在相关维数上的评分，首先给出的是默认提取的两个维数上各类别的因子负荷值。
- "惯量"列给出了总惯量（0.223）在行变量中的分解情况，数值越大表示该类别对惯量的贡献越大。
- "点对维的惯量"表示在各个维数上，信息量在各类别间的分解状况，本例中第一维数主要被玻璃瓶装、塑料瓶装、其他包装所携带，也就是说这 3 个类别在第一维数上的区分比较好，第二维数主要被玻璃瓶装、易拉罐装、塑料瓶装所携带，说明这 3 个类别在第二维数上的区分比较好。
- "维对点的惯量"表示各类别的信息在各维数上的分布比例，本例中玻璃瓶装、塑料瓶装、其他包装都主要分布在第一维数上，易拉罐装主要分布在第二维数上。
- "总计"表示"维对点的惯量"中各维数的信息比例之和，可见信息比例都在 98%以上，信息损失较小。

4. 对应分析图

图 13.43 是对应分析图，是对应分析中最主要的结果，从图中可以看出两个变量不同类别之间的关系。我们可以从两个方面来阅读本图：一方面，可以分别从横坐标和纵坐标方向考察变量不同类别之间的稀疏，如果靠得近，则说明在该维数上这些类别之间差别不大；另一方面，可以把平面划分为以(0,0)为原点的 4 个象限，位于相同象限的不同变量的分类点之间的关联较强。

容易发现本例中，易拉罐装和绿色饮料之间存在着比较强的联系，黑色饮料、其他颜色和玻璃瓶装之间存在着比较强的联系，橙色饮料、无色饮料和塑料瓶装、其他包装之间存在着比较强的联系。

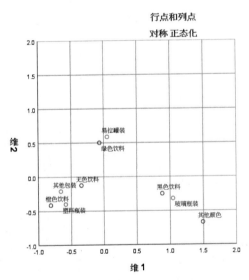

图 13.43　对应分析图

13.4 本章习题

1. 用于分析的数据是数据 13.1，请对火力发电量（亿千瓦小时）、水力发电量（亿千瓦小时）、核能发电量（亿千瓦小时）、风力发电量（亿千瓦小时）、太阳能发电量（亿千瓦小时）、原煤（万吨）、原油（万吨）、天然气（亿立方米）、煤层气（亿立方米）、液化天然气（万吨）等变量开展因子分析。

2. 用于分析的数据是数据 13.1，请对火力发电量（亿千瓦小时）、水力发电量（亿千瓦小时）、核能发电量（亿千瓦小时）、风力发电量（亿千瓦小时）、太阳能发电量（亿千瓦小时）、原煤（万吨）、原油（万吨）、天然气（亿立方米）、煤层气（亿立方米）、液化天然气（万吨）等变量开展主成分分析。

3. 用于分析的数据是数据 13.3，请使用对应分析法分析饮料品牌、饮料颜色和饮料销售量的关系。

第14章

调查问卷之信度分析与效度分析

　　本章介绍信度分析与效度分析，主要针对调查问卷获取的数据。调查问卷中往往包括量表题和非量表题，如果有量表题，首先需要针对量表题进行信度分析和效度分析，非量表题不能进行信度分析和效度分析。

　　信度分析（Reliability Analysis）又称可靠性分析，常用于测量问卷调查的有效性，检验测验结果的一贯性、一致性、再现性和稳定性，其基本思想是评价采用同样的方法对同一对象重复测量时所得结果的一致性程度，一个好的测量工具，对同一事物反复多次测量，其结果应该始终保持不变才可信。比如，我们用同一个天平秤测量一批物资的重量，如果在物资没有变化的前提下，多次测量的结果存在显著不同，那么我们就会对这个天平秤的精度产生怀疑。信度分析的衡量指标多以相关系数表示，大致可分为 3 类：稳定系数（跨时间的一致性）、等值系数（跨形式的一致性）和内在一致性系数（跨项目的一致性）。信度分析的方法主要有 5 种：α 信度系数法、折半信度法、格特曼信度法、平行信度法、严格平行信度法。

　　效度分析（Validity Analysis）在于研究题项是否有效地表达研究变量或者维度的概念信息，通俗地讲，就是研究题项设计得是否合适，即测试调查者是否科学设计问题，或者题项表示某个变量是否合适。

本章教学要点：

- 清楚知晓 SPSS 信度分析与效度分析方法的特色，知晓每种方法的适用条件。
- 熟练掌握 SPSS 信度分析与效度分析的窗口功能，根据研究需要灵活进行窗口设置，开展信度分析。
- 能够对信度分析与效度分析的结果进行解读，从中发现数据特征，得出研究结论。

14.1　信度分析

	下载资源：可扫描旁边二维码观看或下载教学视频
	下载资源：\sample\数据 14\数据 14.1

14.1.1　信度分析的统计学原理

　　信度分析研究数据是否真实可靠，又称可靠性分析，一般只有量表数据（问卷数据）才能做信度分析。用于信度分析的数据可以是二分数据、有序数据或区间数据，但数据应是用数值编码的。用于信度分析的样本观测值应独立，且项与项之间的误差不相关，每对项应具有二元正态分布，标度应可加，以便每一项都与总得分线性相关。此外，需要注意的是，如果在问卷题目中有反向的题目，需要先将反向的题目转换为正向的题目。

问卷的信度分析包括内在信度分析和外在信度分析。内在信度重在考察测试被调查者是否好好答题，因为一组题目（或一个维度的题目）往往测量的是同一个概念或被调查者对同一件事物的看法，被调查者针对这些题目如果具有较高的内在一致性，那么问卷调查结果被认为是可信度高的。一致性程度越高，评价项目就越有意义，其评价结果的可信度就越强。外在信度是指在不同时间对同批被调查者实施重复调查时，评价结果是否具有一致性。如果两次评价结果相关性较强，说明项目的概念和内容是清晰的，因而评价的结果是可信的。一般情况下，我们主要考虑量表的内在信度——同一个维度项下各道题目之间是否具有较高的内在一致性。

信度分析的方法有多种，SPSS 提供了 Alpha 信度系数法、折半信度法、格特曼信度法、平行信度法、严格平行信度法，都是通过不同的方法来计算信度系数，再对信度系数进行分析。目前最为常用的是 Alpha 信度系数法，一般情况下信度系数在 0~1，如果量表的信度系数在 0.9 以上，表示量表的信度很好；如果量表的信度系数在 0.8~0.9，表示量表的信度可以接受；如果量表的信度系数在 0.7~0.8，表示量表有些项目需要修订；如果量表的信度系数在 0.7 以下，表示量表有些项目需要抛弃；信度系数至少要大于或等于 0.6 才算合格。

此外，如果信度分析结果不佳，需要注意这几个方面：一是无效样本处理是一个重要的步骤，把无效样本处理掉后，通常会让信度指标提升；二是如果出现信度不达标，尤其是当信度系数值小于 0 时，很可能是由于反向题导致的，需要对反向题进行反向处理；三是信度分析与样本量、分析项的个数有着密切的关系，一般情况下，样本量至少应该是量表题的 5 倍，最好是 10 倍以上，比如有 10 个量表题，那么至少需要 50 个样本，最好是 100 个样本以上，否则很难得到较好的信度分析结果，如果样本数实在过少，可通过合并高度类似量表题减少分析项、删除不合理分析项等方式解决。

量表、测量维度和题项构成之间的关系：一个量表包括多个维度，每个维度内部又有多个题项，每次做信度分析时只针对一个维度的各个题项，量表中有几个测量维度就需要进行几次信度分析。同一个量表可以根据维度的多少进行多次信度分析。

14.1.2　SPSS 操作

本小节用于分析的数据是数据 14.1。限于篇幅，不再展示该数据文件的数据视图和变量视图，读者可自行打开相关源文件观察。该数据为量表数据，经过整理后共有 10 道测试题，调查问卷只包括 1 个维度，共有 10 道题目，均为 10 分量表，高分代表同意题目代表的观点，没有反向题。下面针对测试题 1~测试题 10 使用克隆巴赫模型开展可靠性分析，SPSS 操作如下：

步骤 01 打开数据 14.1，选择"分析"→"标度"→"可靠性分析"命令，弹出"可靠性分析"对话框，如图 14.1 所示。在左侧变量框中分别选择测试题 1~

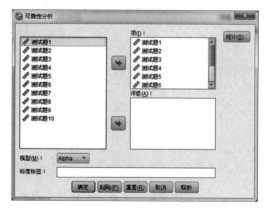

图 14.1　"可靠性分析"对话框

测试题 10 共 10 个变量，单击  按钮，移入右侧的"项"框中。然后在对话框左侧下面的"模型"下拉选项组中选择 Alpha。

对话框深度解读

对话框左侧下面的"模型"下拉选项组用来选择可靠性分析方法。单击 ▼ 按钮，出现以下 5 种信度估计方法以供选择。

- Alpha：即克隆巴赫模型，该模型是内部一致性模型，用于输出克隆巴赫 Alpha 值。
- 折半：将测验题分成对等的两半，计算这两半的分数的相关系数。
- 格特曼：适用于测验全由二值（1 和 0）方式记分的项目。
- 平行：该模型假设所有项具有相等的方差，并且重复项之间具有相等的误差方差，进行模型的拟合度检验。
- 严格平行：该方法除了要求各项目方差具有齐次性外，还要求各个项目的均值相等。

步骤 02 单击"可靠性分析"对话框右侧的"统计"按钮，弹出"可靠性分析：统计"对话框，如图 14.2 所示。我们在"描述"选项组中选择"项目""标度""删除项后的标度"，在"项之间"选项组中选择"相关性""协方差"，在"摘要"选项组中选择"平均值""方差""协方差""相关性"。其他采用系统默认设置，单击"继续"按钮返回主对话框。然后单击"继续"按钮，回到"可靠性分析"对话框，单击"确定"按钮确认。

图 14.2　"可靠性分析：统计"对话框

对话框深度解读

"可靠性分析：统计"对话框主要设置可靠性分析的输出结果。

- "描述"选项组，包括以下选项。

- ➢ 项目：选中该复选框，表示为个案的每个项生成描述统计量，如平均值、标准差等。
- ➢ 标度：选中该复选框，表示为整个维度产生描述统计量，即各个项之和的描述统计量。
- ➢ 删除项后的标度：选中该复选框，表示输出删除该题项后整个维度的摘要统计量，即该项删除时整个维度的均值和方差、该项与由其他项组成的整个维度之间的相关性，以及删除该题项后整个维度的克隆巴赫 Alpha 值。
- "项之间"选项组，包括以下选项。
  - ➢ 相关性：表示输出每道题之间的相关性矩阵。
  - ➢ 协方差：表示输出每道题之间的协方差矩阵。
- "摘要"选项组，包括以下选项。
  - ➢ 平均值：输出所有题项均值的最小值、最大值、平均值、题项均值的范围、方差，以及最大题项均值与最小题项均值的比。
  - ➢ 方差：输出所有题项方差的最小值、最大值、平均值、题项方差的范围、方差，以及最大题项方差与最小题项方差的比。
  - ➢ 协方差：输出题项之间的协方差的最小值、最大值、平均值、题项之间的协方差的范围、方差，以及最大题项之间协方差与最小题项之间的协方差的比。
  - ➢ 相关性：输出所有题项之间的相关性的最小值、最大值、平均值、范围、方差，以及最大题项之间的相关性与最小题项之间的相关性的比。
- "ANOVA 表"选项组：选择方差分析的方法，包括以下选项。
  - ➢ 无：不产生方差分析表。
  - ➢ F 检验：产生重复测量方差分析表。
  - ➢ 傅莱德曼卡方：计算傅莱德曼卡方值和肯德尔系数，适用于等级数据，除了计算傅莱德曼谐和系数外，还可以做方差分析，傅莱德曼卡方检验可取代通用的 F 检验。
  - ➢ 柯克兰卡方：显示柯克兰 Q 值，如果项目都是二分变量，则选择"柯克兰卡方"，这时在方差分析表中使用 Q 统计量取代常用的 F 统计量。
- 其他复选框。
  - ➢ 霍特林 T 平方：输出多变量霍特林 T 平方检验统计量，该检验的原假设是标度上的所有项具有相同的均值，如果该统计量的概率值在 5%的显著水平上拒绝原假设，则表示标度上至少有一个项的均值与其他项不同。
  - ➢ 图基可加性检验：进行图基的可加性检验，该检验的原假设是项中不存在可乘交互作用，如果该统计量的概率值在 5%的显著水平上拒绝原假设，则表示项中存在可乘的交互作用。
  - ➢ 同类相关系数：计算组内同类相关系数，对个案内值的一致性或符合度进行检验。选中该复选框后，相应的选项都被激活。
    - ◇ 模型：给出了用于计算同类相关系数的模型。"双向混合"模型，当人为影响是随机的，而项的作用固定时，选择该模型；"双向随机"模型，当人为影响和项的作用均为随机时选择该模型；"单项随机"模型，当人为影响随机时选择该模型。
    - ◇ 类型：指定相关系数是如何被定义的。"一致性"测量方差是分母除以 n-1 的方差；"绝对一致"测量方差是分母除以 n 的方差。

◇ 置信区间：指定置信区间，系统默认值为 95％。

◇ 检验值：在此输入组内相关系数的一个估计值，此值用于进行比较，要求在 0~1，系统默认值是 0。

14.1.3 运行结果精解与分析

1. 个案处理摘要

图 14.3 为个案处理摘要。可以看到，参与分析的样本为 102 个，没有缺失值。

2. 可靠性统计

图 14.4 给出了可靠性统计结果。可以发现，克隆巴赫 Alpha 值为 0.877，基于标准化项的克隆巴赫 Alpha 值为 0.916，项数为 10，说明问卷的可信度还是比较不错的。

3. 项统计

图 14.5 是项统计结果，从图中可以看出测试题 1~测试题 10 共 10 个变量的平均值、标准偏差、个案数。

项统计

	平均值	标准 偏差	个案数
测试题1	1.23	.643	102
测试题2	6.28	.958	102
测试题3	6.30	.952	102
测试题4	6.27	.966	102
测试题5	5.61	1.642	102
测试题6	6.29	.971	102
测试题7	6.29	.960	102
测试题8	6.28	.958	102
测试题9	6.27	.997	102
测试题10	5.39	1.713	102

个案处理摘要

		个案数	%
个案	有效	102	100.0
	排除a	0	.0
	总计	102	100.0

a. 基于过程中所有变量的成列删除。

可靠性统计

克隆巴赫 Alpha	基于标准化项的克隆巴赫 Alpha	项数
.877	.916	10

图 14.3 个案处理摘要   图 14.4 可靠性统计   图 14.5 项统计

4. 项间相关性矩阵

图 14.6 是项间相关性矩阵，可以看到测试题 1~测试题 10 共 10 个变量相互之间的相关系数，可以发现变量之间的相关性情况差异比较大，有的变量之间高度相关，如测试题 2 与测试题 3 之间的相关系数为 0.957；有的变量之间相关性很小，如测试题 2 与试题 1 之间的相关系数仅为 0.232。一般情况下，大于 0.4 说明题项之间的相关度比较高。

项间相关性矩阵

	测试题1	测试题2	测试题3	测试题4	测试题5	测试题6	测试题7	测试题8	测试题9	测试题10
测试题1	1.000	.232	.194	.234	-.281	.242	.244	.232	.258	-.126
测试题2	.232	1.000	.957	.984	.015	.995	.984	.989	.975	.143
测试题3	.194	.957	1.000	.952	.007	.963	.951	.957	.955	.133
测试题4	.234	.984	.952	1.000	-.013	.990	.979	.984	.970	.114
测试题5	-.281	.015	.007	-.013	1.000	-.008	-.033	.015	-.024	.907
测试题6	.242	.995	.963	.990	-.008	1.000	.989	.995	.980	.120
测试题7	.244	.984	.951	.979	-.033	.989	1.000	.984	.980	.098
测试题8	.232	.989	.957	.984	.015	.995	.984	1.000	.975	.143
测试题9	.258	.975	.955	.970	-.024	.980	.980	.975	1.000	.099
测试题10	-.126	.143	.133	.114	.907	.120	.098	.143	.099	1.000

图 14.6 项间相关性矩阵

5. 项间协方差矩阵

图 14.7 是项间协方差矩阵，可以看到测试题 1~测试题 10 共 10 个变量相互之间的项间协方差情况，相关结论与前述"项间相关性矩阵"结果一致。

项间协方差矩阵

	测试题1	测试题2	测试题3	测试题4	测试题5	测试题6	测试题7	测试题8	测试题9	测试题10
测试题1	.414	.143	.119	.145	-.297	.151	.151	.143	.165	-.139
测试题2	.143	.918	.873	.911	.023	.925	.906	.908	.931	.234
测试题3	.119	.873	.907	.876	.011	.890	.870	.873	.906	.216
测试题4	.145	.911	.876	.934	-.020	.928	.909	.911	.934	.188
测试题5	-.297	.023	.011	-.020	2.696	-.012	-.052	.023	-.040	2.551
测试题6	.151	.925	.890	.928	-.012	.942	.923	.925	.948	.200
测试题7	.151	.906	.870	.909	-.052	.923	.923	.906	.938	.161
测试题8	.143	.908	.873	.911	.023	.925	.906	.918	.931	.234
测试题9	.165	.931	.906	.934	-.040	.948	.938	.931	.993	.169
测试题10	-.139	.234	.216	.188	2.551	.200	.161	.234	.169	2.934

图 14.7　项间协方差矩阵

6. 摘要项统计

图 14.8 是摘要项统计，其中给出了项平均值、项方差、项间协方差、项间相关性 4 项指标的平均值、最小值、最大值、全距、最大值/最小值、方差、项数等统计量。

摘要项统计

	平均值	最小值	最大值	全距	最大值/最小值	方差	项数
项平均值	5.624	1.225	6.304	5.078	5.144	2.498	10
项方差	1.258	.414	2.934	2.520	7.087	.703	10
项间协方差	.524	-.297	2.551	2.848	-8.595	.272	10
项间相关性	.521	-.281	.995	1.276	-3.541	.207	10

图 14.8　摘要项统计

7. 项总计统计

图 14.9 是项总计统计，其中给出了测试题 1~测试题 10 共 10 道题目在剔除相应项后的指标表现情况。比如剔除掉测试题 1 后，标度平均值将为 55.01，标度方差为 58.188，克隆巴赫 Alpha 将会变为 0.890。

8. 标度统计

图 14.10 是标度统计，平均值为 56.24，方差为 59.766，标准偏差为 7.731。

项总计统计

	删除项后的标度平均值	删除项后的标度方差	修正后的项与总计相关性	平方多重相关性	删除项后的克隆巴赫 Alpha
测试题1	55.01	58.188	.119	.242	.890
测试题2	49.95	47.136	.890	.990	.847
测试题3	49.93	47.589	.858	.934	.849
测试题4	49.96	47.266	.870	.980	.848
测试题5	50.63	52.692	.184	.861	.914
测试题6	49.94	47.066	.883	.997	.848
测试题7	49.94	47.422	.863	.983	.848
测试题8	49.95	47.136	.890	.990	.847
测试题9	49.96	47.008	.861	.969	.848
测试题10	50.84	49.203	.317	.855	.904

图 14.9　项总计统计

标度统计

平均值	方差	标准偏差	项数
56.24	59.766	7.731	10

图 14.10　标度统计

14.1.4 补充知识：共同方法偏差检验

很多学术期刊论文或毕业论文中要求对量表数据进行共同方法偏差检验。这是因为通过发放量表获取的数据，往往会出现共同方法变异 (Common Method Variance，CMV)，即使用同种测量工具导致的特质间产生虚假的共同变异，由这种变异引起的偏差称为共同方法偏差 (Common Method Bias，CMB)，这一偏差会影响效度。对共同方法偏差的检验即为共同方法偏差检验，常用 Harman 单因子法。

Harman 单因子法在 SPSS 中也是通过因子分析来完成的，即将调查问卷中的全部量表题项（不包括性别、学历、所在行业等被调查者的基本信息，仅限于量表部分的数据，但包括全部量表题项）进行"分析-降维-因子"分析，切记本操作不需要进行因子旋转，观察分析结果中的"总方差解释"表中"初始特征值"部分的"总计"和"方差百分比"两列，当特征值大于 1（观察"总计"列）的公因子大于 1 个，并且特征值最大的公因子对应的"方差百分比"列取值不超过 40%，至少不能超过 50% 时，说明共同方法偏差检验通过。关于 40% 还是 50% 的临界标准，可参考汤丹丹和温忠麟（2020）研究指出的：Podsakoff 和 Organ (1986) 认为用 EFA（未旋转）得到的单因子解释变异不超过 50%，则共同方法偏差不严重。根据国内应用情况，一般认为单因子解释的变异不能超过 40%。但是无论 50% 还是 40% 的评价标准，都是经验标准[1]。

相关操作与 14.1.2 节的介绍高度类似，不再赘述。

14.2 效度分析

下载资源：可扫描旁边二维码观看或下载教学视频
下载资源：\sample\数据 14\调查问卷数据 3

14.2.1 效度分析的统计学原理

效度分析在用 SPSS 进行分析的时候使用的方法是因子分析，关于因子分析的原理在前面章节中已详细讲述，不再赘述。需要说明的是，效度分析一般通过探索性因子分析和验证性因子分析来实现，验证性因子分析一般通过 AMOS 软件来实现，SPSS 中的效度分析属于探索性因子分析，通常针对非成熟量表或对成熟量表有所改动的量表，而针对完全成熟量表（成熟量表是指已由知名学者开发设计、被广泛认可应用的量表）可直接应用验证性因子分析。

SPSS 中的效度分析分为以下四个步骤。

步骤01 判断是否适合进行因子分析，判断标准是 KMO 值>0.6 且 Bartlett 球形检验的显著性 P 值小于 0.05。

步骤02 计算参与因子分析所有变量的公因子方差，每个变量的公因子方差均需超过 0.4，说明原题项中的信息能够被提取的公因子所覆盖。

步骤03 通过计算方差解释率观察单个因子可以解释的问卷信息量情况，通过计算总方差解释率观察全部因子合起来可以解释整个问卷的信息量情况。

---

[1] 汤丹丹，温忠麟. 共同方法偏差检验：问题与建议[J]. 心理科学, 2020, 43 (01): 215-223.

步骤 04 通过观察旋转后的成分矩阵，看因子和题项的对应关系，某题项在旋转后某因子上的载荷系数的绝对值>0.4（一定注意是绝对值），说明该题项和该因子关系比较密切。同一维度下的各道题目应该被同一因子主要载荷，不同维度下的各道题目不应被同一因子主要载荷，通过因子载荷对题项的划分（基于数据）应该与题项的原始人工划分（基于实际含义）保持一致。

同样需要注意的是，如果在问卷题目中有反向的题目，需要先将反向的题目转换为正向的题目。因子分析的结果和问卷的维度划分完全一致是最好的情况，好的问卷数据最终展现的结果是每个因子将会代表一个维度，这说明问卷效度很好。如果旋转后的成分矩阵和维度划分是不一致的，可以考虑重新做问卷或者使用成熟的问卷重新发放（这就又回到了问卷设计阶段）。

注　意

效度分析的本质是通过数据间的规律来判断对维度的划分是否合理，基本原理是被调查者对于同一维度下所有问题的回答会趋于一致，从而使得这些问题对应的变量可以用同一公因子来解释。效度分析主要针对新设计的问卷，因为研究者在设计调查问卷时，针对维度的划分可能存在偏差，比如观察以下《变革型领导调查问卷》：

变革型领导调查（5 分量表）

请您回答对以下描述的赞同程度

1-非常不同意　　　2-不同意　　　3-一般　　　4-同意　　　5-非常同意

德行垂范维度（W1）

1. 廉洁奉公，不图私利。（**W1Q1**）

　　□1　　□2　　□3　　□4　　□5

2. 吃苦在前，享受在后。（**W1Q2**）

　　□1　　□2　　□3　　□4　　□5

3. 不计较个人得失，尽心尽力工作。（**W1Q3**）

　　□1　　□2　　□3　　□4　　□5

愿景激励维度（W2）

1. 能让员工了解单位/部门的发展前景。（**W2Q1**）

　　□1　　□2　　□3　　□4　　□5

2. 能让员工了解本单位/部门的经营理念和发展目标。（**W2Q2**）

　　□1　　□2　　□3　　□4　　□5

3. 会向员工解释所做工作的长远意义。（**W2Q3**）

　　□1　　□2　　□3　　□4　　□5

个性化关怀维度（W3）

1. 在与员工打交道的过程中，会考虑员工个人的实际情况。（**W3Q1**）

　　□1　　□2　　□3　　□4　　□5

2. 愿意帮助员工解决生活和家庭方面的难题。（**W3Q2**）

　　□1　　□2　　□3　　□4　　□5

3. 能经常与员工沟通交流，以了解员工的工作、生活和家庭情况。（**W3Q3**）

　　□1　　□2　　□3　　□4　　□5

领导魅力维度（W4）

1. 业务能力过硬。（**W4Q1**）

　　□1　　□2　　□3　　□4　　□5

2. 有较强的创新意识。（**W4Q2**）

　　□1　　□2　　□3　　□4　　□5

3. 热爱自己的工作，具有很强的事业心和进取心。（**W4Q3**）

　　□1　　□2　　□3　　□4　　□5

其中的 W 表示维度，Q 表示每个维度下面的具体问题。德行垂范维度（W1）、愿景激励维度（W2）、个性化关怀维度（W3）、领导魅力维度（W4）四个维度项下的题目设计是否合理，是否德行垂范维度下的某个或某些问题放到愿景激励维度更为合适？是否德行垂范维度和领导魅力维度两个维度合理合并成一个维度？等等。如果从文字描述，即内容层面难以绝对区分清楚，这种情况下就需要从数据层面的效度分析进行佐证。

所以在实务中应用时有以下注意事项：

1. 实质重于形式。效度分析的目的是判断对维度的划分是否合理，如果有合理理由认为当前维度的划分是合理的，比如采用了知名学者开发的成熟量表、设计量表有充分理论依据等，那么即使基于样本数据进行因子分析发现问卷效度并未达到预期标准，那么也不应否决问卷设计的科学性，而更应该考虑问卷的信度以及样本容量是否不够等问题。事实上前面提到的"变革型领导调查"量表就是一个成熟的量表。

2. 如果在问卷题目中有反向的题目，需要先将反向的题目转换为正向的题目。这是因为效度分析的基本原理是被调查者对于同一维度下所有问题的回答会趋于一致，在数据层面必须能够对应反映出这一特点。

3. 问卷中的因变量和自变量应该分开，分别进行效度分析。这是因为在数据层面，因变量和自变量趋于一致，恰好在很大程度上说明了自变量对于因变量影响程度较高，但如果因为趋于一致，将因变量和自变量划分到同一维度，显然就是不合理的。

4. 效度分析出现不合理情形的处理：一是如果出现"张冠李戴"情形，比如某公因子提取后载荷了 W1Q1、W1Q2、W1Q3 以及 W2Q1 的信息，那么 W2Q1 就出现了"张冠李戴"情形，可以根据题项的具体含义考虑将 W2Q1 改成 W1Q4，移入 W1 维度项下，或者直接删除该题项；二是如果出现多维度"共同因子"情形，比如某公因子提取后载荷了 W1Q1、W1Q2、W1Q3 以及 W2Q1、W2Q2、W2Q3 的信息，那么就出现了多维度"共同因子"情形，可以根据题项的具体含义考虑将 W1 和 W2 两个维度合并成一个维度；三是出现"纠缠不清"情形，比如 W1Q1 在提取的公因子 FAC1 和公因子 FAC2 两个维度上因子载荷均超过 0.4，此时可以根据实际情况选择保留题项不进行处理或者直接删除处理；四是如果认为维度划分是完全合理的，可以单个维度分别进行分析，分别针对同一维度项下的题目开展因子分析，针对因子载荷系数低于 0.4 的题项予以删除处理。

14.2.2　SPSS 操作

本小节用于分析的数据是"调查问卷数据 3"，记录的是 A 维度 3 个变量和 B 维度 3 个变量共计 6 个变量的调查问卷数据。限于篇幅，不再展示该数据文件的数据视图和变量视图，读者可自行打开相关源文件观察。针对"调查问卷数据 3"开展效度分析，SPSS 操作如下：

步骤 01 打开数据 14.1，选择"分析"→"降维"→"因子"命令，弹出"因子分析"对话框，如图 14.11 所示。在"因子分析"对话框左侧列表框中选择 A1、A2、A3、B1、B2、B3 共 6 个变量，单击 ➡ 按钮，选入右侧的"变量"列表框中（在选择的时候可使用 Shift 快捷键，即先选择最上面一个需要进入分析的变量，然后按住键盘上的 Shift 键，再选择最下面一个需要进入分析的变量，那么中间的变量就都选中了）。

步骤 02 在"因子分析"对话框中单击"描述"按钮，弹出"因子分析：描述"对话框，如图 14.12 所示，我们仅在"相关性矩阵"中选择"KMO 和巴特利特球形度检验"选项，单击"继续"按钮，回到"因子分析"对话框。

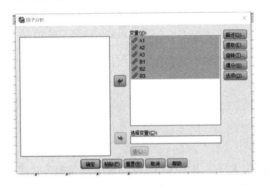 

图 14.11　"因子分析"对话框　　　　图 14.12　"因子分析：描述"对话框

步骤 03 在"因子分析"对话框中单击"提取"按钮，弹出"因子分析：提取"对话框，如图 14.13 所示。本例中在"方法"下拉列表中选择"主成分"，在"分析"选项组中选择"相关性矩阵"，在"显示"选项组中不选择"未旋转因子解"，选择"碎石图"，在"提取"选项组中选择"基于特征值"且将下面的"特征值大于"设置为 1，在"最大收敛迭代次数"中选择系统默认设置的 25，然后单击"继续"按钮，回到"因子分析"对话框。

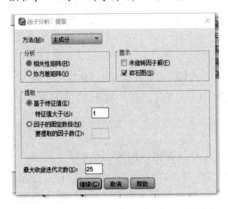

图 14.13　"因子分析：提取"对话框

步骤 **04** 在"因子分析"对话框中单击"旋转"按钮，弹出"因子分析：旋转"对话框，如图 14.14 所示，我们在"方法"选项组中选择"最大方差法"，在"显示"选项组中选择"旋转后的解""载荷图"，其他采用系统默认设置，然后单击"继续"按钮，回到"因子分析"对话框。

步骤 **05** 在"因子分析"对话框中单击"选项"按钮，弹出"因子分析：选项"对话框，如图 14.15 所示。本例在"系数显示格式"选项组中选择"按大小排序"和"禁止显示小系数"并且在下面的"绝对值如下"文本框中填写 0.4，单击"继续"按钮，回到"因子分析"对话框，单击"确定"按钮确认。

图 14.14　"因子分析：旋转"对话框　　　　图 14.15　"因子分析：选项"对话框

14.2.3　运行结果精解与分析

1. KMO 和巴特利特检验

图 14.16 为 KMO 和巴特利特检验结果。KMO 取值为 0.712，说明问卷整体效度还好。巴特利特球形度检验显著性 P 值为 0.000，显著拒绝了原假设，同样表明问卷整体效度可以。

KMO 和巴特利特检验

KMO 取样适切性量数。		.712
巴特利特球形度检验	近似卡方	480.351
	自由度	15
	显著性	.000

图 14.16　KMO 和巴特利特检验

2. 公因子方差

图 14.17 为公因子方差，其中 A1、A2、A3、B1、B2、B3 共 6 个变量的公因子方差提取分别为 0.728、0.776、0.793、0.738、0.710、0.761，说明提取的公因子能够覆盖原题项中的大部分信息。

3. 总方差解释

图 14.18 给出了总方差解释。可以看出，SPSS 只选择了前两个公因子；"旋转载荷平方和"一栏显示第一公因子的方差百分比是 37.787%，前两个公因子的方差占所有公因子方差的 75.103%，由此可见，选前两个公因子（维度）已足够替代原来的变量（题项），几乎涵盖了调查问卷的全部信息。

公因子方差

	初始	提取
A1	1.000	.728
A2	1.000	.776
A3	1.000	.793
B1	1.000	.738
B2	1.000	.710
B3	1.000	.761

提取方法：主成分分析法。

总方差解释

成分	初始特征值			提取载荷平方和			旋转载荷平方和		
	总计	方差百分比	累积 %	总计	方差百分比	累积 %	总计	方差百分比	累积 %
1	2.704	45.074	45.074	2.704	45.074	45.074	2.267	37.787	37.787
2	1.802	30.029	75.103	1.802	30.029	75.103	2.239	37.316	75.103
3	.483	8.050	83.153						
4	.402	6.693	89.846						
5	.342	5.693	95.540						
6	.268	4.460	100.000						

提取方法：主成分分析法。

图 14.17　公因子方差　　　　　　　　图 14.18　总方差解释

4. 碎石图

图 14.19 给出了碎石图，碎石图的纵坐标为特征值，横坐标为公因子，从图中可以看出前两个公因子的特征值较大（皆大于 1），图中折线陡峭，从第三个公因子以后，折线平缓，特征值均小于 1。

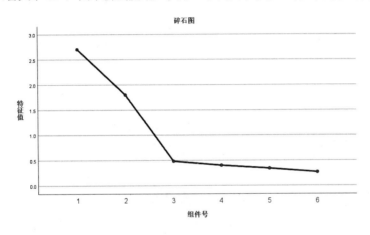

图 14.19　碎石图

5. 旋转后的成分矩阵

图 14.20 是旋转后的成分矩阵。可以发现，公因子 1 主要载荷 A1、A2、A3 三个变量的信息，公因子 2 主要载荷 B1、B2、B3 三个变量的信息。

旋转后的成分矩阵[a]

	成分	
	1	2
A3	.888	
A2	.881	
A1	.824	
B3		.871
B1		.851
B2		.837

提取方法：主成分分析法。
旋转方法：凯撒正态化最大方差。

a. 旋转在 3 次迭代后已收敛。

图 14.20　旋转后的成分矩阵

6. 因子载荷图

图 14.21 是因子载荷图，本例中我们只提取了两个公因子，所以输出的是二维平面图，从因子载荷图上同样可以发现公因子 1 主要载荷 A1、A2、A3 三个变量的信息，公因子 2 主要载荷 B1、B2、B3 三个变量的信息。

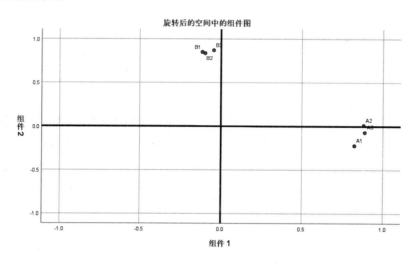

图 14.21 因子载荷图

本例展示的结果是非常不错的，问卷调查的 2 个维度恰好与因子分析得到的结果完全一致。

14.3 本章习题

1. 使用"调查问卷数据 3"开展信度分析（注意分两个维度，分别进行信度分析）。
2. 使用"调查问卷数据 4"开展效度分析。

第 15 章

实证研究之中介效应和调节效应

中介变量和调节变量是两个重要的统计概念，它们都与回归分析有关。很多实证研究论文中也高频率用到中介效应和调节效应分析。本章主要学习中介效应和调节效应的统计学原理以及在 SPSS 中的实现。前面我们在第 12 章中已经针对因变量和自变量的关系进行了解释，指出作为"原因"的自变量会影响到作为"结果"的因变量，自变量与因变量之间是一种影响与被影响、解释与被解释、原因与结果的关系。但是在很多时候，经济社会现象是非常复杂的，当从原因到结果的因果关系被数据初步验证，人们会进一步关注作用机制，也就是说自变量对于因变量具体是怎么影响的？作用渠道是什么？这时候就需要用到中介效应和调节效应分析。

本章教学要点：

- 清楚知晓中介效应和调节效应的统计学原理，知晓每种方法的适用条件。
- 熟练中介效应和调节效应的 SPSS 操作，开展分析。
- 能够对中介效应和调节效应的结果进行解读，得出研究结论。

15.1 中介效应

	下载资源：可扫描旁边二维码观看或下载教学视频
	下载资源：\sample\数据 15\中介效应数据

15.1.1 统计学原理

因为现象之间的因果关系可能比较复杂，所以很多时候需要分析因果关系的作用渠道。如果认为因果关系的作用渠道包含多个逻辑环节，或者说自变量对于因变量的影响可能不是直接影响，因果链条可能是通过某个或者某些中间变量达成的，那么这种分析就被称作中介效应（Mediating Effect）分析。中介变量是介于自变量与因变量之间的，它可以部分解释自变量对因变量的间接影响，即自变量对因变量的影响可以分为直接效应和间接效应两部分。

1. 中介效应模型

设 Y 为因变量，X 为自变量，M 为中介变量，则考虑以下结构模型：

$$Y = \alpha_0 + \alpha_1 X + \varepsilon \cdots\cdots\cdots\cdots\cdots\cdots\cdots\cdots\cdots\cdots\cdots\cdots\cdots (1)$$

$$Y = \beta_0 + \beta_1 X + \beta_2 M + \varepsilon \cdots\cdots\cdots\cdots\cdots\cdots\cdots\cdots\cdots (2)$$

$$M = \gamma_0 + \gamma_1 X + \varepsilon \cdots\cdots\cdots\cdots\cdots\cdots\cdots\cdots\cdots\cdots\cdots\cdots (3)$$

公式（1）展示的是自变量 X 对因变量 Y 的因果关系；公式（3）展示的是自变量 X 对中介变量 M 的因果关系；公式（2）展示的是自变量 X 对因变量 Y 既有直接因果关系，也有通过中介变量 M 的间接因果关系。结构模型中的 α_1 即为自变量 X 对因变量 Y 的总影响，也被称为总效应；β_1 为自变量 X 对因变量 Y 的直接影响，也被称为直接效应；$\beta_2\gamma_1$ 为自变量 X 对因变量 Y 通过中介变量 M 的间接影响，也被称为间接效应、中介效应。总效应等于直接效应与中介效应之和。即：

$$\alpha_1 = \beta_1 + \beta_2\gamma_1$$

中介效应等于总效应减去直接效应：

$$\beta_2\gamma_1 = \alpha_1 - \beta_1$$

中介效应占总效应的比例为：

$$\frac{\beta_2\gamma_1}{\alpha_1}$$

2. 中介效应检验

在中介效应模型中，按照模型中的变量（包括因变量、自变量和调节变量）是否都可以直接观测，分为显变量的中介效应分析和潜变量的中介效应分析。如果模型中的变量都可以直接观测，则为显变量的中介效应分析；如果有不可以直接观测的变量，则为潜变量的中介效应分析。因为常用的研究都是显变量的中介效应分析，所以本书仅介绍显变量的中介效应分析。

1）逐步法

中介效应检验之前最流行的方法是 Baron 和 Kenny（1986）的逐步法（Causal Steps Approach）。根据逐步法要求，中介效应检验包括以下三个步骤：

（1）对公式（1）进行估计，观察系数 α_1 的统计显著性水平，需显著不为 0。

（2）对公式（3）进行估计，观察系数 γ_1 的统计显著性水平，需显著不为 0。对公式（2）进行估计，观察系数 β_2 的统计显著性水平，需显著不为 0。实际上是检验系数乘积的显著性（检验 H0: $\gamma_1\beta_2$ =0），通过依次检验系数 γ_1 和 β_2 来间接进行，所以这一步也被称为依次检验，有文献也称为联合显著性检验（Test of Joint Significance，Hayes，2009）。

（3）观察公式（2）中的 β_1，β_1 需不具有显著性水平（意味着为 0）或虽显著但其绝对值小于 α_1。如果 β_1 不具有显著性水平（意味着为 0），则说明中介变量 M 在自变量 X 对因变量 Y 的因果关系中起到了完全中介作用；如果 β_1 虽显著但其绝对值小于 α_1，则说明中介变量 M 在自变量 X 对因变量 Y 的因果关系中起到了部分中介作用。

2）新的中介效应检验流程

逐步法近年来不断受到批评和质疑。温忠麟（2014）指出，系数乘积的检验（检验 $H0$：$\gamma_1\beta_2=0$）是中介效应检验的核心。对此的检验又分为间接检验和直接检验两类。上述介绍的逐步法中的依次检验方法是一种间接检验方法，还有很多直接检验方法，包括 Sobel 检验、Bootstrap 法、MCMC 法等。主流观点为 Bootstrap 法是相对检验力更好的一种方法。逐步法中的依次检验比较不容易检验到中介效应显著。但如果研究者用依次检验已经得到显著的结果，检验力低的问题对其而言就不是问题。在此基础上提出了一个新的中介效应检验流程，指出如果系数 α_1 不显著，就说明 X 对 Y 的影响不显著，此时研究者应不再关注"X 怎么影响 Y"，而是应转向关注"X 为什么不影响 Y"，这种效应被称为"遮掩效应"，如果间接效应 $\beta_2\gamma_1$ 和直接效应 β_1 符号相反，总效应 $\beta_1 + \beta_2\gamma_1$ 就会出现被遮掩的情况，其绝对值比预料的要低。新的中介效应检验流程共分为 5 步：

$$Y = \alpha_0 + \alpha_1 X + \varepsilon \cdots\cdots\cdots\cdots\cdots\cdots\cdots\cdots\cdots\cdots\cdots（1）$$

$$Y = \beta_0 + \beta_1 X + \beta_2 M + \varepsilon \cdots\cdots\cdots\cdots\cdots\cdots\cdots\cdots（2）$$

$$M = \gamma_0 + \gamma_1 X + \varepsilon \cdots\cdots\cdots\cdots\cdots\cdots\cdots\cdots\cdots\cdots（3）$$

（1）检验公式（1）的系数 α_1，如果显著，则按中介效应立论，否则按遮掩效应立论。但无论是否显著，都进行后续检验。

（2）依次检验方程（2）的系数 β_2 和方程（3）的系数 γ_1，如果两个都显著，则中介效应显著，转到第（4）步；如果至少有一个不显著，进行第（3）步。

（3）用 Bootstrap 法直接检验 $H0$：$\beta_2\gamma_1=0$。如果显著，则中介效应显著，进行第（4）步；否则中介效应不显著，停止分析。

（4）检验公式（2）的系数 β_1，如果不显著，即直接效应不显著，则说明只有中介效应。如果显著，即直接效应显著，则进行第（5）步。

（5）比较 $\beta_2\gamma_1$ 和 α_1 的符号，如果同号，属于部分中介效应，报告中介效应占总效应的比例为 $\beta_2\gamma_1/\alpha_1$。如果异号，属于遮掩效应，报告中介效应与直接效应的比例的绝对值为 $|\beta_2\gamma_1/\beta_1|$。

3）最新权威观点

江艇（2022）指出：中介效应方法使用过度，研究者需要充分认识中介效应逐步法检验的局限性，小心从事因果识别。应停止使用中介效应的逐步法检验，更不需要估计间接效应的大小并检验其统计显著性，应把研究的重心聚焦到如何提高自变量对因变量因果关系的识别可信度；在中介变量的寻找方面，应该寻找能够对因变量产生直接而显然关系的中介变量，不应提出对因变量因果关系不明显、因果链条过长或者明显受到因变量反向影响的中介变量；如果要考察中介变量在自变量对因变量的影响中起到了多少作用，可以在因变量与自变量回归方程中加入中介变量作为控制变量，但必须先弄清楚这种考察对理解自变量对因变量的因果关系有何帮助，并审慎解释回归结果。

这一观点正在逐渐流行并且在越来越广泛的范围内得到认可，主要针对经济金融等领域，但逐步法检验、估计间接效应等做法仍在社会学、心理学、教育学、管理学等学科领域流行使用，读者需根据实际情况做出决定。

15.1.2 SPSS 操作

本小节用于分析的数据是"中介效应数据"，其中包括 X、M、Y 三个变量，分别表示自变量、中介变量和因变量。"中介效应数据"的数据视图如图 15.1 所示。

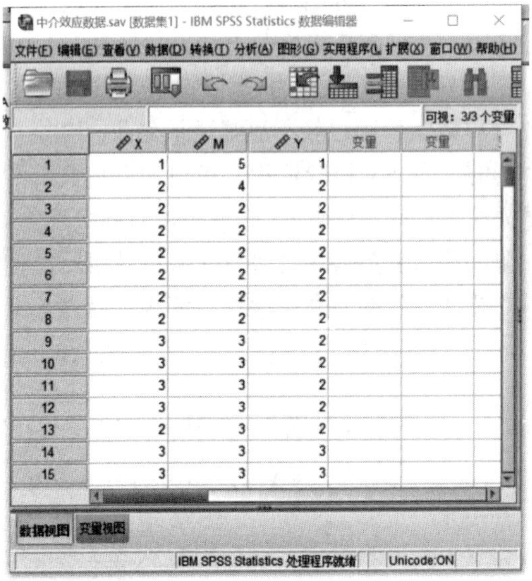

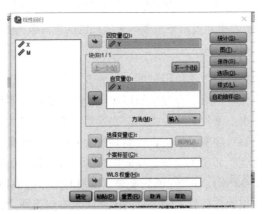

图 15.1 "中介效应数据"的数据视图

下面我们开展逐步法中介效应检验，SPSS 操作如下：

步骤01 进行公式（1）的线性回归，打开"中介效应数据"，选择"分析"→"回归"→"线性"命令，弹出如图 15.2 所示的对话框。在"线性回归"对话框左侧的列表框中选中 Y 并单击 按钮，使之进入"因变量"列表框，选中 X 并单击 按钮，使之进入"自变量"列表框。其他采用系统默认设置。

图 15.2 公式（1）"线性回归"对话框

步骤02 然后进行公式（2）线性回归，打开"中介效应数据"，选择"分析"→"回归"→"线性"命令，弹出如图 15.3 所示的对话框。在"线性回归"对话框左侧的列表框中选中 Y 并单击 按钮，使之进入"因变量"列表框，选中 X、M 并单击 按钮，使之进入"自变量"列表框。其他采用系统默认设置。

步骤 **03** 进行公式（3）的线性回归，打开"中介效应数据"，选择"分析"→"回归"→"线性"命令，弹出如图 15.4 所示的对话框。在"线性回归"对话框左侧的列表框中选中 M 并单击 ⬇ 按钮，使之进入"因变量"列表框，选中 X 并单击 ⬇ 按钮，使之进入"自变量"列表框。其他采用系统默认设置。

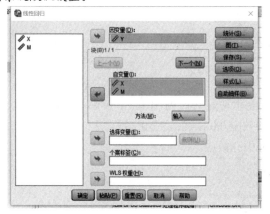

图 15.3　公式（2）"线性回归"对话框　　　　图 15.4　公式（3）"线性回归"对话框

说明：如果只需要针对公式（1）、公式（2）进行"线性回归"，即因变量均为 Y，也可在图 15.2 公式（1）"线性回归"对话框中单击"下一个"按钮，在新的页面中，在自变量列表中输入"X、M"。如果采用这种操作方式，还可单击"统计"按钮，在弹出的对话框中勾选"R 方变化量""共线性诊断"等选项，观察 R 方变化和变量之间的共线性情况，相关操作不再赘述。

15.1.3　运行结果精解与分析

1. 公式（1）线性回归结果

图 15.5 为回归系数结果，可以发现 X 的系数非常显著，为 0.565，反映的是总效应为 0.565。

系数[a]

模型		未标准化系数		标准化系数	t	显著性
		B	标准错误	Beta		
1	(常量)	1.714	.224		7.663	.000
	X	.565	.055	.588	10.237	.000

a. 因变量：Y

图 15.5　公式（1）线性回归结果

2. 公式（2）线性回归结果

图 15.6 为回归系数结果，可以发现 X 的系数非常显著，为 0.476，反映的是直接效应为 0.476，M 的系数也非常显著，为 0.252。

系数ª

模型		未标准化系数		标准化系数	t	显著性
		B	标准错误	Beta		
1	(常量)	1.106	.249		4.449	.000
	X	.476	.056	.496	8.537	.000
	M	.252	.053	.274	4.714	.000

a. 因变量：Y

图 15.6　公式（2）线性回归结果

3. 公式（3）线性回归结果

图 15.7 为回归系数结果，可以发现 X 的系数非常显著，为 0.353，反映的是间接效应为 0.252*0.353=0.089。可以验证"直接效应 0.476+间接效应 0.089=总效应 0.565"成立。中介效应对总效应的贡献率为 0.089/0.565=15.75%，产生的是部分中介效应。

系数ª

模型		未标准化系数		标准化系数	t	显著性
		B	标准错误	Beta		
1	(常量)	2.411	.283		8.535	.000
	X	.353	.070	.339	5.066	.000

a. 因变量：M

图 15.7　公式（3）线性回归结果

逐步法中的依次检验比较不容易检验到中介效应显著。但如果研究者用依次检验已经得到显著的结果，检验力低的问题对其而言就不是问题。所以，本例中可以判断中介效应显著，X 对 Y 通过 M 起到了部分中介效应。

15.2　调节效应

下载资源：可扫描旁边二维码观看或下载教学视频
下载资源：\sample\数据 15\调节效应数据、调节效应数据 1、调节效应数据 2、调节效应数据 3

15.2.1　统计学原理

因果关系的强度如果随着对象特征和现实条件的不同而产生差异，即自变量对因变量的影响可能因为某些变量的存在会放大或缩小，那么这种分析就被称作调节效应（Moderating Effect）分析。调节变量会影响模型中自变量对因变量的作用效果，自变量的作用效果会依赖调节变量的取值大小。

1. 调节效应模型

如果自变量 X 对因变量 Y 的影响是变量 Z 的函数，会随着 Z 的变化而发生变化，那么 Z 就被称为调节变量。调节变量会作用于自变量对因变量影响的方向和大小，可以是分类变量（性别、学历、户口类型等），也可以是连续变量（居民可支配收入水平、通货膨胀率、失业率等）。

最简单常用的调节模型形式为：

$$Y = \beta_0 + \beta_1 X + \beta_2 Z + \beta_3 XZ + \varepsilon \quad\cdots\cdots\cdots\cdots\cdots\cdots\cdots（4）$$

公式（4）可以进一步变换为：

$$Y = \beta_0 + (\beta_1 + \beta_3 Z)X + \beta_2 Z + \varepsilon \quad\cdots\cdots\cdots\cdots\cdots\cdots（5）$$

如果调节变量 Z 是固定的，那么公式（5）相当于 Y 对 X 的线性回归，回归系数为 $\beta_1 + \beta_3 Z$，该回归系数是 Z 的函数，β_3 衡量的是调节效应的大小。

观察公式（4），可以发现 β_3 其实代表的也是 XZ 的交互效应，所以调节效应与交互效应从统计分析的角度看是一致的。调节效应与交互效应的区别在于：交互效应中 X 与 Z 两个变量的地位既可以是对称的，也可以是不对称的，对称情形中 X、Z 都可以解释为调节变量，不对称情形中无论是 X 还是 Z，只要有一个起到调节变量的作用，交互效应就存在。但在调节效应中，X、Z 的地位是明确的，X 是自变量，Z 是调节变量，不能互换。

2. 调节效应分析

在调节效应模型中，按照模型中的变量（包括因变量、自变量和调节变量）是否都可以直接观测，分为显变量的调节效应分析和潜变量的调节效应分析。如果模型中的变量都可以直接观测，则为显变量的调节效应分析；如果有不可以直接观测的变量，则为潜变量的调节效应分析。因为大多数研究都是显变量的调节效应分析，所以本书仅介绍显变量的调节效应分析。

在进行调节效应分析时，首先需要对自变量和调节变量均进行中心化变化，具体操作方式是用每个样本观测值变量的实际值减去其平均值。

温忠麟（2005）给出了调节效应分析的具体实现方式：

（1）如果自变量 X 和调节变量 Z 都是分类变量，那么交互效应即调节效应，做两因素有交互效应的方差分析（ANOVA）即可。

（2）如果自变量 X 和调节变量 Z 都是连续变量，用带有交乘项的回归模型做层次回归分析：

- 将自变量 X 和调节变量 Z 中心化，用每个样本观测值变量的实际值减去其平均值。
- 做 $Y = \beta_0 + \beta_1 X + \beta_2 Z + \varepsilon$ 的回归分析，计算可决系数 R_1^2。
- 做 $Y = \beta_0 + \beta_1 X + \beta_2 Z + \beta_3 XZ + \varepsilon$ 的回归分析，计算可决系数 R_2^2。
- 如果 R_2^2 显著高于 R_1^2，那么调节效应显著；或者 β_3 系数显著，那么调节效应显著。

除了考虑交互效应项 XZ 外，还可以考虑高阶交互效应项，比如 XZ^2 表示非线性调节效应，ZX^2 表示曲线回归调节效应。

需要提示的是，即使自变量 X 和调节变量 Z 都进行了中心化，但交乘项不是中心化变量，所以 $Y = \beta_0 + \beta_1 X + \beta_2 Z + \beta_3 XZ + \varepsilon$ 得到的回归方程有常数项。一般情况下，可以将变量进行标准化，但第二步不能用标准化解，因为即使每个变量都是标准化的，乘积项也不是标准化变量。而针对中介效应而言，因为不涉及乘积项，所以可以使用标准化解。

（3）当调节变量 Z 是分类变量、自变量 X 是连续变量时，做分组回归分析。按调节变量 Z 的取值对样本观测值进行分组，分别做 Y 对 X 的回归。

$$Y = \beta_0 + \beta_i X + \varepsilon \text{（基于调节变量 } Z \text{ 的第 } i \text{ 类取值）}$$

如果分别计算得到的回归系数 β_i 之间的差异显著，则调节效应显著。

（4）当自变量 X 是分类变量、调节变量 Z 是连续变量时，不能做分组回归，而是将自变量重新编码成虚拟变量，用带有交乘项的回归模型做层次回归分析：

- 将自变量重新编码成虚拟变量，构建带有交乘项的回归模型。
- 做 $Y = \beta_0 + \beta_1 X + \beta_2 Z + \varepsilon$ 的回归分析，计算可决系数 R_1^2。
- 做 $Y = \beta_0 + \beta_1 X + \beta_2 Z + \beta_3 XZ + \varepsilon$ 的回归分析，计算可决系数 R_2^2。
- 如果 R_2^2 显著高于 R_1^2，那么调节效应显著；或者 β_3 系数显著，那么调节效应显著。

需要特别强调的是，除非有足够的证据证明自变量 X 和调节变量 Z 是不相关的，否则调节效应模型不能看标准化解，只应该看原始解。

3. 简单斜率检验

在确定调节效应显著之后，我们可以进行简单斜率检验。将回归方程 $Y = \beta_0 + \beta_1 X + \beta_2 Z + \beta_3 XZ + \varepsilon$ 进行整理得到：

$$Y = (\beta_0 + \beta_2 Z) + (\beta_1 + \beta_3 Z)X + \varepsilon$$

对简单斜率进行检验，即检验以下的原假设是否成立：

$$H_0 : \beta_1 + \beta_3 Z = 0$$

常用的检验方法包括选点法及 Johnson-Neyman 法。选点法绘制简单斜率图的操作方式就是先选择调节变量 Z 的几个取值点，再通过计算 t 统计量检验简单斜率是否显著。常用的点为调节变量 Z 的均值减去一个标准差、Z 的均值、Z 的均值加上一个标准差。此时，就是计算当 Z 取前述 3 个固定的数值时，X 对 Y 的影响，检验 X 的系数是否不为 0，不为 0 则代表在该取值的 Z 变量影响下，X 对 Y 的影响显著。Johnson-Neyman 法主要用于得出简单斜率显著不为 0 的调节变量 Z 的取值区间，也可绘制简单斜率图。具体操作可参见 15.5 节中的相关介绍。

4. 调节效应解读

观察 $Y = \beta_0 + \beta_1 X + \beta_2 Z + \beta_3 XZ + \varepsilon$，其中的 β_1 为主效应，β_3 为调节效应。

$$Y = (\beta_0 + \beta_2 Z) + (\beta_1 + \beta_3 Z)X + \varepsilon$$

1）主效应为正，调节效应也为正

如果 β_1 为正，说明自变量 X 对于因变量 Y 的主效应是正向影响，此时如果 β_3 也为正，则说明调节变量 Z 起到的是强化调节作用，进一步放大了 X 对 Y 的正向影响（考虑 $(\beta_1 + \beta_3 Z)$，当 β_1、β_3 均为正时，Z 越大，$(\beta_1 + \beta_3 Z)$ 就越大）。

2）主效应为正，调节效应为负

如果 β_1 为正，同时 β_3 为负，则说明调节变量 Z 起到的是削弱调节作用，在一定程度上削弱了 X 对 Y 的正向影响（考虑 $(\beta_1 + \beta_3 Z)$，当 β_1 为正、β_3 为负时，Z 越大，$(\beta_1 + \beta_3 Z)$ 就越小）。

我们再考虑一种特殊情况，β_1 为正、β_3 为负，同时 β_2 为正，则说明自变量 X 和调节变量 Z 在影响因变量 Y 时存在替代关系，这是因为整体上主效应为正，调节效应为负时，调节变量 Z 起到的是削弱调节作用。假定 X 取值不变，当调节变量 Z 取值较小时，正向的主效应 β_1 较为明显，但随着调节变量 Z 取值逐渐增大，调节效应对于主效应的削弱作用 $\beta_3 Z$ 越来越明显，同时调节变量自身的影响 $\beta_2 Z$ 越来越大，从而使得调节变量对于自变量出现了替代。

3）主效应为负，调节效应也为负

如果 β_1 为负，说明自变量 X 对于因变量 Y 的主效应是负向影响，此时如果 β_3 也为负，则说明调节变量 Z 起到的是强化调节作用，进一步放大了 X 对 Y 的负向影响（考虑 $(\beta_1 + \beta_3 Z)$，当 β_1、β_3 均为负时，Z 越大，$(\beta_1 + \beta_3 Z)$ 就越负的越大）。

4）主效应为负，调节效应为正

如果 β_1 为负，同时 β_3 为正，则说明调节变量 Z 起到的是削弱调节作用，在一定程度上削弱了 X 对 Y 的负向影响（考虑 $(\beta_1 + \beta_3 Z)$，当 β_1 为负、β_3 为正时，Z 越大，$(\beta_1 + \beta_3 Z)$ 就越负得越小）。

我们再考虑一种特殊情况，β_1 为负、β_3 为正，同时 β_2 为负，则说明自变量 X 和调节变量 Z 在影响因变量 Y 时存在替代关系，这是因为整体上主效应为负，调节效应为正时，调节变量 Z 起到的是削弱调节作用。假定 X 取值不变，当调节变量 Z 取值较小时，负向的主效应 β_1 较为明显，但随着调节变量 Z 取值逐渐增大，调节效应对于主效应的削弱作用 $\beta_3 Z$ 越来越明显，同时调节变量自身的影响 $\beta_2 Z$ 负得越来越大，从而使得调节变量对于自变量出现了替代。

关于中介效应和调节效应的深层次知识，推荐深度研读以下 6 篇文献：

[1]方杰，温忠麟，欧阳劲樱，蔡保贞. 国内调节效应的方法学研究[J]. 心理科学进展，2022，30(08):1703-1714.

[2]温忠麟，方杰，谢晋艳，欧阳劲樱. 国内中介效应的方法学研究[J]. 心理科学进展，2022，30(08):1692-1702.

[3]江艇. 因果推断经验研究中的中介效应与调节效应[J]. 中国工业经济，2022，(05):100-120.

[4]方杰，温忠麟，梁东梅，李霓霓. 基于多元回归的调节效应分析[J]. 心理科学，2015，38(03):715-720.

[5]温忠麟，叶宝娟. 中介效应分析:方法和模型发展[J]. 心理科学进展，2014，22(05):731-745.

[6]温忠麟，侯杰泰，张雷. 调节效应与中介效应的比较和应用[J]. 心理学报，2005，(02):268-274.

15.2.2　自变量和调节变量都为连续变量的 SPSS 操作

本小节用于分析的数据是"调节效应数据"，其中包括 X、Z、Y 三个变量，分别表示自变量、调节变量和因变量，均为连续变量。"调节效应数据"的数据视图如图 15.8 所示。

图 15.8   "调节效应数据"的数据视图

下面开展调节效应检验，SPSS 操作如下：

步骤 01 首先对自变量和调节变量进行中心化处理，并生成自变量和调节变量的交乘项。首先计算自变量和调节变量的均值。选择"分析"→"比较平均值"→"平均值"命令，弹出如图 15.9 所示的"平均值"对话框。从源变量列表中把 X、Z 选入"因变量列表"，然后单击"确定"按钮即可。运行结果如图 15.10 所示，可以发现变量 X、Z 的平均值分别为 3.93 和 3.80。

报告

	X	Z
平均值	3.93	3.80
个案数	200	200
标准 偏差	.985	1.027

图 15.9   "平均值"对话框   图 15.10   "平均值"结果

然后对自变量和调节变量进行中心化。选择"转换"→"计算变量"命令，弹出如图 15.11 所示的"计算变量"对话框。在"目标变量"文本框中输入"cenX"，在数字表达式中输入"X-3.93"，然后单击"确定"按钮即可完成 X 的中心化，生成的 cenX 即为变量 X 的中心化变量。按照同样的操作步骤，在"目标变量"文本框中输入"cenZ"，在数字表达式中输入"Z-3.80"，然后单击"确定"即可完成 Z 的中心化，生成的 cenZ 即为变量 Z 的中心化变量。

再后计算中心化后自变量和调节变量的交乘项。在"计算变量"对话框中，在"目标变量"文本框中输入"ZX"，在数字表达式中输入"cenZ * cenX"，然后单击"确定"按钮即可完成交乘项的计算与生成。处理完成后的数据集如图 15.12 所示。

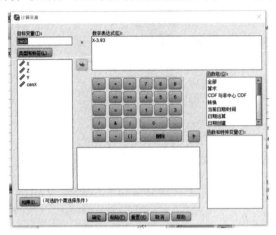 

图 15.11　"计算变量"对话框　　　　　图 15.12　处理完成后的数据集

步骤 **02** 估计 $Y = \beta_0 + \beta_1 X + \beta_2 Z + \varepsilon$ ，打开"调节效应数据"，选择"分析"→"回归"→"线性"命令，弹出如图 15.13 所示的对话框。在"线性回归"对话框左侧的列表框中选中 Y 并单击 按钮，使之进入"因变量"列表框，选中 cenX、cenZ 并单击 按钮，使之进入"自变量"列表框。其他采用系统默认设置。

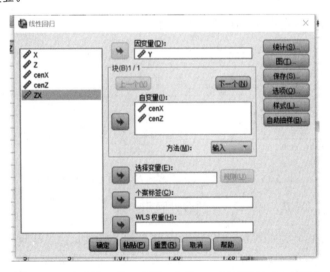

图 15.13　公式 $Y = \beta_0 + \beta_1 X + \beta_2 Z + \varepsilon$ "线性回归"对话框

步骤 **03** 估计 $Y = \beta_0 + \beta_1 X + \beta_2 Z + \beta_3 XZ + \varepsilon$ ，打开"调节效应数据"，选择"分析"→"回归"→"线性"命令，弹出如图 15.14 所示的对话框。在"线性回归"对话框左侧的列表框中选中 Y 并单击 按钮，使之进入"因变量"列表框，选中 cenX、cenZ、XZ 并单击 按钮，使之进入"自变量"列表框。其他采用系统默认设置。

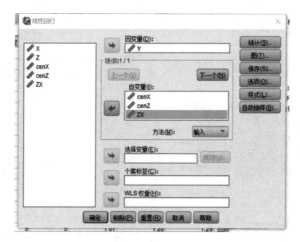

图 15.14　公式 $Y = \beta_0 + \beta_1 X + \beta_2 Z + \beta_3 XZ + \varepsilon$ "线性回归" 对话框

说明：也可在图 15.13　公式 $Y = \beta_0 + \beta_1 X + \beta_2 Z + \varepsilon$ "线性回归" 对话框中单击 "下一个" 按钮，在新的页面，在自变量列表中输入 "cenX、cenZ、XZ"。如果采用这种操作方式，还可单击 "统计" 按钮，在弹出的对话框中勾选 "R 方变化量" "共线性诊断" 等选项，观察 R 方变化和变量之间的共线性情况，相关操作不再赘述。

运行结果如下：

1. 公式 $Y = \beta_0 + \beta_1 X + \beta_2 Z + \varepsilon$ 的线性回归结果

图 15.15 为回归结果，可以发现 cenX、cenZ 的系数均为正值且都非常显著，模型的 R 方为 0.857。

模型摘要

模型	R	R 方	调整后 R 方	标准估算的错误
1	.926ᵃ	.857	.855	.535

a. 预测变量: (常量), cenZ, cenX

系数ᵃ

模型		未标准化系数 B	未标准化系数 标准错误	标准化系数 Beta	t	显著性
1	(常量)	3.205	.038		84.667	.000
	cenX	.800	.041	.559	19.532	.000
	cenZ	.784	.039	.572	19.968	.000

a. 因变量: Y

图 15.15　公式 $Y = \beta_0 + \beta_1 X + \beta_2 Z + \varepsilon$ 线性回归结果

2. 公式 $Y = \beta_0 + \beta_1 X + \beta_2 Z + \beta_3 XZ + \varepsilon$ 的线性回归结果

图 15.16 为回归结果，可以发现 cenX、cenZ、ZX 的系数均为正值且都非常显著，模型的 R 方为 0.862，较上一个回归模型的 R 方有所上升。综上所述，可以充分说明调节效应存在，即自变量 X 对因变量 Y 是正向影响，并且由于调节变量 Z 的调节效应，显著放大了这种影响。

模型摘要

模型	R	R 方	调整后 R 方	标准估算的错误
1	.928ᵃ	.862	.860	.528

a. 预测变量: (常量), ZX, cenZ, cenX

系数ᵃ

模型		未标准化系数 B	未标准化系数 标准错误	标准化系数 Beta	t	显著性
1	(常量)	3.175	.039		81.312	.000
	cenX	.808	.040	.565	19.963	.000
	cenZ	.790	.039	.576	20.380	.000
	ZX	.088	.034	.070	2.613	.010

a. 因变量: Y

图 15.16　公式 $Y = \beta_0 + \beta_1 X + \beta_2 Z + \beta_3 XZ + \varepsilon$ 线性回归结果

15.2.3　自变量和调节变量都为分类变量的 SPSS 操作

本小节用于分析的数据是"调节效应数据 1"，其中包括 X、Z、Y 三个变量，分别表示自变量、调节变量和因变量。"调节效应数据 1"的数据视图如图 15.17 所示。

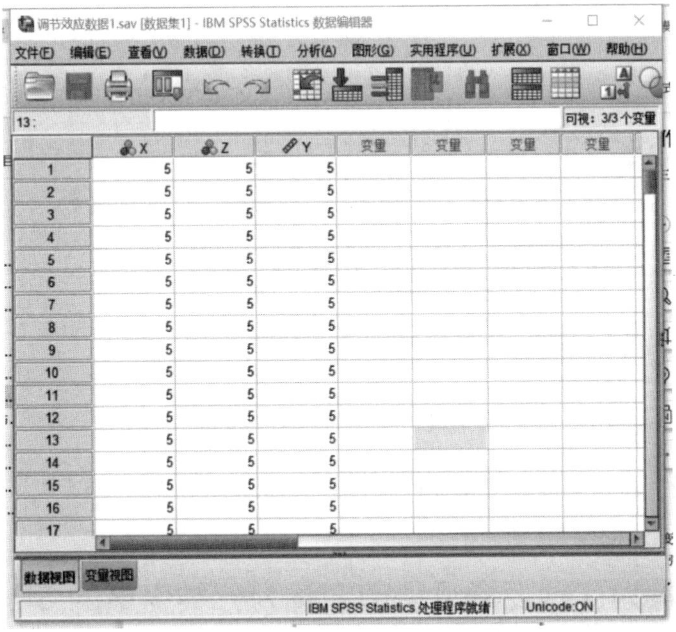

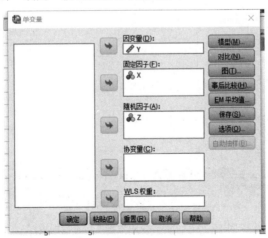

图 15.17　"调节效应数据 1"的数据视图

下面我们开展调节效应检验，SPSS 操作如下：

选择"分析"→"一般线性模型"→"单变量"命令，弹出"单变量"对话框。在左侧变量框中选择 Y 变量，单击 按钮，选入右侧的"因变量"框；选择 X 变量，单击 按钮，选入右侧的"固定因子"框；选择 Z 变量，单击 按钮，选入右侧的"随机因子"框，如图 15.18 所示。其他均采用系统默认设置，单击"确定"按钮查看分析结果。

图 15.18　"单变量"对话框

运行结果如图 15.19 所示。

主体间效应检验

因变量：Y

源		III 类平方和	自由度	均方	F	显著性
截距	假设	169.286	1	169.286	17.519	.024
	误差	29.710	3.075	9.663ᵃ		
X	假设	81.478	4	20.370	14.724	.000
	误差	14.038	10.147	1.383ᵇ		
Z	假设	59.563	3	19.854	15.574	.000
	误差	13.265	10.405	1.275ᶜ		
X * Z	假设	21.501	9	2.389	13.470	.000
	误差	32.456	183	.177ᵈ		

a. .481 MS(Z) + .012 MS(X * Z) + .508 MS(错误)

b. .545 MS(X * Z) + .455 MS(错误)

c. .496 MS(X * Z) + .504 MS(错误)

d. MS(错误)

图 15.19　主体间效应检验

可以发现 X、Z 以及 XZ 的效应的显著性水平都非常高，调节效应 XZ 的显著性 P 值为 0，调节效应存在。

15.2.4　自变量为连续变量且调节变量为分类变量的 SPSS 操作

本小节用于分析的数据是"调节效应数据 2"，其中包括 X、Z、Y 三个变量，分别表示自变量、调节变量、因变量。其中 X、Y 均为连续变量，Z 为分类变量（分取值为 1 和 2 共两类）。"调节效应数据 2"的数据视图如图 15.20 所示。

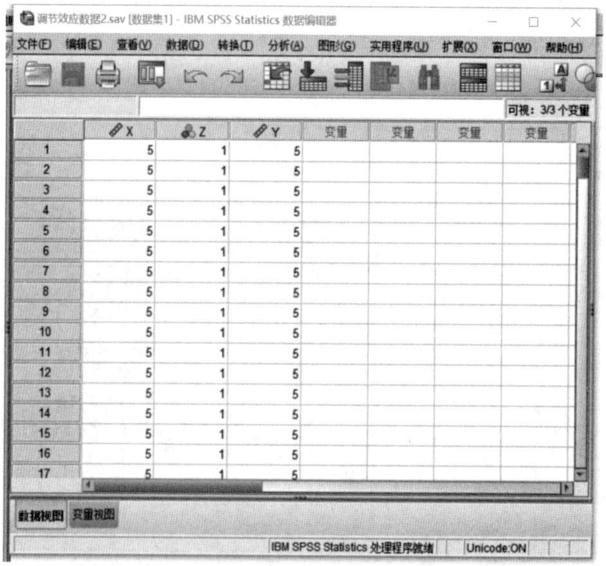

图 15.20　"调节效应数据 2"的数据视图

下面我们开展调节效应检验，SPSS 操作如下：

步骤01 进行 "Z=1" 时的线性回归，选择 "分析"→"回归"→"线性"命令，弹出如图 15.21 所示的对话框。在 "线性回归" 对话框左侧的列表框中选中 Y 并单击 ➡ 按钮，使之进入 "因变量" 列表框；选中 X 并单击 ➡ 按钮，使之进入 "自变量" 列表框；选中 Z 并单击 ➡ 按钮，使之进入 "选择变量" 列表框，单击 "规则" 按钮，在弹出的 "线性回归：设置规则" 对话框中定义选择规则为 Z 的值等于 1。其他采用系统默认设置，单击 "确定" 按钮，即可得到 Z=1 时的线性回归结果。

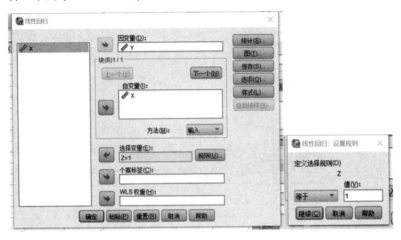

图 15.21　"Z=1" 时的线性回归

步骤02 进行 "Z=2" 时的线性回归，操作方法同上，只是在弹出的 "线性回归：设置规则" 对话框中定义选择规则为 Z 的值等于 2。其他采用系统默认设置，单击 "确定" 按钮，即可得到 Z=2 时的线性回归结果。

针对运行结果精解与分析如下：

"Z=1" 和 "Z=2" 时的线性回归结果分别如图 15.22 和图 15.23 所示。

系数 a,b

模型		未标准化系数		标准化系数	t	显著性
		B	标准错误	Beta		
1	(常量)	.808	.455		1.775	.079
	X	.783	.098	.655	7.990	.000

a. 因变量：Y
b. 仅选择 Z = 1 的个案

系数 a,b

模型		未标准化系数		标准化系数	t	显著性
		B	标准错误	Beta		
1	(常量)	.137	.331		.414	.680
	X	.626	.094	.534	6.663	.000

a. 因变量：Y
b. 仅选择 Z = 2 的个案

图 15.22　"Z=1" 时的线性回归结果　　　　　图 15.23　"Z=2" 时的线性回归结果

可以发现，"Z=1" 和 "Z=2" 时的线性回归结果中 X 的显著性 P 值均为 0.000，均非常显著，从回归系数来看，"Z=1" 时的线性回归结果中 X 的系数为 0.783，"Z=2" 时线性回归结果中 X 的系数为 0.626，差异比较明显，所以可以认定调节效应存在。

15.2.5　自变量为分类变量且调节变量为连续变量的 SPSS 操作

本小节用于分析的数据是 "调节效应数据 3"，其中包括 X、Z、Y 三个变量，分别表示自变量、调节变量和因变量。其中 Z、Y 均为连续变量，X 为分类变量（分取值为 1 和 2 共两类）。"调节效应数据 3" 的数据视图如图 15.24 所示。

图 15.24　"调节效应数据 3"的数据视图

下面我们开展调节效应检验，SPSS 操作如下：

步骤 01 对自变量 X 生成虚拟变量，选择"转换"→"创建虚变量"命令，打开"创建虚变量"对话框，将 X 从"变量"列表中选入"针对下列变量创建虚变量"列表中，然后在下方的"主效应虚变量"下勾选"创建主效应虚变量"复选框并在"根名称（每个选定变量各一个）"中填写 X，单击"确定"按钮即可得到 X_1 和 X_2 两个虚拟变量。然后采用计算变量的方法生成 X_1、X_2 和调节变量 Z 的交乘项，相关操作不再赘述。操作完毕后得到的数据文件如图 15.25 所示。

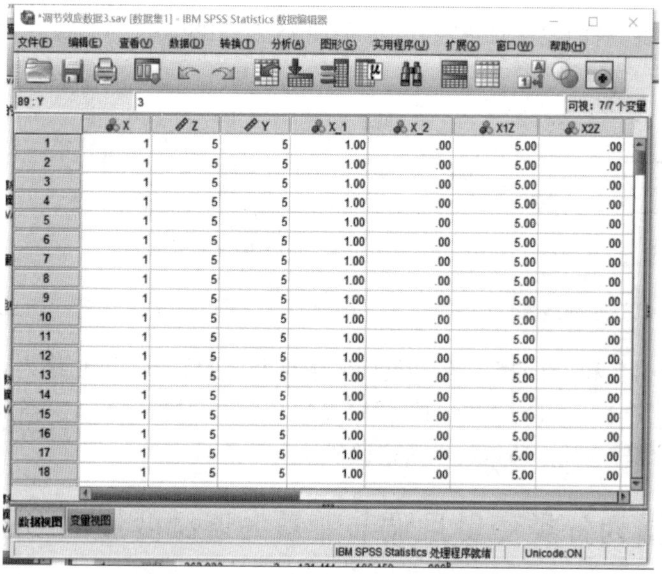

图 15.25　处理完毕后的"调节效应数据 3"

步骤 02 估计 $Y = \beta_0 + \beta_1 X\_1 + \beta_2 Z + \varepsilon$，打开"调节效应数据"，选择"分析"→"回归"→"线

性"命令，弹出如图 15.26 所示的对话框。在"线性回归"对话框左侧的列表框中选中 Y 并单击![arrow]按钮，使之进入"因变量"列表框，选中 $X=1.0[X\_1]$、Z 并单击![arrow]按钮，使之进入"自变量"列表框。其他采用系统默认设置。

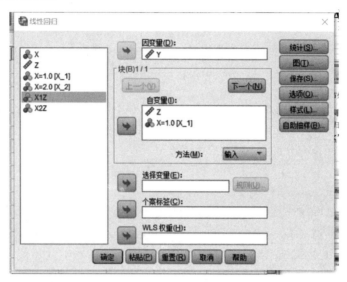

图 15.26 公式 $Y = \beta_0 + \beta_1 X\_1 + \beta_2 Z + \varepsilon$ "线性回归"对话框

步骤 03 然后估计 $Y = \beta_0 + \beta_1 X\_1 + \beta_2 Z + \beta_3 X\_1Z + \varepsilon$，打开"中介效应数据"，选择"分析"→"回归"→"线性"命令，弹出如图 15.27 所示的对话框。在"线性回归"对话框左侧的列表框中选中"Y"并单击![arrow]按钮，使之进入"因变量"列表框，选中 Z、$X=1.0[X\_1]$、$X1Z$ 并单击![arrow]按钮，使之进入"自变量"列表框。其他采用系统默认设置。

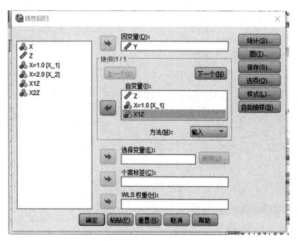

图 15.27 公式 $Y = \beta_0 + \beta_1 X\_1 + \beta_2 Z + \beta_3 X\_1Z + \varepsilon$ "线性回归"对话框

运行结果如下：

1. 公式 $Y = \beta_0 + \beta_1 X + \beta_2 Z + \varepsilon$ 的线性回归结果

图 15.28 为回归结果，可以发现 $X=1.0$、Z 的系数均为正值且都非常显著，模型的 R 方为 0.666。

图 15.28　公式 $Y = \beta_0 + \beta_1 X + \beta_2 Z + \varepsilon$ 的线性回归结果

2. 公式 $Y = \beta_0 + \beta_1 X + \beta_2 Z + \beta_3 XZ + \varepsilon$ 的线性回归结果

图 15.29 为回归结果，可以发现 $X=1.0$、$X1Z$ 的系数都不显著，说明两者之间可能存在较大的多重共线性，交乘项对于模型的贡献不够显著；此外模型的 R 方为 0.667，较上一个回归模型的 R 方基本没有变化。综上可以充分说明调节效应不够显著。

图 15.29　公式 $Y = \beta_0 + \beta_1 X + \beta_2 Z + \beta_3 XZ + \varepsilon$ 的线性回归结果

15.3　PROCESS 插件的安装与使用

 下载资源：可扫描旁边二维码观看或下载教学视频

15.3.1　PROCESS 插件介绍

Andrew F. Hayes 基于 SPSS 和 SAS 的中介和调节效应分析程序，开发了用于进行中介和调节效应分析的插件 Process。Process 具有以下几个方面的优点：

（1）在中介效应计算方面，可以一步到位实现。前面我们介绍的使用 SPSS 基于逐步法检验中介效应时进行了三次回归分析，而 Hayes 的 Process 插件直接将这些步骤的运行结果一起给出。除此之外，Process 插件提供的分析结果相对更加全面，除常规回归分析的结果外，还提供直接效应和间接效应的估计值以及 Bootstrap 置信区间等。还可以实现 Bootstrap 检验自动处理，传统中介效应分析中，中介效应的 Bootstrap 检验需要手工计算或设置。而在 Process 中，可以直接自动化完成。

（2）在调节效应方面，能够实现数据处理自动化。前面我们提到，使用 SPSS 进行调节效应分析时，应该首先对自变量和调节变量进行中心化处理并构建交互项，而在 Process 中，这些步骤可以自动完成，只需要勾选相应选项即可。还可以输出 Johnson-Neyman 结果图。

（3）Process 可以执行更多复杂模型的分析，包括不限于有中介的调节模型、有调节的中介模型、带有控制变量的中介或调节模型、多重中介模型等。

15.3.2　PROCESS 插件的安装

本小节以安装 Hayes 开发的 Process 3.5 版本为例，讲解 Process 插件的安装步骤，如下所示：

步骤01 在 SPSS 的菜单栏选择"扩展"→"实用程序"→"安装定制对话框（兼容性方式）"命令，如图 15.30 所示。

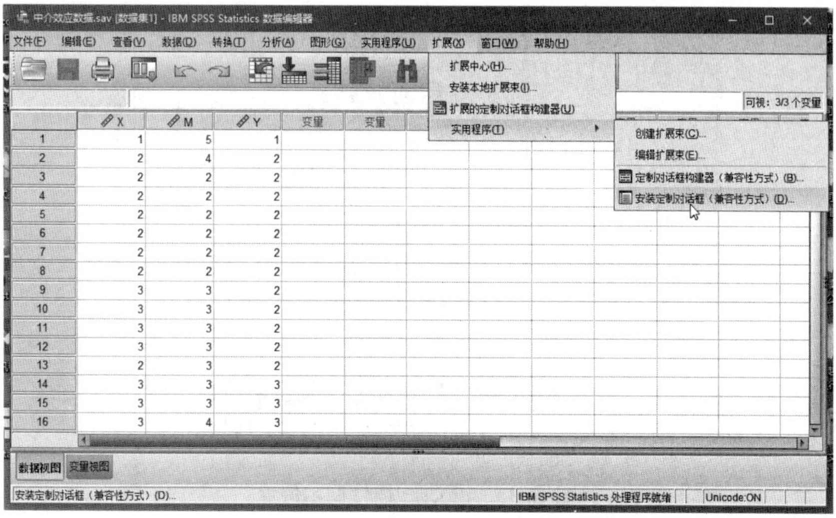

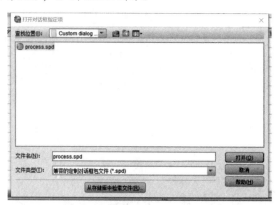

图 15.30　安装定制对话框（兼容性方式）

步骤02 弹出如图 15.31 所示的"打开对话框指定项"对话框，用户需要根据自己计算机上的实际文件路径情况找到 process.spd 所在的文件位置，然后选择 process.spd 并单击"打开"按钮，即可完成安装，安装完成后会有提示，如图 15.32 所示。

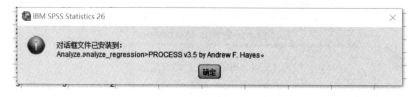

图 15.31　"打开对话框指定项"对话框

图 15.32　安装完毕提示

步骤03 在 SPSS 的菜单栏选择"分析"→"回归"→PROCESS V3.5 by Andrew F.Hayes 命令，如图 15.33 所示，即可调用已安装的 Process 插件。

图 15.33　Process 插件调用位置

15.3.3　PROCESS 插件窗口介绍

选择"分析"→"回归"→PROCESS V3.5 by Andrew F.Hayes 命令，即可弹出如图 15.34 所示的 PROCESS_v3.5 对话框。

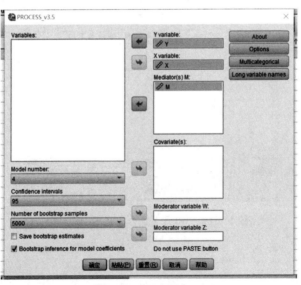

图 15.34　PROCESS_v3.5 对话框

● 左侧的 Variables 为源变量列表。

- 中间的 Y variable 用于设置因变量；X variable 用于设置自变量；Mediator(s) M 用于设置中介变量，可以为一个或多个，也可以不设置；Covariate(s)用于设置控制变量，可以为一个或多个，也可以不设置；Moderator variable W 和 Moderator variable Z 都是用于设置调节变量。

- 左下方的 Model number 用于设置模型代码。PROCESS_v3.5 提供了 92 个模型图，用户可以根据自己的研究需要，合理选择相应的模型图。选择后，模型的基本形式也就设定了。

对话框深度解读

常用的 Model number 模型代码与模型图对应情况（在 PROCESS_v3.5 中，X 指自变量，Y 指因变量，M 指中介变量，W、Z 均指调节变量）：

Model number 1：简单调节效应。

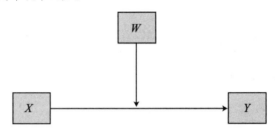

Model number 2：两个调节变量的调节效应。

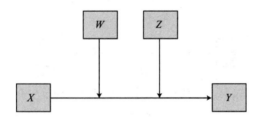

Model number 4：简单中介效应。

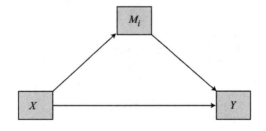

Model number 5：有调节的中介效应（一个调节变量，调节自变量对因变量的影响）。

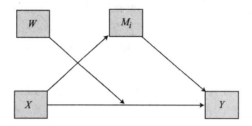

Model number 7: 有调节的中介效应（一个调节变量，调节自变量对中介变量的影响）。

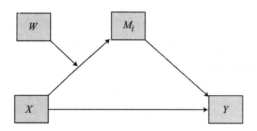

Model number 14: 有调节的中介效应（一个调节变量，调节中介变量对因变量的影响）。

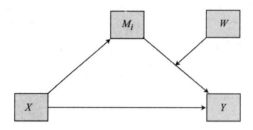

Model number 16: 有调节的中介效应（2个调节变量，调节中介变量对因变量的影响）。

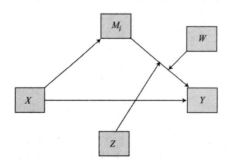

- 左下方的 Confidence intervals 用于设置置信区间水平，可选项包括 90%、95%和 99%，默认为 95%。
- 左下方的 Number of bootstrap samples 用于设置 Bootstrap 样本数，可选项包括 0、1000、2000、5000、10000、20000、50000，默认为 5000。

在 PROCESS_v3.5 对话框中单击 Options 按钮，弹出如图 15.35 所示的 PROCESS options 对话框。

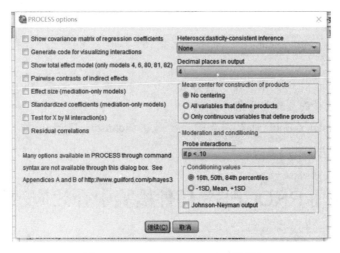

图 15.35　PROCESS options 对话框

- PROCESS options 对话框中左侧各选项及含义如表 15.1 所示。

表15.1　PROCESS options对话框中左侧各选项及含义

选　项	含　义
Show covariance matrix of regression coefficients	输出回归系数的协方差矩阵
Generate code for visualizing interactions	生成可视化交互的代码
Show total effect model (only models 4, 6, 80, 81, 82)	输出总效应模型（仅 Model number 模型代码为 4、6、80、81、82 时适用）
Pairwise contrasts of indirect effects	进行中介效应的两两对比
Effect size (mediation-only models)	输出效应量（仅针对中介模型）
Standardized coefficients (mediation-only models)	输出标准化系数（仅针对中介模型）
Test for X by M interaction(s)	检验自变量 X 与中介变量 M 的交互作用
Residual correlations	输出残差相关系数

- PROCESS options 对话框中右侧的 Heteroscedasticity-consistent inference 用于设置是否使用稳健标准差进行估计以及具体阶数，以消除异方差因素带来的影响，具体选项说明如下。
  - ➢ None: 不使用稳健标准差进行估计。
  - ➢ HC0: 使用 0 阶稳健标准差进行估计，以消除异方差因素带来的影响。
  - ➢ HC1: 使用 1 阶稳健标准差进行估计，以消除异方差因素带来的影响。
  - ➢ HC2: 使用 2 阶稳健标准差进行估计，以消除异方差因素带来的影响。
  - ➢ HC3: 使用 3 阶稳健标准差进行估计，以消除异方差因素带来的影响。
  - ➢ HC4: 使用 4 阶稳健标准差进行估计，以消除异方差因素带来的影响。
- Decimal places in output 用于设置输出的小数位数，默认为 4。
- Mean center for construction of products 用于设置变量是否需要中心化，具体选项说明如下。
  - ➢ No centering: 所有变量均不进行中心化。
  - ➢ All variables that define products: 所有变量均进行中心化。
  - ➢ Only continuous variables that define products: 只有连续型变量进行中心化。
- Conditioning values 常用于调节效应绘制简单斜率图时选择的调节变量的取值点。具体选项说明如下。

> 16th, 50th, 84th percentiles: 取调节变量 16%、50%、84%三个百分位数处的点作为取值点。

> -1SD,Mean,+1SD: 取调节变量均值减去一个标准差、均值、均值加上一个标准差三个百分位数处的点作为取值点。

● Johnson-Neyman output 针对调节效应检验的 Johnson-Neyman 法，用于设置是否输出 Johnson-Neyman 图。

15.4 使用 PROCESS 插件检验中介效应示例

下载资源：可扫描旁边二维码观看或下载教学视频	
下载资源：\sample\数据 15\中介效应数据	

本节用于分析的数据是前面介绍过的"中介效应数据"，下面我们使用 Process 插件检验中介效应，SPSS 操作如下：

01 在 SPSS 的菜单栏，选择"分析"→"回归"→PROCESS V3.5 by Andrew F.Hayes 命令，即可弹出如图 15.36 所示的 PROCESS_v3.5"对话框。在源变量中把 Y 选入 Y variable，把 X 选入 X variable，把 M 选入 Mediator(s) M。在左下方的 Model number 中选择 4，勾选对话框左下角 的 Bootstrap inference for model coefficients 复选框。

步骤02 在 PROCESS_v3.5 对话框中单击 Options 按钮，弹出如图 15.37 所示的 PROCESS options 对话框。在左侧的复选框中勾选 Show total effect model (only models 4, 6, 80, 81, 82)和 Effect size (mediation-only models)两个复选框，其他采用系统默认设置。单击"继续"按钮返回主对话框后，再单击"确定"按钮得到分析结果。

图 15.36 PROCESS_v3.5 对话框

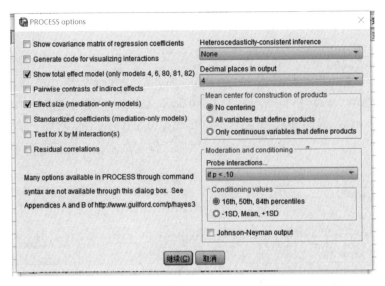

图 15.37　PROCESS options 对话框

分析结果如下。

1. 程序运行情况

程序运行情况如图 15.38 所示，可以发现模型采取的是 4 号模型图，其中的因变量为 Y，自变量为 X，中介变量为 M，参与分析的样本观测值共有 200 个。

2. M 对 X 的回归情况

M 对 X 的回归情况如图 15.39 所示，Model Summary 概述了模型的整体情况，R 为 0.3387，R-sq 为 0.1147，F 值为 25.6653，整体显著性 P 值为 0.0000。Model 概述的是模型中的变量情况，模型中包括常数项（constant）和自变量 X，自变量 X 的系数值为 0.3533，显著性 P 值为 0.0000。

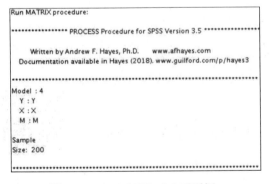

图 15.38　PROCESS_v3.5 对话框

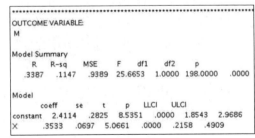

图 15.39　M 对 X 的回归情况

3. Y 对 X、M 的回归情况

Y 对 X、M 的回归情况如图 15.40 所示，Model Summary 概述了模型的整体情况，R 为 0.6422，R-sq 为 0.4124，F 值为 69.1201，整体显著性 P 值为 0.0000。Model 概述的是模型中的变量情况，模型中包括常数项（constant）和自变量 X、中介变量 M，自变量 X 的系数值为 0.4761，显著性 P 值为

0.0000，中介变量 M 的系数值为 0.2520，显著性 P 值为 0.0000。

4. Y 对 X 的回归情况

Y 对 X 的回归情况如图 15.41 所示，Model Summary 概述了模型的整体情况，R 为 0.5883，R-sq 为 0.3461，F 值为 104.7868，整体显著性 P 值为 0.0000。Model 概述的是模型中的变量情况，模型中包括常数项（constant）和自变量 X，自变量 X 的系数值为 0.5652，显著性 P 值为 0.0000。

```
OUTCOME VARIABLE:
Y

Model Summary
      R    R-sq   MSE     F      df1     df2     p
    .6422  .4124  .5314  69.1201  2.0000  197.0000  .0000

Model
          coeff    se      t       p     LLCI    ULCI
constant  1.1061  .2486  4.4493  .0000  .6158   1.5964
X         .4761   .0558  8.5375  .0000  .3661   .5861
M         .2520   .0535  4.7140  .0000  .1466   .3575
```

图 15.40　Y 对 X、M 的回归情况

```
OUTCOME VARIABLE:
Y

Model Summary
      R    R-sq   MSE      F       df1     df2      p
    .5883  .3461  .5884  104.7868  1.0000  198.0000  .0000

Model
          coeff    se       t       p     LLCI    ULCI
constant  1.7139  .2237   7.6629  .0000  1.2728  2.1549
X         .5652   .0552  10.2365  .0000  .4563   .6741
```

图 15.41　Y 对 X 的回归情况

5. 总效应、直接效应与中介效应分析

总效应、直接效应与中介效应分析如图 15.42 所示。

总效应（Total effect of X on Y）为 0.5652，显著性 P 值为 0.0000，非常显著。

直接效应（Direct effect of X on Y）为 0.4761，显著性 P 值为 0.0000，非常显著。

中介效应（Indirect effect(s) of X on Y）为 0.0891，注意用 Bootstrap 方法做中介效应的检验，不是通过显著性 P 值来判断的，而是根据[BootLLCI, BootULCI]这一区间是否包含 0 来判断的，不包含 0 则中介效应显著，包含 0 则不显著。在本例中，据 [BootLLCI, BootULCI]这一区间为[0.0363, 0.1589]，不包括 0，所以显著。中介效应对总效应的贡献率为 0.0891/0.5652=15.76%，产生的是部分中介效应。

```
*********** TOTAL, DIRECT, AND INDIRECT EFFECTS OF X ON Y ***********
Total effect of X on Y
  Effect    se       t       p     LLCI    ULCI    c_ps    c_cs
  .5652   .0552  10.2365  .0000  .4563   .6741   .5973   .5883
Direct effect of X on Y
  Effect    se      t       p     LLCI    ULCI    c'_ps   c'_cs
  .4761   .0558  8.5375  .0000  .3661   .5861   .5032   .4956
Indirect effect(s) of X on Y:
     Effect  BootSE  BootLLCI  BootULCI
M    .0891   .0312   .0363     .1589
Partially standardized indirect effect(s) of X on Y:
     Effect  BootSE  BootLLCI  BootULCI
M    .0941   .0332   .0384     .1673
Completely standardized indirect effect(s) of X on Y:
     Effect  BootSE  BootLLCI  BootULCI
M    .0927   .0320   .0384     .1625
```

图 15.42　总效应、直接效应与中介效应分析

15.5　使用 PROCESS 插件检验调节效应示例

	下载资源：可扫描旁边二维码观看或下载教学视频
	下载资源：\sample\数据 15\PROCESS 调节效应数据

本节用于分析的数据是"PROCESS 调节效应数据"，我们研究的是成就动机对员工主动工作行为的影响：以组织支持和组织公平为调节。因变量 Y 为员工主动工作行为，自变量 X 为成就动机，调节变量 Z1 为组织支持，调节变量 Z2 为组织公平，下面我们使用 Process 插件检验 Z2 组织公平的调节效应，SPSS 操作如下：

步骤 **01** 在 SPSS 的菜单栏，选择"分析"→"回归→PROCESS V3.5 by Andrew F.Hayes 命令，即可弹出如图 15.43 所示的 PROCESS_v3.5 对话框。在源变量中把 Y 选入 Y variable，把 X 选入 X variable，把 $Z2$ 选入 Moderator variable W。在左下方的 Model number 中选择 1。

步骤 **02** 在 PROCESS_v3.5 对话框中单击 Options 按钮，弹出如图 15.44 所示的 PROCESS options 对话框。在左侧的选项组中选择 Generate code for visualizing interactions，在右侧的 Mean center for construction of products 选项组中选择 All variables that define products 单选按钮，在 Conditioning values 选项组中选择"-1SD,Mean,+1SD"，勾选 Johnson-Neyman output 复选框，其他采用系统默认设置。单击"继续"按钮返回主对话框后，再单击"确定"按钮得到分析结果。

图 15.43　PROCESS_v3.5 对话框

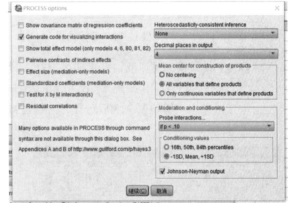

图 15.44　PROCESS options 对话框

分析结果如下。

1. 调节效应检验

运行结果如图 15.45 所示。从模型整体情况（Model Summary）可以看出，$Y = \beta_0 + \beta_1 X + \beta_2 Z_2 + \beta_3 X Z_2 + \varepsilon$ 模型的 R-sq 为 0.5402，显著性 P 值为 0.0000，模型解释能力尚可且非常显著。从模型中的变量情况（Model）可以看出，X、Z2、Int_1（交互项，即为 $X*Z2$）的显著性 P 值均为 0.0000，均非常显著，说明调节效应存在。下方的最高阶无条件交互作用检验"Test(s) of highest order unconditional interaction(s):"显示加入交互项后模型的 R 方改进情况为 0.1003，而且这种改进非常显著（显著性 P 值为 0.0000）。上述结论说明组织公平会显著正向调节员工成就动机对主动工作行为的影响。

2. 绘制斜率图

1）选点法绘制简单斜率图

选点法绘制简单斜率图的操作方式就是先选择调节变量 Z 的几个取值点，再通过计算 t 统计量检验简单斜率是否显著。常用的点为调节变量 Z 的均值减去一个标准差、Z 的均值、Z 的均值加上一个标准差。计算的是 Z 取前述 3 个固定数值时，自变量 X 对因变量 Y 的影响，斜率图中的纵轴为因变量 Y，横轴为自变量 X，检验斜率大小是否不为 0，不为 0 则代表在该水平的调节变量 Z 影响下，自变量 X 对因变量 Y 的影响显著。运行结果中 SPSS 给出了一段程序，如图 15.46 所示。复制这段程序放入语法编辑窗口并运行，可以得到很多实证研究论文所需要的选点法生成的简单斜率图。

```
Model Summary
      R    R-sq   MSE      F      df1      df2      p
   .7350  .5402  .3079  155.1055  3.0000  396.0000  .0000

Model
          coeff     se       t       p      LLCI    ULCI
constant  3.1600   .0321  98.3088   .0000   3.0968  3.2232
X          .3237   .0479   6.7626   .0000    .2296   .4178
Z2         .2193   .0408   5.3754   .0000    .1391   .2996
Int_1      .4766   .0513   9.2948   .0000    .3758   .5774

Product terms key:
Int_1 :   X     x    Z2

Test(s) of highest order unconditional interaction(s):
       R2-chng     F     df1     df2      p
X*W      .1003  86.3940  1.0000  396.0000  .0000
----------
Focal predict: X     (X)
   Mod var: Z2        (W)
```

图 15.45 运行结果

```
DATA LIST FREE/
   X      Z2       Y       .
BEGIN DATA.
  -.7791   -.7935   3.0284
   .0000   -.7935   2.9859
   .7791   -.7935   2.9434
  -.7791    .0000   2.9078
   .0000    .0000   3.1600
   .7791    .0000   3.4121
  -.7791    .7935   2.7872
   .0000    .7935   3.3340
   .7791    .7935   3.8808
END DATA.
GRAPH/SCATTERPLOT=
   X      WITH   Y    BY   Z2
```

图 15.46 运行程序

在 SPSS 结果输出窗口双击结果即可进行编辑，复制上述程序，然后选择"文件"→"新建"→"语法"命令，即可打开如图 15.47 所示的语法编辑器窗口，将程序复制进去之后，再按 Ctrl+A 全选并单击▶按钮（切记要全选后运行），即可得到如图 15.48 所示的结果图。

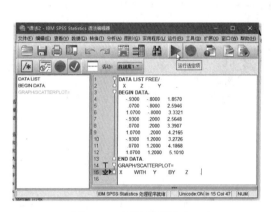

图 15.47 语法编辑器窗口

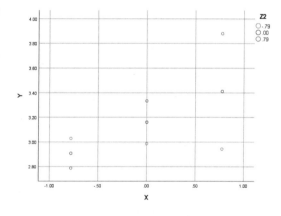

图 15.48 结果图

可以发现，该结果距离很多实证研究论文所需要的简单斜率图相差比较大，所以我们在结果输出窗口中对图形进行双击，即可进入"图表编辑器"窗口，在其中选择"添加内插线⤬"，如图 15.49 所示。

针对该图形，可以进一步进行美化。在图中双击某个特定的位置，就可以对相应的图表属性进行编辑。比如分别进行以下操作：

● 在菜单栏中选择"选项""隐藏网格线"。
● 双击右上角图例处-0.79 前的圆圈，即可打开如图 15.50 所示的"属性"对话框的"标记"选项卡，我们将此处的圆圈换为三角形，并单击"应用"按钮确认。按照类似的操作方式，将 0.79 的标记类型换为正方形。双击右上角图例处的-0.79 可将名称改为"低调节水平"，双击 0 可将名称改为"中调节水平"，双击 0.79 可将名称改为"高调节水平"。分别双击右上角图例、Y 轴、X 轴处可将名称改为"调节变量""因变量""自变量"（读者在实际研究中可根据自身需求灵活设置）。

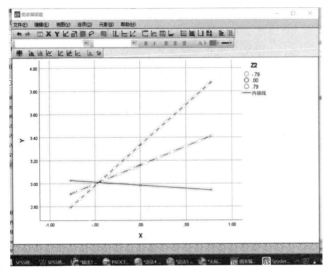

图 15.49　"添加内插线"操作

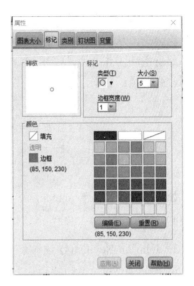

图 15.50　"标记"属性

选点法最终生成的简单斜率图如图 15.51 所示。

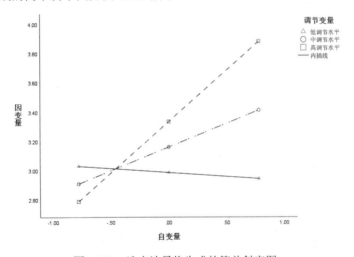

图 15.51　选点法最终生成的简单斜率图

SPSS 输出结果窗口中与上述选点法简单斜率图对应的结果如图 15.52 所示。调节变量 Z2 取值三个点，分别表示低、中、高取值情形，由于调节变量进行了中心化处理（在 Mean center for construction of products 选项组中选择了 All variables that define products 单选按钮），所以均值为 0，-0.7935、0.7935 分别表示在均值基础上各减、加一个标准差。可以发现当调节变量取值为低水平的时候，其斜率为较小的负值（Effect=-0.0545），而且不够显著（p=0.4777），体现在斜率图中的斜率也非常平缓，几乎为 0，但是方向向下，当调节变量取值为中水平的时候，其斜率为较大的正值（Effect=0.3237），而且非常显著（p=0.0000），体现在斜率图中的斜率比较陡峭且呈上升趋势，当调节变量取值为高水平的时候，其斜率为很大的正值（Effect=-0.7019），而且非常显著（p=0.0000），同样体现在斜率图中的斜率非常陡峭且呈上升趋势。

研究结论方面，当组织公平取值很小的时候，成就动机对于主动工作行为是一种负向影响（斜率为负说明自变量负向影响因变量），可能越是成就动机强烈、致力于有所作为的员工越是在意组织是否公平，从而在感受到组织不公平时越容易对组织有意见和想法，相对于成就动机较弱的员工更不愿意主动工作。而随着组织公平水平的增加，成就动机强烈、致力于有所作为的员工更容易感受到较强的组织公平，就越会产生较多的主动工作行为，从而调节变量又起到显著正向调节作用。

Z2	Effect	se	t	p	LLCI	ULCI
-.7935	-.0545	.0767	-.7108	.4777	-.2053	.0963
.0000	.3237	.0479	6.7626	.0000	.2296	.4178
.7935	.7019	.0449	15.6460	.0000	.6137	.7901

图 15.52 简单斜率图取值点相关结果

如果根据研究需要 percentiles 的结果，只需在 SPSS 操作窗口设置时，在 conditioning value 中勾选 16th, 50th, 84th percentiles 复选框就可以，其他方面与勾选-1SD,Mean,+1SD 复选框操作相同。

2）Johnson-Neyman 法绘制斜率图

Johnson-Neyman 法可以得出自变量 X 对因变量 Y 影响的简单斜率显著不为 0 的调节变量 Z 的取值区间，Johnson-Neyman 法斜率图中的横坐标是调节变量 Z，纵坐标是简单斜率的数值，当调节变量的置信区间不包含 0 时，可以表示自变量 X 对因变量 Y 影响的简单斜率显著。

在本案例的 SPSS 结果输出窗口显示如图 15.53 所示的结果，将本部分内容复制到 Excel 中进行分列。删除 se、t、p 三列，保留 Z2、 Effect、 LLCI、 ULCI 四列。然后在 SPSS 中新建一个语法，将数据复制到 BEGIN DATA.和 end data.之间。全选并运行即得 Johnson-Neyman 斜率图，修改图形操作同上。

然后选择"文件"→"新建"→"语法"命令，打开语法编辑器窗口，编写如图 15.54 所示的程序。在编写程序方面，大家可在之前选点法绘制简单斜率图程序代码的基础上进行修改，其中需要注意的是：第 2 行代码换成 Z2、Effect、LLCI、ULCI，且后面有英文句号；第 4~26 行代码可直接从 Excel 中复制过来；第 29 行代码为 "Z2 Z2 Z2 WITH LLCI ULCI Effect(pair) ."，后面同样有英文句号，这行代码表示 Z2 分别与 LLCI、ULCI、Effect 进行配对，所有代码中有 3 个 Z2。

Z2	Effect	se	t	p	LLCI	ULCI
-1.9564	-.6087	.1309	-4.6519	.0000	-.8660	-.3515
-1.7805	-.5249	.1223	-4.2907	.0000	-.7654	-.2844
-1.6047	-.4411	.1139	-3.8729	.0001	-.6650	-.2172
-1.4289	-.3573	.1056	-3.3851	.0008	-.5648	-.1498
-1.2530	-.2735	.0973	-2.8101	.0052	-.4649	-.0822
-1.0772	-.1897	.0893	-2.1253	.0342	-.3652	-.0142
-1.0405	-.1722	.0876	-1.9660	.0500	-.3444	.0000
-.9014	-.1059	.0814	-1.3012	.1939	-.2659	.0541
-.7255	-.0221	.0738	-.2996	.7646	-.1672	.1229
-.5497	.0617	.0665	.9275	.3543	-.0691	.1925
-.4248	.1212	.0617	1.9660	.0500	.0000	.2424
-.3739	.1455	.0597	2.4352	.0153	.0280	.2630
-.1980	.2293	.0536	4.2751	.0000	.1239	.3348
-.0222	.3131	.0484	6.4637	.0000	.2179	.4083
.1536	.3969	.0445	8.9229	.0000	.3095	.4844
.3295	.4807	.0421	11.4151	.0000	.3979	.5635
.5053	.5645	.0416	13.5694	.0000	.4827	.6463
.6811	.6483	.0430	15.0705	.0000	.5637	.7329
.8570	.7321	.0462	15.8516	.0000	.6413	.8229
1.0328	.8159	.0508	16.0691	.0000	.7161	.9157
1.2086	.8997	.0564	15.9404	.0000	.7888	1.0107
1.3845	.9835	.0629	15.6371	.0000	.8599	1.1072
1.5603	1.0673	.0699	15.2650	.0000	.9299	1.2048

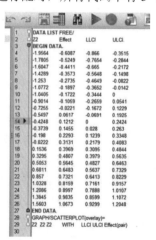

图 15.53 用于 Johnson-Neyman 绘制斜率图的结果　　图 15.54 用于 Johnson-Neyman 绘制斜率图的程序

编写好程序后，可按 Ctrl+A 全选并单击 ▶ 按钮（切记要全选后运行），即可得到如图 15.55 所示的结果图。

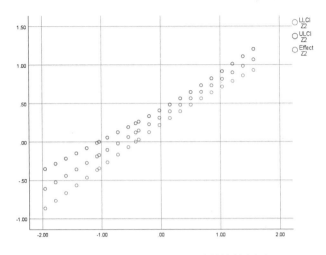

图 15.55　Johnson-Neyman 绘制的斜率图

针对该图形，我们可以进一步进行美化。在图中双击某个特定的位置，就可以对相应的图表属性进行编辑。比如分别进行以下操作：

- 在结果输出窗口中对图形进行双击，即可进入"图表编辑器"窗口，我们在其中选择"添加内插线 ⟋"。
- 在菜单栏中选择"选项"→"隐藏网格线"。
- 双击右上角图例处 LLCI Z2 前的圆圈，即可弹出"属性"→"标记"选项卡，我们将此处的圆圈换为三角形，并单击"应用"按钮确认。按照类似的操作方式，将 ULCI Z2 的标记类型换为正方形。在右上角图例处双击 LLCI Z2 可将名称改为"95%　　CI 下限"，双击 Effect Z2 可将名称改为"斜率点估计"，双击 ULCI Z2 可将名称改为"95%CI 上限"。
- 在"图表编辑器"窗口中单击"选项"→"Y 轴参考线"，弹出如图 15.56 所示的"属性"对话框，在其中"刻度轴""变量""位置"后面的文本框中输入 0，单击"应用"按钮确认。

图 15.56　"属性"对话框

Johnson-Neyman 法最终生成的斜率图如图 15.57 所示。

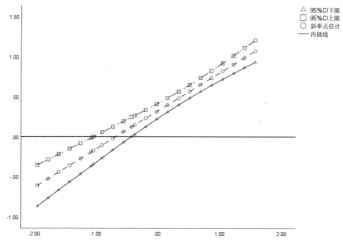

图 15.57　Johnson-Neyman 法最终生成的斜率图

　　Johnson-Neyman 法斜率图中的横坐标是调节变量 Z，纵坐标是斜率的数值，当调节变量的置信区间不包含 0 时，可以表示自变量 X 对因变量 Y 影响的斜率显著。研究结论方面，当组织公平取值很小的时候，成就动机对于主动工作行为是一种负向影响（纵轴取值为负说明自变量负向影响因变量），可能越是成就动机强烈、致力于有所作为的员工越是在意组织是否公平，从而在感受到组织不公平时越容易对组织有意见和想法，相对于成就动机较弱的员工更不愿意主动工作。而随着组织公平水平的增加，成就动机对于主动工作行为的负向影响变得不再显著，然后随着组织公平水平的继续增加，成就动机强烈、致力于有所作为的员工感受到组织公平较强，就越会产生出较多的主动工作行为，从而调节变量逐渐起到显著正向调节作用。

15.6　本章习题

1. 阐述中介效应的统计学原理。
2. 阐述调节效应的统计学原理。
3. 分析的数据是"PROCESS 调节效应数据"，检验 Z1 组织支持的调节效应。

第 16 章

生存分析

本章主要学习 SPSS 的生存分析，包括寿命表分析、Kaplan-Meier 分析、Cox 回归分析 3 种分析方法。SPSS 的生存分析应用非常广泛，主要用于分析不同影响因素对研究对象"生存时间"的分布影响。"生存时间"中的"生存"不局限于字面意义上的"活着"的时间，而是可以将概念扩大到事件发生前的持续等待时间，可以用于一名患者从开始患病到死亡的时间，也可以用于一台计算机从开始使用到报废的时间，等等；其中的"时间"也不局限于以常用的年、月、日为单位，也可以根据实际情况灵活设置，比如将汽车的驾驶里程作为生存时间，而不以出厂时间作为生存时间等。

1. 生存分析涉及的基本概念

- 生存时间：从特定起点开始到所研究事件发生的时间。事件发生的时间就是计时终点，这通常是比较好确定的，比如患者确实发生了死亡，计算机发生了报废，但计时起点很多时候难以确定，比如前面所提的患者患病，如果是慢性疾病，那么具体发病时间可能是难以及时记录或追溯的。生存时间的特点有：分布类型不确定，一般不服从正态分布；影响生存时间的因素较为复杂，而且不易控制。

- 事件及事件发生：这是界定生存时间的前提，事件的发生意味着生存时间的记录终点，比如患者发生了死亡，那么死亡就是事件，死亡发生就是事件发生。明确事件及事件发生的具体情形是开展生存分析的必要前提，而且必须在数据收集之前完成，不然就会导致收集的数据质量不足以支撑完成分析过程。

- 删失/失访：删失本质就是研究数据出现了缺失，或者叫作研究对象失访的现象，如果出现删失，表明患者虽然被观察了一段时间，事件未出现，但研究对象联系不到了，从而无法得到该对象完整的生存时间。删失分为右删失、左删失和期间删失 3 种，右删失的情况最为常见。左删失是假设研究对象在某一时刻开始进入研究，接受研究人员观察，但是在该时间点之前，研究所感兴趣的时间点已经发生，但无法明确具体时间，或者说生存时间小于某一时间点。区间删失是指不能进行连续的观察随访，研究人员只能预先设定观察时间点，仅能知道每个研究对象在两次随访区间内是否发生终点事件，而不知道准确的发生时间。

- 截尾值: 存在数据删失的研究对象仍然有分析价值, 因为在删失发生之前, 仍提供了部分生存时间, 可以称之为不完全生存时间或者截尾值。截尾值的具体概念为: 有的观察对象终止随访不是由于失败事件发生, 而是由于中途失访、死于非研究事件、随访截止。由于不知道这些研究对象发生事件的具体时间, 他们的资料不能提供完全的信息, 因此这些研究对象的观察值被称为截尾值, 常用符号 "+" 表示。

在 SPSS 中, 生存数据仅包括两个信息: 生存时间和是否删失 (包括是否出现事件)。需要注意的是, 是否删失与是否出现事件是合二为一的, 也就是说除事件发生算作一类外, 其他情况下只要没有观察到结局, 无论其原因是出现了数据删失/失访, 还是没有发生事件, 都算作一类。生存数据便是生存时间资料, 但这一生存时间资料是带有结局的生存时间资料, 或者存在截尾值的生存时间资料。

- 生存概率: 表示某单位时段开始时, 存活的个体到该时段结束时仍存活的可能性。计算公式为: 生存概率=活满某时段的人数/该时段期初观察人数=1-死亡概率。
- 生存时间分布: 概率分布, 使用概率函数, 包括生存函数和风险函数。
  - ➤ 生存函数又称为累计生存概率, 即将时刻 t 尚存活看成是前 t 个时段一直存活的累计结果, 若 T 为生存时间变量, 生存函数就是 T 越过某个时点 t 时, 所有研究对象中没有发生事件的概率。当 $t=0$ 时, 生存函数的取值为 1, 随着时间的推移 (t 值增大), 生存函数的取值逐渐变小, 生存函数是时间 t 的单调递减函数, 生存函数公式为:

$$S(t) = P(X > t) = 1 - P(X \leq t) = 1 - F(t) = \int_t^\infty f(\theta)\mathrm{d}\theta$$

  - ➤ 其中, $F(t)$ 为分布函数, $S(t)$ 为可靠度函数或可靠度, $f(t)$ X 的分布密度函数。
  - ➤ 风险函数指 t 时刻存活, 在 $t \sim t + \Delta t$ 时刻内死亡的条件概率, 用 $\mu(t)$ 表示, 计算公式为:

$$\mu(t) = \frac{f(t)}{1 - F(t)} = \frac{f(t)}{S(t)} = -\frac{S'(t)}{S(t)}$$

因此, $S(t) = \mathrm{e}^{-\int \mu(\theta)\mathrm{d}\theta}$。

2. 生存分析数据类型

生存分析所使用的数据被称为生存数据, 用于度量某事件发生前所经历的时间长度。生存数据按照观测数据信息完整性的差异, 可分为完全数据、删失数据和截尾数据 3 种。

- 完全数据: 即提供了完整信息的数据。如研究汽车的生命状况, 若某辆汽车从进入研究视野一直到报废都在研究者的观测之中, 就可以知道其准确的报废时间, 这个生存数据就是一个完全数据。
- 删失数据: 即前面所述的删失/失访情形下的数据, 仅能提供不完整的信息。在 SPSS 中, 通常把删失数据的示性函数取值为 1。
- 截尾数据: 截尾数据和删失数据一样, 提供的也是不完整信息, 但与删失数据稍有不同的是, 它提供的是与时间有关的条件信息。SPSS 软件只考虑对完全数据和删失数据的分析,对截尾数据不提供专门的分析方法。

3. 生存分析的方法

按照使用参数与否，生存分析的方法可以分为以下 3 种。

- 参数方法：假设生存数据服从某个已知分布，使用参数分布方法进行生存分析。常用的参数模型有指数分布模型、Weibull 分布模型、对数正态分布模型等。
- 非参数方法：当没有很好的参数模型可以拟合时，采用非参数方法进行生存分析。常用的非参数模型包括生命表分析和 Kalpan-Meier 方法。
- 半参数方法：目前比较流行的生存分析方法，相比而言，半参数方法比参数方法灵活，比非参数方法更易于解释分析结果。常用的半参数模型主要为 Cox 模型。

4. 生存分析的研究内容

根据研究目的，生存分析的研究内容包括：

- 描述生存过程：通常使用寿命表分析或 Kaplan-Meier 法计算生存率（或者死亡率）、生存时间、死亡速度，用生存曲线的方式来描述生存过程。
- 比较生存过程：通常使用 Log Rank 或者广义秩和检验的方法比较生存时间、比较生存率（或者死亡率）、死亡速度。
- 研究生存时间影响因素、预测生存概率：通常使用 Cox 回归分析。

本章教学要点：

- 清楚知晓寿命表分析、Kaplan-Meier 分析、Cox 回归分析 3 种分析方法的特点，知晓每种方法的适用条件。
- 熟练掌握寿命表分析、Kaplan-Meier 分析、Cox 回归分析 3 种分析的窗口功能，根据研究需要灵活进行窗口设置，开展生存分析。
- 能够对各种生存分析的结果进行解读，从中发现数据特征，得出研究结论。

16.1　寿命表分析

	下载资源：可扫描旁边二维码观看或下载教学视频
	下载资源：\sample\数据 16\数据 16.1

16.1.1　统计学原理

　　寿命表分析通过制作寿命表及对应生存函数图来分析不同时间的总体生存率。在很多情形下，事件的发生和删失是没有显著的外在表现的。比如某些慢性疾病，需要定期进行检查才能得知事件是否发生，定期检查形成的数据就是一个个时段数据，这时候使用寿命表分析法就尤为合适。寿命表分析的统计学原理是将观察区间划分为较小的时间区间，对于每个区间，使用所有观察至少该时长的人员计算该区间内发生事件的概率，然后使用从每个区间估计的概率来估计在不同时间点发生该事件的整体概率。寿命表分析的优点是常用于大样本资料处理,对生存时间的分布没有过多限制,可估算某生存时间的生存率,也可比较不同处理组的生存率,还可考察影响因素,所以应用非常广泛。

16.1.2 SPSS 操作

本小节用于分析的数据是数据 16.1。限于篇幅,不再展示该数据文件的数据视图和变量视图,读者可自行打开相关源文件观察。数据 16.1 记录的是 104 位病人的生存数据,旨在研究锻炼强度与生存时间之间的关系,104 位病人分成 3 组,在其他环境相同的情况下,分别给予低强度锻炼、中等强度锻炼和高强度锻炼,观测这些病人 200 个月。在这段时间内,有些病人失联或死亡,还有一些病人在观测期结束时仍然生存。下面我们使用寿命表分析法做出不同锻炼类型下的生存时间表,比较不同锻炼类型下的生存时间是否有显著差异,SPSS 操作如下:

步骤 01 打开数据 16.1,选择"分析"→"生存分析"→"寿命表"命令,弹出"寿命表"对话框,如图 16.1 所示。本例中我们在"寿命表"对话框左侧变量列表中将"生存时间"选入"时间"变量框;在"显示时间间隔"栏中"0 到……"框中输入 200,在"按"框中输入 20;将"状态"选入"状态"变量框;将"锻炼类型"选入"因子"变量框。

图 16.1 "寿命表"对话框

对话框深度解读

- "时间"变量框:用户在"寿命表"对话框左侧变量列表中选择生存时间变量,单击 ➡ 按钮,移到右侧的"时间"变量框中,此处的"时间"变量可以是任何时间单位。

- "显示时间间隔"选项组:用户可以在"显示时间间隔"栏中确定时间的区间。在寿命表分析中,SPSS 默认时间区间的起点为 0,时间区间的终点以及间隔点需要自行设置。例如本例中在"0 到……"框中输入 200,在"按"框中输入 20,这就表明总的时间区间是[0,200],并按照 20 的步长将总区间等分为 10 个子区间。

- "状态"变量框:用户在左侧变量列表中选择状态变量,单击 ➡ 按钮,移到右侧的"状态"框中,作为状态变量,状态变量用来标定删失(含事件发生)和生存。

- "因子"变量框：用户在左侧变量列表中选择因子变量，单击 ➡ 按钮，移到右侧的"因子"框中，作为因子变量。

步骤 02 单击"寿命表"对话框"状态"变量框下面的"定义事件"按钮，弹出"寿命表：为状态变量定义事件"对话框，如图 16.2 所示。我们选择"单值"选项并且在其后的文本框中输入 0，即将生存数据文件中状态变量取值为 0 的样本界定为事件已发生，将其他取值的观测作为截断观测，然后单击"继续"按钮，回到"寿命表"对话框。

对话框深度解读

"寿命表：为状态变量定义事件"对话框用于设置什么样的观测值将被视作截断观测，有以下两个选项。

- 单值：选中该选项后，可以在其后的文本框中输入一个指示事件发生的数值。输入这个值后，状态变量为其他值的样本观测值都被视作截断观测。
- 值的范围：选中该选项后，可以在其后的文本框中输入指示事件发生的数值区间，在两个文本框分别输入数值区间的上下限，样本观测值不在这个区间内的观测都被视作截断观测。

步骤 03 单击"寿命表"对话框"因子"变量框下面的"定义范围"按钮，弹出"寿命表：定义因子范围"对话框，如图 16.3 所示。我们在"最小值"和"最大值"文本框中分别输入 1 和 3，然后单击"继续"按钮，回到"寿命表"对话框。

图 16.2 "寿命表：为状态变量定义事件"对话框

图 16.3 "寿命表：定义因子范围"对话框

对话框深度解读

用户在"最小值"和"最大值"文本框中可以分别输入因子取值的最小值和最大值，为"因子"变量选定值的范围。不同的变量值代表不同的分层。其他未选变量值的生存时间按缺失值处理，如果变量中有负值，那么在分析过程中将被剔除。

步骤 04 单击"寿命表"对话框右上角的"选项"按钮，弹出"寿命表：选项"对话框，如图 16.4 所示。我们勾选"寿命表"选项，即选择输出"寿命表"；在"图"选项组中勾选"生存分析""生存分析对数""风险""密度""一减生存分析函数"，即选择输出上述图形；在"比较第一个因子的级别"选项组中选择"成对"，即成对比较各因子水平下生存时间之间的差异。然后单击"继续"按钮，回到"寿命表"对话框，单击"确定"按钮确认。

图 16.4 "寿命表：选项"对话框

对话框深度解读

- "寿命表"复选框：输出寿命表，如果不选择该项，那么将不输出寿命表。
- "图"选项组：设置选择生成的函数图形。
  - ➤ 生存分析：以线性刻度生成累积生存函数图。
  - ➤ 生存分析对数：以对数刻度生成累积生存函数图。
  - ➤ 风险：以线性刻度生成累积危险函数图。
  - ➤ 密度：生成密度函数图。
  - ➤ 一减生存分析函数：以线性尺度绘制一减生存函数图。
- "比较第一个因子的级别"选项组：如果仅设置了一阶因子变量，则可以在此组中选择一个选项执行 Wilcoxon (Gehan) 检验，比较各因子水平下生存时间之间的差异。如果也定义了二阶因子，则会对二阶因子变量执行检验，比较二阶因子变量的每个水平下生存时间之间的差异。
  - ➤ 无：不进行因子变量各水平的比较。
  - ➤ 总体：从整体上比较因子变量中各水平的差异。
  - ➤ 成对：两两比较因子变量中各水平的差异。

16.1.3 运行结果精解与分析

1. 寿命表

图 16.5 给出了寿命表。首先设置一阶控制变量（因子变量）为锻炼类型，然后寿命表按控制变量取值为低强度锻炼、中等强度锻炼或高强度锻炼，每一部分都表示一个生命表。比如第一部分表示的是低强度锻炼情形下的寿命表。从左至右各列分别为：时间间隔开始时间、进入时间间隔的数目、时间间隔内撤销的数目、有风险的数目、终端事件数、终止比例、生存分析比例、期末累积生存分析比例、期末累积生存分析比例的标准误差、概率密度、概率密度的标准误差、风险率、风险率的标准误差。可以发现随着时间的流逝，期末累积生存分析比例越来越低，直至最后一个时间区间。在低强度锻炼情形下，该比例达到 0.43；在中等强度锻炼情形下，该比例达到 0.28；在高强度锻炼情形下，该比例达到 0.08。因此，从寿命表中可以看出，低强度锻炼情形下的生存比例最高，

中等强度锻炼情形下次之，高强度锻炼情形下最低。

寿命表

一阶控制		时间间隔开始时间	进入时间间隔的数目	时间间隔内删销的数目	有风险的数目	终端事件数	终止比例	生存分析比例	期末累积生存分析比例	期末累积生存分析比例的标准误差	概率密度	概率密度的样本误差	风险率	风险率的标准误差
锻炼类型	低强度锻炼	0	34	0	34.000	0	.00	1.00	1.00	.00	.000	.000	.00	.00
		20	34	0	34.000	0	.00	1.00	1.00	.00	.000	.000	.00	.00
		40	34	0	34.000	0	.00	1.00	1.00	.00	.000	.000	.00	.00
		60	34	0	34.000	6	.18	.82	.82	.07	.009	.003	.01	.00
		80	28	0	28.000	5	.18	.82	.68	.08	.007	.003	.01	.00
		100	23	0	23.000	0	.00	1.00	.68	.08	.000	.000	.00	.00
		120	23	0	23.000	1	.04	.96	.65	.08	.001	.001	.00	.00
		140	22	1	21.500	2	.09	.91	.59	.08	.003	.002	.00	.00
		160	19	0	19.000	2	.11	.89	.53	.09	.003	.002	.01	.00
		180	17	0	17.000	3	.18	.82	.43	.09	.005	.003	.01	.01
		200	14	14	7.000	0	.00	1.00	.43	.09	.000	.000	.00	.00
	中等强度锻炼	0	32	0	32.000	0	.00	1.00	1.00	.00	.000	.000	.00	.00
		20	32	0	32.000	0	.00	1.00	1.00	.00	.000	.000	.00	.00
		40	32	0	32.000	0	.00	1.00	1.00	.00	.000	.000	.00	.00
		60	32	0	32.000	2	.06	.94	.94	.04	.003	.002	.00	.00
		80	30	0	30.000	7	.23	.77	.72	.08	.011	.004	.01	.00
		100	23	0	23.000	4	.17	.83	.59	.09	.006	.003	.01	.01
		120	19	0	19.000	4	.21	.79	.47	.09	.006	.003	.01	.01
		140	15	0	15.000	4	.27	.73	.34	.08	.006	.003	.02	.01
		160	11	1	10.500	2	.19	.81	.28	.08	.003	.002	.01	.01
		180	8	0	8.000	0	.00	1.00	.28	.08	.000	.000	.00	.00
		200	8	8	4.000	0	.00	1.00	.28	.08	.000	.000	.00	.00
	高强度锻炼	0	38	0	38.000	0	.00	1.00	1.00	.00	.000	.000	.00	.00
		20	38	0	38.000	0	.00	1.00	1.00	.00	.000	.000	.00	.00
		40	38	0	38.000	0	.00	1.00	1.00	.00	.000	.000	.00	.00
		60	38	0	38.000	13	.34	.66	.66	.08	.017	.004	.02	.01
		80	25	0	25.000	6	.24	.76	.50	.08	.008	.003	.01	.01
		100	19	0	19.000	7	.37	.63	.32	.08	.009	.003	.02	.01
		120	12	0	12.000	1	.08	.92	.29	.07	.001	.001	.00	.00
		140	11	0	11.000	2	.18	.82	.24	.07	.003	.002	.01	.01
		160	9	0	9.000	6	.67	.33	.08	.04	.008	.003	.05	.02
		180	3	0	3.000	0	.00	1.00	.08	.04	.000	.000	.00	.00
		200	3	3	1.500	0	.00	1.00	.08	.04	.000	.000	.00	.00

图 16.5 寿命表

2. 生存分析时间中位数

图 16.6 给出了生存分析时间中位数，同样可以发现低强度锻炼情形下生存分析时间最长，时间中位数为 185.42；中等强度锻炼情形下生存分析时间次之，时间中位数为 135.00；高强度锻炼情形下生存分析时间最短，时间中位数为 100.00。

生存分析时间中位数

一阶控制		时间中位数
锻炼类型	低强度锻炼	185.42
	中等强度锻炼	135.00
	高强度锻炼	100.00

图 16.6 生存分析时间中位数

3. 生存分析图

图 16.7 给出了低强度锻炼、中等强度锻炼和高强度锻炼 3 种情形下的生存分析函数的对数图。从图中可以非常直观地看出，低强度锻炼生存分析函数的对数在最上方，然后是中等强度锻炼生存分析函数的对数，最下面的是高强度锻炼生存分析函数的对数。这一结果与寿命表生存分析时间中位数的结果一致。

图 16.8 给出了低强度锻炼、中等强度锻炼和高强度锻炼 3 种情形下的生存分析函数图。从图中可以非常直观地看出，低强度锻炼生存分析函数在最上方，然后是中等强度锻炼生存分析函数，最下面的是高强度锻炼生存分析函数。这一结果与"生存分析函数的对数图"的结果一致。

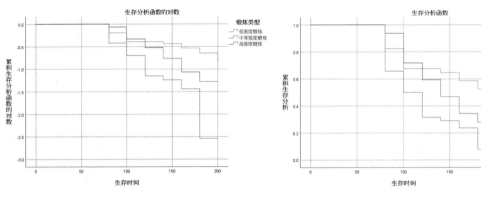

图 16.7　生存分析函数的对数图　　　　　图 16.8　生存分析函数图

图 16.9 给出了低强度锻炼、中等强度锻炼和高强度锻炼 3 种情形下的一减生存分析函数图，此图是对寿命表生存分析函数图进行的一减函数处理，所以展现的方向恰好相反。从图中可以非常直观地看出，低强度锻炼一减生存分析函数在最下方，然后是中等强度锻炼一减生存分析函数，最上面的是高强度锻炼一减生存分析函数，与寿命表生存分析函数图、生存分析函数对数图中的结果一致。

图 16.10 给出了低强度锻炼、中等强度锻炼和高强度锻炼 3 种情形下的寿命表密度函数图。从图中可以非常直观地看出，低强度锻炼密度函数主要在生存时间较长的区域，然后是中等强度锻炼密度函数，高强度锻炼密度函数主要在生存时间较短的区域，与前面各图中的表现结果一致。

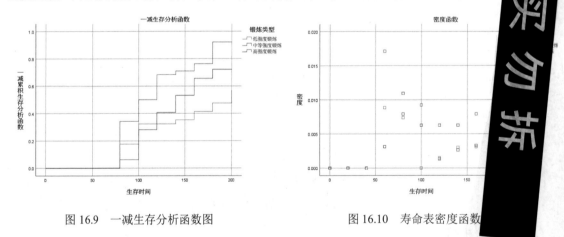

图 16.9　一减生存分析函数图　　　　　图 16.10　寿命表密度函数图

图 16.11 给出了低强度锻炼、中等强度锻炼和高强度锻炼 3 种情形下的寿命表风险函数图。从图中可以非常直观地看出，低强度锻炼风险函数主要在风险系数较低的区域，然后是中等强度锻炼风险函数，高强度锻炼风险函数主要在风险系数较高的区域，与前面各图呈现的结果一致。

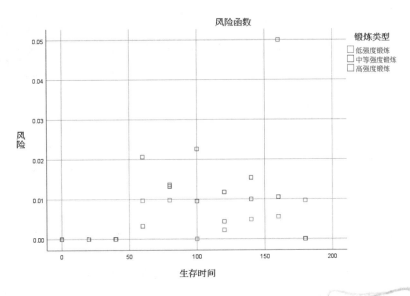

图 16.11　寿命表风险函数图

4. 因子水平比较

图 16.12 为低强度锻炼、中等强度锻炼和高强度锻炼 3 种情形下的生存时间总体比较结果，威尔科克森（吉亨）统计量为 10.63，显著性 P 值为 0.005，远小于通常意义上的显著性水平 5%，所以显著拒绝了因子各个水平生存时间不存在显著差异的原假设，低强度锻炼、中等强度锻炼和高强度锻炼 3 种情形下的生存时间存在显著不同。

图 16.13 为低强度锻炼、中等强度锻炼和高强度锻炼 3 种情形下的生存时间成对比较结果，成对比较就是两两比较，可以发现锻炼类型 1（低强度锻炼）与锻炼类型 2（中等强度锻炼）之间的差异并不明显，显著性 P 值为 0.412；但锻炼类型 1（低强度锻炼）与锻炼类型 3（高强度锻炼）之间的差异非常明显，显著性 P 值为 0.004；锻炼类型 2（中等强度锻炼）与锻炼类型 3（高强度锻炼）之间的差异非常明显，显著性 P 值为 0.012。

图 16.14 为低强度锻炼、中等强度锻炼和高强度锻炼 3 种情形下的生存时间平均得分结果。可以发现锻炼类型 1（低强度锻炼）的平均得分最高，锻炼类型 2（中等强度锻炼）次之，锻炼类型 1 与锻炼类型 2 的平均得分显著高于锻炼类型 3（高强度锻炼）。

总体比较[a]

威尔科克森（吉亨）统计	自由度	显著性
10.630	2	.005

a. 执行的是精确比较。

图 16.12　生存时间总体比较

成对比较[a]

(I) 锻炼类型	(J) 锻炼类型	威尔科克森（吉亨）统计	自由度	显著性
1	2	.672	1	.412
	3	8.492	1	.004
2	1	.672	1	.412
	3	6.343	1	.012
3	1	8.492	1	.004
	2	6.343	1	.012

a. 执行的是精确比较。

图 16.13　生存时间成对比较

平均得分

比较组		总数	检删前	检删后	检删百分比	平均得分
1 与 2	1	34	19	15	44.1%	3.647
	2	32	23	9	28.1%	-3.875
1 与 3	1	34	19	15	44.1%	15.029
	3	38	35	3	7.9%	-13.447
2 与 3	2	32	23	9	28.1%	13.313
	3	38	35	3	7.9%	-11.211
1		34	19	15	44.1%	15.029
2		32	23	9	28.1%	13.313
3		38	35	3	7.9%	-11.211
总体比较						

图 16.14　生存时间平均得分

16.2 Kaplan-Meier 分析

下载资源：可扫描旁边二维码观看或下载教学视频	
下载资源：\sample\数据 16\数据 16.2	

16.2.1 统计学原理

Kaplan-Meier 方法属于非参数分析法，统计学原理是采用乘积极限法（Product-Limit Estimates）来估计生存率，能对完全数据、删失数据及不必分组的生存资料进行分析，并能对分组变量各水平所对应的生存曲线与风险函数的差异进行显著性检验。Kaplan-Meier 过程用于样本含量较小并且不能给出特定时间点的生存率的情况，因此不用担心每个时间段内只有很少的几个观测值的情况。该方法将输出生存分析表，按生存时间由小到大依次排列，在每个死亡点上，计算其生存时间、状态、当前累积生存分析比例和对应的标准错误、累积事件和其余个案数。上一节介绍的寿命表方法是将生命时间分成许多小的时间段，计算该段内生存率的变化情况，分析的重点是研究总体的生存规律，更适合处理大样本数据，而本节介绍的 Kaplan-Meier 方法则是计算每个"结果"事件发生时点的生存率，分析的重点除研究总体生存规律外，往往更加热衷于寻找相关影响因素。Kaplan-Meier 过程使用的检验方法包括 Log Rank（Mantel-Cox）法、Breslow（Generalized Wilcoxon）法、Tarone-Ware 法等。

16.2.2 SPSS 操作

本小节用于分析的数据是数据 16.2。限于篇幅，不再展示该数据文件的数据视图和变量视图，读者可自行打开相关源文件观察。数据 16.2 记录的是 100 位病人的生存数据，旨在研究所使用药物种类、药物剂量与其生存时间之间的关系，其中药物种类包括新研发药物和传统药物，药物剂量包括高剂量和低剂量。下面使用 Kaplan-Meier 分析法做出不同药物种类、不同药物剂量下的生存分析表，比较不同情形下的生存时间是否有显著差异，SPSS 操作如下：

步骤01 打开数据 16.2，选择"分析"→"生存分析"→Kaplan-Meier…命令，弹出 Kaplan-Meier 对话框，如图 16.15 所示。在 Kaplan-Meier 对话框左侧的变量列表栏中选择"生存时间"变量，单击 ➡ 按钮，移到右侧的"时间"变量框中，作为时间变量；选择"状态"变量，单击 ➡ 按钮，移到右侧的"状态"变量框中，作为状态变量；选择"药物剂量"变量，单击 ➡ 按钮，移到右侧的"因子"变量框中，作为控制变量；选择"药物种类"变量，单击 ➡ 按钮，移到右侧的"层"变量框中，作为分层变量。

步骤02 单击"状态"变量框下面的"定义事件"按钮，弹出"Kaplan-Meier：为状态变量定义事件"对话框，如图 16.16 所示。在"这些值指示事件已发生"选项组中选择"单值"选项，并在右侧的文本框中输入 1，也就是说将状态变量取值为 1 的样本观测值指示为事件（死亡）已发生，然后单击"继续"按钮，回到 Kaplan-Meier 对话框。

图 16.15　Kaplan-Meier 对话框　　　　图 16.16　　"Kaplan-Meier：为状态变量定义事件" 对话框

对话框深度解读

- 单值：将单个值设置为指示事件已发生。例如本例中将状态变量取值为 1 的样本观测值指示为事件（死亡）已发生。
- 值的范围：只有在状态变量类型为数值时，"值的范围" 选项才可用。假如状态变量中有 0、1、2、3、4 共 5 种取值，我们在相应的文本框中分别输入值 1 和 3，则将状态变量取值为 1、2、3 的样本观测值指示为事件（死亡）已发生。
- 值的列表：多个取值，且不连续。假如状态变量中有 0、1、2、3、4 共 5 种取值，我们在相应的文本框中分别输入值 1 和 3，则将状态变量取值为 1、3 的样本观测值指示为事件（死亡）已发生。

步骤 03 在 Kaplan-Meier 对话框中单击 "比较因子" 按钮，弹出 "Kaplan-Meier：比较因子级别" 对话框，如图 16.17 所示。我们在 "检验统计" 选项组中勾选 "秩的对数" "布雷斯洛" "塔罗内-韦尔"，旨在同时使用 3 种检验统计分析方法，在下方的选项中选择 "针对每个层成对比较"，设置完成后单击 "继续" 按钮，回到 Kaplan-Meier 对话框。

图 16.17　　"Kaplan-Meier：比较因子级别" 对话框

对话框深度解读

- "检验统计" 选项组：可以选择比较因子级别的检验统计分析方法，各检验统计分析方法用来判断不同情形下生存时间的差异是否显著。
  - 秩的对数：即 Log Rank（Mantel-Cox），又称时序检验，对所有的死亡时间赋予相等的权重，比较生存分布是否相同，它对于远期差别较为敏感。

> ➤ 布雷斯洛: 即 Breslow（Generalized Wilcoxon），对早期死亡时间赋予较大的权重，所以对于早期差别较为敏感。
> ➤ 塔罗内-韦尔: 即 Tarone-Ware 检验，可以比较生存分布是否相同，当两个风险函数曲线或生存函数曲线有交叉时，可考虑使用 Tarone-Ware 检验。

需要注意的是，秩的对数、布雷斯洛、塔罗内-韦尔 3 种检验统计分析的结果有可能不一致，比如有的检验结果提示差异较为显著，而有的恰好相反，那么应该如何选择呢？一般来说，秩的对数侧重于远期差别，布雷斯洛侧重于近期差别，塔罗内-韦尔介于两者之间。对于一开始靠得很近，随着时间的推移逐渐拉开的生存曲线，秩的对数较布雷斯洛更容易得到显著性的结果；反之，对于一开始拉得很开，以后逐渐靠近的生存曲线，布雷斯洛较秩的对数更容易得到显著性的结果。所以，如果秩的对数检验结果提示有显著差异，而布雷斯洛检验结果提示没有差异，可以解释为在开始时生存率没有差异，随着时间的推移生存率逐渐出现差异，反之亦然。塔罗内-韦尔法是一种相对折中的方法。

- 其他选项。
  - ➤ 因子级别的线性趋势: 如果因子水平有自然顺序（比如本例中的药物剂量: 低剂量、高剂量），则可以选择该选项检验跨因子级别的线性趋势，此选项仅可用于因子水平的整体（而不是成对）比较。
  - ➤ 在层之间合并: 在单次检验中比较所有因子水平，合并比较所有因子水平下的生存时间，不进行配对比较，以检验生存曲线的相等性。
  - ➤ 在层之间成对比较: 如果选择了分层变量，在每层比较不同因子水平下的生存时间。系统将比较每一个相异的因子水平对，但不提供成对趋势检验。
  - ➤ 针对每个层: 对每层的所有因子水平的相等性执行一次单独的检验，如果选择了趋势检验，这种方法不能使用。当然，如果没有设置分层变量，也不执行检验。
  - ➤ 针对每个层成对比较: 如果选择了分层变量，在每层以不同的配对方式比较每一对不同因子水平下的生存时间，但如果选择了趋势检验，这种方法也不能使用。当然，如果没有设置分层变量，也不执行检验。

步骤 04 单击"保存"按钮，弹出"Kaplan-Meier: 保存新变量"对话框，如图 16.18 所示。本例中我们勾选"生存分析""生存分析标准误差""风险""累积事件"4 个选项，即保存 Kaplan-Meier 生存分析新生成的这 4 个变量进入数据文件，设置完成后单击"继续"按钮，回到 Kaplan-Meier 对话框。

图 16.18 "Kaplan-Meier: 保存新变量"对话框

对话框深度解读

　　"Kaplan-Meier：保存新变量"对话框用于保存 Kaplan-Meier 生存分析新生成的变量，这些变量被保存到当前数据文件中以使用于后续分析。

- 生存分析：保存累积生存概率估算值，如果没有指定变量名，则自动生成前缀带有 sur 的变量名，如 sur_1、sur_2 等。
- 生存分析标准误差：保存累积生存概率的标准错误，如果没有指定变量名，则自动生成前缀带有 se 的变量名，如 se_1、se_2 等。
- 风险：保存累积危险函数估算值，如果没有指定变量名，则自动生成前缀带有 haz 的变量名，如 haz_1、haz_2 等。
- 累积事件：当样本观测值按其生存时间和状态代码进行排序时，保存发生事件的累积频率，如果没有指定变量名，则自动生成前缀带有 cum 的变量名，如 cum_1、cum_2 等。

　　步骤 05 单击"选项"按钮，弹出"Kaplan-Meier：选项"对话框，如图 16.19 所示。我们在"统计"选项组中选择"生存分析表""平均值和中位数生存分析函数"，表示在最终分析结果中输出"生存分析表"以及"平均值和中位数生存分析函数"；在"图"选项组中选择"生存分析函数""一减生存分析函数""风险""生存分析函数的对数"，表示在最终分析结果中显示上述统计分析图。设置完成后，单击"继续"按钮，回到 Kaplan-Meier 对话框，并在主对话框中单击"确定"按钮确认。

图 16.19　"Kaplan-Meier：选项"对话框

对话框深度解读

- "统计"选项组：用来设置需要输出的统计表格，包括以下选项。
  - ➢ 生存分析表：生成生存分析表，包括按控制变量和分层变量分组展示的样本观测值的生存时间、状态、当前累积生存分析比例以及对应的标准错误、累积事件和其余个案数。
  - ➢ 平均值和中位数生存分析函数：计算生存时间的平均值和中位数，及其对应的标准错误和置信区间。
  - ➢ 四分位数：显示生存时间的 25%、50% 和 75% 分位数，以及它们的标准错误。
- "图"选项组：用来设置需要输出的生存分析函数图，包括以下选项。

> ➤ 生存分析函数：以线性刻度生成累积生存函数图。
> ➤ 一减生存分析函数：以线性尺度绘制一减生存函数图。
> ➤ 风险：以线性刻度生成累积危险函数图。
> ➤ 生存分析函数的对数：以对数刻度生成累积生存函数图。

16.2.3　运行结果精解与分析

1. 个案处理摘要

图 16.20 展示的是个案处理摘要，可以看到我们本次参与 Kaplan-Meier 生存分析的样本个数总共为 100 个，其中服用新研发药物的样本观测值为 62 个，服用传统药物的样本观测值为 38 个。而在新研发药物的全部样本观测值中，服用高剂量药物的样本个数为 13 个（含事件数 7 个，检剔后 6 个，以此类推），服用低剂量药物的样本个数为 49 个；在传统药物的全部样本观测值中，服用高剂量药物的样本个数为 9 个，服用低剂量药物的样本个数为 26 个。

2. 生存分析表（限于篇幅，仅列出部分）

图 16.21 展示的是每一个参与 Kaplan-Meier 生存分析的样本的相关情况，包括生存时间、状态、当前累积生存分析比例、累积事件数、其余个案数等。该生存分析表同样是按药物种类、药物剂量分组列出的。生存分析表类似于寿命表分析中的寿命表，只是生存分析表中每个样本观测值单独占一行。

生存分析表

药物种类	药物剂量		时间	状态	当前累积生存分析比例 估算	标准 错误	累积事件数	其余个案数
新研发药物	高剂量	1	8.000	死亡	.923	.074	1	12
		2	9.000	死亡	.846	.100	2	11
		3	15.000	死亡	.769	.117	3	10
		4	42.000	删失	.	.	3	9
		5	43.000	删失	.	.	3	8
		6	44.000	删失	.	.	3	7
		7	45.000	删失	.	.	3	6
		8	46.000	死亡	.641	.152	4	5
		9	47.000	死亡	.513	.167	5	4
		10	51.000	死亡	.385	.168	6	3
		11	52.000	死亡	.256	.153	7	2
		12	104.000	删失	.	.	7	1
		13	108.000	删失	.	.	7	0
	低剂量	1	5.000	死亡	.980	.020	1	48
		2	5.000	删失	.	.	1	47
		3	6.000	死亡	.	.	2	46
		4	6.000	死亡	.	.	3	45
		5	6.000	死亡	.917	.040	4	44
		6	6.000	删失	.	.	4	43
		7	8.000	死亡	.	.	5	42
		8	8.000	死亡	.	.	6	41

个案处理摘要

药物种类	药物剂量	总数	事件数	检剔后 个案数	百分比
新研发药物	高剂量	13	7	6	46.2%
	低剂量	49	44	5	10.2%
	总体	62	51	11	17.7%
传统药物	高剂量	9	6	3	33.3%
	低剂量	29	22	7	24.1%
	总体	38	28	10	26.3%
总体	总体	100	79	21	21.0%

图 16.20　个案处理摘要　　　　　　图 16.21　生存分析表

3. 生存分析时间的平均值和中位数

图 16.22 给出了生存分析时间的平均值估算值及其标准错误、95%的置信区间，以及中位数估算值及其标准错误、95%的置信区间。可以非常明显地看到，全部样本观测值的总体平均值为 36.118，

中位数为 26；服用新研发药物样本观测值的整体平均值为 35.975，要略高于服用传统药物的整体平均值 35.501。无论是针对新研发药物还是传统药物，其服用剂量为高剂量时的生存时间均高于低剂量。

生存分析时间的平均值和中位数

| 药物种类 | 药物剂量 | 平均值[a] | | | | 中位数 | | | |
| | | 估算 | 标准 错误 | 95% 置信区间 | | 估算 | 标准 错误 | 95% 置信区间 | |
				下限	上限			下限	上限
新研发药物	高剂量	55.282	11.082	33.561	77.004	51.000	3.267	44.597	57.403
	低剂量	29.994	3.488	23.157	36.831	26.000	7.484	11.332	40.668
	总体	35.975	3.907	28.317	43.633	35.000	7.731	19.847	50.153
传统药物	高剂量	52.933	14.322	24.861	81.005	49.000	26.729	.000	101.388
	低剂量	24.196	3.366	17.599	30.793	20.000	2.195	15.699	24.301
	总体	35.501	6.263	23.226	47.777	20.000	5.524	9.173	30.827
总体	总体	36.118	3.429	29.397	42.839	26.000	6.570	13.122	38.878

a. 如果已对生存分析时间进行检剔，那么估算将限于最大生存分析时间。

图 16.22　生存分析时间的平均值和中位数

4. 成对比较

图 16.23 给出了成对比较结果，其中包括秩的对数、布雷斯洛、塔罗内-韦尔 3 种检验方式，检验原假设都是相应组之间的生存时间不存在显著差异。针对秩的对数检验结果分析如下：针对新研发药物，病人服用高剂量和低剂量时的生存时间差异是非常显著的（显著性 P 值为 0.019，小于 0.05）；针对传统药物，病人服用高剂量和低剂量时的生存时间差异是不够显著的（显著性 P 值为 0.059，大于 0.05）。布雷斯洛、塔罗内-韦尔两种检验分析的结果与秩的对数方法分析结果一致。结合前述生存分析时间的平均值和中位数的结果，可以知道无论是针对新研发药物还是传统药物，其服用剂量为高剂量时的生存时间均高于低剂量，但是针对传统药物，病人服用高剂量和低剂量时的生存时间差异是不够显著的。

成对比较

| | 药物种类 | 药物剂量 | 高剂量 | | 低剂量 | |
			卡方	显著性	卡方	显著性
Log Rank (Mantel-Cox)	新研发药物	高剂量			5.540	.019
		低剂量	5.540	.019		
	传统药物	高剂量			3.566	.059
		低剂量	3.566	.059		
Breslow (Generalized Wilcoxon)	新研发药物	高剂量			4.807	.028
		低剂量	4.807	.028		
	传统药物	高剂量			1.332	.248
		低剂量	1.332	.248		
Tarone-Ware	新研发药物	高剂量			5.177	.023
		低剂量	5.177	.023		
	传统药物	高剂量			2.439	.118
		低剂量	2.439	.118		

图 16.23　成对比较结果

5. 新研发药物生存分析函数图

图 16.24 给出了病人服用药物种类为新研发药物时，高剂量、低剂量的生存分析函数图。从图中可以非常直观地看出，在刚开始的时候，高剂量、低剂量的生存分析函数走势都是呈横向直线不变的，

但是在经过一段时间后，两者开始下降，其中低剂量下降的速度更快且一直低于高剂量情形。

图 16.25 给出了病人服用药物种类为新研发药物时，高剂量、低剂量的一减生存分析函数图。从图中可以非常直观地看出，在刚开始的时候，高剂量、低剂量的生存分析函数走势都是呈横向直线不变的，但是在经过一段时间后，两者开始上升，其中低剂量上升的速度更快且一直高于高剂量情形，与上面的生存分析函数图走势恰好相反。

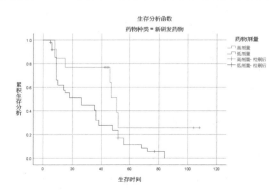

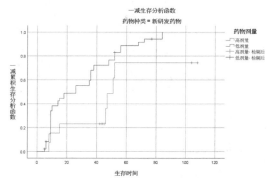

图 16.24　新研发药物生存分析函数图　　　　图 16.25　新研发药物一减生存分析函数图

图 16.26 给出了病人服用药物种类为新研发药物时，高剂量、低剂量的生存分析函数的对数图。从图中可以非常直观地看出，在刚开始的时候，高剂量、低剂量的生存分析函数走势都是呈横向直线不变的，但是在经过一段时间后，两者开始下降，其中低剂量下降的速度更快且一直低于高剂量情形，与上面的生存分析函数图走势一致。

图 16.27 给出了病人服用药物种类为新研发药物时，高剂量、低剂量的风险函数图。从图中可以非常直观地看出，在刚开始的时候，高剂量、低剂量的风险函数走势都是呈横向直线不变的，但是在经过一段时间后，两者开始上升，其中低剂量上升的速度更快且一直高于高剂量情形，与上面的生存分析函数图走势恰好相反。

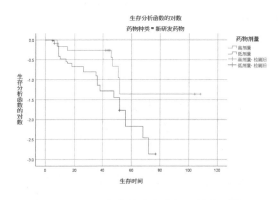

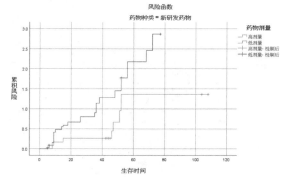

图 16.26　新研发药物生存分析函数的对数图　　　图 16.27　新研发药物生存分析风险函数图

6. 传统药物生存分析函数图

图 16.28 给出了病人服用药物种类为传统药物时，高剂量、低剂量的生存分析函数图。从图中可以非常直观地看出，在刚开始的时候，高剂量、低剂量的生存分析函数走势都是呈横向直线不变的，但是在经过一段时间后，其中低剂量下降的速度更快且一直低于高剂量情

形，与服用药物种类为新研发药物时走势一致。

图 16.29 给出了病人服用药物种类为传统药物时，高剂量、低剂量的一减生存分析函数图。从图中可以非常直观地看出，在刚开始的时候，高剂量、低剂量的生存分析函数走势都是呈横向直线不变的，但是在经过一段时间后，两者开始上升，其中低剂量上升的速度更快且一直高于高剂量情形，与上面的生存分析函数图走势恰好相反。

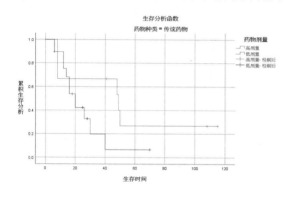

图 16.28 传统药物生存分析函数图

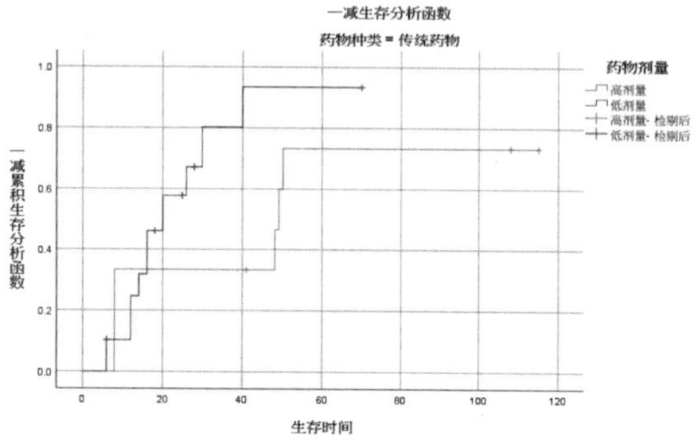

图 16.29 传统药物一减生存分析函数图

图 16.30 给出了病人服用药物种类为传统药物时，高剂量、低剂量的生存分析函数的对数图。从图中可以非常直观地看出，在刚开始的时候，高剂量、低剂量的生存分析函数走势都是呈横向直线不变的，但是在经过一段时间后，两者开始下降，其中低剂量下降的速度更快且一直低于高剂量情形，与上面的生存分析函数图走势一致。

图 16.31 给出了病人服用药物种类为传统药物时，高剂量、低剂量的风险函数图。从图中可以非常直观地看出，在刚开始的时候，高剂量、低剂量的风险函数走势都是呈横向直线不变的，但是在经过一段时间后，两者开始上升，其中低剂量上升的速度更快且一直高于高剂量情形，与上面的生存分析函数图走势恰好相反。

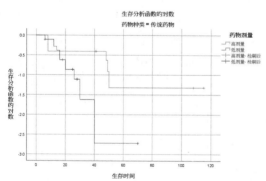
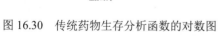
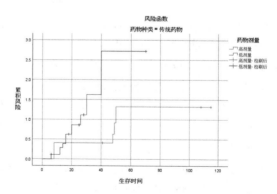

图 16.30 传统药物生存分析函数的对数图

图 16.31 传统药物生存分析风险函数图

7. 新生成变量

在数据 16.2 的数据视图中可以看到经过生存分析后新保存的 4 个变量（见图 16.32），从左到右分别是生存分析、生存分析标准误差、风险和累积事件。

图 16.32 新保存的 4 个变量

16.3 Cox 回归分析

| | 下载资源：可扫描旁边二维码观看或下载教学视频 |
| | 下载资源：\sample\数据 16\数据 16.3 |

16.3.1 统计学原理

生存分析方法最初为参数模型（Parametric Model），它可以估计出影响因素对风险率的影响及各时点的生存率，但对生存时间分布有一定的要求，该类模型假设生存数据服从某个已知分布，使用参数分布方法进行生存分析，常用的参数模型有指数分布、Weibull 分布、对数正态分布、对数 Logistic 分布、Gamma 分布等。当没有很好的参数模型可以拟合时，则采用非参数方法进行生存分析，前面介绍的寿命表分析和 Kalpan-Meier 方法均为非参数模型。1972 年，英国统计学家 D. R. Cox 提出了一个半参数模型——Cox 回归模型。相比而言，半参数方法比参数方法灵活，虽不能给出各时点的风险率，但对生存时间分布无要求，可估计出各研究因素对风险率的影响，比非参数方法更易于解释分析结果，于是得到了更为广泛的应用，也是目前比较流行的生存分析方法。

Cox 回归为时间事件数据建立预测模块，该模块生成生存函数，用于预测被观察事件在给定时间 t 内发生预测变量既定值的概率。与回归分析的基本思想一致，可以从既有样本观测值中估计出预测的生存函数与相应的回归系数，然后对新样本观测值进行预测。需要注意已检查主体中的信息，即未在观察时间内经历被观察事件的信息，在模型估计中起到了重要的作用。Cox 回归的优点包括：可以估计生存函数，可以比较两组或多组生存分布函数，可以分析危险因素对生存时间的影响，可以建立生存时间与危险因素之间的关系模型，不需要事先知道生存时间的分布等。

在 Cox 回归模型中，假设在时点 t 个体出现观察结局的风险大小可以分解为两个部分：一个是

基准风险函数 $h_0(t)$,这是与时间有关的任意函数;另一个是影响因素,第 i 个影响因素使得该风险量从 $h0(t)$ 增至 $e^{\beta_i X_i}$ 倍而成为 $h_0(t)e^{\beta_i X_i}$,如果在 k 个因素同时影响生存过程的情况下,在时点 t 的风险函数为:

$$h(t) = h_0(t)e^{\beta_1 X_1}e^{\beta_2 X_2} \cdots e^{\beta_k X_k}$$

其中 X 、β 分别是观察变量及其回归系数,该函数可以进一步变换为:

$$h(t, X) = h_0(t)e^{\beta_1 X_1 + \beta_2 X_2 + \cdots + \beta_k X_k}$$

然后进行对数变换,即为:

$$\text{Log}[Rh(t)] = \text{Log}[h(t, X) / h_0(t)] = \beta_1 X_1 + \beta_2 X_2 + \cdots + \beta_k X_k$$

从公式中可以非常明确地看出,在 Cox 回归模型中,回归系数 β 的实际含义是:当变量 X 改变一个单位时,引起的死亡风险改变倍数的自然对数值。

然后利用风险函数和生存函数的关系式:

$$S(t) = \exp[-\int_0^t h(t)dt]$$

即可推导出生存函数的公式:

$$S(t) = \exp[-\int_0^t h_0(t)\exp(b_1 X_1 + b_2 X_2 + \cdots + b_p X_p)dt]$$

需要注意的是,正如回归分析需要满足一定条件一样,Cox 回归模型也需要满足相应的假设条件。第一个假设条件是,观察值应是独立的;第二个假设条件是,风险比应是时间恒定值,也就是说各个样本观测值风险比例不应随时间变化,也被称为呈比例的风险假设。如果呈比例的风险假设不成立,就需要使用 SPSS 中含依时协变量的 Cox 过程(本书中限于篇幅不再讲解);如果没有协变量或者只有一个分类协变量,则可以使用寿命表或 Kaplan-Meier 过程检查样本的生存或风险函数,如果样本中没有已审查的数据(每个样本观测值都出现期间终结),可以使用线性回归过程对预测变量和时间事件之间的关系进行建模。

16.3.2 SPSS 操作

本小节用于分析的数据是数据 16.3。限于篇幅,不再展示该数据文件的数据视图和变量视图,读者可自行打开相关源文件观察。数据 16.3 记录的是 1398 位病人的生存数据,旨在研究年龄、是否吸烟、是否做康复训练、住院时间、性别与其生存时间之间的关系。下面使用 Cox 回归分析法分析年龄、是否吸烟、是否做康复训练、住院时间对生存时间的影响方向以及影响关系是否显著,SPSS 操作如下:

步骤01 打开数据 16.3,选择"分析"→"生存分析"→"Cox 回归"命令,弹出"Cox 回归"对话框,如图 16.33 所示。在"Cox 回归"对话框左侧的变量列表栏中选择"生存时间"变量,单击➡按钮,移到右侧的"时间"变量框中,作为时间变量;选择"状态"变量,单击➡按钮,移到右侧的"状态"变量框中，作为状态变量；选择"年龄""吸烟""康复训练""住院时间"4 个变量，单击 按钮，移到右侧的"协变量"变量框中，作为协变量，其他采用系统默认设置。

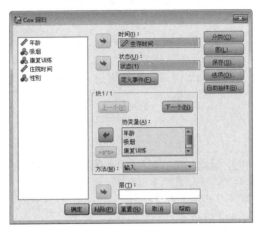

图 16.33 "Cox 回归"对话框

对话框深度解读

- "块 1/1"列表框可以设置多个块，也就是建立多个模型，针对每一个块都会输出一个模型，通过单击"下一个"按钮进行新增，单击"上一个"或"下一个"按钮进行编辑修改。在选择模型中的变量时，不仅可以选择单个变量，也可以设置交互项，具体操作方法是，同时选择具有交互作用的变量，然后单击">a*b>"按钮，选中到"协变量"列表中。在下面的"方法"下拉列表框中可以确定各自变量进入模型的方式，有以下几种方式。

  ➢ 输入。所有自变量将全部进入模型。

  ➢ 向前：有条件。逐步向前选择，其中进入检验是基于得分统计量的显著性，移去检验是基于在条件参数估计基础上的似然比统计的概率。

  ➢ 向前：LR。逐步向前选择，其中进入检验是基于得分统计量的显著性，移去检验是基于在最大局部似然估计的似然比统计的概率。

  ➢ 向前：瓦尔德。逐步向前选择，其中进入检验是基于得分统计量的显著性，移去检验是基于瓦尔德统计的概率。

  ➢ 向后：有条件。逐步向后选择，移去检验是基于在条件参数估计基础上的似然比统计的概率。

  ➢ 向后：LR。逐步向后选择，移去检验是基于在最大局部似然估计的似然比统计的概率。

  ➢ 向后：瓦尔德。逐步向后选择，移去检验是基于瓦尔德统计的概率。

- "层"变量框用于设置分层变量。如果用户进行了设置，则系统将根据分层变量将样本观测值分组，然后在每个分组数据的基础上生成各自的风险函数。需要注意的是，分层变量应是分类变量。

步骤 02 在"Cox 回归"对话框中单击"定义事件"按钮，弹出"Cox 回归：为状态变量定义事件"对话框，如图 16.34 所示。我们在"这些值指示事件已发生"选项组中选择"单值"选项，并在右侧的文本框中输入 1，也就是说将状态变量取值为 1 的样本观测值指示为事件（死亡）已发生，然后单击"继续"按钮，回到"Cox 回归"对话框。

图 16.34　"Cox 回归：为状态变量定义事件"对话框

对话框深度解读

- 单值：将单个值设置为指示事件已发生。例如本例中将状态变量取值为 1 的样本观测值指示为事件（死亡）已发生。
- 值的范围：只有在状态变量类型为数值时，"值的范围"选项才可用。假如状态变量中有 0、1、2、3、4 共 5 种取值，我们在相应的文本框中分别输入值 1 和 3，则将状态变量取值为 1、2、3 的样本观测值指示为事件（死亡）已发生。
- 值的列表：多个取值，且不连续。假如状态变量中有 0、1、2、3、4 共 5 种取值，我们在相应的文本框中分别输入值 1 和 3，则将状态变量取值为 1、3 的样本观测值指示为事件（死亡）已发生。

步骤03 在"Cox 回归"对话框中单击"分类"按钮，弹出"Cox 回归：定义分类协变量"对话框，如图 16.35 所示。我们把"吸烟""康复训练"两个变量从"协变量"列表框中移入"分类协变量"列表框中，其他采用系统默认设置，然后单击"继续"按钮，回到"Cox 回归"对话框。

对话框深度解读

在"Cox 回归：定义分类协变量"对话框中，用户可以详细指定 Cox 回归过程处理分类变量的方式。

- "协变量"列表框：列出了在主对话框中指定的所有协变量，无论是直接指定的协变量还是作为交互的一部分在任何层中指定的协变量。如果其中部分协变量是字符串变量或分类变量，则能将它们用作分类协变量。
- "分类协变量"列表框：列出了标识为分类变量的协变量。可以发现在"分类协变量"列表框中，每个变量名称后面都有一个括号，其中列出了要使用的对比方式（如本例中为指示符）。SPSS 将字符串变量默认为分类变量，字符串变量会默认保存在"分类协变量"列表中。如果是其他类型的变量，则需要用户主动从"协变量"列表中选择并移入"分类协变量"列表中。
- "更改对比"下拉列表框：可以选择以下对比类型。
  - 指示符：指示是否属于参考分类，参考分类在对比矩阵中表示为一排 0。

➢ 简单：除参考类别外，预测变量的每个类别都与参考类别相比较。

➢ 差值：除第一个类别外，预测变量的每个类别都与前面类别的平均效应相比较，也称作逆赫尔默特对比。

➢ 赫尔默特：除最后一类外，预测变量的每个类别都与后面类别的平均效应相比较。

➢ 重复：除第一个类别外，预测变量的每个类别都与它前面的那个类别进行比较。

➢ 多项式：正交多项式对比，假设类别均匀分布。多项式对比仅适用于数值变量。

➢ 偏差：除参考类别外，预测变量的每个类别都与总体效应相比较。

对于"参考类别"，如果选择了偏差、简单、指示符对比方式，则可选择"最后一个"或"第一个"，指定分类变量的第一类或最后一类作为参考类。

步骤 04 在"Cox 回归"对话框中单击"图"按钮，弹出"Cox 回归：图"对话框，如图 16.36 所示。我们选择"生存分析""风险""负对数的对数""一减生存分析函数"复选框，依次输出生存分析函数图、风险函数图、负对数的对数函数图、一减生存分析函数图。其他采用系统默认设置，单击"继续"按钮，回到"Cox 回归"对话框。

图 16.35 "Cox 回归：定义分类协变量"对话框

图 16.36 "Cox 回归：图"对话框

对话框深度解读

- "图类型"选项组：设置选择生成的函数图形。

  ➢ 生存分析：以线性刻度生成累积生存函数图。

  ➢ 风险：以线性刻度生成累积危险函数图。

  ➢ 负对数的对数：输出应用了 ln（-ln）转换之后的累积生存估计曲线。

  ➢ 一减生存分析函数：以线性尺度绘制一减生存函数图。

- "协变量值的绘制位置"框："Cox 回归：图"对话框在默认状态下是以模型中每个协变量的平均值绘制函数图形的，如果用户需要以协变量的其他值绘制函数图形，则需选中"协变量值的绘制位置"框中的一个或多个协变量，然后在"更改值"选项组中选择"值"选项，并在其后的参数框中输入数值，最后单击"变化量"按钮即可。SPSS 会根据用户指定的协变量值绘制其风险函数和生存函数图。

此外，如果选择一个分类协变量进入"针对下列各项绘制单独的线条"框中，SPSS 将按其变量值将数据分成两个或多个分组，对各分组分别绘制函数图，如果指定了层变量，则每层绘制一个图。

步骤 05 在"Cox 回归"对话框中单击"保存"按钮，弹出"Cox 回归：保存"对话框，如图 16.37 所示。本例中我们在"保存模型变量"选项组中选择"生存分析函数""生存分析函数的标准误差""生存分析函数负对数的对数""风险函数""偏残差""DfBeta""X*Beta"等选项，然后单击"继续"按钮，回到"Cox 回归"对话框。

图 16.37　"Cox 回归：保存"对话框

对话框深度解读

"Cox 回归：保存"对话框用于保存 Cox 回归分析新生成的变量，这些变量被保存到当前数据文件中以便使用于后续分析。

- "保存模型变量"选项组：指定需要保存的生存变量。
  - 生存分析函数：保存给定时间的累积剩余函数值，如果没有指定变量名，则自动生成前缀带有 sur 的变量名，如 sur_1、sur_2 等。
  - 生存分析函数的标准误差：保存给定时间的累积剩余函数值的标准错误，如果没有指定变量名，则自动生成前缀带有 se 的变量名，如 se_1、se_2 等。
  - 生存分析函数负对数的对数：保存将 ln（-ln）变换应用于估计之后的累积生存估计，则自动生成的变量名前缀为 lml。
  - 风险函数：保存累积风险函数估计（又称为 Cox-Snell 残差），如果没有指定变量名，自动生成前缀带有 haz 的变量名，如 haz_1、haz_2 等。
  - 偏残差：生成对生存时间的偏残差，以检验呈比例风险的假定，SPSS 为最终模型中的每一个协变量保存一个偏残差变量，在模型中至少含有一个协变量才能生成偏残差，自动生成的变量名前缀为 pr，如 pr1_1、pr1_2、pr2_1 等。
  - DfBeta：在剔除了某个个案的情况下系数的估计更改。选择该项，如果一个样本观测值从模型中被剔除，则估计参数将发生变化，SPSS 为最终模型的每个协变量保存一个不同的参数变量，在模型中至少含有一个协变量才能生成不同的参数，自动生成的变量名前缀为 dfb。

> X*Beta: 保存线性预测变量得分, 它是每个样本观测值以均值为中心的协变量值及其对应的参数估计值的乘积的合计, 如果没有指定变量名, 则 SPSS 自动生成的变量名前缀为 xbe, 如 xbe_1、xbe_2 等。

- "将模型信息导出到 XML 文件" 选项: 用户可使用该选项将参数估计值导出到指定的 XML 格式的文件中, 然后使用该模型文件应用到其他数据文件, 进行预测或评分等。

步骤 06 在 "Cox 回归" 对话框中单击 "选项" 按钮, 弹出 "Cox 回归: 选项" 对话框, 如图 16.38 所示。本例中采用系统默认设置, 然后单击 "继续" 按钮, 回到 "Cox 回归" 对话框, 单击 "确定" 按钮确认。

图 16.38 "Cox 回归: 选项" 对话框

对话框深度解读

- "模型统计" 选项组: 用户可通过设置该选项组获得模型参数的统计量, 包括 Exp(B) 的置信区间和估算值的相关性。用户可以在每一步或者仅在最后一步请求这些统计量。
  > Exp(B)的置信区间: 确定相对风险估计值的置信区间。常用的置信区间为 90%、95%和99%。
  > 估算值的相关性: 显示回归系数估计值的相关系数矩阵。
  > 显示模型信息: 对当前模型显示对数似然统计量、似然比统计量和总体卡方值, 对模型中的变量显示参数估计值及其标准误差、瓦尔德统计量等。
    ◇ 在每个步骤: 在每一步的逐步回归过程中都将显示上述全部统计量。
    ◇ 在最后一个步骤: 仅显示最终回归模型的统计量。
- "步进概率" 选项组: 如果选择了逐步推进方法, 则可指定模型的进入或除去的概率。如果变量进入 F 的显著性水平小于 "进入" 值, 则输入该变量; 如果变量的该显著性水平大于 "除去" 值, 则移去该变量。"进入" 值必须小于 "除去" 值。
- "最大迭代次数" 选项: 允许用户指定模型的最大迭代次数, 用于控制过程求解的时间, 如果达到最大迭代次数, 则迭代过程将终止。
- "显示基线函数" 选项: 允许用户显示协变量均值下的基线风险函数和累积生存。如果指定了依时协变量, 则此显示不可用。

16.3.3　运行结果精解与分析

1. 个案处理摘要

图 16.39 是个案处理摘要,可以在分析中使用的个案总计为 1398 个,其中发生事件的个案有 711 个,占比为 50.9%;检剔后个案有 687 个,占比为 49.1%;已删除的个案为 0 个,具有缺失值的个案、具有负时间的个案、层中最早发生的事件之前检剔后的个案均为 0 个。

2. 分类变量编码

图 16.40 是分类变量编码,吸烟、康复训练均为类别变量。编码之前,针对吸烟分类变量,0 表示不吸烟,1 表示吸烟。针对康复训练变量,0 表示不做康复训练,1 表示做康复训练。编码以后,针对吸烟分类变量,1 表示不吸烟,0 表示吸烟。针对康复训练变量,1 表示不做康复训练,0 表示做康复训练。系统还专门做了提示:由于(0,1)变量已重新编码,因此其系数不会与指示符(0,1)编码的系数相同。

在吸烟分类中,不吸烟的样本有 673 个,吸烟的样本有 725 个;在康复训练分类中,不做康复训练的样本有 623 个,做康复训练的样本有 775 个。

个案处理摘要

		个案数	百分比
可以在分析中使用的个案	事件[a]	711	50.9%
	检剔后	687	49.1%
	总计	1398	100.0%
已删除的个案	具有缺失值的个案	0	0.0%
	具有负时间的个案	0	0.0%
	层中最早发生的事件之前检剔后的个案	0	0.0%
	总计	0	0.0%
总计		1398	100.0%

a. 因变量:生存时间

图 16.39　个案处理摘要

分类变量编码[a,d]

		频率	(1)[c]
吸烟[b]	0=不吸烟	673	1
	1=吸烟	725	0
康复训练[b]	0=不做康复训练	623	1
	1=做康复训练	775	0

a. 类别变量:吸烟
b. 指示符参数编码
c. 由于 (0,1) 变量已重新编码,因此其系数不会与指示符 (0,1) 编码的系数相同。
d. 类别变量:康复训练

图 16.40　分类变量编码

3. 模型系数的 Omnibus 检验原始的对数似然值

图 16.41 给出了模型系数的 Omnibus 检验原始的对数似然值 8989.319。

模型系数的Omnibus 检验

-2 对数似然
8989.319

图 16.41　模型系数的 Omnibus 检验 1

4. 最终模型系数的 Omnibus 检验结果

因为我们前面在回归方法部分选择的是"输入"法,所以直接产生最终模型,图 16.42 便是最终模型系数的 Omnibus 检验结果,其中-2 对数似然值为 4558.999,较对数似然值 8989.319 有了比较大的下降,说明模型的解释能力得到了显著提升。总体(得分)的卡方值为 1668.045,自由度为 4,显著性水平很高(显著性 P 值为 0.000)。

模型系数的 Omnibus 检验[a]

-2 对数似然	总体 (得分)			从上一步进行更改			从上一块进行更改		
	卡方	自由度	显著性	卡方	自由度	显著性	卡方	自由度	显著性
4558.999	1668.045	4	.000	4430.321	4	.000	4430.321	4	.000

a. 起始块号 1,方法 = 输入

图 16.42　模型系数的 Omnibus 检验 2

5. 最终模型方程中的变量

图 16.43 给出了进入模型方程的统计量，从左至右分别为变量名、回归系数、回归系数标准误差、瓦尔德统计量、自由度、显著性水平、相对风险度。可以发现年龄的系数为负（-0.783），且非常显著（显著性 P 值为 0.000），说明年龄越小，生存时间越长，而且这种影响关系是非常显著的；住院时间的系数为负（-4.348），且非常显著（显著性 P 值为 0.000），说明住院时间越短，生存时间越长，而且这种影响关系是非常显著的，但是这种影响可能具有一定的内生性，因为大多数情况下，症状较轻的病人住院时间就会越短，对应的生存时间也可能越长；吸烟的系数为负（-2.776），且非常显著（显著性 P 值为 0.000），由于重新进行了编码，小的数值 0 表示吸烟，大的数值 1 表示不吸烟，因此系数为负说明吸烟的病人生存时间更长一些，这可能是病症较重的病人被严禁吸烟了，吸烟的病人都是轻症者；康复训练的系数为正（2.914），且非常显著（显著性 P 值为 0.000），由于重新进行了编码，小的数值 0 表示做康复训练，大的数值 1 表示不做康复训练，因此系数为正说明不做康复训练的病人生存时间更长一些，这可能是病症较重的病人倾向于做康复训练不断努力，而轻症者不愿意或没有必要做康复训练。

6. 最终模型系数的协变量平均值

图 16.44 给出了所有协变量的平均值。年龄、吸烟、康复训练、住院时间 4 个协变量的平均值分别为 55.523、0.481、0.446、23.754。

方程中的变量

	B	SE	瓦尔德	自由度	显著性	Exp(B)
年龄	-.783	.189	17.063	1	.000	.457
吸烟	-2.776	.573	23.456	1	.000	.062
康复训练	2.914	.259	126.309	1	.000	18.435
住院时间	-4.348	.194	500.018	1	.000	.013

协变量平均值

	平均值
年龄	55.523
吸烟	.481
康复训练	.446
住院时间	23.754

图 16.43 方程中的变量的统计量   图 16.44 协变量均值表

7. 按协变量平均值的系列生存分析函数图

图 16.45 给出了按协变量平均值的生存分析函数图，可以看出随着时间的流逝，累积生存比率会从 1 逐渐下降至 0。其中需要注意的是，该生存分析函数图中生存时间在 600 附近的时候呈现快速下降趋势，说明这个时点对于病人来说非常重要。

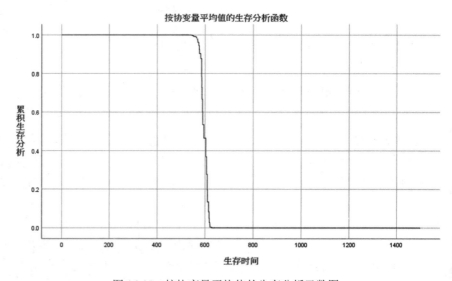

图 16.45 按协变量平均值的生存分析函数图

图 16.46 给出了按协变量平均值的一减生存分析函数图，该图与按协变量平均值的生存分析函数图走势恰好相反。可以看出随着时间的流逝，一减累积生存比率会从 0 逐渐上升至 1。其中需要注意的是，一减生存分析函数图中，生存时间在 600 附近的时候呈现快速上升走势，与按协变量平均值的生存分析函数图中展示的结果一致。

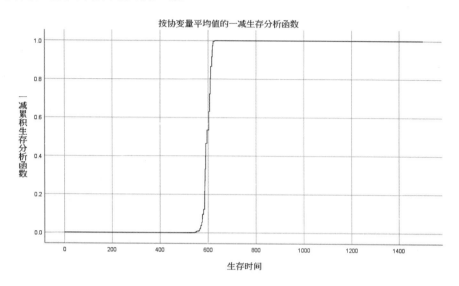

图 16.46 按协变量平均值的一减生存分析函数图

图 16.47 给出了按协变量平均值的风险函数图，可以看出在生存时间小于 600 时，累计风险一直维持在 0，但是在过了 600 以后，几乎呈现直线上升态势。

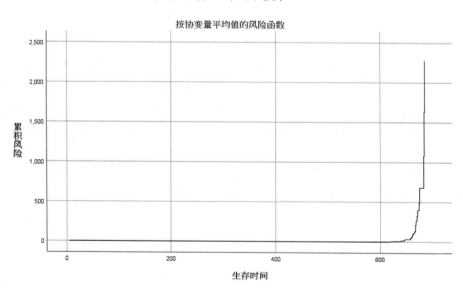

图 16.47 按协变量平均值的风险函数图

图 16.48 给出了按协变量平均值的 LML 函数图，即生成经过 ln（-ln）转换之后的累积生存估计图，可以看出累积生存一直是按照一定斜率上升的。

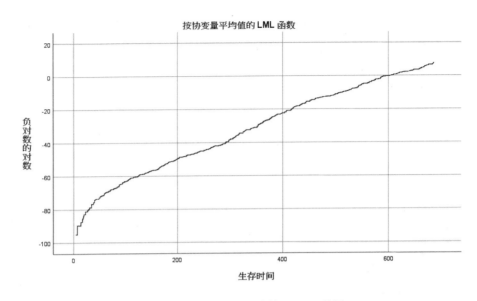

图 16.48 按协变量平均值的 LML 函数图

8. 保存的新变量

因为前面在"保存模型变量"选项组中选择了"生存分析函数""生存分析函数的标准误差""生存分析函数负对数的对数""风险函数""偏残差""DfBeta""X*Beta"等选项,所以系统产生了相应的变量并保存到了相应的数据文件中,限于篇幅不再展示,读者可自行查看。

16.4 本章习题

1. 用于分析的数据是数据 16.1,请仅针对低强度锻炼和中等强度锻炼两种情形进行分析,使用寿命表分析法做出两种锻炼类型下的生存时间表,比较两种锻炼类型下的生存时间是否有显著差异。

2. 用于分析的数据是数据 16.2,请使用 Kaplan-Meier 分析法做出不同药物种类、不同用药时段(注意不再是前面讲解的药物剂量,而是数据文件中的另一个变量)下的生存分析表,比较不同情形下的生存时间是否有显著差异,并写出最终的研究结论。

3. 用于分析的数据是数据 16.3,请使用 Cox 回归分析法分析年龄、性别(注意不再是前面讲解的是否吸烟,而是数据文件中的另一个变量)、是否做康复训练、住院时间对生存时间的影响方向以及影响关系是否显著,并写出最终的研究结论。

第17章

聚类分析

本章主要学习 SPSS 的聚类分析，包括二阶聚类分析、K 均值聚类分析、系统聚类分析 3 种分析方法。聚类分析是根据对象的特征，按照一定的标准对研究对象进行分类，由于研究对象和分析方法的不同，聚类分析也分为不同的种类。按照研究对象的不同，聚类分析分为样本聚类和变量聚类。样本聚类是指针对样本观测值进行分类，将特征相近的样本观测值分为一类，特征差异较大的样本观测值分在不同的类。变量聚类是指针对变量分类，将性质相近的变量分为一类，将性质差异较大的变量分在不同的类。按照分析方法的不同，聚类分析分为二阶聚类分析、K 均值聚类分析、系统聚类分析。

二阶聚类分析的基本思路是首先以距离为依据构造聚类特征树，形成聚类特征树结点，然后通过信息准则确定最优分组个数，并对各个结点进行分组。对很多应用而言，二阶聚类分析是首选方法，该方法的特色是：一是可以针对聚类模型选择测量方式，还可以自动选择最佳聚类数目；二是能够同时根据分类变量和连续变量创建聚类模型；三是能够将聚类模型保存到外部 XML 文件中，然后读取该文件并使用新的数据来更新聚类模型；四是可以分析大数据文件。

系统聚类分析的基本思路是对相近程度最高的两类进行合并，组成一个新类并不断重复此过程，直到所有的个体都归为一类，通常只限于较小的数据文件（要聚类的对象只有数百个），该方法的特色是：一是选择对样本观测值或变量进行聚类；二是能够计算可能解的范围，并为其中的每一个解保存聚类成员；三是有多种方法可用于聚类形成、变量转换以及度量各聚类之间的不相似性；四是只要所有变量的类型相同，"系统聚类分析"过程就可以分析区间（连续）、计数或二值变量。

K 均值聚类分析是一种快速聚类方式，它将数据看作 K 维空间上的点，以距离为标准进行聚类分析，将样本分为指定的 K 类。K 均值聚类分析过程只限于连续数据，要求预先指定聚类数目，但它具有以下独特的功能：一是能够保存每个对象与聚类中心之间的距离；二是能够从外部 SPSS 文件中读取初始聚类中心，并将最终的聚类中心保存到该文件中；三是该过程可以分析大数据文件。

本章教学要点：

- 清楚知晓二阶聚类分析、K 均值聚类分析、系统聚类分析 3 种分析方法的特点，知晓每种方法的适用条件。

- 熟练掌握二阶聚类分析、K 均值聚类分析、系统聚类分析 3 种分析的窗口功能，根据研究需要灵活进行窗口设置，开展聚类分析。

● 能够对各种聚类分析的结果进行解读，从中发现数据特征，得出研究结论。

17.1 二阶聚类分析

	下载资源：可扫描旁边二维码观看或下载教学视频
	下载资源：\sample\数据 17\数据 17.1

17.1.1 统计学原理

二阶聚类分析主要包括两步：首先以距离为依据构造聚类特征树，形成聚类特征树结点；然后通过信息准则确定最优分组个数，并对各个结点进行分组。二阶聚类分析具有能够同时处理分类变量和连续变量、自动选择最优分类个数、大样本数据下表现优异的特点，在分析中具有广泛的应用。比如电商平台使用积累的消费者数据，定期或实时对消费者进行画像，基于客户的购买习惯、性别、年龄、收入水平等行为特征应用聚类技术判定消费者类别，进而为每个客户群体设计独特的营销和产品开发战略等。

17.1.2 SPSS 操作

本小节用于分析的数据是数据 17.1，记录的是某劳动密集型行业多家公司人力资本回报率、人均薪酬、门店个数、员工人数、是否上市公司、资产规模等数据。限于篇幅，不再展示该数据文件的数据视图和变量视图，读者可自行打开相关源文件观察。下面我们以人力资本回报率、人均薪酬、门店个数、员工人数、是否上市公司 5 个变量对所有样本观测值开展二阶聚类分析。

步骤 01 在菜单栏中选择"分析"→"分类"→"二阶聚类"命令，打开如图 17.1 所示的"二阶聚类分析"对话框。从源变量列表框中选择分类变量，选入"分类变量"列表框中，本例中为"是否上市公司"；从源变量列表框中选择参与聚类分析的连续变量，选入"连续变量"列表框中，本例中为"人力资本回报率""人均薪酬""门店个数""员工人数"。其他项采用系统默认设置。

图 17.1 "二阶聚类分析"对话框

- "距离测量"选项组：用于设置距离的测量方法，包括以下选项。
  - ➤ 对数似然：系统使用对数似然距离。
  - ➤ 欧氏：系统使用欧式距离，欧式距离的选择必须以所有变量都是连续变量为前提，本例就不满足这一必要条件。
- "聚类数目"选项组：用于设置聚类的数量，包括以下选项。
  - ➤ 自动确定：系统自动选择最优的聚类数量，默认的最大聚类数目是15。
  - ➤ 指定固定值：用户自定义聚类数量。
- "连续变量计数"选项组：显示对连续变量进行标准化处理的相关信息。
- "聚类准则"选项组：用于设置确定最优聚类数量的准则，用户可以选择施瓦兹贝叶斯准则或赤池信息准则。

步骤02 单击"选项"按钮，弹出如图 17.2 所示的"二阶聚类：选项"对话框。本例中采用系统默认设置，单击"继续"按钮返回主对话框。

图 17.2　"二阶聚类：选项"对话框

- "离群值处理"选项组：用于设置当聚类特征树填满的情况下对离群值的处理方式。如果选中"使用噪声处理"复选框，系统会将离群值合并为一个单独的"噪声"叶，然后重新执行聚类特征树的生长过程。用户可以在"百分比"文本框中设置离群值的判定标准。
- "内存分配"选项组：用于设置聚类过程中所占用的最大内存数量，溢出的数据将调用硬盘作为缓存来进行存储。
- "连续变量标准化"选项组：用于设置一个变量是否进行标准化处理。用户可以选择那些已经是或者假定是标准化的变量，单击 按钮将其选入"假定标准化计数"列表框中，表示不再对它们进行标准化处理，以节省处理时间。
- "高级"按钮：单击该按钮会展开高级选项，主要用于设置聚类特征数的调整准则。

步骤03 单击"输出"按钮，打开如图 17.3 所示的"二阶聚类：输出"对话框。本例中在"输出"选项组中选择"图表和表"选项，在"工作数据文件"中选择"创建聚类成员变量"选项，其他采用系统默认设置，单击"继续"按钮返回主对话框。

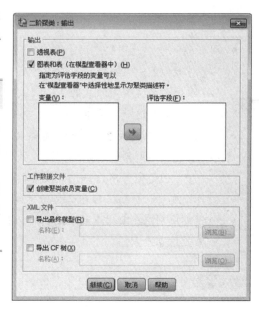

对话框深度解读

- "工作数据文件"选项组：该选项组用于结果保存的设置，如选中"创建聚类成员变量"复选框，聚类结果将作为变量保存。
- "XML 文件"选项组：用户可以通过设置该选项组，以 XML 文件的格式导出最终聚类模型或聚类特征树。

17.1.3　运行结果精解与分析

1. 模型概要和聚类质量

图 17.3　"二阶聚类：输出"对话框

图 17.4 给出了二阶聚类的模型概要和聚类质量（若结果输出中没有图 17.6 右侧的饼图，可针对结果图进行双击，即可弹出该饼图）。从模型概要可以看出，算法采用的是两步法，输出 5 个变量，聚类数为 2。从聚类质量可以看出，模型质量处于良好区间内，模型的质量还是不错的，双击"模型概要和聚类质量"图即可显示出右半部分的模型查看器，可以发现所有样本观测值被划分为两类，小类中有 10 个样本，占比 45.5%，大类中有 12 个样本，占比 54.5%，大类与小类的样本个数比率为 1.20。

图 17.4　模型概要和聚类质量

2. 样本观测值聚类结果

图 17.5 给出了样本观测值聚类结果，在原始数据中新建了变量 TSC_9503，展示了样本观测值具体归属于哪一类，比如第一个样本归属于第 2 类，第 2 个样本归属于第 1 类，等等。

	门店个数	员工人数	是否上市公司	资产规模	TSC_9503	变量
1	351	9077	0	110.29	2	
2	202	5088	1	61.82	1	
3	521	9212	0	111.93	2	
4	168	6423	1	78.04	1	
5	192	3300	1	40.10	1	
6	111	1127	1	13.69	1	
7	1705	7642	0	92.86	2	
8	245	13082	0	158.96	2	
9	456	8406	0	102.14	2	
10	197	3455	0	41.98	1	
11	376	17441	0	211.92	2	
12	457	6154	0	74.78	2	

图 17.5　样本观测值聚类结果

17.2　K 均值聚类分析

 下载资源：可扫描旁边二维码观看或下载教学视频

　　　　　下载资源：\sample\数据 17\数据 17.2

17.2.1　统计学原理

　　K 均值聚类分析的统计学原理是：首先指定聚类的个数并按照一定的规则选取初始聚类中心，让个案向最近的聚类中心靠拢，形成初始分类，然后按最近距离原则不断修改不合理的分类，直至合理为止。比如用户选择 x 个数值型变量参与聚类分析，最后要求聚类数为 y，那么将由系统首先选择 y 个个案（当然也可由用户指定）作为初始聚类中心，x 个变量组成 x 维空间。每个个案在 x 维空间中是一个点，y 个事先选定的个案就是 y 个初始聚类中心点。然后系统按照距这几个初始聚类中心距离最小的原则把个案分派到各类中心所在的类中去，构成第一次迭代形成的 y 类。然后系统根据组成每一类的个案计算各变量均值，每一类中的 x 个均值在 x 维空间中又形成 y 个点，这就是第二次迭代的聚类中心，按照这种方法依次迭代下去，直到达到指定的迭代次数或达到终止迭代的要求时，迭代停止，形成最终聚类中心。K 均值聚类法计算量小、占用内存少并且处理速度快，因此比较适合处理大样本的聚类分析。

17.2.2　SPSS 操作

本小节用于分析的数据是数据 17.2，数据为《中国 2019 年分地区连锁餐饮企业基本情况统计》，摘编自《中国统计年鉴 2020》。限于篇幅，不再展示该数据文件的数据视图和变量视图，读者可自行打开相关源文件观察。下面我们以门店总数、营业额、商品购进总额、餐位数 4 个变量对所有样本观测值开展 K 均值聚类分析，SPSS 操作如下：

步骤 **01** 打开数据 17.2，选择"分析"→"分类"→"K 均值聚类"命令，弹出"K 均值聚类分析"对话框，如图 17.6 所示。在左侧变量栏中分别选择门店总数、营业额、商品购进总额、餐位数 4 个变量进入右侧的"变量"列表框中，选择地区作为个案标注依据进入"个案标记依据"栏中。"聚类数"框中可以确定分类数，本例中我们计划分为 3 类，所以在其中输入 3，当然用户完全可以根据具体研究需要自行设置。其他项采用系统默认设置。

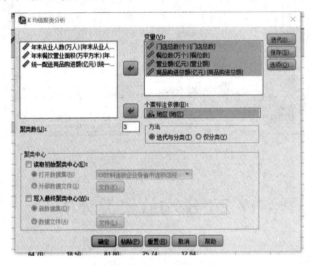

图 17.6　"K 均值聚类分析"对话框

对话框深度解读

- "方法"选项组，用于选择聚类方法，包括以下选项。
  - 迭代与分类：进行迭代，使用 K 均值算法不断计算类中心，并根据结果更换类中心，把样本观测值分配到与之最近的类中去。
  - 仅分类：根据初始聚类中心进行聚类，在聚类过程中不改变聚类中心。
- "聚类中心"选项组，包括以下选项。
  - 读取初始聚类中心：选择此项并单击下方"外部数据文件"后的"文件"按钮，打开"选择文件"对话框，可在其中选择事先保存的初始聚类中心数据的文件，该文件中的样本观测值将作为当前聚类分析的初始聚类中心。
  - 写入最终聚类中心：选择此项并单击下方"数据文件"后的"文件"按钮，打开"保存文件"对话框，在其中指定路径和文件名，将当前聚类分析的最终聚类中心数据保存到该文件中，提供给别的样本做聚类分析时的初始聚类中心。

步骤02 单击"迭代"按钮，弹出"K-均值聚类分析：迭代"对话框，如图 17.7 所示。本例中采用系统默认设置，然后单击"继续"按钮，回到"K 均值聚类分析"对话框。

对话框深度解读

- "最大迭代次数"中可以输入一个正整数，以限定最大迭代次数，系统默认值为 10。
- "收敛准则"中可以输入一个不超过 1 的正数作为判定迭代收敛的标准，默认的收敛标准值为 0，表示当两次迭代计算的聚类中心之间距离的最大改变量小于初始聚类中心间最小距离的 0% 时终止迭代。
- "使用运行平均值"表示在迭代过程中，当每个样本观测值被分配到一类后，随即计算新的聚类中心，并且数据文件中样本观测值的次序可能会影响聚类中心。若不选择此项，则在所有样本观测值分配完成后再计算各类的聚类中心，可以节省迭代时间。

步骤03 单击"保存"按钮，弹出"K-均值聚类：保存新变量"对话框，如图 17.8 所示。勾选"聚类成员""与聚类中心的距离"两个选项，单击"继续"按钮，回到"K 均值聚类分析"对话框。

图 17.7 "K-均值聚类分析：迭代"对话框　　图 17.8 "K-均值聚类：保存新变量"对话框

对话框深度解读

"K-均值聚类：保存新变量"对话框用于选择保存新变量的方式。

- 聚类成员：保存一个名为 QCL_1 的新变量，其值为各样本观测值最终聚类的类别。
- 与聚类中心的距离：在工作文件中建立一个名为 QCL_2 的新变量，其值为各样本观测值与所属最终聚类中心之间的欧氏距离。

步骤04 单击"选项"按钮，弹出"K 均值聚类分析：选项"对话框，如图 17.9 所示。勾选"统计"选项组中的"初始聚类中心""ANOVA 表""每个个案的聚类信息"3 个选项，缺失值处理采用系统默认设置。单击"继续"按钮，回到"K 均值聚类分析"对话框，单击"确定"按钮确认。

图 17.9 "K 均值聚类分析：选项"对话框

对话框深度解读

- "统计"选项组：用于指定输出统计量值。
  - ➤ 初始聚类中心：输出初始聚类中心表。
  - ➤ ANOVA 表：输出方差分析表。
  - ➤ 每个个案的聚类信息：输出每个样本观测值的聚类信息，包括各样本观测值最终被聚入的类别、各样本观测值与最终聚类中心之间的欧氏距离以及各最终聚类中心相互之间的欧氏距离。
- "缺失值"选项组：用于指定缺失值处理方式。
  - ➤ 成列排除个案：排除聚类分析变量中有缺失值的样本观测值。
  - ➤ 成对排除个案：凡聚类分析变量中有缺失值的样本观测值全部予以剔除。

17.2.3 运行结果精解与分析

1. 初始聚类中心、迭代历史记录

图 17.10 给出了初始聚类中心，因为本例中我们没有指定聚类的初始聚类中心，所以图中作为聚类中心的样本观测值是由系统确定的。图 17.11 是迭代历史记录，由于没有指定迭代次数或收敛性标准，因此使用系统默认值：最大迭代次数为 10，收敛性标准为 0。本例聚类过程执行 3 次迭代后，由于聚类中心中不存在变动或者仅有小幅变动，因此实现了收敛。任何中心的最大绝对坐标变动为 0.000，当前迭代为 3，初始中心之间的最小距离为 2027.260。

初始聚类中心

	聚类		
	1	2	3
门店总数(个)	7008.00	2028.00	6.00
营业额(亿元)	399.25	137.91	.67
商品购进总额(亿元)	107.04	44.65	.15
餐位数(万个)	48.90	22.10	.10

图 17.10 初始聚类中心

迭代历史记录[a]

迭代	聚类中心中的变动		
	1	2	3
1	709.953	493.823	323.466
2	.000	77.360	37.259
3	.000	.000	.000

a. 由于聚类中心中不存在变动或者仅有小幅变动，因此实现了收敛。任何中心的最大绝对坐标变动为 .000。当前迭代为 3。初始中心之间的最小距离为 2027.260。

图 17.11 迭代历史记录

2. 聚类成员、最终聚类中心

图 17.12 和图 17.13 分别给出了每个样本观测值的聚类成员和最终聚类中心。关于聚类成员，以第一个样本观测值北京为例，该样本被划分到了第 1 类，与最终聚类中心之间的距离是 201.091。关于最终聚类中心，通过观察 3 个最终聚类中心门店总数、营业额、商品购进总额、餐位数的变量表现特征，不难发现第 1 类的特征是门店总数、营业额、商品购进总额、餐位数 4 个变量的数值都很大，第 2 类居中，第 3 类最小。

聚类成员

个案号	地区	聚类	距离
1	北京	1	201.091
2	天津	3	522.562
3	河北	3	269.135
4	山西	3	181.964

图 17.12　聚类成员（仅显示部分）

最终聚类中心

	聚类		
	1	2	3
门店总数(个)	6298.67	1458.71	291.61
营业额(亿元)	414.67	94.64	18.22
商品购进总额(亿元)	131.91	36.28	6.92
餐位数(万个)	53.67	18.13	3.27

图 17.13　最终聚类中心

3. 最终聚类中心之间的距离、ANOVA 表

图 17.14 和图 17.15 分别显示的是最终聚类中心之间的距离和 ANOVA 表。最终聚类中心之间的距离是指最后确定的 3 个最终聚类中心相互之间的差距。关于 ANOVA 表，由于已选择聚类以使不同聚类中样本观测值之间的差异最大化，因此 F 检验只应该用于描述目的，实测显著性水平并未因此进行修正，无法解释为针对"聚类平均值相等"这一假设的检验，参考价值不大。

最终聚类中心之间的距离

聚类	1	2	3
1		4851.594	6021.632
2	4851.594		1170.065
3	6021.632	1170.065	

图 17.14　最终聚类中心之间的距离

ANOVA

	聚类		误差			
	均方	自由度	均方	自由度	F	显著性
门店总数(个)	46645195.81	2	128757.535	25	362.272	.000
餐位数(万个)	3419.109	2	25.492	25	134.125	.000
营业额(亿元)	203110.326	2	754.549	25	269.181	.000
商品购进总额(亿元)	20431.949	2	214.369	25	95.312	.000

由于已选择聚类以使不同聚类中个案之间的差异最大化，因此 F 检验只应该用于描述目的。实测显著性水平并未因此进行修正，所以无法解释为针对"聚类平均值相等"这一假设的检验。

图 17.15　ANOVA 表

4. 每个聚类中的个案数目

图 17.16 显示的是每个聚类中的个案数目，可以发现第 1 类、第 2 类、第 3 类的样本观测值分别为 3 个、7 个、18 个。

每个聚类中的个案数目

聚类	1	3.000
	2	7.000
	3	18.000
有效		28.000
缺失		.000

图 17.16　每个聚类中的个案数目

5. 保存的聚类成员、与聚类中心的距离

由于我们在前面的"*K*-均值聚类：保存新变量"对话框勾选了"聚类成员""与聚类中心的距离"复选框，所以系统保存了相应的变量进入数据文件中，其中 QCL_1 对应的是"聚类成员"变量，记录了每个样本观测值对应的聚类类别，QCL_2 对应的是"与聚类中心的距离"，记录了每个样本观测值与最终聚类中心之间的距离，如图 17.17 所示。

图 17.17　保存的聚类成员、与聚类中心的距离

17.3　系统聚类分析

下载资源：可扫描旁边二维码观看或下载教学视频	
下载资源：\sample\数据 17\数据 17.2	

17.3.1　统计学原理

系统聚类分析的统计学原理是：根据选定的特征来识别相对均一的个案（变量）组，使用的算法是开始将每个个案（或变量）都视为一类，然后根据类与类之间的距离或相似程度将最近的类加以合并，再计算新类与其他类之间的相似程度，并选择最相似的加以合并，这样每合并一次就减少一类，不断继续这一过程，直至剩下一个类别。常用的分层聚类方法包括组间连接、组内连接、最近邻元素、最远邻元素、质心聚类、中位数聚类、瓦尔德法等。

17.3.2　SPSS 操作

本小节用于分析的数据还是数据 17.2。下面以门店总数、营业额、商品购进总额、餐位数 4 个变量对所有样本观测值开展系统聚类分析，SPSS 操作如下：

打开数据 17.2，选择"分析"→"分类"→"系统聚类"命令，弹出"系统聚类分析"对话框，如图 17.18 所示。在左侧变量栏中分别选择门店总数、营业额、商品购进总额、餐位数 4 个变量，单击 ➡ 按

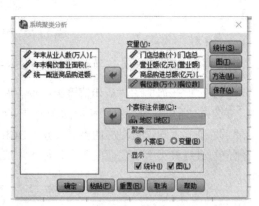

图 17.18　"系统聚类分析"对话框

钮，移到右侧的"变量"列表框中，选择地区变量，单击下面的 ➡ 按钮，移入"个案标注依据"栏中，作为个案标注依据，其他项采用系统默认设置。

对话框深度解读

- "聚类"选项组可以选择聚类类型，有以下选项：
  - ➤ "个案"计算样本观测值之间的距离，进行样本观测值聚类。
  - ➤ "变量"计算变量之间的距离，进行变量聚类。
- "显示"选项组可以选择显示内容，有以下选项：
  - ➤ "统计"显示统计量值，如果不选此项，"系统聚类分析"对话框右侧的"统计"按钮将被关闭。
  - ➤ "图"显示图形，如果不选此项，"系统聚类分析"对话框右侧的"图"按钮将被关闭。

步骤 02 单击"统计"按钮，弹出"系统聚类分析：统计"对话框，如图 17.19 所示。我们选择"集中计划""近似值矩阵"选项，在"聚类成员"选项组中选择"单个解"并且在其后的"聚类数"中输入 3，设置完成后单击"继续"按钮返回主对话框。

对话框深度解读

- "集中计划"复选框：输出一张概述聚类进度的表格，反映聚类过程中每一步样本观测值（针对按个案合并方法）或变量（针对按变量合并方法）的合并情况。
- "近似值矩阵"复选框：显示各样本观测值（针对按个案合并方法）或变量（针对按变量合并方法）间的距离。
- "聚类成员"选项组，包括以下选项。
  - ➤ 无：没有样本观测值（针对按个案合并方法）或变量（针对按变量合并方法）的归属类别。
  - ➤ 单个解：选择此选项并在下方的"聚类数"文本框中指定一个大于 1 的整数 N，则系统将各样本观测值（针对按个案合并方法）或变量（针对按变量合并方法）分为 N 类，并列出每个项的归属类别。
  - ➤ 解的范围：选择此选项并在下方的"最小聚类数"和"最大聚类数"两个文本框中分别输入两个数值 X 和 Y，系统将会把样本观测值（针对按个案合并方法）或变量（针对按变量合并方法）从 $X \sim Y$ 进行各种分类，并列出每种分类数下每个项的归属类别。

  本例中我们在"聚类成员"选项组中选择"单个解"并且在其后的"聚类数"中输入 3，系统就会输出将所有样本观测值分为 3 类的情形下，每个样本观测值的归属类别情况。

步骤 03 单击"图"按钮，弹出"系统聚类分析：图"对话框，如图 17.20 所示，我们选择"谱系图"选项，并且在"冰柱图"选项组中选择"全部聚类"，在"方向"选项组中选择"垂直"，设置完成后单击"继续"按钮返回主对话框。

图 17.19 "系统聚类分析：统计"对话框   图 17.20 "系统聚类分析：图"对话框

对话框深度解读

- "谱系图"复选框：输出反映聚类结果的龙骨图。
- "冰柱图"选项组，包括以下选项。
  - ➤ 全部聚类：显示全部聚类结果的冰柱图。
  - ➤ 指定范围内的聚类：限制聚类解范围，在下面的"开始聚类""停止聚类""依据"的 3 个小框中分别输入 3 个正整数值，X、Y、Z 表示从最小聚类解 X 开始，以增量 Z 为步长，到最大聚类解 Y 为止。
  - ➤ 无：不输出冰柱图。
- "方向"选项组：选择输出冰柱图的方向，有"垂直"（垂直冰柱图）和"水平"（水平冰柱图）两种。

步骤 04 单击"方法"按钮，弹出"系统聚类分析：方法"对话框，如图 17.21 所示。本例中选择系统默认设置，然后单击"继续"按钮，回到"系统聚类分析"对话框。

对话框深度解读

- "聚类方法"下拉列表：用于选择聚类方法，包括以下选项。
  - ➤ 组间连接：合并两类使得两类间的平均距离最小。
  - ➤ 组内连接：合并两类使得合并后的类中所有项间的平均距离最小。
  - ➤ 最近邻元素：也称为最近距离法，定义类与类之间的距离为两类中最近的样品之间的距离。
  - ➤ 最远邻元素：也称为最远距离法，定义类与类之间的距离为两类中最远的样品之间的距离。
  - ➤ 质心聚类：定义类与类之间的距离为两类中各样本观测值（针对按个案合并方法）或变量（针对按变量合并方法）的重心之间的距离。
  - ➤ 中位数聚类：定义类与类之间的距离为两类中各样本观测值（针对按个案合并方法）或变量（针对按变量合并方法）的中位数之间的距离。
  - ➤ 瓦尔德法：使类内各样本观测值（针对按个案合并方法）或变量（针对按变量合并方法）的偏差平方和最小，类间偏差平方和尽可能大。
- 关于"测量"选项组、"转换值"选项组、"转换测量"选项组的详细介绍，可参照 11.3

节距离相关分析中的介绍，里面有对各个选项的详细讲解，在此不再赘述。需要特别注意的是，针对"转换值"选项组，在选择标准化方法之后，要在选择框下的两个单选按钮"按变量"和"按个案"中选择一个来施行标准化。

步骤05 单击"保存"按钮，弹出"系统聚类分析：保存"对话框，如图 17.22 所示。该对话框中的"聚类成员"选项组与"系统聚类分析：统计"对话框中的相应选项意义相同。本例中我们还是选择"单个解"，并在"聚类数"中填写 3，与前面的设置保持一致。设置完毕后单击"继续"按钮，返回"系统聚类分析"对话框，单击"确定"按钮确认。

图 17.21 "系统聚类分析：方法"对话框

图 17.22 "系统聚类分析：保存"对话框

17.3.3 运行结果精解与分析

1. 个案处理摘要、近似值矩阵

图 17.23 给出了个案处理摘要，共有 28 个样本观测值参与了分析，没有缺失值，采用的聚类分析方法是平均连接（组间）。

图 17.24 给出了近似值矩阵，显示了各样本观测值之间的距离。

个案处理摘要[a]

个案					
有效		缺失		总计	
个案数	百分比	个案数	百分比	个案数	百分比
28	100.0	0	.0	28	100.0

a. 平均联接（组间）

个案	1:北京	2:天津	3:河北	4:山西
1:北京	.000	28313159.74	37363074.54	36305216.04
2:天津	28313159.74	.000	626772.569	496343.321
3:河北	37363074.54	626772.569	.000	7599.313
4:山西	36305216.04	496343.321	7599.313	.000

图 17.23 个案处理摘要　　　　图 17.24 近似值矩阵（图片过大，仅列示部分）

2. 集中计划

图 17.25 是集中计划，列出了聚类过程中各样本观测值合并的顺序。本例中共有 28 个样本观测值，经过 27 步聚类，所有的样本观测值被合并为一类。表中各列含义如下。

- 阶段：表示聚类阶段，即聚类过程中的第几步。
- 组合聚类：即将聚类 1 与聚类 2 合并。

- 系数：是距离测量系数。
- 首次出现聚类的阶段：聚类 1 与聚类 2 二者皆为 0，表示两个样本观测值的合并；其中一个为 0，另一个不为 0，表示样本观测值与类的合并；二者皆不为 0，表示类与类的合并。
- 下一个阶段：表示下一步再聚类将出现的阶段。

具体来说，本例中第一步，首先将距离最近的 23 号、18 号样本观测值合并为一类 G1，下一阶段的再聚类将出现第 5 步；第二步，将 3 号、21 号样本观测值合并为一类 G2，下一阶段的再聚类同样出现在第 5 步；在第五步中，G1 和 G2 两类（包括 3、18、23、21）四个样本观测值合并为 1 类；其余的合并过程类似。伴随着不断聚类，系数的数值逐渐变大，表明聚类过程开始时，样本观测值或类之间的差异较小，聚类结束时，类与类之间的差异较大。

集中计划

| 阶段 | 组合聚类 | | 系数 | 首次出现聚类的阶段 | | 下一个阶段 |
	聚类 1	聚类 2		聚类 1	聚类 2	
1	18	23	4.132	0	0	5
2	3	21	54.906	0	0	5
3	2	11	118.828	0	0	13
4	7	25	144.369	0	0	10
5	3	18	172.143	2	1	15
6	14	22	228.864	0	0	17
7	4	5	266.385	0	0	10
8	12	26	1129.589	0	0	15
9	10	13	1474.050	0	0	13
10	4	7	1657.817	7	4	12
11	6	14	2476.445	0	0	19
12	4	12	5450.851	10	8	15
13	2	10	5834.246	3	9	19
14	17	24	9080.991	0	0	17
15	3	4	11850.764	5	12	21
16	15	20	13596.207	0	0	20
17	14	17	28824.619	6	14	21
18	8	9	53390.211	0	0	23
19	2	6	55458.487	13	11	24
20	15	19	73663.297	16	0	23
21	3	14	85685.497	15	17	24
22	1	28	133269.147	0	0	25
23	8	15	242810.873	18	20	26
24	2	3	531869.943	19	21	26
25	1	27	1167391.301	22	0	27
26	2	8	1823202.325	24	23	27
27	1	2	33068941.06	25	26	0

图 17.25　集中计划

3. 聚类成员

图 17.26 给出了聚类成员表，根据前面我们将样本观测值分成 3 类的设定，表中列出了最终的聚类成员归属情况：北京、上海、广东为第 1 类，江苏、浙江、湖北、重庆、四川为第 3 类，其他省市为第 2 类。由于我们在前面"系统聚类分析：保存"对话框进行了保存设置，所以系统以默认名为 CLU3_1 的变量将图中的结果保存到当前数据文件中（图中是根据 CLU3_1 变量对样本观测值重新进行排序的结果，读者可按照第 1 章所讲述的方法自行操作）。

聚类成员

个案	3 个聚类
1:北京	1
2:天津	2
3:河北	2
4:山西	2
5:内蒙古	2
6:辽宁	2
7:黑龙江	2
8:江苏	3
9:浙江	3
10:安徽	2
11:福建	2
12:江西	2
13:山东	2
14:河南	2
15:湖北	3
16:湖南	2
17:广西	2
18:海南	2
19:重庆	3
20:四川	3
21:贵州	2
22:云南	2
23:西藏	2
24:陕西	2
25:甘肃	2
26:新疆	2
27:上海	1
28:广东	1

图 17.26　聚类成员

4. 冰柱图

图 17.27 为冰柱图，上侧横坐标表示样本观测值，左侧纵坐标表示可划分的聚类数。每个样本观测值对应一根蓝色长条，28 个样本长条的长度相同。每两个样本长条之间还夹有一根蓝色长条，夹着的长条的长度表示两个观测值的相似度。冰柱图应从图片的最下端开始分析。在冰柱图的最下端，样本长条（蓝色）对应的纵坐标为 27，表示在聚类过程中，首先将 28 个样本划分为 27 类。然后类与类之间的距离由白色间隙间隔开，总共 25 个白色间隙（23 号、18 号和 21 号之间没有白色间隙，归为 1 类），分隔为 25

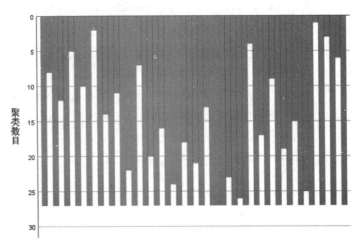

图 17.27　冰柱图

类。然后冰柱图的水面逐渐上升，白色间隙越来越少，越来越多的样本被聚为一类。

5. 谱系图

图 17.28 给出了谱系图，从中可以直观地看出聚类的过程。如果分成两大类，那么下方的上海、广东、北京为一类，其他省市为一类；如果分成三大类，北京、上海、广东为一类，江苏、浙江、湖北、重庆、四川为一类，其他省市为另一类，以此类推。

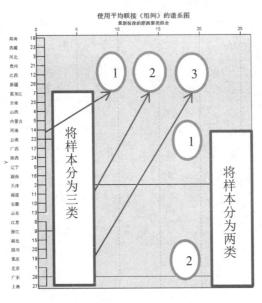

图 17.28　谱系图

17.4　本章习题

1. 用于分析的数据是数据 17.1，请以人力资本回报率、人均薪酬、门店个数、资产规模、是否上市公司 5 个变量对所有样本观测值开展二阶聚类分析。

2. 用于分析的数据是数据 17.2，请以门店总数、年末从业人数、年末餐饮营业面积、统一配送商品购进额 4 个变量对所有样本观测值开展 K 均值聚类分析。

3. 用于分析的数据是数据 17.2，请以门店总数、年末从业人数、年末餐饮营业面积、统一配送商品购进额 4 个变量对所有样本观测值开展系统聚类分析。

第18章

决策树分析与判别分析

决策树分析与判别分析都是 SPSS 分析模块中分类分析的重要方法。其中决策树分析是很多预测数据挖掘应用程序的首选工具,在基础过程复杂的应用程序中特别有用。例如,将决策树建模技术应用到小额快贷大数据审批中,给提出申请的客户进行评分以获取其拟违约的概率,从而判断业务风险;应用到房地产客户营销中,根据客户的基本特征判断其购买的能力和意愿,从而更加合理地配置营销资源;应用到手机游戏推广中,根据用户的上网习惯数据判断用户可能会试用或购买游戏的概率,从而可以针对目标群体精准推送游戏广告。判别分析是在分类确定的条件下,根据某一研究对象的各种特征值判别其类型归属问题的一种多变量统计分析方法。当我们得到一个全新的样本观测值时,要确定该样本观测值具体属于已知类型的哪一类,该问题就属于判别分析的范畴。

本章教学要点:

● 清楚知晓决策树分析、判别分析两种分析方法的特点,知晓每种方法的适用条件。

● 熟练掌握决策树分析、判别分析两种分析的窗口功能,根据研究需要灵活开展分析。

● 能够对决策树分析、判别分析两种分析的结果进行解读,从中发现数据特征,得出研究结论。

18.1　决策树分析

| 下载资源:可扫描旁边二维码观看或下载教学视频 |
| 下载资源:\sample\数据 18\数据 18.1 |

18.1.1　统计学原理

SPSS 专门设计了"分析"→"分类"→"决策树"模块,该模块可以完成以下功能:一是在所有参与分析的样本中,找出可能成为目标组成员,比如购买者或优质客户的样本;二是针对所有参与分析的样本，划分为几个不同的类别，比如高风险组、中等风险组和低风险组；三是创建模型规则并使用它来预测将来的事件，如某小额快贷申请者将来发生违约或某新注册会员将来成为 VIP 客户的可能性；四是数据降维和变量筛选，从总体的大变量集中选择有用的预测变量子集，以用于构建正式的参数模型；五是交互确定，确定仅与特定子组有关的关系，并在正式的参数模型中指定这些关系；六是类别合并或将连续变量进行离散化，以最小的损失信息对组预测类别或连续变量进行重新编码，比如将连续的年龄值分为小孩、年轻人、中年人、老年人等。简单来说，"决策树"建模技术通过创建基于树的分类模型，为探索性和证实性分类分析提供验证工具。它既可以有效地将参与分析的样本分为若干类，也可以根据自变量（预测变量）的值预测因变量（目标变量）的值。

18.1.2　SPSS 操作

本小节以数据 18.1 为例讲解，限于篇幅，不再展示该数据文件的数据视图和变量视图，读者可自行打开相关源文件观察。数据 18.1 记录的是某在线小额贷款金融公司 2200 个存量客户的信息数据（数据为虚拟数据，不涉及客户隐私）。下面我们以"年龄""贷款收入比""名下贷款笔数""教育水平""是否为他人提供担保"5 个变量为自变量，以"信用情况"为因变量，开展决策树分析，SPSS 操作如下：

步骤01 打开数据 18.1，选择"分析"→"分类"→"决策树"命令，弹出"决策树"对话框，如图 18.1 所示。

系统提示"使用此对话框之前，应该为分析中的每个变量正确设置测量级别。此外，如果因变量是分类变量，那么应该为每个类别定义值标签"。如果用户确定已经为分析中的每个变量正确设置了测量级别，那么直接单击"确定"按钮就可以定义模型；如果用户认为还需要对分析中的变量进行测量级别方面的重新设置，那么需要单击"定义变量属性"按钮，进入下一个对话框，对变量属性进行重新定义。在"决策树"对话框的右下角还有一个复选框"不再显示此对话框"，如果用户勾选此复选框，那么在下一次选择"分析"→"分类"→"决策树"命令时，将不再弹出"决策树"对话框。

图 18.1　"决策树"对话框

本例中我们单击"定义变量属性"按钮，弹出如图 18.2 所示的"定义变量属性"对话框 1。以是否违约变量为例，将其从左侧的"变量"列表框中选入右侧的"要扫描的变量"列表框中。然后我们可以对扫描的个案数目进行限制（通常用户观测样本值很多，比如几百万条数据，为节省时间，通常需要限制），具体方法是勾选"定义变量属性"对话框下方的"将扫描的个案数目限制为"复选框，并在后面的文本框中输入具体的限制数据。我们还可以设置显示的值数目，具体方法是勾选"定义变量属性"对话框下方的"将显示的值数目限制为"复选框，并在后面的文本框中输入具体的限制数据。本例中因为我们的样本观测值并不是特别多，所以保持系统默认设置即可。

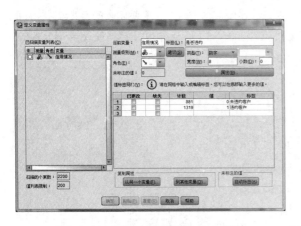

图 18.2　"定义变量属性"对话框 1

设置完成后单击"继续"按钮，即可弹出如图 18.3 所示的"定义变量属性"对话框 2。

在如图 18.3 所示的"定义变量属性"对话框 2 中，我们可以看出"已扫描变量列表"中和"当前变量"文本框中均为"信用情况"，变量标签为"是否违约"，测量级别为初始设置的"名义"。扫描的个案数为 2200，值列表限制为 200，但本例中由于我们进行了值标签操作，因此其实只有两个数值，即 0 与 1，其中 1 表示违约客户，计数为 1319，0 表示未违约客户，计数为 881。单击"测量级别"旁边的"建议"按钮，即可弹出如图 18.4 所示的"定义变量属性：建议测量级别"对话框。可以看到"变量"文本框显示为"信用情况"，"当前测量级别"文本框显示为"名义"，"建议级别"文本框也是显示为"名义"，并且系统有说明建议依据，即"信用情况仅具有值 1 或 2"。

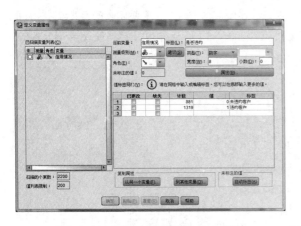

图 18.3　"定义变量属性"对话框 2

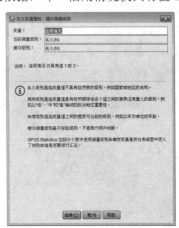

图 18.4　"定义变量属性：建议测量级别"对话框

然后单击"继续"按钮，即可打开"定义变量属性"对话框 3。此处为了演示，把变量信用状况的测量级别改为"有序"，如图 18.5 所示。当我们针对"信用情况"变量将"测量级别"下拉框中的"名义"改为"有序"后，左侧的"已扫描变量列表"中测量列的符号变为 ![图标]，即有序。然后单击"确定"按钮，即可完成操作。

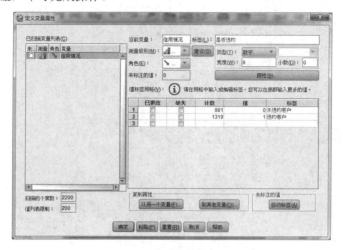

图 18.5 "定义变量属性"对话框 3

步骤 02 选择"分析"→"分类"→"决策树"命令，弹出"决策树"对话框，如图 18.6 所示。首先从左侧的"变量"列表框中选取相应的变量进入"因变量"和"自变量"。决策树分析建模过程因变量只有一个，我们选择"是否违约"变量进入"因变量"列表框。选择"年龄""贷款余额/年收入水平""名下贷款笔数""教育水平""是否为他人提供担保"变量进入"自变量"列表框。对话框有"强制第一个变量"复选框，如果我们选中该复选框，那么系统将强制自变量列表中的第一个变量（本例中为年龄）作为第一个拆分变量进入决策树模型。本例中我们保持系统默认设置。"影响变量"文本框用来选择定义个案对树生长过程影响程度的变量。针对该"影响变量"，影响值较低的个案影响较小，而影响值较高的个案影响较大。影响变量值必须为正。本例中保持系统默认设置。

步骤 03 在图 18.6 所示的"决策树"对话框中的"因变量"列表框下方有一个"类别"按钮，单击该按钮，即可弹出如图 18.7 所示的"决策树：类别"对话框。用户可以在其中指定所需的因变量目标类别。目标类别不影响树模型本身，但某些输出和选项仅在已选择目标类别后才变得可用。本例中我们对于违约客户更加感兴趣，所以勾选"违约客户"复选框作为目标因变量类别。

图 18.6 "决策树"对话框

图 18.7 "决策树：类别"对话框

步骤 04 单击"继续"按钮返回"决策树"对话框, 在"生长法"下拉菜单中选择 CRT 生长法。

对话框深度解读

SPSS 新版本提供了以下 4 种生长法。

- CHAID 生长法: 原理是卡方自动交互检测。在每一步都选择与因变量有最强交互作用的自变量 (预测变量), 如果依据这一预测变量划分的类别与因变量实际类别不存在显著不同, 那么将合并这些类别。

- 穷举 CHAID 生长法: CHAID 生长法的一种修改版本, 该方法将检查每个预测变量所有可能的拆分。

- CRT 生长法: 原理是将数据拆分为若干尽可能与因变量同质的段。所有个案中因变量值相同的终端节点是同质节点。

- QUEST 生长法: 具有快速、无偏、有效的特点, 特色在于是一种快速方法, 还可避免其他方法对具有许多类别的预测变量的偏好。但是只有在因变量是名义变量时才能指定 QUEST。

步骤 05 在如图 18.6 所示的"决策树"对话框中单击"输出"按钮, 即可弹出如图 18.8 所示的"决策树: 输出"对话框。可用的输出选项取决于生长法、因变量的测量级别和其他设置。以本节所使用的案例为例, 当前展示的"决策树: 输出"对话框中有 4 个选项卡, 分别是"树""统计""图""规则"。默认的展示界面是"树"选项卡。我们在"树"选项卡中勾选"树"复选框, 其中显示方向选择从上至下 (根节点在顶部), 节点内容选择"表", 标度选择"自动 (减小大型树的标度)", 勾选"自变量统计信息""节点定义""使用表格式的树"复选框。

对话框深度解读

- "树"复选框: 如果选择"树"复选框, 系统将输出决策树的树形图, 并根据"显示"选项组的提示对树的外观进行针对性的设置。

  - "方向"选项组表示决策树的显示方向, 可以从上至下 (根节点在顶部)、从左至右 (根节点在左侧) 或从右至左 (根节点在右侧) 显示树。

  - "节点内容"选项组表示决策树节点显示的内容, 节点可以显示表、图表或这两者, 对于分类因变量, 表显示频率计数和百分比, 而图表则是条形图。对于标度因变量, 表显示均值、标准差、个案数和预测值, 而图表则是直方图。

  - "标度"选项组用来设置树显示的大小, 可以选择"自动"(减小大型树的标度) 选项, 即系统自动减小大型树的标度, 也可以选择"定制"选项, 用户可以指定最大为 200% 的自定义缩放百分比。在默认情况下, 会选择"自动"(减小大型树的标度) 选项。

此外, 如果用户选择"自变量统计信息"复选框, 那么系统将会输出相关统计信息。其中对于 CHAID 生长法和穷举 CHAID 生长法, 系统将会输出统计量信息, 包括 F 值 (当因变量测量级别为刻度时)、卡方值 (当因变量测量级别为分类时) 以及显著性值和自由度。对于 CRT 生长法, 系统将显示改进值。对于 QUEST 生长法, 针对测量级别为刻度和有序的自变量系统, 将显示 F 值、显著性值和自由度; 针对测量级别为名义的自变量, 系统将显示卡方值、显著性值和自由度。

如果用户选择"节点定义"选项，将显示在每个节点拆分中使用的自变量的值。

- "使用表格式的树"复选框：如果用户勾选"使用表格式的树"复选框，系统将输出树中每个节点的摘要信息，包括该节点的父节点编号、自变量统计量、自变量值，测量级别为刻度因变量的均值和标准差，或者测量级别为分类因变量的计数和百分比。

步骤 06 在"决策树：输出"对话框中切换到"统计"选项卡，如图 18.9 所示。"统计"选项卡包括"模型""节点性能""自变量"3 个选项组。本例中我们在"模型"选项组中勾选"摘要""风险""分类表"和"成本、先验概率、得分和利润值"全部 4 个复选框，"节点性能"选项组采取系统默认设置，在"自变量"选项组中勾选"对模型的重要性""替代变量（按拆分）"两个复选框。

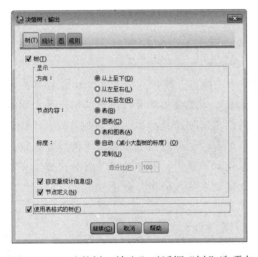 

图 18.8 "决策树：输出"对话框"树"选项卡　　图 18.9 "决策树：输出"对话框"统计"选项卡

对话框深度解读

- "模型"选项组，有"摘要""风险""分类表"和"成本、先验概率、得分和利润值"4 个复选框。
  - ➤ 如果用户勾选"摘要"复选框，则系统将输出所用的方法、模型中包括的变量以及已指定但未包括在模型中的变量。
  - ➤ 如果用户勾选"风险"复选框，则系统将输出风险估计及其标准误差，也就是对树预测准确性的测量。对于分类因变量，风险估计是先验概率和误分类成本调整后不正确分类的个案的比例。对于刻度因变量，风险估计是节点中的方差。
  - ➤ 如果用户勾选"分类表"复选框，对于分类（名义、有序）因变量，系统将输出每个因变量类别的正确分类和不正确分类的个案数；对刻度因变量不可用。
  - ➤ 如果用户勾选"成本、先验概率、得分和利润值"复选框，对于分类因变量，系统将输出在分析中使用的成本、先验概率、得分和利润值；对刻度因变量不可用。
- "节点性能"选项组，有"摘要""按目标类别""行""排序顺序""百分位数增量""显示累积统计信息"等选项。

> 如果用户勾选"摘要"复选框，对于刻度因变量，系统将输出因变量的节点编号、个案数和均值。对于带有已定义利润的分类因变量，该表包括节点编号、个案数、平均利润和 ROI（投资回报）值。对不带已定义利润的分类因变量不可用。

> 如果用户勾选"按目标类别"复选框，对于带有已定义目标类别的分类因变量，系统将输出按节点或百分位组显示的百分比增益、响应百分比和指标百分比（提升），将对每个目标类别生成一个单独的表。对于不带已定义目标类别的刻度因变量或分类因变量不可用。

> 针对"行"选项，系统将按终端节点、百分位数或这两者显示结果。如果选择这两者，则为每个目标类别生成两个表。

> 百分位数表根据"排序顺序"显示每个百分位数的累计值。

> 针对"百分位数增量"选项，可以选择以下百分位数增量：1、2、5、10、20 或 25。

> 针对"显示累积统计信息"复选框，系统将输出附件列用来显示累积统计信息。

● "自变量"选项组，有"对模型的重要性""替代变量（按拆分）"两个复选框。

> 如果用户勾选"对模型的重要性"复选框，对于 CRT 生长法，系统将根据每个自变量（预测变量）对模型的重要性进行分类；对于 QUEST 生长法或 CHAID 生长法不可用。

> 如果用户勾选"替代变量（按拆分）"复选框，对于 CRT 生长法和 QUEST 生长法，如果模型包括替代变量，则在树中列出每个分割的替代变量；对于 CHAID 方法不可用。替代变量的概念是，对于缺失该变量的值的个案，将使用与原始变量高度相关的其他自变量进行分类，这些备用预测变量称为替代变量。用户可以指定在模型中使用的最大替代变量数。

步骤 07 在"决策树：输出"对话框中切换到"图"选项卡，如图 18.10 所示。在"图"选项卡中，可用的选项取决于因变量的测量级别、生长法和其他设置。本例中我们勾选"对模型的自变量重要性"复选框，在"节点性能"选项组中，勾选"增益""索引""响应"复选框，其他项采用系统默认设置。

对话框深度解读

● "对模型的自变量重要性"复选框。勾选该复选框，系统将输出按自变量（预测变量）显示的模型重要性的条形图，仅对 CRT 生长法可用。

● 在"节点性能"选项组中，包括"增益""索引""响应""平均值""平均利润""投资收益率(ROI)"6 个选项。

> "增益"选项："增益"是每个节点的目标类别中的总个案百分比，它的计算公式为（节点目标/总目标）*100。增益图表是累积百分位数增益的折线图，它的计算公式为（累积百分位数目标/总目标）*100，选择"增益"选项将为每个目标类别生成单独的折线图，仅对带有已定义目标类别的分类因变量可用。

> "索引"选项："索引"是目标类别节点响应百分比与整个样本总体目标类别响应百分比的比率。索引图表是累积百分位数索引值的折线图，仅对分类因变量可用。索引累积百分位数的计算公式为（累积百分位数响应百分比/总响应百分比）*100。系统将为每个

目标类别生成单独的图表，且必须定义目标类别。

> "响应"选项："响应"是节点中的个案在指定目标类别中的百分比。响应图表是累积百分位数响应的折线图，它的计算公式为(累积百分位数目标/累积百分位数合计)*100，仅对带有已定义目标类别的分类因变量可用。

> "平均值"选项："平均值"是因变量的累积百分位数均值的折线图，仅对刻度因变量可用。

> "平均利润"选项："平均利润"是累积平均利润的折线图，只对带有已定义利润的分类因变量可用。

> "投资收益率（ROI）"选项："投资收益率（ROI）"是累积 ROI（投资收益率）的折线图，ROI 计算为利润与支出之比，只对带有已定义利润的分类因变量可用。

● "百分位数增量"，对于所有的百分位数图表，此设置控制在图表上显示的百分位数增量：1、2、5、10、20 或 25。

步骤 08 在"决策树：输出"对话框中切换到"规则"选项卡，如图 18.11 所示。使用"规则"选项卡能够生成 SPSS 命令语法、SQL 或简单文本形式的选择或分类/预测规则，可以在"查看器"中显示这些规则或将其保存到外部文件中。本例中我们采用系统默认设置。

 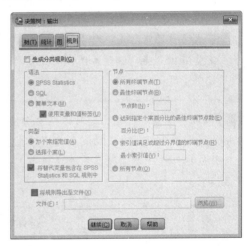

图 18.10　"决策树：输出"对话框"图"选项卡　　图 18.11　"决策树：输出"对话框"规则"选项卡

对话框深度解读

● "语法"选项组：包括"SPSS Statistics""SQL""简单文本"3 个选项。

> "SPSS Statistics"选项为生成命令语法语言，规则表示为一组定义过滤条件以用于选择个案子集的命令，或表示为可用于对个案评分的 COMPUTE 语句。

> "SQL"选项为生成标准的 SQL 规则，以便从数据库中选择或提取记录，或者将值指定给那些记录，生成的 SQL 规则不包含任何表名称或其他数据源信息。

> "简单文本"选项为生成纯英文的伪代码，规则表示为一组 if...then 逻辑语句，这些语句描述了模型的分类或每个节点的预测。"简单文本"形式的规则可以使用已定义变量

和值标签或者变量名称和数据值。

- "类型"选项组：包括以下选项。
  - ➤ "为个案指定值"选项可用于为满足节点成员条件的个案指定模型的预测值，为满足节点成员条件的每个节点生成单独的规则。
  - ➤ "选择个案"选项可用于选择满足节点成员条件的个案。对于 SPSS Statistics 和 SQL 规则，将生成单个规则用于选择满足所选条件的所有个案。
- "将替代变量包含在 SPSS Statistics 和 SQL 规则中"选项。对于 CRT 生长法和 QUEST 生长法，可以在规则中包含来自模型的替代预测变量，但需要特别提示和强调的是，包含替代变量的规则可能非常复杂。一般来说，如果只想获得有关树的概念信息，则排除替代变量。如果某些个案有不完整的自变量（预测变量）数据并且用户需要规则来模拟树，才考虑包含替代变量。
- "节点"选项组：包括以下选项。
  - ➤ "所有终端节点"选项是指为每个终端节点生成规则。
  - ➤ "最佳终端节点"选项是指基于索引值，为排在前面的 n 个终端节点生成规则。如果 n 超过树中的终端节点数，则为所有终端节点生成规则。基于索引值的节点选择，仅对带有已定义目标类别的分类因变量可用，如果已指定多个目标类别，则为每个目标类别生成一组单独的规则。
  - ➤ "达到指定个案百分比的最佳终端节点数"选项是指基于索引值，为排在前面的 n 个个案百分比的终端节点生成规则。基于索引值的节点选择，仅对带有已定义目标类别的分类因变量可用，如果已指定多个目标类别，则为每个目标类别生成一组单独的规则。
  - ➤ "索引值满足或超过分界值的终端节点"选项是指为指标值大于或等于指定值的所有终端节点生成规则。大于 100 的索引值表示，该节点中目标类别的个案百分比超过根节点中的百分比。基于索引值的节点选择，仅对带有已定义目标类别的分类因变量可用，如果已指定多个目标类别，则为每个目标类别生成一组单独的规则。
  - ➤ "所有节点"选项是指为所有节点生成规则。

此外，需要注意的是，对于用于选择个案的 SPSS Statistics 和 SQL 规则（而不是用于指定值的规则），"所有节点"选项和"所有终端节点"选项将有效地生成选择在分析中使用的所有个案规则。

步骤 09 在"决策树"对话框中单击"验证"按钮，即可弹出如图 18.12 所示的"决策树：验证"对话框。通过验证对树结构的质量进行评价，评价其可以推广应用至更大总体的程度。在该对话框中可以选择验证方式，分别是"无""交叉验证""分割样本验证"。本例中我们采用系统默认设置。

对话框深度解读

- "无"选项：如果用户选择该选项，将不进行验证。
- "交叉验证"选项：工作原理是首先将样本分割为许多子样本（或样本群），然后生成许多决策树模型，接着依次排除每个子样本中的数据。第一个决策树基于除第一个样本群之外的所有个案，第二个决策树基于除第二个样本群之外的所有个案，以此类推。对于每个决策树，估计其错误分类风险的方法是将树应用于生成它时所排除的子样本，比如针对第一个决策树，估计其错误分类风险的方法是将树应用于第一个子样本。SPSS 新版本最多可以指定 25 个样本群。因为样本总量是既定的，所以样本群数越多，单个样本群内的样本观测值就越少，从而每个树模型中排除的个案数就越少。交叉验证最终生成单个树模型，最终决策树经过交叉验证的风险估计计算为所有树的风险的平均值。

- "分割样本验证"选项：工作原理是将样本总体分为训练样本和检验样本，其中训练样本用来构建模型，检验样本用来进行对模型进行测试和评价。用户可以通过"使用随机分配"选项指定训练样本的比例，系统将自动计算检验样本的比例（1-训练样本的比例）；还可以选择"使用变量"选项，依据特定的变量对样本进行分割（比如按性别变量划分，按照男女划分训练样本和检验样本），将变量值为 1 的个案指定给训练样本，并将所有其他个案指定给检验样本，需要注意的是，我们依据的特定变量不能是因变量、权重变量、影响变量或强制的自变量。

- "显示以下项的结果"选项组：供用户选择可以同时显示训练和检验样本的结果，或者仅显示检验样本的结果。对于样本观测值相对较少的数据文件（比如样本观测值个数在 100 个以下），应该谨慎使用分割样本验证方法，因为训练样本很少可能会导致模型质量较差，样本观测值较少可能导致没有足够的个案使决策树充分生长，达不到预期的效果。

步骤 ❿ 在"决策树"对话框中单击"条件"按钮，即可弹出如图 18.13 所示的"决策树：条件"对话框。需要注意的是，可用的生长条件取决于生长法、因变量的测量级别或这两者的组合。该对话框包括 4 个选项卡，分别是"增长限制""CRT""修剪""替代变量"。本例我们在"增长限制"选项卡中"最小个案数"选项组的"父节点"文本框中填写 380，在"子节点"文本框中填写 190，针对其他选项卡采用系统默认设置。单击"继续"按钮返回主对话框。

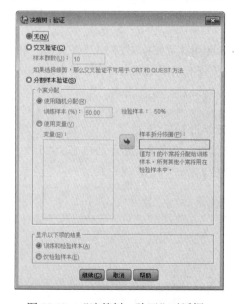

图 18.12 "决策树：验证"对话框

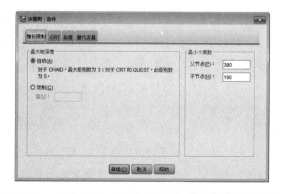

图 18.13 "决策树：条件"对话框"增长限制"选项卡

对话框深度解读

- "增长限制"选项卡：在该选项卡中，用户可以限制树中的级别数，控制父节点和子节点的最小个案数，具体包括"最大树深度"和"最小个案数"两个选项组。
  - ➤ "最大树深度"用于控制根节点下的最大增长级别数，包括"自动"和"定制"两个选项。如果用户选择"自动"选项，那么对于 CHAID 和穷举 CHAID 方法，系统将自动设置将树限制为根节点下的 3 个级别；而对于 CRT 和 QUEST 方法，系统将自动设置将树限制为根节点下的 5 个级别。如果用户选择"定制"选项，则需要在下面的文本框中输入具体的值，系统将根据用户的定制选择进行限制。
  - ➤ "最小个案数"用于控制节点的最小个案数，而不会拆分不满足这些条件的节点。显而易见，如果我们将"最小个案数"的值设定得比较大，往往就会增加集群效应，导致生成具有更少节点的树。而按照同样的逻辑，如果我们将"最小个案数"的值设定得比较小，往往就会增加分散效应，导致生成具有更多节点的树。需要特别提示的是，系统默认的父节点最小个案数是 100，默认的子节点最小个案数是 50，这一设置对于样本观测值个数很少的数据文件有可能是失效的，导致树在根节点下没有任何节点，有效的解决方案是减少父节点最小个案数和子节点最小个案数。
- "CRT"选项卡：在该对话框中，用户可以进行杂质测量，设定"改进中的最小更改"值，如图 18.14 所示。

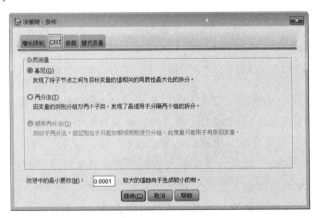

图 18.14　CRT 方法"决策树：条件"对话框"CRT"选项卡

前面我们提到了 CRT 生长法的概念，其要点是试图最大化节点内的同质性。对不代表同质个案子集的节点，它的程度显示为不纯值。按照这种逻辑，如果在一个终端节点内，所有个案都具有相同的因变量值，那么终端节点是无须进一步拆分的，因为它是"纯的（而非杂质）"完全同质节点。用户可以在"决策树：条件"对话框"CRT"选项卡中选择用户测量杂质的具体方法，以及拆分节点所需的杂质值中的最小减少值。

- ➤ "杂质测量"选项组用来选择用户测量杂质的具体方法，包括"基尼""两分法""顺序两分法" 3 个选项。
  - ◇ "基尼"选项：依据子节点与目标变量的值相关的同质性最大化地拆分。
  - ◇ "两分法"选项：将因变量的类别分组为两个子类，找到最适合分隔两个组的拆分。

◇ "顺序两分法"选项：顺序两分法与两分法相似，但它只能对相邻类别进行分组。此度量仅可用于有序因变量。

➢ "改进中的最小更改"选项用来设置拆分节点所需的杂质值中的最小减少值，默认值为 0.0001。如果我们把"改进中的最小更改"的值设置得较大，往往会导致产生节点较少的决策树。

- "修剪"选项卡：切换到"修剪"选项卡，如图 18.15 所示。在该对话框中，用户可以通过设置风险中的最大差分（标准误差）值来修剪树以避免过度拟合。如果用户勾选了"修剪树以避免过度拟合"选项并设置了"风险中的最大差分（标准误差）"值，那么在树生长到其最大深度后，修剪会将此树裁剪至具有可接受的风险值的最小子树。"风险中的最大差分（标准误差）"值是指用户在已修剪的树和具有最低风险的子树之间的最大可接受差分。针对其具体设置，如果用户想要生成比较简单的树，则需要增大最大差分，如果用户想要选择具有最低风险的子树，则需要输入 0。

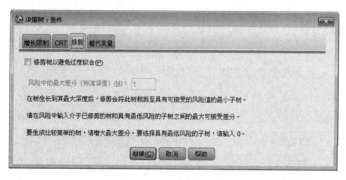

图 18.15 CRT 方法"决策树：条件"对话框"修剪"选项卡

- "替代变量"选项卡：切换到"替代变量"选项卡，如图 18.16 所示。替代变量用于对树中使用的自变量具有缺失值的个案进行分类。用户指定最大替代变量数，可以便于对每次拆分进行计算。"最大替代变量数"选项组包括"自动"和"定制"两个选项。

➢ 如果用户选择"自动"选项，那么最大替代变量数将比自变量数小 1，也就是说针对每个自变量，其他的所有自变量均可能被用作替代变量。

➢ 如果用户选择"定制"选项，就需要在下面的"值"文本框中输入具体数字，比如如果用户不希望模型使用任何替代变量，就需要指定 0 作为替代变量数。

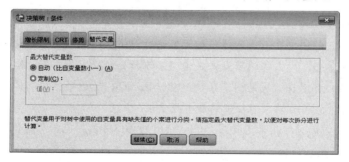

图 18.16 CRT 方法"决策树：条件"对话框"替代变量"选项卡

步骤11 在"决策树"对话框中单击"保存"按钮，即可弹出如图18.17所示的"决策树：保存"对话框。通过对该对话框的设置，用户可以将模型中的信息另存为工作数据文件中的变量，也可以将整个模型以 XML 格式保存到外部文件中。本例我们勾选"已保存的变量"选项组中的"终端节点数""预测值""预测概率"选项，其他采用系统默认设置，单击"继续"按钮返回"决策树"对话框。

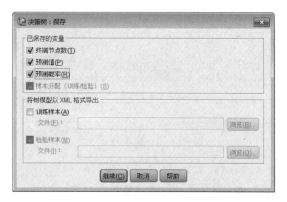

图 18.17　"决策树：保存"对话框

对话框深度解读

- "已保存的变量"选项组，包括以下选项。
  - ➤ "终端节点数"选项：如果用户选择该选项，则系统保存的变量是终端节点编号。
  - ➤ "预测值"选项：如果用户选择该选项，则系统保存的变量是模型所预测的因变量的分类（组）或值。
  - ➤ "预测概率"选项：如果用户选择该选项，则系统保存的变量是与模型的预测关联的概率，该选项将为每个因变量类别保存一个变量，对测量级别为刻度的因变量是不可用的。
  - ➤ "样本分配（训练/检验）"选项：如果用户选择该选项，则系统保存的变量是分割样本验证，显示在训练或检验样本中是否使用了某个案。对于训练样本，值为 1；对于检验样本，值为 0，只在选择了分割样本验证时才可用。
- "将树模型以 XML 格式导出"选项组：该选项组的价值在于用户可以用 XML 格式保存整个树模型，以便将保存的该模型文件应用到其他数据文件中，包括以下选项。
  - ➤ "训练样本"选项：对于分割样本验证的树，该选项将基于训练样本的决策树模型写入指定的文件。
  - ➤ "检验样本"选项：该选项将基于检验样本的模型写入指定文件，只在用户选择了分割样本验证时才可用。

步骤12 在"决策树"对话框中单击"选项"按钮，即可弹出如图18.18所示的"决策树：选项"对话框，共有 4 个选项卡，分别是"缺失值""错误分类成本""利润"和"先验概率"。其中默认显示的选项卡是"缺失值"。本例我们针对 4 个选项卡都采用系统默认设置，单击"继续"按钮返回"决策树"对话框，然后单击"确定"按钮确认。

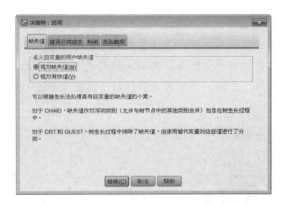

图 18.18　"决策树：选项"对话框

对话框深度解读

- "缺失值"选项卡：用户可以设置名义自变量的用户缺失值的处理方式，有"视为缺失值"和"视为有效值"两个选项，默认是"视为缺失值"。用户可以根据生长法处理具有自变量的缺失值的个案。对于 CHAID 生长法，缺失值作为浮动类别（允许与树节点中的其他类别合并）包含在树生长过程中；对于 CRT 生长法和 QUEST 生长法，树生长过程中排除了缺失值，但使用替代变量对这些值进行了分类。

- "错误分类成本"选项卡：切换到"错误分类成本"选项卡，如图 18.19 所示。对于分类（名义、有序）因变量，用户可以通过"错误分类成本"选项卡设置与错误分类关联的相对惩罚的信息。

　　使用该设置的统计学原理是分类错误的代价可能是存在差别的，比如本例中没有对一个好的申请者发放小额贷款的成本，可能与对一个坏的申请者发放小额贷款，然后形成坏账的成本是存在显著差别的。"错误分类成本"有两个选项，一个是"在各类别之间相等"，另一个是"定制"，默认设置是"在各类别之间相等"，如果选择该项，也就是认为没有对一个好的申请者发放小额贷款的成本，与对一个坏的申请者发放小额贷款，然后形成坏账的成本完全相等。

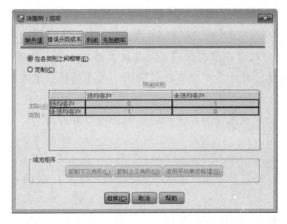

图 18.19　"决策树：选项"对话框"错误分类成本"选项卡

　　如果用户认为错误分类成本并不相同，或者说需要进行定制，就需要选择"定制"选项，并且在下面的预测类别中，针对非对角线的值进行针对性的设置，值必须为非负数（对角线上的值肯定是 0，因为不存在分类措施，比如表格中实测为违约客户，预测也为违约客户，显然是没有错误分类的，也就不存在惩罚的问题）。

- "利润"选项卡：切换到"利润"选项卡，如图 18.20 所示。对于分类因变量，用户可以通过在该选项卡中选择"定制"选项将收入和费用值指定给因变量的不同分类。用户为因变量的每个类别输入收入和费用值后，系统将自动计算利润，利润等于收入减去费用。利润值影响增益表中的平均利润值和 ROI（投资回报率）值，但它们不影响决策树模型的基础结构。收入和费用值必须为数值型，且必须对网格中显示的因变量的所有类别都指定。

- "先验概率"选项卡：切换到"先验概率"选项卡，如图 18.21 所示。对于具有测量级别为分类因变量的 CRT 生长法和 QUEST 生长法，可以指定组成员身份的先验概率。先验概率是在了解有关自变量（预测变量）值的任何信息之前，对因变量的每个类别的总体相对频率的评估。使用先验概率有助于更正由不代表整个总体的样本中的数据导致的树的任何生长。

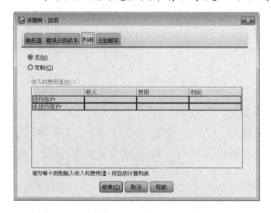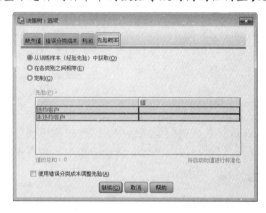

图 18.20　"决策树：选项"对话框"利润"选项卡　图 18.21　"决策树：选项"对话框"先验概率"选项卡

"先验概率"选项卡中有 3 个选项："从训练样本（经验先验）中获取""在各类别之间相等"和"定制"。

> "从训练样本（经验先验）中获取"选项：适用场景是数据文件中因变量值的分布能够代表总体分布时的情形，如果使用的是分割样本验证，则使用训练样本中的个案分布。需要提示的是，由于在分割样本验证中个案是随机指定给训练样本的，因此用户事实上事先不知道训练样本中个案的实际分布。

> "在各类别之间相等"选项：表示数据文件中因变量的类别在总体中是以相等方式表示的。例如，如果有 5 个类别，则每个类别中的个案约为 20%。

> "定制"选项：如果用户选择"定制"，那么对于网格中列出的每个因变量类别，都需要输入一个非负值。这些值可以是比例、百分比、频率计数或表示各类别之间值分布的任何其他值。

在图 18.21 的下方还有一个"使用错误分类成本调整先验"选项，用户可以通过勾选此选项使用错误分类成本调整先验概率。

18.1.3 运行结果精解与分析

1. 模型摘要

图 18.22 展示的是决策树模型摘要结果。可以看到，在建立模型时，我们指定的生长法是 CRT 生长法，因变量是"是否违约"，设置的进入模型的自变量包括"年龄""贷款余额/年收入水平""名下贷款笔数""教育水平""是否为他人提供担保"，没有设置验证选项，设置的最大树深度是 5，父结点中的最小个案数是 380，子结点的最小个案数是 190。

模型摘要

指定项	生长法	CRT
	因变量	是否违约
	自变量	年龄, 贷款余额/年收入水平, 名下贷款笔数, 教育水平, 是否为他人提供担保
	验证	无
	最大树深度	5
	父节点中的最小个案数	380
	子节点中的最小个案数	190
结果	包括的自变量	贷款余额/年收入水平, 年龄, 是否为他人提供担保, 名下贷款笔数, 教育水平
	节点数	11
	终端节点数	6
	深度	4

图 18.22　模型摘要

在最终生成的模型结果中，纳入决策树模型的自变量包括"贷款余额/年收入水平""年龄""是否为他人提供担保""名下贷款笔数""教育水平"。决策树的节点一共有 11 个，终端节点一共有 6 个，深度一共是 4。

2. 先验概率

图 18.23 展示的是决策树模型先验概率。我们可以看到决策树模型基于训练样本获得的先验概率。其中未违约客户的先验概率是 0.400，违约客户的先验概率是 0.600。

3. 误分类成本

图 18.24 展示的是决策树模型错误分类成本信息。按照前面在分析过程部分讲述的，对角线的值都为 0，因为没有产生错误分类（实测为违约客户，预测也为违约客户，实测为未违约客户，预测也为未违约客户）；在非对角线上的值采取的是系统默认值 1，在实务中，用户可以根据自己的研究需要进行针对性的设置，比如用户认为"没有对一个好的申请者发放小额贷款"的成本，与"对一个坏的申请者发放小额贷款，然后形成坏账"的成本是存在显著差别的，那么完全可以将"实测客户为违约客户，预测客户为未违约客户"的值设置得更大一些。

先验概率

是否违约	先验概率
未违约客户	.400
违约客户	.600

这些先验获取自训练样本

误分类成本

	预测	
实测	违约客户	未违约客户
违约客户	.000	1.000
未违约客户	1.000	.000

因变量: 是否违约

图 18.23　先验概率　　　图 18.24　误分类成本

4. 树形图

图 18.25 展示的是决策树模型的树形图，决策树一共分为 5 层，因变量分类为违约客户和未违约客户。

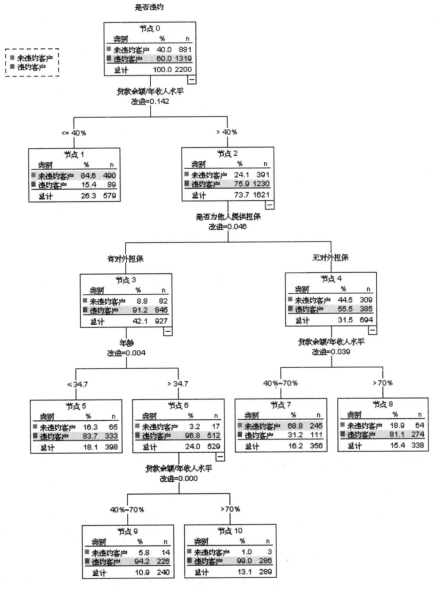

图 18.25　决策树模型的树形图

1）第一层

在第一层中，只有节点 0，按照因变量类别分为违约客户和未违约客户，其中未违约客户占比 40.0%，具体为 881 个；违约客户占比 60.0%，具体为 1319 个；违约客户和未违约客户样本合计为 2200 个。

2）第二层

第二层是依据贷款收入/年收入水平进行的分类，对于 CRT 生长法，系统将显示改进值，改进值为 0.142。第二层包括两个节点，分别是节点 1 和节点 2。我们可以看出，贷款收入/年收入水平对于因变量的分类结果非常重要，如果贷款余额/年收入水平在 40% 以下，那么将会被分至节点 1，节点 1 中共有 579 个样本，其中未违约客户占比 84.6%，具体为 490 个，违约客户占比 15.4%，具体为 89 个；如果贷款余额/年收入水平在 40% 以上，那么将会被分至节点 2，节点 2 中共有 1621 个样本，其中未违约客户占比 24.1%，具体为 391 个，违约客户占比 75.9%，具体为 1230 个。所以，贷款余额/年收入水平对于客户是否违约的影响是很大的，根据我们建立的决策树模型，如果参与申请的一个客户的贷款余额/年收入水平相对比较高（本例中参考值为 40% 以上），那么大概率会产生违约行为。而如果参与申请的一个客户的贷款余额/年收入水平相对比较低（本例中参考值为 40% 以下），那么可以被视为相对安全的客户。

3）第三层

因为关注的类别是违约客户，所以第三层是在第二层结果的基础上，针对节点 2（贷款余额/年收入水平在 40% 以上，大概率产生违约的客户）基于"是否为他人提供担保"变量再进行的分类，对于 CRT 生长法，系统将显示改进值，改进值为 0.046。

第三层包括两个节点，即节点 3 和节点 4。我们可以看出，针对贷款余额/年收入水平在 40% 以上的客户，是否为他人提供担保对于因变量的分类结果也非常重要，如果客户贷款余额/年收入水平在 40% 以上，同时存在为他人提供担保的现象，那么将会被分至节点 3，节点 3 中共有 927 个样本，其中未违约客户占比 8.8%，具体为 82 个，违约客户占比 91.2%，具体为 845 个；如果客户贷款余额/年收入水平在 40% 以上，但不存在为他人提供担保现象，那么将会被分至节点 4，节点 4 中共有 694 个样本，其中未违约客户占比 44.5%，具体为 309 个，违约客户占比 55.5%，具体为 385 个。所以，贷款余额/年收入水平叠加是否对外提供担保因素对于客户是否违约的影响是很大的，根据我们建立的决策树模型，如果参与申请的一个客户的贷款余额/年收入水平相对比较高（本例中参考值为 40% 以上），并且存在对外提供担保行为，那么大概率会产生违约行为；而如果参与申请的一个客户贷款余额/年收入水平相对比较高（本例中参考值为 40% 以上），但不存在对外提供担保行为，则其违约的概率与不违约的概率是大体相等的。

4）第四层

因为关注的类别是违约客户，所以第四层是在第三层结果的基础上，针对节点 3（贷款余额/年收入水平在 40% 以上且存在对外担保情况的客户）基于"年龄"变量再进行的分类（分类为节点 5 和节点 6），以及针对节点 4（贷款余额/年收入水平在 40% 以上但不存在对外担保情况的客户）基于"贷款余额/年收入水平"变量再进行的分类（分类为节点 7 和节点 8），对于 CRT 生长法，系统将显示改进值，其中节点 3 至节点 5、节点 6 的改进值为 0.004，节点 4 至节点 7、节点 8 的改进值为 0.039。

节点 3 拆分为节点 5 和节点 6，从图 18.25 决策树模型树形图的节点 5 和节点 6 中可以非常明确地看出，如果用户贷款余额/年收入水平在 40% 以上且存在对外担保情况，那么年龄小于或等于 34.7 的客户被分到节点 5，年龄大于 34.7 的客户被分到节点 6。节点 5（用户贷款余额/年收入水平在 40% 以上，存在对外担保情况，年龄小于 34.7）中共有 398 个客户，其中未违约客户占比为 16.3%，具体为 65 个，违约客户占比为 83.7%，具体为 333 个。节点 6（用户贷款余额/年收入水平在 40% 以上，存在对外担保情况，年龄大于 34.7）中共有 529 个客户，其中未违约客户占比为 3.2%，具体为 17 个；违约客户占比为 96.8%，具体为 512 个。也就是说，只要用户贷款余额/年收入水平在 40%以上且存在对外担保，那么大概率是违约的，只是如果客户的年龄还偏大（此处参考值为 34.7 岁以上），那么违约的概率就会更大。

节点 4 拆分为节点 7 和节点 8，从图 18.25 决策树模型树形图的节点 7 和节点 8 中可以非常明确地看出，如果用户贷款余额/年收入水平在 40%以上，但不存在对外担保情况，那么贷款余额/年收入水平大于40%但小于70%的客户被分到节点 7，贷款余额/年收入水平大于70%的客户被分到节点 8。节点 7（贷款余额/年收入水平大于40%但小于70%，不存在对外担保情况）中共有 356 个客户，其中未违约客户占比为 68.8%，具体为 245 个，违约客户占比为 31.2%，具体为 111 个。节点 8（用户贷款余额/年收入水平在 70%以上，不存在对外担保情况）中共有 338 个客户，其中未违约客户占比为 18.9%，具体为 64 个，违约客户占比为 81.1%，具体为 274 个。也就是说，针对用户贷款余额/年收入水平在 40%以上但不存在对外担保的客户，还要进一步区分用户贷款余额/年收入水平的程度，如果用户贷款余额/年收入水平在 70%以上，那么大概率会产生违约行为（概率为 81.1%），如果用户贷款余额/年收入水平在 70%以下，那么大概率不会产生违约行为（概率为 68.8%）。

5）第五层

因为关注的类别是违约客户，所以第五层是在第四层结果的基础上，针对节点 5（贷款余额/年收入水平在 40%以上，存在对外担保情况，年龄在 34.7 岁以下的客户）再次基于"贷款余额/年收入水平"变量进行的分类（分类为节点 9 和节点 10），以及针对节点 5（贷款余额/年收入水平在 40%以上，存在对外担保情况，年龄在 34.7 岁以上的客户）再次基于"贷款余额/年收入水平"变量进行的分类（分类为节点 11 和节点 12），节点 6 至节点 9、节点 10 的改进值为 0.000。

节点 6 拆分为节点 9 和节点 10。节点 9（用户贷款余额/年收入水平在 40%以上但在 70%以下，存在对外担保情况，年龄大于 34.7）中共有 240 个客户，其中未违约客户占比为 5.8%，具体为 14 个，违约客户占比为 94.2%，具体为 226 个。节点 10（用户贷款余额/年收入水平在 70%以上，存在对外担保情况，年龄大于 34.7）中共有 289 个客户，其中未违约客户占比为 1.0%，具体为 3 个，违约客户占比为 99.0%，具体为 286 个。也就是说，只要用户贷款余额/年收入水平在 40%以上且存在对外担保，那么大概率都是违约的，只是如果客户的年龄如果还偏大（此处参考值为 34.7 岁以上），那么违约的概率就会更大，如果在此基础上用户的贷款余额/年收入水平还在 70%以上，那么违约的概率就会更大。

5. 表格形式的决策树模型

图 18.26 展示的是表格形式的决策树模型。可以发现其中的信息与前面决策树中展示的信息是完全一致的。

（1）第 1 列表示从节点 0 开始，到节点 10 结束。
（2）第 2 列展示的是每个节点中未违约客户在该节点全部个案中的比例。
（3）第 3 列展示的是每个节点中未违约客户的个数。
（4）第 4 列展示的是每个节点中违约客户在该节点全部个案中的比例。
（5）第 5 列展示的是每个节点中未违约客户的个数。
（6）第 6 列展示的是每个节点中的全部客户数。

（7）第 7 列展示的是每个节点中的客户数在所有样本观测值中的占比。

（8）第 8 列展示的是预测类别，根据未违约客户和违约客户占比的相对大小确定该节点的种类，比如针对节点 1，其未违约客户的占比为 84.6%，相对于违约客户的占比为 15.4%，具有很大的优势，所以系统判断该节点的预测类别为未违约客户。

（9）第 9 列展示的是所在节点的父节点，即上一级节点，比如针对节点 3，其父节点为节点 2。

（10）第 10 列展示的是分类变量，比如针对节点 1 和节点 2，其分类变量都是贷款余额/年收入水平。

（11）第 11 列展示的是主要自变量改善量，与决策树型图中的"改进量"是一致的。

（12）第 12 列展示的是拆分值，即按照第 10 列的分类变量，具体拆分为什么类别，比如节点 1 是贷款余额/年收入水平在 40%以下的客户，节点 2 是贷款余额/年收入水平在 40%以上的客户。

树表

| 节点 | 未违约客户 | | 违约客户 | | 总计 | | 预测类别 | 父节点 | 变量 | 主要自变量 | |
	百分比	N	百分比	N	N	百分比				改善量	拆分值
0	40.0%	881	60.0%	1319	2200	100.0%	违约客户				
1	84.6%	490	15.4%	89	579	26.3%	未违约客户	0	贷款余额/年收入水平	.142	<= 40% 及以下
2	24.1%	391	75.9%	1230	1621	73.7%	违约客户	0	贷款余额/年收入水平	.142	> 40% 及以下
3	8.8%	82	91.2%	845	927	42.1%	违约客户	2	是否为他人提供担保	.046	有对外担保
4	44.5%	309	55.5%	385	694	31.5%	违约客户	2	是否为他人提供担保	.046	无对外担保
5	16.3%	65	83.7%	333	398	18.1%	违约客户	3	年龄	.004	<= 34.7
6	3.2%	17	96.8%	512	529	24.0%	违约客户	3	年龄	.004	> 34.7
7	68.8%	245	31.2%	111	356	16.2%	未违约客户	4	贷款余额/年收入水平	.039	<= 40%~70%
8	18.9%	64	81.1%	274	338	15.4%	违约客户	4	贷款余额/年收入水平	.039	> 40%~70%
9	5.8%	14	94.2%	226	240	10.9%	违约客户	6	贷款余额/年收入水平	.000	<= 40%~70%
10	1.0%	3	99.0%	286	289	13.1%	违约客户	6	贷款余额/年收入水平	.000	> 40%~70%

生长法：CRT
因变量：是否违约

图 18.26　表格形式的决策树

6. 节点的增益

图 18.27 展示的是决策树模型的目标类别节点的增益表。决策树模型的节点的增益表展示的是决策树模型中目标类别终端节点的信息摘要。我们可以发现第 1 列为节点名称。需要提示和强调的是，在节点的增益表中仅列出终端节点，终端节点就是树停止生长处的节点，本例中为节点 1、7、8、5、9、10。这是因为在很多情况下，用户只对终端节点感兴趣，因为终端节点代表模型的最佳分类预测。

节点的增益

| 节点 | | 增益 | | | |
节点	N	百分比	N	百分比	响应	指数
10	289	13.1%	286	21.7%	99.0%	165.1%
9	240	10.9%	226	17.1%	94.2%	157.1%
5	398	18.1%	333	25.2%	83.7%	139.6%
8	338	15.4%	274	20.8%	81.1%	135.2%
7	356	16.2%	111	8.4%	31.2%	52.0%
1	579	26.3%	89	6.7%	15.4%	25.6%

生长法：CRT
因变量：是否违约

图 18.27　决策树模型的目标类别节点的增益表

由于增益值提供了有关目标类别的信息，因而此表仅在指定了一个或多个目标类别时才可用。在本例中，因为我们只设定了一个目标类别（违约客户），所以只有一个（违约客户）节点收益表。

在决策树模型的目标类别节点的增益表中，第 2 列和第 3 列分别是节点 N 和节点百分比，其中节点 N 是每个终端节点中的全部个案数，节点百分比是每个节点中全部个案在所有样本集中的百分比。比如本例中第 10 个节点的个案是 289 个，在全部样本集中（所有观测值）占比为 13.1%。

在决策树模型的目标类别节点的增益表中，第 4 列和第 5 列分别是增益 N 和增益百分比，增益表示的是目标类别（本例中为违约客户），其中增益 N 是目标类别（本例中为违约客户）的每个终端节点中的个案数，增益百分比是目标类别（本例中为违约客户）中的个案数相对于目标类别中的整体个案数的百分比。比如本例中第 10 个节点中违约客户的个案是 286 个，在所有违约样本（注意不是所有观测值，是所有发生违约的观测值）中占比为 21.7%。

在决策树模型的节点目标类别的增益表中，第 6 列是"响应"，对于分类因变量来说，节点中响应指的是所指定目标类别（本例中为违约客户）的个案在本节点全部个案中的百分比，或者说，就是在决策树树形图中违约客户类别的百分比。比如针对第 10 个节点，其违约客户为 286 个，节点中全部个案为 289 个，违约客户占比为 99%。

在决策树模型的节点目标类别的增益表中，第 7 列是"指数"，指数显示的是该节点观察到的目标类别百分比（本例中为违约客户）与目标类别的期望百分比之比。目标类别的期望百分比表示在考虑任何自变量效果之前的百分比（本例中即前面结果中所展示的先验概率 0.600）。大于 100% 的指数值表示目标类别中的个案数多于目标类别中的整体百分比。相反，小于 100% 的指数值表示目标类别中的个案数少于整体百分比。比如针对第 10 个节点，该节点观察到的目标类别百分比是 99%，目标类别的期望百分比是 0.600%，指数值就是 165.1%。

7. 目标类别增益图

图 18.28 展示的是决策树模型的目标类别增益图。目标类别增益图中那条弯的曲线是目标类别（违约客户）的增益曲线，目标类别增益图中那条对角线上的直线是对比参考线，目标类别（违约客户）的增益曲线距离对比参考线越远，说明模型构建的就越优质。第一个百分位数（10%）对应的增益比例是约 20%，说明模型中按照违约预测概率排序前 10% 的客户就可以包含实际违约客户的约 20%，第 1 个百分位数（20%）对应的增益比例是 35% 左右，说明模型中按照违约预测概率排序前 20% 的客户就可以包含实际违约客户的 35% 左右。所以，优质的模型应该从百分位数为 0 开始，迅速沿着增益 100% 的方向向上，然后慢慢趋于平缓。就本例而言，增益还是相当不错的。

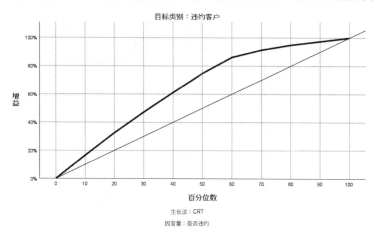

图 18.28 决策树模型的目标类别增益图

8. 目标类别响应图

图 18.29 展示的是决策树模型的目标类别响应图。前面我们讲到，对于分类因变量来说，节点中响应指的是所指定目标类别（本例中为违约客户）的个案在本节点全部个案中的百分比，或者说，

就是在决策树树形图中违约客户类别的百分比。对于决策树模型的目标类别响应图来说，展示的就是按百分位数排序的响应比例变化情况，违约客户的响应程度肯定要随着百分位数的顺序逐渐下降，也就是前面排序百分位数中响应的比例是最高的，而后逐渐下降直至稳定。就本例而言，前面的响应比接近 100%，而后逐渐下降，最后到 60% 左右。

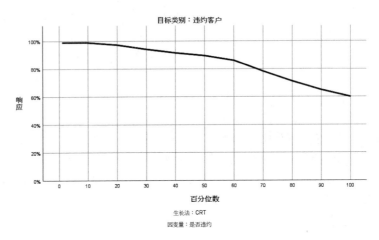

图 18.29　决策树模型的目标类别响应图

9. 目标类别指数图

图 18.30 展示的是决策树模型的目标类别指数图。前面我们讲到，指数显示的是该节点观察到的目标类别百分比（本例中为违约客户）与目标类别的期望百分比之比。目标类别的期望百分比表示在考虑任何自变量效果之前的百分比（本例中即前面结果中所展示的先验概率 0.600）。大于 100% 的指数值表示目标类别中的个案数多于目标类别中的整体百分比。相反，小于 100% 的指数值表示目标类别中的个案数少于整体百分比。对于决策树模型的目标类别指数图来说，展示的就是按百分位数排序的指数比例变化情况，违约客户的指数程度肯定要随着百分位数的顺序逐渐下降，也就是前面排序百分位数中指数的比例是最高的，而后逐渐下降至 100%。就本例而言，前面的指数在 160% 以上，而后逐渐下降，最后到 100%。

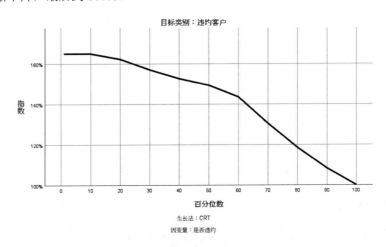

图 18.30　决策树模型的目标类别指数图

10. 决策树模型风险、分类、自变量重要性表

图 18.31 展示的是决策树模型风险、分类、自变量重要性表。风险表提供了一种模型运行状况的快速评估方式。可以发现，决策树模型的风险估计值是 0.157，标准误差是 0.008，该模型所预测类别的个案错误率为 15.7%，或者说，对客户进行错误分类（包括将违约客户错误分类为未违约客户以及将未违约客户错误分类为违约客户）的风险概率是 15.7%。

风险

估算	标准误差
.157	.008

生长法：CRT
因变量：是否违约

分类

实测	未违约客户	违约客户	正确百分比
未违约客户	735	146	83.4%
违约客户	200	1119	84.8%
总体百分比	42.5%	57.5%	84.3%

（预测）

生长法：CRT
因变量：是否违约

自变量重要性

自变量	重要性	正态化重要性
贷款余额/年收入水平	.181	100.0%
年龄	.047	26.0%
是否为他人提供担保	.046	25.3%
教育水平	.009	4.8%
名下贷款笔数	.002	1.0%

生长法：CRT
因变量：是否违约

图 18.31　决策树模型风险、分类、自变量重要性表

分类表提供了另一种模型运行状况的快速评估方式，与风险表中的结论是一致的。可以发现，决策树模型的预测总体正确百分比为 84.3%，与前面错误分类的概率 0.157（15.7%）的结果是一致的。自变量重要性是针对不同自变量值测量决策树模型预测值变化量，测量的是自变量对于模型的贡献。正态化重要性是由重要性最大值划分的重要性并表示为百分比，其中最重要的自变量的正态化重要性值为 100%。在该表中，我们可以非常明确地看出，贷款余额/年收入水平最为重要，重要性值为 0.181，正态化重要性值为 100%，然后依次是年龄、是否为他人提供担保、教育水平、名下贷款笔数。

11. "自变量重要性"图

图 18.32 展示的是决策树模型的"自变量重要性"图。"自变量重要性"图为"自变量重要性"表中值的条形图，以重要性值降序排序，与"自变量重要性"表的结果是完全一致的。贷款余额/年收入水平最为重要，然后依次是年龄、是否为他人提供担保、教育水平、名下贷款笔数。

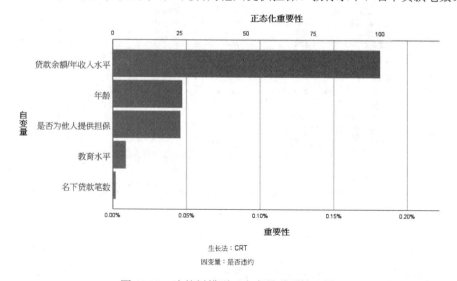

生长法：CRT
因变量：是否违约

图 18.32　决策树模型"自变量重要性"图

12. "替代变量"表

图 18.33 展示的是决策树模型"替代变量"表。替代变量的概念是，对于缺失该变量的值的个案，将使用与原始变量高度相关的其他自变量进行分类，这些备用预测变量称为替代变量。比如针对父节点 0，当前使用的主要分类自变量是贷款余额/年收入水平，改善量是 0.142，有一个替代变量是年龄，改善量要小于贷款余额/年收入水平，为 0.004，与主要分类自变量贷款余额/年收入水平的关联度是 0.002。又比如针对父节点 2，当前使用的主要分类自变量是是否为他人提供担保，改善量是 0.046，有 3 个替代变量，分别是年龄、名下贷款笔数和教育水平，年龄、名下贷款笔数和教育水平的改善量分别是 0.026、0.002 和 0.008，与主要分类自变量是否为他人提供担保的关联度分别是 0.078、0.065、0.052。

替代变量

父节点		自变量	改善量	关联
0	主要	贷款余额/年收入水平	.142	
	替代变量	年龄	.004	.002
2	主要	是否为他人提供担保	.046	
	替代变量	年龄	.026	.078
		名下贷款笔数	.002	.065
		教育水平	.008	.052
3	主要	年龄	.004	
6	主要	贷款余额/年收入水平	.000	
	替代变量	名下贷款笔数	.000	.104
		年龄	1.596E-5	.038
4	主要	贷款余额/年收入水平	.039	
	替代变量	年龄	.014	.198
		教育水平	.001	.027

生长法：CRT
因变量：是否违约

图 18.33　决策树模型"替代变量表"

13. 新增加的变量

图 18.34 展示的是新增加的 4 个变量，分别是 NodeID（Terminal Node Identifier）、PredictedValue（Predicted Value）、PredictedProbability_1（Predicted Probability for 信用情况=0）和 PredictedProbability_2（Predicted Probability for 信用情况=1）。其中 NodeID（Terminal Node Identifier）表示的是归属节点，PredictedValue（Predicted Value）表示的是预测分类，PredictedProbability_1（Predicted Probability for 信用情况=0）表示的是预测未违约概率，PredictedProbability_2（Predicted Probability for 信用情况=1）表示的是预测违约概率。

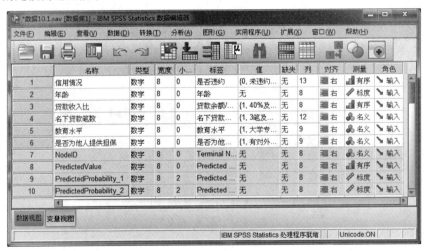

图 18.34　决策树模型新增变量表

14. 其他信息

图 18.35 展示的是各个样本观测值的归属节点、预测分类、预测未违约概率和预测违约概率。以第一个样本观测值为例，其 NodeID（Terminal Node Identifier）也就是归属节点是 10，PredictedValue

（Predicted Value 也就是预测分类为 1，PredictedProbability_1（Predicted Probability for 信用情况=0）也就是预测未违约概率为 0.01，PredictedProbability_2（Predicted Probability for 信用情况=1）也就是预测违约概率为 0.99，而该样本观测值真实的情况为发生违约（信用情况变量值为 1），预测结果和实际结果是一致的。对于分类因变量，PredictedValue（Predicted Value）也就是预测分类，取决于 PredictedProbability_1（Predicted Probability for 信用情况=0，也就是预测未违约概率的值）和 PredictedProbability_2（Predicted Probability for 信用情况=1，也就是预测违约概率的值）哪个更大。然而，如果用户已定义成本，或者说没有对一个好的申请者发放小额贷款的成本，与对一个坏的申请者发放小额贷款，然后形成坏账的成本存在显著差别，则预测类别与预测概率之间的关系就会变得复杂。

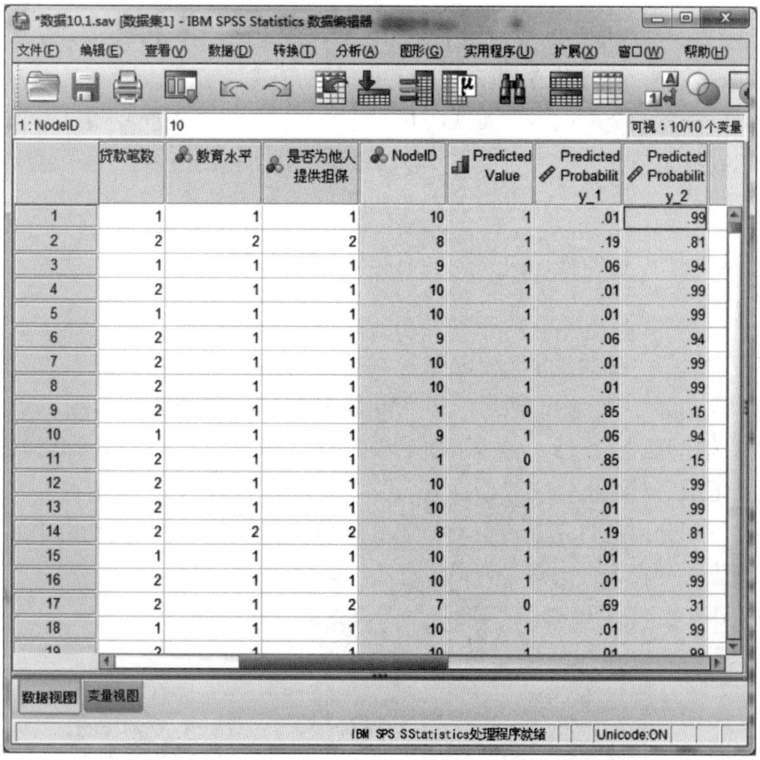

图 18.35　决策树模型各个样本观测值的新增变量值

18.2　判别分析

	下载资源：可扫描旁边二维码观看或下载教学视频
	下载资源：\sample\数据 18\数据 18.2

18.2.1　统计学原理

判别分析的统计学原理是要按照一定的判别准则建立一个或多个判别函数，用现有研究对象中的大量样本观测值确定判别函数中的待定系数，并计算判别指标，从而确定判别函数的具体形式，然后可以用来进行预测，即对于一个未确定类别的样本观测值，只要将其代入判别函数就可以判断它属于哪一类总体。需要说明的是，分类可以是两类或者两类以上。在 SPSS 中，分类用"分组变量"来表示，"分组变量"必须为整数，且用户需要指定其最小值和最大值，系统将从分析中自动排除处于指定值边界以外的样本观测值。

18.2.2 SPSS 操作

本小节用于分析的数据是数据 18.2。限于篇幅，不再展示该数据文件的数据视图和变量视图，读者可自行打开相关源文件观察。数据 18.2 为某商业银行在山东地区的部分支行经营数据（虚拟数据，不涉及商业秘密），包括这些商业银行全部支行的存款规模、EVA、中间业务收入、员工人数、转型情况。案例背景是该商业银行正在推动支行开展转型,计划将全部支行都转型为全功能型网点，均能实现为客户提供一揽子金融服务，实现所有支行的做大做强。下面我们以存款规模、EVA、中间业务收入、员工人数 4 个变量作为自变量，以转型情况作为分组变量，开展逐步判别分析，SPSS操作如下：

步骤01 打开数据 18.2，选择"分析"→"分类"→"判别式"命令，弹出"判别分析"对话框，如图 18.36 所示。

从源变量列表中选择"存款规模""EVA""中间业务收入"和"员工人数"变量，单击 ➡ 按钮，将它们选入"自变量"列表中，然后选择"转型情况"变量，然后单击 ➡ 按钮，将其选入"分组变量"列表中，选择分组变量后，单击下面被激活的"定义范围"按钮，弹出如图 18.37 所示的"判别分析：定义范围"对话框，在"最小值"和"最大值"文本框中分别输入 0 和 1（这是因为我们在本例中将支行划分为是否完成转型，分别用 0 和 1 来表示），然后单击"继续"按钮返回主对话框，在"自变量"列表下方选择"使用步进法"。

图 18.36　"判别分析"对话框　　　　图 18.37　"判别分析：定义范围"对话框

对话框深度解读

- "选择变量"框：用户限定参与判别分析的样本观测值范围，如果用户将变量选入"选择变量"框，并且单击后面的"值"按钮，在其中输入相应的数值，则系统将只对含有此观测值的变量进行分析。
- 判别分析方法选择："自变量"列表框下有两个单选按钮，即"一起输入自变量"和"使用步进法"，用来决定判别分析的类型。

> 一起输入自变量：即一般判别分析方法，同时输入所有满足容差标准的自变量，建立所选择的全部自变量的判别式。

> 使用步进法：即逐步判别分析方法，逐步判别分析的基本思想与逐步回归一样，每一步选择一个判别能力最显著的变量进入判别函数，而且每次在选入变量之前对已进入判别函数的变量逐个进行检验，如果某个变量因新变量的进入变得不显著，就将这个变量移出，直到判别函数中仅保留有显著判别能力的变量。如果选择逐步判别分析，"判别分析"对话框右侧的"方法"按钮就会被激活，用户可以进行相应的设置。

步骤 02 单击"判别分析"对话框右侧的"统计"按钮，弹出"判别分析：统计"对话框，如图 18.38 所示。勾选"描述"选项组、"矩阵"选项组、"函数系数"选项组中的全部复选框，单击"继续"按钮返回主对话框。

图 18.38　"判别分析：统计"对话框

对话框深度解读

- "描述"选项组，包括以下选项。
  > 平均值：输出各自变量的总平均值、组平均值和标准差。
  > 单变量 ANOVA：为每个自变量的组平均值的等同性执行单向方差检验分析，输出单变量方差分析表。
  > 博克斯 M：输出对各类协方差矩阵相等的假设进行博克斯 M 检验的结果。
- "函数系数"选项组，包括以下选项。
  > 费希尔：即费歇判别函数系数，可直接用于对新样本进行分类，对每一类都给出一组系数，并且指出该类中具有最大判别分数的观测量。
  > 未标准化：显示未标准化的判别函数系数。
- "矩阵"选项组，包括组内相关性（组内相关系数矩阵）、组内协方差（组内协方差矩阵）、分组协方差（对每一类分别显示协方差矩阵）、总协方差（总样本的协方差矩阵）4 个启动项。

步骤 03 由于我们在"判别分析"对话框中选择了"使用步进法"选项，对话框下的"方法"按钮被激活，这时单击"方法"按钮，弹出"判别分析：步进法"对话框，如图 18.39 所示。本例中采用系统默认设置，单击"继续"按钮返回主对话框。

图 18.39 "判别分析：步进法"对话框

对话框深度解读

- "方法"选项组用于选择具体的步进方法，包括以下选项。
  - ➢ 威尔克 Lambda：每步选择威尔克 Lambda 统计量值最小的变量进入判别函数，基于变量能在多大程度上降低威尔克 Lambda 统计量值来选择要输入方程中的变量。每步均输入能使总体威尔克 Lambda 最小的变量。
  - ➢ 未解释方差：每步选择类间不可解释的方差和最小的变量进入判别函数。在每一步均输入能使组间未解释变动合计最小的变量。
  - ➢ 马氏距离：即马哈拉诺比斯距离，确定自变量中有多少观测量值不同于全部观测量平均值的一种测度，在一个或多个自变量中把马氏距离大的观测量视为具有极端值的观测量，邻近类间马氏距离最大的变量进入判别函数。
  - ➢ 最小 F 比：每步选择根据类间马氏距离计算的"最小 F 比"达到最大的变量进入判别函数。
  - ➢ 拉奥 V：组平均值之间差分的测量，每步选择使拉奥 V 值的增量最大化的变量进入判别函数，选择此项后，需在下面的"要输入的 V"框中指定增量值，当变量的 V 值增量大于这个指定增量值时，该变量进入判别函数。
- "条件"选项组用于决定终止逐步判别的临界值，包括以下选项。
  - ➢ 使用 F 值：当一个变量的 F 统计量值大于指定的"进入"值时，选择这个变量进入判别函数，"进入"的默认值为 3.84；当变量的 F 值小于指定的"除去"值时，这个变量将从判别函数移出，"除去"的默认值为 2.71。用户自行设置"进入"值和"除去"值时，需注意"进入"值要大于"除去"值。
  - ➢ 使用 F 的概率：当一个变量的 F 检验的概率小于指定的"进入"值时，将进入判别函数，"进入"的默认值为 0.05；当变量的 F 检验的概率大于指定的"除去"值时，将从判别函数移出，"除去"的默认值为 0.10。自行设置"进入"值和"除去"值时，需注意"进入"值必须小于"除去"值。
- "显示"选项组设置输出的内容，包括以下选项。
  - ➢ 步骤摘要：选择该项将显示每步选择变量之后各变量的统计量概述结果，包括威尔克 Lambda 值、容差、F 值、显著性水平等。

➢ 成对距离的 F: 选择该项将显示每一对类之间的 F 比值矩阵。

步骤 04 单击"判别分析"对话框右侧的"分类"按钮，弹出"判别分析：分类"对话框，如图 18.40 所示。在"先验概率"选项组中选择"所有组相等"选项，在"使用协方差矩阵"选项组中选择"组内"选项，在"显示"选项组中选择"个案结果"选项，在"图"选项组中选择"分组""领域图"选项，单击"继续"按钮返回主对话框。

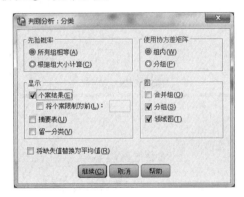

图 18.40　"判别分析：分类"对话框

对话框深度解读

- "先验概率"选项组中可以设置先验概率的计算方法，包括以下选项。
  - ➢ 所有组相等：若分为 x 类，则各类先验概率均为 $1/x$。
  - ➢ 根据组大小计算：基于各类样本观测值占总样本观测值的比例计算先验概率。
- "使用协方差矩阵"选项组，包括以下选项。
  - ➢ 组内：选择使用组内协方差矩阵对样本观测值进行分类。
  - ➢ 分组：选择使用分组协方差矩阵对样本观测值进行分类。
- "显示"选项组下可以设置显示的内容，包括以下选项。
  - ➢ 个案结果：输出每个样本观测值的实际类、预测类、后验概率以及判别分数。若选择此选项，则下面的"将个案限制为前"选项被激活，在其后的小框中输入整数 y，表示仅对前 y 个观测量输出分类结果。
  - ➢ 摘要表：输出分类小结表，对每一类输出判定正确和错误的样本观测值数。
  - ➢ 留一分类：对于每一个样本观测值，输出依据除它之外的其他样本观测值导出的判别函数的分类结果。
- "图"选项组下可以设置输出的图形，包括以下选项。
  - ➢ 合并组：生成全部类的散点图，该图是据前两个判别函数值作出的，如果只有一个判别函数，则显示直方图。
  - ➢ 分组：对每一类生成一幅散点图，这些图是据前两个判别函数值作出的，如果只有一个判别函数，则显示直方图。
  - ➢ 领域图：生成根据判别函数值将观测量分到各类去的边界图，图中每一类占据一个区域，各类的均值用星号标记出来，如果只有一个判别函数，则不显示此图。

- "将缺失值替换为平均值"：在分类阶段用自变量的平均值代替缺失值。

步骤05 单击"判别分析"对话框右侧的"保存"按钮，弹出"判别分析：保存"对话框，如图 18.41 所示。勾选"预测组成员"复选框，单击"继续"按钮，并单击"确定"按钮确认。

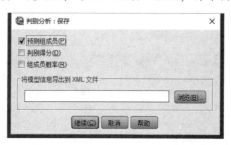

图 18.41 "判别分析：保存"对话框

对话框深度解读

- 预测组成员：建立新变量，保存各样本观测值预测所属类的值。
- 判别得分：建立新变量，保存各样本观测值的判别分数。
- 组成员概率：建立新变量，保存各样本观测值属于各类的概率值。

18.2.3 运行结果精解与分析

1. 分析个案处理摘要

图 18.42 给出了分析个案处理摘要，共有 48 个样本观测值，其中 12 个样本观测值属于缺失或超出范围组代码，因为这 12 个样本观测值本来就是我们刻意删去转型状态，用于预测的，有效样本观测值共有 36 个。

分析个案处理摘要

未加权个案数		个案数	百分比
有效		36	75.0
排除	缺失或超出范围组代码	12	25.0
	至少一个缺失判别变量	0	.0
	既包括缺失或超出范围组代码，也包括至少一个缺失判别变量	0	.0
	总计	12	25.0
总计		48	100.0

图 18.42 分析个案处理摘要

2. 组统计

图 18.43 给出了组统计量，包括各自变量按照转型情况以及全部样本观测值计算的平均值、标准偏差、有效个案数等。例如未转型支行的存款规模的平均值为 1624.5 万元，远低于已转型支行的存款规模的平均值 3527.72 万元。

组统计

转型情况		平均值	标准 偏差	有效个案数（成列）	
				未加权	加权
未转型支行	存款规模（万元）	1624.500000	317.9932617	21	21.000
	EVA（万元）	634.385000	303.4425459	21	21.000
	中间业务收入（万元）	123.124686	108.1294137	21	21.000
	员工人数（人）	40.190476	16.0643053	21	21.000
转型支行	存款规模（万元）	3527.720000	2233.793108	15	15.000
	EVA（万元）	792.291000	256.6871361	15	15.000
	中间业务收入（万元）	351.557160	212.1696793	15	15.000
	员工人数（人）	35.733333	12.4353567	15	15.000
总计	存款规模（万元）	2417.508333	1720.254907	36	36.000
	EVA（万元）	700.179167	291.8981595	36	36.000
	中间业务收入（万元）	218.304883	194.2494883	36	36.000
	员工人数（人）	38.333333	14.6385011	36	36.000

图 18.43　组统计

3. 组平均值的同等检验

图 18.44 是组平均值的同等检验，从中可以看到，存款规模、中间业务收入两个变量的显著性水平比较高，P 值远低于 0.05；EVA、员工人数两个变量的显著性水平比较低，P 值远大于 0.05。这说明转型支行和未转型支行的存款规模、中间业务收入存在显著差异；EVA、员工人数不存在显著差异，或者说，支行转型的关键在于提升存款规模、中间业务收入。

组平均值的同等检验

	威尔克 Lambda	F	自由度 1	自由度 2	显著性
存款规模（万元）	.694	14.992	1	34	.000
EVA（万元）	.927	2.684	1	34	.111
中间业务收入（万元）	.654	17.966	1	34	.000
员工人数（人）	.977	.807	1	34	.375

图 18.44　组平均值的同等检验

4. 汇聚组内矩阵

图 18.45 是汇聚组内矩阵，上半部分为自变量间合并的协方差矩阵，下半部分为自变量间的相关系数矩阵。协方差矩阵的自由度为 34，从相关系数值可知，各变量的线性相关系数偏小，相关关系皆不显著。

汇聚组内矩阵[a]

		存款规模（万元）	EVA（万元）	中间业务收入（万元）	员工人数（人）
协方差	存款规模（万元）	2114118.747	-101013.939	105124.161	273.289
	EVA（万元）	-101013.939	81293.635	19660.928	-144.228
	中间业务收入（万元）	105124.161	19660.928	25413.618	223.237
	员工人数（人）	273.289	-144.228	223.237	215.476
相关性	存款规模（万元）	1.000	-.244	.454	.013
	EVA（万元）	-.244	1.000	.433	-.034
	中间业务收入（万元）	.454	.433	1.000	.095
	员工人数（人）	.013	-.034	.095	1.000

a. 协方差矩阵的自由度为 34。

图 18.45　汇聚组内矩阵

5. 协方差矩阵

图 18.46 是协方差矩阵，分别列出了按转型情况分类计算的协方差矩阵以及按全部样本观测值计算的协方差矩阵。

协方差矩阵[a]

转型情况		存款规模（万元）	EVA（万元）	中间业务收入（万元）	员工人数（人）
未转型支行	存款规模（万元）	101119.715	-47661.613	-5088.862	372.895
	EVA（万元）	-47661.613	92077.379	22452.579	-704.262
	中间业务收入（万元）	-5088.862	22452.579	11691.970	-336.523
	员工人数（人）	372.895	-704.262	-336.523	258.062
转型支行	存款规模（万元）	4989831.651	-177231.549	262571.336	130.995
	EVA（万元）	-177231.549	65888.286	15672.855	655.822
	中间业务收入（万元）	262571.336	15672.855	45015.973	1022.894
	员工人数（人）	130.995	655.822	1022.894	154.638
总计	存款规模（万元）	2959276.947	-22995.362	210809.927	-1855.250
	EVA（万元）	-22995.362	85204.535	28116.902	-316.059
	中间业务收入（万元）	210809.927	28116.902	37732.864	-37.681
	员工人数（人）	-1855.250	-316.059	-37.681	214.286

a. 总协方差矩阵的自由度为 35。

图 18.46　协方差矩阵

6. 对数决定因子

图 18.47 给出了未转型支行、转型支行、汇聚组内的对数决定因子。

对数决定因子

转型情况	秩	对数决定因子
未转型支行	1	9.367
转型支行	1	10.715
汇聚组内	1	10.143

打印的决定因子的秩和自然对数是组协方差矩阵的相应信息。

图 18.47　对数决定因子

7. 检验结果、特征值、威尔克 Lambda 值

图 18.48 是检验结果表，列出了检验协方差矩阵相等的博克斯 M 统计量值为 7.523>0.05，从而在显著性水平 0.05 下认为各类协方差矩阵相等（注意：类内均值存在显著差异和类协方差矩阵相等是得到满意的判别结果的重要条件）；F 检验的显著性概率为 0.007<0.1，从而认为判别分析是显著的，说明错判率很小。图 18.49 给出了特征值表，本例仅有一个判别函数用于分析，特征值为 0.528，方差百分比为 100%，累积百分比为 100%，典型相关性为 0.588。

检验结果

博克斯 M		7.523
F	近似	7.314
	自由度 1	1
	自由度 2	3188.816
	显著性	.007

对等同群体协方差矩阵的原假设进行检验。

图 18.48　检验结果表

特征值

函数	特征值	方差百分比	累积百分比	典型相关性
1	.528[a]	100.0	100.0	.588

a. 在分析中使用了前 1 个典则判别函数。

图 18.49　特征值表

图 18.50 是对判别函数的显著性检验，其中威尔克 Lambda 值等于 0.654，非常小，卡方统计量值为 14.212，自由度为 1，显著性概率为 0.000，从而认为判别函数有效。

威尔克 Lambda

函数检验	威尔克 Lambda	卡方	自由度	显著性
1	.654	14.212	1	.000

图 18.50　威尔克 Lambda 值

8. 结构矩阵、组质心处的函数、分类处理摘要

图 18.51 给出了结构矩阵，这是判别变量与标准化判别函数之间的合并类内相关系数，变量按函数内相关性的绝对大小排序，表明判别变量与标准化典则判别函数之间的汇聚组内相关性，如变量中间业务收入与判别函数的关系最密切。图 18.52 给出的是组质心处的函数，即按组平均值进行求值的未标准化典则判别函数，未转型支行判别分值为-0.597，转型支行判别分值为 0.836。

图 18.53 是分类处理摘要，我们可以看到，全部 48 个观测样本都被采用，没有一个样本由于缺失值或其他原因被排除掉。

结构矩阵

	函数 1
中间业务收入（万元）	1.000
存款规模（万元）[a]	.454
EVA（万元）[a]	.433
员工人数（人）[a]	.095

判别变量与标准化典则判别函数之间的汇聚组内相关性
变量按函数内相关性的绝对大小排序。

a. 在分析中未使用此变量。

图 18.51　结构矩阵

组质心处的函数

转型情况	函数 1
未转型支行	-.597
转型支行	.836

按组平均值进行求值的未标准化典则判别函数

图 18.52　组质心处的函数

分类处理摘要

已处理		48
排除	缺失或超出范围组代码	0
	至少一个缺失判别变量	0
已在输出中使用		48

图 18.53　分类处理摘要

9. 分组直方图

系统输出了未转型支行、转型支行、未分组个案的直方图，限于篇幅，仅列出未转型支行直方图，如图 18.54 所示。

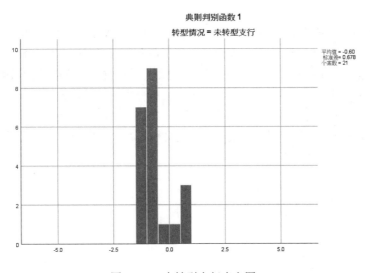

图 18.54　未转型支行直方图

10. 分类结果

图 18.55 给出了每个样本观测值依据判别函数的最后分类结果，依据生成的判决函数，第 34、35、36 个样本观测值转型情况的原始分类分别是 1、0、1，依据生成判别函数判断的结果也分别是 1、0、1；第 37~48 个样本观测值转型情况在原始分类中没有，但系统依据判别函数进行了预测。

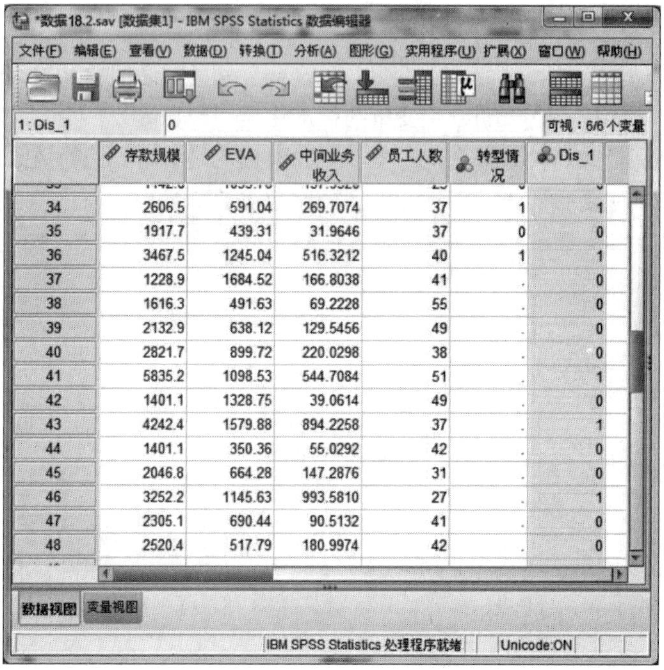

	存款规模	EVA	中间业务收入	员工人数	转型情况	Dis_1
34	2606.5	591.04	269.7074	37	1	1
35	1917.7	439.31	31.9646	37	0	0
36	3467.5	1245.04	516.3212	40	1	1
37	1228.9	1684.52	166.8038	41	.	0
38	1616.3	491.63	69.2228	55	.	0
39	2132.9	638.12	129.5456	49	.	0
40	2821.7	899.72	220.0298	38	.	0
41	5835.2	1098.53	544.7084	51	.	1
42	1401.1	1328.75	39.0614	49	.	0
43	4242.4	1579.88	894.2258	37	.	1
44	1401.1	350.36	55.0292	42	.	0
45	2046.8	664.28	147.2876	31	.	0
46	3252.2	1145.63	993.5810	27	.	1
47	2305.1	690.44	90.5132	41	.	0
48	2520.4	517.79	180.9974	42	.	0

图 18.55 分类结果汇总表

18.3 本章习题

1. 用于分析的数据是数据 18.1，请以“年龄”“贷款收入比”“名下贷款笔数”“教育水平”“是否为他人提供担保”5 个变量为自变量，“信用情况”为因变量，对全部样本观测值开展决策树分析。但为了更好地检验模型效果，需要适当构建部分检验样本，请选择“分割样本验证”→“使用随机分配”选项，设定训练样本的比例是 95%，检验样本的比例是 5%。

2. 用于分析的数据是数据 18.2，请以存款规模、EVA、中间业务收入、员工人数 4 个变量作为自变量，以转型情况作为分组变量，开展一般判别分析（在“判别分析”对话框中的“自变量”列表下方选择“一起输入自变量”）。

第19章

多维标度分析

本章介绍多维标度分析。多维标度分析属于多重变量分析的方法之一，是社会学、数量心理学、市场营销学等统计实证分析的常用方法。例如有若干款啤酒，让消费者排列出对这些啤酒两两间相似的感知程度，根据这些数据，用多维标度分析，可以判断消费者认为哪些啤酒是相似的，从而可以判断竞争对手。与因子分析不同，多维标度仅仅需要相似性或者距离，而不需要相关性（因子分析需要相关性）；与聚类分析不同，聚类分析把观测到的特征当作分组标准，而多维标度仅仅取用感知到的差异。

本章教学要点：

● 清楚知晓 SPSS 多维标度分析的特色，知晓方法的适用条件。
● 熟练掌握 SPSS 多维标度分析的窗口功能，根据研究需要灵活进行窗口设置，开展分析。
● 能够对 SPSS 多维标度分析的结果进行解读，从中发现数据特征，得出研究结论。

 下载资源：可扫描上方二维码观看或下载教学视频

下载资源：\sample\数据 19\数据 19

19.1　统计学原理

多维标度分析可以通过低维空间（通常是二维空间）展示多个研究对象（比如品牌）之间的联系，利用平面距离来反映研究对象之间的相似程度，同时又保留对象间的原始关系，也是一种可视化方法。多维标度分析对于确定感知相似性（或近似性）很有用。比如，我们在分析产品性能时，通常会采取市场调查以获取描述我们的产品与竞争对手的产品的感知相似性（或近似性）数据。通过分析近似性和自变量，则可以确定哪些变量对于用户在选择产品时是相对重要的，进而可以做出针对性的市场策略调整部署。

19.2　SPSS 操作

本节用于分析的数据是数据 19。限于篇幅，不再展示该数据文件的数据视图和变量视图，读者可自行打开相关源文件观察。数据 19 是 7 名评价者针对常吃的主食小吃进行的评价，评价内容为两两相似的感知程度，主食小吃作为变量包括：水饺、炒饭、炒粉、盖饭、馄饨、焖饼、米线、拉面。本例中获取的评价数据矩阵是对称的，比如水饺与炒饭间的距离和炒饭与水饺间的距离一样。每名评价者对 7 种主食小吃两两比较，根据它们之间的相似度打分，采用 7 分制，分值越小，相似程度越高，反之，相似程度越低。例如第一名评价者认为炒饭与炒粉非常相似，给两者的相似度打分为 1；炒饭与水饺不相似，认为两者的相似度为 6，以此类推。下面针对水饺、炒饭、炒粉、盖饭、馄饨、焖饼、米线、拉面共 8 个变量开展多维标度分析，SPSS 操作如下：

步骤01 打开数据 19，选择"分析"→"刻度"→"多维标度 (ALSCAL)"命令，弹出"多维标度"对话框，如图 19.1 所示。在左侧变量框中分别选择水饺、炒饭、炒粉、盖饭、馄饨、焖饼、米线、拉面共 8 个变量进入右侧的"变量"列表框中。由于我们的数据是不相似数据，因此在下面的"距离"选项组中选择"数据为距离"选项，另外由于我们的数据中列与行相同、上三角与下三角值相同，因此在如图 19.2 所示的"多维尺度：数据形状"对话框中选择"对称正方形"选项。

图 19.1　"多维标度"对话框　　　　图 19.2　"多维尺度：数据形状"对话框

对话框深度解读

- 数据为距离：数据是不相似数据矩阵时选择此项，矩阵中的元素应该是显示行和列配对之间的不相似性的程度，在"形状"按钮旁边显示的是当前选项，单击"形状"按钮，打开"多维标度：数据形状"对话框，如图 19.2 所示。该对话框中有以下 3 个选项。
  - ➢ 对称正方形：表示活动数据集中的数据矩阵为正对称矩阵，行和列表示相同的项目，且在上部和下部三角形中相应的值相等，当仅录入一半的数据并选中该单选按钮时，系统会自动补全其他数据。
  - ➢ 不对称正方形：用于处理方形不对称数据，行、列代表相同的项目，但在上部和下部三角形中相应的值不相等。

> 矩形：用于处理矩形数据，在"行数"框中输入行数，在矩阵中行、列数据代表不同的
项目。SPSS 把有序排列的数据文件当作矩形矩阵，如果数据文件中包含两个以上的矩形
矩阵，一定要设定每个矩阵的行数，此
数值必须大于或等于 4，并且能够将矩阵
中的行数整除。

- 根据数据创建距离：当活动数据集中的数据
本身不是距离数据时，选中该选项。下方的
"测量"按钮用于选择测量类型并指定测量
方法，单击"测量"按钮即可弹出如图 19.3
所示的"多维标度：根据数据创建测量"对
话框。我们可以在"测量"选项组中选择具
体的测量方法，在"转换值"选项组的"标
准化"下拉列表框中可选择数据标准化的方
法。关于该对话框中相关概念的详细介绍，
在前面的章节中多有提及，不再赘述。

图 19.3　"多维标度：根据数据创建测量"对话框

步骤 02 在"多维标度"对话框中单击"模型"按钮，弹出"多维标度：模型"对话框，如
图 19.4 所示。"多维标度：模型"对话框用于确定数据和模型的类型，合理设定有助于模型的正确
估计。我们在"测量级别"选项组中选择"有序"，在"条件性"选项组中选择"矩阵"，在"维"
选项组中"最小值"和"最大值"框中都输入 2，针对"标度模型"选项组采取系统默认设置，然
后单击"继续"按钮回到"多维标度"对话框。

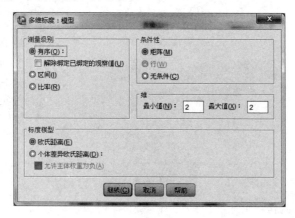

图 19.4　"多维标度：模型"对话框

对话框深度解读

- "测量级别"选项组，包括以下选项。
  > 有序：表示数据测量级别为有序标度，大部分多维标度分析中的数据都是此类数据。其
  中，"解除绑定已绑定的观察值"复选框用于对活动数据集中相同的评分赋予不同的权

重。

> 区间：表示数据为连续度量数据。

> 比率：表示数据为比率形式的度量数据。

- "条件性"选项组，包括以下选项。

  > 矩阵：表示单个矩阵内部的数据可以进行比较，适用于数据集只有一个矩阵的情况或者每个矩阵代表一个测试者的选择的情况。

  > 行：表示只有行数据之间的比较是有意义的，该选项适用于活动数据集为非对称矩阵或矩形的情况。

  > 无条件：表示活动数据集任何数据之间的比较都是有意义的，该选项比较少用。

- "维"选项组，用来指定多维尺度分析的维度，默认产生二维解决方案，在"最小值"框中输入最少维度数，在"最大值"框中输入最多维度数，一般可选择1~6维度的解决方案。如果在两个栏中输入相同的数值，只获得一个解决方案，对于加权模型，"最小值"框中的最小值为2。

- "标度模型"选项组中可以指定标度模型，有以下两个选项。

  > 欧氏距离：表示使用欧式距离模型，适用于任何形式的数据矩阵。

  > 个体差异欧式距离：表示使用个别差异的欧氏距离模型，适用于活动数据集中含有两个或两个以上的距离矩阵。

步骤 03 在"多维标度"对话框中单击"选项"按钮，进入"多维标度：选项"对话框，如图 19.5 所示。我们在"显示"选项组中选择"组图"选项，其他采用系统默认设置，然后单击"继续"按钮返回主对话框，单击"确定"按钮确认。

图 19.5 "多维标度：选项"对话框

对话框深度解读

- "显示"选项组，包括以下选项。

  > 组图：输出多维标度分析图，该图用于观察对象之间的相似性，是多维标度分析中的主要图表。

  > 个别主体图：输出基于每个评价者的对象距离图。

  > 数据矩阵：输出活动数据集中的数据矩阵。

  > 模型和选项摘要：输出模型处理的摘要等信息。

- "条件"选项组：用于设置迭代停止的判据，包括以下选项。

> ➤ S 应力收敛：该文本框用于设定迭代中 S 应力的最小改变量，当模型迭代的 S 应力的最小改变量小于该值时停止收敛，为了增加解决方案的精度，可以输入一个比以前设置值小的正值，如果输入零，则只进行 30 步的迭代。

> ➤ 最小 S 应力值：该文本框用于设定最小 S 应力值，当模型迭代的 S 应力值达到该最小 S 应力值时模型停止收敛。如果要继续进行迭代，输入一个比默认值更小的数值，如果输入的数值比默认值大，则迭代次数会减少，该值要大于 0，且小于或等于 1。

> ➤ 最大迭代次数：该文本框用于设定模型最大迭代次数，当模型迭代到该设定次数时停止收敛。参数框中的系统默认值是 30，可输入另一个正值作为最大迭代次数，如果输入值比默认值大，则会增加分析的精度，但计算时间也会增加。

- "将小于_的距离视为缺失"：该文本框用于对缺失值进行处理，当数据集中小于该值时，该数据就会被视作缺失值处理。

19.3 运行结果精解与分析

1. 二维解决方案的迭代过程

图 19.6 给出了二维结果的迭代过程，在"标准"栏指定的最大迭代次数为 30，但当迭代的改进值小于 0.001 时迭代终止，本次试验中迭代到第 4 步时改进值是 0.00084，其值小于 0.001，迭代过程结束。

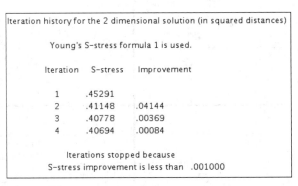

图 19.6　二维解决方案的迭代过程

2. S 应力值和平方相关系数（RSQ 值）

图 19.7 给出了 S 应力值和平方相关系数（RSQ 值），这两个值是多维尺度分析的信度和效度的估计值，S 应力值是拟合量度值，值越大说明拟合度越好，本次试验的 S 应力值为 0.30312，说明拟合度差。平方相关系数越大越理想，一般在 0.60 是可接受的，这里的平方相关系数是 0.38532，此值是偏低的，需要方法上的改进，解决方法有两种，一种是用多维尺度分析 PROXSCAL 方法，另一种是增加评价者的人数。

3. 二维导出结构表

图 19.8 给出了二维导出结构表，表中的数值是用在多维尺度分析图的数值。例如水饺在第一个维度上的值为-0.8566，在第二个维度上的值为 1.3988。

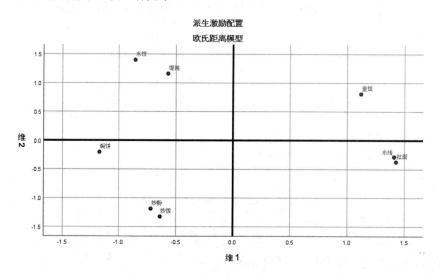

Stress and squared correlation (RSQ) in distances

RSQ values are the proportion of variance of the scaled data (disparities)
in the partition (row, matrix, or entire data) which
is accounted for by their corresponding distances.
Stress values are Kruskal's stress formula 1.

Matrix	Stress	RSQ	Matrix	Stress	RSQ	Matrix	Stress	RSQ	Matrix	Stress	RSQ
1	.285	.453	2	.362	.132	3	.319	.322	4	.252	.568
5	.145	.857	6	.344	.199	7	.355	.166			

Averaged (rms) over matrices
Stress = .30312   RSQ = .38532

图 19.7　S 应力值和平方相关系数

Stimulus Coordinates

Dimension

Stimulus Number	Stimulus Name	1	2
1	水饺	-.8566	1.3988
2	炒饭	-.6380	-1.3241
3	炒粉	-.7171	-1.1879
4	盖饭	1.1176	.8103
5	馄饨	-.5698	1.1604
6	焖饼	-1.1706	-.2013
7	米线	1.4091	-.2847
8	拉面	1.4253	-.3716

图 19.8　二维导出结构表

4. 多维尺度分析图

图 19.9 为多维尺度分析图。该图是我们进行多维尺度分析最关注的结果，从图中可对图形的每一维寻找散点间相关性的合理解释。从图中可以看出，包括 3 组聚焦点，这意味着消费者认为彼此相似的这些产品：水饺和馄饨是相似的，炒粉和炒饭是相似的，米线和拉面是相似的，说明这些相似的食品小吃在市场占有率上彼此有竞争。

图 19.9　多维尺度分析图

19.4　本章习题

使用习题 19，该数据是另一组评价者针对水饺、炒饭、炒粉、盖饭、馄饨、焖饼、米线、拉面共 8 个变量的评价数据，请据此开展多维标度分析。

第20章

ROC 曲线

医生感兴趣的是正确地将病患分类成为严重和不严重两类，银行感兴趣的是正确地将客户分类成会违约和不会违约两类，因此为做出这些决策制定了特殊的方法（采用判别分析或 Logistic 回归等）。受试者工作特征（ROC）分析可用来评估这些方法的效果如何。

本章教学要点：

- 清楚知晓 ROC 曲线分析的统计学原理。
- 熟练掌握 ROC 曲线分析的窗口功能，根据研究需要灵活进行窗口设置，开展分析。
- 能够对 ROC 曲线分析的结果进行解读，从中发现数据特征，得出研究结论。

下载资源：可扫描上方二维码观看或下载教学视频
下载资源：\sample\数据 20\数据 12.3

20.1　统计学原理

20.1.1　ROC 曲线

ROC 曲线又被称为"接受者操作特征曲线""等感受性曲线"，ROC 曲线主要用于预测准确率情况。最初 ROC 曲线运用在军事上，现在广泛应用在各个领域，比如判断某种因素对于某种疾病的诊断是否有诊断价值。曲线上各点反映着相同的感受性，它们都是对同一信号刺激的反应，只不过是在几种不同的判定标准下所得的结果而已。

ROC 曲线如图 20.1 所示，是以虚惊概率（又被称为假阳性率、误报率，图中为"1-特异性"）为横轴，击中概率（又被称为敏感度、真阳性率，图中为"敏感度"）为纵轴所组成的坐标图，以及被试者在特定刺激条件下由于采用不同的判断标准得出的不同结果画出的曲线。虚惊概率 X 轴越接近零，击中概率 Y 轴越接近 1 代表准确率越高。

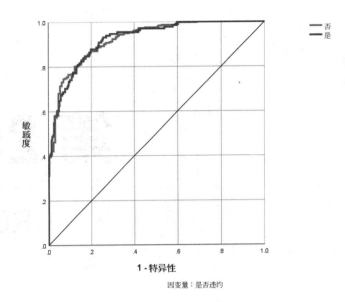

因变量：是否违约

图 20.1　ROC 曲线示例

对于一条特定的 ROC 曲线来说，ROC 曲线的曲率反应敏感性指标是恒定的，所以它也叫等感受性曲线。对角线（图 20.1 中为直线）代表辨别力等于 0 的一条线，也叫作纯机遇线。ROC 曲线离纯机遇线越远，表明模型的辨别力越强。辨别力不同的模型的 ROC 曲线也不同。

当一条 ROC 曲线 X 能够完全包住另一条 ROC 曲线 Y 时，也就是对于任意既定特异性水平，曲线 X 在敏感度上的预测表现都能够大于或等于 Y，那么就可以说曲线 X 全面优于曲线 Y。而如果两条曲线有交叉，则无法做出如此推断，根据要求的击中概率的不同而各有优劣。

比如根据既定的研究需要，将要求的击中概率选择为 0.7（对应图 20.1 所示的 ROC 曲线图中纵轴 0.7 处）时，违约概率为“是”的 ROC 曲线误报概率要显著高于违约概率为“否”的 ROC 曲线（体现在“违约概率为是的 ROC 曲线横轴对应点”在“违约概率为否的 ROC 曲线横轴对应点”的右侧）。

又比如根据既定的研究需要，将要求的击中概率选择为 0.9（对应图 20.1 所示的 ROC 曲线图中纵轴 0.9 处）时，违约概率为“是”的 ROC 曲线误报概率要显著低于违约概率为“否”的 ROC 曲线（体现在“违约概率为是的 ROC 曲线横轴对应点”在“违约概率为否的 ROC 曲线横轴对应点”的左侧）。

20.1.2　AUC 值

ROC 曲线下方的区域又被称为 AUC 值，是 ROC 曲线的数字摘要，取值范围一般为 0.5~1。使用 AUC 值作为评价标准是因为很多时候 ROC 曲线并不能清晰地说明哪个模型的效果更好，而作为一个数值，对应 AUC 值更大的模型预测效果更好。

当 AUC=1 时，是完美模型，采用这个预测模型时，存在至少一个阈值能得出完美预测。绝大多数预测的场合不存在完美模型。

当 0.5 < AUC < 1 时，优于随机猜测。这个模型妥善设置阈值的话能有预测价值。

当 AUC = 0.5 时，跟随机猜测一样，模型没有预测价值。

当 AUC < 0.5 时，比随机猜测还差，但只要总是反预测而行，就会优于随机猜测。

20.1.3　SPSS 中的 ROC 曲线

在 SPSS 的 "ROC 曲线" 对话框中，检验变量是定量变量，检验变量的组成要素常为由判别分析或 Logistic 回归所得的概率，或是某个指示评分者 "确信度"（主体落入一个类别或另一个类别的范围内）的随意刻度上的得分。状态变量可以是任何类型，并指示主体真正所属的类别，状态变量的值指示哪一个类别应视为被关注的（比如银行贷款业务中关注违约客户，疾病诊断中关注患病人群等）。所以，在 SPSS 中专门绘制 ROC 曲线，通常在判别分析或 Logistic 回归之后，基于保存的每个样本观测值发生特定事件的预测概率，将之作为检验变量，并将判别分析或 Logistic 回归时所使用的因变量作为状态变量，进行绘制。

20.2　SPSS 操作

本节使用数据 12.3，记录的是 20 名癌患者的相关数据。数据在 12.4 节中已详细介绍。下面将使用二元 Logistic 回归分析方法分析患者细胞癌转移情况（有转移 y=1、无转移 y=0）与患者年龄、细胞癌血管内皮生长因子（其阳性表述由低到高共 3 个等级）、癌细胞核组织学分级（由低到高共 4 级）、细胞癌组织内微血管数、细胞癌分期（由低到高共 4 期）之间的关系。SPSS 操作如下：

步骤 01 打开数据 12.3，选择 "分析" → "回归" → "二元 Logistic" 命令，弹出 "Logistic 回归" 对话框，如图 20.2 所示。在 "Logistic 回归" 对话框的左侧列表框中选中 "细胞癌转移情况" 并单击 ➡ 按钮，使之进入 "因变量" 列表框，同时选中 "年龄" "细胞癌血管内皮生长因子" "癌细胞核组织学分级" "细胞癌组织内微血管数" 和 "细胞癌分期" 并单击 ➡ 按钮，使之进入 "块（B）1/1" 列表框，其他采用系统默认设置。

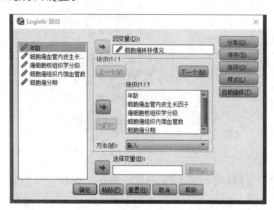

图 20.2　"Logistic 回归" 对话框

步骤 02 单击 "继续" 按钮，回到 "Logistic 回归" 对话框，单击 "保存" 按钮，进入 "Logistic 回归：保存" 对话框，如图 20.3 所示。本例中采用系统默认设置。在 "预测值" 选项组中选择 "概率"，即保存每个样本观测值发生特定事件的预测概率，此处所指的 "事件" 是值较大的因变量类别，比如因变量取 0 和 1，那么将保存该样本观测值属于类别 1 的预测概率。单击"继续"按钮，回到"Logistic 回归"对话框，单击"确定"按钮确认。操作完成后保存的每个样本观测值发生特定事件的预测概率如图 20.4 所示。

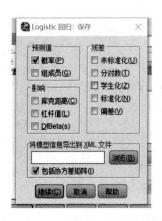
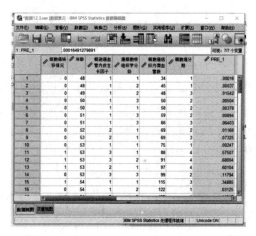

图 20.3 "Logistic 回归：保存"对话框　　图 20.4 保存的每个样本观测值发生特定事件的预测概率

步骤 03 选择"分析"→"分类"→"ROC 曲线"命令，弹出"ROC 曲线"对话框，如图 20.5 所示。在"ROC 曲线"对话框源变量列表中，将"预测概率"选入"检验变量"，将"细胞癌转移情况"选入"状态变量"，因为有转移 $y=1$、无转移 $y=0$，所以在"状态变量值"中填写 1。在"显示"选项组中勾选"ROC 曲线""带对角参考线"。

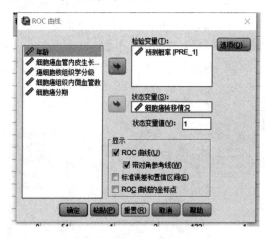

图 20.5 "ROC 曲线"对话框

步骤 04 在"ROC 曲线"对话框中单击"选项"按钮，即弹出"ROC 曲线：选项"对话框，如图 20.6 所示。本例中采用系统默认设置。单击"继续"按钮，回到"ROC 曲线"对话框，单击"确定"按钮确认。

图 20.6　"ROC 曲线：选项"对话框

对话框深度解读

- "分类"选项组：用于设置在进行肯定分类时，是包含还是排除分界值。
  - 包括肯定分类的分界值：包含分界值，将预测概率取分界值的样本数据归类为肯定分类。
  - 排除肯定分类的分界值：排除分界值，将预测概率取分界值的样本数据不归类为肯定分类。
- "检验方向"选项组：用于设置对于肯定类比分类的刻度方向。
  - 较大的检验结果表示更加肯定的检验：检验结果即预测概率，预测概率越高则事件越有可能发生时，选择此选项。
  - 较小的检验结果表示更加肯定的检验：预测概率越低则事件越有可能发生时，选择此选项。

　　本例中预测概率越高表示的是"细胞癌转移情况"事件越有可能发生，所以选择默认选项，即"较大的检验结果表示更加肯定的检验"。

- 区域的标准误差参数：用于用户设置估计曲线以下区域的标准误差的方法。可用的方法是非参数法和双负指数法。还允许用户设置置信区间的置信度。可用的范围是 50.1%~99.9%。
- 缺失值：允许用户指定如何处理缺失值。

20.3　运行结果精解与分析

1. ROC 曲线

　　ROC 曲线如图 20.7 所示，对角线（图中为 45 度红色线）代表辨别力等于 0 的一条线，也叫纯机遇线。ROC 曲线离纯机遇线越远，表明模型的辨别力越强。可以发现，本例中 ROC 曲线位于上方且距离对角线（随机预测）比较远，说明模型的分类预测准确性比较高。

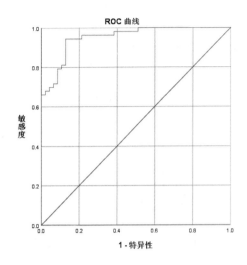

图 20.7　ROC 曲线

2. 曲线下方的区域（AUC 值）

图 20.8 为曲线下方的区域（AUC 值），可以发现 AUC 值为 0.951，模型的预测效果还是很不错的。

图 20.8　曲线下方的区域（AUC 值）

20.4　通过“ROC 分析”实现

上述过程也可以通过“ROC 分析”来完成，操作步骤如下：

在获得如图 20.4 所示的“保存的每个样本观测值发生特定事件的预测概率”后，选择“分析”→“分类”→“ROC 分析”命令，弹出“ROC 分析”对话框，如图 20.9 所示。在“ROC 分析”对话框源变量列表中，将“预测概率”选入“检验变量”，将“细胞癌转移情况”选入“状态变量”，因为有转移 y=1、无转移 y=0，所以在“状态变量值”中填写 1。在“ROC 分析”对话框中单击“显示”按钮，即弹出“ROC 分析：显示”对话框，如图 20.10 所示。在“图”选项组中勾选“ROC 曲线”“带对角参考线”。单击“继续”按钮，回到“ROC 曲线”对话框，单击“确定”按钮确认。

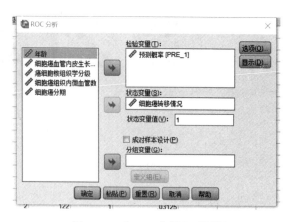

图 20.9　"ROC 分析"对话框

图 20.10　"ROC 分析：显示"对话框

运行结果如下：

ROC 曲线如图 20.11 所示，与"图 20.7 ROC 曲线"一致。曲线下方的区域（AUC 值）如图 20.12 所示，与"图 20.8 曲线下方的区域（AUC 值）"一致。

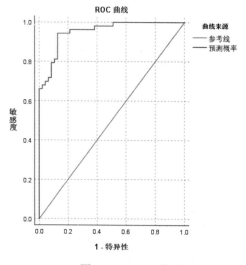

图 20.11　ROC 曲线

ROC 曲线下的区域

检验结果变量	区域
预测概率	.951

图 20.12　曲线下方的区域（AUC 值）

20.5　本章习题

使用数据 12.3，以患者细胞癌转移情况（有转移 $y=1$、无转移 $y=0$）为因变量，以患者年龄、细胞癌组织内微血管数、细胞癌分期（由低到高共 4 期）为自变量，开展二元 Logistic 回归分析，保存每个样本观测值发生特定事件的预测概率，然后基于保存的每个样本观测值发生特定事件的预测概率绘制 ROC 曲线并进行分析。

第21章

RFM 分析

近年来，我国的电子商务行业实现了快速发展。批发零售行业众多商户的营销模式，也实现了由线下营销为主，向线上营销为主或线上线下联动营销的转变。淘宝、苏宁易购、京东、拼多多、微信等众多线上平台为商户开展线上营销提供了非常便利的条件,商户开店准入的门槛也相对较低。现在几乎大多数的商户都有自己的网店，可以通过网店开展线上销售。线上销售除了节省实体店面费用、扩大销售范围、节约推广费用等种种优势之外，还有一个得天独厚的优势就是在销售的过程中可以非常方便和低成本地积累大量的用户数据,这些用户资料、交易数据其实是非常宝贵的信息，商家可以通过应用恰当的数据分析及建模方法，从积累的海量数据中有效探索出顾客的行为习惯，从而为开展下一阶段的营销或者上线新产品营销提供更多的技术支持，进而可以更具针对性，也更节省成本和资源地达成市场目标。RFM 分析是一种很好的分析工具。本章我们讲解 RFM 分析的统计学原理，并结合具体实例讲解该分析方法在 SPSS 中的实现与应用。

本章教学要点:

- 清楚 RFM 分析的统计学原理。
- 熟练掌握 RFM 分析的 SPSS 操作，开展 RFM 分析。
- 能够对 RFM 分析的结果进行解读，从中发现数据特征，得出研究结论。

| 下载资源:可扫描上方二维码观看或下载教学视频 |
| 下载资源:\sample\数据 21\数据 21.1 |

21.1　RFM 分析的统计学原理

21.1.1　RFM 分析的基本思想

RFM 分析是常用的市场营销分析工具之一，其基本思想是根据客户活跃程度和交易金额贡献进行客户价值细分，基本假定是基于已生成的历史交易数据预测未来。建立在下列前提条件之上:

（1）最近有过交易行为的客户，其再次产生交易行为的概率要高于最近没有交易行为的客户，而且最近一次交易时间距离当前研究时间越近，其产生交易行为的概率就越大。

（2）在研究范围内，客户的交易频率越高，产生交易行为的概率就越高，或者说，交易频率高的客户产生交易行为的概率要高于交易频率低的客户。

（3）在研究范围内，客户的交易金额越高，客户的预期价值贡献就越高，或者说，交易金额高的客户的预期价值贡献要高于交易金额低的客户。

RFM 分析有三个维度，分别是 R、F、M，分别代表最近一次交易（Recency）、交易频率（Frequency）、交易金额（Monetary），如表 21.1 所示。

表21.1　RFM分析的三个维度

维　　度	含　　义	分　　析
最近一次交易（Recency）	客户最近一次交易时间到当前时间的间隔	Recency 越大，说明客户越长时间没有发生交易；Recency 越小，说明客户发生交易越频繁
交易频率（Frequency）	在统计范围内客户的合计交易次数	Frequency 越大，说明客户交易次数越多，交易越频繁；Frequency 越小，说明客户交易次数越少，交易越不频繁
交易金额（Monetary）	在统计范围内客户的合计交易金额	Monetary 越大，说明客户对于公司的价值贡献越大；Monetary 越小，说明客户对于公司的价值贡献越小

21.1.2　RFM 分类组合与客户类型对应情况

RFM 分析的三个维度包括最近一次交易（Recency）、交易频率（Frequency）、交易金额（Monetary），均有高、低两种分类（SPSS 中可以灵活设置成更多分类方式，本书按主流分成两类观点进行讲解），所以共有 2×2×2=8 种组合。如果用数值 1 表示取值"高"，数值 2 表示取值"低"，则 8 种组合分别为 222、221、212、211、122、121、112、111，对应的客户类型分别为高价值客户、潜力客户、重要深耕客户、新客户、重要唤回客户、一般客户、重点挽回客户、流失客户。

注意针对最近一次交易（Recency），所谓的取值"高"，并不是指客户最近一次交易时间到当前时间的间隔长，恰好相反，是指客户最近一次交易时间到当前时间的间隔短。针对交易频率（Frequency），取值"高"表示在统计范围内客户的合计交易次数多；针对交易金额（Monetary），取值"高"表示在统计范围内客户的合计交易金额多。

RFM 分类组合与客户类型对应情况如表 21.2 所示。

表21.2　RFM分类组合与客户类型对应情况

最近一次交易（Recency）	交易频率（Frequency）	交易金额（Monetary）	组合	客户类型
高	高	高	222	高价值客户
高	高	低	221	潜力客户
高	低	高	212	重要深耕客户
高	低	低	211	新客户
低	高	高	122	重要唤回客户
低	高	低	121	一般客户
低	低	高	112	重点挽回客户
低	低	低	111	流失客户

21.1.3 不同类型客户的特点及市场营销策略

1. 高价值客户

高价值客户的三个特点：最近一次交易时间到当前时间的间隔短，在统计范围内客户的合计交易次数多，在统计范围内客户的合计交易金额多。针对高价值客户的市场营销策略是高度重视，在充分考虑成本效益原则的前提下，倾斜更多资源，积极提供 VIP 服务、个性化服务，积极探索客户需求实现附加销售等。

2. 潜力客户

潜力客户的三个特点：最近一次交易时间到当前时间的间隔短，在统计范围内客户的合计交易次数多，但在统计范围内客户的合计交易金额少。潜力客户需要积极挖掘，针对潜力客户的市场营销策略是积极营销价值更高的产品，在与客户发生交易结束后，鼓励客户对消费体验进行评论，针对性地满足客户需求，进一步提升客户价值。

3. 重要深耕客户

重要深耕客户的三个特点：最近一次交易时间到当前时间的间隔短，在统计范围内客户的合计交易金额多，但统计范围内客户的合计交易次数少。重要深耕客户需要重点识别，针对重要深耕客户的市场营销策略是积极开展不同品类产品之前的交叉销售，在充分探知客户需求的基础上积极推荐其他产品，适时推出会员忠诚计划，留住客户。

4. 新客户

新客户的三个特点：最近一次交易时间到当前时间的间隔短，但在统计范围内客户的合计交易次数少，在统计范围内客户的合计交易金额也少。新客户容易丢失，有推广价值。针对新客户的市场营销策略是积极组织线上线下的社区活动，适当提供更多的免费试用机会，进一步提升客户对公司产品或服务的兴趣，提升客户黏性。

5. 重要唤回客户

重要唤回客户的三个特点：在统计范围内客户的合计交易次数多，在统计范围内客户的合计交易金额也多，但最近一次交易时间到当前时间的间隔长。重要唤回客户最近无交易，需要把他们带回来。针对重要唤回客户的市场营销策略是积极提供对客户有用的资源，通过续订或更新产品赢回他们。

6. 一般客户

一般客户的三个特点：在统计范围内客户的合计交易次数多，但在统计范围内客户的合计交易金额小，最近一次交易时间到当前时间的间隔长。针对一般客户的市场营销策略是对客户实行积分制，投入一定的市场营销资源，以产品折扣作为吸引，推荐客户续订热门产品，加强与客户之间的联系与互动。

7. 重点挽回客户

重点挽回客户的三个特点：统计范围内客户的合计交易金额大，但在统计范围内客户的合计交易次数少，最近一次交易时间到当前时间的间隔也长。重点挽回客户做出最大购买，但很久没有回来购买，可能流失，需要挽留。针对重点挽回客户的市场营销策略是由专门的市场专员进行重点联系或拜访，提高留存率。

8. 流失客户

流失客户的三个特点：在统计范围内客户的合计交易金额小，统计范围内客户的合计交易次数少，最近一次交易时间到当前时间的间隔也长。流失客户最后一次购买的时间很长，金额小，订单数少，类似于冬眠客户。针对流失客户的市场营销策略是恢复客户兴趣，否则就需要暂时放弃了。

关于 RFM 分析，也可以通过 Python 更加灵活地实现，推荐参阅杨维忠、张甜编著，清华大学出版社出版的《Python 数据科学应用从入门到精通》一书的第 13 章 数据挖掘与建模 6——RFM 分析。

21.2　RFM 分析 SPSS 操作

本例使用的数据是数据 21.1，数据视图如图 21.1 所示。需要特别说明和强调的是，交易数据文件是原始数据文件，在交易数据文件中，每行代表一笔单独的交易，而不是按照单独的客户进行分类汇总，所以在交易数据文件中，多次产生交易行为的客户就会有多行数据。

步骤01 打开数据 21.1，选择"分析"→"直销"→"选择技术"命令，弹出"直销"对话框，如图 21.2 所示。在"了解我的联系人"选项组中选择"帮助确定我的最佳联系人（RFM 分析）"。

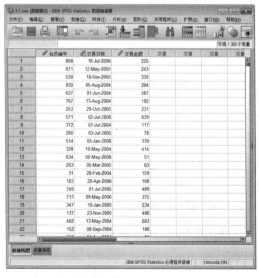

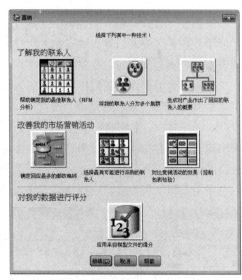

图 21.1　数据视图　　　　　　　　　图 21.2　"直销"对话框

步骤02 单击"继续"按钮，弹出"RFM 分析：数据格式"对话框，如图 21.3 所示。在这个对框中用户需要选择数据格式，告知 SPSS 数据整理情况。共有两种选择方式，一是"交易数据"，交易数据的意思是每一行都包含一次交易的数据，为了进行分析，这些交易将按客户标识进行组合；二是"客户数据"，客户数据的意思是每一行都包含一个客户数据，这些数据已按交易中的客户进行组合。

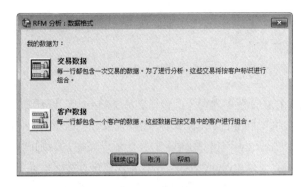

图 21.3 "RFM 分析：数据格式"对话框

此处由于我们的数据是交易数据，或者说是按照逐笔交易记录而非按单个客户分类汇总的数据，因此选择"交易数据"选项。

步骤 03 单击"继续"按钮，弹出"交易数据 RFM 分析"对话框，如图 21.4 所示。该对话框中包括 4 个选项卡，分别为"变量""分箱化""保存""输出"。

1. "变量"选项卡

在"变量"选项卡中，首先需要选择交易日期、交易金额和客户标识变量。其中针对"交易日期"列表框需要选择包含最近交易日期或代表自最近交易以来的时间间隔的数字的变量；针对"交易金额"列表框选择包含每个客户摘要消费金额的变量。如果用户想将 RFM 得分写入一个新的数据集，则需要在"客户标识"列表框中选入唯一标识每个客户的变量或变量组合。

本例中我们把"交易日期"变量选入"交易日期"列表框，把"交易金额"变量选入"交易金额"列表框，把"会员编号"变量选入"客户标识"列表框。

在"变量"选项卡中，我们还需要对交易金额的摘要方法进行设定，如图 21.5 所示，摘要方法下拉菜单中共有 4 个选项，分别是"最大值""平均值""中位数""总计"。其中"最大值"选项表示针对单个客户，系统输出该客户所有交易金额的最大值；"平均值"选项表示针对单个客户，系统输出该客户所有交易金额的平均值；"中位数"选项表示针对单个客户，系统输出该客户所有交易金额的中位数；"总计"选项表示针对单个客户，系统输出该客户所有交易金额的总计。本例中我们也采用系统默认设置，选择摘要方法为"总计"。

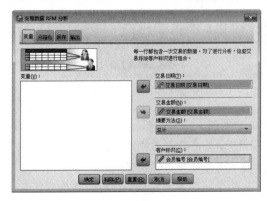

图 21.4 "变量"选项卡

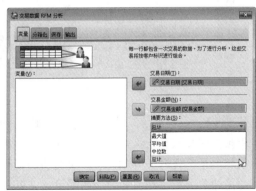

图 21.5 "摘要方法"下拉列表

2. "分箱化"选项卡

"分箱化"选项卡如图 21.6 所示。分箱化又称离散化，用于设置分箱方法、分箱数、绑定值。本例中我们将"分箱数"中的"上次消费时间""频率""货币"均设置为2。

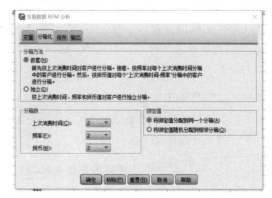

图 21.6　"交易数据 RFM 分析"的"分箱化"选项卡

对话框深度解读

- "分箱方法"选项组，主要用于设置交易数据 RFM 分析的分箱方法。

  分箱化方法分"嵌套"和"独立"两种，关于两者的解释如下：

  （1）嵌套。嵌套分箱化是指首先按上次消费时间对客户进行分箱，形成上次消费时间等级，然后按频率对每个上次消费时间分箱中的客户进行分箱，形成频率等级，再按照货币（SPSS 对话框中设定为"货币"，实际上指"交易金额"，下同）对每个"上次消费时间-频率"分箱中的客户进行分箱，形成货币等级。嵌套分箱化方法可以使合并 RFM 得分的分布更平均，但其缺点是会使频率和货币等级得分更难解释。比如拥有上次消费时间等级 3 的客户的频率等级 1 与拥有上次消费时间等级 2 的客户的频率等级 1 的意义是不同的，因为频率等级在上次消费时间等级之后。

  （2）独立。独立分箱化是指按上次消费时间、频率和货币对客户进行独立分箱。相对于嵌套分箱化，按上次消费时间、频率和货币对客户进行的分箱是没有先后顺序的，上次消费时间等级、频率等级和货币等级之间是完全独立的关系。在独立分箱化条件下，无论客户的上次消费时间得分如何，一个客户的频率得分 1 与另一个客户的频率得分 1 的意义是相同的。独立分箱化的优点是三个 RFM 组件中每个组件的解释因此都非常明确。其缺点是对于较小的样本，这样会导致合并 RFM 得分的分布不平均。

- "分箱数"选项组，分箱数用于为"上次消费时间""频率""货币"三个组件创建 RFM 得分的类别（块）数。

  每个客户的合并 RFM 得分是"上次消费时间""频率""货币"三个组件得分的组合。例如，某客户"上次消费时间"得分为 2，"频率"得分为 3，"货币"得分为 3，则其合并 RFM 得分为 233。

  分箱数中关于"上次消费时间""频率""货币"三个组件下拉框的选择，决定了三个组件各自得分的上限，进而决定了最终所有客户得分的种类。每个得分组件允许的最大块数是 9，最小块数是 2。

例如，若分箱数中"上次消费时间"设定为 5，"频率"设定为 4，"货币"设定为 3，则系统将会创建总共 60 个（5*4*3=60）可能的合并 RFM 得分，范围为 111~543（111 为三个组件均得分为 1 的最小情形；543 为"上次消费时间"得分为 5，"频率"得分为 4，"货币"得分为 3 的最大情形）。系统默认的每个组件的设置块数是 5，也就是说，如果选择系统默认设置，将创建 125 个可能的合并 RFM 得分，范围为 111~555。

- "绑定值"选项组，"绑定值"的概念是两个或更多相等的上次消费时间、频率或货币值。理想状况下，如果用户希望在每个块中拥有大致相同的客户数量，但是大量绑定值可能影响块的分布。有以下两种方法可以处理绑定值：

（1）将绑定值分配到同一个分箱。此方法始终将绑定值分配到同一个分箱，而不去考虑该分配对块分布的影响。SPSS 还提供了一致的离散化方法：如果两个客户具有相同的上次消费时间值，那么他们将始终分配到相同的上次消费时间得分。该方法具有一定的合理性，但是如果考虑某种极端情况，比如假设一共有 2000 个客户，其中 1000 个在同一天进行了最近一次购买，如果我们针对"上次消费时间"设定块数是 5，那么肯定是 50%的客户因此获得了上次消费时间得分 5，而不会出现"每个块中拥有大致相同的客户数量"所预期的 20%。需要特别提示和强调的是，如果用户使用的是嵌套离散化方法，"一致性"对于频率和货币值得分有点过于复杂了，因为要在上次消费时间得分的基础上分配频率得分，然后在频率得分块中再分配货币值得分。因此，无论绑定值如何处理，拥有相同频率值的两个客户如果没有相同的上次消费时间得分，他们仍无法获得相同的频率得分。

（2）将绑定值随机分配到相邻分箱。该操作通过在评级前将非常小的随机方差因子分配给绑定值来确保块的平均分布。该操作对原始值没有影响，只用于消除绑定值。该方法的优势是可以使块分布平均（每个块中的客户数大致相同），但由于将非常小的随机方差因子分配给了绑定值，对于拥有类似或相同上次消费时间、频率和/或货币值的客户有可能会导致完全不同的得分结果，这在客户总数相对较少和/或绑定值的数量相对较多时尤为明显。

3. "保存"选项卡

"保存"选项卡如图 21.7 和图 21.8 所示。需要特别提示和强调的是，来自交易数据的 RFM 分析的"保存"选项卡和来自客户数据的 RFM 分析的"保存"选项卡界面是存在一定差别的，其中来自交易数据的 RFM 分析"保存"选项卡如图 21.7 所示，来自交易数据的 RFM 分析始终以每个客户一行的方式创建新汇总数据集。用户可以使用"保存"选项卡来指定想保存的得分和其他变量以及它们的保存位置。本例中采用系统默认设置。

图 21.7　"交易数据 RFM 分析"的"保存"选项卡

对话框深度解读

- "变量"选项组，唯一标识每个客户的 ID 变量被自动保存在新数据集中。在新数据集中可以保存以下附加变量。

（1）最近交易日期：每个客户最近交易的日期。

（2）交易数：每个客户交易记录行的总数。

（3）金额：每个客户的摘要金额（基于用户在"变量"选项卡上选择的摘要方法）。

（4）上次消费时间得分：分配给每个客户的基于最近交易日期的得分。得分越高表示交易日期距离现在越近。

（5）频率得分：分配给每个客户的基于交易总数的得分。得分越高表示交易越多。

（6）货币得分：分配给每个客户的基于所选消费金额摘要测量的得分。得分越高表示消费金额摘要测量的值越高。

（7）RFM 得分："上次消费时间得分""频率得分""货币得分"三个单个得分合为一个值，即 RFM 得分=(上次消费时间得分×100) + (频率得分×10)+货币得分。

在系统默认设置下，所有可用变量都包括在新数据集中，用户根据研究需要可以取消选择不想包括的变量。系统也已经默认设置了"已保存的变量的名称"，用户可以根据需要指定自己的变量名称，但变量名称必须符合 SPSS 标准变量命名规则。

- "位置"选项组，来自交易数据的 RFM 分析结果始终以每个客户一行的方式创建新汇总数据集。用户可以在当前"位置"选项组中创建新数据集或在外部数据文件中保存 RFM 得分数据。数据集名称必须符合标准变量命名规则（此限制不适用于外部数据文件名称）。

来自客户数据的 RFM 分析"保存"选项卡如图 21.8 所示。对于客户数据，用户可以将 RFM 得分变量添加到活动数据集或创建一个包含选定得分变量的新数据集。使用"保存"选项卡来指定用户想保存的得分变量及其保存位置。

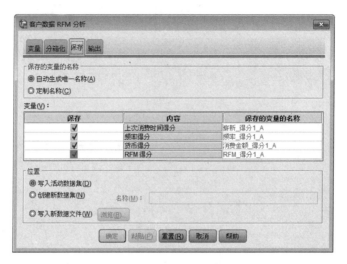

图 21.8 "客户数据 RFM 分析"的"保存"选项卡

对话框深度解读

- "保存的变量的名称"选项组，包括以下选项。
  - 自动生成唯一的名称。 用户选择该选项，可确保在将得分变量添加到活动数据集时，新变量名称唯一。如果用户想将多个不同的 RFM 得分集合（基于不同标准）添加到活动数据集，这一点尤其有用。
  - 定制名称。用户选择该选项，将允许用户将自己的变量名称分配到得分变量。变量名称必须符合标准变量命名规则。
- "变量"选项组，选择想要保存的得分变量，包括以下选项。
  - 上次消费时间得分。分配给每个客户的基于在"变量"选项卡上选定的"交易日期或时间间隔"变量的值的得分。日期越近或间隔值越低分配到的得分越高。
  - 频率得分。分配给每个客户的基于在"变量"选项卡上选定的"交易数"变量的得分。值越高分配到的得分越高。
  - 货币得分。分配给每个客户的基于在"变量"选项卡上选定的"金额"变量的得分。值越高分配到的得分越高。
  - RFM 得分。三个单个得分合为一个值：（上次消费时间得分*100)+(频率得分*10）+货币得分。
- "位置"选项组，对于客户数据，用户有以下三个位置可以保存新的 RFM 得分。
  - 写入活动数据集。将选定 RFM 得分变量添加到活动数据集。
  - 创建新数据集。选定的 RFM 得分变量和唯一标识每个客户（个案）的 ID 变量将被写入当前会话中的新数据集。数据集名称必须符合标准变量命名规则。仅当用户在"变量"选项卡上选择了一个或多个"客户标识"变量时，此选项才可用。
  - 写入新数据文件。仅当用户在"变量"选项卡上选择了一个或多个"客户标识"变量时，此选项才可用。

4. "输出"选项卡

"输出"选项卡如图 21.9 所示。"输出"选项卡包括"分箱化数据"选项组和"未分箱化数据"选项组。本例中采用系统默认设置。

图 21.9 "交易数据 RFM 分析"的"输出"选项卡

对话框深度解读

- "分箱化数据"选项组，分箱化数据的图表基于计算的上次消费时间、频率和货币得分。
  - ➤ 按上次消费时间和频率绘制的平均货币值热图。平均货币值热图显示有上次消费时间和频率得分。颜色越深的区域表示消费金额均值越高。
  - ➤ 分箱计数图。分箱计数图显示选定离散化方法的块分布。每个条代表将被分配每个合并RFM 得分的个案数。需要提示和强调的是：

    尽管用户通常希望获得相当均匀的分布，即所有（或多数）条大体高度相同，但当使用将绑定值分配到同一个分箱的默认离散化方法时，必然会产生一定量的偏差。

    如果用户发现块分布中存在极值波动和/或存在较多空缺的块，则可能表明用户应尝试另一种离散化方法（将绑定值随机分配到相邻分箱），或重新考虑 RFM 分析的适用性。

  - ➤ 分箱计数表。与分箱计数图中的信息相同，不同之处在于以表格形式呈现，每个单元格中为块计数。
- "未分箱化数据"选项组，未分箱化数据的图表基于上次消费时间、频率和货币得分的原始变量。
  - ➤ 直方图。 直方图用于显示上次消费时间、频率和消费金额得分的三个变量的值的相对分布。

    每个直方图的水平轴始终采用左侧为较小值、右侧为较大值的顺序。但对于上次消费时间，图表的解释依赖于上次消费时间测量的类型：日期或时间间隔。对于日期，左侧条代表更"旧"的值（较远日期比较近日期的值更小）。对于时间间隔，左侧条代表更"新"的值（时间间隔越小，交易离现在越近）。

➢ 变量对散点图。 变量对散点图用于显示上次消费时间、频率和消费金额得分的三个变量之间的关系。

针对上次消费时间轴的解释依赖于上次消费时间测量的类型：日期或时间间隔。对于日期，越接近原点的点代表离现在越远的过去日期。对于时间间隔，越接近原点的点代表越“新”的值。

步骤 04 单击“确定”按钮，进入计算分析。

21.3 RFM 分析运行结果精解与分析

在 SPSS 主界面的结果窗口可以看到如图 21.10 所示的分析结果。

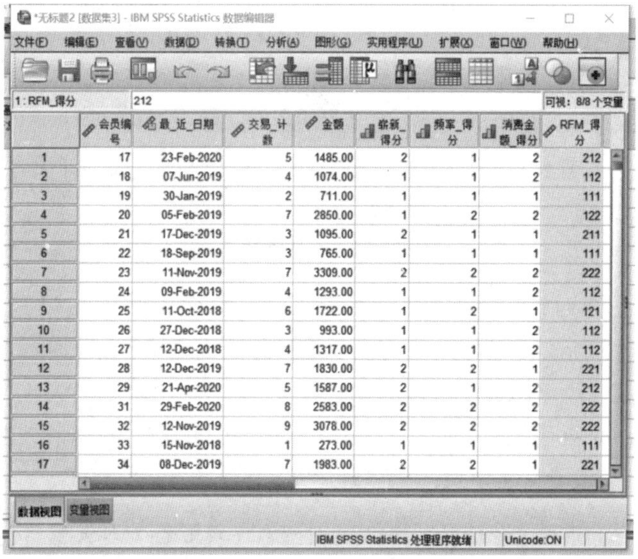

	会员编号	最_近_日期	交易_计数	金额	崭新_得分	频率_得分	消费金额_得分	RFM_得分
1	17	23-Feb-2020	5	1485.00	2	1	2	212
2	18	07-Jun-2019	4	1074.00	1	1	2	112
3	19	30-Jan-2019	2	711.00	1	1	1	111
4	20	05-Feb-2019	7	2850.00	1	2	2	122
5	21	17-Dec-2019	3	1095.00	2	1	1	211
6	22	18-Sep-2019	3	765.00	1	1	1	111
7	23	11-Nov-2019	7	3309.00	2	2	2	222
8	24	09-Feb-2019	4	1293.00	1	1	2	112
9	25	11-Oct-2018	6	1722.00	1	2	1	121
10	26	27-Dec-2018	3	993.00	1	1	2	112
11	27	12-Dec-2018	4	1317.00	1	1	2	112
12	28	12-Dec-2019	7	1830.00	2	2	1	221
13	29	21-Apr-2020	5	1587.00	2	1	2	212
14	31	29-Feb-2020	8	2583.00	2	2	2	222
15	32	12-Nov-2019	9	3078.00	2	2	2	222
16	33	15-Nov-2018	1	273.00	1	1	1	111
17	34	08-Dec-2019	7	1983.00	2	2	1	221

图 21.10 RFM 分析结果

图 21.10 展示的是 RFM 得分结果。该对话框中，我们可以看到按会员编号作为标识变量分类汇总的每个客户的会员编号、最近日期、交易计数、金额、崭新得分、频率得分、消费金额得分以及 RFM 得分信息。新数据集中仅为每个客户包含一行数据（一条记录）。原始交易数据已按客户标识变量值进行汇总。标识变量始终包含在新数据集中，否则无法将 RFM 得分匹配到客户。

每个客户的合并 RFM 得分由三个独立得分简单拼接而成，计算方法为：(崭新得分*100) + (频率得分* 10) + 消费金额得分。比如针对会员编号为 17 的会员，其崭新得分为 2，频率得分为 1，消费金额得分为 2，则其 RFM 得分为 212。

图 21.11 展示的是 RFM 分箱计数图。RFM 分箱计数图显示所选分箱方法的分箱分布。对 3 个 RFM 组成要素分别应用 2 个得分类别，这会产生 8 个可能的 RFM 得分类别。每个条形都表示将被赋予每个组合 RFM 得分的客户数。理想情况下，客户应当在所有 RFM 得分类别之间相对均匀地分布。尽管用户通常希望获得相当均匀的分布，即所有（或大多数）条形的高度大致相同，但在使用将绑定值分配给同一分箱的默认分箱方法时，必然会产生一定程度的偏差，如本例中所示。分箱

分布中出现极端波动和/或较多空分箱可能表明用户应尝试另一种分箱方法（减少分箱数目和/或随机分配绑定值），或者重新考虑 RFM 分析的适用性。

　　图 21.12 展示的是 RFM 分析热图。平均货币值分析热图显示由上次消费时间得分和频率得分定义的类别的平均货币值。区域颜色越深表示平均货币值越高。换言之，与上次消费时间得分和频率得分处于较浅色区域的客户相比，上次消费时间得分和频率得分处于较深色区域的客户花费更多货币值的可能性通常更大。

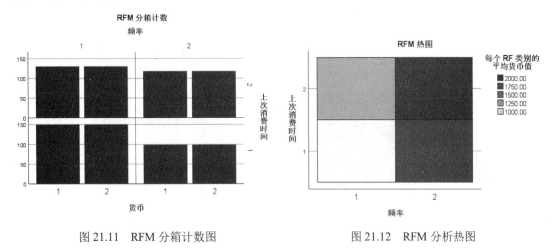

图 21.11　RFM 分箱计数图　　　　　　图 21.12　RFM 分析热图

21.4　本章习题

使用数据 21.2 开展 RFM 分析。